Bilanzbuchhalter-Kompaktkurs

Herausgegeben
von
Prof. Dr. Horst Walter Endriss
Wirtschaftsprüfer und Steuerberater

Band 3

Steuerrecht und betriebliche Steuerlehre

von

Raymond Halaczinsky
Ministerialrat a. D.

und

Lukas Hendricks
Dipl.-Finanzwirt,
MBA International Taxation,
Steuerberater

Verlag C.H. Beck München 2014

www.beck.de

ISBN 978 3 406 65763 4

Wilhelmstraße 9, 80801 München
Druck und Bindung: Nomos Verlagsgesellschaft
In den Lissen 12, 76547 Sinzheim
Satz: Textservice Zink
Neue Steige 33, 74869 Schwarzach

Gedruckt auf säurefreiem, alterungsbeständigem Papier
(hergestellt aus chlorfrei gebleichtem Zellstoff)

Vorwort des Herausgebers

Seit fast einem Jahrhundert sind Bilanzbuchhalter (DIHK) die anerkannten Spezialisten im internen und externen Rechnungswesen der Unternehmen. Sie stellen Jahresabschlüsse nach nationalem Recht und nach internationalen Vorschriften auf, beherrschen die Kosten- und Leistungsrechnung ebenso wie die Finanzwirtschaft und das Berichtswesen und sind Fachleute im Bereich der betrieblichen Steuern.

So anspruchsvoll wie die späteren beruflichen Aufgaben sind die an angehende Bilanzbuchhalter (DIHK) gestellten hohen Ansprüche – die Bilanzbuchhalterprüfung zählt zu den schwierigsten Weiterbildungsprüfungen in Deutschland und ist durch hohe Durchfallquoten gekennzeichnet.

Der neue **Bilanzbuchhalter-Kompaktkurs** enthält in komprimierter Form den wesentlichen Prüfungsstoff, der zum Bestehen der anspruchsvollen **Bilanzbuchhalterprüfung DIHK** notwendig ist, streng orientiert am vorgegebenen Rahmenplan des DIHK.

Band 1 vermittelt dem angehenden Bilanzbuchhalter die für die Prüfung im **Prüfungsteil A** notwendigen Kenntnisse der Kosten- und Leistungsrechnung und des Finanzwirtschaftlichen Managements.

Im Teil **Kosten- und Leistungsrechnung** werden die grundlegenden Methoden zur Erfassung von Kosten und Leistungen, die Kostenstellenrechnung und Methoden der betrieblichen Erfolgsrechnung, Kostencontrolling, Kostenmanagement sowie Instrumente zur Ergebnisinterpretation vorgestellt.

Der Teil **Finanzwirtschaftliches Management** stellt den gesamten finanzwirtschaftlichen Bereich des Unternehmens vor. Entscheidungen über Investitionsbedarf, lang- und kurzfristige Fremdfinanzierung, Kreditvergabe und Kreditsicherung sowie Zahlungsverkehr werden anhand von Beispielen verdeutlicht. Finanzanalyse, Finanzierungsregeln, Finanzplanung, Beteiligungsfinanzierung und Innenfinanzierung als Instrumente der Finanzwirtschaft werden anwendungsorientiert und verständlich erklärt.

Band 2 Jahresabschluss enthält die für den **Prüfungsteil B** notwendigen Kenntnisse der Buchführung, der Erstellung von Jahresabschlüssen und des Wirtschaftsrechts.

Der Teilband zur **Buchführung** vermittelt dem angehenden Bilanzbuchhalter einen systematischen Überblick über die kaufmännische Buchführung. Besondere Buchungsvorgänge, gesetzliche Vorschriften und Grundsätze der Ordnungsmäßigkeit der Buchführung, Organisation der Buchführung, Kontenrahmen und Kontenplan, Nebenbuchhaltungen, Sonderbilanzen und Ergänzungsbilanzen sowie Besondere Buchungen bei Gesellschaftern sind die wesentlichen Inhalte dieses für Bilanzbuchhalter grundlegenden Fachgebietes.

Der Teilband **Jahresabschluss, national** behandelt die Erstellung des Jahresabschlusses und dessen Bestandteile nach nationalem Recht, die Gewinnermittlung, Bilanzierungs- und Bewertungsgrundsätze, besondere Bewertungsvorschriften, Bilanzänderung und Bilanzberichtigung, Betriebseinnahmen und Betriebsausgaben, Ergänzende Rechnungslegungsvorschriften für Kapitalgesellschaften, Prüfung und Offenlegung des Jahresabschlusses.

Der Teilband **Jahresabschluss, international** behandelt die Erstellung des Jahresabschlusses nach den internationalen Rechnungslegungsvorschriften IFRS/IAS. Behandelt werden die Grundsätze der Bilanzierung und Bewertung nach IFRS, die Bestandteile des Jahresabschlusses, Ansatz und Bewertung von Aktiv- und Passivposten, die Gesamtergebnisrechnung, Eigenkapitalveränderungsrechnung, Kapitalflussrechnung, Segmentberichterstattung, Zwischenberichterstattung sowie weitere Einzelthemen wie Leasing, latente Steuern, die Bilanzierung langfristiger Vermögenswerte, anteilsbasierte Vergütungen. Daneben werden die Grundlagen der Konzernrechnungslegung sowie die Bilanzierung und Bewertung nach US-GAAP anschaulich vermittelt.

Der Teilband **Wirtschaftsrecht** vermittelt dem angehenden Bilanzbuchhalter die für die Prüfung notwendigen Grundlagen im Recht. Die Grundzüge im Bürgerlichen Recht, Handelsrecht, Gesellschaftsrecht, Arbeitsrecht, Datenschutzrecht, Wechsel- und Scheckrecht, Insolvenz- und Vergleichsrecht, Mahn- und Klagewesen sowie der Zwangsvollstreckung werden in komprimierter Form maßgeschneidert dargestellt.

Die neuesten Entwicklungen im Bereich der nationalen und internationalen Bilanzierungsregeln (u.a. BilMoG, MicroBilG, geänderte IFRS-Regeln) sowie die zahlreichen Änderungen in der Buchführung und im Wirtschaftsrecht sind natürlich berücksichtigt.

Band 3 vermittelt dem angehenden Bilanzbuchhalter die für die **Prüfungsteil B** notwendigen Kenntnisse der betrieblichen Steuerarten (Umsatzsteuer, Einkommensteuer, Körperschaftsteuer, Abgabenordnung, Gewerbesteuer, Außensteuerrecht, Lohnsteuer, Grundsteuer, Grunderwerbsteuer, Umwandlungssteuerrecht).

Die neuesten Gesetzesänderungen in den behandelten betrieblichen Steuerarten sind bereits mit **Rechtsstand 1.10.2013** enthalten.

Das Fach „**Berichterstattung; Auswerten und Interpretieren des Zahlenwerkes für Managemententscheidungen**" ist nach der Neufassung des Rahmenplans ebenfalls Gegenstand der DIHK-Prüfung.

Der vorliegende **Band 4** vermittelt dem angehenden Bilanzbuchhalter die Kenntnisse, die er zur Gründung oder Übernahme eines Unternehmens mit den dazugehörigen Organisations- und Führungsaufgaben nachweisen sollte. Das Fach kann erstmals nach der Neufassung des Rahmenplans Geprüfter Bilanzbuchhalter/Geprüfte Bilanzbuchhalterin als optionale Qualifikation abgelegt werden.

Der **Prüfungsband** (**Band 5**: Bilanzbuchhalterprüfung) umfasst die Prüfungsfächer Buchführung, Jahresabschluss national und international und Steuern, die Prüfungsfächer Kosten- und Leistungsrechnung, Finanzwirtschaftliches Management, Wirtschaftsrecht, Berichterstattung und Präsentation.

Der Band ergänzt die Lehrbuchreihe **um Originalprüfungsaufgaben** des DIHK aus den letzten Bilanzbuchhalterprüfungen mit entsprechenden Lösungshinweisen sowie um weitere Übungsaufgaben zu Schwerpunktthemen, die häufig in den Prüfungen vorkommen. Die **Lösungshinweise** enthalten zudem **Querverweise** zu den einschlägigen Bänden der Bilanzbuchhalter-Kompaktkurs-Reihe, so dass wichtige Themen nochmals im Zusammenhang vertieft nachgelesen werden können.

Der Band enthält die neuesten Originalprüfungsaufgaben des DIHK.

Remagen im Dezember 2013 *Horst Walter Endriss*

Inhaltsübersicht

Detaillierte Inhaltsverzeichnisse befinden sich vor den jeweiligen Teilen.

Abkürzungsverzeichnis

a.a.O.	am ausgeführten Ort
Abs.	Absatz
Abschn.	Abschnitt
AfA	Absetzung für Abnutzung
AFG	Arbeitsförderungsgesetz
AG	Aktiengesellschaft
AK	Anschaffungskosten
AktG	Aktiengesetz
Anlage N	Anlage „Einkünfte aus nichtselbständiger Arbeit"
Anlage V	Anlage „Einkünfte aus Vermietung und Verpachtung"
AO	Abgabenordnung
Art.	Artikel
AStG	Außensteuergesetz
AUV	Auslandsumzugskostenverordnung
BAföG	Bundesausbildungsförderungsgesetz
BdF	Bundesminister der Finanzen
BErzGG	Bundeserziehungsgeldgesetz
BewG	Bewertungsgesetz
BewRGr	Richtlinien zur Bewertung des Grundvermögens
BFH	Bundesfinanzhof
BGB	Bürgerliches Gesetzbuch
BKGG	Bundeskindergeldgesetz
BMF	Bundesministerium der Finanzen
BPO	Betriebsprüfungsordnung
BR-Drucks.	Bundesrats-Drucksache
BStBl.	Bundessteuerblatt
BUKG	Bundesumzugskostengesetz
BVerfG	Bundesverfassungsgericht
BZSt	Bundeszentralamt für Steuern
bzw.	beziehungsweise
d.h.	das heißt
DB	Der Betrieb (Zeitschrift)
DBA	Doppelbesteuerungsabkommen
DTB	Deutsche Terminbörse
e.V.	eingetragener Verein
EG	Europäische Gemeinschaft
EigZulG	Eigenheimzulagengesetz
EK	Eigenkapital
ErbSt	Erbschaftsteuer
ErbStG	Erbschaftsteuergesetz
ErbStR	Erbschaftsteuerrichtlinien
ESt	Einkommensteuer
EStDV	Einkommensteuer-Durchführungsverordnung
EStG	Einkommensteuergesetz
EStH	Einkommensteuer-Hinweise
EStR	Einkommensteuerrichtlinien
EU	Europäische Union
EUR	Euro
EUSt	Einfuhrumsatzsteuer
EWR	Europäischer Wirtschaftsraum

f.	folgende
ff.	fortfolgende
FG	Finanzgericht
FGO	Finanzgerichtsordnung
FinMin	Finanzminister(ium)
FördG	Fördergebietsgesetz
GbR	Gesellschaft bürgerlichen Rechts
gem.	gemäß
GewSt	Gewerbesteuer
GewStDV	Gewerbesteuer-Durchführungsverordnung
GewStG	Gewerbesteuergesetz
GewStR	Gewerbesteuer-Richtlinien
GG	Grundgesetz
ggf.	gegebenenfalls
GmbH & Co. KG	Kommanditgesellschaft, deren Komplementärin eine GmbH ist
GmbH	Gesellschaft mit beschränkter Haftung
GmbHG	GmbH-Gesetz
GrESt	Grunderwerbsteuer
GrSt	Grundsteuer
GrStG	Grundsteuergesetz
H	Hinweise zu den EStR
HGB	Handelsgesetzbuch
HK	Herstellungskosten
i. d. R.	in der Regel
i. H. d./v.	in Höhe des/von
i. S. d.	im Sinne des/der
i. S. d./v.	im Sinne der/s/von
i. S. v.	im Sinne von
i. V. m.	in Verbindung mit
InsO	Insolvenzordnung
JStG	Jahressteuergesetz
KapESt	Kapitalertragsteuer
Kfz	Kraftfahrzeug
KfzSt	Kraftfahrzeugsteuer
KG	Kommanditgesellschaft
KGaA	Kommanditgesellschaft auf Aktien
KSt	Körperschaftsteuer
KStG	Körperschaftsteuergesetz
KStR	Körperschaftsteuer-Richtlinien
Lkw	Lastkraftwagen
LSt	Lohnsteuer
LStDV	Lohnsteuer-Durchführungsverordnung
LStJA	Lohnsteuerjahresausgleich
LStR	Lohnsteuer-Richtlinien
lt.	laut
max.	maximal
Mio.	Millionen
Mrd.	Milliarden
MwSt.	Mehrwertsteuer
MWStSystRL	Mehwertsteuer-Systemrichtlinie
Nr.	Nummer

OFD . . . . Oberfinanzdirektion
OHG . . . . Offene Handelsgesellschaft
OWiG . . . . Gesetz über Ordnungswidrigkeiten

p.a. . . . . per anno
PartGG . . . . Partnerschaftsgesellschaftsgesetz
PC . . . . Personalcomputer
Pkw . . . . Personenkraftwagen

R . . . . Richtlinie
RFH . . . . Reichsfinanzhof
RL . . . . Richtlinie
Rn. . . . . Randnummer

S. . . . . Seite
S. . . . . Seite
SachbezugsVO . . . Sachbezugsverordnung
SchutzbauG . . . . . Schutzbaugesetz
SEStEG . . . . Gesetz über steuerliche Begleitmaßnahmen zur Einführung der Europäischen Gesellschaft und zur Änderung weiterer steuerrechtlicher Vorschriften
sog. . . . . so genannte(r)
SolZ . . . . Solidaritätszuschlag
StBerG . . . . Steuerberatungsgesetz
StGB . . . . Strafgesetzbuch
Stpfl. . . . . Steuerpflichtiger
StPO . . . . Strafprozessordnung

T. . . . . Tausend
Tz. . . . . Textziffer

u. . . . . und
u.a. . . . . und andere(s)
u.Ä. . . . . und Ähnliche(s)
u.a.m. . . . . und anderes mehr
u.Ä.m. . . . . und Ähnliches mehr
u.U. . . . . unter Umständen
Urt. . . . . Urteil
USt . . . . Umsatzsteuer
UStG . . . . Umsatzsteuergesetz
UStR . . . . Umsatzsteuerrichtlinien
usw. . . . . und so weiter

v.H. . . . . vom Hundert
v.T. . . . . vom Tausend
VA . . . . Verwaltungsakt
VDI . . . . Verband Deutscher Ingenieure
VdN . . . . Vorbehalt der Nachprüfung
vE . . . . verdeckte Einlage
VermBG . . . . . . Vermögensbildungsgesetz
Vfg. . . . . Verfügung
vGA . . . . verdeckte Gewinnausschüttung
vgl. . . . . vergleiche
VO . . . . Verordnung
VSt . . . . Vermögensteuer
VStG . . . . Vermögensteuergesetz
VStR . . . . Vermögensteuerrichtlinien
VwZG . . . . Verwaltungszustellungsgesetz
VZ . . . . Veranlagungszeitraum

z.B.	zum Beispiel
Ziff.	Ziffer
ZM	Zusammenfassende Meldung
ZollVG	Zollverwaltungsgesetz
ZPO	Zivilprozessordnung

Teil 1: Umsatzsteuer

Rn.

A. Umsatzsteuersystem und dessen Geltungsbereich

1 Die Rechtsgrundlagen der USt ergeben sich aus dem Umsatzsteuergesetz (UStG) und der Umsatzsteuer-Durchführungsverordnung (UStDV) sowie mittelbar der Mehrwertsteuersystemrichtlinie der EU (MwStSystRL). Die MwStSystRL verpflichtet die EU-Mitgliedstaaten auf Grundlage des EG-Vertrages zu einer weit reichenden Angleichung ihrer Rechts- und Verwaltungsvorschriften. Dadurch wird in allen EU-Mitgliedstaaten der freie Verkehr von Waren- und Dienstleistungen gewährleistet, ohne Rücksicht auf die innergemeinschaftlichen Staatsgrenzen.

I. Allphasen-Netto-Umsatzsteuer

2 Die USt gehört zu den Verkehrsteuern, weil sie an Akte des Rechtsverkehrs anknüpft. Im Unterschied zu den anderen Verkehrsteuern (Grunderwerbsteuer, Wechselsteuer, Versicherungsteuer, Rennwett- und Lotteriesteuer) stellt die USt nicht auf besondere Verkehrsvorgänge ab, sondern erfasst alle von Unternehmern getätigten Waren- und Leistungsbewegungen.

Die USt wird vom Unternehmer mit der Gegenleistung auf den Abnehmer überwälzt. Der Steuerschuldner (leistende Unternehmer) und der Steuerträger (Leistungsempfänger) sind grundsätzlich verschiedene Personen. Deshalb wird die USt auch als **indirekte Steuer** bezeichnet.

3 Als **Verkehrsteuer** entsteht die USt auf jeder Wirtschaftsstufe innerhalb der unternehmerischen Leistungskette für Leistungen, die von einem Unternehmer erbracht werden (Ausgangsleistungen). Steuerschuldner ist regelmäßig der leistende Unternehmer. Die geschuldete USt ist Bestandteil des zivilrechtlichen Preises für den Ausgangsumsatz (Gegenleistung). Bei Bezahlung durch den Leistungsempfänger (Abnehmer) fließt die im Preis enthaltene USt dem Unternehmer zu.

Beispiel:

Die Ware durchläuft von der Urproduktion bis zum Einzelhandel die Unternehmerkette A-B-C und wird vom Einzelhändler C an den Verbraucher D veräußert. Bei einem Gewinnaufschlag von 100 Euro in jeder Wirtschaftsstufe betragen die Nettoentgelte bei A 100 Euro, B 200 Euro und C 300 Euro. Die USt ist mit 19% auf die Nettoentgelte zu berechnen.

	Stufe I Lieferung	Stufe II Lieferung	Stufe III Lieferung
A	B	C	D
Nettoentgelt	100 Euro	200 Euro	300 Euro
Umsatzsteuer	+ 19 Euro	+ 38 Euro	+ 57 Euro
Kaufpreis (Gegenleistung)	= 119 Euro	= 238 Euro	= 357 Euro
Umsatzsteuer-Zahllast:			
Umsatzsteuerschuld	19 Euro	38 Euro	57 Euro

	Stufe I Lieferung	Stufe II Lieferung	Stufe III Lieferung
Vorsteuerabzug	./. 0 Euro	./. 19 Euro	./. 38 Euro
USt-Zahllast	= 19 Euro	= 19 Euro	= 19 Euro
	Gesamteinnahme der **Finanzämter 57 Euro**		

Der jeweilige Unternehmer verrechnet die USt auf seine Ausgangsleistungen mit der Vorsteuer, d.h. der USt, die ihm auf der Vorstufe durch einen anderen Unternehmer für die Leistungen **an** sein Unternehmen (Eingangsumsätze) in Rechnung gestellt hat. Der Differenzbetrag (Umsatzsteuer-Zahllast), den der Unternehmer an das für ihn zuständige Finanzamt (§ 21 AO) abführt, entspricht der Steuer, die auf den von ihm erwirtschafteten Mehrwert entfällt (Mehrwertsteuer). Aus allen Umsatzgeschäften in der Kette fließen dem Fiskus nur die Umsatzsteuerbeträge zu, die dem vom Endabnehmer wirtschaftlich aufgewendeten Umsatzsteuerbetrag entsprechen. Entsprechend dieser Wirkungsweise ist die Umsatzsteuer (Mehrwertsteuer) eine **Allphasen-Nettoumsatzsteuer mit Vorsteuerabzug.**

Für Unternehmer, die auf den Produktions- und Vertriebsstufen vor der Endverbrauchsstufe tätig sind, ist die USt per Saldo kostenneutral, weil jeder Unternehmer die USt auf seine Ausgangsumsätze dem Abnehmer (Leistungsempfänger) weiterberechnet und die ihm von einem anderen Unternehmer für die bezogenen Leistungen in Rechnung gestellte USt als Vorsteuer abziehen kann. Im Ergebnis dieser Systematik wird der private Endverbraucher auf der letzten Umsatzstufe (mangels Vorsteuerabzug) mit der USt wirtschaftlich in voller Höhe belastet. Das entspricht dem Ziel der Umsatzbesteuerung, der Belastung des Endverbrauchs von Gütern und Leistungen aller Art. Die USt wird deshalb in Abgrenzung zu den speziellen Verbrauchsteuern (wie z.B. Tabak- oder Mineralölsteuer) auch als **allgemeine Verbrauchsteuer** bezeichnet.

II. Inland, Gemeinschaftsgebiet, Drittland

Da die Umsatzsteuer nur den Verbrauch von Gütern und Diensten im Inland besteuern soll, kommt der Ortsbestimmung einer Lieferung und sonstigen Leistung sowie den unterschiedlichen Gebieten eine entscheidende Bedeutung zu. Die Umsatzsteuer unterscheidet aufgrund des einheitlichen Binnenmarktes in der EU in die drei Gebiete Inland, Gemeinschaftsgebiet, Drittland. Dazu mehr unter Rn. 159, 160. **4**

B. Steuerbare Umsätze

Umsätze sind **steuerbar**, wenn alle Tatbestandsmerkmale des § 1 Abs. 1 **5** UStG erfüllt sind, d.h. der Umsatz überhaupt unter das Umsatzsteuergesetz fällt. So sind Lieferungen und sonstige Leistungen grds. nur steuerbar, wenn sie von einem Unternehmer im Rahmen seines Unternehmens gegen Entgelt und im Inland ausgeführt worden sind. Liegt auch nur eines der genannten

Merkmale nicht vor, handelt es sich um einen **nicht steuerbaren Umsatz**. Werden Gegenstände oder sonstige Leistungen unentgeltlich aus dem Unternehmen abgegeben, erfolgt unter den Voraussetzungen des § 3 Abs. 1 b bzw. Abs. 9 a UStG eine Gleichstellung mit den Lieferungen und sonstigen Leistungen gegen Entgelt. Umsätze, die der Unternehmer im Ausland ausführt, sind nicht steuerbar, d. h. sie unterliegen nicht dem deutschen UStG.

6–19 *frei*

I. Unternehmereigenschaft

20 Der Unternehmer ist die zentrale Person im Umsatzsteuerrecht. Von seinem Tätigwerden als Unternehmer hängt nicht nur die Steuerbarkeit bestimmter wirtschaftlicher Vorgänge als Umsätze nach § 1 Abs. 1 Nr. 1 und 5 UStG, sondern gem. § 15 Abs. 1 UStG auch der Anspruch auf Vorsteuerabzug ab. Der Unternehmer ist – bis auf wenige Ausnahmen – der Schuldner der Umsatzsteuer. So können z. B. für die Einfuhr von Gegenständen aus dem Drittland und für bestimmte Fälle des unerlaubten Ausweises von USt in Rechnungen auch Nichtunternehmer Steuerschuldner sein. Für den Erwerb neuer Fahrzeuge aus dem übrigen Gemeinschaftsgebiet wird auch der Nichtunternehmer wie ein Unternehmer Steuerschuldner.

Der Unternehmer steht auch im Rahmen des Besteuerungsverfahrens im Mittelpunkt, denn er hat die Steuer selbst zu berechnen, gegenüber dem Finanzamt zu erklären und abzuführen (sog. Selbstveranlagung, §§ 16, 18 UStG).

21 Nach § 2 Abs. 1 UStG ist **Unternehmer,** wer eine gewerbliche oder berufliche Tätigkeit selbstständig ausübt. Gewinnerzielungsabsicht ist – anders als im Gewerbesteuerrecht – kein Merkmal der umsatzsteuerlichen Unternehmereigenschaft. Die Erzielung von Einnahmen reicht aus. **Gewerblich oder beruflich** i. S. d. § 2 Abs. 1 Satz 3 UStG ist jede nachhaltige Betätigung zur Erzielung von Einnahmen. Es ist zu beachten, dass nicht nur typische gewerbliche oder berufliche Tätigkeiten darunter fallen, sondern sämtliche nachhaltige Tätigkeiten, die weit über die Betätigung im Rahmen eines einkommensteuerlichen Gewerbebetriebs oder eine selbstständig freiberufliche Tätigkeit hinausgehen.

Beispiel:

Die Eigentümerin eines unbebauten Grundstücks vermietet ihr Grundstück stundenweise als Parkfläche. Sie erzielt nachhaltig Einnahmen und erfüllt mit dieser selbstständigen Tätigkeit die Unternehmereigenschaft i. S. d. § 2 Abs. 1 UStG. Die Zuordnung ihrer Einnahmen für Zwecke der Ertragsteuer zu den Einkünften aus Vermietung und Verpachtung (§ 2 Abs. 2 Nr. 2 i. V. m. § 21 EStG) und damit zur privaten Vermögensverwaltung hat auf die umsatzsteuerliche Beurteilung der Unternehmereigenschaft keine Auswirkung.

22 Ein Tätigsein im Sinne des Umsatzsteuerrechts setzt jedoch Leistungen im wirtschaftlichen Sinn voraus. Allein das Erwerben, Halten und Veräußern von gesellschaftsrechtlichen Beteiligungen löst für sich genommen keine unternehmerische Tätigkeit aus (vgl. Abschn. 2.3 Abs. 1 u. 2 UStAE).

Für die Frage, wer Unternehmer i. S. des § 2 UStG ist, kommt es nicht auf die gewählte Unternehmensform, sondern das **Auftreten nach außen** an. Die Unternehmereigenschaft können natürliche Personen, juristische Personen oder Personenzusammenschlüsse erfüllen. Eine Personenvereinigung, ist z. B. selbst dann unternehmerisch tätig, wenn sie nur Leistungen gegenüber ihren Mitgliedern bzw. Gesellschaftern erbringt, diese aber nachhaltig und mit der Absicht Einnahmen zu erzielen ausgeführt werden.

Die Unternehmereigenschaft einer Personenvereinigung ist unerheblich davon, ob die Beteiligten (Gesellschafter bzw. Gemeinschafter) Mitunternehmer i. S. des § 15 Abs. 1 Nr. 2 EStG sind. Wem eine Leistung als Unternehmer zuzurechnen ist, richtet sich danach, wer dem Leistungsempfänger gegenüber als (zivilrechtlicher) Schuldner der Leistung auftritt. Demnach kann zum Beispiel auch eine Erbengemeinschaft, die im eigenen Namen ein ererbtes Unternehmen weiterführt, Unternehmer sein.

Die gewerbliche oder berufliche Tätigkeit entscheidet nicht nur über die **23**
Unternehmereigenschaft, sondern gibt auch Aufschluss über den **Rahmen des Unternehmens.** Gem. § 2 Abs. 1 Satz 2 UStG umfasst das Unternehmen die gesamte gewerbliche und berufliche Tätigkeit des Unternehmers. Daraus folgt für Zwecke der Umsatzbesteuerung der **Grundsatz der Unternehmenseinheit.** Ein Unternehmer kann zugleich völlig unterschiedliche Tätigkeiten zur Erzielung von Einnahmen ausführen bzw. mehrere Betriebe unterschiedlicher Art betreiben, so zum Beispiel eine Gaststätte, eine Gärtnerei und ein Vermietungsobjekt. Sie bilden stets zusammen ein Unternehmen. Jeder Unternehmer kann nur ein Unternehmen haben. Werden Lieferungen oder sonstige Leistungen innerhalb dieses Unternehmens ausgetauscht, kommt es regelmäßig zu **nicht steuerbaren Innenumsätzen** (vgl. Abschn. 2.7 Abs. 1 UStAE).

Die Umsätze im Rahmen des Unternehmens umfassen die eigentliche **24**
nachhaltig ausgeübte Haupttätigkeit des Unternehmers. Es handelt sich um die sog. **Grundgeschäfte.** Daneben gehören alle weiteren Geschäfte, die die Haupttätigkeit mit sich bringt, zur unternehmerischen Tätigkeit, selbst dann wenn sie nicht nachhaltig ausgeführt werden. Dazu zählen insbesondere Veräußerungen von Gegenständen des Anlagevermögens, die als **Hilfsgeschäfte** bezeichnet werden (vgl. Abschn. 2.7 Abs. 2 UStAE). Alle anderen mit der Haupttätigkeit verbundenen Tätigkeiten, die mit Einnahmeerzielungsabsicht ausgeführt werden, sind als **Nebengeschäfte** ebenfalls dem Unternehmen zuzuordnen.

Beispiel:

Der Inhaber einer Kfz-Werkstatt betreibt auch einen Pannenhilfsdienst. Der Werkstattunternehmer vermittelt den liegen gebliebenen Autofahrern gelegentlich Übernachtungsmöglichkeiten in einem Hotel. Dafür erhält er vom Hotelbetreiber eine Provision. Der Inhaber der Kfz-Werkstatt ist als typisch Gewerbetreibender selbstständig, nachhaltig und mit der Absicht Einnahmen zu erzielen tätig, § 2 Abs. 1 S. 1 u. 3 UStG. Zu seinem Unternehmen gehören gem. § 2 Abs. 1 S. 2 UStG alle Grund-, Hilfs- und Nebengeschäfte, die er im Zusammenhang mit der Kfz-Werkstatt ausführt; so auch die nur gelegentlich ausgeführten Vermittlungsleistungen (Nebengeschäfte) gegenüber dem Hotel.

1. Natürliche Personen als Unternehmer

a) Voraussetzungen

25 Voraussetzung der Unternehmereigenschaft natürlicher Personen ist neben der Rechtsfähigkeit i.S. des § 1 BGB dass sie selbstständig gewerblich oder beruflich, d.h. **nachhaltig** zur Erzielung von Einnahmen tätig sind (vgl. auch Rn. 36).

26 Nachhaltigkeit liegt bei wiederholter Tätigkeit, einem planmäßigem Handeln bzw. dem Auftreten wie ein Händler am Markt, aber auch schon bei einer auf Wiederholung angelegten Tätigkeit vor. Weitere Merkmale und Abgrenzungskriterien, die für oder gegen eine nachhaltige Tätigkeit sprechen, enthält der Abschn. 2.6 Abs. 6 UStAE. Die Tätigkeit muss auf Dauer angelegt sein und sich als planmäßige geschäftliche Tätigkeit darstellen. Damit sind Hobbytätigkeiten (wie das Sammeln von Briefmarken oder Münzen) in der Regel umsatzsteuerlich selbst dann irrelevant, wenn mit dem Hobby ein reger Tauschverkehr verbunden ist, allerdings nicht mehr wenn der „Sammler" regelmäßig eine Vielzahl von Auktionen auf ebay einstellt.

27 Natürliche Personen erfüllen im Rahmen der Erzielung von Einkünften aus unselbstständiger Arbeit nicht das Merkmal der Selbstständigkeit und werden insoweit nicht unternehmerisch tätig. Die Frage der Selbstständigkeit natürlicher Personen ist für die Umsatzsteuer, Einkommensteuer und Gewerbesteuer nach denselben Grundsätzen zu beurteilen (vgl. Abschn. 2.2 UstAE). Allerdings können natürliche Personen zum Teil selbstständig, und zum Teil unselbstständig tätig sein.

Beispiel:

Ein am Krankenhaus angestellter Chefarzt ist darüber hinaus noch als niedergelassener Arzt in eigener Praxis tätig. Hinsichtlich der eigenen Praxis ist der Arzt nach § 2 Abs. 1 UStG Unternehmer. Er erbringt mit der selbstständigen ärztlichen Tätigkeit steuerbare und nach § 4 Nr. 14 UStG steuerbefreite Umsätze. Dagegen fällt die Tätigkeit am Krankenhaus nicht in sein Unternehmen, da er im Rahmen des Anstellungsverhältnisses unselbstständig handelt. Der Unternehmerbegriff wird insoweit durch das Krankenhaus selbst erfüllt, das nach außen nachhaltig zur Erzielung von Einnahmen tätig wird (mit steuerbaren und steuerfreien Umsätzen, § 4 Nr. 16 UStG).

b) Handeln in eigenem oder fremdem Namen

28 Während für die Beantwortung der Frage, ob jemand selbstständig oder unselbstständig tätig ist, das Innenverhältnis zwischen Auftraggeber und Auftragnehmer maßgebend ist, entscheidet das Auftreten nach außen über die Form der unternehmerischen Tätigkeit von Einzelpersonen.

Folgende Erscheinungsformen unternehmerischen Handelns sind zu unterscheiden:

- in eigenem Namen und für eigene Rechnung (Eigenhändler),
- in eigenem Namen und für fremde Rechnung (Kommissionär),
- in fremdem Namen und für fremde Rechnung (echter Agent, z.B. Handelsvertreter, -makler).

29 Das Auftreten des Unternehmers nach außen ist maßgebend dafür, wem eine Leistung zuzurechnen ist. Leistender ist in der Regel derjenige, der die

Lieferung oder sonstige Leistung im eigenen Namen gegenüber dem Leistungsempfänger ausführt (vgl. Abschn. 2.1 Abs. 3 UStAE). Handelt der Unternehmer in eigenem Namen, z.B. als Eigenhändler oder Kommissionär, wird ihm die in seinem Namen gegenüber dem Leistungsempfänger ausgeführte Leistung zugerechnet. Tritt der Unternehmer in fremdem Namen auf, handelt er als Mittelsperson zwischen seinem Auftraggeber und einem Dritten. Seine Eigenschaft als Mittelsperson (Vertreter, Agent) wird mit dem Auftreten im fremden Namen gegenüber dem Dritten offen gelegt. Damit bewirkt er selbst keine Leistung an den Dritten, sondern nur eine Vermittlungsleistung gegenüber seinem Auftraggeber. Zur Abgrenzung von Vermittlungs- oder Agenturleistungen vgl. Abschn. 3.7 UStAE.

2. Personenzusammenschlüsse als Unternehmer

Als nicht rechtsfähige Personenzusammenschlüsse, die i.S. des § 2 Abs. 1 UStG selbstständig, nachhaltig zur Erzielung von Einnahmen tätig sein können, sind zu unter anderem unterscheiden: 30

- offene Handelsgesellschaft (OHG),
- Kommanditgesellschaft (KG),
- Sozietät (vgl. z.B. § 4 Nr. 14 Satz 2 UStG),
- Gesellschaft bürgerlichen Rechts (GbR),
- sonstige Personenzusammenschlüsse.

Sonstige Personenzusammenschlüsse können z.B. Ein- und Verkaufsgemeinschaften, Absatzgenossenschaften, Arbeitsgemeinschaften des Baugewerbes und Bruchteilsgemeinschaften sein.

Personenvereinigungen und ihre Mitglieder bzw. Gesellschafter sind voneinander wesensverschieden, weshalb sie untereinander – wie fremde Dritte – Leistungen austauschen können (vgl. Abschn. 1.6 UStAE). Unabhängig von der Unternehmereigenschaft der Personenvereinigung kann auch der Gesellschafter oder der Miteigentümer einer Bruchteilsgemeinschaft Unternehmer sein, wenn er gegenüber der Gesellschaft selbstständig und nachhaltig zur Erzielung von Einnahmen tätig wird. Voraussetzung dafür ist, dass der Gesellschafter ein besonderes Entgelt unabhängig vom Gewinn oder Verlust der Gesellschaft (sog. Sonderentgelt) für seine Leistung an die Gesellschaft erhält. Eine natürliche Person, die als Gesellschafter Geschäftsführungs- und Vertretungsleistungen an eine Personengesellschaft erbringt, ist unter den allgemein geltenden Grundsätzen auch dann selbstständig tätig, wenn ein gesellschaftsvertraglich vereinbartes Weisungsrecht der Personengesellschaft gegenüber ihrem Gesellschafter besteht (vgl. Abschn. 2.1 Abs. 2 UStAE). 31

Wird die Leistung dagegen durch die Beteiligung am Ergebnis der Gesellschaft (Gewinn/Verlust) abgegolten, fehlt es an der Gegenleistung und damit an der Absicht Einnahmen zu erzielen (vgl. Abschn. 1.6 UStAE).

Beispiel:

Die Führung der Geschäfte und die Vertretung der H&G OHG obliegt nach den gesellschaftsvertraglichen Vereinbarungen ausschließlich dem H. Er erhält im Gewinnfall 25% des Gewinns vorab, im Übrigen wird der Gewinn nach der Anzahl der Gesellschafter und

ihrem Kapitaleinsatz verteilt; ein Verlust wird ausschließlich nach der Anzahl der Gesellschafter verteilt.
Die ergebnisabhängigen Gewinn- bzw. Verlustanteile des H sind kein Sonderentgelt. Er erbringt die Geschäftsführungs- und Vertretungsleistungen nicht im Rahmen eines Leistungsaustausches, sondern als nicht steuerbaren Gesellschafterbeitrag an die OHG. Der Gesellschafter H wird damit nicht zum Unternehmer i. S. d. § 2 UStG.

32 Ein Personenzusammenschluss ist Unternehmer, wenn er

- nach außen auftritt,
- selbstständig ist (Abschn. 2.2 UStAE) und
- nachhaltig
- zur Einnahmenerzielung tätig wird.

33 Die Unternehmereigenschaft einer Personenvereinigung kann selbst dann begründet werden, wenn sie nur Leistungen gegenüber ihren Mitgliedern bzw. Gesellschaftern erbringt. Es muss sich dabei jedoch um Leistungen im wirtschaftlichen Sinn handeln. So ist weder die Aufnahme eines Gesellschafters (vgl. Abschn. 1.6 Abs. 2 UStAE) noch das Halten und Verwalten von gesellschaftsrechtlichen Beteiligungen eine Leistung i. S. der Umsatzsteuer. Beschränkt sich der Zweck einer Personenvereinigung auf das Halten und Verwalten gesellschaftsrechtlicher Beteiligungen (sog. Finanzholding), ist diese kein Unternehmer i. S. des § 2 Abs. 1 UStG (vgl. Abschn. 2.3 Abs. 2 UStAE).

Das Auftreten eines Personenzusammenschlusses nach außen zeigt sich regelmäßig darin, dass dieser gegenüber dem jeweiligen Vertragspartner als Schuldner zur Leistungserbringung verpflichtet ist.

Beispiel:

Ehemann und Ehefrau sind je zur Hälfte Eigentümer eines zu Gewerbezwecken vermieteten Grundstücks. Der Mietvertrag ist zwischen dem Mieter und der Grundstücksgemeinschaft geschlossen. Die Grundstücksgemeinschaft tritt den Mietern gegenüber als Schuldner der Leistung auf, sodass ihr die Vermietungsleistung zuzurechnen ist. Die Grundstücksgemeinschaft (Bruchteilsgemeinschaft) wird mit der Vermietung selbstständig, nachhaltig und zur Erzielung von Einnahmen und damit als Unternehmer i. S. des § 2 Abs. 1 UStG tätig. Dagegen werden weder der Ehemann noch die Ehefrau mit ihrem Miteigentumsanteil unternehmerisch tätig (vgl. Abschn. 2.1 Abs. 2 UStAE). Wäre der Mietvertrag nur mit einem der Ehegatten abgeschlossen worden, könnte die Grundstücksgemeinschaft nicht als Unternehmer angesehen werden.

Reine Innengesellschaften (z. B. typische oder atypische stille Gesellschaften) können mangels Auftreten nach außen nicht die Unternehmereigenschaft erfüllen.

34 Die unternehmerische Tätigkeit der Personengesellschaft muss auf die Erzielung von Einnahmen gerichtet sein. Die Absicht, Gewinn zu erzielen, ist nicht erforderlich. Einnahmeerzielung ist auch dann gegeben, wenn der Personenzusammenschluss nur mit seinen Mitgliedern Leistungen austauscht und dafür einen Kostenbeitrag erhebt. So ist z. B. auch die Eigentümergemeinschaft eines Einkaufszentrums mit ihren typischen Leistungen an die Eigentümer der Läden – z. B. Wärmelieferungen oder Gemeinschaftswerbung – Unternehmer, obwohl sie nur die Kosten an ihre Mitglieder weiterberechnet. Andererseits genügt es für die Annahme eines unmittelbaren Zusammenhangs im Sinne eines Austausches von Leistung und Gegenleistung nicht schon, dass die Mitglieder einer Personenvereinigung lediglich gemeinsam die Kosten für den Erwerb und die Unterhaltung eines Wirtschaftsguts tragen, das sie gemeinsam nutzen wollen oder nutzen.

Die *Unternehmereigenschaft* von natürlichen Personen und Personenzusammenschlüssen *beginnt* bereits mit dem ersten nach außen erkennbaren, auf eine Unternehmertätigkeit gerichteten Tätigwerden, den sog. Vorbereitungshandlungen, wenn: **35**

a) die spätere Ausführung entgeltlicher Leistungen ernsthaft beabsichtigt ist und
b) die Ernsthaftigkeit dieser Absicht durch objektive Merkmale nachgewiesen oder glaubhaft gemacht wird.

Leistungsbezüge zur Vorbereitung entgeltlicher Leistungen, die objektiv und zweifelsfrei erkennbar im Zusammenhang mit einer beabsichtigten unternehmerischen Tätigkeit stehen, **unternehmensbezogene Vorbereitungshandlungen,** sind in Abschn. 2.6 Abs. 2 UStAE beispielhaft aufgezählt. Der Vorsteuerabzug im Zusammenhang mit solchen Vorbereitungshandlungen bleibt auch dann erhalten, wenn es später nicht zur Ausführung von Leistungen gegen Entgelt kommt. Die Unternehmereigenschaft würde unabhängig von den erfolglosen Vorbereitungshandlungen nicht rückwirkend, sondern erst mit der Aufgabe der beabsichtigten Tätigkeit wegfallen, vgl. Abschn. 2.6 Abs. 1 UStAE.

Die Unternehmereigenschaft von natürlichen Personen und Personenzusammenschlüssen endet mit dem letzten Tätigwerden, d.h. wenn der Unternehmer alle Rechtsbeziehungen, die mit dem Unternehmen in Zusammenhang stehen (einschließlich dem Rechtsverhältnis zwischen der Gesellschaft und dem Finanzamt) abgewickelt hat (vgl. Abschn. 2.6 Abs. 6 UStAE). **36**

3. Juristische Personen als Unternehmer

a) Voraussetzungen

Auch juristische Personen gelten als Unternehmer, wenn sie alle Merkmale des § 2 Abs. 1 UStG erfüllen, also eine gewerbliche oder berufliche Tätigkeit selbstständig ausüben, indem sie nachhaltig zur Erzielung von Einnahmen tätig werden. Für die weitere Beurteilung der Unternehmereigenschaft ist zwischen juristischen Personen des Privatrechts und juristischen Personen des öffentlichen Rechts zu unterscheiden. Juristische Personen des Privatrechts sind zum Beispiel Aktiengesellschaften (AG), Gesellschaften mit beschränkter Haftung (GmbH), Kommanditgesellschaften auf Aktien (KGaA) und Genossenschaften. Juristische Personen des öffentlichen Rechts sind insbesondere die Gebietskörperschaften (Bund, Länder, Gemeinden oder Gemeindeverbände, Zweckverbände), öffentlich-rechtliche Religionsgemeinschaften, Innungen, Handwerkskammern aber auch Stiftungen und Anstalten des öffentlichen Rechts (z.B. Rundfunkanstalten des öffentlichen Rechts). **37**

Gem. § 2 Abs. 3 S. 1 UStG sind die juristischen Personen des öffentlichen Rechts nur mit ihren **Betrieben gewerblicher Art** und ihren land- und forstwirtschaftlichen Betrieben gewerblich oder beruflich tätig. Zur Prüfung, **38** ob ein Betrieb gewerblicher Art vorliegt, ist das Körperschaftsteuerrecht heranzuziehen (§ 1 Abs. 1 Nr. 6, § 4 KStG). Ob die juristische Person des öffentlichen Rechts mit einem land- und forstwirtschaftlicher Betrieb unternehmerisch tätig wird, ist nach den gleichen Merkmalen zu beurteilen, die im Einkommensteuer- und Gewerbesteuerrecht gelten (vgl. Abschn. 2.11 Abs. 5 u. 17 UStAE).

Darüber hinaus gelten bestimmte in § 2 Abs. 3 S. 2 UStG genannte Tätigkeiten, auch wenn sie in Ausübung der öffentlichen Gewalt bewirkt werden, stets als gewerblich oder beruflich (vgl. Abschn. 2.11 Abs. 6 UStAE). Das Unternehmen einer juristischen Person des öffentlichen Rechts erstreckt sich auf alle Tätigkeitsbereiche i. S. des § 2 Abs. 3 UStG.

39 Juristische Personen des Privatrechts, wie die GmbH, die AG oder die KGaA, werden regelmäßig gewerblich oder beruflich, d. h. nachhaltig mit Einnahmeerzielungsabsicht tätig (in Abgrenzung dazu, vgl. Abschn. 2.10 Abs. 10, Beispiel 5 UStAE). Die Unternehmereigenschaft von Kapitalgesellschaften beginnt nicht erst mit den Vorbereitungshandlungen der in das Handelsregister eingetragenen und damit zivilrechtlich entstandenen Kapitalgesellschaft. Bereits die Tätigkeit der Vorgesellschaft, die mit Abschluss des notariellen Gesellschaftsvertrags einsetzt, ist der künftigen Kapitalgesellschaft zuzurechnen und lässt bei Vorlage von objektiven Merkmalen (vgl. Abschn. 2.6 UStAE) die Unternehmereigenschaft der juristischen Person des Privatrechts beginnen.

Die Unternehmereigenschaft endet nicht mit der Löschung der Gesellschaft im Handelsregister, sondern existiert umsatzsteuerlich solange weiter, bis alle Rechtsbeziehungen, einschließlich dem Rechtsverhältnis zwischen ihr und dem Finanzamt abgewickelt sind.

40 Eine juristische Person handelt stets selbstständig, es sei denn sie ist nach dem Gesamtbild der tatsächlichen Verhältnisse finanziell, wirtschaftlich und organisatorisch in ein anderes Unternehmen eingegliedert. Gem. § 2 Abs. 2 Nr. 2 UStG liegt dann eine umsatzsteuerliche Organschaft vor (Abschn. 2.2 Abs. 6 UStAE), vgl. dazu Besonderheiten der Organschaft, Rn. 570 ff.

41–47 *frei*

b) Unternehmen

48 Zum Unternehmen gehört die gesamte gewerbliche oder berufliche Tätigkeit des Unternehmers (§ 2 Abs. 1 Satz 2 UStG). Dieser Grundsatz bedeutet, dass ein Unternehmer zwar die unterschiedlichsten wirtschaftlichen Tätigkeiten ausführen kann oder die verschiedenartigsten Betriebe unterhalten kann, umsatzsteuerlich nach dem **Grundsatz der Unternehmenseinheit** aber nur **ein Unternehmen** haben kann.

49 Nicht zum Unternehmen gehören die Handlungen, die außerhalb des gewerblichen oder beruflichen Tätigkeitsbereichs des Unternehmers erfolgen und damit im **außerunternehmerischen Bereich** liegen. Der Abgrenzung des unternehmerischen vom außerunternehmerischen Bereich kommt eine erhebliche Bedeutung zu, insbesondere auch für den Vorsteuerabzug (§ 15 UStG) und die unentgeltlichen Wertabgaben (§ 3 Abs. 1 b u. Abs. 9 a UStG).

Der Umfang der unternehmerischen Tätigkeit ist zugleich von Bedeutung für die Abgrenzung des **Unternehmensvermögens** vom nicht unternehmerischen Vermögen. Sonstige Leistungen werden nur insoweit dem Unternehmen zugeordnet, als sie für unternehmerische Zwecke Verwendung finden (vgl. Abschn. 15.2 Abs. 21 Nr. 1 sowie Abschn. 3.4 Abs. 4 UStAE). **50**

Die Zuordnung eines Gegenstands zum Unternehmen i.S. des § 2 Abs. 1 Satz 2 UStG richtet sich nicht nach seiner ertragsteuerlichen Einordnung als Betriebs- oder Privatvermögen (vgl. Abschn. 3.3 Abs. 1 Satz 2 UStAE).

Beispiel:

Unternehmer U nutzt ein Gebäude, das sich in seinem ertragsteuerlichen Betriebsvermögen befindet, bis zum 31.12.07 für eigene gewerbliche Zwecke. Zum 1.1.08 entnimmt U das Gebäude aus seinem Betriebsvermögen in sein Privatvermögen und vermietet es an Dritte ausschließlich zu Wohnzwecken.

Obwohl zum 31.12.07 eine ertragsteuerliche Entnahme (§ 4 Abs. 1 Satz 2 EStG) aus dem Betriebsvermögen in das Privatvermögen des U stattfindet, hat das Gebäude den Bereich der gewerblichen oder beruflichen Tätigkeit i.S. des § 2 Abs. 1 UStG des U nicht verlassen. Da auch die Vermietung zu Wohnzwecken zum Unternehmen des U (§ 2 Abs. 1 S. 2 UStG) zählt, führt die ertragsteuerliche Entnahme nicht zu einer unentgeltlichen Wertabgabe i.S. des § 3 Abs. 1 b Nr. 1 UStG aus dem Unternehmen.

Die vom Unternehmer getroffene Entscheidung über die Zuordnung eines Gegenstandes zum Unternehmensvermögen hat folgende Auswirkungen:

- Die beim Erwerb und ggf. der laufenden Unterhaltung des Gegenstands anfallenden Vorsteuern berechtigen bei vorliegenden übrigen Voraussetzungen zum Vorsteuerabzug nach § 15 UStG.
- Bei vorübergehender außerunternehmerischer Nutzung des Gegenstandes ist ggf. eine unentgeltliche Wertabgabe nach § 3 Abs. 9 a Nr. 1 UStG gegeben.
- Eine endgültige Überführung des Gegenstands in den außerunternehmerischen Bereich führt ggf. zu einer unentgeltlichen Wertabgabe nach § 3 Abs. 1 b Nr. 1 UStG.
- Bei Veräußerung des Gegenstands liegt stets eine Lieferung im Rahmen des Unternehmens als Grund- oder Hilfsgeschäft vor (vgl. Abschn. 2.7 Abs. 2 UStAE).

Unternehmenstypische Gegenstände (z.B. Rohstoffe bei einem Produktionsbetrieb, Waren bei einem Einzelhandelsbetrieb) gehören stets zum Unternehmensvermögen, wenn sie im wirtschaftlichen Eigentum des Unternehmers stehen. Die Zuordnung nicht unternehmenstypischer Gegenstände zum Unternehmensvermögen erfolgt immer, wenn sie ausschließlich zur Ausführung steuerbarer Umsätze verwendet werden. **51**

Bei gemischter, d.h. teilweise unternehmerischer und teilweise nichtunternehmerischer Nutzung von Gegenständen erfolgt die Zuordnung auf unterschiedliche Weise. Dabei ist zwischen vertretbaren Sachen (§ 91 BGB) und einheitlichen Gegenständen zu unterscheiden: **52**

Vertretbare Sachen werden nur **mit dem Anteil** dem Unternehmensvermögen zugeordnet, **den der Unternehmer für das Unternehmen bezieht** (vgl. Abschn. 15.2 Abs. 21 Nr. 1 UStAE). **53**

Beispiel:

Ein Möbelfabrikant erwirbt von seinem Brennstoffhändler Heizöl, das zu 2/3 für seinen Betrieb und zu 1/3 für sein privates Einfamilienhaus bestimmt ist.

Das Heizöl als aufteilbarer Gegenstand (vertretbare Sache, § 91 BGB) wird beim Bezug sofort aufgeteilt in den für das Unternehmen und den für den nicht unternehmerischen Bereich bezogenen Teil. Nur der für das Unternehmen bestimmte Teil wird Unternehmensvermögen und führt zu einem Vorsteueranspruch (§ 15 UStG).

54 Für einheitliche Gegenstände, die der Unternehmer sowohl unternehmerisch als auch nichtunternehmerisch verwendet, hat er unter den Voraussetzungen, die durch die Auslegung des Tatbestandsmerkmals „für sein Unternehmen" in § 15 Abs. 1 UStG zu bestimmen sind, grundsätzlich die Wahl der Zuordnung zum Unternehmen (vgl. Abschn. 3.3 Abs. 1 Satz 4 u. Abschn. 15.2 Abs. 21 Nr. 2 UStAE). Für Grundstücke greift allerdings seit dem 1.1.2011 die Zuordnungsbeschränkung des § 15 Abs. 1 b UStG, nach der nur noch der unternehmerisch genutzte Teil dem Unternehmensvermögen zugeordnet werden darf. Die Zuordnung des Gegenstandes zum Unternehmen setzt voraus, dass ein objektiver und erkennbarer wirtschaftlicher Zusammenhang mit der unternehmerischen Tätigkeit gegeben ist. Der Unternehmer hat die Entscheidung über die Zuordnung zum Unternehmen im Zeitpunkt des Leistungsbezugs (vgl. Abschn. 15.2 Abs. 17 UStAE) zu treffen. Er kann den einheitlichen gemischt genutzten Gegenstand

1. insgesamt seinem außerunternehmerischen Bereich zuordnen.
2. **insgesamt dem unternehmerischen Bereich** zuordnen, wenn er zu mindestens 10% im Unternehmen verwendet wird (§ 15 Abs. 1 Satz 2 UStG).
3. **quotal** entsprechend dem – ggf. geschätzten – unternehmerischen Nutzungsanteil seinem Unternehmen und im Übrigen seinem außerunternehmerischen Bereich zuordnen.

55 Hat der Unternehmer den Gegenstand insgesamt dem nichtunternehmerischen Bereich zugeordnet bzw. musste er diese Zuordnung bei Unterschreitung der 10%-Grenze vornehmen, ist der Vorsteuerabzug aus dem Erwerb dieses Gegenstandes dem Grunde nach ausgeschlossen (§ 15 Abs. 1 UStG) und kann auch durch „Sacheinlage" zu einem späteren Zeitpunkt nicht nachgeholt werden (vgl. Abschn. 15.2 Abs. 14 Satz 2 UStAE). Wird ein nicht zum Unternehmen gehörender Gegenstand gelegentlich dem Unternehmen überlassen, kann jedoch die in diesem Zusammenhang anfallende Steuer, soweit sie unmittelbar und ausschließlich auf die unternehmerische Verwendung entfällt in voller Höhe oder im Verhältnis der unternehmerischen zur nichtunternehmerischen Nutzung (z.B. aus der Wartung eines nicht dem Unternehmen zugeordneten Kraftfahrzeugs) unter den übrigen Voraussetzungen des § 15 UStG abgezogen werden (Abschn. 15.2 Abs. 21 Nr. 2 Buchst. a Satz 6 u. 7 UStAE).

Hat der Unternehmer einen mindestens zu 10% unternehmerisch genutzten Gegenstand insgesamt dem unternehmerischen Bereich zugeordnet, ist der Anspruch auf Vorsteuerabzug aus dem Erwerb und der laufenden Unterhaltung des Gegenstandes dem Grunde nach gegeben (§ 15 Abs. 1 UStG) und der Höhe nach von den weiteren Voraussetzungen des § 15 Abs. 2 bis 4 UStG abhängig. Die nichtunternehmerische Verwendung des einheitlich dem Unternehmen zugeordneten Gegenstandes unterliegt zum Ausgleich dafür nach § 3 Abs. 9 a Nr. 1 UStG dann als unentgeltliche Wertabgabe der Umsatzsteuer, wenn die unternehmerische Nutzung des Gegenstandes zum vollen oder teilweisen Vorsteuerabzug berechtigt hat (vgl. Abschn. 3.4 Abs. 2 u. Abschn. 15.2 Abs. 21 Nr. 2 Buchst. a Satz 2 UStAE).

Wählt der Unternehmer die sog **„quotale Zuordnung"** des Gegenstandes zum Unternehmensvermögen nach der Nummer 3, ist der dem nichtunternehmerischen Bereich zugeordnete Teil und der dem Unternehmen zugeordnete Teil jeweils als separater Gegenstand anzusehen. Der Teil, der nicht für das Unternehmen bezogen wird, erfüllt weder die Voraussetzungen des § 15 Abs. 1 UStG für den Vorsteuerabzug noch für die Besteuerung einer unentgeltlichen Wertabgabe i.S. des § 3 Abs. 9 a Nr. 1 UStG. Der Vorsteuerabzug aus dem Erwerb dieses Gegenstandes ist somit nur für den dem Unternehmen zugeordneten Teil (als separater Gegenstand) unter den weiteren Voraussetzungen des § 15 UStG möglich. Wird der dem Unternehmen zugeordnete Teil, der ganz oder teilweise zum Vorsteuerabzug berechtigt hat, im weiteren Verlauf zu außerunternehmerischen Zwecken verwendet, kommt es nur bezogen auf diesen Teil zu einer unentgeltlichen Wertabgabe (§ 3 Abs. 9 a Nr. 1 UStG). Wird dagegen der nicht dem Unternehmen zugeordnete Teil später auch unternehmerisch verwendet, ist (nachträglich) eine Berichtigung des Vorsteuerabzugs aus der Anschaffung oder Herstellung des Gegenstandes nicht möglich (§ 15 a UStG). Selbst, wenn der Gegenstand in einem auf das Bezugsjahr folgenden Kalenderjahr zu 100% unternehmerisch verwendet wird und nach den oben genannten Zuordnungsgrundsätzen dann einheitlich dem Unternehmen zuzurechnen ist, bleibt es infolge der im Erwerbszeitpunkt getroffenen Zuordnungsentscheidung bei dem nur anteiligen Vorsteuerabzug aus der Anschaffung oder Herstellung des Gegenstandes. 56

Die Wahlmöglichkeit des Unternehmers bei der Zuordnung einheitlicher Gegenstände zum Unternehmensvermögen erfordert im Zeitpunkt der Anschaffung, Herstellung oder Einlage eines gemischt genutzten Gegenstandes eine nach außen durch Beweisanzeichen gestützte Zuordnungsentscheidung des Unternehmers. Aus Sicht der Finanzverwaltung ist die Geltendmachung des Vorsteuerabzugs regelmäßig ein wichtiges Indiz für, die Unterlassung des möglichen Vorsteuerabzugs ein ebenso gewichtiges Indiz gegen die Zuordnung eines Gegenstands zum Unternehmen. Dieser muss aber spätestens bis zum 30.5. des Folgejahres mit der Umsatzsteuererklärung ausgeübt werden. Ist ein Vorsteuerabzug nicht möglich, weil der Gegenstand z.B. von einem Nichtunternehmer angeschafft wurde oder ausschließlich zur Ausführung steuerfreier vorsteuerschädlicher Umsätze im Rahmen des Unternehmens dient, werden andere Beweisanzeichen, unter anderem die ertragsteuerliche Zuordnung des Wirtschaftsguts oder die ertragsteuerliche Behandlung der laufenden Aufwendungen, herangezogen. Gibt es keine Beweisanzeichen für die Zurechnung zum Unternehmensvermögen aufseiten des Unternehmers, ist von einer Zuordnung zum nichtunternehmerischen Bereich auszugehen (vgl. Abschn. 15.2 Abs. 21 Nr. 2 Sätze 5–8 UStAE). 57

Bei der Anschaffung oder Herstellung eines Gebäudes, für das der Vorsteuerabzug gem. § 15 Abs. 1 b UStG nicht oder nur teilweise möglich ist, muss der Unternehmer gegenüber dem Finanzamt durch eine **schriftliche Erklärung** dokumentieren, in welchem Umfang er das Gebäude dem Unternehmen zugeordnet hat. Diese hat er spätestens bis zur Abgabe der Umsatzsteu- 58 ererklärung des Jahres, in dem die jeweilige Leistung im Zusammenhang mit der Anschaffung oder Herstellung des Gebäudes bezogen worden ist, vorzunehmen (vgl. Abschn. 15.2 Abs. 21 Nr. 2 Buchst. b UStAE).

59–74 *frei*

II. Lieferungen und sonstige Leistungen

75 Insbesondere für die abweichenden Ortsbestimmung § 3 und § 3 a UStG unterscheidet das UStG zwischen Lieferungen und sonstigen Leistungen.

1. Lieferung

76 Der **umsatzsteuerliche Leistungsbegriff** umfasst Lieferungen und sonstige Leistungen. **Lieferungen** sind nach § 3 Abs. 1 UStG Leistungen, durch die ein Unternehmer einen Abnehmer befähigt, im eigenen Namen über einen Gegenstand zu verfügen (Verschaffen der Verfügungsmacht). Geliefert werden können nur Gegenstände (vgl. Abschn. 3.1 Abs. 1 UStAE). Unter Gegenständen im Sinne des UStG sind körperliche Gegenstände aller Art zu verstehen, weiterhin Sacheinheiten (z.B. komplette Maschinenanlagen) und Sachgesamtheiten (wie z. B: Warenlager). Darüber hinaus gehören dazu solche Wirtschaftsgüter, die im Wirtschaftsverkehr wie Sachen gehandelt werden (Strom, Wärme, Gas, Wasserkraft, Firmenwerte). Rechte (Patente, Lizenzen u.a.) sind dagegen keine Gegenstände, die im Rahmen einer Lieferung übertragen werden können. Die Übertragung von Rechten stellt eine sonstige Leistung dar.

77 Die Verschaffung der Verfügungsmacht an Gegenständen geht bis auf die Fälle, in denen der Lieferer den Gegenstand befördert oder versendet (vgl. Abschn. 13.1 Abs. 2 Satz 5 UStAE) in der Regel einher mit der Übertragung des zivilrechtlichen Eigentums. Der Unternehmer kann die **Verfügungsmacht** wie folgt verschaffen:

- unmittelbar durch Übergabe an den Abnehmer,
- durch Übergabe an einen vom Abnehmer beauftragten Dritten,
- durch Übergabe von einem Beauftragten des Unternehmers an den Abnehmer,
- durch Übergabe von einem Beauftragten des Unternehmers an einen Beauftragten des Abnehmers.

Beispiel:

Maschinenhändler A erhält von B den Auftrag, eine Maschine zu liefern. Er übergibt die Maschine einem von B beauftragten Spediteur S, der sie unmittelbar an einen von B bestimmten Ort transportiert.
Es handelt sich um den Fall einer Verschaffung der Verfügungsmacht durch Übergabe an einen vom Abnehmer beauftragten Dritten.

78 Zivilrechtliche Eigentumsübertragung und Verschaffen der Verfügungsmacht fallen in den meisten Fällen zusammen. In einigen Fällen erfolgt die

Verschaffung der Verfügungsmacht jedoch ohne Rücksicht auf den zivilrechtlichen Eigentumsübergang. So erhält der Abnehmer z.B. bei **Verkauf unter Eigentumsvorbehalt** (§ 449 BGB) mit der Warenlieferung die Verfügungsmacht (wirtschaftliches Eigentum) an dem Gegenstand und löst damit den Liefertatbestand aus. Das zivilrechtliche Eigentum erwirbt er jedoch erst mit Zahlung der letzten Rate. Bei der **Verkaufskommission** (§ 383 HGB) wird ein Kommissionär mit dem Verkauf der Ware an Dritte beauftragt. Obgleich der Kommissionär zivilrechtlich zu keinem Zeitpunkt seiner Tätigkeit Eigentümer der Ware wird, gilt gem. § 3 Abs. 3 UStG, dass die Verfügungsmacht mit dem Weiterverkauf der Ware zunächst von dem Kommittenten auf ihn und dann erst gem. § 3 Abs. 1 UStG von ihm auf den Abnehmer übergeht (sog. Doppelumsatz). Der Kommissionär tritt gegenüber dem Abnehmer der Ware im eigenen Namen auf, so dass ihm diese Tätigkeit – wie einem Eigenhändler – als Lieferung nach § 3 Abs. 1 UStG zugerechnet wird. Auch bei der Veräußerung von Diebesgut durch den Dieb handelt es sich – unabhängig von der zivilrechtlichen Beurteilung – um einen Fall der Verschaffung von Verfügungsmacht. Das zivilrechtliche Eigentum kann der Dieb auf Grund rechtswidriger Aneignung der Ware jedoch nicht verschaffen.

Andererseits ist der Übergang des bürgerlich-rechtlichen Eigentums in einigen Fällen auch ohne Verschaffen der Verfügungsmacht denkbar, zB. bei der **Sicherungsübereignung**. **79**

Einer Lieferung gegen Entgelt ist nach § 3 Abs. 1 b gleichgestellt: **80**

Nr. 1 die Entnahme eines Gegenstandes durch einen Unternehmer aus seinem Unternehmen für Zwecke, die außerhalb des Unternehmens liegen;

Nr. 2 die unentgeltliche Zuwendung eines Gegenstandes durch einen Unternehmer an sein Personal für dessen privaten Bedarf, sofern keine Aufmerksamkeiten vorliegen;

Nr. 3 jede andere unentgeltliche Zuwendung eines Gegenstandes, ausgenommen Geschenke von geringem Wert und Warenmuster für Zwecke des Unternehmens.

Voraussetzung für eine Lieferung im Sinne des § 3 Abs. 1 b Nr. 1, 2 oder 3 ist nach Satz 2 dieses Absatzes, dass der Gegenstand oder seine Bestandteile zum vollen oder teilweisen Vorsteuerabzug berechtigt haben.

Ebenfalls einer Lieferung gegen Entgelt gleichgestellt ist nach § 3 Abs. 1 a UStG das **unternehmensinterne Verbringen** eines Gegenstandes aus dem Inland **in das übrige Gemeinschaftsgebiet** (z.B. von einer inländischen Betriebsstätte in eine Betriebsstätte desselben Unternehmers im übrigen Gemeinschaftsgebiet). Der Gegenstand muss zu Beginn des Transports bereits zum Unternehmensvermögen gehört haben und im Bestimmungsmitgliedstaat vom Unternehmer auf Dauer verwendet oder verbraucht werden. Diese Voraussetzung ist erfüllt, wenn der Gegenstand in der Betriebsstätte im übrigen Gemeinschaftsgebiet dem Anlagevermögen zugeführt oder dort als Roh-, Hilfs- oder Betriebsstoff verarbeitet oder verbraucht wird. Eine Verwendung auf Dauer liegt auch dann vor, wenn der Unternehmer den Gegenstand in der konkreten Absicht in den Bestimmungsmitgliedstaat verbringt, um ihn dort unverändert an noch nicht feststehende Abnehmer zu verkaufen (z.B. auf dem Wochenmarkt). Im Übrigen vgl. Abschn. 1a.2 UStAE.

Beispiel:

Der deutsche Unternehmer D verbringt eine Maschine aus seinem Unternehmen in Deutschland in den Zweigbetrieb nach Frankreich, um sie dort auf Dauer einzusetzen. Das Verbringen der Maschine vom Inland nach Frankreich zum dauerhaften Verbleib gilt nach § 3 Abs. 1 a UStG als Lieferung gegen Entgelt innerhalb des Unternehmens von D.

2. Ort der Lieferung

81 Lieferungen sind nur dann steuerbare Umsätze, wenn sie im Inland ausgeführt werden. Daher ist die Bestimmung des Lieferorts von großer Bedeutung. Der Ort der Lieferung ist grundsätzlich davon abhängig, ob der Liefergegenstand im Zusammenhang mit der Verschaffung der Verfügungsmacht befördert bzw. versendet (§ 3 Abs. 6 UStG) wird, oder ob die Verfügungsmacht ohne Warenbewegung verschafft wird (§ 3 Abs. 7 UStG).

82 Wenn der leistende Unternehmer oder der Leistungsempfänger den Liefergegenstand befördert oder versendet, gilt die Lieferung nach der Grundregel des **§ 3 Abs. 6 UStG** dort als ausgeführt, wo die Beförderung bzw. Versendung an den Abnehmer beginnt. **Befördern** ist jede Fortbewegung eines Gegenstandes durch den Unternehmer oder den Abnehmer selbst oder durch einen vom Unternehmer oder Abnehmer beauftragten unselbstständigen Erfüllungsgehilfen (§ 3 Abs. 6 Satz 2 UStG). **Versenden** liegt vor, wenn mit der Fortbewegung des Gegenstandes ein selbstständiger Dritter (Spediteur, Frachtführer) beauftragt wird. Dabei beginnt die Versendung mit der Übergabe des Gegenstandes an den Beauftragten (§ 3 Abs. 6 Sätze 3, 4 UStG).

83 Von einer **gebrochenen Versendung oder Beförderung** spricht man, wenn der Transportvorgang etappenweise durch den leistenden Unternehmer oder den Abnehmer erfolgt. Lässt der liefernde Unternehmer den Gegenstand durch mehrere selbstständig Beauftragte zum Abnehmer befördern (gebrochene Versendungslieferung) und steht bei Übergabe an den ersten selbstständigen Beauftragten fest, dass der Liefergegenstand an den Abnehmer gelangt, gilt die Lieferung am Ort der Übergabe an den ersten selbstständigen Beauftragten als ausgeführt (vgl. Abschn. 3.12 Abs. 3 UStAE). Befördert der Lieferer den Gegenstand zu einem selbstständigen Beauftragen, der in seinem Auftrag den Weitertransport übernimmt (gebrochene Beförderungsversendungslieferung), gilt die Lieferung bereits mit Beginn der Beförderung durch den Lieferer als ausgeführt, wenn zu Beginn des Transports der Abnehmer feststeht.

Beispiel:

A aus New York bestellt bei einer Kölner Firma ein Klavier. Der Kölner Unternehmer beauftragt einen Spediteur mit dem Transport bis in den Hamburger Freihafen. Ein Reeder verfrachtet die Ware nach New York, wo ein örtliches Speditionsunternehmen die Auslieferung an den Abnehmer übernimmt.

Die Lieferung ist in Köln erbracht, wenn der erste Spediteur alle weiteren Frachtpapiere erhält, die notwendig sind, um die Ware zum Abnehmer gelangen zu lassen. Steht zum Zeitpunkt des Transportes in den Hamburger Freihafen der Abnehmer des Klaviers noch nicht fest, handelt es sich bei dem Transport in den Hamburger Freihafen um ein rechtsgeschäftsloses Verbringen (einen innerbetrieblichen Vorgang) der Kölner Firma. Steht erst bei Auftragserteilung an den Reeder der Abnehmer fest, gilt die Lieferung mit Übergabe des Klaviers an den Reeder im Freihafen Hamburg als ausgeführt (§ 3 Abs. 6 UStG). Die Lieferung ist nicht steuerbar, weil der Freihafen nicht zum Inland gehört (§ 1 Abs. 2 S. 1 UStG).

Umkartierung bedeutet die neue Adressierung von bereits rollender Ware, z.B. an eine andere als die ursprünglich vorgesehene Adresse des Abnehmers. Wird Ware auf dem Transportweg an einen anderen Abnehmer adressiert, kommt es zu einer neuen Lieferung. Der Ort dieser Lieferung liegt dort, wo der Transportunternehmer die Umkartierung vornimmt. 84

Beispiel:

Eine von dem Kölner Großhändler bereits in Bewegung gesetzte Lieferung von Frischobst an einen Lütticher Einzelhändler wird von diesem telefonisch storniert. Der Großhändler erreicht den Fuhrunternehmer erst, als dieser schon in Lüttich/Belgien angekommen ist und nennt ihm einen neuen Abnehmer in Aachen. Der Fuhrunternehmer ändert seine Frachtpapiere entsprechend.

Da der Kaufvertrag mit dem Lütticher Einzelhändler nicht erfüllt wird, erfolgt letztlich keine Lieferung an den Lütticher Einzelhändler. Der Kölner Großhändler verschafft dem Aachener Abnehmer die Verfügungsmacht am Gegenstand (§ 3 Abs. 1 UStG). Der Ort der Lieferung an den Aachener Abnehmer ist Lüttich (§ 3 Abs. 6 UStG).

Wird der Liefergegenstand nicht befördert oder versendet, wird die Lieferung nach **§ 3 Abs. 7 Satz 1 UStG** dort ausgeführt, wo sich der Gegenstand zur Zeit der Verschaffung der Verfügungsmacht befindet. Fälle, in denen der Liefergegenstand nicht befördert oder versendet wird, sind z.B.: 85

- Lieferungen/Werklieferungen von/an unbeweglichen Gegenständen,
- Verschaffung der Verfügungsmacht durch Eigentumsübertragungen in Form von Ersatzübergaben (§§ 929 Satz 2 bis 931 BGB),
- Verschaffung der Verfügungsmacht durch Übergabe handelsrechtlicher Traditionspapiere (§§ 363 Abs. 2, 424, 450 HGB),
- Lieferung von sicherungsübereigneten Gegenständen durch den Sicherungsgeber an den Sicherungsnehmer im Zeitpunkt der Verwertung.

Die Sonderregelung zur Ortsbestimmung bei Reihengeschäften (§ 3 Abs. 7 Satz 2 UStG) werden in den Rn. 580 näher beschrieben.

Bei allen Beförderungs- und Versendungslieferungen müssen neben dem § 3 Abs. 6 UStG die in § 3 Abs. 5 a UStG genannten Sonderfälle des § 3 Abs. 8 sowie §§ 3 c, 3 e und 3 g UStG zur Bestimmung des Lieferortes beachtet werden. Bei den grenzüberschreitenden Beförderungs- und Versendungslieferungen nach § 3 Abs. 8, § 3 c und § 3 g UStG wird der Lieferort fiktiv vom Ursprungsland, in dem die Beförderung oder Versendung beginnt, an den Zielort und damit in das Bestimmungsland verlagert. 86

Der Lieferort ist nach **§ 3 Abs. 8 UStG** zu bestimmen, wenn 87

- der Liefergegenstand befördert oder versendet wird,
- vom Drittlandsgebiet ins Inland gelangt
- und der Lieferer (oder sein Beauftragter) Schuldner der EUSt ist.

Wer Schuldner der Einfuhrumsatzsteuer ist, lässt sich normalerweise an den vereinbarten Lieferbedingungen erkennen. Lautet die Lieferbedingung verzollt und versteuert oder frei Haus, ist regelmäßig der Lieferer (oder ein von ihm beauftragter Spediteur) Zollbeteiligter und damit Schuldner der EUSt. Bei Lieferkonditionen frei Grenze oder ab Werk wird der Abnehmer (oder ein von ihm beauftragter Spediteur) für den Transport über die Grenze verantwortlich sein und damit selbst zum Schuldner der EUSt. Wird der Gegen- 88 stand durch den Abnehmer oder dem von diesem beauftragten Spediteur im Inland zum (zoll- und steuerrechtlich) freien Verkehr abgefertigt, wird § 3 Abs. 8 UStG nicht angewendet.

Für die Lieferung von Gas oder Elektrizität geht die Ortsbestimmung nach § 3 g UStG der Regelung nach § 3 Abs. 8 UStG vor (vgl. Abschn. 3.13 Abs. 3 UStAE).

89 Die Bestimmung des Lieferortes erfolgt nach der sog. Versandhandelsregelung des **§ 3 c UStG,** wenn

- der Liefergegenstand **durch den Unternehmer** befördert oder versendet wird,
- vom Inland ins übrige Gemeinschaftsgebiet,
- an einen Endverbraucher oder diesen gleichgestellte Abnehmer (§ 3 c Abs. 2 UStG) gelangt
- und die maßgebende Lieferschwelle durch den Lieferer in diesem Bestimmungsland überschritten ist oder der Lieferer auf ihre Anwendung verzichtet (§ 3 c Abs. 3, 4 UStG). Die Lieferung wird unter diesen Voraussetzungen dort ausgeführt, wo die Beförderung oder Versendung des Gegenstandes endet. Der Liefergegenstand wird dann im Bestimmungsland der USt unterworfen (vgl. Abschn. 3c.1 UStAE), d.h. der leistende Unternehmer schuldet die USt für die Lieferung nach dem im Bestimmungsland geltenden Steuersatz und muss diesen Umsatz bei den zuständigen Finanzbehörden im Bestimmungsland (durch eine Registrierung ggf. mittels eines Fiskalvertreters) erklären.

Wird ein Gegenstand an Bord eines Schiffs, in einem Luftfahrzeug oder in einer Eisenbahn während der Beförderung zwischen zwei EU-Mitgliedstaaten geliefert, so gilt gem. **§ 3 e UStG** der Abgangsort des jeweiligen Beförderungsmittels im Gemeinschaftsgebiet als Ort der Lieferung (vgl. Abschn. 3e.1 UStAE).

Für die Lieferungen von Gas über das Erdgasnetz und von Elektrizität ist für den Ort der Lieferung gem. **§ 3 g UStG** zu unterscheiden, ob der Unternehmer die Lieferung an einen Wiederverkäufer oder an sonstige Abnehmer ausführt (vgl. Abschn. 3g.1 UStAE).

Nach § 3 Abs. 5 a i.V.m. § 3 g Abs. 1 UStG ist der Ort der Lieferung dort, **wo der Wiederverkäufer sein Unternehmen betreibt**. Führt der Unternehmer die Lieferung an eine Betriebsstätte (Abschn. 3a.1 Abs. 3 UStAE) des Wiederverkäufers aus, ist Lieferort der Ort der Betriebsstätte. Wiederverkäufer ist ein Unternehmer, der Erdgas und Elektrizität einkauft, um sie an andere Abnehmer zu liefern. Dabei darf der Verbrauch zu eigenen unternehmerischen Zwecken nur von untergeordneter Bedeutung sein.

Nach § 3 Abs. 5 a i.V.m. § 3 g Abs. 2 UStG gilt als Ort der Lieferung an sonstige Abnehmer der Ort, an dem die Energie tatsächlich verbraucht wird. Das ist grundsätzlich **der Ort, an dem sich der Zähler des Abnehmers befindet**. Wenn der Abnehmer die gelieferten Erdgas- bzw. Elektrizitätsmengen nicht vollständig verbraucht, können Überkapazitäten entstehen, die er an andere Abnehmer weiterliefern kann. Ein Lieferer von Überkapazitäten ist jedoch kein Wiederverkäufer i.S. des § 3 g Abs. 1 UStG. Der Ort dieser Lieferungen wird deshalb besonders bestimmt. Nach § 3 Abs. 5 a i.V.m. § 3 g Abs. 2 Satz 2 UStG gelten sie dort als ausgeführt, wo der Abnehmer der Überkapazitäten seinen Sitz, seinen Wohnsitz oder seine Betriebsstätte hat, wenn die Lieferung an eine Betriebsstätte erfolgt.

Grenzüberschreitende Lieferungen von Gas über das Erdgasnetz und von Elektrizität werden infolge der Bestimmung des Lieferortes nach § 3 g Abs. 1 u. 2 UStG stets in dem Staat besteuert, in dem der Abnehmer ansässig ist. Das gilt auch in Fällen des innergemeinschaftlichen Verbringens. Nach § 3 g Abs. 3 UStG sind deshalb die Vorschriften in § 1 a Abs. 2 UStG und in § 3 Abs. 1 a UStG nicht anzuwenden. Für Einfuhren aus dem Drittland gilt die Steuerbefreiung des § 5 Abs. 1 Nr. 6 UStG.

Die Lieferung von Flüssiggas in Gasflaschen oder Tankwagen bestimmt sich nach den allgemeinen Regeln zur Ortbestimmung § 3 Abs. 5 a i.V.m. Abs. 6 bzw. Abs. 8 UStG (vgl. Abschn. 3g.1 Abs. 1 Satz 2 UStAE).

3. Sonstige Leistung

a) Begriff

Nach § 3 Abs. 9 UStG sind unter **sonstigen Leistungen** alle Leistungen **90**
zu verstehen, die nicht Lieferungen sind. Die Abgrenzung der sonstigen Leistungen von den Lieferungen (Abschn. 3.5 UStAE) ist für die Bestimmung des Leistungsortes, des Zeitpunkts der Leistung, aber auch für die Beurteilung der Steuerbefreiung oder bei der Steuerpflicht für die Bestimmung des Steuersatzes von Bedeutung (Abschn. 3.10 Abs. 1 UStAE).

Der Begriff der sonstigen Leistung ist weit zu fassen. Sonstige Leistungen **91**
können in einem Tun, dem Dulden einer Handlung oder eines Zustands oder einem Unterlassen bestehen.

b) Arten sonstiger Leistungen

Auf Grund der weiten Definition des Leistungsbegriffs gibt es zahlreiche **92**
Spielarten der einzelnen Leistungsgruppen Tun, Dulden oder Unterlassen. Zu den positiven Tätigkeiten (Tun) gehören z.B.: Dienstleistungen aller Art, Werkleistungen von Handwerkern, Vermittlungsleistungen von Maklern und Beförderungsleistungen von Transportunternehmern. Eine sonstige Leistung in der Form einer Duldung liegt vor bei Miet- oder Pachtverträgen. Von Unterlassungsleistungen spricht man z.B. bei Wettbewerbsverzichtsabreden oder bei entgeltlichem Verzicht auf die Teilnahme an einer Ausschreibung. Sonstige Leistungen kommen auch bei einer Vielzahl von Finanzgeschäften vor. So stellen die Veräußerung von Wertpapieren, die Übertragung von Anteilen an einer Personen- oder Kapitalgesellschaft, die Hingabe von Darlehen oder die Abtretung von Forderungen sonstige Leistungen dar.

Enthält eine Leistung sowohl gegenstandsbezogene Elemente als auch Elemente einer sonstigen Leistung ist das Wesen der Leistung zu ermitteln, um festzustellen, ob der Unternehmer dem Abnehmer mehrere selbstständige Hauptleistungen oder eine einheitliche Leistung erbringt. Dabei ist auf die Sicht des Durchschnittsverbrauchers abzustellen (vgl. Abschn. 3.10 Abs. 1

UStAE). Die Einstufung einer einheitlichen Leistung als Lieferung oder sonstige Leistung richtet sich unter Berücksichtigung des Willens der Vertragsparteien nach dem wirtschaftlichen Gehalt der Leistung (vgl. Abschn. 3.5 Abs. 1 sowie 3.10 Abs. 3 UStAE). Danach ist z.B. die Abgabe von Speisen und Getränken zum Verzehr an Ort und Stelle eine einheitliche sonstige Leistung (Restaurationsumsatz), die dem Regelsteuersatz unterliegt. Davon abzugrenzen ist die bloße Lieferung von Speisen zum Mitnehmen, die dem ermäßigten Steuersatz (§ 12 Abs. 2 Nr. 1 i.V.m. der Anlage 2 zum UStG) unterliegt.

Einer sonstigen Leistung gegen Entgelt gleichgestellt ist nach § 3 Abs. 9 a UStG:

Nr. 1 die Verwendung eines dem Unternehmen zugeordneten Gegenstandes, der zum vollen oder teilweisen Vorsteuerabzug berechtigt hat, durch einen Unternehmer für Zwecke, die außerhalb des Unternehmens liegen, oder für den privaten Bedarf seines Personals, sofern keine Aufmerksamkeiten vorliegen;

Nr. 2 die unentgeltliche Erbringung einer anderen sonstigen Leistung durch den Unternehmer für Zwecke, die außerhalb des Unternehmens liegen, oder für den privaten Bedarf seines Personals, sofern keine Aufmerksamkeiten vorliegen.

Die weitere umsatzsteuerliche Behandlung der unentgeltlichen Wertabgaben enthalten die Rn. 111 ff. und 315.

93 Einen Sonderfall der sonstigen Leistung bildet nach § 3 Abs. 11 UStG die **Dienstleistungskommission**. Weitere Ausführungen s. Rn. 125.

94–95 *frei*

c) Ort der sonstigen Leistung

96 Anders als bei Lieferungen, deren Ausführung sich stets auf einen Zeitpunkt und einen bestimmten Ort leicht festlegen lassen, kann eine sonstige Leistung sich über einen Zeitraum und auch auf verschiedene Orte erstrecken.

Hinsichtlich des **Leistungszeitpunktes** gelten folgende Grundsätze: Die Leistung gilt in dem Zeitpunkt als erbracht, in dem der ihr zugrunde liegende Auftrag erfüllt und die Leistung vollendet ist. So erbringt z.B. ein Steuerberater, der mit der Erstellung von Steuererklärungen beauftragt ist, die sonstige Leistung mit Fertigstellung der maßgebenden Unterlagen. Bei befristeten oder unbefristeten **Dauerrechtsverhältnissen** gilt die sonstige Leistung grundsätzlich in dem Zeitpunkt als erbracht, in dem das Rechtverhältnis beendet ist (Abschn. 13.1 Abs. 3 UStAE). Wird die Dauerleistung in Form von Teilleistungen bewirkt, gilt sie nicht erst nach Erbringung der Gesamtleistung als ausgeführt (z.B. bei zeitlich festgelegtem Mietvertrag auf drei Jahre). Vielmehr liegen in diesen Fällen **Teilleistungen** vor, wenn die Gesamtleistung wirtschaftlich teilbar ist und das Entgelt für jeden Teil der Leistung gesondert vereinbart ist (§ 13 Abs. 1 Nr. 1 a Satz 3 UStG). Bei monatlicher Vereinbarung des Mietzinses liegen mithin im Besteuerungszeitraum (dem Kalenderjahr, § 16 Abs. 1 Satz 2 UStG) zwölf Teilleistungen vor (vgl. a. Abschn. 13.4 UStAE).

Der **Ort der sonstigen Leistung** wird nach § 3 a, § 3 b oder § 3 f UStG bestimmt. Unentgeltliche Wertabgaben als sonstige Leistungen i. S. d. § 3 Abs. 9 a UStG werden nach § 3 f UStG an dem Ort ausgeführt, von dem aus der Unternehmer sein Unternehmen betreibt. Werden diese sonstigen Leistungen von einer Betriebsstätte ausgeführt, gilt die Betriebsstätte als Ort der sonstigen Leistungen. Betriebsstätte i. S. des Umsatzsteuerrechts ist jede feste Geschäftseinrichtung oder Anlage, die über einen hinreichenden Grad an Beständigkeit und eine ausreichende personelle und technische Ausstattung verfügt, um eine Leitungserbringung zu ermöglichen (vgl. Abschn. 3a.1 Abs. 3 UStAE). § 3 b UStG gilt für Beförderungsleistungen und damit zusammenhängende sonstige Leistungen. Mit der Vorschrift des § 3 a UStG werden je nach Art der sonstigen Leistung verschiedene Ortsbestimmungen festgelegt: **97**

Der Ort der sonstigen Leistungen wird im Wesentlichen im § 3 a UStG geregelt. **98**

Wesentlich für die Ortsbestimmung seit 2010 ist die Frage, an wen die Leistung erbracht wird, an einen Unternehmer oder einen Nichtunternehmer als Leistungsempfänger.

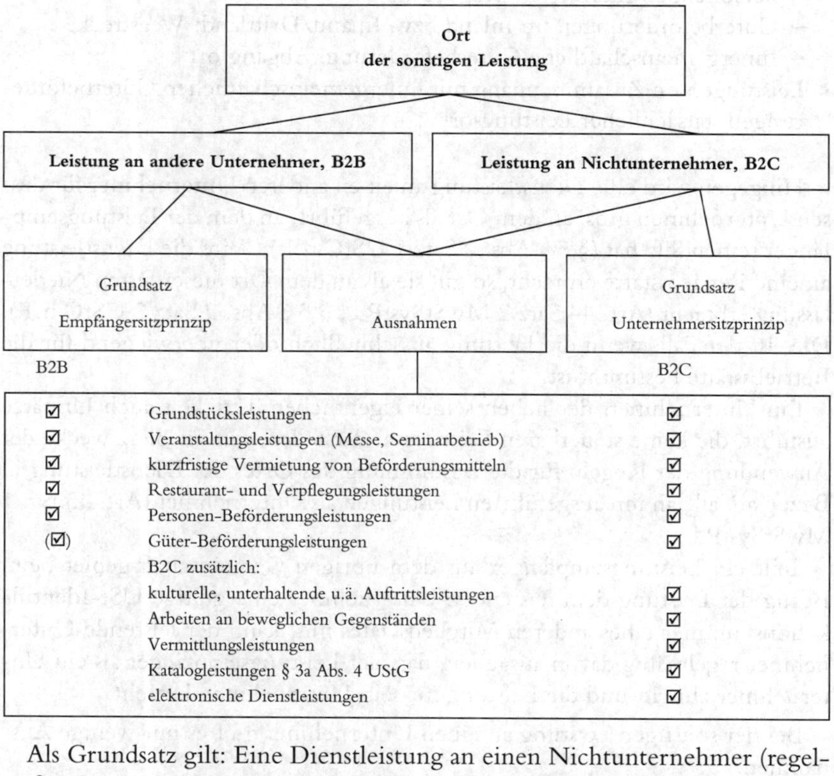

Als Grundsatz gilt: Eine Dienstleistung an einen Nichtunternehmer (regelmäßig Privatperson) gilt grundsätzlich an dem Ort als erbracht, an dem der Leistende den Sitz seiner wirtschaftlichen Tätigkeit hat (§ 3 a Abs. 1 Satz 1 USt.). Wird die Dienstleistung von einer Betriebsstätte erbracht, gilt sie als von dieser festen Niederlassung erbracht (§ 3 a Abs. 1 Satz 2 UStG). Bei der Leistung an Nichtunternehmer sind jedoch eine Vielzahl von Ausnahmen in Form von Vorbehaltsregelungen zu beachten: **99**

- Dienstleistungen im Zusammenhang mit Grundstücken: Lage des Grundstücks
- Kurzfristige Vermietung von Beförderungsmitteln: Übergabeort des Beförderungsmittels
- kulturelle, unterhaltende und ähnliche Tätigkeiten: Veranstaltungsort
- Restaurant- und Verpflegungsleistungen auf Schiffen, Flugzeugen und Eisenbahnen: tatsächlicher Leistungsort: Bewirtungsort (mit Ausnahmen bei EU-Beförderungen)
- Arbeiten an beweglichen Gegenständen und deren Begutachtung: tatsächlicher Leistungsort
- Vermittlungsleistungen: Ort der vermittelten Leistung
- Katalogleistung an Empfänger aus dem Drittland: Empfängersitzprinzip
- elektronische Dienstleistungen durch Drittlandsunternehmer: Sitz des Empfängers
  - ab 1.1.2015: Empfängersitzprinzip für alle Unternehmer, auch EU-Unternehmer
- Beförderungsleistungen:
  - Personenbeförderungen: Wegstrecke
  - Güterbeförderungen im Inland bzw. Inland/Drittland: Wegstrecke
  - Innergemeinschaftliche Güterbeförderung: Abgangsort
- Leistungen im Zusammenhang mit innergemeinschaftlichen Güterbeförderungen: tatsächlicher Leistungsort

100 Hingegen wird eine Dienstleistung an einen anderen Unternehmer für dessen Unternehmen grds. an dem Ort als ausgeführt, an dem der Leistungsempfänger seinen Sitz hat (§ 3 a Abs. 2 Satz 1 UStG n. F.). Wird die Dienstleistung an eine Betriebsstätte erbracht, so gilt sie als an dem Ort dieser festen Niederlassung erbracht (Art. 44 Satz 2 MwStSystRL, § 3 a Abs. 2 Satz 2 UStG n. F.). Dies ist der Fall, wenn die Leistung ausschließlich oder überwiegend für die Betriebsstätte bestimmt ist.

Ein Unternehmer, der neben seiner eigentlichen Tätigkeit auch Umsätze ausführt, die keine steuerbaren Leistungen darstellen, gilt für die Zwecke der Anwendung der Regeln für die Bestimmung des Ortes der Dienstleistung in Bezug auf alle an ihn ausgeführten Leistungen als Unternehmer (Art. 43 Nr. 1 MwStSystRL).

Teilt ein Leistungsempfänger aus dem übrigen Gemeinschaftsgebiet beim Bezug der Leistung dem leistenden Unternehmer eine gültige USt-Identifikationsnummer eines anderen Mitgliedstaates mit, kann der leistende Unternehmer regelmäßig davon ausgehen, dass der Leistungsempfänger als ein Unternehmer auftritt und die Leistung für sein Unternehmen bezieht.

101 Bei der sonstigen Leistung an einen Unternehmer gibt es nur wenige Ausnahmen:

- Dienstleistungen im Zusammenhang mit Grundstücken: Lage des Grundstücks
- Kurzfristige Vermietung von Beförderungsmitteln: Übergabeort des Beförderungsmittels
- Verschaffung von Eintrittsberechtigungen zu Messen, Ausstellungen, Veranstaltungen, Konzerten etc.: Veranstaltungsort

- Restaurant- und Verpflegungsleistungen auf Schiffen, Flugzeugen und Eisenbahnen: tatsächlicher Leistungsort: Bewirtungsort (mit Ausnahmen bei EU-Beförderungen)
- Beförderungsleistungen:
  – Personenbeförderungen: Wegstrecke

Verfügt eine juristische Person, die kein Unternehmer ist, über eine Umsatzsteuer-Identifikationsnummer, gilt sie im Bezug auf die Ortsbestimmung einer Dienstleistung, die an sie erbracht wird ebenfalls als Unternehmer (§ 3 a Abs. 2 Satz 3 UStG n. F.). Dies gilt auch, wenn sie die Leistung für den hoheitlichen Bereich bezieht. **102**

Dienstleistungen im Zusammenhang mit einem Grundstück werden stets dort ausgeführt, wo das Grundstück liegt (§ 3 a Abs. 3 Nr. 1 UStG) Vgl. dazu im Detail A 3a.3 UStAE.

Als Ort der kurzfristigen Vermietung von Beförderungsmitteln gilt der Ort, an dem das Beförderungsmittel dem Leistungsempfänger tatsächlich zur Verfügung gestellt wird (§ 3 a Abs. 3 Nr. 2 UStG n. F.). Kurzfristig bedeutet eine Vermietung von nicht mehr als 30 Tagen und bei Wasserfahrzeugen von nicht mehr als 90 Tagen (Art. 56 Abs. 2 MwStSystRL).

Seit dem 1.1.2011 gilt als Ort einer Dienstleistung an einen anderen Unternehmer (Steuerpflichtigen) in Form von der Verschaffung von Eintrittsberechtigungen sowie die damit zusammenhängenden Dienstleistungen für Veranstaltungen auf dem Gebiet der Kultur, der Künste, des Sports, der Wissenschaft, des Unterrichts, der Unterhaltung oder ähnliche Veranstaltungen wie Messen und Ausstellungen der Ort, an dem diese Veranstaltungen tatsächlich ausgeführt werden. Auftrittsleistungen sind stets am Sitzort des unternehmerischen Leistungsempfängers steuerbar. **103**

Bei Leistungen an Nichtunternehmer gilt bei sämtlichen genannten Dienstleistungen (einschließlich der Auftrittsleistung) der Veranstaltungsort als Ort der Leistung.

Als Ort einer Personenbeförderungsleistung gilt der Ort, an dem die Beförderung nach Maßgabe der zurückgelegten Beförderungsstrecke jeweils stattfindet (§ 3 b Abs. 1 Satz 1 UStG). Dies gilt unabhängig davon, ob die Leistung an einen Unternehmer oder einen Nichtunternehmer erbracht wurde. Die Leistung ist daher ggf. aufzuteilen, wenn sich die Beförderungsstrecke über mehrere Länder erstreckt (§ 3 b Abs. 1 Satz 2 UStG). **104**

Bei inländischen Güterbeförderungen und Güterbeförderungen mit dem Drittlandsgebiet ist die Ortsbestimmung vom Leistungsempfänger abhängig. Güter-Beförderungsleistungen an Unternehmer fallen unter die Grundregel des § 3 a Abs. 2 UStG und sind daher stets am Ort des Leistungsempfängers steuerbar. Ist der Empfänger einer derartigen Beförderungsleistung allerdings ein Nichtunternehmer, wird die Leistung dort ausgeführt, wo die Beförderung tatsächlich stattfindet (Beförderungsstrecke), ggf. ist die Leistung aufzuteilen, wenn sich die Beförderungsstrecke über mehrere Länder erstreckt (§ 3 b Abs. 1 Satz 3 UStG n. F.).

Als innergemeinschaftliche Güterbeförderung gilt die Beförderung von Gegenständen, bei der Abgangs- und Ankunftsort in zwei verschiedenen Mitgliedstaaten liegen. „Abgangsort" ist der Ort, an dem die Beförderung tat- **105** sächlich beginnt, und „Ankunftsort" ist der Ort, an dem die Güterbeförderung tatsächlich endet.

Innergemeinschaftliche Güterbeförderungen an Unternehmer fallen unter die Grundregel von § 3 a Abs. 2 UStG und sind stets am Ort des Leistungsempfängers steuerbar.

Als Ort einer innergemeinschaftlichen Güterbeförderung an Nichtunternehmer gilt der Abgangsort der Beförderung (§ 3 b Abs. 3 UStG).

Nebentätigkeiten zur Beförderung (Be- und Entladen und ähnliche Tätigkeiten) an andere Unternehmer fallen unter die Grundregel § 3 a Abs. 2 UStG und gelten als am Ort des Leistungsempfängers erbracht. Nebentätigkeiten zur Beförderung an Nichtunternehmer gelten als an dem Ort ausgeführt, an dem sie tatsächlich erbracht werden (§ 3 b Abs. 2 UStG).

106 Als Ort der Arbeiten an körperlichen beweglichen Gegenständen und der Begutachtung solcher Gegenstände gilt der Ort, an dem sie tatsächlich erbracht werden, jedoch nur noch dann, wenn der Leistungsempfänger ein Nichtunternehmer ist (§ 3 a Abs. 3 Nr. 3 Buchst. c UStG n. F.). Arbeiten an körperlichen beweglichen Gegenständen und deren Begutachtung an Unternehmer fallen unter die Grundregel von § 3 a Abs. 2 UStG und gelten stets als am Ort des Leistungsempfängers erbracht.

Beispiel:

Autofahrer Luigi aus Italien bleibt

a. während einer Urlaubsfahrt bzw.
b. auf der Fahrt zu einem Geschäftstermin für sein Einzelunternehmen in Österreich kurz vor der Grenze zu Deutschland mit seinem Auto liegen. Die nächstgelegene deutsche Vertragswerkstatt W kann den Wagen in Österreich am Straßenrand reparieren.

Lösung:

a. Maßgebend ist der Tätigkeitsort in Österreich. V muss sich grds. in Österreich für mehrwertsteuerliche Zwecke registrieren lassen und österreichische MwSt berechnen.
b. Maßgebend ist gem. § 3 a Abs. 2 UStG n. F. der Empfängersitzort Italien. Dort unterleigt diese Leistung dem Übergang der Steuerschuldenerschaft (Reverse Charge Verfahren) beim Leistungsempfängers Luigi.

Eine besondere Regel über den Ort der Vermittlungsleistungen besteht noch für Vermittlungsleistungen an Nichtunternehmer. Bei Vermittlungsleistungen an einen anderen Unternehmer bleibt es bei der Grundregel des § 3 a Abs. 2 UStG.

Erbringt ein Vermittler Vermittlungsleistungen an einen Nichtunternehmer, so bestimmt sich der Ort der Vermittlungsleistung nach dem Ort, an dem die vermittelte Leistung als ausgeführt gilt (§ 3 a Abs. 3 Nr. 4 UStG).

107 Die im „Katalog" des § 3 a Abs. 4 UStG genannten Dienstleistungen erbracht an einen Nichtunternehmer, der seinen Wohnsitz außerhalb des Gemeinschaftsgebiets hat, gelten an dem Ort als erbracht, an dem dieser Nichtunternehmer ansässig ist. Dies gilt für:

1. Abtretung und Einräumung von Urheberrechten, Patentrechten, Lizenzrechten, Fabrik- und Warenzeichen sowie ähnlichen Rechten;
2. Dienstleistungen auf dem Gebiet der Werbung;
3. Dienstleistungen von Beratern, Ingenieuren, Studienbüros, Anwälten, Buchprüfern und sonstige ähnliche Dienstleistungen sowie die Datenverarbeitung und die Überlassung von Informationen;

4. Verpflichtungen, eine berufliche Tätigkeit ganz oder teilweise nicht auszuüben oder ein in diesem Artikel genanntes Recht nicht wahrzunehmen;
5. Bank-, Finanz- und Versicherungsumsätze, einschließlich Rückversicherungsumsätze, ausgenommen die Vermietung von Schließfächern;
6. Gestellung von Personal;
7. Vermietung beweglicher körperlicher Gegenstände, ausgenommen jegliche Beförderungsmittel;
8. Gewährung des Zugangs zu Erdgas- und Elektrizitätsverteilungsnetzen und Fernleitung oder Übertragung über diese Netze sowie Erbringung anderer unmittelbar damit verbundener Dienstleistungen;
9. Telekommunikationsdienstleistungen;
10. Rundfunk- und Fernsehdienstleistungen;
11. elektronisch erbrachte Dienstleistungen, insbesondere die in Anhang II genannten Dienstleistungen. Kommunizieren Dienstleistungserbringer und Dienstleistungsempfänger über E-Mail miteinander, bedeutet dies allein noch nicht, dass die erbrachte Dienstleistung eine elektronisch erbrachte Dienstleistung wäre.

Handelt es sich um eine sonstige Leistung, die ihrer Art nach sowohl unter § 3 a Abs. 2 als auch unter Abs. 4 fällt, hat § 3 a Abs. 2 UStG Vorrang. Für die Bestimmung des Leistungsortes ist die Anwendung der einzelnen Absätze innerhalb des § 3 a UStG in folgender Reihenfolge zu prüfen: **108**

1. Anwendung des § 3 a Abs. 3 UStG,
2. Anwendung des § 3 a Abs. 2 UStG,
3. Anwendung des § 3 a Abs. 4 UStG,
3. Anwendung des § 3 a Abs. 1 UStG.

Beispiel:

Architekt A aus Stuttgart erstellt als Sachverständiger für den Unternehmer U aus Ulm ein Wertgutachten über ein Grundstück mit Lagerhalle in Linz/Österreich, das U für sein Unternehmen kaufen möchte. Ort der sonstigen Leistung des A ist nach § 3 a Abs. 3 Nr. 1 Buchst. b UStG in Linz, wo das Grundstück liegt. Obwohl die Voraussetzungen für eine Ortsbestimmung nach § 3 a Abs.2 UStG (Ulm, wo der Leistungsempfänger U sein Unternehmen betreibt) ebenfalls zutreffen, finden sie keine Anwendung, weil die Regelungen in § 3 a Abs. 3 UStG denen in § 3 a Abs. 2 UStG als speziellere Regelung vorgehen.

Wenn keine Ausnahmeregelung des § 3 a Abs. 3 UStG greift und nach anschließender Prüfung des § 3 a Abs. 2 oder Abs. 4 auch keiner dieser Fälle zutrifft, gilt der Regelfall der Ortsbestimmung in § 3 a Abs. 1 UStG.

Beispiele:

- Rechtsanwalt A aus Düsseldorf berät einen Privatkunden mit Wohnsitz in Frankreich. Ort der Leistung ist nach § 3 a Abs. 1 UStG Düsseldorf, da der Leistungsempfänger kein Unternehmer ist und im Gemeinschaftsgebiet (§ 1 Abs. 2 a Sätze 1 u. 2 UStG) seinen Wohnsitz hat.
- Rechtsanwalt A aus Düsseldorf berät ein Unternehmen mit Sitz in Frankreich.
  Ort der sonstigen Leistung ist nach § 3 a Abs. 2 UStG am Sitzort des Leistungsempfängers in Frankreich, weil er ein Unternehmer ist.
- Rechtsanwalt A aus Düsseldorf berät einen Privatkunden mit Wohnsitz in Genf. Ort der Leistung ist nach § 3 a Abs. 4 UStG Genf, da der Leistungsempfänger kein Unternehmer ist und im Drittlandsgebiet seinen Wohnsitz hat.

- Die Werbeagentur Z in Wien erstellt ein Werbekonzept für Unternehmer P in München. Ort der sonstigen Leistung ist nach § 3 a Abs. 2 UStG München, da der Leistungsempfänger als Unternehmer dort seinen Sitz hat.
- Unternehmer U aus Lindau vermietet eine EDV-Anlage an den Privatmann P aus Basel. Ort der sonstigen Leistung ist nach § 3 a Abs. 3 Satz 3 i.V.m. Abs. 4 Nr. 11 UStG Basel, da P als Nichtunternehmer seinen Wohnsitz im Drittlandsgebiet hat.

d) Elektronische Dienstleistungen

109 Elektronische Dienstleistungen, die ein Unternehmer aus dem Drittland an Nichtunternehmer im Gemeinschaftsgebiet erbringt, werden dort ausgeführt, wo der Leistungsempfänger seinen Sitz hat (§ 3 a Abs. 5 i.V.m. § 3 a Abs. 4 Nr. 13 UStG.).

Beispiel:

Der Online-Anbieter M aus den USA führt an den privaten Kunden K aus Kassel die automatisierte elektronische Fernwartung von Programmen via Internet aus.
Der Unternehmer M, der die sonstigen Leistungen ausführt, ist im Drittland USA ansässig. Er führt elektronische Dienstleistungen i.S.d. § 3 a Abs. 4 Nr. 13 UStG an den Leistungsempfänger K, der Nichtunternehmer ist, aus (Abschn. 3a.1 UStAE). Der Ort bestimmt sich gem. § 3 a Abs. 3 a Satz 1 i.V.m. Abs. 4 Nr. 13 UStG in Kassel (§ 1 Abs. 2 Satz 1 UStG), wo K seinen Wohnsitz im Gemeinschaftsgebiet (§ 1 Abs. 2 a Satz 1 UStG) hat. Die Online-Dienstleistungen sind im Inland steuerbar (§ 1 Abs. 1 Nr. 1 UStG) und mangels Steuerbefreiung und Steuerermäßigung steuerpflichtig zum Regelsteuersatz, § 12 Abs. 1 UStG.

Eine Verlagerung der Steuerschuld auf den Leistungsempfänger nach § 13 b UStG kommt mangels Unternehmereigenschaft des Abnehmers nicht in Betracht. § 18 Abs. 4 c UStG enthält für diese Fälle eine Vereinfachung des Besteuerungsverfahrens für Drittlandsunternehmer, die Online-Dienstleistungen an private Endverbraucher in verschiedenen EU-Mitgliedstaaten ausführen. An Stelle der Registrierung in jedem einzelnen Mitgliedstaat hat der Drittlandsunternehmer die Möglichkeit, sämtliche im Gemeinschaftsgebiet an private Endverbraucher auf elektronischem Wege erbrachten Dienstleistungen in einem Mitgliedsstaat seiner Wahl zu erklären. Hierbei hat er die auf den jeweiligen Mitgliedstaat entfallenen Umsätze zu trennen und dem im betreffenden Mitgliedstaat geltenden Steuersatz zu unterwerfen (vgl. Abschn. 3a.12 UStAE).

e) Personenbeförderungen

110 **Beförderungsleistungen von Personen** werden, wenn sie selbstständige Hauptleistungen sind, dort ausgeführt, wo sie tatsächlich bewirkt werden. Die gesamte Beförderungsstrecke gilt mithin als „Ort“ der Beförderungsleistung (§ 3 b Abs. 1 UStG). Wird eine Beförderungsleistung ausschließlich im Inland bewirkt, so liegt der Leistungsort im Inland. Wird die Beförderungsstrecke nicht nur im Inland zurückgelegt, ist nur der im Inland bewirkte Teil der Beförderungsleistung steuerbar (vgl. auch Abschn. 3b.1 UStAE).

Die Aufteilung der Beförderungsleistung in einen steuerbaren und einen nicht steuerbaren Teil ist grundsätzlich für jede grenzüberschreitende Beförderung vorzunehmen. Von dem Grundsatz der Aufteilung werden in den Fällen der §§ 2–7 UStDV Ausnahmen gemacht. Danach werden Beförderungsstrecken im Inland dem Ausland und umgekehrt Beförderungsstrecken im

Ausland dem Inland zugeschlagen, wenn die Beförderung nur kurze Strecken im jeweils anderen Gebiet umfasst.

Soweit die Beförderungsleistung in einen steuerbaren und einen nicht steuerbaren Teil aufzuteilen ist, muss für die weitere umsatzsteuerliche Behandlung unterschieden werden, ob es sich um eine Personenbeförderung oder um eine Güterbeförderung handelt. Bei Personenbeförderungen ist der inländische steuerbare Teil auch steuerpflichtig.

Zur Berechnung des Preisanteils, der auf den steuerpflichtigen Teil der Beförderungsleistung entfällt, ist folgende Formel anzuwenden:

$$\text{steuerpflichtiger Preisanteil} = \frac{\text{Gesamtpreis} \times \text{Strecke im Inland}}{\text{Gesamtstrecke}}$$

Beispiel:
Ein Taxiunternehmer transportiert einen Fahrgast von Köln nach Paris und erhält dafür einen Pauschalpreis von 560 Euro. Die Fahrstrecke beträgt von Köln nach Aachen 75 km und von Aachen nach Paris 450 km.
Es liegt eine grenzüberschreitende Personenbeförderung vor, die nach § 3 b Abs. 1 UStG in einen steuerbaren und einen nicht steuerbaren Anteil aufzuteilen ist. Nach vorstehender Formel ergibt sich folgende Berechnung:

$$80\ \text{Euro} = \frac{560\ \text{Euro} \times 75\ \text{km}}{525\ \text{km}}$$

f) Unentgeltliche Wertabgaben

111 Unentgeltliche Wertabgaben von Gegenständen und von sonstigen Leistungen aus dem Unternehmen werden wie Lieferungen gegen Entgelt bzw. wie sonstige Leistungen gegen Entgelt behandelt und unterliegen nach § 1 Abs. 1 Nr. 1 UStG der Umsatzsteuer.

Soweit eine Abgabe von Gegenständen aus dem Unternehmen erfolgt, werden diese nach § 3 Abs. 1 b UStG den Lieferungen gegen Entgelt und, soweit sonstige Leistungen abgegeben werden, nach § 3 Abs. 9 a UStG den sonstigen Leistungen gegen Entgelt gleichgestellt. Die fehlende, aber nach § 1 Abs. 1 Nr. 1 UStG geforderte Entgeltlichkeit wird durch die gesetzliche Fiktion behoben.

frei **112–144**

g) Unentgeltliche Wertabgaben als Lieferungen

145 Die Gleichstellung unentgeltlicher Wertabgaben mit den entgeltlichen Lieferungen ist im § 3 Abs. 1 b Satz 1 UStG in 3 unterschiedlichen Fallvarianten geregelt:

Nr. 1 die Entnahme eines Gegenstandes durch einen Unternehmer aus seinem Unternehmen für Zwecke, die **außerhalb des Unternehmens** liegen;

Nr. 2 die unentgeltliche Zuwendung eines Gegenstandes durch einen Unternehmer **an sein Personal** für dessen privaten Bedarf, sofern keine Aufmerksamkeiten vorliegen;

Nr. 3 jede andere unentgeltliche Zuwendung eines Gegenstandes, ausgenommen Geschenke von geringem Wert und Warenmuster **für Zwecke des Unternehmens**.

Voraussetzung für die Gleichstellung mit einer Lieferung gegen Entgelt nach § 3 Abs. 1 b Satz 2 UStG ist, dass der Gegenstand oder seine Bestandteile zum vollen oder teilweisen Vorsteuerabzug berechtigt haben.

Beispiele:
- Ein Juwelier entnimmt aus seinem Laden einen wertvollen Ring für seinen privaten Bedarf.
- Ein Sportartikelhändler schenkt seinem Arbeitnehmer zu dessen Geburtstag ein Mountainbike.
- Ein Versandhaus verlost zu Werbezwecken unter seinen Bestellkunden einen Sportwagen.

Zu den unentgeltlichen Wertabgaben aus unternehmerischen Gründen i. S. des § 3 Abs. 1 b Satz 1 Nr. 3 UStG gehört auch die Abgabe von neuen oder gebrauchten Gegenständen zu Werbezwecken, zur Verkaufsförderung oder zur Imagepflege, z. B. Sachspenden an Vereine oder Schulen, Warenabgaben anlässlich von Preisausschreiben, Verlosungen usw. zu Werbezwecken. Ausgenommen sind Geschenke von geringem Wert und Warenmuster für Zwecke des Unternehmens (vgl. Abschn. 3.3 Abs. 10 ff. UStAE). Geschenke an Geschäftsfreunde i. S. des § 4 Abs. 5 Nr. 1 EStG zählen nicht dazu, weil der Vorsteuerabzug aus diesen Aufwendungen nach § 15 Abs. 1 a UStG ausgeschlossen und damit nicht die Voraussetzung des § 3 Abs. 1 b Satz 2 UStG erfüllt ist. Steht im Zeitpunkt des Erwerbs die Verwendung als Geschenk noch nicht fest, kann der Vorsteuerabzug zunächst unter den allgemeinen Voraussetzungen des § 15 UStG geltend gemacht werden. Im Zeitpunkt der Hingabe des Geschenks (§ 4 Abs. 5 Nr. 1 EStG) ist dann eine Vorsteuerkorrektur (§ 17 Abs. 2 Nr. 5 UStG) vorzunehmen. Steht die Verwendung als Geschenk bei Bezug bereits fest, entfällt der Vorsteuerabzug und die Besteuerung der unentgeltlichen Wertabgabe.

146 Die Gleichstellung mit einer Lieferung gegen Entgelt kann nach § 3 Abs. 1 b Satz 2 UStG nur für solche unentgeltliche Wertabgaben erfolgen, für deren Gegenstände der Unternehmer im Zeitpunkt der Anschaffung den Vorsteuerabzug (ganz oder teilweise) in Anspruch genommen hat oder wenn der Vorsteuerabzug für später in den Gegenstand eingegangene Bestandteile möglich war (vgl. Abschn. 3.3 Abs. 2 UStAE). Bei Gegenständen, die sowohl unternehmerisch als auch nichtunternehmerisch genutzt werden, kommt es deshalb auf die Zugehörigkeit zum Unternehmensvermögen und damit auf die vom Unternehmer getroffene Zuordnungsentscheidung im Zeitpunkt des Erwerbs an (vgl. Abschn. 15.1 Abs. 21 UStAE).

Beispiele:
- Ein Gemüsehändler erwirbt einen Pkw von einem Privatmann und ordnet ihn seinem Unternehmensvermögen zu. Nach einem Jahr schenkt er den Pkw seinem Sohn. Mit der Schenkung an den Sohn wird der Pkw entnommen. Die unentgeltliche Wertabgabe i. S. des § 3 Abs. 1 b Satz 1 Nr. 1 UStG ist nicht einer Lieferung gegen Entgelt gleichgestellt, weil der Gemüsehändler bei der Anschaffung des Pkw keine Vorsteuer nach § 15 UStG abziehen konnte und damit die Voraussetzung des § 3 Abs. 1 b Satz 2 UStG nicht erfüllt ist.
- Ein Goldschmied erwirbt einen Pkw, den er von Anfang an zu 20% für sein Unternehmen nutzt. Die in Rechnung gestellte USt zieht er als Vorsteuer ab und macht dadurch seine Entscheidung, den Pkw einheitlich dem Unternehmen zuzuordnen, deutlich (vgl. Abschn. 15.1 Abs. 21 UStAE). Mit der Schenkung an den Sohn entnimmt er den Unternehmensgegenstand (Pkw) für Zwecke, die außerhalb des Unternehmens liegen und erfüllt den Tatbestand des § 3 Abs. 1 b Satz 1 Nr. 1 u. Satz 2 UStG. Die unentgeltliche

Wertabgabe des Pkw ist nach § 1 Abs. 1 Nr. 1 UStG steuerbar und unter den übrigen Voraussetzungen auch steuerpflichtig.

- Ein Fernsehhändler aus München erwirbt bei einem Großhändler ein Fernsehgerät für seinen privaten Haushalt. Der Großhändler beliefert den Fernsehhändler regelmäßig und gibt ihm daher den üblichen Rabatt.

  Die Verwendung des Gegenstands ausschließlich zu nichtunternehmerischen Zwecken führt zu einer Entnahme aus dem Unternehmen des Fernsehhändlers. Dieser hat den **unternehmenstypischen Gegenstand** unter Ausnutzung seiner unternehmerischen Bezugsquellen erworben. Daher wird der Gegenstand für eine logische Sekunde Unternehmensvermögen und berechtigt zum Vorsteuerabzug (§ 3 Abs. 1 b Satz 2 UStG). Da aber bereits bei Bezug fest steht, dass der Gegenstand nur zum Zweck einer unentgeltlichen Wertabgabe bezogen wurde, ist ein Vorsteuerabzug nicht möglich, vgl. A 15.2 Abs. 15 a UStAE.

Auch **Werklieferungen** können Gegenstand einer unentgeltlichen Wertabgabe nach § 3 Abs. 1 b Satz 1 Nr. 1 UStG sein. Dies ist dann der Fall, wenn private Werkarbeiten vom Unternehmer selbst oder von seinen Arbeitnehmern ausgeführt werden und dabei aus dem Unternehmen Material entnommen wird, das den Hauptstoff des erstellten Werkes bildet. **147**

Beispiele:

- Ein Möbelschreiner erstellt für private Zwecke einen Schrank. Das dabei benötigte Holz entnimmt er seinem Unternehmen. Gegenstand der unentgeltlichen Wertabgabe ist das fertige Werk, nicht nur das entnommene Material.
- Ein Malermeister tapeziert die Wohnung seiner Tochter unentgeltlich mit Tapeten aus seinem Unternehmen. Gegenstand der unentgeltlichen Wertabgabe ist das fertige Werk. Mithin sind nicht nur die Tapeten, sondern die Gesamtleistung als Werklieferung Gegenstand der unentgeltlichen Wertabgabe.
- Ein Bauunternehmer baut auf seinem Grundstück für seine Familie ein Haus mit Arbeitskräften und Material aus dem Unternehmen. Gegenstand der unentgeltlichen Wertabgabe ist das fertige Haus (vgl. Abschn. 3.3 Abs. 7 UStAE).

Unentgeltliche Wertabgaben im Sinne des § 3 Abs. 1 b werden nach § 3 f UStG an dem Ort ausgeführt, von dem aus der Unternehmer sein Unternehmen betreibt. Werden diese von einer Betriebsstätte ausgeführt, gilt die Betriebsstätte als Ort der Wertabgabe (vgl. Abschn. 3 f.1 UStAE). **148**

Beispiel:

Ein Metzgermeister entnimmt aus seinem Laden in Köln Waren und schickt sie seinem Sohn, der in Frankreich studiert. Mit der Zweckbestimmung der Ware zum privaten Verbrauch ist die unentgeltliche Wertabgabe i.S. des § 3 Abs. 1 b Satz 1 Nr. 1 UStG vollzogen. Da auch § 3 Abs. 1 b Satz 2 UStG erfüllt ist, wird die Entnahme einer Lieferung gegen Entgelt gleichgestellt. Ort der unentgeltlichen Wertabgabe ist nach § 3 f UStG Köln, auf die Übersendung ins Ausland kommt es nicht an. Die Entnahme ist nach § 1 Abs. 1 Nr. 1 UStG steuerbar und mangels Steuerbefreiung auch steuerpflichtig

Auf unentgeltliche Wertabgaben i.S. des § 3 Abs. 1 b UStG sind die Steuerbefreiungen sowie die Steuerermäßigungen anzuwenden, wenn die in den §§ 4 und 12 UStG bezeichneten Voraussetzungen vorliegen (vgl. Abschn. 3.2 Abs. 2 UStAE). Die Steuerbefreiung nach § 4 Nr. 1 a UStG für Ausfuhrlieferungen ist für die unentgeltliche Wertabgabe von Gegenständen nach § 6 Abs. 5 UStG ausgeschlossen. Ebenso kann infolge der tatbestandsrechtlichen Voraussetzungen für die Steuerbefreiung von innergemeinschaftlichen Lieferungen nach § 4 Nr. 1 b i.V.m. § 6 a UStG auch diese Vorschrift auf die unentgeltliche Wertabgabe von Gegenständen keine Anwendung finden. **149**

Unter die Steuerbefreiung des § 4 Nr. 9 a UStG fallen nur Umsätze, die dem Grunderwerbsteuergesetz unterliegen, insbesondere die Lieferung von unbebauten und bebauten Grundstücken, ausgenommen deren Entnahme (vgl. Abschn. 4.9.1 Abs. 1 UStAE).

Unentgeltliche Wertabgaben als sonstige Leistungen

150 Für die Gleichstellung mit den entgeltlichen sonstigen Leistungen unterscheidet § 3 Abs. 9 a UStG in Abhängigkeit vom Vorsteuerabzug zwei unterschiedliche Arten unentgeltlicher Wertabgaben:

Nr. 1 die **Verwendung** eines dem Unternehmen zugeordneten **Gegenstandes**, der zum vollen oder teilweisen Vorsteuerabzug berechtigt hat, durch einen Unternehmer für Zwecke, die außerhalb des Unternehmens liegen, oder für den privaten Bedarf seines Personals, sofern keine Aufmerksamkeiten vorliegen;

Nr. 2 die unentgeltliche Erbringung einer anderen sonstigen **Leistung** durch den Unternehmer für Zwecke, die außerhalb des Unternehmens liegen, oder für den privaten Bedarf seines Personals, sofern keine Aufmerksamkeiten vorliegen.

151 Die **Verwendung** unternehmerischer Gegenstände für nichtunternehmerische Zwecke fällt unter § 3 Abs. 9 a **Nr. 1** UStG, wenn der verwendete Gegenstand dem Unternehmen zugeordnet ist und die unternehmerische Nutzung ganz oder teilweise zum Vorsteuerabzug berechtigt hat (vgl. Abschn. 3.4 Abs. 2 UStAE). Zu der zweiten Gruppe der den sonstigen Leistungen gleichgestellten unentgeltlichen Wertabgaben i.S. des § 3 Abs. 9 a **Nr. 2** UStG gehören alle anderen sonstigen Leistungen i.S. des § 3 Abs. 9 UStG, z.B. Dienstleistungen, Werkleistungen oder der Einsatz betrieblicher Arbeitskräfte, die unentgeltlich für außerunternehmerische Zwecke erbracht werden. Anders als im Fall des § 3 Abs. 9 a Nr. 1 UStG ist die Berechtigung zum Vorsteuerabzug keine Voraussetzung für eine unentgeltliche Wertabgabe in diesem Sinn.

Im Gegensatz zu der Regelung in § 3 Abs. 1 b Nr. 3 UStG ist die Gewährung unentgeltlicher sonstiger Leistungen aus unternehmerischen Gründen nicht steuerbar (vgl. Abschn. 3.3 Abs. 1 UStAE).

Beispiele:

- Ein Unternehmer setzt Angestellte seines Unternehmens während der gewöhnlichen Arbeitszeit zur Gartenpflege am eigengenutzten Einfamilienhaus ein. Die Arbeitsleistung der Angestellten wird für Zwecke erbracht, die außerhalb des Unternehmens liegen. Es liegt eine nach § 1 Abs. 1 Nr. 1 UStG steuerbare unentgeltliche Wertabgabe i.S. des § 3 Abs. 9 a Nr. 2 UStG vor, die auf Grundlage der bei der Ausführung dieses Umsatzes entstandenen Ausgaben – unabhängig von der Vorsteuerabzugsberechtigung für diese Ausgaben – (§ 10 Abs. 4 Nr. 3 UStG) der Umsatzbesteuerung unterliegt.
- Ein Architekt stellt für das Haus seines Sohnes persönlich den Bauplan her. Es liegt eine unentgeltliche Wertabgabe vor, die nach § 3 Abs. 9 a Nr. 2 UStG einer sonstigen Leistung gegen Entgelt gleichgestellt wird. Soweit über die persönliche Arbeitskraft des Unternehmers hinaus betriebliche Leistungen entnommen worden sind (z.B. für Schreibkräfte), sind die darauf entfallenden Kosten (z.B. anteilige Lohn- und Gemeinkosten) als Bemessungsgrundlage für die Besteuerung der unentgeltlichen Wertabgabe zugrunde zu legen (§ 10 Abs. 4 Nr. 3 UStG).

152 Den sonstigen Leistungen gleichgestellte unentgeltliche Wertabgaben i.S. des § 3 Abs. 9 a UStG werden nach § 3 f UStG an dem Ort ausgeführt, von dem aus der Unternehmer sein Unternehmen betreibt. Werden diese sonstigen Leistungen von einer Betriebsstätte ausgeführt, gilt die Betriebsstätte als Ort der unentgeltlichen Wertabgabe.

Bei unentgeltlichen Wertabgaben i.S. des § 3 Abs. 9 a UStG entfällt die **153**
Steuerbefreiung für Lohnveredelungen an Gegenständen der Ausfuhr (§ 7 Abs. 5 UStG). Die übrigen Befreiungs- und Ermäßigungsvorschriften der §§ 4 und 12 UStG sind anwendbar, wenn die dafür bestehenden Voraussetzungen erfüllt sind (vgl. Abschn. 3.2 Abs. 2 UStAE).

Die Verwendung von Räumen in einem dem Unternehmen zugeordneten Gebäude für Zwecke außerhalb des Unternehmens (z.B. für eigene Wohnzwecke) kann eine steuerbare oder nicht steuerbare unentgeltliche Wertabgabe sein, wenn das Gebäude vor dem 1.1.2011 angeschafft oder hergestellt wurde (seit dem 1.1.2011 beachte § 15 Abs. 1 b UStG). Eine steuerbare unentgeltliche Wertabgabe i.S. des § 3 Abs. 9 a Nr. 1 UStG liegt nur dann vor, wenn die unternehmerische Nutzung der anderen Räume zum vollen oder teilweisen Vorsteuerabzug berechtigt hat (vgl. Abschn. 3.4 Abs. 7 UStAE). Unternehmerische Nutzung bedeutet, eine Nutzung mit der Absicht Einnahmen zu erzielen (§ 2 Abs. 1 UStG). Ist die unentgeltliche Wertabgabe steuerbar, kommt die Anwendung der Steuerbefreiung nach § 4 Nr. 12 UStG nicht in Betracht (vgl. Abschn. 3.4 Abs. 7 UStAE). Für Grundstücke/Gebäude, die vor dem 1.7.2004 angeschafft oder hergestellt wurden, ist ggf. die Übergangsregelung nach dem BMF-Schreiben v. 13.4.2004, BStBl. I 2004, S. 469 zu beachten (vgl. Abschn. 4.12.1 Abs. 3 UStAE).

Beispiel:
Ein Vermögensverwalter V überlässt eine Wohnung im Dachgeschoss seines sonst steuerpflichtig vermieteten Bürohauses in Köln unentgeltlich an seine Tochter für die Dauer ihres Studiums.

a) das Bürohaus ist vor dem 1.7.2004 von V angeschafft/hergestellt:
Die unentgeltliche Nutzungsüberlassung ist nach § 3 Abs. 9 a Nr. 1 UStG einer sonstigen Leistung gegen Entgelt gleichgestellt, weil das dem Unternehmen zugeordnete Gebäude infolge der unternehmerischen Nutzung (bzw. Nutzungsabsicht) zum Vorsteuerabzug berechtigt hat. Die unentgeltliche Wertabgabe erfolgt nach § 3 f UStG in Köln, wo der Unternehmer sein Unternehmen (Geschäftshaus) betreibt. Sie ist nach § 1 Abs. 1 Nr. 1 UStG steuerbar, kann jedoch unter Anwendung der Übergangsregelung entsprechend des BMF-Schreibens vom 13.4.2004, BStBl. I 2004 S. 469, nach § 4 Nr. 12 a UStG als steuerfrei behandelt werden.

b) das Bürohaus ist nach dem 30.6.2004 von V angeschafft/hergestellt:
Die unentgeltliche Nutzungsüberlassung (§ 3 Abs. 9 a Nr. 1 UStG) ist steuerbar und mangels Steuerbefreiung auf Grundlage der bei der Ausführung des Umsatzes entstanden Ausgaben, soweit diese zum vollen oder teilweisen Vorsteuerabzug berechtigt haben (§ 10 Abs. 4 Nr. 2 UStG; vgl. Rn. 318 ff.) auch steuerpflichtig.

c) das Bürohaus ist nach dem 30.12.2010 von V angeschafft/hergestellt worden:
Soweit das Gebäude an die Tochter vermietet wird, ist ein Vorsteuerabzug gem. § 15 Abs. 1 b UStG nicht zulässig, eine unentgeltliche Wertabgabe entfällt insofern, § 3 Abs. 9 a Nr. 1 UStG.

4. Gemischte Leistungen

Der Leistungsbegriff des Umsatzsteuergesetzes unterscheidet Lieferungen **154**
und sonstige Leistungen. Im Wirtschaftsleben ergeben sich häufig Vorgänge,

die zum Teil die Voraussetzungen der Lieferung erfüllen und zum Teil Elemente einer sonstigen Leistung enthalten, die aber wirtschaftlich eng miteinander verknüpft sind. Um festzustellen, ob der Unternehmer dem Abnehmer mehrere selbstständige Hauptleistungen oder eine einheitliche Leistung erbringt, ist das Wesen des Umsatzes zu ermitteln. Dabei ist auf die Sicht des Durchschnittsverbrauchers abzustellen (vgl. Abschn. 3.10 Abs. 1 UStAE).

Ein einheitlicher wirtschaftlicher Vorgang, bei dem die einzelnen Faktoren zur Erreichung eines Ziels so ineinander greifen, dass sie bei natürlicher Betrachtung hinter dem Ganzen zurücktreten, darf nach dem **Grundsatz der Einheitlichkeit der Leistung** umsatzsteuerrechtlich nicht in mehrere Leistungen aufgeteilt werden. Die Qualifizierung als einheitliche Lieferung oder sonstige Leistung hängt davon ab, welche Leistungselemente den wirtschaftlichen Gehalt der Leistung bestimmen (vgl. Abschn. 3.10 Abs. 3 UStAE). Leistungen aus Werkverträgen sind einheitlich entweder als Werklieferungen oder als Werkleistungen einzustufen. Diese Unterscheidung ist ausschlaggebend für die weitere umsatzsteuerliche Behandlung als Lieferung oder sonstige Leistung.

a) Werklieferungen

155 Die Werklieferung ist nach § 3 Abs. 4 UStG wie folgt definiert:

Der Unternehmer hat die Bearbeitung oder Verarbeitung eines Gegenstandes übernommen und verwendet hierbei Stoffe, die er selbst beschafft und bei denen es sich nicht nur um Zutaten oder sonstige Nebensachen handelt. Voraussetzung der Werklieferung ist also, dass ein Werkvertrag (§ 631 BGB) vorliegt und der wirtschaftliche Gehalt der erbrachten Leistung durch die Lieferungselemente, d.h. die vom Unternehmer selbst beschafften Stoffe (sog. Hauptstoffe) bestimmt wird. Zur Abgrenzung einer Werklieferung (§ 3 Abs. 4 UStG) von einer Werkleistung (§ 3 Abs. 9 UStG) muss das Wesen aus dem durch den Werkunternehmer herbeizuführenden Erfolg ermittelt werden. Verwendet der Unternehmer im Rahmen der Leistungsausführung keinerlei selbstbeschaffte Stoffe oder nur Stoffe, die als Zutaten oder sonstige Nebensachen anzusehen sind, handelt es sich um eine Werkleistung (§ 3 Abs. 9 UStG). Unter Zutaten oder sonstigen Nebensachen sind Stoffe zu verstehen, die bei einer Gesamtbetrachtung aus der Sicht des Durchschnittsverbrauchers nicht das Wesen des Umsatzes bestimmen (vgl. Abschn. 3.8 Abs. 1 UStAE).

156 **Hauptstoffe** sind Materialien, die nach ihrer Art und den Vorstellungen der Beteiligten als wesentlich für die Herstellung oder Bearbeitung des Gegenstandes anzusehen sind. Hauptstoffe bestimmen die Eigenart des aus ihnen hergestellten Gegenstandes. **Nebenstoffe** oder Zutaten können zur Herstellung des Gegenstandes ebenfalls notwendig sein, ihr Fehlen lässt jedoch das Wesen des Gegenstandes unangetastet. In Zweifelsfällen ist der Wille der Beteiligten und die Verkehrsauffassung für die Abgrenzung maßgebend (Abschn. 3.8 Abs. 1 UStAE).

Beispiele:

- Stellt ein Buchbinder z.B. ein Buch her, so ist der Einband Hauptstoff, der verwendete Leim dagegen Nebenstoff.
- Bei der Herstellung eines Konfektionsanzugs stellt der dabei verwendete Stoff den Hauptstoff dar; das Nähgarn für die Nähte und die Knöpfe dagegen sind Nebenstoffe.

Die Menge des verwendeten Stoffes spielt für die Einordnung als Hauptstoff keine Rolle. Sind mehrere Hauptstoffe in dem Gegenstand enthalten, so genügt es für die Einordnung als Werklieferung, wenn der leistende Unternehmer nur einen der Hauptstoffe oder einen Teil eines Hauptstoffes stellt.

Neben der Verwendung von Hauptstoffen ist für die Unterscheidung, ob eine Werklieferung oder eine Werkleistung gegeben ist, entscheidend, wer den Hauptstoff beschafft hat. Hat der Werkunternehmer den Hauptstoff ganz oder zum Teil beschafft, liegt eine Werklieferung vor. Der Werkunternehmer hat einen Stoff beschafft, wenn er ihn entweder selbst (im eigenen Namen) erworben bzw. selbst hergestellt oder aus eigenen Quellen gewonnen hat (z.B. Kiesgewinnung aus eigener Kiesgrube).

Erwirbt der Werkunternehmer den Stoff im Namen und für Rechnung des Auftraggebers (Besorgungs- oder Vermittlungsleistung), so gilt der Stoff als vom Auftraggeber beschafft. Erwirbt ihn der Werkunternehmer dagegen in eigenem Namen, ist ihm die Beschaffung zuzuordnen, auch wenn er auf Rechnung des Auftraggebers (als Einkaufskommissionär, § 3 Abs. 3 UStG) tätig geworden ist (vgl. Abschn. 3.8 Abs. 4 UStAE).

Beschafft neben dem Werkunternehmer auch der Auftraggeber Teile der verwendeten Haupt- oder Nebenstoffe, so spricht man von **Materialbeistellungen.** Die beigestellten Materialteile nehmen nicht an dem Leistungsaustausch teil, d.h. sie sind nicht Bestandteil der Gegenleistung für die vom Werkunternehmer erbrachte Werklieferung (vgl. Abschn. 3.8 Abs. 2 u. 3 UStAE). Der Leistungsempfänger kann auch Arbeitskräfte, Maschinen oder andere Hilfsmittel, wie Baustrom und Bauwasser zur Verfügung stellen (sonstige Beistellungen, vgl. Abschn. 3.8 Abs. 2 Satz 3 u. 5 UStAE).

Beschafft der Auftraggeber dagegen den gesamten Hauptstoff, spricht man von einer **Materialgestellung**, sodass nach dem Wesen des Umsatzes dann von einer Werkleistung und damit einer sonstigen Leistung (Arbeitsleistung) auszugehen ist (vgl. Abschn. 3.8 Abs. 2 Satz 4 UStAE).

Ist eine auf einem Werkvertrag beruhende Leistung als Werklieferung einzuordnen, bestimmt sich der Ort wie bei Lieferungen nach § 3 Abs. 5 a UStG. Dabei ist zu berücksichtigen, dass die Werklieferung erst dann erbracht ist, wenn das Werk fertig gestellt und der Erfolg, in der Regel durch Abnahme oder bestimmungsgemäße Ingebrauchnahme seitens des Auftraggebers, eingetreten ist. Werden Einzelteile eines bestellten Werkes zum Auftraggeber versandt und dort zu dem fertigen Werk zusammengefügt, gilt die Werklieferung erst nach Abnahme des gesamten Werks durch den Auftraggeber als erbracht. Die Beförderung oder Versendung der Einzelteile kann also noch nicht zur Festlegung des Lieferortes führen, da das Werk noch nicht betriebsfertig erstellt worden ist (Abschn. 3.12 Abs. 4 UStAE). Die Werklieferung ist im Fall einer sog. ortsgebundenen „Montagelieferung" als „warenruhende Lieferung" zu beurteilen, deren Ort sich nach § 3 Abs. 5 a i.V.m. § 3 Abs. 7 Satz 1 UStG bestimmt. Der Transport und die Montage vor Ort sind Bestandteil der einheitlich als Werklieferung zu beurteilenden Leistung. **157**

Wird dagegen ein beim Werkunternehmer bereits betriebsfertig hergestelltes Werk (z.B. Maschine) lediglich zum besseren Transport an den Auftraggeber in seine Einzelteile zerlegt und am Bestimmungsort wieder zusammengebaut, gilt nach § 3 Abs. 6 S. 1 UStG die Werklieferung als „warenbewegte

Lieferung“ bereits mit Beginn der Beförderung oder Versendung als ausgeführt (vgl. Abschn. 3.12 Abs. 4 sowie Abschn. 13.1 Abs. 2 Satz 5 UStAE). Im Rahmen der Werklieferung stellt die Beförderung oder Versendung des betriebsfertig hergestellten Werks an den Abnehmer eine unselbstständige Nebenleistung dar, die das Schicksal der Werklieferung als Hauptleistung teilt (vgl. Abschn. 3.10 Abs. 5 UStAE). Der Ort der „warenbewegten“ Werklieferung ist dort, wo die Beförderung oder Versendung des betriebsfertigen Gegenstandes beginnt, § 3 Abs. 5 a i.V.m. Abs. 6 UStG.

Beispiele:

– K beauftragt den Schreiner S aus Erfurt, eine finnische Sauna in sein Wochenendhaus in der Schweiz einzubauen. S kauft das erforderliche Material und stellt daraus in seiner Werkstatt die Sauna her. In Einzelteile zerlegt transportiert er sie in die Schweiz und baut sie in das Wochenendhaus des K ein.
  Mit der Fertigstellung der Sauna bewirkt S eine Werklieferung § 3 Abs. 4 UStG, weil er die Herstellung der Sauna für K übernommen hat und dazu selbst beschaffte Werkstoffe verwendet, die nicht nur Nebensachen oder Zutaten sind. Mit der Abnahme vor Ort durch K (§ 640 BGB) ist die Werklieferung ausgeführt, weil der Einbau in das Wochenendhaus zum Umfang der vereinbarten Leistung gehört (Montagelieferung). Der Ort der Werklieferung ist nach § 3 Abs. 5 a i.V.m. § 3 Abs. 7 Satz 1 UStG in der Schweiz, Ausland § 1 Abs. 2 Satz 2 UStG, wo sich die fertig eingebaute Sauna zur Zeit der Abnahme befindet. Der Transport der vorgefertigten Teile ist keine Beförderung i.S.d. § 3 Abs. 6 Satz 2 UStG, sondern als innerbetriebliches Verbringen ebenfalls Bestandteil der Werklieferung. Die Werklieferung ist nicht nach § 1 Abs. 1 Nr. 1 UStG in Deutschland steuerbar. S unterliegt der Umsatzbesteuerung in der Schweiz.
– Für den Luftfahrer L aus Landshut baut der Hersteller H in Augsburg einen Heißluftballon für eine Alpenüberquerung aus selbst beschafften Werkstoffen. Nach einer kurzen Probefahrt übergibt H den fertigen Ballon dem L zum Transport nach Landshut, allerdings zerlegt in die Einzelteile Ballonhülle, Korb und Gasbrenner.
  Mit der Herstellung des Heißluftballons bewirkt H eine Werklieferung § 3 Abs. 4 UStG, weil er von L dazu beauftragt ist und selbst beschaffte Werkstoffe verwendet, die nicht nur Zutaten oder Nebensachen sind. Der Ort der Werklieferung ist nach § 3 Abs. 5 a i.V.m. Abs. 6 Satz 1 UStG in Augsburg, Inland § 1 Abs. 2 Satz 1 UStG, weil der betriebsfertige Ballon befördert wird. Die Werklieferung gilt mit Beginn der Beförderung durch den Leistungsempfänger als ausgeführt (§ 3 Abs. 6 Satz 2 UStG). Die Zerlegung zum besseren Transport und die anschließende erneute Zusammensetzung bei L ist unschädlich, vgl. Abschn. 3.12 Abs. 4 UStAE.

b) Werkleistungen

158 Werkleistungen nennt man Leistungen, bei denen der Werkunternehmer Gegenstände be- oder verarbeitet oder einen Erfolg durch Arbeits- bzw. Dienstleistung herbeiführt und die dafür wesentlichen Stoffe nicht selbst beschafft hat. Das ist dann der Fall, wenn der Werkunternehmer bei der Erstellung seines Werkes:

- gar keine Stoffe verwendet oder
- nur Nebenstoffe bzw. Zutaten verwendet oder

nur Hauptstoffe verwendet, die der Auftraggeber gestellt hat.

Beispiele:

– Der Schneidermeister, der einen Anzug mit Stoff herstellt, den der Auftraggeber zur Verfügung stellt, erbringt eine Werkleistung.
– Eine Autoreparaturwerkstatt, die einen Schaden am Motor behebt und dabei das Motoröl austauscht sowie Dichtungsringe, Schläuche und Klammern verwendet, erbringt eine

Werkleistung. Das Wesen des Umsatzes wird weder durch das ausgetauschte Motoröl, noch durch die verwendeten Kleinteile bestimmt. Es handelt sich nicht um Stoffe, die den wirtschaftlichen Gehalt der Leistung beeinflussen (vgl. Abschn. 3.8 Abs. 1 UStAE). Wird dagegen z.B. der Ersatz eines wesentlichen Teils des Pkw (z.B. des Motors) notwendig, kann nicht mehr von einem Nebenstoff gesprochen werden. Dann ist von einer Werklieferung auszugehen (vgl. Vereinfachung in Abschn. 7.4 und 3.8 Abs. 6 UStAE).

Werkleistungen an beweglichen körperlichen Gegenständen gelten bei Liestungen an Privatpersonen dort als ausgeführt, wo der Unternehmer ausschließlich oder zum überwiegenden Teil tätig wird (§ 3 a Abs. 2 Nr. 3 c UStG) bzw. am Sitzort des unternehmerischen Leistungsempfängers, § 3 a Abs.2 UStG. Werkleistungen in Zusammenhang mit einem Grundstück werden nach § 3 a Abs. 3 Nr. 1 UStG stets und unabhängig vom Empfänger dort erbracht, wo das Grundstück liegt.

Beispiel:

Der Antiquitätenhändler Z aus Köln ist für seine Fertigkeiten bei der Renovierung alter englischer Möbel im In- und Ausland bekannt. Er übernimmt einen Auftrag eines englischen Privatiers zur Renovierung eines alten Schranks und schickt zu diesem Zweck seinen Restaurator nach Cornwall/GB, wo sich der Schrank befindet. Da Z mit der Restaurierung des Schranks, hier durch seinen Erfüllungsgehilfen, zum überwiegenden Teil in GB tätig wird, ist der Ort der Werkleistung von Z gemäß § 3 a Abs. 3 Nr. 3 c UStG in Cornwall und damit im Ausland (§ 1 Abs. 2 S. 2 UStG). Die sonstige Leistung ist in Deutschland nicht steuerbar (§ 1 Abs. 1 Nr. 1 UStG).

Der spanische Unternehmer S übergibt dem deutschen Unternehmer D Leder und beauftragt ihn unter Angabe seiner spanischen USt-IdNr. Handschuhe zu fertigen und diese im Anschluss daran an S zu transportieren. D erbringt mit der Verarbeitung des Leders zu Handschuhen (Lohnveredelung) und der anschließenden Beförderung der Handschuhe nach Spanien nach dem Grundsatz der Einheitlichkeit der Leistung eine einheitliche Leistung. Der wirtschaftliche Gehalt der Leistung wird durch die Lohnveredlung auf Grundlage der Materialgestellung durch S bestimmt, sodass es sich um eine Werkleistung (§ 3 Abs. 9 UStG) handelt. Obwohl D überwiegend im Inland tätig geworden ist, gilt die Werkleistung nach § 3 a Abs. 2 UStG in Spanien als ausgeführt, weil der Leistungsempfänger S Unternehmer ist, was er dadurch zum Ausdruck bringt, dass er bei Auftragsvergabe seine spanische USt-IdNr. verwendet hat.

5. Inland

Inland im Sinne des UStG ist nach § 1 Abs. 2 Satz 1 UStG das Gebiet der Bundesrepublik Deutschland mit Ausnahme des Gebiets von Büsingen, das zum Zollgebiet der Schweiz gehört, der Insel Helgoland, der Freizonen des Kontrolltyps I im Sinne des ZollVG (bestimmte Freihäfen), der Gewässer und Watten zwischen der Hoheitsgrenze und der jeweiligen Strandlinie sowie der deutschen Schiffe und der deutschen Luftfahrzeuge in Gebieten, die zu keinem Zollgebiet gehören. **159**

6. Gemeinschaftsgebiet/Drittland

Ausland ist nach § 1 Abs. 2 Satz 2 UStG das Gebiet, das nicht zum Inland gehört. Zum umsatzsteuerlichen Ausland gehören also das Gebiet von Büsingen, Helgoland und die Gebiete, die zu keinem Zollgebiet gehören sowie alle ausländischen Staaten. Ab 1.1.2004 sind nur noch die Freihäfen umsatzsteuer- **160**

rechtliches Drittland, die nach § 1 Abs. 1 Satz 1 Zollverwaltungsgesetz zu den Zollfreizonen des Kontrolltyps I zählen, weil ihre Grenzen zollamtlich überwacht werden. Für sie wird der Begriff „Freihäfen" weiter verwendet. Die Zollfreizonen des Kontrolltyps II, die zollamtlich nicht überwacht werden, gehören umsatzsteuerrechtlich zum Inland (vgl. Abschn. 1.9 UStAE).

Ausländische Staaten, die der Europäischen Union angehören, werden als **übriges Gemeinschaftsgebiet** bezeichnet (vgl. Abschn. 1.10 UStAE). Sie bilden zusammen mit dem Inland das **Gemeinschaftsgebiet** (§ 1 Abs. 2 a Sätze 1 u. 2 UStG). Alle anderen Gebiete werden als **Drittlandsgebiet** bezeichnet (§ 1 Abs. 2 a Satz 3 UStG).

Territoriale Begriffsbestimmungen des UStG

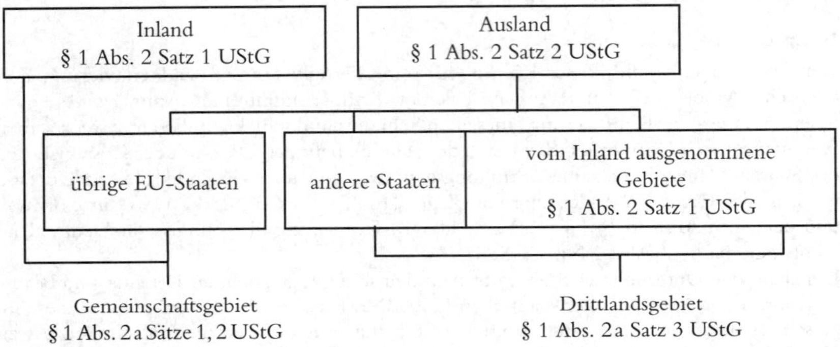

Für bestimmte Umsätze in den Freihäfen und in den Gewässern und Watten zwischen der Hoheitsgrenze und der jeweiligen Strandlinie sind die Sonderregelungen des § 1 Abs. 3 UStG zu beachten, durch die Umsätze im Inland fingiert werden. Die dadurch mögliche Umsatzbesteuerung dient in erster Linie der Vermeidung des unversteuerten Endverbrauchs in den Freihäfen.

III. Einfuhr von Gegenständen aus dem Drittland

1. Bestimmungslandprinzip

161 Gegenstände, die aus dem Drittlandsgebiet in das Inland verbracht werden, gelangen in den Einflussbereich zweier Steuerhoheitsgebiete; zum einen in den Einflussbereich des Staates, aus dem die Ware ausgeführt wird (Ursprungsland), zum anderen in den Einflussbereich des Staates, in den die Ware gelangt bzw. eingeführt wird (Bestimmungsland). Um eine Doppelbesteuerung zu vermeiden und andererseits eine Besteuerung des Endverbrauchs sicherzustellen, wird auf Grundlage internationaler Vereinbarungen das sog. **Bestimmungslandprinzip** angewendet. Danach unterliegt die Lieferung dieser Waren im Exportstaat (Ursprungsland) nicht der Umsatzbesteuerung bzw. wird von der Umsatzsteuer befreit. Die Besteuerung erfolgt erst im Bestimmungsland, in das die Ware eingeführt, d.h. zum freien Verkehr abgefertigt wird.

2. Merkmale der Einfuhrumsatzbesteuerung

Zur Durchsetzung des oben beschriebenen Bestimmungslandprinzips regelt § 1 Abs. 1 Nr. 4 UStG die Einfuhr von Gegenständen als steuerbaren Umsatz. **162**

Eine Einfuhr liegt vor, wenn ein Gegenstand vom Drittlandsgebiet (Drittlandsware) in das Inland verbracht wird und hier in den zoll- u. steuerrechtlich freien Verkehr gelangt. Eine steuerbare Einfuhr setzt voraus, dass der Gegenstand in den zoll- u. steuerrechtlich freien Verkehr im Inland überführt wird (vgl. Abschn. 15.8 Abs. 2 UStAE). Ein Gegenstand, der aus einem Drittland in das Inland gelangt, erfüllt nicht die Voraussetzungen der steuerbaren Einfuhr, solange er sich z.B. in einem externen zollrechtlichen Versandverfahren oder in einem Zolllager befindet.

Ob die Einfuhr durch Nichtunternehmer oder einen Unternehmer im Rahmen eines innerbetrieblichen Verbringens oder auf der Grundlage eines Kaufvertrages erfolgt, ist für die Verwirklichung des Einfuhrtatbestandes nicht von Belang. Eine sonstige Leistung kann für sich genommen nicht zu einer Einfuhr i.S. des § 1 Abs. 1 Nr. 4 UStG führen. Die Steuerbarkeit einer sonstigen Leistung ist nach § 1 Abs. 1 Nr. 1 UStG davon abhängig, ob sie im Inland bewirkt worden ist (§§ 3 a, 3 b UStG, vgl. Ort der sonstigen Leistung).

Beispiel:

Der Gartenbauunternehmer B aus Basel transportiert mit seinem Lkw Gemüse über die deutsch-schweizerische Grenze, um es auf dem Wochenmarkt in Konstanz zu verkaufen. Außerdem führt er ein Rosen-Bukett mit sich, das die Kundin K bei ihm bestellt hat.

Während die Einfuhr des Rosen-Buketts im Zusammenhang mit dem Verpflichtungsgeschäft zwischen ihm und K und damit auf Grundlage der Lieferung an die Kundin K (§ 3 Abs. 1 i.V.m. Abs. 8 UStG) bewirkt wird, erfolgt die Einfuhr des Gemüses ohne dass die Abnehmer bereits fest stehen bzw. ohne rechtsgeschäftliche Grundlage. Die Einfuhr des Gemüses vom Drittland in das Inland erfolgt lediglich im Zusammenhang mit einem rechtsgeschäftslosen Verbringen. Mit der Überführung in den zoll- und steuerrechtlich freien Verkehr liegt für beide Vorgänge eine Einfuhr i.S. des § 1 Abs. 1 Nr. 4 UStG für das Unternehmen des B vor.

Die Besonderheiten der Einfuhrumsatzbesteuerung erfordern eine von den allgemeinen Regeln zur Umsatzbesteuerung abweichende erhebungstechnische Behandlung. So sind für die Erhebung der Einfuhrumsatzsteuer die Bundesfinanzbehörden (Zollverwaltung) direkt zuständig. Die Steuer wird in der Regel bei der Einfuhr erhoben. Ausnahmen von der Einfuhrumsatzbesteuerung sind in § 5 UStG und der Einfuhrumsatzsteuer-Befreiungsverordnung (vgl. zu § 5 UStG im USt-Handbuch) geregelt. Bemessungsgrundlage für die Einfuhr ist der Zollwert (§ 11 UStG). Der Steuersatz bestimmt sich wie für die übrigen Umsätze des § 1 Abs. 1 UStG nach § 12 UStG (siehe Steuersätze) **163**

Soweit Gegenstände für das Unternehmen eines Unternehmers eingeführt worden sind und die Einfuhrumsatzsteuer (EUSt) entstanden ist (§ 15 Abs. 1 Nr. 2 UStG), kann der Unternehmer die EUSt unter den weiteren Voraussetzungen des § 15 UStG als Vorsteuer geltend machen (vgl. Abschn. 15.8 UStAE).

IV. Innergemeinschaftlicher Erwerb

1. Prinzip des innergemeinschaftlichen Erwerbs

164 Für grenzüberschreitende Warenbewegungen innerhalb der EU gibt es keine Grenzkontrollen. Deshalb können begrifflich keine Einfuhren vorliegen. Das Bestimmungslandprinzip findet auf Vorgänge dieser Art grundsätzlich auch Anwendung, sodass der innergemeinschaftliche Erwerb von Gegenständen zu einem steuerbaren Umsatz nach § 1 Abs. 1 Nr. 5 UStG führt. Als Steuerbefreiungsvorschrift ist der § 4 b UStG zu beachten, für die Bestimmung des Steuersatzes sind hingegen die allgemeinen Voraussetzungen des § 12 UStG anzuwenden (vgl. Rn. 328 ff.). Die Erwerbsumsatzsteuer schuldet der Erwerber (§ 13 a Abs. 1 Nr. 2 UStG), der die Steuer für den i.g. Erwerb für sein Unternehmen (§ 15 Abs. 1 Nr. 3 UStG) unter den weiteren Voraussetzungen des § 15 UStG als Vorsteuer geltend machen kann (vgl. Rn. 480 ff.).

2. Merkmale des innergemeinschaftlichen Erwerbs

Ein i.g. Erwerb ist nach § 1 Abs. 1 Nr. 5 UStG steuerbar, wenn er im Inland gegen Entgelt erfolgt.

a) Begriff des innergemeinschaftlichen Erwerbs

165 Ein **i.g. Erwerb gegen Entgelt** liegt vor, wenn die folgenden Voraussetzungen des § 1 a UStG erfüllt sind:

- Ein Gegenstand gelangt bei der Lieferung an den Abnehmer aus dem Gebiet eines EU Mitgliedstaates in das Inland, § 1 a Abs. 1 Nr. 1 UStG.
- Der Erwerber ist ein Unternehmer, der den Gegenstand für sein Unternehmen erwirbt (bei einer juristischen Person auch dann, wenn sie den Gegenstand für ihren außerunternehmerischen Bereich erwirbt), § 1 a Abs. 1 Nr. 2 UStG.
- Der Lieferer ist ein Unternehmer (jedoch kein Kleinunternehmer) und führt die Lieferung gegen Entgelt im Rahmen seines Unternehmens aus, § 1 a Abs. 1 Nr. 3 UStG.

166 Der Erwerber (Leistungsempfänger) kann grundsätzlich davon ausgehen, dass der Lieferer die Voraussetzungen des § 1 a Abs. 1 Nr. 3 UStG erfüllt, wenn dieser in der Rechnung seine USt-IdNr. angibt, keine ausländische Mehrwertsteuer ausweist und auf die Steuerbefreiung der i.g. Lieferung im Ursprungsland hinweist. Der i.g. Erwerb ist spiegelbildlich gesehen die Folge einer in dem anderen Mitgliedstaat (Ursprungsland) vorausgegangenen steuerbefreiten i.g. Lieferung. Durch die Angabe seiner USt-IdNr. zeigt der Lieferer, dass er im Ursprungsland für steuerliche Zwecke erfasst ist und seinen steuerlichen Verpflichtungen im Rahmen des innergemeinschaftlichen Warenverkehrs nachkommt. Damit wird für den Erwerber die Prüfung der Voraussetzungen des § 1 a Abs. 1 Nr. 3 UStG wesentlich erleichtert.

Beispiel:

Dora Duft (D) ist Inhaberin einer Drogerie in Weimar. Auf speziellen Wunsch einer Kundin bestellt sie beim französischen Unternehmer Flacon (F) die Kosmetikserie Juvena. F liefert die Ware am 22.3.07 per Post an D. Die Rechnung des F lautet über umgerechnet 276,– Euro und enthält keine gesondert ausgewiesene Umsatzsteuer, aber die französische USt-IdNr. des F sowie die deutsche USt-IdNr. der D sowie den Hinweis, dass die Lieferung nach dem französischem Umsatzsteuergesetz eine steuerfreie i. g. Lieferung darstellt.
Für D liegt ein i. g. Erwerb gegen Entgelt vor. Die Ware gelangt bei der Lieferung aus dem Mitgliedstaat Frankreich nach Deutschland, in einen anderen Mitgliedstaat, an die Unternehmerin D für ihr Unternehmen, § 1 a Abs. 1 Nr. 1 u. 2 UStG. Für D ist auch erkennbar, dass F die Voraussetzungen des § 1 a Abs. 1 Nr. 3 UStG erfüllt.

Zur Vereinfachung des Besteuerungsverfahrens sind nach § 1 a Abs. 3 Nr. 1 **167**
Buchst. a–d UStG von der Besteuerung des i. g. Erwerbs ausgeschlossen:

- Unternehmer, die nur steuerfreie Umsätze ausführen, die zum Ausschluss vom Vorsteuerabzug (§ 15 Abs. 2 UStG) führen,
- Kleinunternehmer i. S. d. § 19 UStG
- pauschalierende Landwirte i. S. d. § 24 UStG
- nichtunternehmerische juristische Personen, wie juristische Personen des öffentlichen Rechts

wenn sie die Erwerbschwelle nach § 1 a Abs. 3 Nr. 2 UStG im vorangegangenen nicht überschritten haben und zu erwarten ist, dass sie auch im laufenden Kalenderjahr nicht überschritten wird. Ein steuerbarer i. g. Erwerb liegt für diesen Personenkreis nur vor, wenn der Gesamtbetrag der i. g. Erwerbe in Deutschland nach § 1 a Abs. 1 Nr. 1 u. 2 UStG (aus allen Mitgliedstaaten) den Betrag von 12 500 € übersteigt bzw. wenn nach § 1 a Abs. 4 UStG zur Erwerbsbesteuerung optiert wurde. Zu beachten ist, dass der i. g. Erwerb neuer Fahrzeuge und verbrauchsteuerpflichtiger Waren unabhängig von der Erwerbsschwelle auch für den Personenkreis nach § 1 a Abs. 3 Nr. 1 Buchtstabe a bis d UStG immer der Erwerbsbesteuerung unterliegt (§ 1 a Abs. 5 UStG). Zur Erwerbschwelle in den anderen EU-Mitgliedstaaten siehe Abschn. 3c.1 UStAE.

Gehört der Unternehmer zum Personenkreis des. § 1 a Abs. 3 Nr. 1 UStG, und überschreitet er nicht die deutsche Erwerbschwelle von 12 500 €, liegt kein steuerbarer i. g. Erwerb im Inland vor. Auf Grund der Spiegelbildlichkeit von Erwerbsbesteuerung im Bestimmungsland und der Steuerbefreiung als i. g. Lieferung im Ursprungsland, unterliegt in diesem Fall die Lieferung nicht der Steuerbefreiung (analog § 4 Nr. 1 b i. V. m. § 6 a UStG). Der Lieferer muss in Abhängigkeit vom Lieferort die Besteuerung der Lieferung durchführen. Erwerber, die zum Personenkreis des § 1 a Abs. 3 Nr. 1 UStG gehören, haben nach § 1 a Abs. 4 UStG die Möglichkeit gegenüber dem für sie zuständigen Finanzamt zu erklären, dass sie auf die Anwendung der Erwerbsschwelle verzichten und die Besteuerung des i. g. Erwerbs durchführen. Der Erwerber ist daran für zwei Kalenderjahre gebunden. Der Verzicht gilt für i. g. Erwerbe aus allen EU – Mitgliedstaaten in diesem Zeitraum.

Für den i. g. Erwerb neuer Fahrzeuge durch Nicht-Unternehmer oder **168**
durch Unternehmer für ihren außerunternehmerischen Bereich (vgl. Abschn. 1b.1 UStAE) gelten die Sonderregelungen des § 1 b UStG. Für Fahrzeuge i. S. d. § 1 b Abs. 2 UStG, die innerhalb des Gemeinschaftsgebiets

grenzüberschreitend an Nichtunternehmer oder für den außerunternehmerischen Bereich geliefert werden, erfolgt ausschließlich die Besteuerung im Bestimmungsland durch den Erwerber. Durch § 1 b Abs. 1 UStG wird der Erwerberkreis i. S. des § 1 a Abs. 1 Nr. 2 UStG deshalb auf Privatpersonen und Unternehmer, die neue Fahrzeuge für ihren nichtunternehmerischen Bereich erwerben, ausgedehnt.

Beispiel:

Der Privatmann Dieter Dohmann (D) aus Gotha hat sich in Straßburg bei einem französischen Fahrzeughändler Frederic Flavéé (F) einen neuen Pkw zum Kaufpreis von 25 000 Euro abgeholt. Die Lieferung des Pkw durch den Unternehmer F an den Privatmann D wird in Frankreich als i. g. Lieferung steuerbefreit und führt im Bestimmungsland Deutschland für den Erwerber D zu einem steuerbaren und steuerpflichtigen i. g. Erwerb des neuen Fahrzeugs (§ 1 b Abs. 1 i. V. m. § 1 Abs. 1 Nr. 5 UStG). Die Erwerbsumsatzsteuer in Höhe von 19% der Bemessungsgrundlage (§ 12 Abs. 1, § 10 Abs. 1 UStG), somit 4 750 €, schuldet der Erwerber D (§ 13 a Abs. 1 Nr. 2 UStG).

Die Erhebung der USt erfolgt im Verfahren der sog. **Fahrzeugeinzelbesteuerung.** Ein Erwerber i. S. d. § 1 b Abs. 1 UStG hat für jeden einzelnen i. g. Erwerb eines neuen Fahrzeugs die USt selbst zu berechnen (§ 16 Abs. 5 a UStG) und mittels Steueranmeldung bei seinem zuständigen Finanzamt anzumelden und zu entrichten (§ 18 Abs. 5 a UStG). Zur Sicherung des Steueranspruchs erteilt die Zulassungsstelle Kontrollmitteilungen an das Finanzamt (§ 18 Abs. 10 UStG).

b) Ort des innergemeinschaftlichen Erwerbs

169 Der i. g. Erwerb gegen Entgelt ist als Umsatz nach § 1 Abs. 1 Nr. 5 UStG nur steuerbar, wenn er im Inland bewirkt wird. Nach § 3 d Satz 1 UStG liegt der Ort des i. g. Erwerbs in dem Mitgliedstaat, in dem sich der Gegenstand am Ende der Beförderung oder Versendung befindet. Für die Ortsbestimmung ist ohne Bedeutung, ob der Lieferer oder der Abnehmer die Beförderung oder Versendung durchführt. Verwendet der Erwerber gegenüber dem Lieferer eine ihm von einem anderen Mitgliedstaat erteilte USt-IdNr., d. h. von einem anderen Mitgliedstaat als dem, in dem die Beförderung oder Versendung endet (§ 3 d Satz 1 UStG), gilt der Erwerb in dem Gebiet dieses Mitgliedstaates bewirkt, § 3 d Satz 2 UStG (vgl. Abschn. 3d.1 UStAE).

Beispiel:

Der Mineralölimporteur N in Rotterdam verkauft 1 000 t Schweröl zum Kaufpreis von 260 000,– Euro an den Chemie-Unternehmer C in Bitterfeld. Das Schweröl wird a) von N per Eisenbahn versendet, b) durch C mit eigenen Tankfahrzeugen in Rotterdam abgeholt. Es liegt für den Erwerber C ein i. g. Erwerb des Schweröls gegen Entgelt vor, weil alle Voraussetzungen des § 1 a Abs. 1 Nr. 1 bis 3 UStG erfüllt sind. [Selbst wenn der Abnehmer C zum Erwerberkreis des § 1 a Abs. 3 UStG gehören würde, müsste er nach § 1 a Abs. 5 UStG einen i. g. Erwerb besteuern, weil das Schweröl zu den verbrauchsteuerpflichtigen Waren (Mineralölsteuer) gehört.] Ort des i. g. Erwerbs ist Bitterfeld, weil sich der Liefergegenstand im Fall a) am Ende der Versendung und im Fall b) am Ende der Beförderung dort befindet (§ 3 d UStG). Ob die Beförderung oder Versendung durch den Lieferer oder den Leistungsempfänger erfolgt, spielt keine Rolle. Der i. g. Erwerb gegen Entgelt ist im Inland bewirkt, nach § 1 Abs. 1 Nr. 5 UStG steuerbar und mangels Steuerbefreiung nach § 4 b UStG zum Regelsteuersatz auch steuerpflichtig. Die von C als Erwerber geschuldete Erwerbsumsatzsteuer (§ 13 a Abs. 1 Nr. 2 UStG) kann er als Vorsteuer (§ 15 Abs. 1 Nr. 3 UStG) geltend machen, weil er das Schweröl für sein Unternehmen i. g. erworben hat und für Zwecke seine besteuerten Umsätze, d.h. nicht vorsteuerschädlich (§ 15 Abs. 2 UStG) einsetzen will.

Als i.g. Erwerb gegen Entgelt gilt nach § 1 a Abs. 2 UStG auch das unternehmensinterne Verbringen eines Gegenstandes aus dem übrigen Gemeinschaftsgebiet in das Inland durch einen Unternehmer zu seiner Verfügung, ausgenommen zu einer nur vorübergehenden Verwendung. Das i.g. Verbringen eines Gegenstandes gilt unter den Voraussetzungen des § 3 Abs. 1 a UStG als Lieferung und unter den entsprechenden Voraussetzungen des § 1 a Abs. 2 UStG als innergemeinschaftlicher Erwerb (vgl. Abschn. 1a.2 UStAE). **170**

Sofern der Erwerb wegen der Verwendung der dtsch. USt-ID gem. § 3 d S. 2 UStG als in Deutschland bewirkt gilt, entfällt ein Vorsteueranspruch, § 15 Abs. 1 Nr. 3 UStG. **171**

frei **172–180**

C. Steuerbefreiungen

Sind Umsätze steuerbar, so ist als nächstes zu prüfen, ob sie steuerpflichtig oder steuerfrei sind. Die Steuerbefreiungen sind gesetzlich in § 4 UStG für entgeltliche Umsätze im Leistungsaustausch und unentgeltliche Umsätze (§ 1 Abs. 1 Nr. 1 UStG) sowie in § 4 b UStG für den i.g. Erwerb (§ 1 Abs. 1 Nr. 5 UStG) und in § 5 UStG für die Einfuhr (§ 1 Abs. 1 Nr. 4 UStG) geregelt.

Die Vorschrift des § 4 UStG enthält eine Vielzahl von Steuerbefreiungen, die teilweise aus steuersystematischen, teilweise aus wirtschafts-, kultur-, bildungspolitischen oder sozialen Gründen gewährt werden. Auf Grund der unterschiedlichen Auswirkungen, die die Steuerbefreiungen auf den Vorsteuerabzug der im Zusammenhang mit der Ausführung dieser Umsätze bezogenen Leistungen des Unternehmers haben, werden die **Steuerbefreiungen** des § 4 UStG in drei Gruppen eingeteilt: **181**

1. Steuerbefreiungen mit Vorsteuerabzugsrecht (§ 4 Nr. 1–7 UStG),
2. Steuerbefreiungen ohne Vorsteuerabzugsrecht, aber mit der Möglichkeit des Verzichts auf die Steuerbefreiung (Option nach § 9 UStG für: § 4 Nr. 8 a–g, Nr. 9 a, 12, 13, 19 UStG),
3. Steuerbefreiung ohne Vorsteuerabzugsrecht (alle übrigen in § 4 UStG genannten Steuerbefreiungen, für die keine Optionsmöglichkeit nach § 9 UStG besteht).

I. Steuerbefreiungen von Lieferungen und sonstigen Leistungen

Die Steuerbefreiungen **mit Vorsteuerabzugsrecht** (echte Steuerbefreiungen) stellen eine vollständige umsatzsteuerliche Entlastung der betreffenden Umsätze sicher, unabhängig davon, dass keine Umsatzsteuerschuld entsteht, wird der Unternehmer von der USt aus den Eingangsumsätzen im Wege des Vorsteuerabzugs vollständig entlastet. Die Steuerbefreiungen **ohne Vorsteuer-** **182**

abzug (unechte Steuerbefreiungen) sind mit dem Nachteil verbunden, dass die Vorsteuern aus Eingangsumsätzen, die mit den steuerbefreiten Umsätzen wirtschaftlich in Zusammenhang stehen nach § 15 Abs. 2 UStG vom Vorsteuerabzug ausgeschlossen, d.h. nicht abzugsfähig sind. Dieser Nachteil kann jedoch für die unter 2. genannten Steuerbefreiungen vermieden werden, wenn der Unternehmer auf die Anwendung der Steuerbefreiung verzichtet (§ 9 UStG).

183 Die nachstehende Übersicht systematisiert die Steuerbefreiungen nach der oben genannten Einteilung:

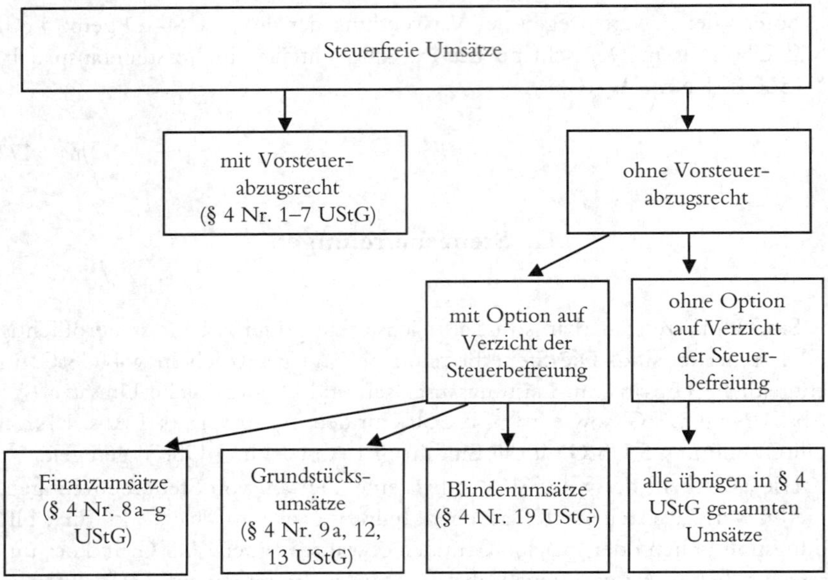

184 Die Besteuerung grenzüberschreitender Lieferungen erfolgt grundsätzlich nach dem Bestimmungslandprinzip. Danach werden Exportumsätze von der deutschen Umsatzsteuer freigestellt. Die Besteuerung der Waren bleibt dem ausländischen Importstaat (als Drittstaat im Rahmen der Einfuhr; als EU-Mitgliedstaat im Rahmen des i.g. Erwerbs) vorbehalten.

185 Die Freistellung der im Inland bewirkten steuerbaren Exportumsätze ist in § 4 Nrn. 1–7 UStG geregelt. Nach diesen Vorschriften sind z.B. steuerfrei:

- Ausfuhrlieferungen (§ 6 UStG),
- i.g. Lieferungen (§ 6 a UStG)
- die Lohnveredelungen (§ 7 UStG) sowie
- bestimmte mit den Ausfuhrlieferungen oder der Lohnveredelung in Zusammenhang stehenden Umsätze (§ 4 Nrn. 2, 3 und 5 UStG).

1. Ausfuhrlieferungen

186 Ausfuhrlieferungen sind unter den Voraussetzungen des § 6 UStG nach § 4 Nr. 1 a UStG steuerfrei. Der Begriff der Ausfuhrlieferung ist in § 6 UStG geregelt. Die Vorschrift enthält 3 Tatbestände der Ausfuhrlieferung.

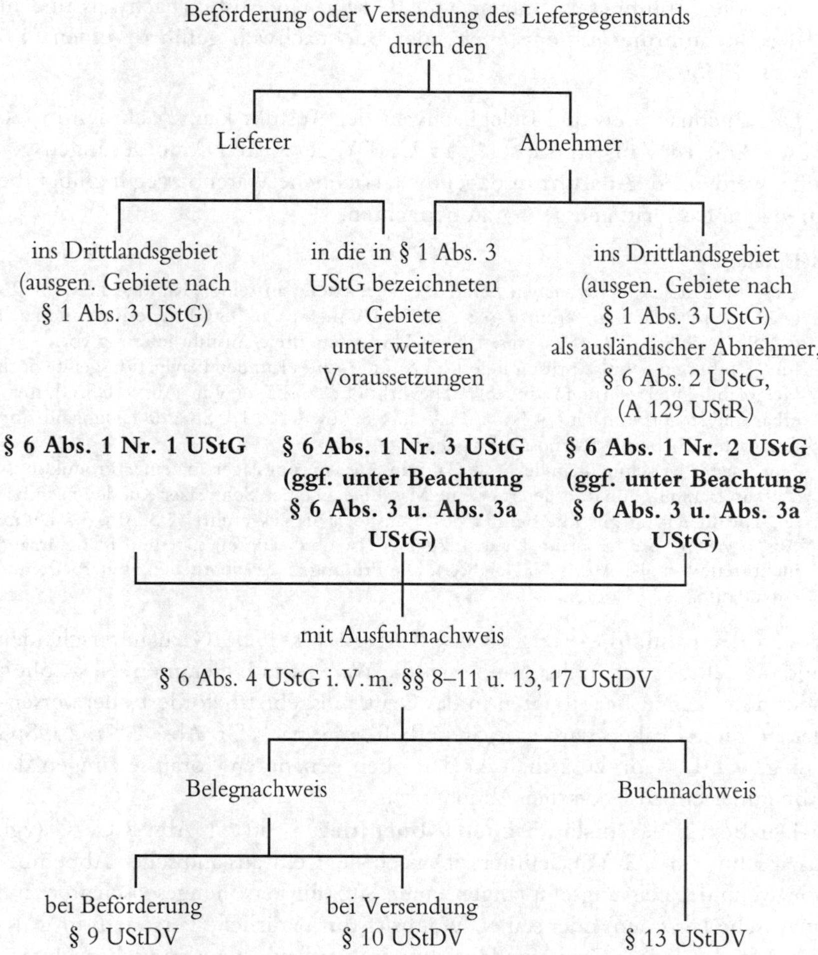

Die sorgfältige Unterscheidung der Tatbestände des § 6 Abs. 1 Nr. 1, Nr. 2 od. Nr. 3 UStG ist von Bedeutung, da jeweils andere Voraussetzungen an das Vorliegen von Ausfuhrlieferungen geknüpft sind. Für eine Ausfuhrlieferung nach § 6 Abs. 1 Nr. 2 oder 3 UStG sind zusätzlich die Einschränkungen des § 6 Abs. 3 u. Abs. 3 a UStG zu beachten.

a) Grundfälle

Der häufigste Fall einer Ausfuhr ist in § 6 Abs. 1 Nr. 1 UStG geregelt: Ein **187**
Exportunternehmer befördert oder versendet einen Liefergegenstand an den Abnehmer in das Drittlandsgebiet. Zur Steuerbefreiung dieser Ausfuhrlieferung müssen folgende Voraussetzungen gegeben sein:

- im Inland steuerbare Beförderungs- oder Versendungslieferung;
- der Liefergegenstand muss in das Drittlandsgebiet gelangen, d. h. er muss sich am Ende der Warenbewegung tatsächlich im Drittland befinden (ausgenommen Gebiete i. S. d. § 1 Abs. 3 UStG);

- über die Ausfuhr muss anhand von Belegen ein Ausfuhrnachweis und in der Buchführung ein entsprechender Buchnachweis geführt werden (§ 6 Abs. 4 UStG).

188 Der Buchnachweis und Belegnachweis der Ausfuhr kann nach den in § 6 Abs. 4 UStG i.V.m. §§ 8 bis 11, 13 UStDV geregelten Anforderungen geführt werden. Als **Ausfuhr** ist dabei die tatsächliche Warenbewegung über die Grenze in das Drittlandsgebiet zu betrachten.

Beispiele:

- Ein Autohändler aus München liefert Pkw-Ersatzteile an seinen Kunden in Genf. Es liegt eine im Inland ausgeführte (§ 3 Abs. 5 a i.V.m. Abs. 6 UStG) steuerbare und nach § 4 Nr. 1 a UStG i.V.m. § 6 Abs. 1 Nr. 1 UStG steuerfreie Ausfuhrlieferung vor.
- Ein Hamburger Schiffsausrüster liefert im Auftrag seines Kunden Navigationsgeräte nach Helgoland. Die Lieferung ist im Inland bewirkt (§ 3 Abs. 5 a i.V.m. Abs. 6 UStG), steuerbar und steuerfrei nach § 4 Nr. 1 a i.V.m. § 6 Abs. 1 Nr. 1 UStG, da Helgoland zum umsatzsteuerlichen Drittlandsgebiet gehört.
- Ein Essener Maschinenhändler unterhält ein Auslieferungslager in seiner Produktionsstätte in Istanbul. Von dort liefert er eine Maschine an einen Schweizer Kunden nach Basel. Die Lieferung gilt mit Beginn des Transports als ausgeführt (§ 3 Abs. 5 a i.V.m. Abs. 6 UStG). Sie findet im Drittlandsgebiet (Istanbul/Türkei) statt und ist im Inland nicht steuerbar (§ 1 Abs. 1 Nr. 1 UStG). Die Prüfung einer eventuellen Steuerbefreiung entfällt also.

189 Von der Ausfuhrlieferung nach § 6 Abs. 1 Nr. 1 UStG zu unterscheiden sind die Fälle, in denen der Abnehmer die Ware beim Lieferanten selbst abholt oder durch einen Beauftragten in das Drittlandsgebiet befördert oder versendet. In diesen Fällen wird eine Steuerbefreiung nach § 6 Abs. 1 Nr. 2 UStG nur gewährt, wenn zusätzlich zu den oben genannten Voraussetzungen der Abnehmer ein ausländischer Abnehmer ist.

190 Der Begriff des **ausländischen Abnehmers** ist in § 6 Abs. 2 UStG (vgl. a. Abschn. 6.3 UStAE) definiert. Danach liegt ein ausländischer Abnehmer vor, wenn der Leistungsempfänger seinen Sitz (für Personengesellschaften und juristische Personen) oder seinen Wohnsitz (für natürliche Personen) im Ausland hat. Auch eine Zweigniederlassung im Ausland ist ausländischer Abnehmer, wenn sie im eigenen Namen Umsatzgeschäfte abschließt. Dagegen gilt ein Gastarbeiter trotz seiner Staatsangehörigkeit zu einem fremden Staat nicht als ausländischer Abnehmer, solange er das Inland nicht endgültig verlassen hat (vgl. Abschn. 6.3 Abs. 3 Nr. 4 UStAE).

Beispiele:

- Ein türkischer Gastarbeiter kehrt während der Winterpause in seine Heimat zurück und erwirbt zuvor in Köln eine Stereoanlage, die er seiner Frau mitbringt. Es liegt eine steuerbare Lieferung in Köln (§ 3 Abs. 1 i.V.m. Abs. 6 UStG) vor. Die Lieferung ist nicht nach § 4 Nr. 1 a UStG steuerbefreit, da nach § 6 Abs. 2 UStG der Gastarbeiter solange nicht ausländischer Abnehmer ist, als er nicht endgültig das Gebiet der Bundesrepublik Deutschland verlassen hat (vgl. Abschn. 6.3 Abs. 3 UStAE).
- Die Münchener Zweigniederlassung einer Schweizer Arzneimittelfirma bestellt **im eigenen Namen** bei einem Nürnberger Lieferanten Waren, die sie dann im Auftrag ihrer Schweizer Muttergesellschaft in die Schweiz verbringt. Die Lieferung des Nürnberger Unternehmers an die Zweigniederlassung ist im Inland bewirkt (§ 3 Abs. 1 i.V.m. Abs. 6 UStG) und somit steuerbar. Eine Steuerbefreiung nach § 4 Nr. 1 a i.V.m. § 6 Abs. 1 Nr. 2 UStG ist nicht möglich, da die Zweigniederlassung, die die Waren ins Drittlandsgebiet befördert, in München ansässig ist und somit kein ausländischer Abnehmer i.S. des § 6 Abs. 2 Nr. 2 UStG ist. Bei dem Verbringen der Gegenstände durch

die Zweigniederlassung an die Schweizer Muttergesellschaft handelt es sich nicht um eine Lieferung (§ 3 Abs. 1 UStG) und damit nicht um einen steuerbaren Umsatz (§ 1 Abs. 1 Nr. 1 UStG), weil die Verfügungsmacht an den Waren innerhalb des Unternehmens verbleibt und nicht an eine andere Person verschafft wird. Aufgrund des § 2 Abs. 1 UStG bilden die Zweigniederlassung und die Muttergesellschaft zusammen nur ein Unternehmen.

Ausfuhrlieferungen in die nach § 1 Abs. 3 UStG bezeichneten Gebiete **191** (z.B. die Freizonen des Kontrolltyps I, vgl. Abschn. 1.9 Abs. 1 UStAE) wurden in den bisher behandelten Fällen ausgenommen. Sie sind gesondert in § 6 Abs. 1 Nr. 3 UStG geregelt. Danach sind Warenlieferungen, bei denen die Gegenstände durch den Unternehmer oder den Abnehmer in diese Gebiete und in die Gewässer und Watten zwischen der Hoheitsgrenze und der Zollgrenze an der Küste gelangen, nur steuerbefreit, wenn der Abnehmer

- entweder Unternehmer ist, der den Gegenstand für Zwecke seines Unternehmens erworben hat
- oder ein ausländischer Abnehmer ist und der Gegenstand in das Drittlandsgebiet gelangt.

Die Vorschrift will sicherstellen, dass diese Lieferungen nicht unversteuert in den Endverbrauch gelangen.

Beispiele:

– Ein im Freihafen Cuxhaven ansässiger Unternehmer bestellt mehrere Hebebühnen bei einem Flensburger Maschinenhändler, der die Ware auftragsgemäß in den Freihafen transportiert. Der Flensburger Maschinenhändler bewirkt eine steuerbare Lieferung, die nach § 6 Abs. 1 Nr. 3 UStG als Ausfuhrlieferung steuerfrei (§ 4 Nr. 1 a UStG) ist, weil der im Freihafen Cuxhaven ansässige Unternehmer die Ware für sein Unternehmen erworben hat.

– Ein Unternehmer in Lübeck befördert einen von seinem Abnehmer mit Sitz in Plön bestellten Wagen in den Freihafen Bremerhaven. Die in Lübeck bewirkte und steuerbare Lieferung ist nur dann nach § 4 Nr. 1 a i.V.m. § 6 Abs. 1 Nr. 3 a UStG als Ausfuhrlieferung steuerbefreit, wenn der Wagen für unternehmerische Zwecke des Abnehmers erworben worden ist.

– Ein Unternehmer betreibt in Hamburg eine Schnapsbrennerei und liefert 12 Flaschen Schnaps an den ausländischen Kapitän eines im „Hamburger Freihafen" liegenden japanischen Seeschiffes zur Mitnahme nach Japan. Es liegt eine steuerbare und (vorerst) steuerpflichtige Lieferung vor, da der Hamburger Hafen seit dem 1.1.2013 keinen Freihafenstatus mehr hat und damit als Inland gilt. Wenn der Kapitän aber nach Ausfuhr nach Japan einen Ausfuhrnachweis i.S.d. § 4 Nr. 1 a i.V.m. § 6 Abs. 1 Nr. 2 UStG vorlegt, kann die Leistung als steuerfrei behandelt werden, da der Kapitän ausländischer Abnehmer ist.

b) Sonderfälle der Ausfuhrlieferung (§ 6 Abs. 3 UStG)

Sonderfälle der Ausfuhrlieferungen sind in § 6 Abs. 3 u. 3 a UStG als Ein- **192** schränkung der Grundfälle des § 6 Abs. 1 Nr. 2 u. 3 UStG dargestellt. Die Sonderfälle der Ausfuhrlieferung beziehen sich auf

- die Lieferung von Ausrüstungs- und Versorgungsgegenständen eines Beförderungsmittels (§ 6 Abs. 3 UStG) und
- die Ausfuhr von Gegenständen im persönlichen Reisegepäck (§ 6 Abs. 3 a UStG).

Einschränkung der Grundfälle
des
§ 6 Abs. 1 Nr. 2 oder 3 UStG
durch

	§ 6 Abs. 3 UStG	§ 6 Abs. 3a UStG
1.	Gegenstand der Lieferung ist zur Versorgung oder Ausrüstung eines Beförderungsmittels bestimmt.	Liefergegenstand wird nicht für unternehmerische Zwecke erworben und vom Abnehmer im persönlichen Reisegepäck ausgeführt.
2.	Abnehmer ist ausländischer Unternehmer u. das Beförderungsmittel dient seinem Unternehmen.	Abnehmer hat Wohnort im Drittland (außer § 1 Abs. 3 UStG) u. Ausfuhr erfolgt vor Ablauf des 3. Kalendermonats nach Lieferung.

3. Ausfuhrnachweis § 6 Abs. 4 UStG

RF **Ausfuhrlieferung bleibt erfüllt**

Gegenstände, die der Ausrüstung oder Versorgung von Beförderungsmittel dienen können, führt Abschn. 6.4 UStAE beispielhaft auf.

Mit der Vorschrift soll erreicht werden, dass der private Verbrauch derartiger Leistungen nicht unversteuert bleibt.

Beispiel:

– Der Abnehmer aus Genf holt die Ersatzteile für seinen privaten Pkw in München ab. Es liegt eine im Inland (München, § 3 Abs. 1 i.V.m. Abs. 6 UStG) steuerbare Lieferung nach § 6 Abs. 1 Nr. 2 UStG vor, weil der Abnehmer den Gegenstand ins Drittlandsgebiet befördert und es sich um einen ausländischen Abnehmer i.S. des § 6 Abs. 2 UStG handelt. Da es sich bei den Ersatzteilen um Gegenstände zur Ausrüstung eines privaten Kraftfahrzeugs handelt, liegt keine steuerfreie Ausfuhrlieferung nach § 4 Nr. 1 a i.V.m. § 6 Abs. 3 UStG vor (vgl. Abschn. 6.4 Abs. 1 UStAE).

– Ein belgischer Transportunternehmer erwirbt anlässlich einer Transportfahrt durch das Inland einen Reservereifen für seinen Lkw. Die Lieferung ist nach § 4 Nr. 1 a UStG i.V.m. § 6 Abs. 1 Nr. 2 UStG steuerfrei. Die Einschränkung des § 6 Abs. 3 UStG greift nicht ein, weil er als ausländischer Unternehmer (§ 6 Abs. 2 UStG) einen Ausrüstungsteil für ein Fahrzeug seines Unternehmens erworben hat.

193–195 *frei*

2. Lohnveredelungen an Gegenständen der Ausfuhr

196 Unter einer **Lohnveredelung** versteht man jede Art der Be- oder Verarbeitung eines Gegenstandes, wenn die Leistung als Werkleistung qualifiziert wird. Für Lohnveredelungen gilt die Steuerbefreiung nach § 4 Nr. 1 a UStG i.V.m. § 7 UStG. Die Voraussetzungen der Befreiung sind entsprechend der Ausfuhrlieferung aufgebaut. Danach ist zu unterscheiden, ob der Auftraggeber oder der Werkunternehmer den be- oder verarbeiteten Gegenstand in das Drittlandsgebiet bzw. in die Gebiete i.S.d. § 1 Abs. 3 UStG im Anschluss an die Werkleistung (Lohnveredelung) transportiert. Zusätzlich muss bei der

Lohnveredelung gewährleistet sein, dass der Gegenstand zum Zwecke der Lohnveredelung in das Gemeinschaftsgebiet eingeführt wurde oder aber zu diesem Zweck im Gemeinschaftsgebiet erworben wurde.

Beispiele:

– Ein norwegischer Spediteur verbringt seine Lkws nach Kleve zur Neulackierung. Nach Abschluss der Arbeiten werden die Fahrzeuge wieder nach Norwegen verbracht. Die Lkws wurden eigens zum Zwecke der Lohnveredelung ins Inland eingeführt und nach Beendigung der Arbeiten wieder ausgeführt.
Mit der Neulackierung bewirkt der Werkunternehmer in Kleve eine steuerbare sonstige Leistung (§ 3 Abs. 9 i.V.m. § 3 a Abs. 2 Nr. 3 c UStG), die als Lohnveredelung nach § 4 Nr. 1 a i.V.m. § 7 UStG steuerbefreit ist.

– Ein Schweizer Tourist bleibt auf der Durchreise durch das Inland mit einem Schaden an seinem Pkw liegen. Der Schaden wird in einer Reparaturwerkstatt in Köln behoben. Da das Fahrzeug nicht zum Zweck dieser Reparatur eingeführt worden ist, scheidet für die in Köln bewirkte steuerbare Werkleistung die Steuerbefreiung nach § 4 Nr. 1 a i.V.m. § 7 UStG aus (vgl. auch Abschn. 7.1 Abs. 6 UStAE).

3. Innergemeinschaftliche Lieferungen

Der Begriff der i.g. Lieferungen ist im § 6 a UStG geregelt. Darunter sind **197** ausschließlich im Inland ausgeführte warenbewegte Lieferungen an Unternehmer (Abnehmer mit USt-IdNr.) zu verstehen, bei denen der Gegenstand vom Inland in das übrige Gemeinschaftsgebiet gelangt.

Ausgenommen davon sind die Lieferungen von neuen Fahrzeugen, die als i.g. Lieferung von der USt auch dann befreit sind, wenn sie an Nichtunternehmer oder für den außerunternehmerischen Bereich eines Unternehmers und somit an Abnehmer ohne USt-IdNr. geliefert werden (spiegelbildlich zu dem i.g. Erwerb neuer Fahrzeuge im Bestimmungsland). Die Lieferung von Neufahrzeugen wird selbst dann vom Regelungsbereich des UStG erfasst, wenn sie von einem Nichtunternehmer oder im Rahmen des außerunternehmerischen Bereichs eines Unternehmers bewirkt wird. § 2 a UStG enthält für diese Fälle eine Sonderregelung zur Unternehmereigenschaft von Fahrzeuglieferern. Wer im Inland ein neues Fahrzeug liefert (§ 3 Abs. 5 a i.V.m. § 3 Abs. 6 UStG), das bei der Lieferung in das übrige Gemeinschaftsgebiet gelangt, wird, wenn er nicht Unternehmer i.S. des § 2 UStG ist bzw. die Lieferung nicht im Rahmen seines Unternehmens ausführt, für diese Lieferung wie ein Unternehmer behandelt (zu den steuerlichen Erklärungspflichten in § 18 Abs. 4 c UStG). Die steuerbaren Umsätze (§ 1 Abs. 1 Nr. 1 UStG) von Neufahrzeugen i.S. des § 1 b Abs. 2 UStG, die in das übrige Gemeinschaftsgebiet gelangen, werden nach § 4 Nr. 1 b i.V.m. § 6 a UStG im Inland (dem Ursprungsland) von der USt befreit.

Bei Warenlieferungen zwischen Unternehmern im Gemeinschaftsgebiet ist das Bestimmungslandprinzip anzuwenden. Das Besteuerungsrecht hat grundsätzlich der Mitgliedstaat, in den der Liefergegenstand gelangt. Die im Inland (Ursprungsland) steuerbaren i.g. Lieferungen werden deshalb unter den Voraussetzungen des § 6 a UStG von der Umsatzsteuer nach § 4 Nr. 1 b UStG befreit.

a) Grundfall

198 Der häufigste Fall der i. g. Lieferung ist im § 6 a Abs. 1 UStG geregelt. Zur Steuerbefreiung der i. g. Lieferung müssen folgende Voraussetzungen gegeben sein:

1. Der Lieferer oder der Abnehmer hat den Liefergegenstand in das übrige Gemeinschaftsgebiet befördert oder versendet (§ 6 a Abs. 1 Nr. 1 UStG).
2. Der Abnehmer ist (§ 6 a Abs. 1 Nr. 2 UStG)
   a) ein Unternehmer, der den Liefergegenstand für sein Unternehmen erworben hat, oder
   b) eine juristische Person, die den Liefergegenstand nicht für ihr Unternehmen erworben hat, oder
   c) bei der Lieferung eines neuen Fahrzeuges auch jeder andere Abnehmer.
3. Der Erwerb des Gegenstandes unterliegt beim Abnehmer in einem anderen Mitgliedstaat der Erwerbsbesteuerung (§ 6 a Abs. 1 Nr. 3 UStG).
4. Über die Lieferung in das übrige Gemeinschaftsgebiet wird durch den Lieferer ein Buch- und Belegnachweis geführt (§ 6 a Abs. 3 UStG i. V. m. §§ 17 a–c UStDV).

RF = innergemeinschaftliche Lieferung, § 6 a Abs. 1 UStG

199 Die Überprüfung der Voraussetzungen für die i. g. Lieferung ist für den inländischen Unternehmer schwierig, soweit die im § 6 a Abs. 1 UStG geforderten Voraussetzungen vom Abnehmer (Erwerber) abhängig sind, d. h. seinen Status als Unternehmer und die umsatzsteuerlichen Folgen im Bestimmungsland betreffen (§ 6 a Abs. 1 Nr. 2 a u. 3 UStG), aber auch den Nachweis des tatsächlichen Gelangens in einen anderen Mitgliedstaat (§ 6 a Abs. 1 Nr. 1 UStG) im Fall der Beförderung durch den Abnehmer (Abholfall). Der liefernde Unternehmer im Inland kann grundsätzlich davon ausgehen, dass die Voraussetzungen erfüllt sind, wenn der Abnehmer aus dem anderen Mitgliedstaat beim Einkauf seine USt-IdNr. verwendet und sich hinsichtlich der Gültigkeit dieser USt-IdNr. und an der unternehmerischen Verwendung des Gegenstandes (z. B. aus der Art und der Menge) keine Zweifel ergeben. Zur Überprüfung der Richtigkeit und Gültigkeit der USt-IdNr. des Leistungsempfängers steht dem Unternehmer das Bestätigungsverfahren nach § 18 e UStG zur Verfügung. Er kann beim Bundeszentralamt für Steuern (BZSt) schriftlich, über das Internet (www.bzst.de), telefonisch oder per Fax Anfragen zur Bestätigung einer ausländischen USt-IdNr. stellen (vgl. Abschn. 18e.1 UStAE)

200 Die Voraussetzungen des § 6 a Abs. 1 UStG liegen nicht vor, wenn

- der Abnehmer (oder sein Beauftragter) eine falsche oder im Zeitpunkt der Lieferung ungültige USt-IdNr. verwendet bzw. eine Person ohne Vertretungsmacht des Abnehmers den Gegenstand in Empfang nimmt (im Fall der Abholung) oder
- der Gegenstand nicht in das Gebiet eines anderen Mitgliedstaates gelangt.

Hat der Unternehmer eine Lieferung als i. g. Lieferung steuerfrei behandelt, obwohl die Voraussetzungen nicht vorlagen, bleibt die Steuerbefreiung der Lieferung nach § 6 a Abs. 4 Satz 1 UStG bestehen, wenn dies auf den unrichtigen Angaben des Abnehmers beruht und er die Unrichtigkeit der Angaben auch bei Beachtung der Sorgfalt eines ordentlichen Kaufmanns (vgl. § 347 HGB) nicht erkennen konnte. Die entgangene USt schuldet nach § 6 a

Abs. 4 Satz 2 UStG in diesem Fall der Abnehmer (§ 13 a Abs. 1 Nr. 3 UStG). Die Vertrauensschutzregelung nach § 6 a Abs. 4 Satz 1 UStG setzt neben dem lückenlos vorhandenem Buch- und Belegnachweis (§ 6 a Abs. 3 UStG) u.a. eine qualifizierte Bestätigungsabfrage beim BZSt voraus. Das Bestätigungsverfahren nach § 18 e UStG unterscheidet die Anfragen wie folgt:

Anfrage	**Antwort**	
Art der Anfrage	**einfache Bestätigungsabfrage**	**qualifizierte Bestätigungsabfrage**
USt-IdNr.	Gültig oder ungültig	Gültig oder ungültig
Name, Ort, Postleitzahl, Straße (optional)		Zusätzlich jeweils: a) stimmt überein b) stimmt nicht überein c) nicht angefragt d) von Mitgliedstaat nicht mitgeteilt

Der Nachweis i. S. d. § 6 a Abs. 3 UStG muss geführt werden als Buch- und Belegnachweis. Buch- und Belegnachweis sind regelmäßig Voraussetzungen für die Steuerbefreiung der innergemeinschaftlichen Lieferung nach § 4 Nr. 1 b i. V. m. § 6 a UStG, gleichwohl aber keine materielle Voraussetzung der Steuerbefreiung selbst. Dabei sind die in § 6 a Abs. 3 UStG i. V. m. §§ 17 a und c UStDV genannten Anforderungen zu beachten. **201**

Beispiel:

Der Unternehmer A aus Erfurt verkauft im Mai 07 eine Maschine für 40 000,– Euro an den Unternehmer B in Düsseldorf. B hat beim Einkauf dem A seine belgische USt-IdNr. angegeben.

a) B holt die Maschine mit eigenem Lkw in Erfurt ab und transportiert sie in seine Betriebsstätte nach Brüssel.

A führt im Mai 07 eine Lieferung (§ 3 Abs. 1 UStG) an B aus, weil er ihm die Verfügungsmacht an der Maschine verschafft. Ort der Lieferung ist nach § 3 Abs. 5 a i. V. m. Abs. 6 UStG Erfurt. Da auch die übrigen Voraussetzungen des § 1 Abs. 1 Nr. 1 UStG erfüllt sind, ist die Lieferung steuerbar. Sie ist jedoch nach § 4 Nr. 1 b UStG steuerfrei, weil es sich um eine i. g. Lieferung i. S. d. § 6 a Abs. 1 und 3 UStG handelt. Die Maschine wurde vom Inland in den Mitgliedstaat Belgien transportiert. Durch die Angabe seiner USt-IdNr. hat der Erwerber B signalisiert, dass er Unternehmer ist, die Maschine für sein Unternehmen erworben hat und der i. g. Erwerb in Belgien besteuert wird. Die Warenbewegung kann durch den Abnehmer vorgenommen werden, ohne dass für diesen besondere Voraussetzungen (z. B. „ausländische Abnehmer" im Fall einer Ausfuhrlieferung, § 6 Abs. 2 UStG) beachtet werden müssen. Allerdings muss der Lieferer A im Rahmen seiner Sorgfaltspflicht neben der Überprüfung der belgischen USt-IdNr. im Rahmen der buch- und belegmäßigen Nachweisführung vom Erwerber B nach Ausführung der Beförderung eine schriftliche Versicherung (sog. Gelangensbestätigung gem. § 17 a Abs. 2 Nr. 2 UStDV) einholen, dass dieser die Maschine im Rahmen der Lieferung nach Belgien in seine Betriebsstätte transportiert hat. Diese Bestätigung muss Ort und Monat des Gelangens beinhalten und kann schriftlich oder per email erteilt werden, vgl. § 17 a Abs. 2 Nr. 2 lit. e) Satz 2 UStDV. Wird ein Erfüllungsgehilfe im Auftrag des B tätig, muss sich der Lieferer A auch über die Legitimation des Beauftragten und dessen wirksame Vertretungsmacht überzeugen bzw. dies dokumentieren.

b) A transportiert die Maschine mit eigenem Lkw von Erfurt in die Betriebsstätte des B nach Brüssel.

A führt in diesem Fall ebenfalls eine steuerbare Lieferung (§ 1 Abs. 1 Nr. 1, § 3 Abs. UStG) mit Beginn der Beförderung in Erfurt aus (§ 3 Abs. 5 a i. V. m. Abs. 6 UStG). Die Lieferung ist wie im vorangegangenen Fall als i.g. Lieferung nach § 4 Nr. 1 b i.V.m. § 6 a Abs. 1, 3 UStG steuerfrei. Auch hier muss der Lieferer A im Rahmen seiner Sorgfaltspflicht neben der Überprüfung der belgischen USt-IdNr. im Rahmen der buch- und belegmäßigen Nachweisführung vom Erwerber B bei Erhalt der Ware eine schriftliche Versicherung (sog. Gelangensbestätigung gem. § 17 a Abs. 2 Nr. 2 UStDV)einholen, dass dieser die Maschine im Rahmen der Lieferung nach Belgien in seine Betriebsstätte erhalten hat.

b) Sonderfall Verbringen

202 Nach § 3 Abs. 1 a UStG ist das unternehmensinterne Verbringen eines Gegenstandes vom Inland in das übrige Gemeinschaftsgebiet (vgl. Rn. 76 ff.) umsatzsteuerrechtlich einer Lieferung gegen Entgelt gleichgestellt und somit steuerbar (§ 1 Abs. 1 Nr. 1 UStG). Das i.g. Verbringen gilt nach § 6 a Abs. 2 UStG als i.g. Lieferung und ist nach § 4 Nr. 1 b UStG von der Umsatzbesteuerung befreit.

Beispiele:

Der deutsche Unternehmer D verbringt eine Maschine aus seinem Unternehmen in Deutschland in seinen Zweigbetrieb nach Frankreich, um sie dort auf Dauer einzusetzen. Das i.g. Verbringen ist steuerbar (§ 1 Abs. 1 Nr. 1, § 3 Abs. 1 a UStG), aber als i.g. Lieferung nach § 6 a Abs. 2 UStG von der Umsatzsteuer befreit, § 4 Nr. 1 b UStG.

203–204 *frei*

4. Steuerbefreiungen für sonstige Leistungen im grenzüberschreitenden Warenverkehr

a) Güterbeförderungen ins Drittlandsgebiet

205 Steuerfrei ist nach § 4 Nr. 3 UStG der inländische Teil von Güterbeförderungen, die im Zusammenhang mit der Einfuhr bzw. Ausfuhr von Gegenständen ausgeführt werden.

Beispiel:

Einzelhändler U aus Kiew hat in Dresden eine Maschine direkt vom Hersteller erworben. H beauftragt einen Dresdener Spediteur mit dem Transport nach Kiew. Der Transport wird von dem Spediteur selbst durchgeführt. Die Beförderungsleistung des Spediteurs (§ 3 Abs. 9 UStG) ist nach § 3 a Abs. 2 UStG im Inland steuerbar. Der nach § 1 Abs. 1 Nr. 1 UStG steuerbare Umsatz des Spediteurs ist jedoch nach § 4 Nr. 3 UStG steuerbefreit (§§ 20, 21 UStDV).

b) Vermittlungsleistung

206 Steuerfrei ist nach § 4 Nr. 5 UStG die Vermittlung von grenzüberschreitenden Umsätzen mit Ausnahme der Vermittlung von i.g. Lieferungen. Einer Steuerbefreiung bedarf es allerdings nicht, wenn die Vermittlungsleistung nicht im Inland bewirkt (§ 3 a Abs. 2 Nr. 4 UStG) und deshalb nicht nach § 1 Abs. 1 Nr. 1 UStG steuerbar ist.

Beispiel:

Handelsvertreter S mit Sitz in Magdeburg vermittelt im Auftrag des Herstellers H in Eisenach den Verkauf einer Maschine an den Abnehmer Z in Zürich. Die Maschine transportiert H mit dem firmeneigenen Lkw von Eisenach nach Zürich.

Die Vermittlung der Maschinenlieferung ist nach § 3 a Abs. 2 UStG im Inland bewirkt, weil der Lieferort des vermittelten Umsatzes nach § 3 Abs. 5 a i.V.m. Abs. 6 UStG Eisenach ist. Die Vermittlung der Ausfuhrlieferung (§ 6 Abs. 1 Nr. 1 UStG) ist nach § 1 Abs. 1 Nr. 1 UStG steuerbar und gem. § 4 Nr. 5 a UStG (§ 22 UStDV) von der USt befreit.

c) ohne Vorsteuerabzug

Die Steuerbefreiung gem. Nr. 8 ff. UStG schliessen gem. § 15 Abs. 2 UStG grds. den Vorsteuerabzug aus. Die Steuerbefreiung der sog. **Finanzumsätze** ist in § 4 Nr. 8 a–i UStG geregelt. Zu den Finanzumsätzen gehören u.a.: **207**

- Gewährung und Vermittlung von Krediten (§ 4 Nr. 8 a UStG; Abschn. 4.8.1 UStAE),
- Umsätze von gesetzlichen Zahlungsmitteln und deren Vermittlung (§ 4 Nr. 8 b UStG; Abschn. 4.8.3 UStAE),
- Umsätze mit Geldforderungen (§ 4 Nr. 8 c UStG; Abschn. 4.8.4 UStAE),
- weitere bankübliche Umsätze (§ 4 Nr. 8 d UStG; Abschn. 4.8.5–7 UStAE),
- Umsätze mit Wertpapieren und Gesellschaftsanteilen (§ 4 Nr. 8 e, f UStG; Abschn. 4.8.8–11 UStAE); ausgenommen sind die Umsätze zur Verwahrung und Verwaltung von Wertpapieren, diese sind steuerpflichtig.

Bei den genannten Umsätzen handelt es sich um Steuerbefreiungen, die beim Unternehmer den Vorsteuerabzug aus den damit im Zusammenhang stehenden Eingangsumsätzen ausschließen. Zur Erlangung des Vorsteuerabzugs kann er jedoch unter den Voraussetzungen des § 9 UStG auf die Steuerbefreiung verzichten. **208**

Nachfolgend sollen einige typische Finanzumsätze erläutert werden. Bei den Kreditgewährungen ist zwischen den Geldkrediten und den Warenkrediten zu unterscheiden. Der **Geld- oder Kapitalkredit** (Darlehen, Kontokorrent- oder Hypothekenkredit) erfolgt durch Hingabe von Geldkapital zur Nutzung auf Zeit. Die Nutzungsüberlassung des Kapitals gegen Entgelt (Zinsen) stellt eine steuerbare Leistung i.S.d. § 3 Abs. 9 UStG dar. Der Geldkredit ist nach § 4 Nr. 8 a UStG steuerfrei. **209**

Unter einem **Warenkredit** versteht man die zeitliche Streckung der Zahlung im Zusammenhang mit einer Warenlieferung. Der Warenkredit ist grundsätzlich eng mit der Warenlieferung verbunden und stellt insoweit nur eine Nebenleistung dar, die wie die Lieferung selbst in der Regel steuerbar und steuerpflichtig ist. Die Finanzverwaltung sieht in dem Warenkredit allerdings dann eine eigenständige Hauptleistung, wenn der Warenkredit getrennt vereinbart worden ist und aus der Abrechnung folgende Merkmale zu erkennen sind (Abschn. 3.11 UStAE): **210**

- der Nettopreis bei Barzahlung,
- bei Teilzahlungsgeschäften der Teilzahlungspreis, Zahl und Fälligkeit der einzelnen Raten und
- der effektive Jahreszins.

Ist die Warenkreditleistung als selbstständige Leistung anzusehen, weil sie die vorgenannten Bedingungen erfüllt, gilt für sie ebenfalls die Steuerbefreiung nach § 4 Nr. 8 a UStG.

Beispiel:

Ein Kölner Händler verkauft eine Büroeinrichtung an einen Unternehmensberater in Düsseldorf zu einem Nettopreis von 20 000,– Euro. Der Händler bietet Teilzahlung in 40 Monatsraten zu 670,– Euro an und berechnet insgesamt 22 521 Euro zuzüglich USt von 4 279 €. Der Effektivzinssatz wird in der Vereinbarung offen ausgewiesen. Der Händler erbringt eine Warenlieferung und daneben einen selbstständigen Warenkredit. Die Kreditgewährung ist nach § 4 Nr. 8 a UStG steuerfrei. In einer derartigen Einbindung der Kreditleistung in die Rechnungslegung mit gesondert ausgewiesener USt kann ein Antrag auf Verzicht der Steuerbefreiung gesehen werden. Da die Voraussetzungen des § 9 Abs. 1 UStG für den steuerfreien Warenkredit erfüllt sind, hat der Kölner Händler zur Steuerpflicht optiert und die Leistungen (Warenlieferung und Warenkredit) korrekt abgerechnet.

211 Die Steuerbefreiung von **Zahlungsmitteln** erfasst den An- und Verkauf von Geldsorten, den Verkauf von Münzen oder Banknoten mit Sammlerwert. Die Befreiung umfasst jedoch nicht die Umsätze, bei denen Zahlungsmittel wegen ihres Sammlerwertes oder Metallgehalts gehandelt werden (§ 4 Nr. 8 b Satz 2 UStG). Dies ist z.B. beim Umsatz von Goldmünzen der Fall.

212 Die Umsätze von **Geldforderungen** erfassen die Abtretung von Geldansprüchen. Dies ist insbesondere von Bedeutung für das so genannte Factoringgeschäft, bei dem eine Forderung gegen einen Dritten entgeltlich an den Factor (Forderungskäufer) abgetreten wird (vgl. Abschn. 4.8.a Abs. 3 UStAE). Der Factor betätigt sich im Factoringgeschäft als Unternehmer (vgl. A 2.4 UStAE). Die Steuerbefreiung nach § 4 Nr. 8 c UStG kommt nur dann zum Tragen, wenn die Forderungsabtretung nicht mit dem Einzug der Forderung durch den Factor verbunden ist (vgl. Abschn. 2.4 Abs. 5 UStAE). Ein weiterer Anwendungsfall dieser Befreiungsvorschrift ist die Übertragung von Geldkonten bei Geschäftsveräußerungen.

213 Die Steuerbefreiung nach § 4 Nr. 8 f UStG beschränkt sich insbesondere auf Umsätze im Rahmen des gewerblichen Wertpapierhandels bzw. die Vermittlung solcher Umsätze. Das bloße Erwerben, Halten und Veräußern von Anteilen an Gesellschaften stellt regelmäßig keine unternehmerische Tätigkeit des Gesellschafters dar (vgl. Abschn. 2.3 Abs. 2 UStAE).

Auch die Ausgabe von **Gesellschaftsanteilen** an Gesellschafter gegen Bar- oder Sacheinlage ist keine steuerbare Leistung der Gesellschaft an den Gesellschafter. Das betrifft sowohl die Aufnahme des Gesellschafters in eine neue oder schon bestehende Gesellschaft als auch das Ausscheiden des Gesellschafters und den damit verbundenen Verzicht bzw. die Rückgewähr der Gesellschaftsanteile. Insoweit kommt die Steuerbefreiung des § 4 Nr. 8 f UStG für die Umsätze von Anteilen an Gesellschaften mangels Steuerbarkeit nicht zur Anwendung (vgl. Abschn. 4.8.10 Abs. 2 UStAE).

d) Grundstücksumsätze

214 Zu den steuerbaren Grundstücksumsätzen gehören

- Eigentumsübertragungen von inländischen Grundstücken im Rahmen des Unternehmens (§ 4 Nr. 9 a UStG),
- Vermietungs- und Verpachtungsumsätze (§ 4 Nr. 12 UStG) und
- Umsätze von Wohnungseigentümergemeinschaften (§ 4 Nr. 13 UStG).

Der umsatzsteuerliche Begriff des Grundstücks stimmt grundsätzlich mit dem zivilrechtlichen überein (vgl. Abschn. 4.12.1 UStAE). Daher fallen unter den Grundstücksbegriff nicht nur der Grund und Boden, sondern auch alle dazugehörenden wesentlichen Bestandteile, wie z.B. Gebäude und mit dem Gebäude fest verbundene Teile (z.B. sanitäre Einrichtungen, Heizung). 215

Die **Eigentumsübertragungen an Grundstücken** führen bereits mit dem Übergang von Substanz, Wert und Ertrag (dem Übergang des wirtschaftlichen Eigentums) zu Lieferungen (§ 3 Abs. 1 UStG), die nach § 4 Nr. 9 a UStG steuerfrei gestellt sind. Dies betrifft bebaute und unbebaute Grundstücke gleichermaßen. Ziel dieser Steuerbefreiung ist die Vermeidung von Mehrfachbelastungen, da diese Vorgänge auch dem Grunderwerbsteuerrecht unterliegen. Von der Steuerbefreiung nach § 4 Nr. 9 a UStG ausgenommen ist die Lieferung der mit dem Grundstück verbundenen Betriebsvorrichtungen (z.B. Kühlanlagen in Kühlhäusern, Laderampen, Lastenfahrstühle). Ein einheitlich gezahlter Kaufpreis muss daher bei Mitübernahme von Betriebsvorrichtungen in einen steuerpflichtigen und einen steuerfreien Teil aufgeteilt werden. Die Steuerbefreiung gilt **nicht** für die Entnahme von Grundstücken, also für den Wechsel eines dem Unternehmen zugeordneten Grundstücks in den außerunternehmerischen Bereich (vgl. Abschn. 4.9.1 Abs. 1 UStAE). 216

Die **Vermietung und Verpachtung** von Grundstücken ist nach § 4 Nr. 12 UStG steuerfrei. Der Vermietung gleichgestellt ist die dauerhafte Überlassung von Grundstücken aufgrund dinglich gesicherter Nutzungsrechte (Nießbrauch oder Grunddienstbarkeiten, wie z.B. Wegerechte). Von dem Grundsatz der steuerbefreiten Grundstücksüberlassung werden nach § 4 Nr. 12 Satz 2 UStG ausgenommen: 217

- die kurzfristige Vermietung von Wohn- und Schlafräumen, die ein Unternehmer zur Beherbergung von Fremden bereithält (z.B. Hotelgewerbe, vgl. Abschn 4.12.9 UStAE),
- die Vermietung von Plätzen für das Abstellen von Fahrzeugen (vgl. Abschn. 4.12.2 UStAE),
- die kurzfristige (d.h. weniger als 6 Monate; vgl. Abschn. 4.12.3 Abs. 2 UStAE) Vermietung von Campingflächen,
- die Vermietung von Betriebsvorrichtungen (vgl. Abschn. 4.12.10 UStAE) und Sportanlagen, ausgenommen deren Zwischenvermietung (vgl. Abschn. 4.12.11 UStAE).

Die genannten Leistungen sind, soweit die sie betreffenden Grundstücke im Inland liegen, steuerbar und steuerpflichtig.

Abgrenzungsprobleme zwischen steuerfreien und steuerpflichtigen Vermietungsumsätzen können in der Praxis auftreten, wenn die Nutzungsüberlassung von Grundstücken sich nicht nur auf steuerfreie Mietleistungen erstreckt. 218

Beispiele:
- Ein Vermieter überlässt möblierte Zimmer an Studenten gegen Entgelt.
- Der Grundstückseigentümer vermietet eine Lagerhalle mit eingebauter Kühlabteilung.
- Ein Tennisplatzbesitzer vermietet saisonweise die Tennisplätze zu festen Wochenzeiten.

- Der Unternehmer vermietet sein Miethaus an Senioren als Alterswohnsitz. Er übernimmt auch die Verpflegung und die medizinische Versorgung der Mieter.
- Ein Hausbesitzer gestattet einer Werbefirma, an der Außenwand seines Hauses einen Werbespruch anzubringen und erhält dafür 100,– Euro je Monat.

219 Im Hinblick auf die Anwendung der Steuerbefreiung nach § 4 Nr. 12 UStG für die obigen Beispiele ist zwischen reinen Grundstücksmietverträgen, gemischten Verträgen und Verträgen besonderer Art zu unterscheiden.

220 Bei **reinen Grundstücksmietverträgen** steht die Nutzungsüberlassung des Grundstücks im Vordergrund (vgl. Abschn. 4.12.1 UStAE). Diese Umsätze sind nach § 4 Nr. 12 a UStG in vollem Umfang steuerfrei. Dies gilt auch für Nebenleistungen üblicher Art (Wärme, Wasser, Hausbeleuchtung und Reinigung; vgl. Abschn. 4.12.1 Abs. 5 UStAE). Die Mitvermietung von Einrichtungsgegenständen erfolgt nicht als unselbstständige Nebenleistung, sondern grundsätzlich als eigenständige steuerpflichtige Leistung (vgl. Abschn. 4.12.1 Abs. 5 Satz 2 UStAE). Allerdings gehört die Überlassung des Inventars bei der Vermietung möblierter Zimmer an Privatpersonen nach der Auffassung der Finanzverwaltung noch zu den unselbstständigen Nebenleistungen der Zimmervermietung und ist wie diese steuerfrei (vgl. BFH 21.4.1993, BStBl. II 1994, 266).

221 **Gemischte Verträge** (vgl. Abschn. 4.12.5 UStAE) sind gegeben, wenn der Vertrag sowohl die Merkmale einer Vermietungsleistung als auch die Merkmale anderer Leistungen beinhaltet und beide Leistungen gleichbedeutend sind, sodass keine als unselbstständige Nebenleistung qualifiziert werden kann. Dies wird regelmäßig der Fall sein z. B.

- bei der Vermietung von Altenheimplätzen, wenn die physische Betreuung die Raumüberlassung nicht überlagert.
- bei der Vermietung von Stellplätzen auf Wochen- oder Jahrmärkten.

222 **Verträge besonderer Art** liegen vor, wenn die Gebrauchsüberlassung des Gebäudes gegenüber anderen wesentlichen Leistungen zurücktritt (vgl. Abschn. 4.12.6 UStAE). Ein Vertrag besonderer Art ist z. B. regelmäßig gegeben, wenn Grundstücksteile zu Werbezwecken überlassen werden. Bei einem Vertrag besonderer Art wird die vereinbarte Leistung nicht durch die Überlassung des Grundstücks bzw. der Grundstücksteile geprägt und keine Steuerbefreiung nach § 4 Nr. 12 UStG gewährt. Nach dem Grundsatz der Einheitlichkeit der Leistung muss jeweils das Wesen des Umsatzes ermittelt werden. Dabei ist auf die Sicht des Durchschnittsverbrauchers abzustellen (vgl. Abschn. 3.10 Abs. 1 UStAE). Die Überlassung von Sportanlagen durch den Sportanlagenbetreiber an Endverbraucher stellt nach diesem Grundsatz eine einheitliche steuerpflichtige Leistung dar. Der wirtschaftliche Gehalt des Umsatzes an den Sporttreibenden als Leistungsempfänger besteht in der Möglichkeit, sich sportlich betätigen zu können. Überlässt ein Unternehmer dagegen die gesamte Sportanlage einem anderen Unternehmer als Betreiber zur Überlassung an Dritte (sog. Zwischenvermietung), ist die Nutzungsüberlassung an diesen Betreiber in eine steuerfreie Grundstücksüberlassung und eine steuerpflichtige Vermietung von Betriebsvorrichtungen aufzuteilen (vgl. Abschn. 4.21.11 UStAE).

Umsätze von Wohnungseigentümergemeinschaften liegen vor, wenn die Gemeinschaft an die einzelnen Wohnungseigentümer Leistungen erbringt (z.B. Wärmelieferungen, Wasserlieferungen, Hausbeleuchtung oder die Bereitstellung eines Personenaufzugs) und die hierfür anfallenden Kosten auf die Wohnungseigentümer umgelegt werden. Nach § 4 Nr. 13 UStG sind diese typischen Leistungen der Wohnungseigentümergemeinschaft an ihre Mitglieder steuerfrei. Erbringt die Gemeinschaft darüber hinaus weitere, gesondert abgerechnete Leistungen an Wohnungseigentümer (z.B. Instandhaltungsarbeiten, Verwaltungsarbeiten), so sind diese steuerpflichtig (vgl. Abschn. 4.13.1 UStAE). 223

5. Sonstige Steuerbefreiungen

Das Umsatzsteuergesetz kennt neben den schon beschriebenen Steuerbefreiungen eine Reihe weiterer Befreiungstatbestände. Dazu gehören unter anderem: 224

- Leistungen aufgrund von Versicherungsverhältnissen (§ 4 Nr. 10 UStG),
- Umsätze aus der Tätigkeit als Bausparkassenvertreter, Versicherungsvertreter und Versicherungsmakler (§ 4 Nr. 11 UStG),
- Umsätze aus heilberuflicher Tätigkeit (§ 4 Nr. 14 UStG),
- Umsätze von Krankenanstalten, Alten- und Pflegeheimen (§ 4 Nr. 16 UStG),
- Umsätze von Privatschulen und ähnlichen Einrichtungen (§ 4 Nr. 21 UStG).

Alle genannten Umsätze gehören zu der Gruppe von steuerbefreiten Umsätzen, für die der Vorsteuerabzug aus den damit verbundenen Eingangsleistungen beim Unternehmer ausgeschlossen ist. Das bedeutet, dass der Unternehmer die vorgenannten Ausgangsumsätze steuerfrei an den jeweiligen Abnehmer leistet, d.h. keine USt weiterberechnet. Andererseits können die durch Vorleistungen angefallenen Vorsteuerbeträge nicht geltend gemacht werden (§ 15 Abs. 2 UStG) und bilden somit für den Unternehmer einen Kostenbestandteil. 225

6. Umsätze von steuerfrei verwendeten Gegenständen

Die Vorschrift des § 4 Nr. 28 UStG stellt Lieferungen von Gegenständen steuerfrei, die der Unternehmer während der gesamten Nutzungsdauer ausschließlich (vgl. Abschn. 4.28.1 UStAE) für solche Umsätze verwendet hat, die nach § 4 Nrn. 8–27 UStG steuerbefreit sind. Die Steuerbefreiung gilt auch für Lieferung von Gegenständen, für die der Vorsteuerabzug nach § 15 Abs. 1 a UStG ausgeschlossen ist. Durch die Steuerbefreiung wird die zweifache Belastung dieser Gegenstände mit USt, die durch den Vorsteuerausschluss beim Einkauf und eine Besteuerung beim Verkauf eintreten würde, vermieden. 226

Beispiele:

- Ein Facharzt hat ein Ultraschallgerät für 40 000,– Euro zuzüglich 19% USt erworben und ausschließlich für die steuerfreie ärztliche Tätigkeit benutzt. Die Vorsteuer war nach § 15 Abs. 2 Nr. 1 i.V.m. § 4 Nr. 14 UStG nicht abzugsfähig. Verkauft er nach einigen Jahren das Gerät wieder, ist die Lieferung des Unternehmensgegenstandes steuerbar (§ 1 Abs. 1 Nr. 1 UStG), aber nach § 4 Nr. 28 UStG steuerfrei.
- Die X-AG unterhält für die Bewirtung, Beherbergung und Unterhaltung ihrer Geschäftsfreunde ein Gästehaus auf der Ferieninsel Rügen. Für den Erwerb der Einrichtungsgegenstände war die Vorsteuer nach § 15 Abs. 1 a UStG i.V.m. § 4 Abs. 5 Nr. 3 EStG nicht abziehbar. Verkauft die X-AG einen Einrichtungsgegenstand, z.B. einen Teppich aus dem Gästehaus, ist die Lieferung nach § 4 Nr. 28 UStG steuerfrei.

II. Verzicht auf Steuerbefreiungen

227 Die in § 4 Nr. 8 bis 28 UStG aufgeführten Steuerbefreiungen der Ausgangsumsätze führen zum Ausschluss des Vorsteuerabzugs für damit im Zusammenhang stehende Eingangsleistungen des Unternehmers (§ 15 Abs. 2 UStG). Sie werden als vorsteuerschädliche Steuerbefreiungen bezeichnet. Für die in § 9 Abs. 1 UStG genannten Steuerbefreiungen hat der Unternehmer jedoch die Möglichkeit, auf die Steuerbefreiung seines Ausgangsumsatzes zu verzichten, um dadurch den Ausschluss des Vorsteuerabzugs zu vermeiden. Ein Verzicht auf die Steuerbefreiung kann auch sinnvoll sein, wenn der Unternehmer dadurch eine Änderung der Verwendungsverhältnisse gegenüber dem ursprünglichen Vorsteuerabzug (§ 15 Abs. 2 i.V.m. § 15 a UStG) vermeiden kann.

Beispiel:

Ein Unternehmer errichtet auf eigenem Grundstück im Inland ein Bürohaus. Die Herstellungskosten betragen 800 000,– Euro. Dem Unternehmer wurden 152 000,– Euro Umsatzsteuer für Eingangsleistungen von anderen Unternehmern in Rechnung gestellt. Er beabsichtigt, das ganze Gebäude an eine Handelsagentur zum monatlichen Preis von 5 950,– Euro zu vermieten. Der Vorsteuerabzug ist infolge der beabsichtigten steuerfreien Grundstücksvermietung (§ 4 Nr. 12 UStG) in voller Höhe nach § 15 Abs. 2 Nr. 1 UStG ausgeschlossen.

Bei einem geplanten Verzicht auf die Steuerbefreiung (§ 9 UStG) steht dem Unternehmer der Vorsteuerabzug in Höhe der gesamten 152 000 € aus den Herstellungskosten zu. Demgegenüber ergibt sich aus der steuerpflichtigen Vermietung des Gebäudes eine USt-Schuld für den Unternehmer von 19% aus der monatlichen Miete, mithin 950,– Euro je Monat bzw. 11 400 € im Jahr. Mit dem Vorsteuerabzug reduziert sich der Finanzierungsbedarf für die Errichtung des Gebäudes auf den Nettowert der Herstellungskosten. Der Unternehmer würde sich damit wirtschaftlich besser stellen. Um eine Vorsteuerberichtigung nach § 15 a UStG zu vermeiden, müsste der Unternehmer allerdings die steuerpflichtige Vermietung für 10 Jahre beibehalten. Bei gleich bleibender Miete und gleich bleibenden Steuersatz würde sich aus der steuerpflichtigen Vermietung für die 10 Jahre eine USt-Schuld von 114 000 € ergeben, der dem Vorsteuerabzug aus der Herstellung des Gebäudes in Höhe von 152 000 € gegenüber stünde. Auch ohne Berücksichtigung der Zinseffekte würde sich ein Vorteil von 38 000 € ergeben.

228 Die Vorschrift des § 9 UStG ermöglicht dem Unternehmer, unter folgenden Voraussetzungen auf die Steuerbefreiung zu verzichten:

1. Es muss sich um steuerfreie Finanzumsätze nach § 4 Nrn. 8 a–g UStG, um steuerfreie Grundstücksumsätze nach § 4 Nrn. 9 a, 12, 13 UStG oder um Blindenumsätze nach § 4 Nr. 19 UStG handeln.

2. Der Umsatz muss an einem anderen Unternehmer ausgeführt werden.
3. Der Umsatz muss für dessen Unternehmen bewirkt werden.

Sind die genannten Voraussetzungen des § 9 Abs. 1 UStG erfüllt, hat der Unternehmer die Möglichkeit auf die Steuerbefreiung für jeden Umsatz einzeln zu verzichten. Erbringt der Unternehmer mehrere steuerfreie Leistungen, so muss er die Option nicht für alle diese Leistungen gemeinsam ausüben.

Die Option nach § 9 UStG muss der leistende Unternehmer gegenüber **229** dem Finanzamt erklären. Vorbehaltlich der Einschränkungen in § 9 Abs. 3 UStG ist dazu ausreichend, wenn der Unternehmer die Umsätze, für die er auf die Befreiung verzichten will, steuerpflichtig behandelt und in seiner USt-Voranmeldung oder USt-Jahreserklärung als steuerpflichtige Umsätze ausweist. Die einmal ausgeübte Option kann bis zur Bestandskraft der Steuerfestsetzung widerrufen werden (Abschn. 9.1 Abs. 3 u. 4 UStAE).

Die nach § 9 Abs. 1 UStG mögliche Option ist bei: **230**

- der Bestellung und Übertragung von Erbbaurechten (§ 4 Nr. 9 a UStG),
- der Vermietung oder Verpachtung von Grundstücken (§ 4 Nr. 12 a UStG),
- den in § 4 Nr. 12 b und c UStG bezeichneten Umsätzen

durch den § 9 Abs. 2 UStG in ihrer Zulässigkeit noch mal eingeschränkt auf Vermietung ausschließlich an selbst vorsteuerabzugsberechtigte Unternehmer. Der Umfang der Einschränkung durch § 9 Abs. 2 UStG ist nach § 27 Abs. 2 UStG nicht für sog. „Altgebäude" zu beachten. Die Einordnung eines Gebäudes oder Gebäudeteils als „Altgebäude" ist abhängig von der Art der Verwendung des Gebäudes/Gebäudeteils durch den Endnutzer (tatsächlicher Nutzer), von dem Beginn seiner Errichtung und vom Zeitpunkt seiner Fertigstellung. Danach handelt es sich bei den folgenden Gebäuden/Gebäudeteilen um „Altgebäude", für die die Zulässigkeit der Option nach § 9 Abs. 2 UStG nicht geprüft werden muss:

Beginn der Errichtung vor dem	**UND**	**Fertigstellung vor dem**	**Verwendung zu**
1.6.1984		1.4.1985	Wohnzwecken
1.6.1984		1.1.1986	nichtunternehm. Zwecken
11.11.1993		1.1.1998	unternehm. Zwecken

frei **231–300**

D. Bemessungsgrundlagen

301 Steht die Steuerbarkeit und die Steuerpflicht eines Umsatzes fest, so ist zur Berechnung der USt die Bemessungsgrundlage festzustellen, auf die dann der maßgebende Steuersatz angewendet werden kann.

Die Bemessungsgrundlage für steuerbare Umsätze, mit Ausnahme der Einfuhr, ist in § 10 UStG geregelt. Die Bemessungsgrundlage ist dabei stets als Nettogröße aufzufassen. Die USt selbst gehört nicht zur Bemessungsgrundlage. Damit ist sichergestellt, dass keine Steuer von der Steuer erhoben wird. Ist für eine Leistung, auf die USt erhoben werden soll, nur ein Gesamtbetrag gegeben, so handelt es sich dabei stets um einen Bruttorechnungsbetrag. Der jeweilige Nettobetrag kann durch folgende Formel ermittelt werden:

$$\text{Entgelt} = \frac{\text{Bruttobetrag} \times 100}{100 + \text{Steuersatz}}$$

I. Bemessungsgrundlage bei Umsätzen

1. Entgelt

a) Begriff

302 Bei Lieferungen, sonstigen Leistungen und beim i. g. Erwerb ist die Bemessungsgrundlage nach § 10 Abs. 1 UStG das Entgelt. Nach der gesetzlichen Definition ist **Entgelt:**

- alles, was der Leistungsempfänger aufwendet, um die Leistung von dem Unternehmer zu erhalten,
- zuzüglich alles, was ein anderer als der Leistungsempfänger für die von dem Unternehmer ausgeführte Leistung gewährt,
- abzüglich der durchlaufenden Posten beim Unternehmer und
- abzüglich der USt für die erbrachte Leistung.

Nach dieser Definition ist maßgebend, was der Leistungsempfänger tatsächlich für den Erhalt der Leistung aufwendet (= Gegenleistung des Leistungsempfängers). Dabei kommt es nicht auf die Bezeichnung der Gegenleistung (z.B. als Honorar, Preis oder Gebühr) an. Ebenso ist es nicht von Bedeutung, ob die Gegenleistung angemessen ist (vgl. Abschn. 10.1 Abs. 2 UStAE). Von der Gegenleistung ist die Umsatzsteuer abzuziehen, um das Entgelt (= Bemessungsgrundlage) zu erhalten.

Beispiele:

– Ein Kaufhaus verkauft anlässlich seiner Eröffnung Fahrräder zum Stückpreis von 50,–. Euro. Der Kunde wendet insgesamt 50,– Euro auf. Das Entgelt beträgt somit 50,– Euro abzüglich USt (7,98 Euro), also 42,02 Euro.

– Ein Filmschauspieler gibt einem Taxifahrer nach Beendigung der Fahrt eine 50,– Euro Banknote, ohne Wechselgeld zu verlangen. Das Taxameter zeigt einen Beförderungspreis von 35,– Euro an. Das Entgelt für die Beförderung ist der tatsächlich vereinnahmte Betrag abzüglich der USt (50,– Euro abzüglich 3,27 Euro), also 46,73 Euro. Für Personenbeförderungen bis zu 50 km oder innerhalb einer Gemeinde mit Taxis ist nach § 12 Abs. 2 Nr. 10 b UStG der ermäßigte Steuersatz anzuwenden.

Die Gegenleistung kann in verschiedenen Formen geleistet werden. In der Regel besteht die Gegenleistung in Geldzahlungen (Bargeld, Schecks oder Überweisungen). Wird in **deutscher Währung** gezahlt, kann der gezahlte Betrag unmittelbar als Bewertungsmaßstab für den Umsatz übernommen werden. Erfolgt die Geldzahlung in **ausländischer Währung,** so ist das Devisenentgelt nach amtlichen Kursen umzurechnen (§ 16 Abs. 6 UStG, vgl. Abschn. 16.4 UStAE). Die Gegenleistung kann auch in der **Übernahme von Schuldposten** bestehen. Der Leistungsempfänger übernimmt in diesem Fall eine Schuld des Leistenden (z.B. einen Kredit) als Vergütung für die an ihn erbrachte Leistung. **303**

Schließlich kann die Gegenleistung auch selbst wieder in einer Lieferung oder sonstigen Leistung bestehen. Es liegt dann nach § 3 Abs. 12 UStG ein Umsatz (§ 1 Abs. 1 Nr. 1 UStG) in Form eines Tausches (Lieferung gegen Lieferung) oder eines tauschähnlichen Umsatzes (Lieferung gegen sonstige Leistung oder sonstige Leistung gegen sonstige Leistung) vor.

b) Umfang des Entgelts

Der Umfang des Entgelts bestimmt sich meist nach dem vereinbarten Preis für die Leistung. Daneben können Preiserhöhungen oder Preisverminderungen eintreten, die das Entgelt beeinflussen (vgl. Abschn. 10.1 UStAE). Entgelterhöhende Wirkung haben z.B. Zuschläge in der Form von: **304**

- Verpackungskosten,
- Transportkosten,
- Bedienungszuschläge in Gaststätten (dazu gehören nicht die an das Bedienungspersonal gezahlten freiwilligen Trinkgelder; vgl. auch Abschn. 10.1 Abs. 5 UStAE),
- Zahlungszuschläge bei Abzahlungsgeschäften, soweit keine eigenständige Leistung gegeben ist,
- Nachnahmegebühren,
- Auslagenersatz für Geschäftskosten (z.B. Telefongebühren, Reisekosten, Schreib- und Kopierauslagen, Porto),
- zusätzliches Entgelt von dritter Seite.

Kein Einfluss auf das Entgelt haben durchlaufende Posten (§ 10 Abs. 1 Satz 6 UStG). Sie gehören nicht zum Entgelt für die vom Unternehmer ausgeführte Lieferung oder sonstige Leistung. **Durchlaufende Posten** liegen vor, wenn der Unternehmer Beträge in fremden Namen und auf fremde Rechnung vereinnahmt oder verausgabt (Abschn. 10.4 UStAE). Der Unternehmer darf weder Gläubiger noch Schuldner der durchgeleiteten Beträge sein; er übt lediglich die Funktion einer Mittelsperson aus, ohne selbst einen Anspruch auf den Betrag zu haben und nicht zur Zahlung an den Empfänger verpflichtet zu sein. **305**

Beispiel:

Ein Rechtsanwalt erhält von seinem Mandanten 10 000,– Euro wovon 8 000,– Euro als Vorschuss auf das Honorar für die Führung eines Prozesses und 2 000,– Euro als Gerichtsgebühr, die bei Klageerhebung an das Gericht zu leisten ist, bestimmt sind. Die Gerichtsgebühren gehen nicht in das Entgelt für die Beratungsleistung des Rechtsanwalts ein. Es handelt sich dabei vielmehr um einen durchlaufenden Posten. Der Rechtsanwalt vereinnahmt diesen Betrag, um ihn im Namen und für Rechnung des Mandanten bei Gericht zu zahlen. Nach dem Gerichtskostengesetz (GKG) ist nicht der Rechtsanwalt, sondern der Kläger Schuldner der Gerichtsgebühren. Dagegen sind Gebühren, die im Rahmen eines Grundbuchabrufverfahrens vom Notar geschuldet werden, bei diesem keine durchlaufenden Posten, auch wenn sie als „verauslagte Kosten" in Rechnung gestellt werden dürfen (vgl. Abschn. 10.4 Abs. 2 UStAE).

Weitere Anwendungsfälle durchlaufender Posten sind die bei dem echten Agenten im Namen und auf Rechnung seines Auftraggebers vereinnahmten Gelder, z.B. der Benzinpreis durch den Tankstellenagenten oder die Kurtaxe durch den Pensionsinhaber.

306 Das Entgelt für eine vom Unternehmer ausgeführte Leistung wird durch eine Vertragsstrafe, die der leistende Unternehmer wegen nicht gehöriger Erfüllung an den Leistungsempfänger zu zahlen hat, nicht beeinflusst. Dabei ist nicht von Bedeutung, ob die Vertragsstrafe durch den Unternehmer anstatt der versprochenen Leistung oder neben der versprochenen Leistung gezahlt bzw. mit der Gegenleistung durch den Leistungsempfänger verrechnet wird (vgl. Abschn. 10.3 Abs. 2 Satz 10 u. Abschn. 1.3 Abs. 3 UStAE).

Beispiel:

Ein Handwerker übernimmt einen bis zum 30.6.07 fertig zu stellenden Reparaturauftrag zum Festpreis von 30 000,– Euro zuzüglich USt. Für den Fall der Nichteinhaltung des Termins wird eine Vertragsstrafe i.H.v. 5 000,– Euro vereinbart. Aufgrund krankheitsbedingter Arbeitsverzögerung kann der Handwerker die Arbeit erst am 6.7.07 beenden. Der Auftraggeber überweist den vereinbarten Festpreis unter Abzug der Vertragsstrafe, mithin insgesamt 25 000,– Euro zzgl. 5 700,– Euro USt.

Bemessungsgrundlage für die Werkleistung des Handwerkers sind 30 000,– Euro. Der von dem Leistungsempfänger in Abzug gebrachte Betrag stellt für diesen zwar Schadensersatz dar, beeinflusst aber die Bemessungsgrundlage für die von dem Handwerker ausgeführte steuerbare und steuerpflichtige Werkleistung nicht. Hat der Leistungsempfänger dagegen eine Vertragsstrafe an den leistenden Unternehmer zu zahlen, ist diese nicht Teil des Entgelts, sondern wie echter Schadensersatz mangels Leistungsaustausch nicht steuerbar (vgl. Abschn. 1.3 Abs. 3 UStAE).

307 Als **Entgeltminderungen** sind u.a. folgende Beträge zu berücksichtigen:

- Preisnachlässe wie Rabatte, Skonti, Boni,
- endgültige Forderungsausfälle,
- Zahlungsabzüge.

Auf die Gründe einer Entgeltminderung kommt es in der Regel nicht an. Maßgebend ist, ob sich das Entgelt tatsächlich verringert hat (vgl. Abschn. 10.3 UStAE). Beim Auseinanderfall von Steuerentstehung (§ 13 Abs. 1 UStG) und Entgeltsminderung muss der leistende Unternehmer nach § 17 UStG die Steuer und der Leistungsempfänger, soweit dieser den Vorsteuerabzug geltend gemacht hat, die Vorsteuer berichtigen, vgl. Änderung der Bemessungsgrundlage

Beispiele:

– Maschinenhändler K hat an Abnehmer E eine Maschine geliefert. Der Kaufpreis von 50 000,– Euro wird sofort bezahlt. Auf Grund eines Defekts funktioniert die Maschine nicht. E lässt die Maschine durch einen Dritten reparieren und stellt K die Reparaturkosten in Rechnung. Die Übernahme der Reparaturkosten durch K bedeutet wirtschaftlich für ihn eine teilweise Rückgewähr des bereits vereinnahmten Entgelts (im Rahmen einer Gewährleistung). Es handelt sich damit um eine echte Entgeltminderung (vgl. Abschn. 10.3 Abs. 2 UStAE).

– Maschinenhändler K liefert eine Maschine im Wert von netto 40 000,– Euro an den Kunden S mit einem Zahlungsziel von drei Monaten. In seine monatliche Umsatzsteuervoranmeldung geht der Umsatz in voller Höhe ein. Aufgrund von Zahlungsschwierigkeiten des S erhält K von diesem nach einem außergerichtlichen Vergleichsverfahren schließlich 25 000,– Euro. Da der Zahlungsanspruch des K nicht in voller Höhe durchgesetzt werden kann, mindert sich das Entgelt für die Maschine auf den tatsächlich entrichteten Betrag abzüglich der darin enthaltenen USt. Der im Voranmeldungszeitraum der Lieferung erklärte Umsatz von 40 000 € bleibt unverändert. Die Berichtigung der BMG hat nach § 17 Abs. 1 Satz 7 UStG erst in dem Voranmeldungszeitraum zu erfolgen, in dem durch den Vergleich die Änderung eingetreten ist (vgl. Rn. ••).

2. Sonderfälle des Entgelts

a) Zuschüsse

Nach § 10 Abs. 1 Satz 3 UStG gehört zum Entgelt auch, was ein anderer als der Leistungsempfänger dem Unternehmer für die Leistung gewährt. Solche Zahlungen können auch sog. Zuschüsse durch Dritte sein. **308**

Bei den Zuschüssen Dritter ist zwischen echten und unechten Zuschüssen zu unterscheiden.

Echte Zuschüsse an einen Zuschussempfänger liegen vor, wenn die Zuschüsse nicht an eine bestimmbare Leistung des Unternehmers anknüpfen, sondern unabhängig von einem bestimmten Leistungsaustausch gewährt werden. Zuschüsse, die vorrangig dem leistenden Unternehmer zu seiner Förderung aus strukturpolitischen, volkswirtschaftlichen oder allgemeinpolitischen Gründen gewährt werden, haben regelmäßig keinen Entgeltscharakter. Wenn das Förderziel nicht in der Subvention der Preise zugunsten der Abnehmer besteht, sondern in der Subvention des Leistenden (als Zahlungsempfänger), ist selbst die bloße technische Anknüpfung der Fördermaßnahme an die vom Unternehmer bewirkte Leistung nicht schädlich (vgl. Abschn. 10.2 Abs. 7 u. 8 UStAE). **309**

Beispiel:

Ein Unternehmer erhält zur Probebeschäftigung eines Langzeit – Arbeitslosen öffentliche Zuschüsse der Bundesagentur für Arbeit.

Die Zuschüsse sind kein Entgelt für eine vom Unternehmer ausgeführte Leistung und somit nicht steuerbar.

Bei **unechten Zuschüssen** kann es sich zum einen um solche handeln, bei denen nach wirtschaftlicher Betrachtung ein eigener Leistungsaustausch vorliegt. Ein solcher Zuschuss liegt z.B. dann vor, wenn eine Mineralölfirma einem Tankstelleninhaber Zuschüsse zum Aufbau einer Tankstellenanlage mit der Auflage gewährt, Treibstoff ausschließlich vom Zuschussgeber zu beziehen. In diesen Fällen ist in der Zuschussgewährung ein Entgelt für die Abnahmeverpflichtung des Treibstoffs zu sehen. **310**

Unechte Zuschüsse können andererseits als zusätzliches Entgelt für einen Leistungsaustausch zwischen dem Zuschussempfänger und einem Dritten entrichtet werden (§ 10 Abs. 1 Satz 3 UStG). Dieser Fall liegt z.B. dann vor, **311** wenn ein Unternehmer zur Ausführung bestimmter Leistungen Zuschüsse von dritter Seite erhält. Der Zuschussbetrag hat dann den Charakter einer Preisauffüllung.

Beispiel:

Der Erbauer eines Altenheims erhält von der Gemeinde einen Baukostenzuschuss von 4 000,– Euro je Monat mit der Auflage, das Altenheim zu einem Preis von nicht mehr als 10 000,– Euro je Monat an den Betreiber zu vermieten. Der angemessene Mietpreis würde ansonsten bei 14 000,– Euro liegen.
Der Zuschuss steht in unmittelbarem Zusammenhang mit dem Vermietungsumsatz des Bauherrn. Es handelt sich bei dem Zuschuss mithin um zusätzliches Entgelt für die Vermietungsleistung an den Betreiber des Altenheims (§ 10 Abs. 1 Satz 3 UStG).

b) Tauschumsätze

312 Der Begriff der Tauschumsätze ist in § 3 Abs. 12 UStG definiert. Demnach spricht man vom **Tausch,** wenn die Gegenleistung für eine Lieferung (oder Werklieferung) wiederum in einer Lieferung besteht, so z.B. wenn ein Möbelschreiner einen Ladeneinbau für einen Autohändler ausführt und dafür im Gegenzug einen Pkw erhält. Ein **tauschähnlicher Umsatz** liegt vor, wenn die Gegenleistung für eine sonstige Leistung in einer Leistung (Lieferung oder sonstigen Leistung) oder die Gegenleistung für eine Lieferung in einer sonstigen Leistung besteht. Stehen sich beide Leistungen nicht gleichwertig gegenüber (z.B. bei der Lieferung eines neuen Pkw unter Inzahlungnahme des alten Pkw), so erfolgt in der Regel ein Ausgleich durch eine zusätzliche Barzahlung. Man spricht dann von einem **Tausch oder tauschähnlichen Umsatz mit Baraufgabe.**

313 Das Wesen des Tauschs oder des tauschähnlichen Umsatzes besteht darin, dass sich zwei Leistungen gegenüberstehen. Sind beide Beteiligte Unternehmer kommt es folglich zu zwei Umsätzen, die unter den Voraussetzungen des § 1 Abs. 1 Nr. 1 UStG steuerbar und steuerpflichtig bzw. steuerfrei sein können und daher auch getrennt aus der Sicht des jeweils leistenden Unternehmers zu prüfen sind.

Beispiel:

Ein Autohändler liefert unter Inzahlungnahme eines gebrauchten Pkw einen neuen Pkw an einen Kunden. Die Lieferung des Autohändlers ist steuerbar und steuerpflichtig. Die Lieferung eines gebrauchten Pkw durch den Kunden an den Autohändler ist nicht steuerbar, wenn es sich bei dem Kunden um eine Privatperson und damit nicht um einen Unternehmer i.S.d. § 2 Abs. 1 UStG handelt. Handelt es sich bei dem Kunden dagegen um einen Unternehmer nach § 2 Abs. 1 UStG, z.B. einen selbstständigen Handwerksmeister, stellt die Lieferung des gebrauchen Unternehmensfahrzeugs durch den Handwerksmeister wiederum einen steuerbaren und steuerpflichtigen Umsatz an den Autohändler dar.

314 Da bei diesen Tauschvorgängen die Gegenleistung (ganz oder teilweise) in Form einer Lieferung oder sonstigen Leistung besteht, ist zur Ermittlung der Bemessungsgrundlage nach § 10 Abs. 1 Satz 1 UStG eine Bewertung der Gegenleistung erforderlich. Unter dem Wert der Gegenleistung ist nach § 10 Abs. 2 Satz 2 UStG der gemeine Wert (§ 9 BewG) zu verstehen, d.h. der Wert, der im gewöhnlichen Geschäftsverkehr für den Gegenstand bzw. die Leistung zu erzielen wäre. Der gemeine Wert ist deshalb immer ein Bruttowert, so dass nach § 10 Abs. 2 Satz 3 UStG für die Ermittlung der Bemes-

sungsgrundlage die USt herauszurechnen ist. Die Bemessungsgrundlage für **einen Tauschvorgang mit Baraufgabe** ergibt sich aus der Addition des gemeinen Wertes der Gegenleistung mit der vom Leistungsempfänger (oder einem Dritten) aufgewendeten Baraufgabe, abzüglich der USt. Zahlt der leistende Unternehmer die Baraufgabe wird die Gegenleistung entsprechend gemindert.

Beispiel:

Ein Pkw-Händler veräußert einen neuen Pkw an den Privatmann Z, der dafür seinen gebrauchten Pkw in Zahlung gibt und eine Barzahlung von 15 700,– Euro leistet. Der Wert des neuen Pkw beträgt 30 000,– Euro zuzüglich Umsatzsteuer. Der gemeine Wert des gebrauchten Pkw beträgt nach der DAT-Schätztabelle 20 000,– Euro.
Es handelt sich um einen Tausch mit Baraufgabe. Im Rahmen des Tauschs liefert der Pkw-Händler das Neufahrzeug steuerbar und steuerpflichtig an Z. Die Leistung des Z ist mangels Unternehmereigenschaft nicht steuerbar.
Die Bemessungsgrundlage für die steuerpflichtige Lieferung des Pkw-Händlers ermittelt sich wie folgt:

Gemeiner Wert des alten Pkw	20 000,– Euro
zuzüglich empfangene Baraufgabe	15 700,– Euro
Wert der Gegenleistung	35 700,– Euro
abzüglich USt	5 700,– Euro
Bemessungsgrundlage	30 000,– Euro

Nimmt der Pkw-Händler den gebrauchten Pkw nun für einen höheren Betrag in Zahlung, z.B. für 22 000,– Euro, so spricht man von einem **verdeckten Preisnachlass.** Der verdeckte Preisnachlass mindert das Entgelt für die Neuwagenlieferung. Die Finanzverwaltung erkennt beim Pkw-Verkauf die Entgeltminderung jedoch nur für die Lieferung des Neufahrzeugs steuermindernd an, wenn die Höhe der Entgeltminderung durch den Unternehmer nachgewiesen wird (vgl. Abschn. 10.5 Abs. 4 UStAE).

II. Bemessungsgrundlage bei unentgeltlichen Wertabgaben

Da es in den Fällen unentgeltlicher Wertabgaben an einem Entgelt fehlt, **315**
hat der Gesetzgeber in § 10 Abs. 4 UStG **Ersatzwerte zur Ermittlung der Bemessungsgrundlage** festgelegt. Je nach der Art der unentgeltlichen Wertabgabe sind folgende Bemessungsgrundlagen zu unterscheiden:

unentgeltliche Lieferungen (§ 3 Abs. 1b UStG)	→	Einkaufspreis zuzüglich Nebenkosten oder Selbstkosten (§ 10 Abs. 4 Nr. 1 UStG)
unentgeltliche Gegenstandsverwendung (§ 3 Abs. 9a Nr. 1 UStG)	→	entstandene Ausgaben, soweit sie zum vollen oder teilweisen Vorsteuerabzug berechtigt haben (§ 10 Abs. 4 Nr. 2 UStG)
andere unentgeltliche sonstige Leistungen (§ 3 Abs. 9a Nr. 2 UStG)	→	entstandene Ausgaben, ohne Rücksicht auf einen Vorsteuerabzug (§ 10 Abs. 4 Nr. 3 UStG)

Die USt gehört nach § 10 Abs. 4 Satz 2 UStG nicht zur Bemessungsgrundlage.

1. Bemessungsgrundlage für unentgeltliche Lieferungen

316 Unentgeltliche Wertabgaben i.S. des § 3 Abs. 1 b Satz 1 Nr. 1–3 UStG können nur dann den Lieferungen gegen Entgelt gleichgestellt werden, wenn der Unternehmer für den Gegenstand oder dessen Bestandteile zum vollen oder teilweisen Vorsteuerabzug berechtigt war, § 3 Abs. 1 b Satz 2 UStG. Bestandteile sind nach Abschn. 3.3 Abs. 2 UStAE Wirtschaftsgüter, die aufgrund ihres Einbaus nicht mehr selbstständig nutzungsfähig sind und mit dem Gegenstand in einem einheitlichen Nutzungs- und Funktionszusammenhang stehen. Von einem Bestandteil kann nicht ausgegangen werden, wenn es sich um Aufwendungen für die laufende Wartung und Pflege des Gegenstandes (ertragsteuerlich sofort abzugsfähiger Erhaltungsaufwand) handelt.

Als Bemessungsgrundlage für unentgeltliche Wertabgaben i.S.d. § 3 Abs. 1 b UStG kommen nach § 10 Abs. 4 Nr. 1 UStG zwei Werte in Betracht, der Einkaufspreis zuzüglich Nebenkosten im Zeitpunkt der Wertabgabe oder – mangels eines Einkaufpreises – die aktuellen Selbstkosten.

317 Der Einkaufspreis ergibt sich aus aktuellen Einkäufen oder Einkaufslisten. Zu den Nebenkosten zählen z.B. Ausgaben für Fracht, Verpackung, Versicherung und sonstige Abgaben. Einkaufspreis und Nebenkosten sind stets nach den aktuellen Marktverhältnissen im Zeitpunkt der Wertabgabe zu bestimmen.

Selbstkosten sind dagegen bei der unentgeltlichen Wertabgabe von Gegenständen anzusetzen, die im Unternehmen selbst hergestellt worden sind. Die inhaltliche Festlegung des Begriffs orientiert sich an den Herstellungskosten (§ 253 Abs. 2 HGB). Dazu gehören die Materialkosten, die Fertigungskosten einschließlich der jeweiligen Gemeinkosten sowie die Sondereinzelkosten der Fertigung. Allgemeine Verwaltungskosten sowie Vertriebskosten gehören nicht zu den Herstellungskosten. Zu beachten ist auch hier, dass die Herstellungskosten im Zeitpunkt der Wertabgabe zu bestimmen sind.

Beispiel:
Ein Unternehmer U aus Kassel entnimmt am 1.3.07 einen Pkw, den er bisher ausschließlich im Unternehmen genutzt hat, aus seinem Unternehmensvermögen und schenkt ihn seiner Tochter zum 18. Geburtstag. Er hat den Pkw am 1.7.05 erworben.
a) von einem Autohändler für 10 000 Euro zuzüglich 1 600 Euro USt,
b) von einem Privatmann für 10 000 Euro.
Der Einkaufspreis einschl. Nebenkosten (Wiederbeschaffungskosten) beträgt im Zeitpunkt der Entnahme 6 000 Euro netto.
Im Fall a) handelt es sich um eine unentgeltliche Wertabgabe, die nach § 3 Abs. 1 b Satz 1 Nr. 1 UStG einer Lieferung gegen Entgelt gleichzustellen ist, weil der Pkw bei der Anschaffung zum Vorsteuerabzug berechtigt hat (§ 3 Abs. 1 b Satz 2 UStG). Die Entnahme des Pkw wurde nach § 3 f UStG am Sitz des Unternehmens in Kassel bewirkt. Sie ist steuerbar nach § 1 Abs. 1 Nr. 1 UStG und mangels Steuerbefreiung und Steuerermäßigung zum Regelsteuersatz 19% (§ 12 Abs. 1 UStG) steuerpflichtig. Bemessungsgrundlage ist nach § 10 Abs. 4 Nr. 1 UStG der Einkaufspreis im Zeitpunkt der Wertabgabe (entspricht dem Teilwert) von 6 000 Euro.
Im Fall b) sind die Voraussetzungen des § 3 Abs. 1 b Satz 2 UStG für die Gleichstellung mit einer Lieferung gegen Entgelt nicht erfüllt, weil U wegen der Pkw-Anschaffung von einer Privatperson keine Möglichkeit zum Vorsteuerabzug hatte. Der Vorsteuerabzug aus der laufenden Unterhaltung des Pkw hat darauf keinen Einfluss. Sind dagegen Bestandteile nachträglich in den Pkw eingegangen, für die U den Vorsteuerabzug geltend machen konnte, unterliegt die mit der Entnahme des Pkw ebenfalls gegebene Entnahme dieser

Bestandteile nur dann als unentgeltliche Wertabgabe der USt, wenn die Bestandteile im Zeitpunkt der Entnahme wirtschaftlich noch nicht verbraucht sind (vgl. Abschn. 3.3 Abs. 3 u. 4 UStAE).

2. Bemessungsgrundlage für die unentgeltliche Verwendung

Für steuerbare unentgeltliche Wertabgaben i.S. des § 3 Abs. 9 a Nr. 1 **318** UStG sind die bei der Ausführung entstandenen Ausgaben, soweit sie zum vollen oder teilweisen Vorsteuerabzug berechtigt haben, als Bemessungsgrundlage anzusetzen, § 10 Abs. 4 Satz 1 Nr. 2 UStG. Die Umsatzsteuer gehört nicht zur Bemessungsgrundlage, § 10 Abs. 4 Satz 2 UStG. Zu den Ausgaben gehören auch die Anschaffungs- oder Herstellungskosten, des verwendeten Wirtschaftsguts, soweit es dem Unternehmen zugeordnet ist. Betragen die Anschaffungs- oder Herstellungskosten mehr als 500 €, sind sie gleichmäßig auf einen Zeitraum zu verteilen, der dem für das Wirtschaftsgut maßgeblichen Berichtigungszeitraum nach § 15 a UStG entspricht. Nach Ablauf des nach § 15 a UStG maßgeblichen Berichtigungszeitraums sind die auf das Wirtschaftsgut entfallenden Anschaffungs- oder Herstellungskosten vollständig in die Bemessungsgrundlage eingeflossen und in den Folgejahren nicht mehr als Ausgaben zu berücksichtigen. Aus der Bemessungsgrundlage sind solche Ausgaben auszuscheiden, die nicht zum Vorsteuerabzug berechtigt haben.

Zur Bemessungsgrundlage gehören die tatsächlich bei der außerunterneh- **319** merischen Verwendung entstandenen Ausgaben für das Wirtschaftsgut, soweit sie ganz oder teilweise zum Vorsteuerabzug berechtigt haben. Die Finanzierung dieser Ausgaben (z.B. aus Zuschüssen) hat auf die Ermittlung der Bemessungsgrundlage keinen Einfluss (vgl. Abschn. 10.6 Abs. 3 Satz 7 UStAE).

Beispiel:

U errichtet in 06 auf einem gekauften Grundstück ein Gebäude, das er zulässigerweise noch insgesamt seinem Unternehmen zuordnet. Die Anschaffungskosten des Grundstücks und die Herstellungskosten des Gebäudes haben insgesamt 1 Mio. € zzgl. 160 000 € Umsatzsteuer betragen. Seit der Fertigstellung am 1.1.07 nutzt er 20 v.H. der Nutzfläche zu eigenen Wohnzwecken und den Rest als Büroräume für sein Handelsunternehmen. In seiner Umsatzsteuer-Erklärung 06 zieht U 160 000 € als Vorsteuer ab. Für die Eigennutzung seiner Wohnung erklärt U in seiner Umsatzsteuervoranmeldung 01/07 eine dem Regelsteuersatz von 19% unterliegende steuerpflichtige Wertabgabe (§§ 3 Abs. 9 a Nr. 1, 1 Abs. 1 Nr. 1 UStG). Als Bemessungsgrundlage hat er monatlich sowohl die laufenden Ausgaben für den privat genutzten Teil des bebauten Grundstücks, als auch die anteiligen Anschaffungs- und Herstellungskosten des Grundstücks anzusetzen (§ 10 Abs. 4 Satz 1 Nr. 2 UStG). Die AK/HK sind auf den für das Gebäude nach § 15 a UStG maßgeblichen Berichtigungszeitraum von 10 Jahren zu verteilen und betragen (1 Mio. € ÷ 10 Jahre × 20% Privatnutzung = jährlich 20 000 € ÷ 12 Monate) monatlich 1 667 €.

Bei der privaten Nutzung eines zum Unternehmensvermögen gehörenden **320** Fahrzeugs ist die Bemessungsgrundlage nach § 10 Abs. 4 Satz 1 Nr. 2 UStG ausgehend von den Gesamtkosten zu ermitteln. Dazu gehören die laufenden Betriebskosten des Kfz, mit Ausnahme der nicht zum Vorsteuerabzug berechtigten Kosten für Steuer und Versicherung, und die von der Laufleistung unabhängigen Kosten, wie die Anschaffungskosten. Die AK für das Fahrzeug sind unabhängig von der ertragsteuerlichen Nutzungsdauer grundsätzlich auf einen Zeitraum von 5 Jahren, der dem maßgeblichen Berichtigungszeitraum nach § 15 a Abs. 1 i.V.m. Abs. 5 Satz 2 UStG (vgl. Abschn. 15a.3 UStAE) entspricht, zu verteilen. Der Ort der unentgeltlichen Wertabgabe ist unabhängig von dem tatsächlichem Einsatzort des Pkw während der nichtunternehmerischen Verwendung (z.B. einer Urlaubsfahrt im Ausland) nach § 3 f UStG dort, wo der Unternehmer sein Unternehmen betreibt.

Beispiel:

Unternehmer U erwirbt vom Kfz-Händler K einen neuen Pkw für 40 000 Euro zzgl. gesondert ausgewiesener Umsatzsteuer von 7 600 Euro und ordnet ihn insgesamt seinem Unternehmensvermögen zu. Er zieht die Vorsteuer ab und nutzt den Pkw laut Fahrtenbuch zu 40% privat. Im Besteuerungszeitraum sind durch den Betrieb des Pkw laufende Ausgaben von 5 000 € zzgl. 950 € Umsatzsteuer für Benzin, Wartung und Pflege und für Steuern und Versicherungen 1 800 Euro entstanden. Mit der Verwendung des Pkw zu außerunternehmerischen Zwecken bewirkt U eine unentgeltliche Wertabgabe im Inland (§ 3 f UStG), die nach § 3 Abs. 9 a Nr. 1 UStG einer sonstigen Leistung gegen Entgelt gleichgestellt wird und der Umsatzbesteuerung unterliegt (§ 1 Abs. 1 Nr. 1 UStG). Bemessungsgrundlage für die steuerbare und steuerpflichtige unentgeltliche Wertabgabe sind nach § 10 Abs. 4 Satz 1 Nr. 2 UStG die durch die außerunternehmerische Verwendung des Pkw entstandenen Ausgaben (ohne Umsatzsteuer, § 10 Abs. 4 Satz 2 UStG), soweit sie zum vollen oder teilweisen Vorsteuerabzug berechtigt haben. Die Anschaffungskosten sind auf den für das Fahrzeug maßgeblichen Berichtigungszeitraum nach § 15 a Abs. 1 UStG von 5 Jahren zu verteilen und betragen mithin 8 000 €. Von den zum Vorsteuerabzug berechtigten Gesamtkosten in Höhe von 13 000 € (der auf das Jahr entfallenden AK von 8 000 € zzgl. der laufenden Kosten von 5 000 €) entfallen 40% auf die nichtunternehmerische Nutzung, sodass sich eine BMG von 5 200 € und eine Umsatzsteuerschuld von 988 € (§ 13 Abs. 1 Nr. 2 UStG) für den Besteuerungszeitraum ergibt.

321 Wenn **kein ordnungsgemäßes Fahrtenbuch** zum Zwecke des Einzelnachweises geführt wird, kann aus Vereinfachungsgründen für Fahrzeuge, die zu mehr als 50% betrieblich genutzt werden, in Anlehnung an die Bewertung der Privatentnahme für Zwecke der Einkommensteuer (§ 6 Abs. 1 Nr. 4 Satz 2 EStG) die sog. 1%-Regelung angewendet werden. Die nicht vorsteuerbelasteten Kosten werden mit einem pauschalen Abschlag von 20 v.H. berücksichtigt. Der pauschal ermittelte Wert ist als Bemessungsgrundlage für die private Pkw-Nutzung (§ 10 Abs. 4 Satz 1 Nr. 2 UStG) anzusetzen, auf den die Umsatzsteuer mit dem allgemeinen Steuersatz aufzuschlagen ist (vgl. BMF-Schreiben vom 27.8.2004, BStBl. I 2004, 864 sowie BMF-Schreiben vom 7.7.2006, BStBl. I, 446).

Beispiel:

Der regelbesteuerte Unternehmer U verwendet seinen zum notwendigen Betriebsvermögen gehörenden Pkw auch zu privaten Fahrten im In- und Ausland. Der Listenpreis des mit Vorsteuerabzug erworbenen Pkw beträgt im Zeitpunkt der Anschaffung 47 600 €. Die Bemessungsgrundlage für die unentgeltliche Wertabgabe (§ 3 Abs. 9 a Nr. 1 UStG) im Monat ist nach § 10 Abs. 4 Satz 1 Nr. 2 UStG i.V.m. § 6 Abs. 1 Nr. 4 Satz 2 EStG wie folgt zu berechnen:

1% des Listenpreises 47 600 Euro	476,00 Euro
Kosten ohne Vorsteuer pauschal 20%	– 95,00 Euro
Bemessungsgrundlage monatlich	381,00 Euro
USt 19%	72,39 Euro

Liegen die Voraussetzungen für die Anwendung der 1% Regelung nicht vor oder macht der Unternehmer davon keinen Gebrauch, ist der private Nutzungsanteil für Umsatzsteuerzwecke anhand anderer geeigneter Unterlagen, z. B. Aufzeichnungen in der Art eines Fahrtenbuches oder im Wege einer sachgerechten Schätzung zu ermitteln. Zu beachten ist dabei, dass die Fahrten eines Unternehmers (bzw. des Gesellschafters einer Personengesellschaft) zwischen Wohnung und dem Unternehmen der unternehmerischen und nicht der außerunternehmerischen Verwendung des Fahrzeugs zuzuordnen sind. Ebenso ist die Überlassung eines Unternehmensfahrzeugs für den privaten Bedarf des Personals regelmäßig als entgeltliche Nutzungsüberlassung der unternehmerischen Verwendung des Fahrzeugs zuzurechnen. Aus den Gesamtaufwendungen sind die nicht mit Vorsteuern belasteten Kosten in der belegmäßig nachgewiesenen Höhe auszuscheiden.

3. Bemessungsgrundlage für die anderen unentgeltlichen sonstigen Leistungen

Für die unentgeltliche Wertabgabe einer anderen sonstigen Leistung i. S. **322**
des § 3 Abs. 9 a Nr. 2 UStG durch den Unternehmer für Zwecke außerhalb des Unternehmens sind nach § 10 Abs. 4 Satz 1 Nr. 3 UStG die bei der Ausführung dieser Leistungen entstandenen Ausgaben, **unabhängig** von der Vorsteuerabzugsberechtigung, als Bemessungsgrundlage anzusetzen. Dazu gehören grundsätzlich nur die dem Unternehmer tatsächlich entstandenen Ausgaben für die Erbringung der sonstigen Leistungen (vgl. Abschn. 10.6 Abs. 3 UStAE).

Der Ort der sonstigen Leistungen nach § 3 Abs. 9 a UStG bestimmt sich gem. § 3 f UStG nach dem Sitz des Unternehmens.

Beispiel:

Ein Gärtner übernimmt zusammen mit einem Angestellten aus seinem Betrieb die Pflege des zu seinem eigengenutzten Einfamilienhaus gehörenden Gartens.

Es handelt sich um eine unentgeltliche Wertabgabe nach § 3 Abs. 9 a Nr. 2 UStG, die einer sonstigen Leistung gegen Entgelt gleichzustellen und als Umsatz i. S. des § 1 Abs. 1 Nr. 1 UStG steuerbar ist. Der anteilige Lohnaufwand für den Arbeitnehmer bildet die Bemessungsgrundlage für die steuerbare und steuerpflichtige unentgeltliche Wertabgabe, ohne Rücksicht darauf, dass der Unternehmer insoweit keinen Vorsteuerabzug hatte. Der Lohn für die Eigenleistung des Unternehmers geht nicht in die Bemessungsgrundlage ein, da es sich insoweit nur um kalkulatorische Kosten und nicht um tatsächlich entstandene Ausgaben des Unternehmers handelt.

III. Bemessungsgrundlage für unentgeltliche Leistungen des Arbeitgebers an Arbeitnehmer

Als Bemessungsgrundlage für **323**

- die unentgeltlichen Sachzuwendungen an das Personal, für dessen privaten Bedarf (§ 3 Abs. 1 b Satz 1 Nr. 2 UStG) kommen nach § 10 Abs. 4 Satz 1 Nr. 1 UStG der Einkaufspreis zuzüglich Nebenkosten oder – mangels Einkaufspreis – die Selbstkosten zum Zeitpunkt der Wertabgabe zum Ansatz;
- die Verwendung eines dem Unternehmen zugeordneten Gegenstandes für den privaten Bedarf des Personals (§ 3 Abs. 9 a Nr. 1 UStG) kommen nach

§ 10 Abs. 4 Satz 1 Nr. 2 UStG die bei der Ausführung dieser Umsätze entstandenen Ausgaben zum Ansatz, soweit sie zum vollen oder teilweisen Vorsteuerabzug berechtigt haben (vgl. zu Rn. 318–320);
- die unentgeltliche Erbringung einer anderen sonstigen Leistung für den privaten Bedarf des Personals (§ 3 Abs. 9 a Satz 1 Nr. 2 UStG) kommen nach § 10 Abs. 4 Satz 1 Nr. 3 UStG die bei der Ausführung dieser Umsätze entstandenen Ausgaben zum Ansatz, ohne Rücksicht auf den Vorsteuerabzug.

Die USt gehört nach § 10 Abs. 4 Satz 2 UStG nicht zur Bemessungsgrundlage.

324 Die Finanzverwaltung lässt in bestimmten Fällen aus Vereinfachungsgründen den Ansatz der lohnsteuerlichen **Sachbezugswerte** zu (§ 8 Abs. 2 und 3 EStG, vgl. Abschn. 1.8 UStAE). Diese Werte sind als Bruttowerte anzusehen, aus denen die USt zur Ermittlung der Bemessungsgrundlage herauszurechnen ist (§ 10 Abs. 4 Satz UStG).

Überlässt ein Arbeitgeber seinem Personal ein zum Unternehmen gehörendes Kraftfahrzeug auch zur privaten Nutzung (Privatfahrten, Fahrten zwischen Wohnung und Arbeitsstätte sowie Familienheimfahrten aus Anlass einer doppelten Haushaltsführung), ist dies regelmäßig als entgeltliche Leistung i. S. des § 3 Abs. 9 UStG und nur in Ausnahmefällen als unentgeltliche Wertabgabe i. S. des § 3 Abs. 9 a Satz 1 Nr. 1 UStG anzusehen.

Die Gegenleistung des Arbeitnehmers besteht in der anteiligen Arbeitsleistung, die er für die Privatnutzung des gestellten Kfz erbringt. Damit liegt ein tauschähnlicher Umsatz (§ 3 Abs. 12 Satz 2 UStG) des Arbeitgebers vor. Als Bemessungsgrundlage ist nach § 10 Abs. 2 Satz 2 i. V. m. § 10 Abs. 1 Satz 1 UStG der Wert der nicht durch den Barlohn abgegoltenen Arbeitsleistung anzusetzen. Aus Vereinfachungsgründen kann jedoch zur Ermittlung der Bemessungsgrundlage von den lohnsteuerlichen Werten (vgl. Abschn. 1.8 Abs. 8 UStAE) ausgegangen werden. Aus dem so ermittelten Betrag ist die Umsatzsteuer herauszurechnen. Ein pauschaler Abschlag von 20% für nicht mit Vorsteuern belastete Ausgaben ist für Leistungen, die gegen Entgelt ausgeführt werden, unzulässig (vgl. BMF-Schr. v. 27.8.2004, BStBl. I 2004, 864 Tz. 4.2.1.3).

Von einer unentgeltlichen Überlassung des Kfz an das Personal i. S. des § 3 Abs. 9 a Nr. 1 UStG kann ausnahmsweise ausgegangen werden, wenn dem Arbeitnehmer das Kfz aus besonderem Anlass oder zu einem besonderen Zweck nur gelegentlich an nicht mehr als fünf Kalendertagen im Kalendermonat für private Zwecke überlassen wird (vgl. BMF-Schr. v. 27.8.2004, BStBl. I 2004, 864 Tz. 4.2.2).

Bemessungsgrundlage der unentgeltlichen Fahrzeugüberlassung für den privaten Bedarf des Personals (vgl. Rn. 118) sind die Ausgaben, soweit sie zum vollen oder teilweisen Vorsteuerabzug berechtigt haben (§ 10 Abs. 4 Satz 1 Nr. 2 UStG). Aus der Bemessungsgrundlage sind somit die nicht mit Vorsteuer belasteten Ausgaben auszuscheiden. Aus Vereinfachungsgründen kann von den lohnsteuerlichen Werten (aus denen die Umsatzsteuer herauszurechnen ist) ausgegangen werden (vgl. BMF-Schr. v. 27.8.2004, BStBl. I 2004, 864 Tz. 4.2.2.3).

Beispiele:

- Der Unternehmer U überlässt seinem Arbeitnehmer den zum Unternehmensvermögen gehörenden Pkw für Fahrten zwischen Wohnung und Arbeitsstätte (10 Entfernungskilometer) und sonstige Privatfahrten. Der Listenpreis beträgt im Zeitpunkt der Anschaffung 47 600 Euro. Die BMG für die steuerbare und steuerpflichtige Überlassung des Pkw gegen Entgelt nach § 10 Abs. 1 i.V.m. Abs. 2 Sätze 2 und 3 UStG richtet sich aus Vereinfachungsgründen nach den lohnsteuerlichen Werten (§ 8 Abs. 2 Sätze 2, 3 EStG; vgl. Abschn. 1.8 Abs. 8, 18 UStAE):

1% des LP 47 600 Euro für Privatfahrten	476,00 Euro
0,03% des LP für Fahrten zw. Wohnung u. Arbeit × 10 Ekm	142,80 Euro
lohnsteuerliche Bemessungsgrundlage	618,80 Euro
abzüglich USt 19%	– 117,60 Euro
Bemessungsgrundlage **monatlich**	501,20 Euro

  Neben dieser Berechnungsmethode kann der Unternehmer die BMG für den entgeltlichen Umsatz auch anhand der tatsächlichen Gesamtausgaben, unabhängig von der Berechtigung zum Vorsteuerabzug ermitteln.
- Ein Unternehmer gewährt seinen Arbeitnehmern in der betriebseigenen Kantine unentgeltlich Mittagsmahlzeiten. Als Bemessungsgrundlage ist aus Vereinfachungsgründen der lohnsteuerlich maßgebende (Sachbezugs-)Wert, der als geldwerter Vorteil der Lohnbesteuerung unterworfen wird, heranzuziehen (Abschn. 1.8 Abs. 8 u. 11 UStAE):

Wert der Mahlzeit laut Sachbezugsverordnung	2,93 Euro
darin enthalten 19% USt	./. 0,47 Euro
Bemessungsgrundlage	2,46 Euro

Für die Bemessungsgrundlage unentgeltlicher Lieferungen i.S. des § 3 **325** Abs. 1 b Satz 1 Nr. 1 UStG und unentgeltlicher sonstiger Leistungen i.S. des § 3 Abs. 9 a UStG **an Gesellschafter** sind die Regelungen in § 10 Abs. 4 Satz 1 Nrn. 1–3 UStG entsprechend anzuwenden.

IV. Mindestbemessungsgrundlage

Die Regelung der Mindestbemessungsgrundlage soll die Umgehung der **326** Besteuerung unentgeltlicher Wertabgaben verhindern und sicherstellen, dass die **verbilligte Abgabe** von Leistungen mindestens so hoch besteuert wird wie die in § 10 Abs. 4 genannten unentgeltlichen Umsätze. Die Regelung zur Mindestbemessungsgrundlage ist nach § 10 Abs. 5 UStG u.a. für verbilligte (d.h. entgeltliche) Leistungen eines Unternehmers an die ihm nahe stehende Personen (vgl. Abschn. 10.7 Abs. 1 Satz 2 UStAE), an seine Arbeitnehmer sowie an die Gesellschafter oder diesen nahe stehende Personen anzuwenden.

Als Mindestbemessungsgrundlage kommen gem. § 10 Abs. 4 UStG bei **327** verbilligten Lieferungen mindestens der Einkaufspreis zzgl. Nebenkosten der Ware oder die Selbstkosten und bei verbilligten sonstigen Leistungen mindestens die entstandenen Ausgaben zum Ansatz. Ist bei den vorstehend genannten Umsätzen das vereinbarte und entrichtete Entgelt nach § 10 Abs. 1 UStG niedriger als die in § 10 Abs. 4 UStG genannten Werte, so sind als Mindestbemessungsgrundlage nach § 10 Abs. 5 UStG die Werte nach § 10 Abs. 4 UStG anzusetzen. Damit soll der durch die verbilligte Leistungsabgabe zumindest teilweise unversteuerte Endverbrauch durch nahe stehende Personen, Gesellschafter oder Arbeitnehmer verhindert werden.

Beispiele:

- Ein Lebensmittelhändler überlässt seinem Bruder Fleischwaren zum Preis von 50,– €. Der Netto-Einkaufspreis der Ware beträgt 70,– €, der Verkaufspreis der Ware beträgt 95,– €. Als Bemessungsgrundlage nach § 10 Abs. 5 und 4 Nr. 1 UStG ist der Einkaufspreis heranzuziehen, der sich am Wiederbeschaffungswert orientiert. Der Netto-Einkaufspreis beträgt 70,–. Euro. Somit ist der nach § 10 Abs. 4 Nr. 1 UStG zugrunde zulegende Betrag höher als das Entgelt nach § 10 Abs. 1 UStG von nur 46,73 € (50,– Euro abz. 7% USt). Es kommt die Mindestbemessungsgrundlage von 70 € zum Ansatz.
- Eine KG überlässt ihrem Gesellschafter einen unternehmenseigenen Pkw zur Privatnutzung und berechnet dem Gesellschafter dafür einen Pauschalbetrag von jährlich 500,– €. Der auf die Fahrzeugüberlassung an den Gesellschafter entfallende Anteil an den jährlichen vorsteuerbelasteten Gesamtausgaben des Pkw beträgt jedoch 800,– €. Die Bemessungsgrundlage für eine unentgeltliche Überlassung des Pkw nach § 10 Abs. 4 Satz 1 Nr. 2 UStG würde 800 € betragen. Das von dem Gesellschafter gezahlte Entgelt (§ 10 Abs. 1 UStG) ist somit niedriger als die BMG nach § 10 Abs. 4 Satz 1 Nr. 2 UStG. Nach § 10 Abs. 5 Nr. 1 UStG i.V.m. § 10 Abs. 4 Satz 1 Nr. 2 UStG ist folglich als Mindestbemessungsgrundlage der Betrag von 800,– € anzusetzen (weitere Beispiele vgl. Abschn. 10.7 UStAE).

E. Steuersätze

328 Aus der Anwendung des Steuersatzes auf die Bemessungsgrundlage ergibt sich die eigentliche Umsatzsteuer. Die Höhe der Umsatzsteuer hängt von der Art der Leistung ab und ist in § 12 UStG geregelt.

I. Allgemeiner Steuersatz

329 Der allgemeine Steuersatz im Umsatzsteuerrecht ist in § 12 Abs. 1 UStG geregelt und beträgt seit dem 1.1.2007 19%. Auf Bruttobeträge kann statt der Ermittlung des Netto-Entgeltes der Multiplikator von 15,97 angewendet werden. Der allgemeine Steuersatz gilt für alle Umsätze, auf die nicht der ermäßigte Steuersatz oder einer der besonderen Steuersätze Anwendung findet. Bei der Anwendung des Steuersatzes ist der **Grundsatz der Einheitlichkeit der Leistung** zu beachten (vgl. Abschn. 3.10 UStAE). Der Steuersatz gilt also für alle zusammengehörenden Haupt- und Nebenleistungen. Bei einer Änderung des Steuersatzes ist der neue Steuersatz – unabhängig von der Besteuerung nach vereinbarten oder vereinnahmten Entgelten – auf alle Umsätze anzuwenden, die von dem Inkrafttreten der Änderung an bewirkt werden, § 27 Abs. 1 UStG (vgl. Abschn. 12.1 Abs. 3 UStAE).

Beispiele:

- Ein Gärtner stellt eine fertige Gartenanlage mit Bepflanzung her.
  Die Leistung ist mit dem allgemeinen Steuersatz von 19% zu besteuern, obgleich die Pflanzen für sich genommen mit dem ermäßigten Steuersatz zu besteuern wären. Die Lieferung der Pflanzen ist hier in Zusammenhang mit der Werklieferung zu sehen. Der wirtschaftliche Gehalt der Werklieferung wird nicht durch die Pflanzen, sondern durch die Gartenanlage als Ganzes bestimmt, die dem Regelsteuersatz unterliegt, § 12 Abs. 1 UStG.
- Ein Großhändler liefert Kartoffeln verpackt in Säcken frei Haus. Die Lieferung der Kartoffeln unterliegt dem ermäßigten Steuersatz, § 12 Abs. 2 Nr. 1 i.V.m. Anlage 2 zum UStG. Bei dem Transport und der Abpackung der Kartoffeln handelt es sich um sonstige

Leistungen, denen kein eigenständiger wirtschaftlicher Gehalt zukommt. Sie teilen als unselbstständige Nebenleistungen das Schicksal der Hauptleistung und damit der dem ermäßigten Steuersatz unterliegenden Lieferung der Kartoffeln.

II. Ermäßigter Steuersatz

Die Vorschrift des § 12 Abs. 2 UStG enthält einen Katalog von Umsätzen, die dem ermäßigten Steuersatz unterliegen. Der ermäßigte Steuersatz beträgt derzeit 7 v.H. der Bemessungsgrundlage. Auf Bruttobeträge ist der Multiplikator von 6,54 anzuwenden. Der ermäßigte Steuersatz gilt für Lieferungen, unentgeltliche Wertabgaben i.S. des § 3 Abs. 1 b UStG, den i.g. Erwerb, die Einfuhr und die Vermietung der in der Anlage 2 zum § 12 Abs. 2 Nr. 1 u. 2 UStG aufgeführten Gegenstände. **330**

Dazu gehören zum Beispiel:

- Lebensmittel,
- Futtermittel,
- land- und forstwirtschaftliche Erzeugnisse,
- Waren des Buchhandels und des grafischen Gewerbes,
- Kunstgegenstände und Sammlungen (ab 1.1.2014 nur noch bei Erwerb vom Künstler oder deren Erben),
- Körperersatzstücke und orthopädische Apparate,
- Leistungen der Theater, Orchester, Museen und Chöre,
- Einräumung urheberrechtlich geschützter Rechte sowie deren Übertragung.

Als weitere Ermäßigungstatbestände unterliegen nach § 12 Abs. 2 UStG insbesondere: **331**

- Leistungen aus der Tätigkeit als Zahntechniker sowie vergleichbare Leistungen der Zahnärzte (§ 12 Abs. 2 Nr. 6 UStG),
- die Einräumung, Übertragung und Wahrnehmung von Rechten, die sich aus dem Urheberrechtsgesetz ergeben, § 12 Abs. 2 Nr. 7 c UStG
- bestimmte Leistungen gemeinnütziger Einrichtungen (§ 12 Abs. 2 Nr. 8 UStG),
- Beförderung von Personen im Schienenbahnverkehr und im Pkw-Personennahverkehr (§ 12 Abs. 2 Nr. 10 UStG)

dem ermäßigten Steuersatz.

Zu den Umsätzen der Einräumung und Übertragung von Urheberrechten gehören die Leistungen der Schriftsteller und Journalisten ebenso wie diejenigen der Graphiker oder Vortragskünstler (Schauspieler, Sänger und Tänzer). Die Überlassung von EDV-Programmen fällt regelmäßig nicht unter die Begünstigung des § 12 Abs. 2 Nr. 7 c UStG (Abschn. 12.7 Abs. 1 UStAE). **332**

Beispiel:

Schlagersänger U. J. gibt im Kölner Tanzbrunnen ein Konzert. Er gestattet dem WDR die Aufzeichnung und Ausstrahlung des Konzerts.

U. J. erbringt zwei steuerbare und steuerpflichtige Leistungen. Die Leistung an den Konzertveranstalter unterliegt unter den Voraussetzungen des § 12 Abs. 2 Nr. 7 a UStG dem ermäßigte Steuersatz (vgl. Abschn. 12.5 UStAE). Die Leistung gegenüber dem WDR wird gem. § 12 Abs. 2 Nr. 7 c UStG dem ermäßigten Steuersatz unterworfen.

III. Besondere Steuersätze

333 Nach § 24 UStG sind auf Umsätze, die im Rahmen eines land- und forstwirtschaftlichen Betriebes ausgeführt werden, anstelle des in § 12 UStG geregelten Steuersatzes sog. Durchschnittssätze nach § 24 Abs. 1 UStG (5,5%, 10,7% oder 19%) anzuwenden. Der Vorsteuerabzug aus den Leistungsbezügen, die im Zusammenhang mit diesen land- und forstwirtschaftlichen Umsätzen stehen, wird ebenfalls pauschal durch Anwendung der Durchschnittssätze auf die Ausgangsumsätze ermittelt. Ein weiterer Vorsteuerabzug entfällt. In der Regel ergibt sich damit für den normalen Landwirt keine Zahllast, da die pauschale Vorsteuer die Ausgangsumsatzsteuer voll ausgleicht.

Der Land- und Forstwirt darf in seiner Rechnung nur den für den Umsatz maßgebenden Durchschnittssatz angeben. Der Leistungsempfänger ist dann unter den weiteren Voraussetzungen des § 15 UStG berechtigt, diese gesondert ausgewiesene Umsatzsteuer als Vorsteuer abzuziehen.

334–409 *frei*

F. Entstehung und Fälligkeit der Umsatzsteuer

410 Die USt ist eine Selbstveranlagungssteuer. Das bedeutet, dass der Unternehmer die auf die steuerbaren und steuerpflichtigen Umsätze entfallende USt selbst errechnen und nach Verrechnung mit der abzugsfähigen Vorsteuer an die Finanzbehörde abführen muss. Um seinen Erklärungspflichten nachkommen zu können, muss der Unternehmer zuvor wissen, wann die geschuldete USt entsteht, wann sie zu erklären und abzuführen ist und welche Formvorschriften für das Besteuerungsverfahren zu beachten sind.

411 Nach der Vorschrift des § 13 Abs. 1 Nr. 1 UStG ist für die Entstehung der USt aus Lieferungen und sonstigen Leistungen zwischen der **Sollversteuerung (s.** Nach vereinbarten Entgelten**)** und der **Istversteuerung (s.** Nach vereinnahmten Entgelten**)** zu unterscheiden. Im Regelfall hat ein Unternehmer seine Umsätze nach der Sollversteuerung zu versteuern, d.h. die USt auf die **vereinbarten Entgelte** zu berechnen. Die USt entsteht dann mit Ablauf des Voranmeldungszeitraums, in dem die steuerpflichtigen Umsätze ausgeführt worden sind (§ 13 Abs. 1 Nr. 1 Buchst. a UStG). Nach § 20 UStG kann der Unternehmer mit Zustimmung der Finanzverwaltung in bestimmten Fällen die USt auch nach den **vereinnahmten Entgelten** (Istversteuerung) berechnen. In diesen Fällen entsteht die Steuer erst mit Ablauf des Voranmeldungszeitraums, in dem das **Entgelt** für die steuerpflichtige Leistung tatsächlich **vereinnahmt** worden ist (§ 13 Abs. 1 Nr. 1 Buchst. b UStG).

412 Für steuerpflichtige Leistungen i. S des § 3 Abs. 1 b u. Abs. 9 a UStG entsteht die USt mit Ablauf des Voranmeldungszeitraums, in dem die unentgeltlichen Wertabgaben ausgeführt worden sind (§ 13 Abs. 1 Nr. 2 UStG).

413 **Der Voranmeldungszeitraum** für die USt ist grundsätzlich das Kalendervierteljahr (§ 18 Abs. 2 Satz 1 UStG). In Abhängigkeit von der Höhe der

USt-Zahllast im Vorjahr kann der Unternehmer auch monatlich zur Abgabe von Umsatzsteuer-Voranmeldungen verpflichtet sein (vgl. Rn. 593 ff.).

Die nach § 14 c Abs. 1 UStG geschuldete zu hoch ausgewiesene USt für eine Lieferung oder sonstige Leistung entsteht nach § 13 Abs. 1 Nr. 3 UStG in dem Zeitpunkt, in dem die Steuer für die Leistung entsteht, spätestens jedoch im Zeitpunkt der Ausgabe der Rechnung **414**

Von dem Grundsatz der USt-Entstehung im Voranmeldungsverfahren (sog. Abschnittbesteuerung) gibt es zwei Ausnahmen, die zu beachten sind. Bei der Beförderung von Personen im Gelegenheitsverkehr durch nicht im Inland zugelassene Kraftomnibusse entsteht die Steuer bereits im Zeitpunkt des Grenzübertritts (§ 16 Abs. 5 UStG). Bei unberechtigtem Steuerausweis (§ 14 c Abs. 2 UStG) entsteht die Steuer nach § 13 Abs. 1 Nr. 4 UStG mit Ausgabe der Rechnung.

frei **415–429**

G. Steuerschuldner

Wer die Umsatzsteuer schuldet, regelt der § 13 a UStG. Danach schuldet grds. der leistende Unternehmer die Umsatzsteuer. **430**

In den Fällen des innergemeinschaftlichen Erwerbs schuldet jedoch der Erwerber die Umsatzsteuer. In den Fällen des unberechtigten Steuerausweises gem. § 14 c UStG schuldet der Aussteller der Rechnung die Umsatzsteuer.

Zur Sicherung des Umsatzsteueraufkommens und zur Vermeidung von Registrierungspflichten ausländischer Unternehmer im Inland schulden ferner gem. § 13 b Abs. 2 UStG Unternehmer und juristische Personen des öffentlichen Rechts als Leistungsempfänger die Umsatzsteuer für bestimmte an sie im Inland ausgeführte steuerpflichtige Leistungen. Auch Kleinunternehmer (§ 19 UStG) und pauschalierende Land- und Forstwirte (§ 24 UStG) schulden die Steuer nach § 13 b Abs. 2 UStG, weil die für sie geltenden Sonderregelungen (§§ 19 Abs. 1 bzw. 24 Abs. 1 UStG) durch § 13 b Abs. 5 UStG ausgeschlossen werden. Ebenso schulden Unternehmer, die ausschließlich steuerfreie (nicht zum Vorsteuerabzug berechtigende) Umsätze tätigen, die Steuer unter den Voraussetzungen des § 13 b Abs. 2 UStG. Die Steuerschuldnerschaft erstreckt sich nach § 13 b Abs. 2 Satz 3 UStG auch auf steuerpflichtige Leistungen, die der Leistungsempfänger für seinen außerunternehmerischen Bereich bezieht.

Für die folgenden in § 13 b Abs. 1 UStG genannten steuerpflichtigen Umsätze (§ 1 Abs. 1 Nr. 1 UStG) schuldet der Leistungsempfänger die USt, vgl. insgesamt A 13b.1 UStAE: **431**

Nr. 1 Werklieferungen und sonstige Leistungen eines gem. § 13 b Abs. 4 UStG im Ausland ansässigen Unternehmers

Nr. 2 Lieferungen sicherungsübereigneter Gegenstände durch den Sicherungsgeber an den Sicherungsnehmer außerhalb des Insolvenzverfahrens

Nr. 3 Umsätze, die unter das Grunderwerbsteuergesetz fallen Nr. 4Umsätze von bestimmten Bauleistungen, wenn der leistende Unternehmer ein im Inland ansässiger Unternehmer ist und der Leistungsempfänger ein Unternehmer ist, der selbst Bauleistungen erbringt

Nr. 5 Lieferungen von Gas und Elektrizität ausländischer (seit 1.7.2013: auch inländische Wiederverkäufer) Unternehmer unter den Bedingungen des § 3 g UStG (vgl. Abschn. 3 g.1 UStAE).

Nr. 6 Verkauf von Treibhauszertifikaten

Nr. 7 Verkauf von Altmetall und Schrott

Nr. 8 Gebäudereinigungsleistungen

Nr. 9 Lieferung von Feingold

Nr. 10 Lieferungen von Mobilfunkgeräten sowie von integrierten Schaltkreisen vor Einbau in einen zur Lieferung auf der Einzelhandelsstufe geeigneten Gegenstand, wenn die Summe der für sie in Rechnung zu stellenden Entgelte im Rahmen eines wirtschaftlichen Vorgangs mindestens 5 000 Euro beträgt

Beispiele:

Ein holländischer Unternehmer errichtet für die Stadt Köln eine Bühnenanlage. Die Rechnung lautet über 250 000 €. Der holländische Unternehmer erbringt eine Werklieferung i.S.d. § 3 Abs. 4 UStG in Köln (§ 3 Abs. 5 a i.V.m. Abs. 7 Satz 1 UStG), die nach § 1 Abs. 1 Nr. 1 UStG im Inland steuerbar und mangels Steuerbefreiung (§ 4 UStG) auch steuerpflichtig ist. Die Stadt Köln schuldet als Leistungsempfänger nach § 13 b Abs. 2 Satz 1 UStG die USt für die von dem ausländischen Unternehmer (§ 13 b Abs. 4 UStG) an sie ausgeführte Werklieferung, darf also an den holländischen Unternehmer nur 250 000 € auszahlen. Die USt i.H.v. 47 500 € entsteht nach § 13 b Abs. 1 Satz 1 UStG mit Ausstellung der Rechnung durch den holländischen Unternehmer, spätestens mit Ablauf des der Ausführung der Werklieferung folgenden Kalendermonats. Die Stadt Köln kann die nach § 13 b Abs. 2 UStG geschuldete Steuer nur dann als Vorsteuer i.S. des § 15 Abs. 1 Satz 1 Nr. 4 UStG geltend machen, wenn sie die Leistung für ihr Unternehmen bezogen hat (§ 2 Abs. 3 UStG). Ist die Leistung nicht für den unternehmerischen Bereich der Stadt Köln als juristische Person des öffentlichen Rechts bezogen worden, hätte sie die Steuerschuld nach § 18 Abs. 4 a UStG zu erklären und zu entrichten.

432 Die Umsatzsteuerschuld nach § 13 b Abs. 2 UStG hat der Leistungsempfänger – ausgenommen in den Fällen des § 18 Abs. 4 a UStG – im allgemeinen Besteuerungsverfahren zu erklären (vgl. Abschn. 13b.1 Abs. 45 UStAE). Bemessungsgrundlage ist der in der Rechnung oder Gutschrift ausgewiesene Betrag (ohne USt). Die USt ist vom Leistungsempfänger von diesem Betrag zu berechnen (vgl. Abschn. 13b.1 Abs. 34–37 UStAE). Der (zivilrechtlich vereinbarte) Rechnungsbetrag enthält in diesem Fall keine USt, weil sie der leistende Unternehmer nicht schuldet und ihr Ausweis in der Rechnung nach § 14 a Abs. 5 Satz 3 UStG unzulässig ist (vgl. Abschn. 13b.1 Abs. 38 UStAE). Ändert sich die Bemessungsgrundlage, gilt § 17 Abs. 1 UStG sinngemäß. Hat der Unternehmer keine Rechnung erteilt, ist vom Zahlungsbetrag des Leistungsempfängers als Bemessungsgrundlage auszugehen. Nach § 22 Abs. 1 Nr. 8 i.V.m. Nr. 1 u. 2 UStG hat der Steuerschuldner über die Buchführung zu gewährleisten, dass in der Umsatzsteuervoranmeldung die Summe der Bemessungsgrundlagen aus den Eingangsrechnungen für Leistungen i.S. des § 13 b Abs. 1 UStG und die sich daraus ergebende USt gesondert erklärt werden können. Daneben sind auch die Vorsteuerbeträge i.S. des § 15 Abs. 1

Satz 1 Nr. 4 UStG für Leistungen i.S. des § 13 b Abs. 1 UStG, die für sein Unternehmen ausgeführt worden sind, gesondert zu erklären.

Von der Steuerschuldnerschaft des Leistungsempfängers sind nach § 13 b Abs. 3 UStG Personenbeförderungen mit einem Taxi oder im grenzüberschreitenden Omnibusverkehr und Personenbeförderungen, die der Beförderungseinzelbesteuerung (§ 16 Abs. 5 UStG) unterliegen, ausgenommen. Daneben findet § 13 b Abs. 1 und 2 UStG auch keine Anwendung, wenn:

- die Leistung des im Ausland ansässigen Unternehmers (§ 13 b Abs. 4 UStG) in der Einräumung der Eintrittsberechtigung für Messen, Ausstellungen und Kongressen im Inland besteht (vgl. Abschn. 13b.1 Abs. 26 UStAE),
- eine im Ausland ansässige Durchführungsgesellschaft sonstige Leistungen im Zusammenhang mit der Veranstaltung von Messen und Ausstellungen im Inland an im Ausland ansässige Unternehmer erbringt (vgl. Abschn. 13b.1 Abs. 27 UStAE).

Der Leistungsempfänger kann die von ihm nach § 13 b Abs. 2 UStG geschuldete USt als Vorsteuer i.S. des § 15 Abs. 1 Satz 1 Nr. 4 UStG abziehen, wenn er die Leistung für sein Unternehmen bezieht (§ 15 Abs. 1 Satz 2 UStG) und zur Ausführung von Umsätzen verwendet, die den Vorsteuerabzug nicht nach § 15 Abs. 2 UStG ausschließen (vgl. Abschn. 13b.1 Abs. 40–44 UStAE).

H. Ausstellung von Rechnungen

Der Abzug von Vorsteuern nach § 15 Abs. 1 Satz 1 Nr. 1 UStG setzt u.a. **433**
voraus, dass die Steuer in einer Rechnung i.S.d. § 14 UStG gesondert ausgewiesen wird. Da somit dem Leistungsempfänger eine ordnungsgemäße Durchführung des Vorsteuerabzuges nur mit einer entsprechenden Rechnung möglich ist, regelt der § 14 Abs. 2 UStG eine generelle Pflicht zur Rechnungserteilung, wenn der Leistungsempfänger eine juristische Person oder selbst ein Unternehmer ist, der die Leistung für sein Unternehmen bezieht (vgl. Abschn. 14.1 Abs. 3 u. 5 UStAE).

Darüber hinaus besteht für den leistenden Unternehmer auch eine Pflicht zur Rechnungserteilung, wenn er an Privatpersonen steuerpflichtige Werklieferungen und sonstige Leistungen im Zusammenhang mit einem Grundstück ausführt (vgl. Abschn. 14.2 UStAE). Die erweiterte Rechnungsausstellungspflicht soll der Bekämpfung der Schwarzarbeit dienen und wird ergänzt durch die zweijährige Aufbewahrungspflicht der Rechnung durch den privaten Leistungsempfänger in § 14 b Abs. 1 Satz 5 UStG. Der Unternehmer hat in diesen Fällen gem. § 14 Abs. 4 Nr. 9 UStG in seiner Rechnung auf die zweijährige Aufbewahrungspflicht hinzuweisen, da der Verstoß gegen die Aufbewahrungspflicht für den privaten Leistungsempfänger bußgeldbewährt ist (§ 26 a Abs. 1 Nr. 3 i.V.m. Abs. 2 UStG).

Soweit für den leistenden Unternehmer eine Verpflichtung zur Rechnungsausstellung besteht, ist sie innerhalb von sechs Monaten nach Ausführung der Leistung zu erfüllen. Sowohl bei Verletzung der Rechnungsausstellungs- als auch seiner Aufbewahrungspflichten (§ 14 b Abs. 1 Satz 1 UStG) droht dem Unternehmer nach § 26 a Abs. 1 Nr. 1 u. 2 i.V.m. Abs. 2 UStG die Verhängung einer Geldbuße bis zu fünftausend Euro. Der Unternehmer hat von jeder Rechnung, die er selbst ausgestellt hat – unabhängig von der Entstehung einer Steuerschuld –, ein Doppel sowie alle Rechnungen, die er erhalten hat, zehn Jahre aufzubewahren, § 14 b Abs. 1 UStG. Die Aufbewahrungsfrist beginnt mit dem Schluss des Kalenderjahres, in dem die Rechnung ausgestellt worden ist (vgl. Abschn. 14b.1 UStAE).

434 Eine **Rechnung** ist nach § 14 Abs. 1 UStG jedes Dokument, mit dem über eine Lieferung oder eine sonstige Leistung abgerechnet wird. Dabei ist unbeachtlich, ob das Abrechnungsdokument ausdrücklich als Rechnung bezeichnet wird. Es reicht aus, wenn sich aus seinem Inhalt ergibt, dass der Unternehmer über eine Leistung abrechnet. Belege zum Zahlungsverkehr (Kontoauszüge, Mahnungen) sind dagegen keine Rechnungen, auch wenn darin die Steuer gesondert ausgewiesen wird. Dagegen können z.B. Mietverträge, Pachtverträge, Wartungsverträge und sonstige Dienstleistungsverträge als für den Vorsteuerabzug verwendbare ordnungsgemäße Rechnungen angesehen werden (vgl. Abschn. 14.1 Abs. 1 u. 2 UStAE).

In einem Vertrag fehlende, aber für eine ordnungsgemäße Rechnung i.S.d. § 15 Abs. 1 Satz 1 Nr. 1 UStG notwendige Angaben können auch in anderen Dokumenten enthalten sein. Die Gesamtheit aller Dokumente, die die nach § 14 Abs. 4 und § 14 a UStG geforderten Angaben insgesamt enthalten, bildet die Rechnung (vgl. Abschn. 14.5 Abs. 1 UStAE). In einem dieser Dokumente müssen mindestens das Entgelt und der Steuerbetrag angegeben und alle anderen Dokumente bezeichnet werden, aus denen sich die erforderlichen Angaben insgesamt ergeben (§ 31 Abs. 1 UStDV).

435 Rechnungen können auf Papier oder vorbehaltlich der Zustimmung des Empfängers (§ 14 Abs. 1 Satz 2 UStG) auf elektronischem Weg übermittelt werden. Dabei müssen die Echtheit der Herkunft und die Unversehrtheit des Inhalts nach § 14 Abs. 3 UStG gewährleistet sein. Weitere Einzelheiten dazu enthält der Abschn. 14.4 UStAE.

Eine Rechnung liegt nicht vor, wenn Abrechnungen über Leistungen zwischen zwei Betriebsstätten, verschiedenen Unternehmensbereichen oder innerhalb eines Organkreises vorgenommen werden, da in diesem Fall kein Leistungsaustausch mit einem Dritten, sondern ein Innenumsatz vollzogen wird (vgl. Abschn. 14.1 Abs. 4 UStAE). Rechnet ein Nichtunternehmer mit einer anderen Person über eine Leistung ab oder rechnet ein Unternehmer einer anderen Person gegenüber eine Leistung ab, ohne dass diese Leistung tatsächlich erbracht worden ist oder noch erbracht wird (sog. Scheinrechnung), ist § 14 c Abs. 2 UStG zu beachten.

I. Vorschriften über die Ausstellung von Rechnungen

436 Nach § 14 Abs. 4 Satz 1 UStG muss eine für den Vorsteuerabzug verwendbare ordnungsgemäße Rechnung folgende Angaben enthalten (vgl. a. Abschn. 14.5 UStAE):

1. Name und Anschrift des Leistenden und des Leistungsempfängers,
2. Steuernummer **oder** USt-IdNr. des leistenden Unternehmers,
3. Ausstellungsdatum
4. fortlaufende Rechnungsnummer
5. Menge, Art und handelsübliche Bezeichnung des gelieferten Gegenstandes, bei sonstigen Leistungen Art und Umfang,
6. Zeitpunkt der Leistung,
7. Entgelt für die Leistung sowie jede im Voraus vereinbarte Minderung des Entgelts,
8. den anzuwendenden Steuersatz sowie den Steuerbetrag, der auf das Entgelt entfällt oder ein Hinweis auf die Steuerbefreiung
9. in den Fällen des § 14 b Abs. 1 Satz 5 UStG einen Hinweis auf die Aufbewahrungspflicht des Leistungsempfängers.
10. in den Fällen der Ausstellung der Rechnung durch den Leistungsempfänger im Gutschriftverfahren die Angabe „Gutschrift".'

Bei den zu 1. genannten Angaben reicht es aus, wenn sich auf Grund der Angaben in der Rechnung Name und Anschrift aus anderen Unterlagen eindeutig feststellen lassen (§ 31 Abs. 2 UStDV).

Die Angaben zur Liefermenge und handelsüblicher Bezeichnung dienen **437** zur Feststellung, ob das Wirtschaftsgut für das Unternehmen des Leistungsempfängers angeschafft worden ist. Als handelsüblich gelten im Wirtschaftsleben übliche Bezeichnungen (vgl. Abschn. 14.5 Abs. 15 UStAE). Auch handelsübliche Sammelbezeichnungen sind möglich, wenn sie die Bestimmung des anzuwendenden Steuersatzes eindeutig ermöglichen (z.B. Waschmittel, Büromöbel, Schnittblumen). Fehlen Angaben über die Menge der gelieferten Gegenstände, so schadet dies dem Vorsteuerabzug nicht, wenn sie aus anderen Dokumenten (z.B. Lieferschein) ergänzt werden können (vgl. Abschn. 15.11 Abs. 3 UStAE). Ein Vorsteuerabzug ist nicht möglich, wenn die in der Rechnung ausgewiesene Leistung unrichtig bezeichnet ist (vgl. Abschn. 14c.2 Abs. 2 Nr. 3 UStAE).

Für die Bestimmung des Zeitpunktes der Leistung genügt nach § 31 Abs. 4 **438** UStDV die Angabe des Kalendermonats, in dem die Leistung erbracht wird (vgl. Abschn. 14.5 Abs. 16 UStAE). Enthält die Rechnung keine Zeitangabe, wird der Vorsteuerabzug nicht versagt, wenn der Leistungsempfänger auf andere Weise den Zeitpunkt der Leistung nachweisen kann (vgl. Abschn. 15.11 Abs. 3 UStAE).

II. Gutschriften

Neben der Abrechnung eines Leistungsaustauschs durch den leistenden **439** Unternehmer gibt es Fälle, in denen der Leistungsempfänger im Wege der **Gutschrift** gegenüber dem Leistenden abrechnet (vgl. Abschn. 14.3 UStAE).

Nach § 14 Abs. 2 Satz 3 UStG können die am Leistungsaustausch Beteiligten frei vereinbaren, ob der leistende Unternehmer oder der Leistungsempfänger abrechnet. Für die Vereinbarung bestehen keine besonderen Formvorschriften, die Vereinbarung muss aber bereits vor Ausstellung der

Gutschrift erfolgen. Zu den abrechnungsberechtigten Leistungsempfängern gehören nach § 14 Abs. 2 Satz 2 UStG auch juristische Personen, die nicht Unternehmer sind. Die Abrechnung mittels Gutschrift kann für steuerpflichtige und steuerfreie Umsätze erfolgen. Voraussetzung für die Wirksamkeit einer Gutschrift als Rechnung ist, dass die Gutschrift den Begriff „Gutschrift" beinhaltet (§ 14 Abs. 4 Nr. 10 UStG), dass die Gutschrift dem leistenden Unternehmer übermittelt worden ist und er dieser nicht widerspricht (vgl. Abschn. 14.3 Abs. 3 UStAE). Der Leistungsempfänger kann auch dann gegenüber dem leistenden Unternehmer per Gutschrift abrechnen, wenn dieser nicht zum gesonderten Ausweis der Umsatzsteuer berechtigt ist, wie z.B. Kleinunternehmer i.S.d. § 19 Abs. 1 UStG. Ein gesonderter Ausweis der Umsatzsteuer in solchen Gutschriften kann dazu führen, dass der leistende Unternehmer die gesondert ausgewiesene Umsatzsteuer nach § 14 c i.V.m. § 13 a Abs. 1 Nr. 4 UStG schuldet, wenn er der Gutschrift nicht widerspricht (vgl. Abschn. 14.3 Abs. 1 Satz 7 i.V.m. Abs. 4 UStAE). Eine Gutschrift wird zum Zweck des Vorsteuerabzugs bei ihrem Aussteller nur dann als Rechnung i.S.d. § 14 Abs. 1 UStG anerkannt, wenn sie die folgenden Voraussetzungen erfüllt:

- Die Gutschrift muss alle Merkmale einer Rechnung nach § 14 Abs. 4 u. § 14 a UStG enthalten (vgl. Abschn. 14.5 UStAE).
- Die Abrechnung muss dem Leistenden zugeleitet worden sein.
- Der Leistende (Empfänger der Gutschrift) hat dem empfangenen Dokument nicht widersprochen, § 14 Abs. 2 Satz 4 UStG (vgl. Abschn. 14.3 Abs. 3 UStAE)
- Die Gutschrift weist die Bezeichnung „Gutschrift" auf (§ 14 Abs. 4 Nr. 10 UStG).

440 Im Wege der Gutschrift werden regelmäßig solche Leistungen abgerechnet, bei denen der Leistungsempfänger die zivilrechtliche Abrechnungslast trägt, weil er allein im Besitz der Abrechnungsunterlagen ist, so z.B. bei Handelsvertretern oder Verlagsabrechnungen.

Beispiel:

– Livius Leonard (L.L.) ist Verfasser von Pädagogikratgebern. Er erhält von dem H-Verlag, dem er das Recht auf Verbreitung seiner Bücher eingeräumt hat, für jedes verkaufte Exemplar eine Vergütung von 10,– Euro zuzüglich USt.
  Die Abrechnungsgrundlagen für die Rechnungsstellung stehen in diesem Fall nur dem H-Verlag als Leistungsempfänger zur Verfügung. Dieser rechnet auf Grund der verkauften Buchexemplare im Wege der Gutschrift mit dem Autor ab.

III. Ausstellen von Rechnungen in besonderen Fällen

Zur Erleichterung des Abrechnungsverkehrs sind in den §§ 33–35 UStDV Vereinfachungsregelungen für Vorsteuerabzug und Rechnungsstellung geschaffen worden, die folgende Fälle betreffen:

1. Kleinbetragsrechnungen (§§ 33, 35 Abs. 1 UStDV)

Rechnungen, deren Gesamtbetrag 150,– Euro nicht überschreitet, müssen zur Erfüllung der Ordnungsmäßigkeit für den Vorsteuerabzug nur Angaben zu Namen und Anschrift des leistenden Unternehmers sowie das Ausstellungsdatum, zu der Menge und der Art des gelieferten Gegenstandes bzw. Art und Umfang der sonstigen Leistungen enthalten. Darüber hinaus muss der Steuersatz bzw. ein Hinweis auf die Steuerbefreiung angegeben sein. Das Entgelt und der darauf entfallend Steuerbetrag kann entgegen § 14 Abs. 4 Nr. 7 und 8 UStG in **einer** Summe ausgewiesen sein. Fehlende notwendige Angaben (z.B. Steuersatz) dürfen vom Leistungsempfänger nicht selbstständig ergänzt werden (vgl. Abschn. 14.10 Abs. 2 UStAE). Zum Zweck des Vorsteuerabzugs muss der Unternehmer als Leistungsempfänger den Gesamtbetrag der Kleinbetragsrechnung in Entgelt und Steuerbetrag aufteilen, § 35 Abs. 1 UStDV (vgl. Abschn. 15.4 UStAE). Die Kleinbetragsregelung gilt nach § 33 Satz 3 UStDV nicht für Rechnungen über Leistungen, für die der Leistungsempfänger die Umsatzsteuer nach § 13 b UStG schuldet und nicht für Rechnungen über Leistungen i.S.d. § 3 c u. § 6 a UStG (vgl. Abschn. 14.6 Abs. 3 UStAE). **441**

2. Fahrausweise

Fahrausweise sind Dokumente, die einen Anspruch auf Beförderung von Personen beinhalten, d.h. die Benutzung des Beförderungsmittels hängt vom Erwerb des Fahrausweises ab (vgl. Abschn. 14.7 Abs. 1 Satz 1 UStAE). Dazu gehören auch Berechtigungsscheine zur Reisegepäckbeförderung, § 34 Abs. 3 UStDV (vgl. Abschn. 15.5 UStAE) und Zuschlagkarten etc. (vgl. Abschn. 15.5 Abs. 1 UStAE). Sie werden nur im Zusammenhang mit Fahrausweisen ausgegeben und teilen deren Schicksal (z.B. Steuersatz u.s.w.), vgl. Abschn. 15.5 Abs. 2 UStAE. Fahrausweise gelten als ordnungsgemäße Rechnungen, wenn sie die Angaben in § 34 Abs. 1 Nr. 1–4 UStDV enthalten, d.h. fehlt eine der Angaben, ist der Fahrausweis keine ordnungsgemäße Rechnung und die Vorsteuer ist dem Grunde nach nicht abziehbar (§ 15 Abs. 1 Satz 1 Nr. 1 UStG). Die Mindestanforderungen des § 31 Abs. 1 Satz 2 UStG sind ebenfalls zu beachten. Zum Zweck des Vorsteuerabzugs muss der Unternehmer als Leistungsempfänger den Gesamtfahrpreis in Entgelt und Steuerbetrag aufteilen, § 35 Abs. 2 UStDV. **442**

3. Zusätzliche Pflichtaufgaben

§ 14 a UStG regelt, welche zusätzlichen Pflichten und Pflichtangaben bei der Ausstellung von Rechnungen in besonderen Fällen zu beachten sind. Die Regelungen des § 14 a UStG ergänzen, soweit nichts anderes bestimmt ist, die Vorschriften des § 14 UStG. Zusätzliche Angaben in der Rechnung sieht § 14 a UStG z.B. für folgende Fälle vor: **443**

- In den Rechnungen über steuerfreie i.g. Lieferungen (§ 6 a UStG) muss der Unternehmer auf die Steuerbefreiung im Inland hinweisen.

- Bei einer sonstigen Leistung an einen EU-Unternehmer, die gem. § 3 a Abs. 2 UStG im Ausland bewirkt wird muss der Zusatz „ Steuerschuldnerschaft des Leistungsempfängers“ enthalten sein.
- In den Rechnungen über Beförderungs- und Versendungslieferungen eines Unternehmers aus einem anderen Mitgliedstaat an Abnehmer ohne USt-IdNr. im Inland, die nach § 3 c UStG der Besteuerung im Inland unterliegen, muss der Unternehmer die USt gesondert ausweisen. Das gilt auch für steuerpflichtige sonstige Leistungen, die nach § 3 a Abs. 2 Nr. 3 c u. Nr. 4 und § 3 b Abs. 3–6 UStG im Inland bewirkt werden.
- Rechnet der mittlere Unternehmer im **innergemeinschaftlichen Dreiecksgeschäft** über seine Lieferung an den letzten Abnehmer (§ 25 b Abs. 2 UStG) ab, muss er nach § 14 a Abs. 7 UStG in seiner Rechnung auf das innergemeinschaftliche Dreiecksgeschäft und das Steuerschuldverhältnis des letzten Abnehmers hinweisen.

Nach § 14 a Abs. 6 Satz 1 UStG ist im Fall der Besteuerung von Reiseleistungen (§ 25 UStG) und im Fall der Differenzbesteuerung (§ 25 a UStG) auf die Anwendung dieser Sonderregelungen hinzuweisen.

In allen Rechnungen i. S. d. § 14 a Abs. 1, 3 u. 7 UStG, mit denen der Unternehmer über Leistungen abrechnet, die er an Unternehmer in einem anderen Mitgliedstaat ausführt, muss er seine USt-IdNr. und die des Leistungsempfängers angeben.

IV. Aufbewahrung von Rechnungen

444 Besondere Regelungen zur Aufbewahrungspflicht von Rechnungen enthält § 14 b UStG. Sie gelten für Eingangs- und Ausgangsrechnungen gleichermaßen. Die Aufbewahrungsfrist beträgt nach § 14 b Abs. 1 UStG für Unternehmer grundsätzlich 10 Jahre. Die Aufbewahrungspflichten gelten im Fall des § 14 b Abs. 1 Satz 5 UStG auch für Privatpersonen, die Rechnungen über steuerpflichtige Leistungen im Zusammenhang mit einem Grundstück von einem Unternehmer erhalten (§ 14 Abs. 2 Satz 1 Nr. 1 UStG). Die Aufbewahrungsfrist beträgt 2 Jahre.

444–449 *frei*

V. Unrichtiger oder unberechtigter Steuerausweis und steuerliche Konsequenzen

1. Rechnungen mit fehlerhaftem Steuerausweis

450 Rechnungen mit fehlerhaftem Steuerausweis können vielfältige Ursachen haben. So kann eine Rechnung irrtümlich mit einer zu hohen oder zu niedrigen Umsatzsteuer ausgestellt worden sein. Andererseits kann aber auch eine Rechnung ohne Leistungserbringung ausgestellt werden (sog. Scheinrechnung). In beiden Fällen handelt es sich um fehlerhafte Rechnungen, die sich auf Grund ihrer Wirkungen in zwei Gruppen aufteilen lassen:

- Rechnungen mit unrichtigem Steuerausweis (§ 14 c Abs. 1 UStG) und
- Rechnungen mit unberechtigtem Steuerausweis (§ 14 c Abs. 2 UStG).

§ 14 c UStG regelt für das unberechtigte Ausweisen von Umsatzsteuer eine gesonderte Steuerschuld, quasi als „Haftung" für das durch den Ausweis entstandene Gefährundungspotential. Dabei unterscheidet § 14 c UStG in den Unrichtigen Steuerausweis und unberechtigten Steuerausweis. Unter § 14 c Abs. 1 UStG fallen Rechnungen mit gesondertem Steuerausweis für nicht steuerbare Leistungen, für steuerfreie Leistungen sowie für steuerpflichtige Leistungen, deren Steuerbetrag zu hoch ausgewiesen worden ist. **451**

Ein unrichtiger Steuerausweis liegt ua. vor, wenn

1. für steuerpflichtige Leistungen, wenn eine höhere als die dafür geschuldete Steuer ausgewiesen wurde (zB. 20% Umsatzsteuer oder 19% statt zutreffend 7%)
2. für steuerfreie Leistungen, die umsatzsteuerpflichtig abgerechnet wurden;
3. ür nicht steuerbare Leistungen (unentgeltliche Leistungen, Leistungen im Ausland und Geschäftsveräußerungen im Sinne des § 1 Abs. 1 a UStG)
4. wenn in Rechnungen über Kleinbeträge (§ 33 UStDV) ein zu hoher Steuersatz oder in Fahrausweisen (§ 34 UStDV) ein zu hoher Steuersatz oder fälschlich eine Tarifentfernung von mehr als 50 Kilometern angegeben ist.
5. In einer Gutschrift (§ 14 Abs. 2 Satz 2 UStG) der Gutschriftsempfänger einem zu hohen Steuerbetrag nicht widerspricht.

Hat der leistende Unternehmer in der Rechnung einen höheren Steuerbetrag ausgewiesen als er nach dem Gesetz für den Umsatz schuldet, so schuldet er auch den Mehrbetrag. Der Unternehmer hat die Möglichkeit, den zu hoch ausgewiesenen Steuerbetrag zu berichtigen, § 14 c Abs. 1 Satz 2 UStG. Die Berichtigung ist dem Leistungsempfänger schriftlich mitzuteilen. Wird das für eine Leistung geschuldete Entgelt dagegen auf Grund einer nachträglichen Vereinbarung wirksam herabgesetzt, bedarf es keiner Berichtigung der ursprünglichen Rechnung (vgl. Abschn. 14c.1 UStAE). Handelt es sich bei dem Leistungsempfänger um einen Unternehmer, ist er verpflichtet, seinen Vorsteuerabzug entsprechend § 17 Abs. 1 UStG zu korrigieren. Hat er entgegen § 15 Abs. 1 Satz 1 Nr. 1 UStG einen höheren Betrag als die für die Leistung gesetzlich geschuldete Steuer als Vorsteuer geltend gemacht, hat er den Mehrbetrag an das Finanzamt zurückzuzahlen (vgl. Abschn. 14c.1 Abs. 9 UStAE). **452**

Hat der leistende Unternehmer die USt zu niedrig ausgewiesen, so schuldet er dennoch die Steuer, die sich unter Berücksichtigung des zutreffenden Steuersatzes für den steuerpflichtigen Umsatz ergibt (vgl. Abschn. 14c.1 Abs. 8 UStAE). Die Bemessungsgrundlage ist gem. § 10 Abs. 1 UStG durch das Herausrechnen der Steuer aus dem Bruttobetrag zu ermitteln. Der Unternehmer hat auch hier grundsätzlich die Möglichkeit, die Rechnung mit dem zu niedrigen Steuerbetrag zurückzuziehen und zu berichtigen. **453**

Die Berichtigung der Rechnungen ist nach § 14 c Abs. 1 Satz 3 UStG in den Fällen der Geschäftsveräußerung im Ganzen (§ 1 Abs. 1 a UStG) und der Rückgängigmachung der Option nach § 9 UStG ist weiterhin von der Beseitigung der Gefährdung des Steueraufkommens abhängig (vgl. Abschn. 14c.1 Abs. 11 UStAE).

2. Rechnungen mit unberechtigtem Steuerausweis

454 Fehlerhafte Rechnungen nach § 14 c Abs. 2 UStG liegen vor, wenn unberechtigt USt in Rechnungen ausgewiesen wird. Dies ist zum Beispiel der Fall, wenn (vgl. Abschn. 14c.2 Abs. 2 UStAE):

- ein Kleinunternehmer Rechnungen mit USt ausstellt;
- ein Unternehmer eine Rechnung mit USt ausstellt, ohne an den Adressaten der Rechnung überhaupt eine Leistung erbringen zu wollen oder statt der tatsächlich ausgeführten Leistung eine andere von ihm nicht erbrachte Leistung in Rechnung stellt;
- ein Unternehmer Umsatzsteuer für Leistungen im nichtunternehmerischen Bereich in Rechnung stellt oder ein Nichtunternehmer USt gesondert ausweist.

In diesen Fällen kommt eine Berichtigung der Rechnung entsprechend § 17 Abs. 1 UStG grundsätzlich nur in Betracht, wenn der Rechnungsaussteller den unberechtigten Steuerausweis gegenüber dem Rechnungsempfänger für ungültig erklärt hat und die Gefährdung des Steueraufkommens beseitigt worden ist. Die Gefährdung des Steueraufkommens ist beseitigt, wenn der Rechnungsempfänger keine Vorsteuer abgezogen hat oder die abgezogene Vorsteuer an das Finanzamt zurückgezahlt hat (vgl. Abschn. 14c.2 Abs. 3 und 4 UStAE). Der Empfänger einer nach § 14 c Abs. 2 UStG fehlerhaften Rechnung darf die darin ausgewiesene Steuer nicht als Vorsteuer abziehen (vgl. Abschn. 14c.2 Abs. 15 Satz 8 UStAE).

I. Steuerberechnung, Besteuerungszeitraum und Einzelbesteuerung

I. Arten der Steuerberechnung

1. Nach vereinbarten Entgelten

455 Die USt auf Lieferungen und sonstige Leistungen entsteht bei Sollversteuerung grundsätzlich mit Ablauf des Voranmeldungszeitraums, in dem die Leistungen erbracht worden sind. Das gilt nach § 13 Abs. 1 Nr. 1 a Satz 2 UStG auch für Teilleistungen. Teilleistungen i.S. des § 13 Abs. 1 Nr. 1 a Satz 3 UStG setzten voraus, dass eine nach wirtschaftlicher Betrachtungsweise teilbare Leistung nicht als Ganzes, sondern in Teilen geschuldet und bewirkt wird. Eine Leistung ist in Teilen geschuldet, wenn für konkret bestimmbare Teile einer Leistung das Entgelt gesondert vereinbart wird (Teilentgelt), z.B. für Leistungen auf Grundlage eines Mietvertrages (vgl. Abschn. 13.4 UStAE). Werklieferungen und Werkleistungen in der Bauwirtschaft werden regelmäßig nicht in Teilleistungen, sondern als einheitliche Leistungen ausgeführt (vgl. Abschn. 13.2 UStAE).

456 Lieferungen sind grundsätzlich dann ausgeführt, wenn der Leistungsempfänger die Verfügungsmacht über den zu liefernden Gegenstand erhält. Bei

Sukzessivlieferungen ist auf jede einzelne Lieferung abzustellen (vgl. Abschn. 13.1 Abs. 2 UStAE). In den Fällen der Lieferung von Strom, Wasser, Gas und Wärme ist für jeden Ablesezeitraum von einer einheitlichen Lieferung auszugehen. Bei sonstigen Leistungen ist die vollständige Erbringung der Leistung maßgebend für das Entstehen der USt (Abschn. 13.1 Abs. 3 UStAE). Werden sonstige Leistungen in der Form von Dauerschuldverhältnissen erbracht (z.B. Mietvertrag auf fünf Jahre), erfolgt eine Aufteilung in Teilleistungen entsprechend den Zeiträumen, für die die Leistungen abgerechnet werden (§ 13 Abs. 1 Nr. 1 a Sätze 2 u. 3 UStG).

Beispiele:

- Hersteller A liefert Erzeugnisse am 15.12.07 an Großhändler B aus. Die Rechnung wird am 5.1.08 ausgestellt. Die USt entsteht nach § 13 Abs. 1 Nr. 1 a Satz 1 UStG im Besteuerungszeitraum 07, weil mit Beginn der Beförderung die Lieferung an B als ausgeführt gilt (§ 3 Abs. 1 i.V.m. Abs. 6 Satz 1 UStG). Sie muss daher in der USt-Erklärung für 07 berücksichtigt werden.
- Ein Klempner hat am 15.8.07 mit Reparaturarbeiten begonnen. Die Arbeiten werden am 20.11.07 beendet. Die Rechnung wird am 20.2.08 ausgestellt.
  Die USt ist nach § 13 Abs. 1 Nr. 1 a Satz 1 UStG mit Ausführung (Vollendung) der Reparaturarbeiten im Voranmeldungszeitraum November 07 entstanden und muss entsprechend erklärt und abgeführt werden.
- Ein Gärtner verpflichtet sich zur Pflege des Familiengrabes für eine Zeit von zunächst drei Jahren. Es wird vereinbart, dass vierteljährlich zum Quartalsende 150,– € für die Grabpflege zu entrichten sind.
  Es handelt sich um eine sonstig Leistung, die vorliegend in Form von vierteljährlichen Teilleistungen nach § 13 Abs. 1 Nr. 1 a Satz 3 UStG erbracht wird. Die USt entsteht nach § 13 Abs. 1 Nr. 1 a Satz 2 UStG mit Ablauf des Voranmeldungszeitraums, in dem das jeweils abzurechnende Quartal endet.

2. Nach vereinnahmten Entgelten

Bei der **Istversteuerung** entsteht die Steuer unabhängig von dem Zeitpunkt der Leistungsausführung gem. § 13 Abs. 1 Nr. 1 b UStG mit Ablauf des Voranmeldungszeitraums, in dem die Entgelte vereinnahmt worden sind (vgl. Abschn. 13.6 UStAE). Vereinnahmt ist das Entgelt dann, wenn es zugeflossen ist. Dies kann durch Barzahlung, aber auch durch Annahme eines Schecks oder – im Überweisungsverkehr – mit Gutschrift auf dem Konto erfolgen. Voraussetzung für die Istversteuerung ist die Zustimmung des Finanzamts. Die Zustimmung ist formlos und kann z.B. dadurch gewährt werden, dass der Abgabe einer USt-Erklärung auf der Grundlage von vereinnahmten Entgelten nicht widersprochen wird. **457**

Nach § 20 UStG dürfen Unternehmer die USt nach vereinnahmten Entgelten berechnen, wenn sie

- einen Vorjahresgesamtumsatz (berechnet nach § 19 Abs. 3 UStG) von nicht mehr als 500 000 € erzielen oder
- von der Verpflichtung zur Buchführung und Bilanzierung nach § 148 AO befreit sind oder
- ihre Umsätze aus der Tätigkeit als Angehöriger eines freien Berufs i.S.d. § 18 Abs. 1 Nr. 1 EStG erzielen (z.B. Steuerberater, Rechtsanwalt) und nicht freiwillig bilanzieren.

Der Gesamtumsatz nach § 19 Abs. 3 UStG wird aus der Summe der steuerbaren Umsätze nach § 1 Abs. 1 Nr. 1 UStG abzüglich der steuerfreien, zum Vorsteuerabzugsverbot (§ 15 Abs. 2 UStG) führenden, Umsätze ermittelt.

Beispiel:
Metzgermeister A aus Stuttgart, der seine Umsätze nach vereinnahmten Entgelten versteuert, hat 2013 einen Gesamtumsatz von 499 000 € vereinnahmt. Eine Lieferung von Fleischwaren für eine Silvesterfeier des Jahres 2013 rechnet er erst im Januar 2014 mit 1 250 € ab. A kann auch für 2014 bei der Istversteuerung bleiben, da sein vereinnahmter Gesamtumsatz den für 2013 geltenden Betrag nach § 20 Abs. 1 Nr. 1 UStG von 500 000 € nicht überschritten hat.

Die Istversteuerung kann für die Leistungen i.S. des § 3 Abs. 1 b u. 9 a UStG nicht angewendet werden.

3. Anzahlungen

458 Unabhängig von der Besteuerung nach vereinbarten Entgelten (§ 16 Abs. 1 Satz 1 UStG) entsteht nach § 13 Abs. 1 Nr. 1 a Satz 4 UStG die USt bereits vor Ausführung einer Leistung oder Teilleistung, wenn das Entgelt im Voraus (Vorauszahlung) oder ein Teil des Entgelts im Voraus (Anzahlung) von dem Unternehmer vereinnahmt worden ist.

Das gilt auch in den Fällen, in denen die Steuerschuld nach § 13 b UStG auf den Leistungsempfänger übergeht. Wird in diesen Fällen das Entgelt oder ein Teil des Entgelts durch den Leistungsempfänger verausgabt, bevor die steuerpflichtige Leistung i.S. des § 13 b Abs. 1 UStG an ihn ausgeführt worden ist, entsteht die Steuer nach § 13 b Abs. 1 Satz 3 UStG mit Ablauf des Voranmeldungszeitraums, in dem das Entgelt oder das Teilentgelt gezahlt worden ist.

459 Anzahlungen oder Vorauszahlungen können außer in Barzahlungen auch in Lieferungen oder sonstigen Leistungen bestehen, die im Rahmen eines Tauschs oder tauschähnlichen Umsatzes als Entgelt oder Teilentgelt hingegeben werden (vgl. Abschn. 13.5 Abs. 2 UStAE). Wird eine Leistung in Teilen geschuldet und bewirkt (Teilleistung), sind Anzahlungen der jeweiligen Teilleistung zuzurechnen, für die sie geleistet werden.

Beispiel:
Unternehmer A (Sollversteuerer mit monatlichen Voranmeldungszeitraum) erhält von einem Kunden am 15.1.07 eine Anzahlung von 15 000 €. Er quittiert die Anzahlung, ohne die USt gesondert auszuweisen.
Aus der von A vereinnahmten Anzahlung entsteht die USt in Höhe von 2 394,96 € (15 000 € ÷ 1,19) gem. § 13 Abs. 1 Nr. 1 a Satz 4 UStG unabhängig von der Leistungsausführung bereits mit Ablauf des Voranmeldungszeitraumes Januar. Entsprechend der Regelung in § 10 Abs. 1 UStG ist der vereinnahmte Betrag von 15 000 € in Entgelt und Umsatzsteuer aufzuteilen. Für Zwecke des Vorsteuerabzugs kann der Leistungsempfänger eine Rechnung mit gesondertem Steuerausweis über die Anzahlung verlangen (§ 14 Abs. 2 UStG).

460 Wenn für eine Leistung ein Entgelt entrichtet, die Leistung jedoch nicht ausgeführt worden ist, wird eine Steuer- bzw. Vorsteuerberichtigung nach § 17 Abs. 2 Nr. 2 UStG erforderlich (vgl. Abschn. 17.1 Abs. 7 UStAR).

II. Änderung der Bemessungsgrundlage

Nach § 10 Abs. 1 UStG soll – mit den Einschränkungen der Mindestbemessungsgrundlage – grundsätzlich nur das tatsächlich geleistete Entgelt der Besteuerung unterworfen werden. Das gilt unabhängig von der Besteuerung nach vereinbarten Entgelten (§ 16 Abs. 1 UStG) oder nach vereinnahmten Entgelten (§ 20 UStG). Ändert sich die Bemessungsgrundlage für einen steuerpflichtigen Umsatz muss nach § 17 UStG der Unternehmer, der den Umsatz ausgeführt hat, die dafür geschuldete Umsatzsteuer und der Unternehmer, an den der Umsatz ausgeführt worden ist, den Vorsteuerabzug berichtigen. Die Berichtigung ist in dem Besteuerungszeitraum bzw. Voranmeldungszeitraum vorzunehmen, in dem die Änderung eingetreten ist, § 17 Abs. 1 Satz 7 UStG. Gründe für eine solche Änderung können z.B. gegeben sein, wenn der Leistungsempfänger bei Rechnungsbezahlung einen Skontoabzug vornimmt und der Leistende seine Umsätze nach vereinbarten Entgelten berechnet oder 461

- das vereinbarte Entgelt für eine steuerpflichtige Leistung uneinbringlich geworden ist (bei Zahlungsunfähigkeit des Leistungsempfängers, z.B. mit Antrag auf Eröffnung des Insolvenzverfahrens, § 17 InsO)

  oder

- die steuerpflichtige Leistung oder der steuerpflichtige i.g. Erwerb rückgängig gemacht wird (Rücktritt vom Vertrag, §§ 437, 440 BGB).

Beispiel:

Ein Bauunternehmer fordert für die schlüsselfertige Erstellung eines Einfamilienhauses von seinem Auftraggeber (Bauherrn) einen Betrag von 500 000,– Euro zuzüglich 95 000,– € USt. Der Bauunternehmer meldet den Umsatz nach Abnahme des Bauwerks in seiner Umsatzsteuervoranmeldung an. Nach mehrmaligen ergebnislosen Zahlungsaufforderungen kommt das Gebäude zur Zwangsversteigerung. Der Bauunternehmer erhält nach Abzug der Versteigerungskosten nur einen Betrag von 357 000,– € aus der Zwangsversteigerung. Infolge der Uneinbringlichkeit eines Teils des vereinbarten Entgelts ändert sich die Bemessungsgrundlage für die steuerpflichtige Werklieferung nach § 10 Abs. 1 UStG auf 300 000 € (357 000 € ÷ 1,19), sodass der Bauunternehmer die Bemessungsgrundlage nach § 17 Abs. 2 Nr. 1 i.V.m. Abs. 1 UStG um 200 000 € und die Umsatzsteuerschuld um 38 000 € zu mindern hat.

Ändert sich die Bemessungsgrundlage beim leistenden Unternehmer und wird dadurch nicht sein unmittelbarer Leistungsempfänger, sondern ein anderer in der Unternehmerkette wirtschaftlich begünstigt, hat dieser begünstigte Unternehmer nach § 17 Abs. 1 Satz 4 UStG seinen Vorsteuerabzug zu berichtigen. Die Änderung ist nach § 17 Abs. 1 Satz 8 UStG für den Besteuerungszeitraum vorzunehmen, in dem der andere Unternehmer wirtschaftlich begünstigt wird. Aus allen Umsatzgeschäften in einer Kette dürfen insgesamt nur die Umsatzsteuerbeträge berücksichtigt werden, die dem vom Endabnehmer wirtschaftlich aufgewendeten Umsatzsteuerbetrag entsprechen. Für Unternehmer, die auf den Produktions- und Vertriebsstufen vor der Endverbrauchsstufe tätig sind, muss die Umsatzbesteuerung neutral sein (vgl. Abschn. 17.2 UStAE). 462

Beispiel:

Der Hersteller H gibt zur Förderung des Warenumsatzes Gutscheine an Endabnehmer aus, die diese beim Kauf der Waren einlösen können. H liefert seine Waren an den Großhändler

G, der sie an verschiedene Einzelhändler, u.a. auch an E weiterliefert. Die Abnehmer kaufen die Ware bei E und lösen jeweils den von H erhaltenen Gutschein (zur Minderung des Kaufpreises) ein. H erstattet dem E die per Gutschein eingelösten Beträge.
Die Bemessungsgrundlage des steuerpflichtigen Umsatzes von H an G hat sich durch die an den Einzelhändler E ausgezahlten Beträge infolge der Einlösung der Gutscheine geändert. Der Hersteller H kann bei entsprechender Nachweisführung die Umsatzsteuer für die Warenlieferungen an den Großhändler für den Besteuerungszeitraum ändern, in dem er dem Einzelhändler E die Beträge aus den eingelösten Gutscheinen vergütet hat, § 17 Abs. 1 Satz 7 UStG (vgl. Abschn. 17.2 UStAE). Der Vorsteuerabzug aus diesen Warenlieferungen an den Großhändler G ändert sich dadurch nicht. Ebenso wenig ändert sich die Bemessungsgrundlage für die Warenlieferung vom Großhändler G an den Einzelhändler E oder der Vorsteuerabzug des E aus diesem Leistungsbezug. Der Einzelhändler E hat jedoch für die Warenlieferungen an seine Abnehmer den vollen Kaufpreis der Umsatzsteuer zu unterwerfen. Bemessungsgrundlage für die Warenlieferungen des E an seine Abnehmer ist alles was diese aufwenden (§ 10 Abs. 1 Satz 2 UStG) zuzüglich der vom Hersteller H an E gezahlten Beträge (Entgelt von dritter Seite, § 10 Abs. 1 Satz 3 UStG), abzüglich der Umsatzsteuer. Wirtschaftlich begünstigt sind im vorliegenden Fall die Abnehmer, die beim Erwerb der Ware einen um den Nennwert des Gutscheins reduzierten Kaufpreis zahlen. Wird die Warenlieferung an einen voll oder teilweise zum Vorsteuerabzug berechtigten Unternehmer als Endabnehmer bewirkt, der den Gutschein einlöst, mindert sich bei diesem Endabnehmer der Vorsteuerabzug aus der Lieferung um den im Nennwert des Gutscheins enthaltenen Umsatzsteuerbetrag (§ 17 Abs. 1 Sätze 4 und 8 UStG), ohne dass es bei dem Einzelhändler E, der die Lieferung ausgeführt hat, zu einer Berichtigung der Bemessungsgrundlage kommt.

463–469 *frei*

III. Besteuerungsverfahren

1. Steuererklärung und -festsetzung

470 Das Besteuerungsverfahren ist in § 18 UStG geregelt. Der Unternehmer hat für das Kalenderjahr oder für den kürzeren Besteuerungszeitraum eine Steuererklärung nach amtlich vorgeschriebenem Datensatz zwingend elektronisch und authentifiziert nach Maßgabe der Steuerdaten-Übermittlungsverordnung zu übermitteln (§ 18 Abs. 3 UStG) und grundsätzlich elektronisch bis zum 31.5. des Folgejahres bei der Finanzbehörde zu übermitteln (Abschn. 18.1 Abs. 3 UStAE).

471 In der Steuererklärung muss der Unternehmer die für das betreffende Kalenderjahr zu entrichtende Steuer selbst berechnen. Wird die USt in den einzelnen Voranmeldungszeiträumen (Vierteljahr oder Monaten) richtig angegeben, entspricht die Summe der vorangemeldeten USt-Zahllast regelmäßig der in der Jahreserklärung angegebenen Steuer. In der Praxis ergeben sich jedoch meist Unterschiede zwischen der Summe der im Voranmeldungsverfahren entrichteten und der in der Jahresanmeldung erklärten Steuer. Diese Differenzen beruhen u.a. darauf, dass aus Vereinfachungsgründen die Besteuerung der unentgeltlichen Wertabgaben (z.B. für die private Nutzung des dem Unternehmen zugeordneten Pkw) während des Kalenderjahres mit geschätzten Größen erfolgt und die Bemessungsgrundlage (§ 10 Abs. 4 Nr. 2 UStG) erst nach dem Ablauf des Kalenderjahres exakt ermittelt wird.

472 Ergibt sich nach Verrechnung der USt-Schuld mit den Vorsteuern in der Jahreserklärung eine höhere USt-Zahllast als die Summe der vorangemeldeten

Steuer, so ist der Unterschiedsbetrag (Abschlusszahlung) binnen eines Monats nach Abgabe der Erklärung an die zuständige Finanzbehörde zu entrichten (§ 18 Abs. 4 UStG). Ein Unterschiedsbetrag zu Gunsten des Unternehmers (Erstattungsanspruch) ist vom Finanzamt zu erstatten.

Kommt das Finanzamt bei der Berechnung der USt-Zahllast zu einem an- **473**
deren Ergebnis als der Unternehmer, wird es in einem formellen Steuerbescheid die zu zahlende USt abweichend festsetzen (§ 167 AO). Folgt das Finanzamt dagegen den Berechnungen des Unternehmers, ergeht nach Abgabe der USt-Erklärung durch den Unternehmer kein weiterer Steuerbescheid. Die USt-Erklärung des Unternehmers steht als Steueranmeldung nach § 168 Satz 1 AO einer Steuerfestsetzung unter dem Vorbehalt der Nachprüfung (§ 164 AO) gleich.

Zur Überprüfung der vom Unternehmer selbst berechneten Steuer und der Grundlagen ihrer Berechnung muss der Unternehmer nach § 22 UStG **Aufzeichnungen** führen, die es einem Dritten ermöglichen, innerhalb einer angemessenen Frist einen Überblick über die Umsätze des Unternehmers und die absetzbaren Vorsteuern zu erhalten.

2. Aufzeichnungspflichten

Zur Erfüllung der in § 22 UStG sowie §§ 63 bis 68 UStDV geregelten Auf- **474**
zeichnungspflichten ist der Unternehmer gehalten, die Bemessungsgrundlagen einschließlich vereinnahmter Voraus- bzw. Anzahlungen zu den Umsätzen nach § 1 Abs. 1 Nr. 1 UStG getrennt von den Umsätzen nach § 1 Abs. 1 Nr. 4 und den Umsätzen nach § 1 Abs. 1 Nr. 5 UStG festzuhalten. Dabei sind die steuerpflichtigen Umsätze – getrennt nach Steuersätzen – neben den steuerfreien Umsätzen aufzuzeichnen. Dies gilt auch in den Fällen, in denen der Unternehmer als Leistungsempfänger die Steuer nach § 13 b Abs. 2 UStG schuldet und in den Fällen, in denen die Steuerschuld für steuerpflichtige Ausgangsumsätze nach § 13 b Abs. 1 UStG auf den Leistungsempfänger übergeht (§ 22 Abs. 2 Nr. 8 UStG). Besondere Aufzeichnungspflichten haben Unternehmer zu beachten, die nur teilweise zum Vorsteuerabzug berechtigt sind (§ 22 Abs. 3 UStG, vgl. Abschn. 22.4 UStAE).

Die allgemeinen Vorschriften über das Führen von Büchern und Aufzeichnungen der §§ 140 bis 148 AO gelten in Übereinstimmung mit § 63 Abs. 1 UStDV auch für die Aufzeichnungen für Umsatzsteuerzwecke. Die Aufzeichnungen sind grundsätzlich im Inland zu führen (§§ 146 Abs. 2 Satz 1 AO, § 14 b UStG, vgl. Abschn. 22.1 u. 14b.1 Abs. 8 ff. UStAE).

J. Zusammenfassende Meldung

Damit die Besteuerung des i. g. Erwerbs im Bestimmungsland hinreichend **475**
überprüft werden kann, benötigen die Finanzbehörden dieser Mitgliedstaaten Informationen darüber, von wem und in welchem Umfang i. g. Erwerbe getätigt worden sind. Diese Informationen erhalten sie aus den Zusammenfassenden Meldungen der Lieferanten.

Der liefernde Unternehmer hat nach § 18 a Abs. 1 UStG bis zum 25. Tag nach Ablauf jedes Kalendermonats bzw. Kalendervierteljahres (Meldezeitraum je nach Umsatzhöhe), in dem er i. g. Warenlieferungen i. S. des § 18 a Abs. 2 UStG ausgeführt hat, dem BZSt eine Meldung nach amtlich vorgeschriebenem Vordruck **(Zusammenfassende Meldung)** auf elektronischem Weg zu übermitteln. Das gilt auch, wenn er Lieferungen i. S. d. § 25 b Abs. 2 UStG im Rahmen eines i. g. Dreiecksgeschäfts ausgeführt (§ 18 a Abs. 2 Nr. 3 UStG). Dasselbe gilt für sonstige Leistungen iSd. § 3 a Abs. 2 UStG, die an Unternehmer im übrigen Gemeinschaftsgebiet erbracht wurden.

Für jeden zu erfassenden Vorgang muss der Unternehmer die USt-IdNr. seines Abnehmers und die Bemessungsgrundlage für die i. g. Warenlieferung angeben. Für Lieferungen i. S. d. § 25 b Abs. 2 UStG ist außerdem ein Hinweis auf das innergemeinschaftliche Dreiecksgeschäft aufzunehmen. Hat sich die Bemessungsgrundlage für die zu meldenden Umsätze nachträglich geändert (z. B. durch Rabatte), sind diese Änderungen in dem Meldezeitraum zu berücksichtigen, in dem sie eingetreten sind (§ 17 UStG, vgl. Abschn. 18a.4 UStAE). Gibt der Unternehmer entgegen § 18 a UStG die ZM nicht, nicht richtig, nicht vollständig oder nicht rechtzeitig ab oder berichtigt er eine ZM entgegen § 18 a Abs. 10 UStG nicht oder nicht rechtzeitig, kann dies als Ordnungswidrigkeit mit einer Geldbuße bis zu 5 000 € (§ 26 a Abs. 1 Nr. 5 UStG) geahndet werden.

476 Innergemeinschaftliche Erwerbe (§ 1 Abs. 1 Nr. 5 UStG) und sonstige Leistungen, die im Zusammenhang mit i. g. Lieferungen im Inland oder im übrigen Gemeinschaftsgebiet bewirkt werden, sind nicht in der Zusammenfassenden Meldung, sondern ausschließlich im Rahmen der Umsatzsteuer-Voranmeldung bzw. der Umsatzsteuer-Erklärung (Anlage UR) zu erfassen.

Zusammenfassende Meldungen sind durch den Unternehmer nur dann abzugeben, wenn er während des Meldezeitraums i. g. Warenlieferungen oder Lieferungen i. S. d. § 25 b Abs. 2 UStG oder sonstige Leistungen gem. § 3 a Abs. 2 UStG an Unternehmer im übrigen Gemeinschaftsgebiet ausgeführt hat.

Dauerfristverlängerungen für die Abgabe der Umsatzsteuervoranmeldungen gelten für die Zusammenfassenden Meldungen entsprechend. Unternehmer, die vom Finanzamt von der Verpflichtung zur Abgabe von Umsatzsteuervoranmeldungen befreit sind (§ 18 Abs. 9 UStG) können die Zusammenfassende Meldung für das Kalenderjahr abgeben, wenn

- die Summe der ausgeführten Lieferungen und sonstigen Leistungen im vorangegangenen Kalenderjahr 200 000 € nicht überstiegen hat und voraussichtlich im laufenden Kalenderjahr nicht übersteigen wird und
- die Summe der ausgeführten i. g. Warenlieferungen im vorangegangenen Kalenderjahr 15 000 € nicht überstiegen hat und im laufenden Kalenderjahr nicht übersteigen wird.

477–479 *frei*

K. Vorsteuerabzug

I. Abziehbare Vorsteuer

Die Vorsteuer stellt die **zweite wesentliche Berechnungsgrundlage** zur Ermittlung der USt-Zahllast dar. Ziel des Vorsteuerabzugs ist die **kostenneutrale Abwicklung** der USt im unternehmerischen Bereich. Durch den Abzug der Vorsteuer kann der Unternehmer die auf der Vorumsatzstufe eingetretene Belastung rückgängig machen. Technisch wird dies dadurch erreicht, dass der Unternehmer die in den Vorumsatzstufen gezahlte USt in seiner USt-Erklärung oder -Voranmeldung als Vorsteuer zum Abzug bringt und so die aus seinen Ausgangsumsätzen entstandene Steuerschuld mindert. **480**

Vorsteuerbeträge i. S. d. § 15 Abs. 1 UStG sind: **481**

1. die für eine Lieferung oder sonstige Leistung eines anderen Unternehmers gesetzlich geschuldete (§ 13 a Abs. 1 Nr. 1 UStG) und gesondert in Rechnung (§§ 14, 14 a UStG) gestellte USt (§ 15 Abs. 1 Satz 1 Nr. 1 UStG),
2. die für die Einfuhr eines Gegenstandes entstandene EUSt (§ 15 Abs. 1 Satz 1 Nr. 2 UStG),
3. die USt für den i. g. Erwerb eines Gegenstandes (§ 15 Abs. 1 Satz 1 Nr. 3 UStG), soweit der Ort gem. § 3 a S. 1 UStG im Inland liegt,
4. die USt, die der Unternehmer als Leistungsempfänger nach § 13 b UStG schuldet (§ 15 Abs. 1 Satz 1 Nr. 4 UStG),
5. die USt, die der Unternehmer nach § 13 a Abs. 1 Nr. 6 UStG für eine Auslagerung eines Gegenstands i. S. d. § 4 Nr. 4 a Satz 1 Buchst. a Satz 2 UStG schuldet (§ 15 Abs. 1 Satz 1 Nr. 5 UStG).

Nach **ausländischem Recht** geschuldete USt begründet keinen Vorsteueranspruch nach § 15 Abs. 1 UStG und ist in Deutschland nicht abziehbar. Unternehmer, die mit ausländischen Vorsteuerbeträgen belastet wurden, haben sich wegen eines eventuellen Abzugs an den Staat zu wenden, der die Steuer erhoben hat (vgl. Abschn. 15.2 Abs. 1 UStAE).

Der Vorsteueranspruch nach § 15 Abs. 1 Satz 1 UStG setzt voraus, dass der Umsatz für das Unternehmen ausgeführt worden ist. Der § 15 Abs. 1 Satz 2 UStG enthält dabei eine gegenstandsbezogene Einschränkung, die der Unternehmer beachten muss. Die Lieferung, die Einfuhr oder der innergemeinschaftliche Erwerb eines Gegenstandes, den der Unternehmer zu weniger als 10% für sein Unternehmen nutzt, gilt nach § 15 Abs. 1 Satz 2 UStG nicht als für das Unternehmen ausgeführt. Der vom Unternehmer bezogene Gegenstand wird in diesem Fall zwingend dem nichtunternehmerischen Bereich zugeordnet und schließt den Anspruch auf Vorsteuerabzug dem Grunde nach aus (§ 15 Abs. 1 UStG). **482**

Vorsteuerbeträge, die auf Aufwendungen entfallen, für die das Abzugsverbot des § 4 Abs. 5 Satz 1 Nr. 1 bis 4, 7 oder des § 12 Nr. 1 EStG gilt, sind nach § 15 Abs. 1 a Satz 1 UStG vom Abzug ausgenommen. Angemessene und nachgewiesene Bewirtungsaufwendungen berechtigen jedoch unter den allgemeinen Voraussetzungen des § 15 UStG auch dann zum Vorsteuerabzug, **483** als § 4 Abs. 5 Satz 1 Nr. 2 EStG einen Abzug als Betriebsausgaben ausschließt (§ 15 Abs. 1 a Satz 2 UStG). Soweit es sich nicht um angemessene Bewirtungsaufwendungen handelt, ist der Vorsteuerabzug mangels unternehmerischer Veranlassung des Leistungsbezugs nicht möglich (vgl. Abschn. 15.6 UStAE). Bei Unternehmen, für die § 4 Abs. 5 EStG ertragsteuerlich keine Bedeutung hat, weil sie keinen Gewinn zu ermitteln haben, ist für Umsatzsteuerzwecke darauf abzustellen, ob die Aufwendungen ihrer Art nach unter das Abzugsverbot des § 4 Abs. 5 Satz 1 Nr. 1 bis 4 und Nr. 7 EStG fallen (vgl. Abschn. 15.6 Abs. 3 UStAE). Die **Einschränkungen** des Vorsteuerabzugs nach § 15 Abs. 1 a UStG gelten unabhängig vom Sitz des Unternehmers sowohl für die allgemeine Besteuerung als auch für das Vorsteuervergütungsverfahren.

484 Aufwendungen für Geschenke an Personen, die nicht Arbeitnehmer des Unternehmers sind, führen zu nicht abziehbaren Betriebsausgaben i.S. des § 4 Abs. 5 Satz 1 Nr. 1 EStG, wenn die Anschaffungs- oder Herstellungskosten der Zuwendungen an einen Empfänger (einschließlich der Geldgeschenke und anderer geldwerter Vorteile) zusammengenommen 35 € übersteigen. Der Vorsteuerausschluss nach § 15 Abs. 1 a UStG tritt dabei im Zeitpunkt des Erwerbs eines solchen Gegenstandes, spätestens aber nach § 17 Abs. 2 Nr. 5 UStG in dem Zeitpunkt ein, in dem bei der Hingabe des Geschenkes die Freigrenze von 35 € überschritten wird (vgl. Abschn. 15.6 Abs. 4 u. 5 UStAE). Mangels Vorsteuerabzugsberechtigung für den Gegenstand (§ 3 Abs. 1 b Satz 2 UStG) kommt es in diesen Fällen nicht zu einer Besteuerung der unentgeltlichen Wertabgabe (§ 3 Abs. 1 b Satz 1 Nr. 3 UStG, vgl. Abschn. 3.3 Abs. 12 UStAE). Der Verkauf eines bei der Anschaffung vom Vorsteuerabzug ausgeschlossenen Gegenstands (z.B. eines im Wert über 35 Euro netto liegenden Geschenks i.S. des § 4 Abs. 5 Nr. 1 EStG) ist nach § 4 Nr. 28 UStG steuerfrei.

485 Die **Beschränkung des Vorsteuerabzugs gilt nicht für Reisekosten** i.S.d. § 4 Abs. 5 Nr. 5 EStG. Ebenso kann der Unternehmer aus den Aufwendungen für Fahrten zwischen Wohnung und Betrieb, für Familienheimfahrten wegen einer aus betrieblichen Anlass begründeten doppelten Haushaltsführung sowie für ein häusliches Arbeitszimmer unter den übrigen Voraussetzungen des § 15 UStG den Vorsteuerabzug geltend machen (vgl. Abschn. 15.6 Abs. 1 UStAE).

486 Bei **Übernachtungskosten anlässlich einer Geschäfts- oder Dienstreise** ist die Vorsteuer abziehbar, wenn der Unternehmer als Leistungsempfänger anzusehen ist und eine ordnungsgemäße Rechnung (§ 14 Abs. 4 UStG) oder eine Kleinbetragsrechnung i.S. des § 33 UStDV bzw. ein Fahrausweis i.S. des § 34 UStDV vorliegt.

487 Bei **Verpflegungskosten anlässlich einer Geschäfts- oder Dienstreise** ist die Vorsteuer abziehbar, wenn der Unternehmer als Leistungsempfänger anzusehen ist und eine ordnungsgemäße Rechnung (§ 14 Abs. 4 UStG)oder eine Kleinbetragsrechnung i.S. des § 33 UStDV vorliegt. Eine Begrenzung des Vorsteuerabzugs auf die als Betriebsausgaben abziehbaren Mehraufwendungen für Verpflegung findet nicht statt. Es tritt auch keine Beschränkung der abziehbaren Vorsteuer durch § 15 Abs. 1 a UStG ein, weil das ertragsteuerliche Abzugsverbot des § 4 Abs. 5 Satz 1 Nr. 5 EStG dort nicht genannt ist.

Aufwendungen während einer Geschäftsreise für eine Bewirtung von Geschäftsfreunden, an der auch der Unternehmer teilnimmt, fallen nicht unter die Reisekosten, sondern sind Bewirtungskosten, für die der Vorsteuerabzug unter den allgemeinen Voraussetzungen des § 15 UStG möglich ist. Der Vorsteuerausschluss kommt unter der Voraussetzung des § 15 Abs. 1 a Satz 2 UStG nicht zur Anwendung (vgl. Abschn. 15.6 Abs. 6 u. 7 UStAE).

Beispiel:

Unternehmer M aus München besucht aus geschäftlichen Gründen an zwei Tagen die Cebit-Messe in Hannover. Für die Übernachtung mit Frühstück hat ihm das Hotel 250 Euro zuzüglich 47,50 € USt in Rechnung gestellt. Die Restaurantrechnungen, die alle die Voraussetzungen des § 33 UStDV erfüllen, belaufen sich auf insgesamt 178,50 €. Über die Bewirtung von Geschäftsfreunden am zweiten Tag des Messebesuchs besitzt M einen ordnungsgemäßen Beleg über 75 € und 14,25 € USt.

Die in der Hotelrechnung ausgewiesenen Vorsteuern von 47,50 € sind abziehbar. Der Frühstücksanteil muss nicht herausgerechnet werden, weil § 15 Abs. 1 a UStG für die Vorsteuern aus den Verpflegungsaufwendungen nicht zur Anwendung kommt. Obwohl M an den beiden Reisetagen ertragsteuerliche Mehraufwendungen für Verpflegung von jeweils maximal 12 Euro (§ 4 Abs. 5 Satz 1 Nr. 5 b EStG) als Betriebsausgaben geltend machen kann, sind die Vorsteuern aus den insgesamt in Rechnung gestellten Verpflegungskosten (19% aus 178,50 € = 28,50 €) abziehbar. M hat auch aus der Rechnung über die Bewirtung der Geschäftsfreunde einen Vorsteueranspruch in voller Höhe, weil der Vorsteuerabzug unabhängig von § 4 Abs. 5 Satz 1 Nr. 2 EStG durch § 15 Abs. 1 a Satz 2 UStG nicht eingeschränkt wird.

Bei **Verpflegungskosten des Arbeitnehmers anlässlich einer Auswärtstätigkeit** ist die Vorsteuer nur abziehbar, wenn der Arbeitnehmer die Verpflegungsleistungen **vom Arbeitgeber** empfängt, der sie in voller Höhe getragen hat und als Leistungsempfänger eine ordnungsgemäße Rechnung (bzw. Kleinbetragsrechnung) besitzt. Wenn der Arbeitnehmer zunächst selbst bezahlte und durch Belege nachgewiesene Verpflegungsaufwendungen vom Arbeitgeber nachträglich erstattet erhält, ist der Vorsteuerabzug für den Arbeitgeber ausgeschlossen, weil er nicht Empfänger der Verpflegungsleistungen war (vgl. Abschn. 15.2 Abs. 16 UStA). Die Weitergabe der Speisen und Getränke anlässlich unternehmerisch bedingter Auswärtstätigkeiten an den Arbeitnehmer ist keine unentgeltliche Wertabgabe i.S. des § 3 Abs. 9 a Nr. 2 UStG, weil sie aus überwiegend betrieblichem Interesse des Unternehmens erfolgt (vgl. Abschn. 1.8 Abs. 4 UStAE). 488

Ein **Vorsteuerabzug aus pauschalierten Reisekosten** (sog. Tagegelder, Übernachtungsgelder, Kilometergelder) ist **nicht zulässig**.

Die Vorsteuerbeträge, die auf unternehmerisch veranlasste **Fahrtkosten für Fahrzeuge des Personals** entfallen (z.B. für Benzin und Wartung), können unter den allgemeinen Voraussetzungen des § 15 UStG im Verhältnis der unternehmerischen zur nichtunternehmerischen Nutzung des Fahrzeugs abgezogen werden (vgl. Abschn. 15.2 Abs. 21 Satz 8 Buchst. a Sätze 6 bis 8 UStAE). 489

Die Voraussetzungen für den Vorsteuerabzug aus Reisekosten sowie die Beschränkungen des Vorsteuerabzugs nach § 15 Abs. 1 a UStG gelten grundsätzlich auch für **ausländische Unternehmer**, die eine Erstattung deutscher Umsatzsteuer im sog. Vorsteuervergütungsverfahren beantragen. Einem Unternehmer, der nicht im Gemeinschaftsgebiet ansässig ist, wird die Vorsteuer allerdings nur vergütet, wenn in dem Land, in dem er seinen Sitz hat, keine Umsatzsteuer oder ähnliche Steuer erhoben oder im Fall der Erhebung im In- 490 land ansässiger Unternehmern vergütet wird (sog. Gegenseitigkeit im Sinne des § 18 Abs. 9 Satz 6 UStG, vgl. BMF-Schreiben vom 22.2.2013, BStBl I S. 636). Darüber hinaus sind die Vorsteuerbeträge von im Drittlandsgebiet ansässigen Unternehmern, die auf den Bezug von Kraftstoffen im Inland entfallen, nach § 18 Abs. 9 Satz 7 UStG generell von der Vergütung ausgenommen.

491 Die in § 15 Abs. 1 Satz 1 Nr. 1 bis 5 UStG bezeichneten Vorsteuern begründen für den Unternehmer in dem Zeitpunkt einen Anspruch auf Vorsteuerabzug, in dem die Umsätze an das Unternehmen ausgeführt worden sind. Nach § 15 Abs. 2 UStG ist der Vorsteuerabzug jedoch der Höhe nach ausgeschlossen, wenn der Eingangsumsatz durch den Unternehmer für bestimmte steuerfreie oder nicht steuerbare Umsätze verwendet wird bzw. verwendet werden soll. Die Abzugsfähigkeit der Vorsteuer (Vorsteuer der Höhe nach) hängt davon ab, ob der Unternehmer im Zeitpunkt des Leistungsbezugs die Absicht hat, die Eingangsumsätze für solche Ausgangsumsätze zu verwenden, die den Vorsteuerabzug nach § 15 Abs. 2 und 3 UStG nicht ausschließen (vgl. Abschn. 15.12 Abs. 1 UStAE).

492 Zur Feststellung des Vorsteuerabzugs der Höhe nach (Abzugsfähigkeit) sind daher folgende Fragen zu beantworten:

1. Sind die Voraussetzungen des Vorsteuerabzugs nach § 15 Abs. 1 Satz 1 Nr. 1 bis 5 UStG erfüllt?
2. Ist der Vorsteuerabzug durch § 15 Abs. 1 a UStG eingeschränkt?
3. Besteht ganz oder teilweise ein Abzugsverbot aufgrund des § 15 Abs. 2 UStG?
4. Wird das Abzugsverbot nach § 15 Abs. 2 UStG durch § 15 Abs. 3 UStG wieder aufgehoben?
5. Muss die Vorsteuer (§ 15 Abs. 1 UStG) nach § 15 Abs. 4 UStG in einen abzugsfähigen und einen nicht abzugsfähigen Teil aufgeteilt werden?

493–499 *frei*

1. Voraussetzungen für den Abzug von Vorsteuern

a) Persönliche Voraussetzungen

500 Nach § 15 Abs. 1 UStG sind grundsätzlich nur Unternehmer i.S.d. § 2 UStG zum Vorsteuerabzug berechtigt. Der Abzug steht auch Unternehmern zu, die ihren Sitz oder die Betriebsstätte nicht im Inland haben (vgl. Abschn. 15.1 UStAE). Kleinunternehmer, für die die Sonderregelung des § 19 Abs. 1 UStG gilt, sind dagegen nicht zum Vorsteuerabzug. Dies gilt jedoch nicht, wenn der Kleinunternehmer auf die Anwendung des § 19 Abs. 1 UStG verzichtet und sich der Regelbesteuerung unterwirft (vgl. Abschn. 15.1 Abs. 5 UStAE).

501 Darüber hinaus gibt es eine Gruppe von Unternehmern, die aus Gründen der Vereinfachung den Vorsteuerabzug nach Durchschnittssätzen (§§ 23, 23 a oder 24 UStG) ohne Einzelnachweis vornehmen können. Diese Unternehmer können neben dem pauschalen Vorsteuerabzug nicht zusätzlich den Vorsteuerabzug nach § 15 UStG geltend machen.

b) Sachliche Voraussetzungen

Für den Abzug von Vorsteuern sind nach § 15 Abs. 1 Satz Nr. 1 UStG folgende sachliche Voraussetzungen zu erfüllen: **502**

1. Es müssen steuerbare und steuerpflichtige Lieferungen oder Leistungen von anderen Unternehmern vorliegen, für die die Steuer gesetzlich geschuldet wird.
2. Die Leistungen müssen an den Unternehmer ausgeführt werden, der die Vorsteuer geltend macht.
3. Die Leistungen müssen für das Unternehmen des Leistungsempfängers ausgeführt werden.
4. Der vorsteuerabzugsberechtigte Unternehmer muss eine nach §§ 14, 14 a UStG ausgestellte Rechnung besitzen.

Die genannten Voraussetzungen müssen sämtlich gegeben sein, damit der Vorsteuerabzug gewährt werden kann.

Zu 1.: Der Leistende muss als Unternehmer und im Rahmen seines Unternehmens den steuerpflichtigen Umsatz an den Leistungsempfänger bewirken. Der Vorsteueranspruch ist auf die gesetzlich geschuldete USt für die Lieferung oder sonstige Leistung begrenzt (vgl. Abschn. 15.2 Abs. 1 UStAE). Beim Erwerb vom Nichtunternehmer bleibt der Vorsteuerabzug auch dann ausgeschlossen, wenn dem Empfänger der Leistung eine Rechnung mit gesondert ausgewiesener USt vorliegt (Abschn. 15.2 Abs. 15 Satz 8 UStAE). In Zweifelsfällen muss der Leistungsempfänger die Unternehmereigenschaft des leistenden Unternehmers nachweisen können, wenn er den Vorsteuerabzug nicht verlieren will (Abschn. 15.11 Abs. 3 Satz 1 UStAE). **503**

Beispiel:

Ein Privatmann verkauft seinen Pkw und erteilt dem Abnehmer, einem Autohändler, folgende Rechnung:

1 Pkw der Marke … mit Fahrgestellnummer …	Euro 10 000,–
zuzüglich 19% USt	Euro 1 900,–
	Euro 11 900,–

Der Autohändler kann die in Rechnung gestellte Umsatzsteuer nicht als Vorsteuer abziehen, da der Privatmann kein Unternehmer i. S. d. § 2 UStG ist. Gleichwohl schuldet der Privatmann gem. § 14 c Abs. 2 UStG den unberechtigt in Rechnung gestellten Umsatzsteuerbetrag.

Zu 2.: Zum Vorsteuerabzug berechtigt ist nur der Empfänger einer Lieferung oder sonstigen Leistung. **Leistungsempfänger** ist im Regelfall diejenige Person, die aus dem schuldrechtlichen Vertragsverhältnis, das dem Leistungsaustausch zu Grunde liegt, berechtigt oder verpflichtet ist (vgl. Abschn. 15.2 Abs. 16 UStAE). Regelmäßig ist dies der Besteller oder Auftraggeber der Leistung, der zum Vorsteuerabzug eine auf seinen Namen lautende Rechnung mit gesondert ausgewiesener USt besitzen muss. Eine andere Rechnungsadresse ist nicht zu beanstanden, wenn aus dem übrigen Inhalt der Rechnung oder aus anderen Unterlagen, auf die in der Rechnung hingewiesen wird (§ 31 Abs. 1 UStDV), Name und Anschrift des umsatzsteuerlichen Leistungsempfängers eindeutig hervorgehen (vgl. Abschn. 15.2 Abs. 20 UStAE). **504**

Beispiel:

Ein Rechtsanwalt, der in einer Sozietät tätig ist, erwirbt in seinem Namen einen Pkw. Der Kaufvertrag kommt zwischen ihm persönlich und dem Autohaus zu Stande. Die Rechnung wird dagegen an die Sozietät ausgestellt, die den Vorsteuerabzug geltend machen will.
Der Vorsteuerabzug ist für die Sozietät nicht möglich, da aufgrund bestehender Vertragsverhältnisse nicht die Sozietät, sondern der Rechtsanwalt die Verfügungsmacht am Pkw übertragen bekommen hat. Leistungsempfänger der Pkw-Lieferung ist somit unabhängig von der auf den Namen der Sozietät lautenden Rechnung der Rechtsanwalt (vgl. Abschn. 15.2 Abs. 20 UStAE).

505 **Zu 3.**: Für den Abzug der in der Rechnung gesondert ausgewiesenen Vorsteuer ist Voraussetzung, dass die der Rechnung zugrunde liegende Leistung **für das Unternehmen** des Leistungsempfängers ausgeführt wird (vgl. Abschn. 15.2 Abs. 17 UStAE). Dies ist nur dann der Fall, wenn der Gegenstand oder die sonstige Leistung für unternehmerische Belange eingesetzt wird, d. h. zur Ausführung entgeltlicher Umsätze eingesetzt wird. Gegenstände, die sowohl für unternehmerische als auch für nichtunternehmerische Zwecke verwendet werden, gelten nicht für das Unternehmen bezogen, wenn der Anteil der unternehmerischen Verwendung weniger als 10% beträgt, § 15 Abs. 1 Satz 2 UStG (vgl. Abschn. 15.2 Abs. 21 Nr. 2 UStAE).

Für die Frage, ob eine Lieferung oder sonstige Leistung für das Unternehmen bezogen wurde, sind die Verhältnisse im Zeitpunkt des Leistungsbezugs maßgebend (vgl. Abschn. 15.2 Abs. 17 UStAE).

Beispiel:

Herr Müller erwirbt im Februar 07 einen Pkw zunächst in der Absicht, ihn ausschließlich privat zu nutzen. Nach sechs Monaten fasst er den Entschluss, sich mit einem Hausmeisterservice selbstständig zu machen und den Pkw nur noch für betriebliche Zwecke einzusetzen.
Im Zeitpunkt des Leistungsbezugs hat Herr Müller mangels Unternehmereigenschaft (§ 15 Abs. 1 UStG) keinen Vorsteueranspruch. Eine Berichtigung bzw. Nachholung des Vorsteuerabzugs ist unabhängig von der zwischenzeitlichen Zuordnung des Pkw zum Unternehmen (durch Einlage infolge der ausschließlich unternehmerischen Verwendung) nicht möglich, weil der Gegenstand im Zeitpunkt des Leistungsbezugs nicht für das Unternehmen bestimmt war und damit nicht für das Unternehmen bezogen wurde. Das Recht auf Vorsteuerabzug entsteht dem Grunde und der Höhe nach bereits im Zeitpunkt des Leistungsbezugs.

506 Einlagen aus dem außerunternehmerischen Bereich berechtigen grundsätzlich nicht zum Vorsteuerabzug. Andererseits müssen Gegenstände nicht ausschließlich zu unternehmerischen Zwecken genutzt werden, um für das Unternehmen des Leistungsempfängers bestimmt sein zu können. Erwirbt ein Unternehmer Wirtschaftsgüter, die sowohl für das Unternehmen als auch für unternehmensfremde Nutzung bestimmt sind, ist hinsichtlich des Vorsteuerabzugs wie folgt zu unterscheiden:

- vertretbare Sachen und sonstige Leistungen werden entsprechend dem Verwendungszweck aufgeteilt.
- andere Wirtschaftsgüter werden grundsätzlich einheitlich zugeordnet.

Die vom Unternehmer getroffene Zuordnungsentscheidung wird im Regelfall durch die Geltendmachung des Vorsteuerabzuges bei der Anschaffung oder Herstellung des Gegenstandes sichtbar. Ist der Vorsteuerabzug nicht möglich, muss der Unternehmer die Zuordnung durch andere Beweisanzeichen, bei Gebäuden durch eine schriftliche Erklärung gegenüber dem Finanzamt deutlich machen (vgl. Abschn. 15.2 Abs. 21 Nr. 2 UStAE).

Beispiel:
Ein Speditionsunternehmer heizt seine betrieblichen und seine privaten Räume mit Öl. Er bestellt 15 000 Liter Heizöl. Da der Tank in seiner Lagerhalle nur 10 000 Liter fasst, lässt er das restliche Heizöl in die Tankanlage seines privaten Einfamilienhauses einfüllen. Er erhält folgende Rechnung:

15 000 Liter Heizöl	Euro 8 500,–
19% USt	Euro 1 615,–
	Euro 10 115,–

Bei der steuerbaren und steuerpflichtigen Lieferung des Heizöls handelt es sich um die Lieferung einer vertretbaren Sache. Die in Rechnung gestellte USt ist entsprechend dem Verwendungszweck des Heizöls für das Unternehmen in einen abziehbaren und einen nicht abziehbaren Teil für den Privatbereich zu zerlegen. Die gesetzlich geschuldete USt für die Lieferung des Heizöls (1 615 €) ist somit nur in Höhe von 66,66% = 1 076,67 € als Vorsteuer i.S. des § 15 Abs. 1 Satz 1 Nr. 1 UStG für den Speditionsunternehmer abziehbar.

Neben den bestehenden Grundsätzen der Zuordnung zum Unternehmens- 507
vermögen gilt nach § 15 Abs. 1 Satz 2 UStG die Lieferung, die Einfuhr oder der innergemeinschaftliche Erwerb eines Gegenstandes nicht als für das Unternehmen bezogen, wenn er zu weniger als 10% für das Unternehmen genutzt wird. Diese Einschränkung des Zuordnungswahlrechts gilt für alle gemischt genutzten Gegenstände, insbesondere für Gebäude, aber auch für Computer, Telefonanlagen, Fahrzeuge, Faxgeräte usw. Die zwangsweise Zuordnung zum nichtunternehmerischen Bereich führt dazu, dass die Vorsteuer aus den Anschaffungskosten bei weniger als 10%-iger unternehmerischer Nutzung nicht abziehbar ist. Der Vorsteuerabzug entfällt vollständig. Andererseits wird ein solcher Gegenstand beim Verkauf nicht im Rahmen des Unternehmens und damit nicht steuerbar veräußert.

Während der Vorsteuerabzug aus den Anschaffungskosten eines zwangsweise dem nichtunternehmerischen Bereich zugeordneten Gegenstandes entfällt, können die auf gelegentlich unternehmerische Nutzung entfallenden anteiligen Vorsteuern dagegen abgezogen werden, z.B. die Umsatzsteuer auf den Bezug von Kraftstoff anlässlich einer betrieblichen Fahrt mit einem Privatfahrzeug (vgl. Abschn. 15.2 Abs. 21 Nr. 2 UStAE).

Zu 4.: Die Ausübung des Vorsteuerabzugs setzt voraus, dass der Unter- 508
nehmer eine nach den §§ 14, 14 a UStG ausgestellte Rechnung besitzt, § 15 Abs. 1 Satz 1 Nr. 1 Satz 2 UStG. Abziehbar sind schließlich nur USt-Beträge, die nach dem deutschen UStG geschuldet und **gesondert in Rechnung gestellt** worden sind. Ein Vorsteuerabzug ist damit nicht zulässig, soweit der die Rechnung ausstellende Unternehmer die Steuer nach § 14 c UStG schuldet. Es bleibt dem Leistungsempfänger überlassen, eine berichtigte Rechnung anzufordern (vgl. Abschn. 15.2 Abs. 7 bis 14 UStAE). Zu den Voraussetzungen einer ordnungsgemäßen Rechnungsstellung vgl. Ausstellung von Rechnungen.

c) Zeitliche Voraussetzungen

Der **Vorsteuerabzug** darf nach § 15 Abs. 1 Satz 1 Nr. 1 UStG grundsätz- 509
lich erst dann vorgenommen werden, wenn die Leistung erbracht ist **und** der Leistungsempfänger in Besitz einer ordnungsgemäßen Rechnung i.S.d. §§ 14, 14 a UStG ist. Fallen Zeitpunkt der Leistungserbringung und Rechnungsstellung auseinander, muss der Leistungsempfänger solange mit dem

Vorsteuerabzug warten, bis beide Voraussetzungen erfüllt sind (vgl. Abschn. 15.2 Abs. 2 UStAE).

510 Für den Vorsteuerabzug gilt das **Sollprinzip.** Danach kommt es für den Vorsteuerabzug nicht auf die Zahlung des Rechnungsbetrages durch den Leistungsempfänger an, wenn die Leistung an sein Unternehmen ausgeführt worden ist. Auch in den Fällen, in denen der Leistungsempfänger als Unternehmer die von ihm ausgeführten Umsätze nach vereinnahmten Entgelten besteuert (Istversteuerung nach § 20 UStG, vgl. Nach vereinnahmten Entgelten) kann er den Vorsteuerabzug unabhängig von der Rechnungsbegleichung bereits in dem Voranmeldungszeitraum vornehmen, in dem die Leistung an sein Unternehmen ausgeführt worden ist und er im Besitz einer ordnungsgemäßen Rechnung ist.

511 Der Grundsatz, dass der Vorsteuerabzug erst nach Erbringen der Leistung möglich ist, wird durch § 15 Abs. 1 Satz 1 Nr. 1 Satz 3 UStG durchbrochen. Danach ist der Vorsteuerabzug auch auf Anzahlungen oder Vorauszahlungen möglich, wenn über die Anzahlung oder Vorauszahlung eine ordnungsgemäße Rechnung mit gesondertem Steuerausweis erstellt und die Zahlung geleistet worden ist (vgl. Abschnitt 15.3 UStAE). Diese Regelung korrespondiert mit der Besteuerung von Anzahlungen beim leistenden Unternehmer (vgl. Rn. 458 ff.).

Beispiel:
Unternehmer A bestellt im Januar 07 eine Fräsmaschine bei M. M stellt daraufhin sofort eine Gesamtrechnung über 50 000,– € zuzüglich 9 500,– € USt aus. Auf der Rechnung ist vermerkt, dass die Lieferung bis September 07 zu erfolgen hat. Vereinbarungsgemäß leistet A noch im Januar eine Anzahlung von 17 850,– € einschl. USt.
Nach § 15 Abs. 1 S. 1 Nr. 1 Satz 3 UStG darf A die in dem Anzahlungsbetrag enthaltene Vorsteuer von 2 850 € (17 850 € ÷ 1,19) bereits in der Voranmeldung für Januar 07 zum Abzug bringen, weil eine Rechnung mit gesondertem Umsatzsteuerausweis vorliegt und die Zahlung geleistet wurde. Den restlichen Vorsteuerbetrag (9 500 € – 2 850 €) von 6 650 € kann A für den Voranmeldungszeitraum September 07, in dem die Lieferung ausgeführt wird, geltend machen (vgl. Abschn. 15.3 Abs. 4 UStAE).

512–519 *frei*

2. Voraussetzungen des Abzugs der Einfuhrumsatzsteuer

520 Nach § 15 Abs. 1 Satz 1 Nr. 2 UStG ist die Einfuhrumsatzsteuer abziehbar, wenn:

- die EUSt entstanden ist und
- der Gegenstand für das Unternehmen
- im Inland eingeführt worden ist.

Eine Einfuhr für das Unternehmen ist gegeben, wenn der Unternehmer den eingeführten Gegenstand im Inland zum zoll- und steuerrechtlich freien Verkehr abfertigt und danach im Rahmen seiner unternehmerischen Tätigkeit zur Ausführung von Umsätzen einsetzt. Diese Voraussetzung ist bei dem Unternehmer gegeben, der im Zeitpunkt der Überführung in den freien Verkehr die Verfügungsmacht über den Gegenstand besitzt. Nicht entscheidend ist, wer Schuldner der entrichteten EUSt war, wer diese entrichtet hat und wer den Gegenstand tatsächlich über die Grenze gebracht hat. Personen, die lediglich an der Einfuhr mitgewirkt haben, ohne über den Gegenstand verfügen zu können (z.B. Spediteure, Frachtführer) sind deshalb nicht zum Vorsteuerabzug nach § 15 Abs. 1 Satz 1 Nr. 2 UStG berechtigt. Die Vorschriften des § 15 Abs. 1 Satz 1 Nr. 1 UStG und § 15 Abs. 1 Satz 1 Nr. 2 UStG schließen sich gegenseitig aus. Der Unternehmer kann somit im Zusammenhang mit dem Bezug eines Gegenstandes grundsätzlich nicht zugleich eine gesondert in Rechnung gestellte USt und daneben die EUSt als Vorsteuer abziehen (vgl. Abschn. 15.8 Abs. 10 u. 11 UStAE). Werden eingeführte Gegenstände sowohl für unternehmerische als auch für unternehmensfremde Zwecke verwendet, ist § 15 Abs. 1 Satz 2 UStG (vgl. Abschn. 15.2 Abs. 21 UStAE) zu beachten.

Die EUSt war bis 2013 nur zum Abzug zugelassen, wenn sie tatsächlich **521** entrichtet worden ist (sog. Istprinzip). Der Unternehmer musste die Zahlung der EUSt durch geeignete Belege nachweisen (vgl. im Einzelnen Abschn. 15.11 UStAE). Seit 2013 genügt es, dass die EuSt entstanden ist, vgl. § 15 Abs. 1 Nr. 2 UStG. Die bis zum 16. Tag nach Ablauf des Voranmeldungszeitraums zu entrichtende EUSt kann bereits für den Voranmeldungszeitraum geltend gemacht werden, in dem sie entstanden ist (§ 16 Abs. 2 Satz 2 i.V.m. § 18 Abs. 1 u. 2 UStG).

Verwendet oder beabsichtigt der Unternehmer den eingeführten Gegenstand zur Ausführung vorsteuerschädlicher Ausgangsumsätze zu verwenden, ist die dem Grunde nach als Vorsteuer abziehbare EUSt (§ 15 Abs. 1 Satz 1 Nr. 2 UStG) nach § 15 Abs. 2 UStG vom Vorsteuerabzug ausgeschlossen.

3. Voraussetzungen des Abzugs der Erwerbsteuer

Nach § 15 Abs. 1 Satz 1 Nr. 3 UStG ist die USt auf den i.g. Erwerb von **522** Gegenständen als Vorsteuer abziehbar, wenn der Unternehmer (Erwerber) den Gegenstand für sein Unternehmen erworben hat. Werden die innergemeinschaftlich erworbenen Gegenstände sowohl für unternehmerische als auch für nichtunternehmerische Zwecke verwendet, ist für den Vorsteuerabzug aus dem i.g. Erwerb § 15 Abs. 1 Satz 2 UStG zu beachten (vgl. Abschn. 15.2 Abs. 21 USAE). Der Erwerber kann die für den i.g. Erwerb geschuldete USt als Vorsteuer abziehen, wenn er den Gegenstand für sein Unternehmen bezieht und zur Ausführung von Umsätzen verwendet, die den Vorsteuerabzug nicht nach § 15 Abs. 2 UStG ausschließen.

Der Erwerber kann den Vorsteuerabzug in der Umsatzsteuervoranmeldung bzw. Umsatzsteuererklärung für das Kalenderjahr geltend machen, in der er den i.g. Erwerb zu versteuern hat (vgl. Abschn. 15.11 Abs. 3 UStAE). Für den Vorsteuerabzug nach § 15 Abs. 1 Satz 1 Nr. 3 UStG ist nicht Voraussetzung, dass der Erwerber im Besitz einer ordnungsgemäßen Rechnung (§§ 14, 14 a UStG) ist.

4. Voraussetzungen des Abzugs der Vorsteuer für Leistungen i. S. d. § 13 b UStG

523 Nach § 15 Abs. 1 Satz Nr. 4 UStG kann der **Leistungsempfänger** die von ihm nach § 13 b Abs. 2 UStG geschuldete Umsatzsteuer als Vorsteuer abziehen, wenn er die Leistung i. S. d. § 13 b Abs. 1 UStG für sein Unternehmern bezogen hat und sie zur Ausführung von Umsätzen verwendet, die den Vorsteuerabzug nicht ausschließen (§ 15 Abs. 2 u. 3 UStG). Der Leistungsempfänger kann den Vorsteuerabzug in dem Voranmeldungszeitraum (bzw. der Jahressteueranmeldung) geltend machen, in der er die Steuer nach § 13 b Abs. 2 UStG schuldet. Für den Vorsteuerabzug nach § 15 Abs. 1 Satz 1 Nr. 4 UStG ist nicht Voraussetzung, dass der Erwerber im Besitz einer ordnungsgemäßen Rechnung i.S. der §§ 14, 14 a Abs. 5 UStG ist (vgl. Abschn. 13b.1 Abs. 41 UStAE).

II. Ausschluss vom Vorsteuerabzug

1. Verwendungsabsicht

524 Sind die Voraussetzungen des Vorsteuerabzugs nach § 15 Abs. 1 Satz 1 Nr. 1 UStG erfüllt (Unternehmereigenschaft des Leistungsempfängers, vom leistenden Unternehmer gesetzlich geschuldete USt für den Eingangsumsatz an das Unternehmen des Leistungsempfängers und gesonderter Umsatzsteuerausweis in der Rechnung gem. § 14 Abs. 4 UStG), ist die Umsatzsteuer, die auf dem Eingangsumsatz lastet, als Vorsteuer (dem Grunde nach) abziehbar. Soweit keine Beschränkung des Vorsteuerabzugs nach § 15 Abs. 1 a UStG besteht, ist zu prüfen, ob die Vorsteuer auch der Höhe nach abzugsfähig ist, oder ob ein Ausschluss vom Vorsteuerabzug nach § 15 Abs. 2 UStG in Betracht kommt. Der Ausschluss vom Vorsteuerabzug erstreckt sich auf die Steuer der Leistungsbezüge (Lieferungen oder sonstige Leistungen), die der Unternehmer zur Ausführung der in § 15 Abs. 2 UStG genannten Umsätze verwendet bzw. verwenden will (vgl. Abschn. 15.12 Abs. 1 UStAE). Das Vorsteuerabzugsverbot des § 15 Abs. 2 UStG greift also nicht, soweit die bezogenen Leistungen beim Unternehmer der Ausführung steuerpflichtiger Umsätze oder der in § 15 Abs. 3 UStG genannten steuerfreien Umsätzen dienen.

525 Bezieht der Unternehmer Gegenstände oder sonstige Leistungen, die er mittelbar oder unmittelbar zur Ausführung steuerfreier Umsätze nach § 4 Nr. 8 bis 28 UStG verwendet oder verwenden will, ist der nach § 15 Abs. 1 Satz 1 Nr. 1 UStG dem Grunde nach bestehende Vorsteueranspruch durch § 15 Abs. 2 Nr. 1 UStG der Höhe nach ausgeschlossen (nicht abzugsfähig).

Der Unternehmer muss bei jedem Leistungsbezug über die beabsichtigte Verwendung des Eingangsumsatzes sofort entscheiden, weil das Recht auf Vorsteuerabzug dem Grunde und der Höhe nach bereits im Zeitpunkt des Leistungsbezuges entsteht (vgl. Abschn. 15.12 Abs. 1 Sätze 6 und 7 UStAE). Ist die Verwendung zu diesem Zeitpunkt noch ungewiss, z. B. beim Erwerb eines Grundstücks oder der Errichtung eines Gebäudes, muss der Unternehmer zur Geltendmachung des Vorsteuerabzugs seine **Verwendungsabsicht** objektiv belegen und in gutem Glauben erklären (vgl. Abschn. 15.12 Abs. 2 UStAE). Kann er die vorsteuerunschädliche Verwendungsabsicht nicht durch objektive Anhaltspunkte belegen, ist der Vorsteuerabzug nach § 15 Abs. 2 UStG ausgeschlossen. Für den Vorsteuerabzug sind ausschließlich die vom Unternehmer objektiv belegbaren Erkenntnisse im Zeitpunkt des jeweiligen Leistungsbezugs zu Grunde zu legen (vgl. Abschn. 15.12 Abs. 5 UStAE). Änderungen in der Verwendungsabsicht wirken sich nur auf nachfolgende Leistungsbezüge bzw. Anzahlungen und den sich daraus ergebenden Vorsteuerabzug aus. Sie wirken nicht zurück und führen deshalb z.B. nicht dazu, dass Steuerbeträge nachträglich als Vorsteuer abzugsfähig sind.

Dagegen führen die Änderungen, die ab dem Zeitpunkt der **erstmaligen** Verwendung eintreten, unter den Voraussetzungen des § 15 a UStG zu einer Berichtigung des „ursprünglichen" Vorsteuerabzuges nach § 15 Abs. 2 UStG (vgl. Rn. 534 ff.).

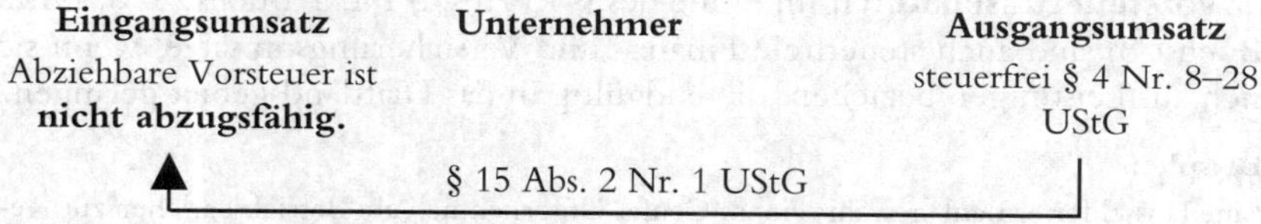

Beispiel:

Ein Kölner Kreditinstitut eröffnet eine neue Filiale in Bonn. Die Ausbaukosten für die Geschäftsräume belaufen sich auf 100 000,– € zuzüglich USt.
Die Umsätze des Kreditinstituts fallen unter die Steuerbefreiung des § 4 Nr. 8 UStG. Die im Zusammenhang mit dem Ausbau der neuen Filiale angefallenen Vorsteuern sind deshalb vom Abzug nach § 15 Abs. 2 Nr. 1 UStG ausgeschlossen.

Ebenso schließen Umsätze im Ausland, die nach § 4 Nr. 8–28 UStG steu- **526**
erfrei wären, wenn der Unternehmer sie im Inland ausgeführt hätte, den Vorsteuerabzug nach § 15 Abs. 2 Nr. 2 UStG für die in diesem Zusammenhang stehenden inländischen Leistungsbezüge aus. Dies gilt unabhängig davon, ob die im Ausland bewirkten Umsätze nach dem dort geltenden Umsatzsteuerrecht zum Vorsteuerabzug in diesem Land berechtigen würden oder nicht, denn der Ausschluss vom Vorsteuerabzug beurteilt sich ausschließlich nach dem deutschen UStG (vgl. Abschn. 15.14 UStAE).

Beispiel:

Unternehmer U mit Sitz in München ist Eigentümer eines Geschäftshauses in Zürich (Schweiz). Dieses Haus hat er an verschiedene Unternehmer umsatzsteuerpflichtig vermietet. U hat im März 07 in verschiedenen Baumärkten in der Umgebung von München Baumaterialien erworben, die er für Reparaturarbeiten an seinem Geschäftshaus in Zürich verbraucht. Er kann jeweils ordnungsgemäße Rechnungen mit gesondertem Steuerausweis vorlegen. Die Vermietungsleistungen des U sind nach § 1 Abs. 1 Nr. 1 UStG nicht steuerbar, weil sich der Ort nach § 3 a Abs. 2 Nr. 1 a UStG in der Schweiz, mithin im Ausland (§ 1 Abs. 2 Satz 2 UStG), befindet. Würden sie im Inland ausgeführt, wären die Vermietungsleistungen nach § 4 Nr. 12 a UStG steuerfrei. U hätte jedoch unter den Voraussetzungen des § 9 UStG auf die Steuerbefreiung verzichten können. Da das Geschäftshaus in der Schweiz tatsächlich umsatzsteuerpflichtig an verschiedene Unternehmer vermietet wurde, greift der Vorsteuerausschluss nach § 15 Abs. 2 Nr. 2 UStG nicht ein, wenn die Voraussetzungen für den Verzicht auf die Steuerbefreiung nach § 9 UStG auch tatsächlich vorliegen (vgl. Abschn. 15.14 Abs. 1 Sätze 3 bis 5 UStAE).

527 § 15 Abs. 3 UStG hebt das Vorsteuerabzugsverbot des § 15 Abs. 2 UStG wieder auf, wenn die Leistungsbezüge für bestimmte, z.B. nach § 4 Nr. 1–7 UStG, steuerfreie (vorsteuerunschädliche) Ausgangsumsätze verwendet werden bzw. verwendet werden sollen (vgl. Abschn. 15.13 Abs. 2 UStAE). Der Vorsteuerabzug bleibt nach § 15 Abs. 3 Nr. 1 Buchst. a UStG in diesen Fällen erhalten, obwohl der Unternehmer steuerfreie Umsätze ausführt. Damit wird für den Unternehmer eine vollständige Entlastung von der Umsatzsteuer sichergestellt.

Eingangsumsatz	**Unternehmer**	**Ausgangsumsatz**
Abziehbare Vorsteuer ist **abzugsfähig.**		steuerfrei § 4 Nr. 1–7 UStG (oder steuerpflichtig)
↑	§ 15 Abs. 3 Nr. 1 a UStG	

528 **Vorsteuerunschädlich** im Sinne des § 15 Abs. 3 Nr. 1 Buchst. b u. Nr. 2 Buchst. b sind auch steuerfreie Finanz- und Versicherungsumsätze, wenn sie sich auf Leistungen beziehen, die endgültig in das Drittlandsgebiet gelangen.

Beispiel:

Eine Düsseldorfer Bank gewährt einem Genfer Unternehmen ein Betriebsdarlehen zur Renovierung des Betriebsgebäudes. Der Ort für die Kreditgewährung der Düsseldorfer Bank ist nach § 3 a Abs. 2 UStG Genf, weil der Leistungsempfänger ein Unternehmer ist und in Genf seinen Sitz hat. Da Genf zum Drittlandsgebiet gehört, kann das Kreditinstitut die Vorsteuerbeträge aus den Eingangsumsätzen, die der nicht steuerbaren Darlehensgewährung zuzuordnen sind, nach § 15 Abs. 3 Nr. 2 Buchst. b UStG geltend machen (vgl. auch Beispiele zu Abschn. 15.13 Abs. 3 und Abschn. 15.14 Abs. 3 und 4 UStAE).

529 Der Vorsteuerabzug aus Leistungsbezügen an das Unternehmen (§ 15 Abs. 1 Satz 1 Nr. 1 UStG), die zur Ausführung **unentgeltlicher** Lieferungen oder sonstige Leistungen verwendet werden bzw. verwendet werden sollen, ist nach denselben Grundsätzen zu entscheiden. Steht allerdings bereits bei Bezug der Ware fest, dass sie später als unentgeltliche Wertabgabe abgegeben werden soll, ist ein Vorsteuerabzug nicht zulässig, vgl. A 15.2 Abs. 15 a Satz 5 und 15.15 UStAE und BFH-Urteil vom 9.12.2010, VR 17/10, BStBl 2012 II S. 53.

Beispiel:

Automobilhändler A verlost unter allen Kunden im Rahmen einer Werbeaktion
a) einen Tablet-PC und
b) zwei Massagegutscheine,
mit einem Einkaufspreis von jeweils 300 €, die er beide zu diesem Zweck vorher gekauft hat.

Zu a) Die Abgabe des Tablets erfolgt aus unternehmerischen Gründen und fällt der Art nach unter § 3 Abs. 1 b Satz 1 Nr. 3 UStG; es handelt sich nicht um ein Geschenk von geringem Wert.
Da A bereits bei Leistungsbezug beabsichtigt, den Tablet-PC für die Verlosung zu verwenden, berechtigten die Aufwendungen für den Laptop bereits nach § 15 Abs. 1 UStG nicht zum Vorsteuerabzug.
Dementsprechend unterbleibt eine anschließende Wertabgabenbesteuerung (§ 3 Abs. 1 b Satz 2 UStG).

Zu b) Die Abgabe der Gutscheine erfolgt aus unternehmerischen Gründen und ist daher ein der Art nach nicht steuerbarer Vorgang, da § 3 Abs. 9 a UStG Wertabgaben aus unternehmerischen Gründen nicht erfasst. Daher fehlt es an einem steuerbaren Ausgangsumsatz, dem die Leistungsbezüge direkt und unmittelbar zugeordnet werden können. Für den Vorsteuerabzug ist deshalb die Gesamttätigkeit des A maßgeblich.

2. Aufteilung der Vorsteuer

Nach § 15 Abs. 2 UStG ist der Vorsteuerabzug der Höhe nach (Abzugsfä- 530
higkeit) davon abhängig, ob der Unternehmer die bezogenen Leistungen zur Ausführung steuerpflichtiger (vorsteuerunschädlicher) oder steuerfreier (den Vorsteuerabzug ausschließender) Umsätze verwendet oder verwenden will. Die Vorsteuerbeträge müssen folglich den Ausgangsumsätzen zugeordnet werden, mit denen sie wirtschaftlich im Zusammenhang stehen (vgl. Abschn. 15.17 Abs. 1 UStAE):

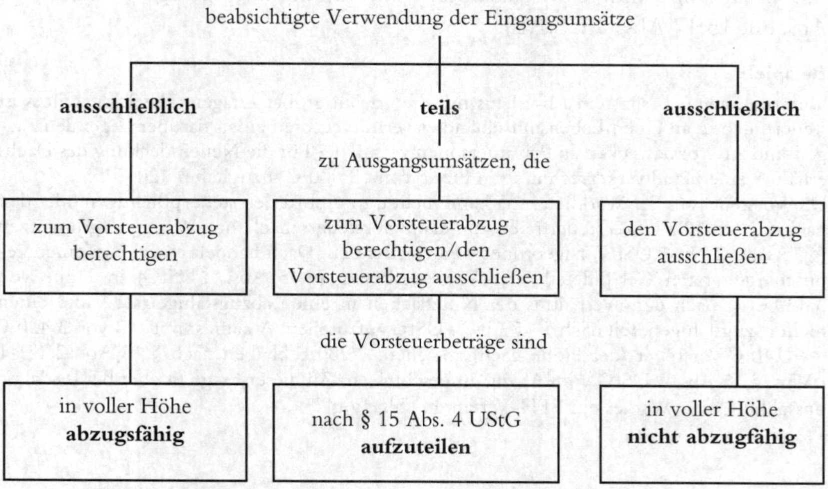

Vorsteuern aus Leistungsbezügen, die ausschließlich mit vorsteuerschädli- 531
chen oder vorsteuerunschädlichen Ausgangsumsätzen im wirtschaftlichen Zusammenhang stehen, fallen nicht unter die Aufteilungsregelung des § 15 Abs. 4 UStG, weil sie diesen Ausgangsumsätzen jeweils direkt zugeordnet werden können. Die unmittelbare Zuordnung der Eingangsumsätze hat für die Prüfung, ob der Vorsteuerabzug nach § 15 Abs. 2 UStG ausgeschlossen ist oder nicht, grundsätzlich Vorrang. Jeder einzelne Leistungsbezug und jede Anzahlung ist nach diesem Grundsatz zuzuordnen (vgl. Abschn. 15.17 Abs. 2 UStAE). Für eine Aufteilung nach § 15 Abs. 4 UStG kommen nur die Vorsteuerbeträge in Betracht, die **mittelbar** (anteilig) vorsteuerunschädlichen und vorsteuerschädlichen Ausgangsumsätzen zugerechnet werden können (vgl. Abschn. 15.17 Abs. 2 UStAE). Der Unternehmer hat zu diesem Zweck getrennte Aufzeichnungen zu führen (§ 22 Abs. 3 Sätze 2 u. 3 UStG).

Nach § 15 Abs. 4 Satz 1 UStG kann ein Unternehmer, der **eine** Eingangsleis- 532
tung nur zum Teil zur Ausführung steuerpflichtiger Ausgangsumsätze verwendet oder zu verwenden beabsichtigt, auch nur den Teil des Vorsteuerbetrages abziehen, der mit den vorsteuerunschädlichen Ausgangsumsätzen im wirtschaftlichen Zusammenhang steht (vgl. Abschn. 15.17 Abs. 1 Nr. 3 UStAE).

533 Dabei sind geeignete Aufteilungsschlüssel zu bilden, die sich aus der betrieblichen Kostenrechnung, hilfsweise aus der Aufwands- und Ertragsrechnung oder aus technischen Maßen herleiten lassen. Sachgerechte Aufteilungsmaßstäbe sind z. B. für den Pkw die Fahrleistung, für Gebäude das Verhältnis der Nutzflächen oder das Verhältnis des umbauten Raumes (vgl. Abschn. 15.17 Abs. 2 Sätze 15 bis 17 UStAE). Bei dem Erwerb von Gebäuden kann auch eine Vorsteueraufteilung nach dem Verhältnis der Ertragswerte zur Verkehrswertermittlung in Betracht kommen (vgl. Abschn. 15.17 Abs. 7 UStAE).

Im Fall einer Schätzung ist auf die jeweils bestehenden wirtschaftlichen Verhältnisse abzustellen, § 15 Abs. 4 Satz 2 UStG. Eine Ermittlung des nichtabziehbaren Teils der Vorsteuerbeträge nach dem sog. **Umsatzschlüssel** ist nach EuGH zwar der Regelfall aber nach § 15 Abs. 4 Satz 3 UStG nur zulässig, wenn keine andere wirtschaftliche Zuordnung zur Verfügung steht (vgl. Abschn. 15.17 Abs. 3 UStAE).

Beispiel:

Unternehmer A besitzt ein Mietshaus mit drei gleich großen Etagen. Das Erdgeschoss ist steuerpflichtig an einen Lebensmittelhändler vermietet; die beiden darüber liegenden Etagen sind zu Wohnzwecken an Privatpersonen vermietet. Für die Neueindeckung des Dachs erhält A eine Handwerkerrechnung in Höhe von 18 000 € zuzüglich 3 420 € USt.
Die Vorsteuer aus der Werklieferung kann nicht unmittelbar den steuerpflichtigen oder den nach § 4 Nr. 12 a UStG steuerfreien und damit vorsteuerschädlichen Vermietungsumsätzen (§ 15 Abs. 2 Nr. 1 UStG) zugeordnet werden. Bei dem Dach handelt es sich um einen gemischt genutzten Gebäudeteil. Der Vorsteuerbetrag (§ 15 Abs. 1 UStG) in Höhe von 3 420 € ist nach dem Verhältnis der Nutzflächen in einen abzugsfähigen Teil und einen nicht abzugsfähigen Teil nach § 15 Abs. 4 UStG aufzuteilen. A kann somit 1/3 von 3 420 € = 1 140 € Vorsteuer (der Höhe nach) abziehen. 2 280 € bleiben nach § 15 Abs. 2 Nr. 1 i. V. m. § 15 Abs. 4 UStG vom Abzug ausgeschlossen. Zu dieser Frage ist aber bei Redaktionsschluß dieses Werkes ein BFH-Verfahren anhängig.

III. Berichtigung des Vorsteuerabzugs

534 Das Recht auf den Vorsteuerabzug entsteht dem Grunde und der Höhe nach § 15 UStG bereits im Zeitpunkt des Leistungsbezugs bzw. im Fall der Voraus- oder Anzahlung im Zeitpunkt der Zahlung (vgl. Abschn. 15.12 Abs. 1 UStAE). Weicht die tatsächliche Verwendung eines Wirtschaftsguts oder einer sonstigen Leistung von der im Zeitpunkt des Leistungsbezugs (durch den Unternehmer) nachgewiesenen Verwendungsabsicht ab, darf der **ursprüngliche Vorsteuerabzug** (§ 15 UStG), außer in den Fällen des Betrugs oder des Missbrauchs, nicht unter Anwendung der Berichtigungsvorschriften der AO rückgängig gemacht werden (vgl. Abschn. 15.12 Abs. 5 UStAE). Der ursprüngliche Vorsteuerabzug für ein Wirtschaftsgut oder eine sonstige Leistung, der sich in seiner Höhe nach der Verwendungsabsicht im Zeitpunkt des Leistungsbezuges (§ 15 Abs. 2 u. 3 UStG) bestimmt, wird durch § 15 a UStG – ab dem Zeitpunkt der erstmaligen Verwendung – in der Art berichtigt, dass er den tatsächlichen Nutzungsverhältnissen entspricht. Ändern sich bei den in § 15 a UStG genannten Berichtigungsobjekten die für den ursprünglichen Vorsteuerabzug maßgebenden Verhältnisse, ist der Vor-

steuerabzug für den Voranmeldungszeitraum bzw. für das Kalenderjahr der Änderung zu berichtigen, wenn die Grenzen des § 44 UStDV überschritten werden (vgl. Abschn. 15a.4 UStAE).

Berichtigungsobjekte i. S. des § 15 a UStG sind: **535**

- Wirtschaftsgüter, die nicht nur einmalig zur Ausführung von Umsätzen verwendet werden, § 15 a Abs. 1 UStG
- Wirtschaftsgüter, die nur einmalig zur Ausführung von Umsätzen verwendet werden, § 15 a Abs. 2 UStG
- nachträglich in ein Wirtschaftsgut eingehende Gegenstände, wenn diese Gegenstände dabei ihre körperliche und wirtschaftliche Eigenart endgültig verlieren, § 15 a Abs. 3 UStG
- sonstige Leistungen, die an einem Wirtschaftsgut i. S. des § 15 a Abs. 1 oder 2 UStG ausgeführt werden, § 15 a Abs. 3 UStG
- sonstige Leistungen, die nicht unter § 15 a Abs. 3 UStG fallen, § 15 a Abs. 4 UStG
- nachträgliche Anschaffungs- oder Herstellungskosten, § 15 a Abs. 6 UStG.

Bei der Berichtigung des Vorsteuerabzugs für ein Berichtigungsobjekt ist von den gesamten Vorsteuerbeträgen (§ 15 Abs. 1 UStG) auszugehen, die auf dieses Berichtigungsobjekt entfallen. Dazu ist ein prozentuales Verhältnis des ursprünglichen Vorsteuerabzugs (§ 15 Abs. 2 bis 4 UStG) zum gesamten Vorsteuervolumen für das Berichtigungsobjekt (§ 15 Abs. 1 UStG) zu Grunde zu legen. Es dürfen nur die Vorsteuerbeträge berücksichtigt werden, für die die allgemeinen Voraussetzungen des § 15 Abs. 1 UStG vorliegen (vgl. Abschn. 15a.1 UStAE).

Für die Frage, ob eine Änderung der Verhältnisse i. S. des § 15 a UStG für **536** ein Berichtigungsobjekt vorliegt, sind die Verhältnisse **ab dem Zeitpunkt der tatsächlichen Verwendung** im Vergleich zu dem für den ursprünglichen Vorsteuerabzug maßgebenden Verhältnis entscheidend. Ändern sich im Laufe eines Kalenderjahres die Verhältnisse gegenüber den für den ursprünglichen Vorsteuerabzug des Berichtigungsobjekts maßgeblichen Verhältnissen, ist für Zwecke der Berichtigung nach § 15 a UStG auf die tatsächliche Verwendung während des gesamten Kalenderjahres (d. h. die durchschnittliche Verwendung im Kalenderjahr, vgl. Abschn. 15a.2 Abs. 4 UStAE)) abzustellen.

Endet der Zeitraum, für den eine Berichtigung des Vorsteuerabzugs nach § 15 a des Gesetzes durchzuführen ist, vor dem 16. eines Kalendermonats, so bleibt dieser Kalendermonat für die Berichtigung unberücksichtigt. Endet er nach dem 15. eines Kalendermonats, so ist dieser Kalendermonat voll zu berücksichtigen, § 45 UStDV.

Die Vorsteuerberichtigung nach **§ 15 a Abs. 1 UStG** erfasst **Investitionsgüter** die nicht nur einmalig zur Ausführung von Umsätzen verwendet **537** werden. Gemeint sind damit bewegliche und unbewegliche Wirtschaftsgüter, die dem Unternehmen über ein Kalenderjahr hinaus dienen. Das sind insbesondere Wirtschaftsgüter des ertragsteuerlichen Anlagevermögens und entsprechende Wirtschaftsgüter, die nicht zu einem Betriebsvermögen gehören (vgl. Abschn. 15a.1 Abs. 2 Nr. 1 UStAE). Bei der Anpassung des Vorsteuerabzugs für das einzelne Anlagegut an die tatsächlichen Verwendungsverhältnisse ist nach § 15 a Abs. 1 UStG von einem Berichtigungszeitraum von zehn Jahren bei Grundstücken einschließlich Gebäuden und von fünf Jahren bei allen anderen Wirtschaftsgütern – ungeachtet einer längeren Nutzungsdauer des Wirtschaftsguts – auszugehen. Ist die tatsächliche oder die betriebsgewöhnliche Nutzungsdauer einzelner Wirtschaftsgüter kürzer, ist der entsprechend kürzere Berichtigungszeitraum anzusetzen, § 15 a Abs. 5 Satz 2 UStG (vgl. Abschn. 15a.3 Abs. 1 Satz 5 UStAE).

Für nachträgliche Anschaffungs- und Herstellungskosten, die an einem Wirtschaftsgut i.S. des § 15 a Abs. 1 UStG anfallen, gilt nach § 15 a Abs. 6 UStG ein gesonderter Berichtigungszeitraum. Er beginnt zu dem Zeitpunkt, zu dem der Unternehmer das in seiner Form geänderte Wirtschaftsgut erstmalig zur Ausführung von Umsätzen verwendet. Die Berichtigung ist gesondert nach den dafür vorliegenden Verhältnissen und entsprechend dem dafür geltenden Berichtigungszeitraum durchzuführen (vgl. Abschn. 15a.8 Abs. 1 UStAE).

538 Die Vorgehensweise bei der Durchführung einer Vorsteuerkorrektur nach § 15 a Abs. 1 UStG soll an folgendem **Beispiel** verdeutlicht werden:

U baut in den Jahren 05 u. 06 ein Geschäftshaus, das er (nachweislich) steuerpflichtig vermieten will. Die in den Rechnungen gesondert ausgewiesene Umsatzsteuer in 05 von 60 000 € und in 06 von 40 000 € zieht er als Vorsteuer ab. Ab dem 1.1.07 kann U das Grundstück jedoch nur steuerfrei vermieten. Ab dem 1.1.08 vermietet er das Grundstück je zur Hälfte steuerfrei und steuerpflichtig.

Zeitraum	**zum Vorsteuerabzug berechtigende Verwendung bzw. -absicht in %**	**Unterschied zum ursprünglichen Vorsteuerabzug in %**
1	2	3
ursprünglicher Vorsteuerabzug 05 u. 06	100	
tatsächliche Verwendung 07	0	./. 100
tatsächliche Verwendung 08	50	./. 50

Ab dem Zeitpunkt der erstmaligen Verwendung des Gebäudes (1.1.07) beginnt der Berichtigungszeitraum für das Berichtigungsobjekt und endet nach Ablauf von zehn Jahren mit dem 31.12.16, § 15 a Abs. 1 UStG. Weil sich infolge der tatsächlich steuerfreien Vermietung die Verhältnisse im Jahr 07 um 100% und im Jahr 08 um 50% gegenüber den Verhältnissen, die für den ursprünglichen Vorsteuerabzug für das Gebäude maßgebend waren, geändert haben, ist eine Berichtigung des Vorsteuerabzugs nach § 15 a Abs. 1 UStG durchzuführen. Nach § 15 a Abs. 5 Satz 1 UStG ergibt sich ausgehend von einem Zehntel der auf das Gebäude entfallenden Vorsteuer (100 000 € ÷ 10 Jahre) für das erste Jahr des Berichtigungszeitraums eine Berichtigung der Vorsteuer um 100% (10 000 €) und für das Jahr 08 um 50% (5 000 €) (siehe Grafik).

539 Gem. § 15 a Abs. 8 UStG liegt eine Änderung der Verhältnisse auch dann vor, wenn das noch verwendungsfähige Investitionsgut vor Ablauf des Berichtigungszeitraums veräußert oder im Rahmen einer unentgeltlichen Wertabgabe nach § 3 Abs. 1 b UStG geliefert wird und dieser Umsatz anders zu beurteilen ist, als die für den ursprünglichen Vorsteuerabzug maßgebende Verwendung (vgl. Abschn. 15a.2 Abs. 1 UStAE). Die Berichtigung ist nach § 15 a Abs. 9 UStG so vorzunehmen, als wäre das Wirtschaftsgut in der Zeit von der Veräußerung oder unentgeltlichen Wertabgabe (§ 3 Abs. 1 b UStG)

05	06	07	08	bis	16
Vorsteuer-abzug (§ 15 UStG)	**Vorsteuer-abzug (§ 15 UStG)**	**tatsächliche Verwendung ggü. urspr. VoSt (§ 15a UStG)**	**tatsächliche Verwendung ggü. urspr. VoSt (§ 15a UStG)**		**tatsächliche Verwendung ggü. urspr. VoSt (§15a UStG)**
Endgültig für die jeweiligen Leistungs-bezüge! **60 000 €**	Endgültig für die jeweiligen Leistungs-bezüge! **40 000 €**				
	ursprünglicher Vorsteuer-abzug für das **Gebäude** ges. 100 000 € = 100 %	0%–100% × 10 000 € = **–10 000 €**	50%–100% × 10 000 € = **–5 000 €**		Abweichung ggü. 100 %

Bei Abweichung von den Verhältnissen, die für den ursprünglichen Vorsteuerabzug des Gebäudes (i.S.d. § 15 Abs. 2 bis 4 UStG) maßgebend waren

Vorsteuerberichtigung für das Berichtigungsobjekt **Gebäude** nach § 15 a Abs. 1 UStG

bis zum Ablauf des Berichtigungszeitraums unter entsprechend geänderten Verhältnissen (steuerfrei bzw. steuerpflichtig) weiterhin für das Unternehmen verwendet worden (vgl. Abschn. 15a.2 Abs. 8 UStAE).

Beispiel:
Unternehmer U hat ein im Jahre 04 errichtetes Gebäude bisher steuerpflichtig vermietet. Nach 4 Jahren veräußert er das Grundstück steuerfrei (§ 4 Nr. 9 a UStG). Die beim Bau angefallene USt wurde auf Grund der von U nachgewiesenen steuerpflichtigen Verwendungsabsicht in vollem Umfang als Vorsteuer abgezogen.
Mit der steuerfreien Veräußerung ist das Gebäude endgültig (steuerfrei) aus dem Unternehmen ausgeschieden. Dies führt innerhalb des zehnjährigen Berichtigungszeitraums für das Berichtigungsobjekt (§ 15 a Abs. 1 UStG) zu einer anderen Verwendung gegenüber den Verhältnissen, die für den ursprünglichen Vorsteuerabzug des Gebäudes maßgebend waren, sodass eine Berichtigung der Vorsteuer nach § 15 a Abs. 8 UStG erfolgen muss. Nach § 15 a Abs. 9 UStG ist „fiktiv" von einer finalen steuerfreien Verwendung des Gebäudes bis zum Ablauf des Berichtigungszeitraums auszugehen. Die Vorsteuerberichtigung vom Veräußerungszeitpunkt bis zum Ende des Berichtigungszeitraums ist insgesamt in dem Voranmeldungszeitraum der Veräußerung vorzunehmen, § 44 Abs. 4 Satz 3 UStDV (vgl. Abschn. 15a.11 Abs. 5 UStAE).

§ 15 a Abs. 2 UStG regelt die Vorsteuerberichtigung für Wirtschaftsgüter, die nur einmalig zur Ausführung von Umsätzen verwendet werden. Gemeint sind damit Gegenstände, für die regelmäßig im Zeitpunkt des Leistungsbezugs bereits feststeht, dass sie weiterverkauft oder verarbeitet werden. Das sind insbesondere Wirtschaftsgüter des ertragsteuerlichen Umlaufvermögens. Gegenstände des Anlagevermögens können ebenfalls betroffen sein, **540**

wenn sie mit ihrer erstmaligen Verwendung veräußert oder entnommen werden. Eine Vorsteuerberichtigung ist im Zeitpunkt der Veräußerung oder Entnahme durchzuführen, wenn diese von der ursprünglichen Verwendungsabsicht beim Erwerb abweicht. Es ist unbeachtlich, wann das Wirtschaftsgut tatsächlich verwendet wird, da die Berichtigung nach § 15 a Abs. 2 UStG im Gegensatz zu § 15 a Abs. 1 UStG nicht an einen Berichtigungszeitraum gebunden ist (vgl. Abschn. 15a.5 Abs. 1 UStAE).

Für nachträgliche Anschaffungs- oder Herstellungskosten, die für ein Wirtschaftsgut i. S. des § 15 a Abs. 2 UStG anfallen, ist die Berichtigung des Vorsteuerabzugs nach § 15 a Abs. 6 UStG für den Besteuerungszeitraum vorzunehmen, in dem das Wirtschaftsgut verwendet wird (vgl. Abschn. 15a.8 Abs. 2 UStAE),

Beispiel:
Der Immobilienhändler I hat in 05 vom Unternehmer U zum Kaufpreis 1 Mio. € zzgl. 19% USt ein Grundstück erworben, das er zunächst steuerpflichtig weiterverkaufen will. In den Kaufvertrag haben die Vertragparteien den Verzicht auf die Steuerbefreiung nach § 9 Abs. 1 u. 3 i. V. m. § 4 Nr. 9 a UStG aufgenommen (vgl. 9.2 UStAE). I hat die von ihm als Leistungsempfänger geschuldete USt von 190 000 € nach § 13 b Abs. 1 Nr. 3 i. V. m. Abs. 2 UStG aus dem steuerpflichtigen Erwerb des Grundstücks in gleicher Höhe als Vorsteuer nach § 15 Abs. 1 Nr. 4 UStG geltend gemacht, weil er im Zeitpunkt des Erwerbs den beabsichtigten steuerpflichtigen Weiterverkauf objektiv belegen konnte. Aus baurechtlichen Gründen hat I das Grundstück jedoch im Februar 07 steuerfrei (§ 4 Nr. 9 a UStG) verkauft. Bei dem Grundstück handelt es sich um ein Berichtigungsobjekt nach § 15 a Abs. 2 UStG, weil es mit dem steuerfreien Verkauf durch I nur einmalig verwendet wurde. Im Voranmeldungszeitraum Februar 07 (§ 15 a Abs. 2 Satz 2 i. V. m. § 18 Abs. 1 u. 2 UStG) hat I den Vorsteuerabzug um 190 000 € zu seinen Ungunsten zu berichtigen, weil sich für das Grundstück die Verwendungsverhältnisse mit dem steuerfreien Verkauf gegenüber den für den ursprünglichen Vorsteuerabzug maßgebenden Verhältnissen um 100% geändert haben (vgl. Abschn. 15a.5 Abs. 2 UStAE).

541 Unter der Voraussetzung, dass in ein Wirtschaftsgut (das ertragsteuerlich entweder Anlagevermögen oder Umlaufvermögen ist) nachträglich:

- ein anderer Gegenstand eingeht und dabei seine körperliche und wirtschaftliche Eigenart verliert (Bestandteil) oder
- eine sonstige Leistung ausgeführt wird,

ist der Vorsteuerabzug bei einer Änderung der Verwendungsverhältnisse gegenüber dem ursprünglichen Vorsteuerabzug für den nachträglich eingegangenen Gegenstand oder die ausgeführte sonstige Leistung nach **§ 15 a Abs. 3 UStG** zu berichtigen, wenn die Grenzen nach § 44 UStDV überschritten werden. Unter die Berichtigungspflicht fallen nur solche Gegenstände, die in einem einheitlichen Nutzungs- und Funktionszusammenhang mit dem Wirtschaftsgut i. S. d. § 15 a Abs. 1 oder 2 UStG stehen (d. h. Bestandteil dieses Wirtschaftsguts sind) bzw. nur solche sonstigen Leistungen, die unmittelbar an einem Wirtschaftsgut i. S. d. § 15 a Abs. 1 oder 2 UStG ausgeführt werden. Es handelt sich im Wesentlichen um ertragsteuerliche Erhaltungsaufwendungen, denn es kommt nicht darauf an, dass der Bestandteil oder die sonstige Leistung zu einer Werterhöhung des Wirtschaftsguts geführt hat (vgl. Abschn. 15a.6 Abs. 1 u. 5 UStAE). Nicht unter die Verpflichtung zur Vorsteuerberichtigung nach § 15 a Abs. 3 UStG fallen allerdings sonstige Leistungen, die bereits im Zeitpunkt des Leistungsbezugs wirtschaftlich verbraucht sind, z. B. bei Grundstücken Reinigungsleistungen oder Wartungsarbeiten an Aufzugs- oder Heizungsanlagen (vgl. Abschn. 15a.6 Abs. 6 UStAE). Gemäß § 15 a Abs. 3 Satz 2 UStG sind mehrere im Rahmen einer Maßnahme in ein Wirtschaftsgut eingegangene Gegenstände und/oder mehrere im Rahmen einer Maßnahme an einem Wirtschaftsgut ausgeführte sonstige Leistungen zu einem Berichtigungsgut zusammenzufassen. Dabei sind auch Leistungen, die von verschiedenen leistenden Unternehmern bezogen worden sind, zu berücksichtigen (vgl. Abschn. 15a.6 Abs. 11 UStAE). Die Grenzen des § 44 UStDV sind auf das so ermittelte Berichtigungsobjekt anzuwenden.

Die Berichtigung des Vorsteuerabzugs nach § 15 a Abs. 3 UStG hat anteilig **542**
innerhalb des Berichtigungszeitraum i. S. des § 15 a Abs. 1 UStG zu erfolgen, wenn es sich bei dem Wirtschaftsgut, in das der Gegenstand nachträglich eingegangen ist oder die sonstige Leistung ausgeführt wurde, um ein solches handelt, das nicht nur einmalig zur Erzielung von Umsätzen verwendet wird. Zu beachten ist, dass für die Berichtigungsobjekte nach § 15 a Abs. 3 UStG jeweils ein eigenständiger Berichtigungszeitraum gilt, dessen Dauer sich danach bestimmt, an welchem Wirtschaftsgut nach § 15 a Abs. 1 UStG der Bestandteil eingeht oder die sonstige Leistung ausgeführt wird (vgl. Abschn. 15a.6 Abs. 3 u. 8 UStAE). Für ein Berichtigungsobjekt i. S. des § 15 a Abs. 3 UStG beginnt der Berichtigungszeitraum zu dem Zeitpunkt, zu dem der Unternehmer das Wirtschaftsgut nach Durchführung der Maßnahme erstmalig zur Ausführung von Umsätzen verwendet.

Betreffen die nachträglich eingegangenen Leistungen (§ 15 a Abs. 3 UStG) Wirtschaftsgüter des Umlaufvermögens, erfolgt die Berichtigung des Vorsteuerabzugs entsprechend § 15 a Abs. 2 UStG im Zeitpunkt der erstmaligen Veräußerung oder Entnahme des Wirtschaftsguts.

Beispiel:
Der Vermieter V vermietet sein im Jahr 01 errichtetes Geschäftsgebäude steuerpflichtig an andere Unternehmer. Von Januar bis März 05 lässt V an der Fassade umfangreiche Reparaturarbeiten ausführen und zieht die darauf entfallenden Vorsteuer von 6 000 € ab. Ab 1.1.07 vermietet V das Gebäude steuerfrei (§ 4 Nr. 12 a UStG) an ein Versicherungsunternehmen. Bei den Reparaturarbeiten an der Fassade des Gebäudes handelt es sich um Werklieferungen bzw. Werkleistungen, die im Rahmen einer Maßnahme an dem Wirtschaftsgut i. S. des § 15 a Abs. 1 UStG ausgeführt werden und nicht zu nachträglichen Herstellungskosten des Gebäudes (§ 15 a Abs. 6 UStG), sondern zu einem Berichtigungsobjekt nach § 15 a Abs. 3 UStG führen. Der für dieses Berichtigungsobjekt eigenständige Berichtigungszeitraum beträgt zehn Jahre, weil die Reparaturarbeiten an dem Gebäude (§ 15 a Abs. 1 Satz 2 UStG) durchgeführt worden sind. Er beginnt – unabhängig vom Berichtigungszeitraum für das Geschäftsgebäude – mit Beendigung der durchgeführten Maßnahme (Reparaturarbeiten) am 1.4.05 und endet am 31.3.15. Den Berichtigungsbetrag für das Jahr 07 (§ 15 a Abs. 5 UStG mit 1/10 von 6 000 € × 100% Änderung ggü. dem ursprünglichen Vorsteuerabzug) von 600 € hat V abweichend von § 18 Abs. 1 u. 2 UStG nach § 44 Abs. 4 Satz 1 UStDV mit der Jahresanmeldung zu erklären und abzuführen (vgl. Abschn. 15a.11 Abs. 7 UStAE).

Wird dem Unternehmensvermögen ein Wirtschaftsgut entnommen, das **543**
bei seiner Anschaffung nicht zum Vorsteuerabzug berechtigt hatte, für das aber nachträglich Aufwendungen i. S. des § 15 a Abs. 3 UStG getätigt wurden, die zum Vorsteuerabzug berechtigten, kann für diese Aufwendungen eine Vorsteuerberichtigung vorzunehmen sein (vgl. Abschn. 15a.6 Abs. 12 bis 17 UStAE).

Beispiel:
Ein im Jahr 04 ohne USt erworbenes Gebäude wird durch den Unternehmer V zunächst für steuerfreie Vermietungsumsätze genutzt. Im Jahr 05 vermietet V das Gebäude zu 50% steuerpflichtig. Für die im Jahr 05 durchgeführte Fassadenreinigung einschl. einem Neuanstrich macht V 50% von der in Rechnung gestellten Umsatzteuer von 1 520 € als Vorsteuer (§ 15 Abs. 2 i.V.m. 4 UStG = 760 €) geltend. Ab 1.1.07 nutzt V das Gebäude ausschließlich für eigene Wohnzwecke.
V entnimmt zum 1.1.07 das Gebäude aus seinem Unternehmen, weil er es nicht mehr zur Erzielung von Einnahmen, sondern ausschließlich für außerunternehmerische Zwecke verwendet. Da das Gebäude nicht zum Vorsteuerabzug berechtigt hat, unterliegt die Entnahme nicht der Umsatzbesteuerung (§ 3 Abs. 1 b Nr. 1 i.V.m. § 3 Abs. 1 b Satz 2 UStG). Bei den in 05 an dem Gebäude ausgeführten Arbeiten handelt es sich auch nicht um nachträglich eingegangene Bestandteile (vgl. Abschn. 3.3 Abs. 2 Satz 4 UStAE), sondern um sonstige Leistungen, die mit der nicht steuerbaren unentgeltlichen Wertabgabe des Gebäudes in den außerunternehmerischen Bereich gelangen. Da die sonstigen Leistungen (Fassadenreinigung und Neuanstrich) über den Zeitpunkt ihres Leistungsbezugs hinaus eine eigene Werthaltigkeit besitzen, liegt ein Berichtigungsobjekt i.S. des § 15 a Abs. 3 UStG vor, für das der zehnjährige Berichtigungszeitraum (§ 15 a Abs. 1 Satz 2 UStG) Anwendung findet. Die nicht steuerbare Entnahme des Gebäudes zum 1.1.07 führt in diesem Fall nach § 15 a Abs. 3 Satz 3 UStG zu einer Änderung der Verhältnisse gegenüber den für den ursprünglichen Vorsteuerabzug maßgebenden Verhältnissen von 50%. V hat die Berichtigung entsprechend der Regelungen des § 15 a Abs. 8 u. 9 UStG bis zum Ende des Berichtigungszeitraums im Voranmeldungszeitraum der Entnahme (§ 44 Abs. 4 Satz 3 UStDV) durchzuführen, weil die Vorsteuer aus diesen Erhaltungsaufwendungen (dem Grunde nach § 15 Abs. 1 UStG) 1 000 € übersteigt und die Bagatellregelung des § 44 Abs. 1 i.V.m. Abs. 5 UStDV nicht greift (vgl. Rn. 547).

544 Eine Vorsteuerberichtigung nach **§ 15 a Abs. 4 UStG** ist vorzunehmen, wenn der Unternehmer eine sonstige Leistung bezieht, die nicht in ein Wirtschaftsgut i.S.d. § 15 a Abs. 1 oder 2 UStG eingeht oder an diesem ausgeführt wird und deren Verwendung anders zu beurteilen ist, als dies zum Zeitpunkt des Leistungsbezugs beabsichtigt war (vgl. Abschn. 15a.7 Abs. 1 UStAE). Während eine Berichtigung des Vorsteuerabzug für An- oder Vorauszahlungen auf sonstige Leistungen dieser Art nach § 15 a Abs. 4 Satz 3 UStG stets in Betracht kommt, ist außerhalb dessen die Berichtigung nach § 15 a Abs. 4 Satz 2 UStG auf solche sonstige Leistungen zu beschränken, für die in der Steuerbilanz ein Aktivierungsgebot bestünde. Es ist jedoch unerheblich, ob der Unternehmer nach §§ 140, 141 AO tatsächlich zur Buchführung verpflichtet ist oder freiwillig Bücher führt oder Einkünfte erzielt, die ertragsteuerlich als Überschuss der Einnahmen über die Werbungskosten ermittelt werden (vgl. Abschn. 15a.7 Abs. 3 u. 4 UStAE).

Für Berichtigungsobjekte i.S. des § 15 a Abs. 4 UStG, die nur einmalig zur Ausführung von Umsätzen verwendet werden (z.B. gutachterliche Leistungen), ist die Vorsteuerberichtigung entsprechend § 15 a Abs. 2 Satz 2 UStG im Zeitpunkt der Verwendung vorzunehmen. Wird die sonstige Leistung längerfristig oder wiederholt zur Ausführung von Umsätzen verwendet (z.B. langfristiges Mietleasing, EDV – Software, Beratungsleistungen für ein Unternehmenskonzept), ist bei der Berichtigung entsprechend § 15 a Abs. 1 UStG von der auf das Kalenderjahr innerhalb des Berichtigungszeitraums entfallenden anteiligen Vorsteuer auszugehen, § 15 a Abs. 5 UStG.

545 Die Vorsteuerberichtigung nach **§ 15 a Abs. 7 UStG** erfasst den Übergang von der Regelbesteuerung zu besonderen Besteuerungsformen, d.h. zu der Nichterhebung der Steuer für Kleinunternehmer nach § 19 Abs. 1 UStG, der Besteuerung nach Durchschnittssätzen nach §§ 23, 23 a und § 24 UStG oder umgekehrt (vgl. Abschn. 15a.9 UStAE).

Bei einer Geschäftsveräußerung im Ganzen gem. § 1 Abs. 1 a UStG bewirkt **546**
die entgeltliche oder unentgeltliche Übertragung eines Unternehmens im Ganzen bzw. eines in der Gliederung eines Unternehmens gesondert geführten Betriebs beim Veräußerer keine Änderung der Verwendung und damit keine Vorsteuerberichtigung nach § 15 a UStG. Der Berichtigungszeitraum der einzelnen Berichtigungsobjekte, die auf den Erwerber im Rahmen der Geschäftsveräußerung im Ganzen übergangen sind, wird nach **§ 15 a Abs. 10 UStG** nicht unterbrochen. Der Erwerber tritt bezüglich der Verhältnisse, die für den ursprünglichen Vorsteuerabzug dieser Berichtigungsobjekte (§ 15 Abs. 2 bis 4 UStG) maßgebend waren, an die Stelle des Veräußerers (§ 1 Abs. 1 a Satz 3 UStG). Erst durch eine Änderung der Verwendung, die der Erwerber nach der Geschäftsveräußerung herbeiführt, entsteht für ihn unter den Voraussetzungen des § 15 a UStG die Notwendigkeit einer Vorsteuerberichtigung.

Bei den weiteren in Abschn. 15a.10 UStAE genannten Fällen der Rechtsnachfolge, z.B. der Begründung oder dem Wegfall eines Organschaftsverhältnisses, kommt es ebenfalls nicht zu einer Änderung der Verhältnisse i.S. des § 15 a UStG.

Um die Berichtigung des Vorsteuerabzugs zu vereinfachen, sieht § 15 a **547**
Abs. 11 i.V.m. § 44 UStDV für bestimmte Fälle Bagatell- bzw. Vereinfachungsregelungen vor.

Nach § 44 Abs. 1 u. 4 UStDV findet eine Berichtigung des Vorsteuerabzugs nur statt, wenn die Vorsteuer dem Grunde nach (§ 15 Abs. 1 UStG) für das Berichtigungsobjekt 1 000 € übersteigt.

In dem Kalenderjahr, in dem die Änderung von den Verhältnissen, die für den ursprünglichen Vorsteuerabzug maßgebend waren, nicht mehr als 10 Prozentpunkte beträgt, unterbleibt die Berichtigung nach § 15 a UStG, wenn der Berichtigungsbetrag für dieses Kalenderjahr 1 000 € nicht übersteigt (§ 44 Abs. 2 UStDV). Für Berichtigungsobjekte, die nicht nur einmalig zur Ausführung von Umsätzen verwendet werden, kommt es zur Ermittlung der Abweichung (§ 44 Abs. 2 Satz 1 UStDV) darauf an, wie das Berichtigungsobjekt während des gesamten Kalenderjahres verwendet wird (vgl. Abschn. 15a.2 Abs. 4 UStAE).

Die Durchführung einer Vorsteuerkorrektur wird nach § 44 Abs. 3 UStDV für Wirtschaftsgüter, die vor die 1.1.2012 angeschafft oder hergestellt worden sind, alle in Betracht kommenden Jahre (je nach Art des Wirtschaftsgut 5 oder 10 Jahre) in einer Summe am Ende des Berichtigungszeitraumes vorgenommen, wenn die abziehbare Vorsteuer für das Berichtigungsobjekt (§ 15 Abs. 1 UStG) 1 000 € aber nicht 2 500 € übersteigt. Die Berichtigung hat in der Jahressteueranmeldung für das letzte Jahr des Berichtigungszeitraums zu erfolgen, § 44 Abs. 4 Satz 2 UStG a.F.

Die Berichtigung des Vorsteuerabzugs ist nach § 18 Abs. 1 u. 2 UStG **548**
grundsätzlich in dem Voranmeldungszeitraum durchzuführen, in dem sich die Verhältnisse, die für den ursprünglichen Vorsteuerabzug maßgebend waren, geändert haben. Übersteigt der Berichtigungsbetrag für ein Kalenderjahr nicht 6 000 €, ist die Berichtigung nach § 44 Abs. 4 Satz 1 UStDV erst in der Jahressteueranmeldung für dieses Kalenderjahr durchzuführen.

Wird das Berichtigungsobjekt während des Berichtigungszeitraums veräußert oder entnommen, so ist die Vorsteuerberichtigung für das Kalenderjahr der Lieferung bzw. Entnahme und die folgenden Kalenderjahre des Berichtigungszeitraums (§ 15 a Abs. 8 i. V. m. Abs. 9 UStG) für den Voranmeldungszeitraum der Lieferung bzw. unentgeltlichen Wertabgabe durchzuführen.

L. Besteuerung von Kleinunternehmen

549 Nach dem Willen des Umsatzsteuergesetzgebers sollen wirtschaftlich schwächere Unternehmer (z. B. Unternehmen in der Gründungsphase oder Unternehmen mit niedrigen Umsätzen) begünstigt werden. Maßstab für die Anwendung der in § 19 UStG geregelten Sondervorschrift ist der Gesamtumsatz eines Unternehmens (§ 19 Abs. 3 UStG).

550 *frei*

I. Kleinunternehmer nach § 19 Abs. 1 UStG

551 Als Kleinunternehmer i. S. d. § 19 Abs. 1 UStG gelten Unternehmer im Inland, wenn ihre Umsätze

- im vorangegangenen Kalenderjahr tatsächlich 17 500 € nicht überstiegen haben und
- im laufenden Kalenderjahr voraussichtlich 50 000 € nicht übersteigen werden.

552 Ausgangsgrundlage für die Ermittlung des maßgebenden Umsatzes ist der Gesamtumsatz nach § 19 Abs. 3 UStG mit den in § 19 Abs. 1 UStG genannten Änderungen. Der maßgebende Umsatz kann vereinfacht wie folgt dargestellt werden:

1. Summe der Bruttoeinnahmen aus allen steuerbaren Umsätzen nach § 1 Abs. 1 Nr. 1 UStG mit Ausnahme der Umsätze von Wirtschaftsgütern des Anlagevermögens,
2. abzüglich Summe der Einnahmen aus bestimmten steuerfreien Umsätzen (§ 4 Nr. 8 i, 9 b, 11–28 UStG) und Hilfsumsätzen (§ 4 Nr. 8 a–h, 9 a, 10 UStG).

Liegt die Summe der so ermittelten Umsätze aus dem Vorjahr nicht über 17 500 € und ist zu Beginn des laufenden Jahres ein Umsatz über 50 000 € nicht zu erwarten, kann sich der Unternehmer nach § 19 Abs. 1 UStG im Ergebnis wie ein Nichtunternehmer behandeln lassen (vgl. Abschn. 19.1 UStAE). Falls der tatsächliche Gesamtumsatz des laufenden Kalenderjahres 50 000 € übersteigt, ist die Inanspruchnahme des § 19 Abs. 1 UStG dann nicht zu versagen, wenn die nach bestem Wissen aufgestellte anfängliche Schätzung unter 50 000 € lag.

Beispiel:

Kioskbesitzer K hat im Vorjahr einen Bruttoumsatz von 9 000 € vereinnahmt und eine unentgeltliche Wertabgabe von Waren (Entnahme) in Höhe von brutto 950 € getätigt. Der voraussichtliche Umsatz des laufenden Jahres beträgt 22 500 €. Zur Prüfung der Kleinunternehmereigenschaft ist der Gesamtumsatz aus allen steuerbaren Umsätzen nach § 1 Abs. 1 Nr. 1 UStG zu berechnen:

Bruttoumsatz	9 000 €
unentgeltliche Wertabgaben	950 €
Summe	9 950 €

Der Vorjahresumsatz liegt also unter 17 500 €. Da der voraussichtliche Umsatz des laufenden Jahres 50 000 € nicht übersteigt, ist K Kleinunternehmer i. S. d. § 19 Abs. 1 UStG.

Bei Beginn einer unternehmerischen Tätigkeit kann für die Prüfung einer Kleinunternehmereigenschaft nicht auf Vorjahresumsätze zurückgegriffen werden. In diesem Fall ist allein auf den voraussichtlichen Umsatz des laufenden Kalenderjahres abzustellen, wobei nach der Zweckbestimmung des § 19 Abs. 1 UStG die Grenze von 17 500 € und nicht die Grenze von 50 000 € maßgebend ist (vgl. Abschn. 19.1 Abs. 4 UStAE). Wird die unternehmerische Tätigkeit während eines Jahres aufgenommen, so sind die Umsätze nach § 19 Abs. 3 UStG auf einen Jahresumsatz hochzurechnen. **553**

Beispiel:

Der angestellte Klempnermeister M möchte sich schrittweise selbstständig machen und nimmt ab Oktober des Jahres 07 mit Erlaubnis seines Arbeitgebers Aufträge auf eigenen Namen an. Im Jahr 07 hat er für seine Tätigkeit insgesamt 4 500 € eingenommen. Zur Ermittlung des nach § 19 Abs. 1 UStG maßgebenden Umsatzes sind die Einnahmen auf einen Jahresumsatz umzurechnen. Dieser beträgt 4 500 € × 4 = 18 000 €.

Damit liegt M über der Grenze nach § 19 Abs. 1 UStG für neu beginnende Unternehmer. War jedoch im Oktober 07 noch nicht zu erwarten, dass sich der Umsatz in dieser Höhe entwickeln würde, muss M sich nicht der Regelbesteuerung unterwerfen.

Sind die Voraussetzungen des § 19 Abs. 1 UStG erfüllt, treten folgende Rechtsfolgen ein: **554**

1. Die für die Umsätze nach § 13 a Abs. 1 Nr. 1 UStG geschuldete USt wird nicht erhoben.
2. Der Unternehmer darf keine Vorsteuern nach § 15 UStG abziehen.
3. Der Unternehmer darf keine Rechnungen mit USt ausstellen.
4. Der Unternehmer darf den Verzicht auf die Steuerbefreiung nach § 9 UStG nicht in Anspruch nehmen.
5. Der Unternehmer muss seine Umsätze nach § 65 UStDV (§ 22 UStG) aufzeichnen.

II. Verzicht auf Anwendung des § 19 Abs. 1 UStG

Die Einordnung als Kleinunternehmer nach § 19 Abs. 1 UStG mit den damit verbundenen Konsequenzen muss nicht immer vorteilhaft für den Unternehmer sein. Insbesondere dann, wenn der Unternehmer die USt auf Abnehmer abwälzen kann, erscheint ein Verzicht auf die Kleinunternehmerposition sinnvoll, da dem Unternehmer einerseits keine zusätzliche Belastung entstehen würde, er andererseits aber anfallende Vorsteuern abziehen könnte. **555**

556 Der Verzicht auf die Kleinunternehmerregelung ist in § 19 Abs. 2 UStG geregelt. Er kann gegenüber der Finanzbehörde formlos erklärt werden, so z.B. indem der Unternehmer seine Umsätze in Voranmeldungen oder in einer USt-Jahreserklärung den allgemeinen umsatzsteuerlichen Vorschriften unterwirft.

Beispiel:

Frau A erwirbt zum Zwecke der Kapitalanlage eine Wohnung in Köln. Sie lässt die Wohnung von einem Generalunternehmer zum Preis von 30 000 € zuzüglich USt renovieren, um sie anschließend an einen Rechtsanwalt zum Preis von 1 000 € je Monat zu vermieten. Der Rechtsanwalt betreibt seine Praxis in den Räumen der Wohnung.

Da Frau A mit einem Jahresumsatz von 12 000 € unter die Kleinunternehmerregelung des § 19 Abs. 1 UStG fällt, muss sie keine Umsatzsteuer abführen, kann andererseits aber auch keine Vorsteuer zum Abzug bringen. Im Falle des Verzichts auf die Anwendung des § 19 Abs. 1 UStG und der dann möglichen Option der steuerfreien Vermietungsumsätze (§ 4 Nr. 12 a UStG) an den Rechtsanwalt nach § 9 UStG muss sie ihre Jahresumsätze der Besteuerung unterwerfen, kann aber zugleich die zusammen mit den Renovierungskosten in Rechnung gestellte Vorsteuer in Höhe von (30 000 € × 19% =) 5 700 € zum Abzug bringen. Da der Rechtsanwalt selbst vorsteuerabzugsberechtigt ist, wird er sich einer Änderung der Miete um zusätzlich zu entrichtende USt (1 000 € + 190 € = 1 190 €) nicht verschließen. Somit entsteht Frau A durch die Umsatzversteuerung keine zusätzliche Belastung; zugleich ermäßigen sich ihre Ausgaben für die Renovierung um die abzugsfähige Vorsteuer von 5 700 €.

557 Zu beachten ist jedoch, dass der Unternehmer an seine Erklärung nach § 19 Abs. 2 UStG für fünf Jahre gebunden bleibt (vgl. Abschn. 19.2 UStAE). Die Fünfjahresfrist läuft von Beginn des ersten Kalenderjahres an, für das die Erklärung abgegeben worden ist.

Für den Übergang von der Anwendung des § 19 Abs. 1 UStG zur Regelbesteuerung und umgekehrt sind die Regelungen in Abschn. 19.5 UStAE zu beachten.

M. Aufzeichnungspflichten

I. Umfang

558 Zur Überprüfung der vom Unternehmer selbst berechneten Steuer und der Grundlagen ihrer Berechnung muss der Unternehmer nach § 22 UStG **Aufzeichnungen** führen, die es einem Dritten ermöglichen, innerhalb einer angemessenen Frist einen Überblick über die Umsätze des Unternehmers und die absetzbaren Vorsteuern zu erhalten.

559 Zur Erfüllung der in § 22 UStG sowie §§ 63 bis 68 UStDV geregelten Aufzeichnungspflichten ist der Unternehmer gehalten, die Bemessungsgrundlagen einschließlich vereinnahmter Voraus- bzw. Anzahlungen zu den Umsätzen nach § 1 Abs. 1 Nr. 1 UStG getrennt von den Umsätzen nach § 1 Abs. 1 Nr. 4 und den Umsätzen nach § 1 Abs. 1 Nr. 5 UStG festzuhalten. Dabei sind die steuerpflichtigen Umsätze – getrennt nach Steuersätzen – neben den steuerfreien Umsätzen aufzuzeichnen. Dies gilt auch in den Fällen, in denen der Unternehmer als Leistungsempfänger die Steuer nach § 13 b Abs. 2 UStG

schuldet und in den Fällen, in denen die Steuerschuld für steuerpflichtige Ausgangsumsätze nach § 13 b Abs. 1 UStG auf den Leistungsempfänger übergeht (§ 22 Abs. 2 Nr. 8 UStG). Besondere Aufzeichnungspflichten haben Unternehmer zu beachten, die nur teilweise zum Vorsteuerabzug berechtigt sind (§ 22 Abs. 3 UStG, vgl. Abschn. 22.4 UStAE).

Die allgemeinen Vorschriften über das Führen von Büchern und Aufzeichnungen der §§ 140 bis 148 AO gelten in Übereinstimmung mit § 63 Abs. 1 UStDV auch für die Aufzeichnungen für Umsatzsteuerzwecke. Die Aufzeichnungen sind grundsätzlich im Inland zu führen (§§ 146 Abs. 2 Satz 1 AO, § 14 b UStG, vgl. Abschn. 22.1 u. 14b.1 UStAE). Die Aufzeichnungen können auch elektronisch erfolgen, vgl. A 22.1 Abs. 2 UStAE.

II. Bedeutung

Zur Vermeidung von Sanktionen, die an die Nichteinhaltung der Auf- **560** zeichnungspflichten geknüpft sind, ist es wichtig, diese zu befolgen.

Mögliche Sanktionen bei dem Verstoß gegen Aufzeichnungspflichten wären:

- Versagung von Steuerbefreiungen
- Schätzung gem. § 162 AO
- Ordnungsgelder und Bußgeld, strafbare Handlung vgl. Rn. 590 ff.

III. Vereinfachung

Durch § 63 Abs. 3 und 5 UStDV werden die Aufzeichnungspflichten nach **561** § 22 Abs. 2 UStG allgemein erleichtert, vgl zusammenfassend A 22.5 UStAE. Den Unternehmern ist es hiernach gestattet, für ihre Umsätze und die an sie ausgeführten Umsätze die jeweiligen Bruttobeträge einschließlich der Steuer getrennt nach Steuersätzen aufzuzeichnen und am Schluss eines Voranmeldungszeitraums insgesamt in Bemessungsgrundlage und Steuer aufzuteilen. Beträge für die an den Unternehmer ausgeführten Umsätze dürfen in das Verfahren der Bruttoaufzeichnung nur einbezogen werden, wenn in der jeweiligen Rechnung die Steuer in zutreffender Höhe gesondert ausgewiesen ist. Die Bruttoaufzeichnung darf außerdem nicht für die Leistungen des Unternehmers vorgenommen werden, für die in den Rechnungen die Steuer zu Unrecht oder zu hoch ausgewiesen ist.

Kleinunternehmer im Sinne des § 19 Abs. 1 UStG müssen nur die Werte **562** der Gegenleistungen aufzeichnen (§ 65 UStDV). Als Wert der erhaltenen Gegenleistungen ist grundsätzlich der vereinnahmte Preis anzugeben.

Unternehmer, die ihre abziehbaren Vorsteuerbeträge nach Durchschnittssätzen (§§ 23, 23 a UStG, §§ 66 a, 69, 70 Abs. 1 UStDV) berechnen, brauchen die Entgelte oder Teilentgelte für die empfangenen Leistungen sowie die dafür in Rechnung gestellten Steuerbeträge nicht aufzuzeichnen. Ebenso entfällt die Verpflichtung zur Aufzeichnung der Einfuhrumsatzsteuer. Soweit neben den Durchschnittssätzen Vorsteuern gesondert abgezogen werden können (§ 70 Abs. 2 UStDV), gelten die allgemeinen Aufzeichnungspflichten.

563 Land- und Forstwirte, die ihre Umsätze nach den Durchschnittssätzen des § 24 UStG versteuern, haben die Bemessungsgrundlagen für die Umsätze mit den in der Anlage 2 des UStG nicht aufgeführten Sägewerkserzeugnissen und Getränken sowie mit alkoholischen Flüssigkeiten aufzuzeichnen (§ 67 UStDV).

Die Erleichterungen berühren nicht die Verpflichtung zur Aufzeichnung der Steuerbeträge, die nach § 14 c UStG geschuldet werden.

564 Die Aufzeichnung der Entgelte für empfangene steuerpflichtige Leistungen (§ 22 Abs. 2 Satz 1 Nr. 5 UStG) und der Einfuhrumsatzsteuer (§ 22 Abs. 2 Nr. 6 UStG in Verbindung mit § 64 UStDV) ist nicht erforderlich, wenn der Vorsteuerabzug nach § 15 Abs. 2 und 3 UStG ausgeschlossen ist oder deshalb entfällt, weil die Steuer in den Rechnungen nicht gesondert ausgewiesen ist. Hiervon werden die Aufzeichnungspflichten nach anderen Vorschriften (z. B. § 238 Abs. 1, §§ 266, 275, 276 Abs. 1 HGB, §§ 141, 143 AO) nicht berührt. Das Vorsteuerabzugsrecht ist wegen der Verletzung der Aufzeichnungspflichten nicht ausgeschlossen, vgl. A 22.2 Abs. 9 UStAE.

565 Körperschaften, Personenvereinigungen und Vermögensmassen im Sinne des § 5 Abs. 1 Nr. 9 KStG, insbesondere Vereine, die ihre abziehbaren Vorsteuerbeträge nach dem Durchschnittssatz des § 23 a UStG berechnen, sind von den Aufzeichnungspflichten nach § 22 Abs. 2 Nr. 5 und 6 UStG befreit (§ 66 a UStDV), vgl. A 22.2 Abs. 10 UStAE.

566 Der Unternehmer kann außerdem eine erleichterte Trennung der Bemessungsgrundlagen nach Steuersätzen (§ 63 Abs. 4 UStDV) mit Genehmigung des Finanzamts vornehmen. Das Finanzamt hat die Genehmigung schriftlich unter dem Vorbehalt des jederzeitigen Widerrufs zu erteilen. In der Genehmigungsverfügung sind die zugelassenen Erleichterungen genau zu bezeichnen. Eine vom Unternehmer ohne Genehmigung des Finanzamts vorgenommene erleichterte Trennung der Bemessungsgrundlagen kann aus Billigkeitsgründen anerkannt werden, wenn das angewandte Verfahren bei rechtzeitiger Beantragung hätte zugelassen werden können. Eine solche Erleichterung der Aufzeichnungspflichten kommt allerdings nicht in Betracht, wenn eine Registrierkasse mit Zählwerken für mehrere Warengruppen oder eine entsprechende andere Speichermöglichkeit eingesetzt wird.

IV. Besondere Aufzeichnungen für die Einfuhrumsatzsteuer und Erwerbsteuer

567 Wird im Zusammenhang mit einer Einfuhr eine Lieferung an den Unternehmer bewirkt, sind entweder die Einfuhrumsatzsteuer – insbesondere in den Fällen des § 3 Abs. 6 UStG – oder das Entgelt und die darauf entfallende Steuer – in den Fällen des § 3 Abs. 8 UStG – aufzuzeichnen. Maßgebend ist, welchen Steuerbetrag der Unternehmer als Vorsteuer abziehen kann, vgl. A 22.2 Abs. 11 UStAE. Bei der Einfuhr genügt es auch, wenn die entrichtete oder in den Fällen des § 16 Abs. 2 Satz 4 UStG zu entrichtende Einfuhrumsatzsteuer aufgezeichnet und dabei auf einen entsprechenden zollamtlichen Beleg hingewiesen wird (§ 64 UStDV).

568–569 *frei*

N. Besonderheiten der Organschaft

Eine Organschaft kann aus einem Organträger und mindestens einer Organgesellschaft bestehen. Jeder Unternehmer i.S. des § 2 Abs. 1 UStG kann Organträger sein. Als unselbstständige Organgesellschaft kommt dagegen nur eine juristische Person des Privatrechts in Betracht. Die Voraussetzungen für die umsatzsteuerliche Organschaft sind nicht identisch mit den Voraussetzungen der körperschaftsteuerlichen und gewerbesteuerlichen Organschaft, (vgl. Abschn. 2.8 Abs. 3 UStAE).

Eine Organschaft liegt vor, wenn eine juristische Person des Privatrechts **570** nach dem Gesamtbild der tatsächlichen Verhältnisse in das Unternehmen des Organträgers wirtschaftlich, finanziell und organisatorisch eingegliedert ist (§ 2 Abs. 2 Nr. 2 Satz 1 UStG). **Wirtschaftliche Eingliederung** liegt vor, wenn sich Organträger und Organgesellschaft in betriebswirtschaftlich sinnvoller Weise ergänzen. Beweisanzeichen für eine wirtschaftlich sinnvolle Eingliederung sind z.B. der Wareneinkauf durch die Organgesellschaft für den Organträger und umgekehrt oder der Vertrieb der Produkte des Organträgers durch die Organgesellschaft (Abschn. 2.8 Abs. 5 UStAE).

Das Merkmal der **finanziellen Eingliederung** besagt, dass der Organträ- **571** ger in Besitz der entscheidenden Anteilsmehrheit an der Organgesellschaft sein muss, die es ihm ermöglicht, Beschlüsse in der Organgesellschaft durchzusetzen (Abschn. 2.8 Abs. 4 UStAE). Eine finanzielle Eingliederung ist dann gegeben, wenn der Organträger mehr als 50% der Anteile an der Organgesellschaft besitzt und die Satzung der Organgesellschaft für Beschlüsse keine höhere qualifizierte Mehrheit vorsieht. Die Stimmenmehrheit kann auch durch mittelbare Beteiligung des Organträgers über seine Gesellschafter erreicht werden, wenn in beiden Gesellschaften dieselben Gesellschafter zusammen über die Mehrheit der Stimmrechte verfügen.

Der Annahme einer finanziellen Eingliederung einer Kapitalgesellschaft in eine Organträger-Personengesellschaft steht es nicht entgegen, wenn sich die Anteile an der Kapitalgesellschaft nicht im Besitz der Personengesellschaft befinden, sondern den Gesellschaftern der Personengesellschaft selbst zustehen, vgl. Abschn. 2.8 Abs. 4 UStAE.

Werden die Anteile zweier Kapitalgesellschaften ausschließlich von natürlichen Personen im Privatvermögen gehalten, liegt keine finanzielle Eingliederung vor. Es fehlt an einem Über-/Unterordnungsverhältnis, weil keine der beiden Gesellschaften in das Gefüge des anderen Unternehmens eingeordnet ist. Die Kapitalgesellschaften sind als „Schwestergesellschaften" jeweils selbstständige Unternehmer (Abschn. 2.8 Abs. 4 Satz 3 u. 4 UStAE).

Die **organisatorische Eingliederung** schließlich setzt voraus, dass der **572** Organträger durch organisatorische Maßnahmen seinen Einfluss auf die Willensbildung bei der Organgesellschaft auch tatsächlich umsetzten kann (Abschn. 2.8 Abs. 6 UStAE). Diese Voraussetzung ist regelmäßig dann erfüllt, wenn eine Personalunion der Geschäftsführer bei Organträger und Organgesellschaft besteht.

Für das Vorliegen der Organschaft müssen grundsätzlich alle drei Kriterien **573** vorliegen. Ist eines der drei Kriterien nicht so stark ausgeprägt, kann es durch das eindeutige Vorliegen der anderen Kriterien in bestimmten Maße ausgeglichen werden (Abschn. 2.8 Abs. 1 UStAE). Maßgebend ist das **Gesamtbild der tatsächlichen Verhältnisse.**

574 In der Konsequenz organschaftlicher Verbundenheit bilden die im Organkreis stehenden unselbständigen juristischen Personen umsatzsteuerlich nur ein Unternehmen. Unternehmer ist der Organträger. Sowohl die Eingangs- als auch die Ausgangsumsätze der im Inland gelegenen Organgesellschaften werden dem Organträger zugeordnet, der diese in seiner Steuererklärung zusammenfassen muss. Die in Rechnung gestellte Umsatzsteuer für Leistungsbezüge an die Organgesellschaft begründen unter den allgemeinen Voraussetzungen des § 15 UStG den Vorsteueranspruch des Organträgers. Bei den Leistungen, die innerhalb dieser Unternehmensteile ausgetauscht werden, handelt es sich um **nichtsteuerbare Innenumsätze**.

575 Die Wirkungen der Organschaft sind nach § 2 Abs. 2 Nr. 2 S. 2 UStG auf die im Inland liegenden Unternehmensteile des Organkreises beschränkt. Ausländische Tochtergesellschaften können auch dann, wenn alle Voraussetzungen zur Eingliederung gegeben sind, nicht in das Unternehmen des Organträgers im Inland einbezogen werden.

Beispiel:
Der im Inland ansässige Organträger O-AG hat am gleichen Ort eine Organgesellschaft G-GmbH und in Frankreich eine Organgesellschaft F-SARL. Die O-AG versendet Waren an die G-GmbH und die F-SARL.
Zwischen der O-AG und der G-GmbH liegen nicht steuerbare Innenumsätze vor. Dagegen bewirkt die O-AG im Inland an die F-SARL steuerbare Lieferungen, da die F-SARL als selbstständige Tochtergesellschaft der O-AG im Ausland ansässig ist. Sie kann damit nicht in die Leistungsbeziehungen innerhalb der umsatzsteuerlichen Organschaft einbezogen werden kann. Die Lieferungen sind als innergemeinschaftliche Lieferungen nach § 4 Nr. 1 b i. V.m. § 6 a UStG steuerfrei. In Frankreich hat die F-SARL einen innergemeinschaftlichen Erwerb zu besteuern und gleichzeitig daraus einen Vorsteueranspruch

O. Fiskalvertreter

576 Nach § 22 a Abs. 1 UStG kann sich ein Unternehmer, der im Inland (und in den in § 1 Abs. 3 UStG genannten Gebieten)

- nicht ansässig ist und keine Zweigniederlassung unterhält,
- ausschließlich steuerfreie Umsätze ausführt,
- keine Vorsteuerbeträge abziehen kann,

gegenüber den inländischen Finanzbehörden durch einen Fiskalvertreter vertreten lassen. Zur Einschaltung eines Fiskalvertreters ist der ausländische Unternehmer jedoch nicht verpflichtet. Auf keinen Fall erstreckt sich die Fiskalvertretung auf im Inland ausgeführte (steuerbare und) steuerpflichtige Umsätze eines ausländischen Unternehmers, wie z.B. Lieferungen nach § 3 c UStG.

577 Zur Fiskalvertretung sind grundsätzlich alle Personen berechtigt, die geschäftsmäßig Hilfe in Steuersachen leisten (§ 3 StBerG). Andere gewerbliche Unternehmer sind nach § 4 Nr. 9 c StBerG zur Fiskalvertretung nur befugt, wenn sie im Geltungsbereich des UStG ansässig sind, nicht zu den Kleinunternehmern i.S.d. § 19 Abs. 1 UStG gehören und nicht nach § 22 e UStG von der Fiskalvertretung ausgeschlossen wurden. Der Fiskalvertreter benötigt eine Vollmacht des im Ausland ansässigen Unternehmers (§ 22 a Abs. 3 UStG).

Der Fiskalvertreter hat die inländischen Rechte und Pflichten des im Ausland ansässigen Unternehmers und nimmt dessen Stelle im Besteuerungsverfahren ein (§ 22 b Abs. 1 UStG). Ein Fiskalvertreter kann zugleich mehrere ausländische Unternehmer vertreten. Für alle von ihm vertretenen Unternehmer tritt er unter derselben Steuernummer auf und verwendet dieselbe USt-IdNr., die er eigens für diese Tätigkeit (neben seiner persönlichen Steuernummer) erhält. In der Steuererklärung (§ 18 Abs. 3, 4 UStG) und in einer Zusammenfassenden Meldung (§ 18 a UStG) muss er die Besteuerungsgrundlagen für jeden von ihm vertretenen Unternehmer nach § 22 b Abs. 2 UStG zusammenfassen und die in § 22 b Abs. 3 UStG vorgeschriebenen Aufzeichnungen führen. 578

Rechnungen über Leistungen, die umsatzsteuerlich über einen Fiskalvertreter abgewickelt werden, müssen neben den in §§ 14, 14 a UStG genannten Angaben

- den Hinweis auf die Fiskalvertretung,
- den Namen und die Anschrift des Fiskalvertreters,
- die dem Fiskalvertreter für seine Tätigkeit erteilte USt-IdNr.

enthalten.

Beispiel:

Der Hersteller U aus Serbien liefert eine Eismaschine an den Unternehmer B in Belgien. Mit dem Transport und der zollrechtlichen Abfertigung an der deutschen Grenze hat U den deutschen Spediteur D beauftragt und ihm eine Vollmacht zur Fiskalvertretung in Deutschland erteilt.

Die Eismaschine wird mit der Abfertigung an der deutschen Grenze im Inland in die EU eingeführt. Die steuerbare Einfuhr im Inland (§ 1 Abs. 1 Nr. 4 UStG) ist nach § 5 Abs. 1 Nr. 3 UStG von der Umsatzbesteuerung befreit, weil die Eismaschine unmittelbar im Anschluss an die Einfuhr in Deutschland zur Ausführung einer i.g. Lieferung nach Belgien verwendet wird. Ein Vorsteueranspruch des U aus der Einfuhr entsteht wegen der EUSt-Befreiung nach § 15 Abs. 1 Satz 1 Nr. 2 UStG nicht. Nach § 3 Abs. 5 a i.V.m. Abs. 8 UStG gilt die Lieferung des U (§ 3 Abs. 1 UStG) an den B im Inland als ausgeführt, weil der Gegenstand der Lieferung (Eismaschine) bei der Versendung aus dem Drittland (Serbien) ins Inland gelangt und D als Beauftragter des Lieferers (U) Schuldner der deutschen EUSt ist. Die Lieferung der Eismaschine an B ist somit steuerbar (§ 1 Abs. 1 Nr. 1 UStG), aber nach § 4 Nr. 1 b i.V.m. § 6 a UStG als i.g. Lieferung steuerfrei. U muss sich zur Erledigung seiner umsatzsteuerlichen Pflichten (§§ 14 a, 18 a, 18 b UStG) nicht selbst bei dem für ihn zuständigen Finanzamt (UStZusV) im Inland registrieren lassen, sondern kann seinen Fiskalvertreter D einschalten, der die Pflichten des U (§ 22 b UStG) als eigene zu erfüllen hat. D hat die i.g. Lieferung an B zum einen unter der ihm für die Fiskalvertretung erteilten Steuernummer gegenüber dem für ihn zuständigen Finanzamt zu erklären und zum anderen beim BZSt eine ZM unter der ihm für seine Fiskalvertretung erteilten USt-IdNr. abzugeben (§ 22 d UStG).

frei 579

P. Innergemeinschaftliches Dreiecksgeschäft

580 Schließen mehrere Unternehmer über denselben Gegenstand Umsatzgeschäfte ab und gelangt dieser Gegenstand bei der Beförderung oder Versendung unmittelbar vom ersten Unternehmer an den letzten Abnehmer, liegt ein sog. Reihengeschäft i.S. des § 3 Abs. 6 Satz 5 UStG vor. Bei den innergemeinschaftlichen Reihengeschäften beginnt die Warenbewegung in einem Mitgliedstaat und endet in einem anderen Mitgliedstaat. Da die Beförderung oder Versendung des Gegenstandes nur einer der Lieferungen innerhalb des Reihengeschäft zuzuordnen ist, hat nur der Erwerber der warenbewegten Lieferung eine Besteuerung des i.g. Erwerbs durchzuführen.

Beispiel:
Unternehmer C aus Cottbus bestellt bei seinem Großhändler B aus Berlin eine Eismaschine. B gibt die Bestellung weiter an den Hersteller DK aus Dänemark. DK befördert die Maschine mit eigenem Lkw unmittelbar nach Cottbus und übergibt sie C.
Es liegt ein Reihengeschäft (§ 3 Abs. 6 Satz 5 UStG) vor, weil mehrere Unternehmer über dieselbe Maschine Umsatzgeschäfte abschließen und die Maschine unmittelbar vom ersten Unternehmer DK an den letzten Abnehmer C gelangt. Da die Warenbewegung in Dänemark, einem EU-Mitgliedstaat, beginnt und in Deutschland, einem anderen EU-Mitgliedstaat endet, handelt es sich um ein i.g. Reihengeschäft. Die Warenbewegung (Beförderung) ist der Lieferung von DK an B zuzurechnen, weil DK als erster Unternehmer in der Reihe die Beförderung bewirkt. Diese Lieferung ist nach § 3 Abs. 5 a i.V.m. Abs. 6 Satz 1 UStG mit Beginn der Beförderung in Dänemark ausgeführt (d.h. in Dänemark steuerbar und als i.g. Lieferung steuerfrei). Während dessen die sich anschließende Lieferung von B an C als ruhende Lieferung (§ 3 Abs. 5 a i.V.m. Abs. 7 Satz 2 Nr. 2 UStG) am Ende der Beförderung in Cottbus als ausgeführt gilt und damit zu einem steuerbaren (§ 1 Abs. 1 Nr. 1 UStG) und steuerpflichtiger Umsatz des B führt.
Bei B als Leistungsempfänger der warenbewegten Lieferung innerhalb des Reihengeschäftes liegen die Voraussetzungen für den i.g. Erwerb gegen Entgelt nach § 1 a Abs. 1 UStG vor. Der i.g. Erwerb ist nach § 3 d Satz 1 UStG am Ende der Beförderung in Cottbus, im Inland (§ 1 Abs. 2 Satz 1 UStG), bewirkt. Er ist steuerbar (§ 1 Abs. 1 Nr. 5 UStG) und zum Regelsteuersatz steuerpflichtig. Der Erwerber B schuldet die Erwerbsumsatzsteuer (§ 13 a Abs. 1 Nr. 2 UStG) und kann diese in gleicher Höhe als Vorsteuer geltend machen (§ 15 Abs. 1 Nr. 3 UStG), weil er die Maschine für sein Unternehmen i.g. erworben hat. Ein Ausschluss vom Vorsteuerabzug (§ 15 Abs. 2 UStG) ist infolge der sich unmittelbar anschließenden steuerpflichtigen Weiterlieferung der Maschine an C nicht gegeben.

Innerhalb der innergemeinschaftlichen Reihengeschäfte erfahren die innergemeinschaftlichen Dreiecksgeschäfte durch § 25 b UStG eine besondere Behandlung.

581 § 25 b UStG ist als „doppelstöckige" Rechtsgrundlage aufgebaut. Nach **§ 25 b Abs. 1 UStG** liegt unter folgenden Voraussetzungen ein **innergemeinschaftliches Dreiecksgeschäft** vor:

1. **Drei** Unternehmer schließen Umsatzgeschäfte ab über denselben Gegenstand, der unmittelbar vom ersten Lieferer an den letzten Abnehmer gelangt.
2. Die Unternehmer sind in **jeweils verschiedenen Mitgliedstaaten** für Zwecke der Umsatzsteuer erfasst.
   Der Unternehmer gilt in dem Mitgliedstaat umsatzsteuerlich als erfasst, mit dessen USt-IdNr. er auftritt. Er muss in diesem Staat zwar nicht ansässig, aber steuerlich registriert sein (vgl. Abschn. 25b.1 UStAE).
3. Der Gegenstand der Lieferungen muss aus dem Gebiet eines Mitgliedstaates in das Gebiet eines anderen Mitgliedstaates gelangen.

4. Der Gegenstand der Lieferungen muss durch den ersten Lieferer oder den ersten Abnehmer (d.h. den mittleren Unternehmer) befördert oder versendet werden.

Die Vereinfachungsregelung des § 25 b UStG gilt nicht für den sog. Abholfall, bei dem der letzte Abnehmer in der Reihe den Gegenstand befördert oder versendet (vgl. Abschn. 25b.1 Abs. 5 UStAE).

Beispiel:
Unternehmer C aus Cottbus bestellt beim Unternehmer B aus Brüssel eine Eismaschine, der sie seinerseits beim Hersteller A aus Amsterdam ordert. Alle drei Unternehmer benutzen die USt-IdNr. ihres Mitgliedstaates. A befördert die Eismaschine mit eigenem Lkw unmittelbar von Amsterdam nach Cottbus.
Es handelt sich um ein innergemeinschaftliches Dreiecksgeschäft, weil alle oben genannten Voraussetzungen des § 25 b Abs. 1 UStG erfüllt sind.

Lösung i.g. Reihengeschäft ohne Vereinfachungsregelung des § 25 b UStG:
Die Warenbewegung (Beförderung) ist der Lieferung von A an B zuzurechnen, weil A als erster Unternehmer in der Reihe die Beförderung bewirkt. Diese Lieferung ist nach § 3 Abs. 5 a i.V.m. Abs. 6 UStG mit Beginn der Beförderung in den Niederlanden ausgeführt (d.h. in den Niederlanden steuerbar und als i.g. Lieferung steuerfrei). Die nachfolgende ruhende Lieferung von B an C wird dort ausgeführt, wo die Beförderung der Eismaschine endet (§ 3 Abs. 5 a i.V.m. Abs. 7 Satz 2 Nr. 2 UStG), hier in Cottbus, und unterliegt somit in Deutschland nach § 1 Abs. 1 Nr. 1 UStG der Umsatzsteuer. Gleichzeitig hat B die Eismaschine in Deutschland (§ 3 d Satz 1 UStG) innergemeinschaftlich erworben und einen steuerbaren (§ 1 Abs. 1 Nr. 5 UStG) und steuerpflichtigen Umsatz bewirkt, für den er die Erwerbsumsatzsteuer schuldet (§ 13 a Abs. 1 Nr. 2 UStG) und diese in gleicher Höhe wieder als Vorsteuerabzug (§ 15 Abs. 1 Nr. 3 UStG, mangels Ausschluss nach § 15 Abs. 2 UStG) geltend machen kann. Der belgische Unternehmer B müsste sich daher für umsatzsteuerliche Zwecke in Deutschland erfassen lassen.
Unter sinngemäßer Anwendung des § 3 d Satz 2 UStG hätte B daneben auch noch in Belgien, dessen USt-IdNr. er bei der Auftragserteilung verwendet, einen i.g. Erwerb zu besteuern und könnte die belgische Erwerbsumsatzsteuer nach dem belgischen UStG als Vorsteuer geltend machen.

Beim innergemeinschaftlichen Reihengeschäft können den mittleren Unternehmer (hier B) erhebliche steuerliche Pflichten (durch Registrierung, Erklärungspflichten usw.) im anderen Mitgliedstaat (Bestimmungsland) treffen. Zweck der Vereinfachungsregelungen § 25 b UStG zum innergemeinschaftlichen Dreiecksgeschäfts ist es, den mittleren Unternehmer von den steuerlichen Pflichten im anderen Mitgliedstaat (Bestimmungsland) völlig freizustellen (vgl. Abschn. 25b.1 Abs. 1 Satz 2 UStAE). [Fiskalvertreter ist wegen steuerpflichtiger Umsätze (vgl. Rn. 576) nicht möglich, vgl. § 22 a UStG.] **582**

§ 25 b Abs. 2 UStG enthält die Voraussetzungen zur Anwendung der Vereinfachungsregelung: **583**

1. Der Lieferung an den letzten Abnehmer ist ein i.g. Erwerb beim ersten Abnehmer vorausgegangen.
2. Der erste Abnehmer ist nicht im Bestimmungsland ansässig.
3. Der erste Abnehmer verwendet gegenüber dem ersten Lieferer u. dem letzten Abnehmer dieselbe USt-IdNr., die weder vom Ursprungs- noch vom Bestimmungsland vergeben wurde.
4. Der erste Abnehmer erteilt dem letzten Abnehmer eine Rechnung i.S.d. § 14 a Abs. 7 UStG ohne Ausweis der USt.
5. Der letzte Abnehmer verwendet die USt-IdNr. des Bestimmungslandes.

584 Liegt nach § 25 b Abs. 1 UStG ein i.g. Dreiecksgeschäft vor und sind die Voraussetzungen des § 25 b Abs. 2 UStG für die Anwendung der Vereinfachungsregelungen erfüllt, treten die in **§ 25 b Abs. 2–5 UStG** genannten **Rechtsfolgen** ein:

1. Der innergemeinschaftliche Erwerb des ersten Abnehmers gilt als besteuert, § 25 b Abs. 3 UStG.
2. Die Umsatzsteuer für die Lieferung an den letzten Abnehmer wird von diesem geschuldet, § 25 b Abs. 2 HS 1 u. § 13 a Abs. 1 Nr. 5 UStG.
3. BMG ist die Gegenleistung des letzten Abnehmers, § 25 b Abs. 4 UStG.
4. Der letzte Abnehmer kann die geschuldete USt als Vorsteuer abziehen, wenn übrigen Voraussetzungen des § 15 UStG erfüllt sind, § 25 b Abs. 2 Nr. 3 UStG.

585 Beim innergemeinschaftlichen Dreiecksgeschäft hat der erste Abnehmer somit keinerlei steuerliche Verpflichtungen, auch keine Erklärungspflichten mehr im Bestimmungsland. Die Bestellung eines Fiskalvertreters im Bestimmungsland ist somit überflüssig. Tritt der erste Abnehmer (mittleren Unternehmer) mit einer deutschen USt-IdNr. auf, muss er in der USt-Voranmeldung (§ 18 b Satz 3 UStG) und in der Jahresanmeldung die Bemessungsgrundlage seiner Lieferung im Rahmen des i.g. Dreiecksgeschäfts nach § 25 b UStG gesondert erklären, § 18 b Satz 1 u. 3 UStG (Abschn. 25b.1 Abs. 8, im Beispiel Satz 20 UStAE).

Lösung i.g. Dreiecksgeschäft unter Anwendung der Vereinfachungsregelung des § 25 b UStG:

Im Gegensatz zur oben vorgestellten Lösung ergeben sich auf der Grundlage des § 25 b UStG folgende Abweichungen:

Der i.g. Erwerb des B gilt nach § 25 b Abs. 3 UStG sowohl in Belgien, als auch in Deutschland als besteuert.

Der letzte Abnehmer C schuldet die USt für die im Inland an ihn bewirkte steuerbare und steuerpflichtige Lieferung des B nach § 25 b Abs. 2 UStG, weil er die dort genannten Voraussetzungen erfüllt.

Als BMG gilt die von ihm aufgewendete Gegenleistung (§ 25 b Abs. 4 UStG). Die USt ist nicht enthalten, weil B für die Lieferung an C eine Rechnung nach § 14 Abs. 4 i.V.m. § 14 a Abs. 7 UStG auszustellen hat, in der er keine USt ausweisen darf und auf die Steuerschuldnerschaft des C hinzuweisen hat. Die Umsatzsteuerschuld entsteht nach den allgemeinen Regeln des § 13 Abs. 1 UStG. C schuldet die Steuer für die für sein Unternehmen ausgeführte Lieferung im Rahmen des Dreiecksgeschäfts nach § 13 a Abs. 1 Nr. 5 UStG. Gleichzeitig kann C unter den Voraussetzungen des § 15 UStG die von ihm aufgrund des § 25 b Abs. 2 UStG geschuldete USt als Vorsteuer geltend machen, § 25 b Abs. 5 UStG.

Die Anwendung der Vereinfachungsregelungen des § 25 b UStG ist für innergemeinschaftliche Dreiecksgeschäfte i.S.d. § 25 b Abs. 1 UStG, die die Voraussetzungen der § 25 b Abs. 2 UStG erfüllen, zwingend vorgeschrieben (vgl. Abschn. 25b.1 Abs. 6 UStAE).

586 Die innergemeinschaftlichen Reihengeschäfte, die nicht die Voraussetzungen für ein innergemeinschaftliches Dreiecksgeschäft erfüllen, sind nach den allgemeinen Vorschriften des UStG zu behandeln.

587–589 *frei*

Q. Bußgeld, strafbare Handlung, Verfahrensübergang und Schlußvorrichtungen

Ordnungswidrig handelt nach § 26 a UStG ua., wer 590

1. vorsätzlich oder leichtfertig entgegen § 14 UStG eine Rechnung nicht oder nicht rechtzeitig ausstellt,
2. als Unternehmer entgegen § 14 b UStG eine Rechnung nicht oder nicht mindestens zehn Jahre aufbewahrt,
3. als Privatperson entgegen § 14 b Abs. 1 eine Rechnung, einen Zahlungsbeleg oder eine andere beweiskräftige Unterlage nicht oder nicht mindestens zwei Jahre aufbewahrt,
4. entgegen § 18 a UStG eine Zusammenfassende Meldung nicht, nicht richtig, nicht vollständig oder nicht rechtzeitig abgibt oder nicht oder nicht rechtzeitig berichtigt,

Die Ordnungswidrigkeiten können bei Privatpersonen, die gegen die Aufbewahrungspflichten verstoßen mit einer Geldbuße bis zu fünfhundert Euro, bei Unternehmern mit einer Geldbuße bis zu fünftausend Euro geahndet werden. 591

Ordnungswidrig iSd. § 26 b UStG (Schädigung des USt-Aufkommens) handelt, wer die in einer Rechnung ausgewiesene Umsatzsteuer nicht oder nicht vollständig pünktlich entrichtet.

Diese Schädigung des Umsatzsteueraufkommens kann mit einer Geldbuße bis zu fünfzigtausend Euro geahndet werden. Wer dies gewerbsmäßig oder als Mitglied einer Bande, die sich zur fortgesetzten Begehung solcher Handlungen verbunden hat, handelt, wird mit Freiheitsstrafe bis zu fünf Jahren oder mit Geldstrafe wird bestraft, §26 c UStG.

Zur zeitlichen Anwendung von Änderungen im Umsatzsteuerrecht vgl. stets § 27 UStG.

Wegen der Möglichkeit der Steuerhinterziehung vgl. Straf- und Bußgeldvorschriften der AO.

R. Grundlagen der Umsatzsteuerabstimmung

Im Rahmen der Jahresabschlusserstellung erfolgt eine Umsatzsteuerabstimmung oder auch USt-Verprobung. 592

Hierbei werden zum einen die Summe der Umsatzsteuervoranmeldungen mit der Umsatzsteuerjahreserklärung abgeglichen und evtl. Differenzen zB. aus der nachträglichen Erfassung von unentgeltlichen Wertabgaben, plausibilisiert und zum anderen die Umsatzsteuer und Vorsteuer laut Buchungskonto abgestimmt mit den Basiskonten, aus denen diese Beträge resultieren.

So sollten etwa 19% der Summe der voll steuerpflichtigen Erlöskonten (Umsatz, sonstige betrebliche Erträge, Veräusserung Anlagevermögen und unentgeltliche Wertabgaben abzgl. Erlösschmälerungen wie Skonti, Boni, Rabatte etc.) der Jahresumsatzsteuer vor Vorsteuern entsprechen. Die Vorsteuer sollte plausibel zu den Investitionen in Anlage- und Umlaufvermögen und sonstige bezogenen Vorleistungen sein. Differenzen bei der Verprobung können insbesondere bei der manuellen Verbuchung von Umsatzsteuern oder Vorsteuern entstehen, sowie bei Differenzen zwischen den ertragsteuerlichen Entnahmewerten und den umsatzsteuerlichen Bemessungsgrundlagen für unentgeltliche Wertabgaben.

Beispiel:

Der selbständige Einzelunternehmer A ist 1. Vorsitzender des gemeinnützigen Handballvereins TV Kessenich e.V. Im Jahr 02 schenkt er dem Verein einen auf 1 € abgeschriebenen Kleincomputer. Der Einkaufspreis des Computers im Zeitpunkt der Überlassung an den Verein beträgt 1 000 €.

Der Computer wird für andere betriebsfremde Zwecke dem Betriebsvermögen entnommen. Es liegt ertragsteuerlich eine Entnahme vor (§ 4 Abs. 1 Satz 2 EStG).

Die einkommensteuerliche Bewertung erfolgt grundsätzlich mit dem Teilwert (§ 6 Abs. 1 Nr. 4 EStG). Wird das entnommene Wirtschaftsgut jedoch unmittelbar nach seiner Entnahme einer nach § 5 Abs. 1 Nr. 9 KStG von der Körperschaftsteuer befreiten Einrichtung zur Verwendung für steuerbegünstigte Zwecke überlassen, so kann die Entnahme mit dem Buchwert angesetzt werden (§ 6 Abs. 1 Nr. 4 Satz 5 EStG).

Bemessungsgrundlage für die Umsatzsteuer ist in beiden möglichen Fällen der Teilwert (Wiederbeschaffungskosten im Zeitpunkt der Entnahme) = 2 500 € (§ 10 Abs. 4 UStG).

Der Buchungssatz lautet:

Privatentnahme	476	an	BGA	1
			UST	475

S. Umsatzsteuervoranmeldung

593 Gem. § 18 Abs. 1 UStG muss der Unternehmer nach Ablauf eines **Voranmeldungszeitraums** eine USt-Voranmeldung nach amtlich vorgeschriebenem Vordruck erstellen und auf elektronischem Weg dem Finanzamt übermitteln. In der Voranmeldung hat der Unternehmer die Steuer (als Zahllast oder Vergütungsanspruch) selbst zu berechnen und an das Finanzamt abzuführen.

594 Grundsätzlich gilt das Kalendervierteljahr als Voranmeldungszeitraum. Sofern die Steuer im vorangegangenen Kalenderjahr mehr als 7 500 € betragen hat, erstreckt sich der Voranmeldungszeitraum auf den Kalendermonat (§ 18 Abs. 2 Satz 2 UStG). Daneben kann der Unternehmer unter der Voraussetzung des § 18 Abs. 2 a UStG auch den Kalendermonat als Voranmeldungszeitraum wählen.

Wenn die für das vorangegangene Kalenderjahr zu zahlende Steuer nicht mehr als 1 000 € betragen hat, kann das Finanzamt auf die Abgabe von USt-Voranmeldungen verzichten (§ 18 Abs. 2 Satz 3 UStG, vgl. Abschn. 18.6 UStAE). Bei der Aufnahme einer unternehmerischen Tätigkeit ist allerdings für das laufende und das folgende Kalenderjahr zwingend der Kalendermonat als Voranmeldungszeitraum bestimmt (§ 18 Abs. 2 Satz 4 UStG, vgl. Abschn. 18.7 UStAE).

Neben dem allgemeinen Besteuerungsverfahren nach § 18 Abs. 1 bis 4 UStG sind die Sonderregelungen in § 18 Abs. 4 a bis 5 b UStG, z.B. für Unternehmer, die im Drittlandsgebiet ansässig sind und ausschließlich elektronische Dienstleistungen nach § 3 a Abs. 3 a UStG erbringen (§ 18 Abs. 4 c und 4 d UStG) oder in den Fällen der Beförderungseinzelbesteuerung (§ 18 Abs. 5 UStG) bzw. der Fahrzeugeinzelbesteuerung (§ 18 Abs. 5 a UStG), zu beachten.

Die Voranmeldung der USt gilt als Steuerfestsetzung unter Vorbehalt der **595** Nachprüfung (§ 168 AO). Die Anmeldung muss bis spätestens zum zehnten Tag nach Ablauf des Voranmeldungszeitraums beim Finanzamt eingereicht werden. Ebenfalls wird die errechnete Steuerzahlung zu diesem Zeitpunkt fällig (§ 18 Abs. 1 UStG). Geht die fällige Steuerzahlung nicht bis zum zehnten Tag nach Ablauf des Voranmeldungszeitraums ein, sondern erst zu einem späteren Zeitpunkt, muss der Unternehmer Säumniszuschläge auf die verspätet geleisteten Steuern entrichten (§ 240 AO).

Nach § 18 Abs. 6 UStG i. V. m. §§ 46–48 UStDV kann die Frist zur Ab- **596** gabe der USt-Voranmeldung und Zahlung der fälligen Steuer um einen Monat verlängert werden **(Dauerfristverlängerung).** Voraussetzung für die Gewährung der Dauerfristverlängerung ist, dass der Unternehmer einen entsprechenden Antrag stellt und eine Sondervorauszahlung auf die Steuer des laufenden Kalenderjahres entrichtet (§ 47 UStDV). Als Sondervorauszahlung ist ein Betrag in Höhe von einem Elftel der Summe der Vorauszahlungen für das vorangegangene Kalenderjahr zu leisten.

Beispiel:
Einzelhändler M hat monatliche Voranmeldungen zur USt abzugeben. Im Jahr 07 hatte er Vorauszahlungen zu leisten in Höhe von 20 000 €. M will in 08 eine Dauerfristverlängerung für seine ab Januar 08 einzureichenden Umsatzsteuervoranmeldungen erwirken.
Nach § 18 Abs. 1 UStG ist M verpflichtet, seine USt-Voranmeldung für Januar 08 bis spätestens 10.2.08 abzugeben. Wenn M bereits die Fristverlängerung für Januar 08 erlangen will, muss der Antrag bis spätestens 10.2.08 gestellt sein (§ 48 Abs. 1 UStDV). Der Antrag muss wie die USt-Voranmeldung selbst elektronisch übermittelt werden. In dem Antrag hat der Unternehmer die Sondervorauszahlung selbst zu berechnen und anzumelden. Die Sondervorauszahlung beträgt 1/11 von 20 000,– Euro, also 1 818,18 Euro. Die Sondervorauszahlung ist bei der Festsetzung der Vorauszahlung für den letzten Voranmeldungszeitraum, also den Dezember 08, auf die errechnete Steuerzahllast anzurechnen (§ 48 Abs. 4 UStDV).

Stichwortverzeichnis Umsatzsteuer

Die Zahlen verweisen auf die Randziffern.

Teil 2: Einkommensteuer

A. Einkommensteuerpflicht

1 **Steuersubjekt** bei der Einkommensbesteuerung ist die *Person,* gleichgültig ob es sich um eine natürliche oder eine juristische Person handelt. Allerdings erfasst das EStG nur die natürlichen Personen, während die juristischen Personen – sofern sie überhaupt steuerpflichtig sind wie z.B. die Kapitalgesellschaften (GmbH, AG, KGaA) – der *Körperschaftsteuer* unterliegen. Keine Steuersubjekte im Sinne des Einkommen- bzw. Körperschaftsteuerrechts sind die *Personengesellschaften* des Handelsrechts (Offene Handelsgesellschaft, Kommanditgesellschaft, stille Gesellschaft) und des BGB (Gesellschaft des bürgerlichen Rechts, Erbengemeinschaft, Bruchteilsgemeinschaften). Nur die an diesen Vereinigungen *beteiligten Personen,* nicht dagegen die Vereinigungen selbst, kommen für die Einkommensbesteuerung in Betracht. Der von solchen Personenvereinigungen erzielte Ertrag wird in einem förmlichen Verfahren, dem sog. einheitlichen und gesondertem Feststellungsverfahren gem. §§ 179 ff. AO, auf die Beteiligten aufgeteilt, generell im Verhältnis der Höhe ihrer Beteiligungen.

2 §§ 1, 1 a und 2 EStG regeln zunächst die Frage, wer zur Einkommensteuer herangezogen wird und in welchem Umfang. Es geht dabei also einmal um die **persönliche Steuerpflicht** (*Wer* ist Steuersubjekt?) und zum zweiten um die **sachliche Steuerpflicht** (*Was* unterliegt der Einkommensbesteuerung?). Treffen im Einzelfall die Voraussetzungen für die Annahme einer persönlichen und sachlichen Steuerpflicht zu, so bedeutet das allerdings nicht zwangsläufig, dass Einkommensteuer tatsächlich festgesetzt und erhoben wird. Dies hängt vielmehr von der Beantwortung zahlreicher weiterer Fragen ab, die das EStG in den §§ 3 ff. regelt.

3–15 *frei*

I. Persönliche Steuerpflicht

16 § 1 EStG trifft hinsichtlich der persönlichen Steuerpflicht eine zentrale Unterscheidung zwischen **unbeschränkter** und **beschränkter Steuerpflicht:** Unbeschränkt steuerpflichtig sind danach diejenigen (natürlichen) Personen, die im Inland einen *Wohnsitz* (vgl. Teil AO) oder ihren *gewöhnlichen Aufenthalt* haben (§ 1 Abs. 1 EStG), sowie deutsche Staatsangehörige, die im Inland weder einen Wohnsitz oder gewöhnlichen Aufenthalt haben und zu einer inländischen juristischen Person des öffentlichen Rechts in einem Dienstverhältnis stehen und dafür Arbeitslohn aus einer inländischen öffentlichen Kasse beziehen (§ 1 Abs. 2 EStG). Darüber hinaus gibt es unter bestimmten Voraussetzungen eine Option zur unbeschränkten Steuerpflicht (§ 1 Abs. 3 EStG). Andere natürliche Personen, die weder einen Wohnsitz noch einen gewöhnlichen Aufenthalt im Inland haben und nicht die Voraussetzungen des § 1 Abs. 3 EStG erfüllen aber *Einkünfte aus dem Inland* beziehen, sind beschränkt steuerpflichtig (§ 1 Abs. 4 EStG), ggf. erweitert beschränkt steuerpflichtig (§§ 2, 5 AStG, siehe Teil Internationales Steuerrecht).

Das EStG knüpft die Steuerpflicht also – im Gegensatz zum Einkommensteuerrecht mancher anderer Staaten – generell nicht an die Staatsangehörigkeit. Auch andere Merkmale wie z.B. Geschlecht, Religion, Rasse, Vermögen, Alter, Geschäftsfähigkeit usw. spielen keine Rolle. Entscheidend ist vielmehr, ob ein **Wohnsitz** oder ein **gewöhnlicher Aufenthalt** im Inland anzunehmen ist (unbeschränkte Steuerpflicht) oder ob – falls es daran fehlt – bestimmte Einkünfte aus dem Inland bezogen werden (beschränkte Steuerpflicht). Die Zusammenhänge lassen sich, wie in folgender Tabelle gezeigt, skizzieren.

Persönliche Steuerpflicht

↙ ↘

unbeschränkte Steuerpflicht			beschränkte Steuerpflicht	
↙	↓	↘	↙	↘
normale unbeschränkte Steuerpflicht, § 1 Abs. 1 EStG	erweiterte unbeschränkte Steuerpflicht, § 1 Abs. 2 EStG	fiktive unbeschränkte Steuerpflicht, § 1 Abs. 3 EStG	normale beschränkte Steuerpflicht, § 1 Abs. 4 EStG	erweiterte beschränkte Steuerpflicht, §§ 2, 5 AStG
↓	↓	↓	↓	↓
Wohnsitz oder gewöhnlicher Aufenthalt im Inland	Kein Wohnsitz oder gewöhnlicher Aufenthalt im Inland, aber Einkünfte aus dem Inland			

frei **17–19**

1. Unbeschränkte Einkommensteuerpflicht

Eine (natürliche) Person, die im Inland einen Wohnsitz oder ihren gewöhnlichen Aufenthalt hat, ist **unbeschränkt einkommensteuerpflichtig.** Unbeschränkt bedeutet hierbei, dass *alle* Einkünfte dieser Person, gleichgültig ob sie aus dem Inland oder aus dem Ausland stammen, der Einkommensteuer unterliegen. Es gilt das sog. **Welteinkommensprinzip.** **20**

Beginn und Ende der unbeschränkten Steuerpflicht

Die Frage, wann die Steuerpflicht beginnt und wann sie endet, ist bedeutsam im Hinblick auf die Zurechnung von Einkünften. Die Steuerpflicht beginnt – wie die Rechtsfähigkeit im BGB – mit der **Vollendung der Geburt** und endet mit dem **Tode.** In Fällen der Verschollenheit dagegen endet die Steuerpflicht nicht mit dem festgestellten Todestag; maßgebend ist vielmehr der Tag, mit dessen Ablauf der Beschluss über die Todeserklärung des Verschollenen *rechtskräftig* wird (§ 49 AO). **21**

Die unbeschränkte Steuerpflicht beginnt ferner, wenn eine bislang nicht oder nur beschränkt steuerpflichtige Person einen Wohnsitz im Inland begründet oder dort ihren gewöhnlichen Aufenthalt nimmt, und sie endet dementsprechend dann, wenn der Wohnsitz im Inland aufgegeben oder hier ein gewöhnlicher Aufenthalt beendet wird. Gemeint sind also die Fälle des **Zuzuges** aus dem Ausland und des **Wegzuges** aus dem Inland. **22**

Im Sonderfall der fiktiven unbeschränkten Steuerpflicht gem. § 1 Abs. 3 EStG muss ein **Antrag** gestellt werden.

Inland

23 Unter **Inland** i.S.d. § 1 EStG ist das Staatsgebiet der Bundesrepublik Deutschland in den heutigen Grenzen zu verstehen. Darüber hinaus gehört nach § 1 Abs. 1 Satz 2 EStG zum einkommensteuerrechtlichen Inland auch der der Bundesrepublik Deutschland zustehende Anteil am Festlandsockel, soweit dort Naturschätze des Meeresgrundes und des Meeresuntergrundes erforscht oder ausgebeutet werden oder dieser der Energieerzeugung unter Nutzung erneuerbarer Energien dient.

a) Erweiterte unbeschränkte Steuerpflicht

24 Nach § 1 Abs. 2 EStG sind unbeschränkt einkommensteuerpflichtig auch **deutsche Staatsangehörige,** die zwar im Inland weder einen Wohnsitz noch einen gewöhnlichen Aufenthalt haben, aber zu einer inländischen juristischen Person des öffentlichen Rechts in einem *Dienstverhältnis* stehen und dafür *Arbeitslohn* aus einer inländischen öffentlichen Kasse beziehen, ferner die zu ihrem Haushalt gehörenden Angehörigen, die die deutsche Staatsbürgerschaft besitzen. Diese Regelung betrifft insbesondere ins Ausland entsandte deutsche Staatsangehörige, die Mitglied einer diplomatischen oder konsularischen Vertretung sind **(Auslandsbedienstete)** einschließlich der zu ihrem Haushalt gehörenden Angehörigen deutscher Staatsbürgerschaft. Besitzen die Angehörigen (Ehegatten, Kinder) nicht die deutsche Staatsbürgerschaft, so werden diese nur dann als unbeschränkt steuerpflichtig behandelt, wenn sie keine Einkünfte beziehen oder nur Einkünfte, die ausschließlich im Inland einkommensteuerpflichtig sind. Die erweiterte unbeschränkte Steuerpflicht setzt jedoch voraus, dass die betreffenden Personen in dem Wohnsitz-/Aufenthaltsstaat lediglich mit den dortigen Einkünften zur Einkommensteuer herangezogen werden, d.h. in einem *der beschränkten Einkommensteuerpflicht ähnlichen Umfang.*

25 Sinn der Regelung in § 1 Abs. 2 EStG – ebenso wie bei fiktiver unbeschränkter Steuerpflicht ist es, dem dort genannten Personenkreis die personen- und familienbezogenen **Steuervergünstigungen** der unbeschränkten Steuerpflicht zu gewähren, die bei beschränkter Steuerpflicht nicht in Betracht kommen.

b) Fiktive unbeschränkte Steuerpflicht

26 *Auf Antrag* werden Personen ohne Wohnsitz oder gewöhnlichem Aufenthalt im Inland als unbeschränkt steuerpflichtig behandelt, deren **Welteinkünfte** fast vollständig, d.h. *zu mindestens 90% im Inland besteuert werden* (§ 1 Abs. 3 EStG). Unschädlich ist, wenn die Inlandseinkünfte weniger als 90% der gesamten Einkünfte ausmachen, die Auslandseinkünfte aber nicht mehr als als der Grundfreibetrag § 32 a Absatz 1 Satz 2 Nummer 1 von 8 130 € (2013) im Jahr betragen. Diese Regelung zielt in erster Linie auf im Ausland ansässige **Grenzpendler** (sog. Grenzeinpendler) ab, die den wesentlichen Teil ihrer Einkünfte aus dem Inland beziehen. Die Begünstigung des § 1 Abs. 3 EStG erfasst aber weitergehend alle im Ausland wohnhaften Personen. Voraussetzung ist, dass die Höhe der nicht der deutschen Einkommensteuer un-

terliegenden Einkünfte durch eine Bescheinigung der zuständigen ausländischen Steuerbehörde nachgewiesen wird.

Staatsangehörige von EU-Mitgliedstaaten (also auch d*eutsche* Staatsangehörige) und **EWR-Staaten,** die unbeschränkt steuerpflichtig sind oder nach § 1 Abs. 3 EStG als solche zu behandeln sind, genießen darüber hinaus hinsichtlich von *im Ausland ansässigen* Ehegatten und Kindern Privilegien nach § 1 a Abs. 1 EStG. Danach werden Unterhaltsleistungen an den geschiedenen oder dauernd getrennt lebenden Ehegatten berücksichtigt und das Splitting-Verfahren ist anzuwenden. 27

2. Beschränkte Einkommensteuerpflicht

Beschränkte Steuerpflicht i.S.d. § 1 Abs. 4 EStG heißt, dass auch Personen *ohne* Wohnsitz oder gewöhnlichem Aufenthalt im Inland der Einkommensteuer unterliegen, allerdings nur dann, wenn sie bestimmte inländische Einkünfte beziehen. Die Steuerpflicht *beschränkt sich auf die Einkünfte i.S.d. § 49 EStG:* Nur die dort genannten Einkünfte werden zur Einkommensteuer herangezogen, nicht dagegen andere inländische Einkünfte und selbstverständlich nicht ausländische Einkünfte; diese entziehen sich natürlich der deutschen Einkommensbesteuerung. 28

Für die beschränkt Steuerpflichtigen gelten **Sondervorschriften,** die sich in §§ 50, 50 a EStG finden. Ein wesentlicher Unterschied gegenüber den unbeschränkt Steuerpflichtigen besteht darin, dass bei der Besteuerung der beschränkt Steuerpflichtigen das Merkmal der persönlichen Leistungsfähigkeit in den Hintergrund tritt. So können sie z.B. keine Sonderausgaben und keine außergewöhnlichen Belastungen abziehen, das Splitting-Verfahren für zusammenveranlagte Ehegatten kommt nicht in Betracht, die Einkommensteuer beträgt mindestens 25% des Einkommens u.a.m. Die Einkommensteuer bei beschränkt Steuerpflichtigen hat deshalb *Objektsteuercharakter.* Im Einzelnen und wegen der erweiterten beschränkten Steuerpflicht nach §§ 2, 5 AStG vgl. Teil Internationales Steuerrecht. 29

frei **30–35**

B. Einkunftsarten

§ 2 EStG enthält die Bestimmungen über die „sachliche Steuerpflicht" und beantwortet damit die Frage, *was* der Einkommensbesteuerung unterliegt. Im Vordergrund steht der Begriff des **Einkommens,** den das EStG in § 2 definiert. Dies ist deshalb notwendig, weil es sich dabei nicht um einen feststehenden Begriff handelt und weil bei der Ermittlung des Einkommens die persönlichen und wirtschaftlichen Verhältnisse des Steuerpflichtigen zu berücksichtigen sind. Vereinfacht ausgedrückt erfasst das EStG die Erträge aus bestimmten Vermögen, bestimmten Tätigkeiten und bestimmten sonstigen Quellen, wobei unter Erträgen die *Reinerträge,* d.h. nach Abzug aller damit zusammenhängenden Ausgaben, zu verstehen sind. 36

37 Das EStG verwendet in unterschiedlichem Zusammenhang die Begriffe Einnahmen, Einkünfte, Summe der Einkünfte, Gesamtbetrag der Einkünfte, Einkommen und zu versteuerndes Einkommen. Jeder dieser Begriffe hat *eigenständige* Bedeutung im EStG und darf nicht mit irgendeinem der anderen Begriffe verwechselt werden, da dies zu falschen Ergebnissen führen würde. Bemessungsgrundlage für die Einkommensteuer ist allein das **zu versteuernde Einkommen.** Welche Rechenschritte vorzunehmen sind, um zum zu versteuernden Einkommen zu gelangen, und welche Reihenfolge dabei einzuhalten ist, legt § 2 Abs. 3–5 EStG fest.

38 Es geht dabei von *sieben* **Arten von Einkünften** aus, die der Einkommensteuer unterliegen, nämlich

- Einkünfte aus Land- und Forstwirtschaft,
- Einkünfte aus Gewerbebetrieb,
- Einkünfte aus selbständiger Arbeit,
- Einkünfte aus nichtselbständiger Arbeit,
- Einkünfte aus Kapitalvermögen,
- Einkünfte aus Vermietung und Verpachtung,
- sonstige Einkünfte i.S.d. § 22 EStG.

Der oben erwähnte Begriff Einnahmen verdient in diesem Zusammenhang keine Beachtung, da die aufgezählten Einkünfte bereits sog. *Reineinkünfte* sind; einkunftsmindernde Ausgaben sind in Form von Betriebsausgaben oder Werbungskosten also schon berücksichtigt. Die Einkünfte stellen folglich immer ein Netto, nicht ein Brutto-Ergebnis dar.

I. Methoden der Einkünfteermittlung

1. Einkunftsarten

39 Die sieben Einkunftsarten des EStG lassen sich in zwei Gruppen unterteilen, und zwar wie folgt:

Gewinneinkunftsarten	**Überschusseinkunftsarten**
Land- und Forstwirtschaft	Nichtselbständige Arbeit
Gewerbebetrieb	Kapitalvermögen
Selbständige Arbeit	Vermietung und Verpachtung
	Sonstige Einkünfte i.S.d. § 22 EStG

40 Der Grund für diese Einteilung ist, dass bei den ersten drei Einkunftsarten der jeweilige **Gewinn** die Einkünfte darstellt; bei den letzten vier Einkunftsarten sind dagegen als Einkünfte der jeweilige **Überschuss der Einnahmen über die Werbungskosten** anzusetzen (bei negativen Ergebnissen spricht man im Bereich der Gewinneinkunftsarten vom *Verlust,* im Bereich der Überschusseinkunftsarten vom *Überschuss der Werbungskosten über die Einnahmen*). Die Unterscheidung in Gewinneinkunftsarten einerseits und Überschusseinkunftsarten andererseits ist bedeutsam wegen der unterschiedlichen Bestimmungen für die Ermittlung der Einkünfte: Während die Vorschriften über die

Ermittlung der Einkünfte im Falle der Gewinneinkunftsarten in den §§ 4–7 EStG zu finden sind, regeln im Falle der Überschusseinkunftsarten die §§ 8, 9 und 9 a EStG die Ermittlung der Einkünfte.

Welche Einkünfte unter die sieben Einkunftsarten einzuordnen sind, bestimmt sich nach den Vorschriften der §§ 13–24 EStG, auf die noch näher später eingegangen wird.

2. Vorrang der Einkunftsarten

Die ersten drei Einkunftsarten, also die Einkünfte aus Land- und Forstwirtschaft, Gewerbebetrieb und selbstständiger Arbeit, haben den **Vorrang** vor den übrigen Einkunftsarten. Einkünfte nämlich, die ihrer Natur nach solche aus Kapitalvermögen, Vermietung und Verpachtung oder sonstige Einkünfte i. S. d. § 22 EStG sind, werden den ersten drei Einkunftsarten zugeordnet, sofern sie im Bereich der Land- und Forstwirtschaft, des Gewerbetriebs oder der selbstständigen Arbeit anfallen (**Subsidiaritätsklauseln**, vgl. § 20 Abs. 8 EStG, § 21 Abs. 3 EStG, § 22 Satz 1 Nr. 1 Satz 1 bzw. Nr. 3 Satz 1 EStG). 41

Beispiel:

Ein Steuerpflichtiger ist Eigentümer eines Mehrfamilienhauses; er erzielt aus der Vermietung der Wohnungen Einnahmen. Der Steuerpflichtige bezieht also Einkünfte aus Vermietung und Verpachtung, die durch Gegenüberstellung der Einnahmen und der Werbungskosten zu ermitteln sind.

Gehört hingegen das Mehrfamilienhaus zum Betriebsvermögen, beispielsweise zum Vermögen seines Gewerbebetriebs, so sind die Mieteinnahmen und die damit zusammenhängenden Ausgaben Bestandteil der Einkünfte aus Gewerbebetrieb. Die Ermittlung dieser Einkünfte, also des Gewinns, erfolgt nach den Vorschriften der §§ 4–7 EStG.

Die Aufzählung der einzelnen Einkunftsarten in § 2 Abs. 1 EStG ist **erschöpfend.** Was nicht unter eine der sieben Einkunftsarten fällt, unterliegt nicht der Einkommensteuer. Es ist auch keineswegs so, dass alles, was nicht unter eine der ersten sechs Einkunftsarten eingeordnet werden kann, zu den sonstigen Einkünften rechnet. Vielmehr enthält § 22 EStG nur ganz bestimmte Einkünfte, die dort *abschließend* aufgeführt sind. 42

II. Umfang der Gewinneinkunftsarten

Zu den Gewinneinkunftsarten gehören die Einkünfte aus: 43

- Land- Forstwirtschaft, § 13 EStG
- Gewerbebetrieb, § 15 EStG
- Selbständiger Arbeit, § 18 EStG

III. Umfang der Überschusseinkunftsarten

44 Zu den Gewinneinkunftsarten gehören die Einkünfte aus:
- Nichtselbständiger Arbeit, § 19 EStG
- Kapitalvermögen, § 20 EStG
- Vermietung und Verpachtung, § 21 EStG
- Sonstige Einkünfte, §§ 22 und 23 EStG

45–49 *frei*

IV. Subsidiaritätsprinzip

50 Wenn und soweit im Betriebsvermögen einer Gewinneinkunftsart Kapital- oder Mieterträge erzielt werden, geht die Zurechnung bei der Gewinneinkunftsart der Erfassung als eigener Einkunftsart aus Kaitalvermögen oder Vermietung und Verpachtung vor.

Zu den **Betriebseinnahmen** i.S.d. § 4 Abs. 4 EStG i.V.m. § 8 Abs. 1 EStG zählen so zB. auch:
- **Guthabenzinsen** betrieblicher Konten nach dem Subsidiaritätsprinzip gem. § 20 Abs. 8 EStG
- Einnahmen aus der **Vermietung betrieblicher Grundstücke** nach dem Subsidiaritätsprinzip gem. § 21 Abs. 3 EStG

Beispiel:
Ein Metzgermeister erhält von seiner Bank auf dem betrieblichen Girokonto 12,85 Guthabenzinsen gutgeschrieben. Es handelt sich um gewerbliche Einkünfte des Metzgereibetriebes gem. § 15 EStG und nicht um Kapitaleinkünfte des Metzgers gem. § 20 EStG.

C. Schema zur Ermittlung des zu versteuernden Einkommens

51 Bemessungsgrundlage für die tarifliche Einkommensteuer ist das **zu versteuernde Einkommen,** das – ausgehend von den Einkünften – durch Abzug bestimmter Beträge in *bestimmter* Reihenfolge zu ermitteln ist. Zwischenergebnisse haben eigenständige Bedeutung und finden sich unter ihrer Bezeichnung verstreut im EStG wieder.

52 Die beim jeweiligen Rechenschritt abzuziehenden bzw. hinzuzurechnenden Beträge lassen sich R 2 Abs. 1 EStR entnehmen. Es ergibt sich folgendes auf die wesentlichen Punkte reduziertes Schema:

	Einkünfte aus Land – Forstwirtschaft (§§ 13–14 a EStG)
+	Einkünfte aus Gewerbebetrieb (§§ 15–17 EStG)
+	Einkünfte aus selbstständiger Arbeit (§ 18 EStG)
+	Einkünfte aus nichtselbstständiger Arbeit (§§ 19–19 a EStG)
+	Einkünfte aus Kapitalvermögen (§ 20 EStG)
+	Einkünfte aus Vermietung und Verpachtung (§ 21 EStG)
+	sonstige Einkünfte (§§ 22–23 EStG)
=	Summe der Einkünfte (§ 2 Abs. 1 EStG)

– Altersentlastungsbetrag (§ 24 a EStG)
– Entlastungsbetrag für Alleinerziehende (§ 24 b EStG)
– Freibetrag für Land- und Forstwirte (§ 13 Abs. 3 EStG)

= Gesamtbetrag der Einkünfte (§ 2 Abs. 3 EStG)
– Verlustabzug (§ 10 d EStG)
– Sonderausgaben (§§ 10–10 c EStG)
– außergewöhnliche Belastungen (§§ 33–33 b EStG)
– Steuerbegünstigung für bestimmte zu eigenen Wohnzwecken genutzte Gebäude sowie für schutzwürdige Kulturgüter (§§ 10 f und 10 g EStG)

= Einkommen (§ 2 Abs. 4 EStG)
– Freibeträge für Kinder (§§ 31, 32 Abs. 6 EStG)
– Härteausgleich (§ 46 Abs. 3 EStG, § 70 EStDV)

= zu versteuerndes Einkommen (§ 2 Abs. 5 EStG)

Ab dem Veranlagungszeitraum 2009 (und seit 2012 auch nicht mehr für andere steuerliche Bemessungsgrundlagen wie zB. die zumutbare Eigenbelastung zu berücksichtigen) sind die durch die **Abgeltungssteuer** abgegoltenen privaten **Einkünfte aus Kapitalvermögen** gem. § 2 Abs. 5 b EStG grds. nicht mehr einzubeziehen.

D. Steuerlicher Gewinnbegriff

I. Ermittlung der Gewinneinkünfte

53 *Wie* die Einkünfte aus den sieben Einkunftsarten zu ermitteln sind, bestimmen im Wesentlichen die Vorschriften der §§ 4–12 EStG. Es geht darin also um die **Methoden** zur Ermittlung der Einkünfte. In den §§ 13–24 EStG dagegen sind die Bestimmungen zu finden, die regeln, *welche Tatbestände* unter die sieben Einkunftsarten fallen; die Fragestellung lautet hier: *Was* sind Einkünfte aus Land- und Forstwirtschaft, aus Gewerbebetrieb usw. usw. Zwar beinhalten die §§ 13–24 EStG vereinzelt ebenfalls Bestimmungen über die Art der Einkunftsermittlung (vgl. z. B. § 13 a EStG). Es sind dies jedoch nur wenige spezielle Tatbestände, bei denen der Gesetzgeber die Art der Ermittlung der Einkünfte besonders geregelt hat.

II. Betriebsvermögensvergleich

54 Wie § 4 Abs. 1 Satz 1 EStG zeigt, geht der Gesetzgeber von einer **Gewinnermittlung** durch *Bilanzierung* aus. Er definiert in dieser Vorschrift den Gewinn als den Unterschiedsbetrag zwischen dem Betriebsvermögen am Schluss des Wirtschaftsjahrs und dem Betriebsvermögen am Schluss des vorangegangenen Wirtschaftsjahrs, vermehrt um den Wert der Entnahmen und vermindert um den Wert der Einlagen. Unter Betriebsvermögen in diesem Sinne versteht das EStG das *Rein*betriebsvermögen. also die Differenz zwischen Aktiva und Passiva, oder – wie man gemeinhin sagt – das (Eigen-)**Kapital.** Der Vergleich der Größe „Betriebsvermögen" (= Eigenkapital) am Anfang und Schluss eines

Geschäftsjahres sagt aus, wie hoch die Betriebsvermögensänderung ausgefallen ist. Um die privaten Einflüsse auf die Höhe des Betriebsvermögens zu neutralisieren, werden Entnahmen (= Betriebsvermögensminderung aus privatem Grund) hinzugerechnet und Einlagen (= Betriebsvermögensmehrungen aus privatem Grund) abgerechnet. Diese Art der Gewinnermittlung wird als **Betriebsvermögensvergleich** bezeichnet. Das EStG unterscheidet hierbei den **Betriebsvermögensvergleich nach § 4 Abs. 1 EStG** und den **Betriebsvermögensvergleich nach § 5 EStG.** Im Gegensatz zum Betriebsvermögensvergleich nach § 4 Abs. 1 EStG sind beim Betriebsvermögensvergleich nach § 5 EStG die *handelsrechtlichen Bilanzierungs- und Bewertungsvorschriften* zu beachten, soweit steuerrechtlichen Vorschriften (etwa § 5 Abs. 6 EStG, der sog. Bewertungsvorbehalt) dem nicht entgegen stehen. Der Betriebsvermögensvergleich nach § 4 Abs. 1 EStG findet Anwendung bei gesetzlich verpflichtet oder freiwillig buchführenden Land- und Forstwirten (§ 13 EStG) und bei freiwillig buchführenden selbstständig Tätigen (§ 18 EStG). Gesetzlich verpflichtet oder freiwillig buchführende Gewerbetreibende (§ 15 EStG) ermitteln ihren Gewinn durch Betriebsvermögensvergleich gem. § 5 EStG.

Beispiel 1:

Aktiva — Bilanz zum 31.12.01 — Passiva

Aktiva	€	Passiva	€
Vermögen	200 000	Schulden	80 000
		Reinvermögen (= Kapital)	120 000
	200 000		200 000

Aktiva — Bilanz zum 31.12.02 — Passiva

Aktiva	€	Passiva	€
Vermögen	190 000	Schulden	40 000
		Reinvermögen (= Kapital)	150 000
	190 000		190 000

Zwar hat sich das Vermögen des Betriebes (Aktivseite der Bilanz) um 10 000 € verringert, da sich aber gleichzeitig auch die Schulden (Passivseite der Bilanz) vermindert haben, und zwar um 40 000 €, ergibt sich per Saldo ein Gewinn von 30 000 € im Jahr 02. Dieses Ergebnis ergibt sich auch durch unmittelbaren Vergleich des Reinvermögens (Kapitals) am 31.12.02 mit dem Reinvermögen (Kapital) am 31.12.01, weil das Reinvermögen/Kapital nichts anderes ist als die Differenz zwischen Vermögen und Schulden am jeweiligen Bilanzstichtag.

Beispiel 2:

Wie Beispiel 1, jedoch hat der Steuerpflichtige im Jahr 02 10 000 € der betrieblichen Kasse entnommen.

Aktiva — Bilanz zum 31.12.01 — Passiva

Aktiva	€	Passiva	€
Vermögen	200 000	Schulden	80 000
		Reinvermögen (= Kapital)	120 000
	200 000		200 000

Aktiva — Bilanz zum 31.12.02 — Passiva

Aktiva	€	Passiva	€
Vermögen	180 000	Schulden	40 000
		Reinvermögen (= Kapital)	140 000
	180 000		180 000

Das Vermögen in der Bilanz zum 31.12.02 ist um 10 000 € niedriger als das in Beispiel 1, dementsprechend auch das Kapital. Gegenüber dem 3.12.01 ergibt sich eine Betriebsvermögensmehrung von 20 000 €. Hierzu sind gem. § 4 Abs. 1 EStG zur Ermittlung des Gewinns durch Betriebsvermögensvergleich die Entnahmen von 10 000 € hinzu zu zählen, wodurch sich ein Gewinn von 30 000 € ergibt. An diesem Beispiel ist zu erkennen, das Betriebsvermögensänderungen (hier: Minderung) aus privatem Anlass keine Auswirkung auf den zu versteuernden Gewinn hat.

Um den Gewinn durch Betriebsvermögensvergleich ermitteln zu können, 55
muss man die Zusammensetzung von Vermögen und Schulden des betreffenden Unternehmens kennen und zudem die Werte, die dem Vermögen und den Schulden beizulegen sind. Gäbe es hierfür keine festen gesetzlichen Regeln, könnte der Gewinn des Unternehmens beliebig manipuliert werden. Die Frage, was zum **Betriebsvermögen** (Vermögen und Schulden des Unternehmens) zählt, beantwortet das Gesetz nicht. Für die *Zuordnung* bestimmter Wirtschaftsgüter zum Betriebsvermögen eines Land- und Forstwirts, Gewerbetreibenden oder selbstständig Tätigen sind die tatsächlichen Verhältnisse ausschlaggebend; grundsätzliche Ausführungen hierzu enthält R 4.2 EStR, die auch Zweifels- und Abgrenzungsfragen klärt.

Was die **Bewertung** (= Wert eines Wirtschaftsguts in Geld ausdrücken) 56
des Vermögens und der Schulden eines Unternehmens für Zwecke der steuerlichen Gewinnermittlung betrifft, so finden sich in § 6 EStG Regeln, die allerdings bei Gewerbetreibenden mit den *Bewertungsvorschriften des Handelsrechts* konkurrieren. Während die Bewertungsvorschriften des Handelsrechts stark vom Vorsichtsprinzip beinflusst werden und sich damit ein eher geringerer Gewinn ergibt, ist dies bei § 6 EStG im Steuerrecht eher umgekehrt. Bei der Bewertung ist von einer Einzelbewertung jedes Wirtschaftsgutes auszugehen, gleichgültig ob dies ein positives Wirtschaftsgut (Vermögensgegenstände, z.B. Grundstücke, Gebäude, Maschinen, Vorräte, Forderungen) oder ein negatives Wirtschaftsgut (Schulden wie z.B. Bankverbindlichkeiten, Lieferantenverbindlichkeiten, Wechselverbindlichkeiten) ist. § 6 EStG kennt im Wesentlichen drei Maßstäbe für die Bewertung der einzelnen Wirtschaftsgüter, nämlich

- die Anschaffungskosten,
- die Herstellungskosten,
- den **Teilwert** (das ist der Betrag, den ein Erwerber des ganzen Betriebs im Rahmen des Gesamtkaufpreises für das einzelne Wirtschaftsgut ansetzen würde, wenn er den Betrieb fortführen würde; der Teilwert ist also ein fiktiver Wert und abzugrenzen vom gemeinen Wert, dem Einzelveräußerungspreis).

Ist ein Wirtschaftsgut des *Anlagevermögens* zu bewerten, das der Abnutzung 57
unterliegt, so sind von den ursprünglichen Anschaffungs- oder Herstellungskosten **Absetzungen für Abnutzung** nach Maßgabe des § 7 EStG vorzunehmen. Durch diese Absetzungen für Abnutzung soll der technische oder wirtschaftliche Wertverzehr der Wirtschaftsgüter des Anlagevermögens berücksichtigt werden (in der Betriebswirtschaftslehre und im Handelsrecht spricht man demgegenüber vom Begriff der *Abschreibungen*). § 7 EStG hält hierfür einige Methoden bereit: Zu nennen wären die linearen Absetzungen,

die früher noch mögliche degressive Absetzungen (bei Anschaffung bis zum 31.12.2010), die Absetzungen nach Maßgabe der Leistung und unterschiedliche Absetzungsmethoden und -möglichkeiten bei Gebäuden.

58 § 6 EStG regelt neben der Bewertung des Anlagevermögens, des Umlaufvermögens, der Verbindlichkeiten, der Rückstellungen auch die **Bewertung der (Privat-)Entnahmen und (Privat-)Einlagen.** Im Grundsatz sind diese mit dem Teilwert anzusetzen. Ebenfalls mit dem Teilwert sind Wirtschaftsgüter und Schulden bei *Betriebseröffnung* anzusetzen. Dies gilt auch bei entgeltlichem Erwerb eines Betriebs, wobei jedoch höchstens die Anschaffungs- oder Herstellungskosten anzusetzen sind. Liegen die Teilwerte über den Anschaffungskosten/Herstellungskosten, sind die erworbenen Wirtschaftsgüter mit den Anschaffungskosten/Herstellungskosten und der gezahlte Mehrbetrag als Geschäftswert zu aktivieren.

59 Von besonderer Bedeutung für die Zwecke der steuerlichen Gewinnermittlung sind die Bestimmungen in § 4 Abs. 4–8 EStG über den Abzug von **Betriebsausgaben.** Nicht alle betrieblich veranlassten Ausgaben dürfen nämlich gewinnmindernd berücksichtigt werden. Einschränkungen oder Besonderheiten sind beispielsweise zu beachten bei Geschenken, Bewirtungskosten, Gästehäusern, Mehraufwendungen für Verpflegung, Fahrten zwischen Wohnung und Betriebstätte u. a. m.

60 In den §§ 4 b, 4 c und 4 d EStG sind besondere Bestimmungen für die verschiedenen Formen der **betrieblichen Altersversorgung** zu finden. In diesem Zusammenhang wäre auch § 6 a EStG zu nennen, der sich mit *Pensionsrückstellungen* befasst. Zudem sei noch auf die §§ 6 b, 6 c EStG verwiesen, die Gewinnverlagerungsmöglichkeiten in bestimmten Fällen beinhalten.

61–69 *frei*

E. Einnahmeüberschußrechnung

70 Steuerpflichtige, die weder gesetzlich zur Buchführung verpflichtet sind noch freiwillig Bücher führen, können ihren Gewinn durch Gegenüberstellung von Betriebseinnahmen und Betriebsausgaben (Gewinnermittlung nach § 4 Abs. 3 EStG/**4–3-Rechnung**/Einnahme-Überschuss-Rechnung) ermitteln. Diese ist dem Grunde nach eine **vereinfachte Methode der Gewinnermittlung.** Möglich ist diese für selbstständig Tätige (§ 18 EStG), für Land- und Forstwirte (§ 13 EStG) die nicht die Voraussetzungen der Gewinnermittlung nach Durchschnittsätzen gem. § 13 a EStG erfüllen (oder auf Antrag diese Gewinnermittlung nicht durchführen möchten) und nicht die Grenzen in § 141 AO überschreiten und für Gewerbetreibende (§ 15 EStG), die nach § 140 AO i. V. m. Handelsrecht nicht zur Buchführung verpflichtet und nicht die Grenzen des § 141 AO überschreiten.

Die Einnahme-Überschuss-Rechnung ist per amtlich vorgeschriebenem Datensatz zu übermitteln.

Zu den **Betriebseinnahmen** i. S. d. § 4 Abs. 4 EStG i. U. i. V. m. § 8 Abs. 1 EStG zählen vor allem:

- zugeflossene **Einnahmen aus Lieferungen und Leistungen,** etwa aus Warenverkäufen, Dienstleistungen oder Provisionseinnahmen
- Erlöse aus **Hilfsgeschäften,** z.B. Verkauf von Anlagevermögen
- **Guthabenzinsen** betrieblicher Konten nach dem Subsidiaritätsprinzip gem. § 20 Abs. 8 EStG
- Einnahmen aus der **Vermietung betrieblicher Grundstücke** nach dem Subsidiaritätsprinzip gem. § 21 Abs. 3 EStG
- von Kunden vereinnahmte Umsatzsteuer
- vom Finanzamt zurück erstattete Umsatzsteuer/Vorsteuer
- **Wert der Privatentnahmen** als so genannte fiktive Betriebseinnahmen, z.B. durch private Nutzung betrieblicher Fahrzeuge oder Warenentnahmen.

Für die zeitliche Erfassung der Betriebseinnahmen gilt das **Zuflussprinzip** des § 11 Abs. 1 EStG.

Die Definition der **Betriebsausgaben** enthält § 4 Abs. 4 EStG. Zu den 71
Betriebsausgaben zählen vor allem:

- **Laufende betriebliche Kosten,** z.B. Löhne, Geschäftsmiete, Bürokosten, betrieblich veranlasste Versicherungen oder Wareneinkauf
- Anschaffungskosten für Wirtschaftsgüter des abnutzbaren Anlagevermögens im Wege der **AfA,** z.B. Betriebs- und Geschäftsausstattung, Fabrikations- bzw. Bürogebäude, Fuhrpark
- **Zahlung betrieblicher Steuern,** z.B. Kfz-Steuer für betrieblichen Fuhrpark Die Gewerbesteuer ist ab dem Veranlagungszeitraum 2008 gem. § 4 Abs. 5 b EStG steuerrechtlich keine Betriebsausgabe mehr.
- betrieblich veranlasste **Schuldzinsen**
- an das Finanzamt abzuführende Umsatzsteuer
- die an Vorunternehmer entrichtete und nach § 15 UStG **abzugsfähige Vorsteuer.**

Für die zeitliche Erfassung der Betriebsausgaben gilt das **Abflussprinzip** des § 11 Abs. 2 EStG (vgl. Rn. 73 ff.). Eine **Ausnahme** gilt für die Anschaffungskosten für **Wirtschaftsgüter des Anlagevermögens,** die im Wege der AfA gem. § 7 EStG auf die betriebsgewöhnliche Nutzungsdauer zu verteilen sind.

Eine Besonderheit gilt für die Anschaffungskosten **nicht abnutzbarer Wirtschaftsgüter** (z.B. Grund und Boden), sowie die Anschaffungs- und Herstellungskosten für **bestimmtes Umlaufvermögen** (Anteile an Kapitalgesellschaften, Wertpapiere und vergleichbare nicht verbriefte Forderungen und Rechte, Grund und Boden sowie Gebäude). Gem. § 4 Abs. 3 Satz 4 EStG sind die Anschaffungskosten nicht im Zeitpunkt ihrer Zahlung sondern erst im Zeitpunkt des Zuflusses eines Veräußerungserlöses oder im Zeitpunkt der Entnahme als Betriebsausgaben zu berücksichtigen.

Zur besseren Nachverfolgung sind Wirtschaftsgüter des Anlagevermögens 72
(sowohl nicht abnutzbares als auch abnutzbares) und die vorbezeichneten Wirtschaftsgüter des Umlaufvermögens in ein **Anlageverzeichnis** aufzunehmen.

Der wesentliche Unterschied zwischen den beiden Gewinnermittlungsarten ist die zeitliche Erfassung von Einnahmen und Betriebsausgaben. Bei der Einnahmeüberschußrechnung gilt wie auch bei den Überschußeinkünften das Zufluß-/Abflußprinzip des § 11 EStG.

Die **zeitliche Zuordnung** von Einnahmen und Ausgaben zu den einzelnen Kalenderjahren (= Veranlagungszeiträumen) richtet sich nach § 11 EStG. Diese Vorschrift stellt auf den *Zufluss* bzw. *Abfluss* ab. Danach sind Einnahmen innerhalb *des* Kalenderjahrs bezogen, in dem sie dem Steuerpflichtigen zugeflossen sind; Ausgaben sind für *das* Kalenderjahr abzusetzen, in dem sie geleistet worden sind. Es spielt folglich keine Rolle, *für* welchen Zeitraum der Steuerpflichtige eine Zahlung empfangen hat bzw. eine Zahlung geleistet hat. Entscheidend ist allein das Datum des Zuflusses bzw. des Abflusses.

Beispiel:

Ein Arbeitnehmer kauft am 29.12. eines Jahres ein Fachbuch auf Rechnung, welches er erst am 5.1. des folgenden Jahres durch Überweisung bezahlt.
Das Fachbuch kann gem. § 11 EStG erst im folgenden Jahr als Werbungskosten zu den Einnahmen aus nichtselbstständiger Arbeit berücksichtigt werden.

73 Das **Zu- und Abflussprinzip** des § 11 EStG vereinfacht die Besteuerung, da es nur auf die *tatsächliche Vereinnahmung* oder *Verausgabung* abstellt. Es gilt grundsätzlich im Bereich der Überschusseinkünfte, bei den Sonderausgaben und bei den außergewöhnlichen Belastungen, ferner bei der vereinfachten Gewinnermittlung nach § 4 Abs. 3 EStG durch Gegenüberstellung von Betriebseinnahmen und Betriebsausgaben.

Keine Bedeutung hat es dagegen für die Gewinnermittlung durch **Betriebsvermögensvergleich** (Bestandsvergleich) i. S. d. §§ 4 Abs. 1 und 5 EStG, da die dortige Gewinnermittlung auf das Betriebsvermögen am Ende des laufenden Jahres und des Vorjahres abhebt, also den *Vermögenszuwachs* (bzw. dessen Abnahme) erfasst.

Das Zuflussprinzip gilt ebenfalls **nicht bei laufendem Arbeitslohn.** Nach § 11 Abs. 1 Satz 4 i. V. m. § 38 a Abs. 1 Satz 2 EStG gilt laufender Arbeitslohn als in *dem* Kalenderjahr bezogen, in dem der *Lohnzahlungszeitraum* bzw. *Lohnabrechnungszeitraum* endet. Rechnet der Arbeitgeber beispielsweise den Lohn jeweils vom 15. des Monats bis zum 15. des Folgemonats ab, so gilt der Lohn für den Zeitraum 15.12.01 bis 15.1.02 als im Kalenderjahr 02 bezogen.

74 Abweichend von dem dargestellten Zu- und Abflussprinzip bestimmt § 11 Abs. 1 Satz 2 EStG: **Regelmäßig wiederkehrende Einnahmen,** die dem Steuerpflichtigen *kurze Zeit vor Beginn* oder *kurze Zeit nach Beendigung* des Kalenderjahrs, zu dem sie wirtschaftlich gehören, zugeflossen sind, gelten als in diesem Kalenderjahr bezogen. Regelmäßig wiederkehrende Einnahmen in diesem Sinne sind Einnahmen, die zu bestimmten Fälligkeitszeitpunkten in etwa gleicher Höhe wiederkehren, z. B. Mieten, Zinsen (jedoch nicht Sparzinsen; diese gelten als zugeflossen in dem Jahr, zu dem sie wirtschaftlich gehören, auch wenn sie erst später im Sparbuch eingetragen werden) u. Ä. m. Als kurze Zeit i. S. d. § 11 EStG ist nach der Rechtsprechung des BFH in der Regel ein Zeitraum von zehn Tagen anzusehen.

Beispiele:

1. Die Miete für den Monat Dezember 01 geht am 5. Januar 02 ein.

Die Miete rechnet zu den Einnahmen des Jahres 01, da es sich um eine regelmäßig wiederkehrende Einnahme kurze Zeit nach Beendigung des Kalenderjahrs, zu dem sie wirtschaftlich gehört, handelt.

2. Am 11. Dezember 01 gehen bei dem Steuerpflichtigen die für ein privates Darlehen von einem Dritten jährlich vorschüssig zu zahlenden Zinsen für das Jahr 02 ein.
Es handelt sich zwar um eine regelmäßig wiederkehrende Einnahme. Sie ist jedoch nicht kurze Zeit vor Beginn des Kalenderjahres, zu dem sie wirtschaftlich gehört, eingegangen. Die Zinsen sind deshalb Einnahmen des Jahres 01.

Was für die regelmäßig wiederkehrenden Einnahmen gilt, gilt in umgekehrter Weise auch für die **regelmäßig wiederkehrenden Ausgaben** (§ 11 Abs. 2 Satz 2 EStG). Diese sind *dem* Kalenderjahr zuzurechnen, zu dem sie wirtschaftlich gehören, wenn sie kurze Zeit vor Beginn oder kurze Zeit nach Beendigung dieses Kalenderjahres abgeflossen sind. **75**

Beispiele:

1. Der Steuerpflichtige zahlt die am 31. Dezember 01 fälligen vierteljährlichen Zinsen für ein privates Darlehen am 8.1.02.
Die Zinsen gehören wirtschaftlich zum Jahr 01. Sie sind – weil kurze Zeit nach Beendigung dieses Jahres gezahlt – als Ausgaben des Jahres 01 anzusehen.

2. Der Steuerpflichtige zahlt am 28.12.01 Miete für den Monat Januar 02.
Die Ausgabe ist im Kalenderjahr 02 zu berücksichtigen, da sie zu diesem Jahr wirtschaftlich gehört und kurze Zeit vor Beginn dieses Jahres gezahlt wurde.

Auf die **Fälligkeit** kommt es bei wiederkehrenden Einnahmen und Ausgaben nach BFH vom 23.9.1999, BStBl. 2000 II, 121, nicht an. Diese muss nicht im Jahr der wirtschaftlichen Zugehörigkeit liegen. **76**

Beispiel:

Die Miete für den Monat Dezember 01 ist am 4.1.02 fällig und geht am 8.1.02 ein.
Die Mietzahlung rechnet zu den Einnahmen des Jahres 01, weil sie eine regelmäßig wiederkehrende Einnahme darstellt und innerhalb eines kurzen Zeitraums nach Ablauf des Jahres eingeht, zu dem sie wirtschaftlich gehört.

Eine (weitere) Besonderheit gilt gem. § 11 Abs. 2 Satz 3 EStG bzw. § 11 Abs. 1 Satz 3 EStG bei einer **Vorauszahlung für eine Nutzungsüberlassung**, z.B. bei der Zahlung von Erbbauzinsen in einem Betrag für die gesamte Laufzeit von z.B. 99 Jahren. Diese ist abweichend vom Zufluss- und Abflussprinzip auf den Zeitraum gleichmäßig zu verteilen, für den sie geleistet wird. Bei einem Zeitraum von bis zu fünf Jahren kann die Vorauszahlung jedoch sofort abgezogen werden, wenn es wirtschaftlich vernünftige Gründe für sie gibt. Hinsichtlich der zeitlichen Berücksichtigung eines marktüblichen **Damnums oder Disagios** gilt dies gem. § 11 Abs. 2 Satz 4 AO jedoch nicht. Wird für ein Darlehen bei einem Zinsfestschreibungszeitraum von mindestens fünf Jahren ein Damnum in Höhe von bis zu 5% vereinbart, geht die Finanzverwaltung von marktüblich aus. Das Damnum oder Disagio ist dann im Zeitpunkt der Zahlung zu berücksichtigen (BMF v. 20.10.2003, BStBl I, 546, Rn. 15). **77**

Erhält ein Steuerpflichtiger entsprechende Vorauszahlungen, etwa als Erbbauverpflichteter, kann er – abweichend vom Zuflussprinzip – diese auf den gesamten Zeitraum gleichmäßig verteilen.

Weitere Durchbrechungen des Abflussprinzips beinhalten die §§ 11 a, 11 b EStG (Sonderbehandlung von Erhaltungsaufwand bei Gebäuden in *Sanierungsgebieten* und städtebaulichen Entwicklungsbereichen sowie bei *Baudenkmalen*).

Einnahmen sind dann **zugeflossen,** wenn der Steuerpflichtige über sie *wirtschaftlich verfügen* kann; der Begriff des Zufließens ist somit im Sinne einer **78** wirtschaftlichen Verfügungsmöglichkeit zu verstehen. Folglich bewirkt nicht nur die Entgegennahme von Bargeld, der Empfang eines Schecks, die Gutschrift auf einem Bankkonto des Steuerpflichtigen und die Einlösung oder Diskontierung eines Wechsels durch ihn eine Einnahme sondern auch die Aufrechnung von gegenseitigen Ansprüchen und die Gutschrift in den Büchern des Zahlungsverpflichteten, es sei denn, der Steuerpflichtige kann die gutgeschriebenen Mittel nicht abrufen, weil der Schuldner zur Zahlung nicht in der Lage ist. Ein Zufluss liegt auch dann vor, wenn an einen Dritten gezahlt wird, der für den Steuerpflichtigen zur Entgegennahme des Betrags ermächtigt ist (zB. die Privatärztliche Verrechnungsstelle für Honorareinnahmen eines Arztes).

79 Die für den Zufluss von Einnahmen zu beachtenden Grundsätze gelten entsprechend für die Behandlung der **Ausgaben.** Eine Ausgabe ist deshalb in dem Zeitpunkt abgeflossen, in dem der Steuerpflichtige die *wirtschaftliche Verfügungsmacht* verliert, also in dem die zu verausgabenden Güter die Vermögenssphäre des Steuerpflichtigen verlassen. Deshalb ist bereits in der *Hingabe eines Schecks* eine Ausgabe zu sehen, ohne dass es darauf ankommt, wann die Einlösung des Schecks auf dem Bankkonto des Steuerpflichtigen belastet wird. Bei Überweisung von einem Konto des Steuerpflichtigen ist die Ausgabe bei ausreichender Deckung bzw. Kreditrahmen des Kontos bereits mit Eingang des Überweisungsträgers bei der Überweisungsbank abgeflossen. Ein Zahlungsabfluss liegt nicht vor, wenn Geldmittel auf Konten eingezahlt werden, über die der Steuerpflichtige verfügen kann oder über die der Zahlungsempfänger noch nicht verfügen kann.

Beispiel:

Der Steuerpflichtige vermietet eine Eigentumswohnung und hat für künftige Instandhaltungsmaßnahmen an den Verwalter der Wohnungseigentümergemeinschaft Zahlungen zu leisten, die dieser auf einem Sonderkonto ansammelt (sog. Instandhaltungsrücklage).
Nicht die Zahlungen zur Ansammlung der Instandhaltungsrücklage stellen Ausgaben i. S. d. § 11 EStG und damit Werbungskosten dar, erst die spätere Zahlung von Instandhaltungsmaßnahmen durch den Verwalter, also der Verbrauch der Rücklage, führt zu einer Ausgabe und damit zum Abzug von Werbungskosten.

F. Wechsel der Gewinnermittlungsart

80 ZB. in den Fällen der Über- oder Unterschreitung der Grenzen des § 141 AO kann es nach Aufforderung durch die Finanzverwaltung zur Notwendigkeit des Wechsels der Gewinnermittlungsart kommen. Dabei ist ein Umstellungs- oder Übergangsgewinn zu ermitteln, um die Doppel- oder Nichtberücksichtigung von Betriebseinnahmen- oder ausgaben zu vermeiden, die sich aus der unterschiedlichen zeitlichen Berücksichtigung von Betriebseinnahmen- oder ausgaben bei der Gewinnermittlung durch Betriebsvermögensvergleich gem. § 4 Abs. 1 EStG und der Einnahme-Überschußrechnung gem. § 4 Abs. 3 EStG ergeben können.

Die Richtlinien 4.6 Abs. 1 und Abs. 2 EStR regeln den Wechsel von der Überschussrechnung gem. § 4 Abs. 3 EStG zum Betriebsvermögensvergleich nach § 4 Abs. 1 EStG i. V. m. § 5 EStG und umgekehrt.

I. Wechsel der Gewinnermittlungsart von § 4 Abs. 3 EStG zu § 4 Abs. 1 i.V.m. § 5 EStG

1. Gründe

Gründe für den Wechsel der Gewinnermittlungsart von der Überschuss- **81**
rechnung zum Bestandsvergleich können sein:

a.) Beginn der Buchführungs- und Jahresabschlusspflicht nach §§ 140, 141 AO durch
   1. Übergang von einer freiberuflichen oder Land- und Forstwirtschaftlichen Tätigkeit
   zu einer gewerblichen Tätigkeit
   2. Überschreiten der in § 141 AO genannten Grenzen und Aufforderung durch das Finanzamt
   3. Überschreiten der in § 241 a HGB genannten Grenzen
b.) Einrichtung einer Buchführung und freiwillige Bilanzierung
   eines Land- u. Forstwirten§§ 4 Abs. 1, 5 und 13 EStG
   eines Gewerbetreibenden§§ 4 Abs. 1, 5 und 15 EStG
   eines Freiberuflers§§ 4 Abs. 1, 5 und 18 EStG
c.) Betriebsveräußerung (§ 16 Abs. 1 EStG) oder Betriebsaufgabe (§ 16 Abs. 3 EStG), evtl. Einbringung gem. § 24 UmwStG

Gründe für den Wechsel der Gewinnermittlungsart vom Bestandsvergleich zur Überschussrechnung können sein:

a.) Ende der Buchführungs- und Jahresabschlusspflicht nach §§ 140, 141 AO durch
   1. Übergang von gewerblichen Tätigkeit zu einer freiberuflichen Tätigkeit
   2. Unterschreiten der in § 241 a HGB oder 141 AO genannten Grenzen an zwei aufeinander folgenden Bilanzstichtagen

2. Auswirkungen

Unabhängig von den gewählten Gewinnermittlungsarten, muss das Total- **82**
ergebnis unabhängig von der Gewinnermittlungsart immer identisch sein. **TOTALERGEBNIS** ist der Gewinn bzw. Verlust, der sich während der gesamten Existenz eines Unternehmens ergibt. Bei einem Wechsel der Gewinnermittlungsarten kann es vorkommen, dass Geschäftsvorfälle für die Ermittlung des Totalgewinns **doppelt** oder gar **nicht** erfasst werden, mit der Folge, dass der Totalgewinn unzutreffend ausgewiesen würde. Der Grund liegt in den verschiedenen Gewinnermittlungsprinzipien, die sich zum einen aus dem Zu- und Abflussprinzip des § 11 EStG bei der Überschussermittlung und zum anderen aus der periodengerechten Gewinnabgrenzung beim Bestandsvergleich (§ 252 Nr. 5 HGB) ergeben.

Der Wechsel zum Bestandsvergleich gem. § 4 Abs. 1 EStG i.V.m. § 5 EStG bei einer Betriebsveräußerung oder Betriebsaufgabe ist erforderlich, um den

Veräußerungsgewinn im Sinne des § 16 Abs. 2 EStG, der nach § 34 EStG begünstigt versteuert wird, vom laufenden Gewinn zu trennen **und** mangels Zu- und Abfluss noch nicht erfasste Geschäftsvorfälle in die Gewinnermittlung einzubeziehen.

3. Gewinnberichtigungen

83 Beim Übergang von der Gewinnermittlung gem. § 4 Abs. 3 EStG zur Gewinnermittlung nach § 4 Abs. 1 EStG oder § 5 EStG ist es erforderlich, Betriebsvorgängen, die bisher noch nicht berücksichtigt wurden, beim ersten Betriebsvermögensvergleich zu berücksichtigen. In der erforderlichen Eröffnungsbilanz zum 1.1. des maßgeblichen Wirtschaftsjahres werden alle Wirtschaftsgüter und sonstigen Posten welche dem Betriebsvermögen zuzurechnen sind, mit den Werten erfasst, als wäre der Gewinn von vornherein durch Bestandsvergleich ermittelt worden.

84 Das Betriebsvermögen ist wie folgt zu erfassen:

Abnutzbares Anlagevermögen:
- mit den fortgeführten Anschaffungs- Herstellungskosten (AK/HK abzügl. AfA)

Nicht abnutzbares Anlagevermögen:
- mit den Werten, die sich aus dem bisher geführten Verzeichnis nach § 4 Abs. 3 Satz 5 EStG ergeben; grds. die AK bzw. HK

Umlaufvermögen:
- grundsätzlich mit den AK/HK
  (Es kann ein Ansatz mit dem niedrigeren Teilwert erfolgen, wenn dieser aus steuerrechtlicher Sicht zum Zeitpunkt der Aufstellung der Eröffnungsbilanz zugelassen ist.)

Der Übergangsgewinn/Verlust kann sich aufgrund der bisher unterschiedlichen zeitlichen Zuordnung bei den Gewinnermittlungsarten ergeben. Um die Hinzurechnungen bzw. Kürzungen festzustellen, sind Antworten auf folgende Fragen erforderlich:

Hat sich der zu berücksichtigende Bilanzposten innerhalb der Überschussrechnung nach § 4 Abs. 3 EStG bisher auf den **GEWINN** ausgewirkt? Wenn ja, wie?

Gewinn erhöhend oder Gewinn mindernd?

Wie stellt sich die Gewinnauswirkung des zu berücksichtigenden Bilanzpostens bei der Gewinnermittlung nach § 4 Abs. 1 EStG oder § 5 EStG dar?:

Gewinn erhöhend oder Gewinn mindernd?

Sofern es hierbei zu einer Doppel- oder einer Nichterfassung gekommen ist, sind diese durch Hinzurechnung oder Kürzung auszugleichen. Der sich hieraus ergebenden Unterschiedsbetrag ist der Übergangsgewinn/Verlust.

Hinzurechnungen
– Kürzungen
= Übergangsgewinn/Verlust

Der so ermittelte Übergangsgewinn ist **nicht** gemäß § 34 EStG begünstigt, da es sich nicht um einen Veräußerungs- oder Aufgabegewinn nach § 16 EStG handelt.

Ohne eine entsprechende **Hinzurechnung oder Kürzung** werden folgende Posten in die Bilanz eingestellt, da sie weder bei der Überschussrechnung noch beim Bestandsvergleich eine gewinnwirksame Auswirkung haben: 85

- Geldkonten wie Kasse und Bank
- Darlehensforderungen und Darlehensverbindlichkeiten
- Eigenkapital

Gleiches gilt für abnutzbare Wirtschaftsgüter, da ihre Behandlung bei beiden Gewinnermittlungsarten identisch ist; sie sind mit den Restbuchwerten zu übernehmen. Auch eine ggf. unterlassene oder überhöhte AfA führt zu keiner anderen Beurteilung, da dies keine Frage der Ermittlung des Übergangsgewinns ist. Sie richtet sich vielmehr nach den allgemeinen Grundsätzen; R 7.4 Abs. 10 EStR.

Nicht abnutzbare Wirtschaftsgüter des Anlagevermögens haben ebenfalls keine Auswirkung auf den Übergangsgewinn, **sofern** sich deren Anschaffungen bisher nicht als Betriebsausgabe ausgewirkt haben.

Geringwertige Wirtschaftsgüter haben keine Auswirkung auf den Übergangsgewinn, **wenn** sich deren Anschaffung bereits als **Betriebsausgaben** ausgewirkt haben.

Eine Gewerbesteuerrückstellung hat auf Grund der Nichtabzugsfähigkeit gem. § 4 Abs. 5 b EStG keinen Effekt auf einen Übergangsgewinn (Ausnahme: Rückstellung für nach wie vor abzugsfähige Altjahre bis 2007).

4. Verteilung des Übergangsgewinns

Ist beim Wechsel der Gewinnermittlungsarten von der Ermittlung gem. § 4 Abs. 3 EStG zu der Ermittlung gem. § 4 Abs. EStG ein Übergangsgewinn entstanden, kann dieser gemäß R 4.6 Abs. 1 Satz 4 EStR zur Vermeidung von Härten auf Antrag **gleichmäßig** auf zwei oder drei Jahre verteilt werden. Beim Wechsel von der Gewinnermittlung gem. § 4 Abs. 1 i. V. m. § 5 Abs. 1 EStG zur Gewinnermittlung gem. § 4 Abs. 3 EStG ist eine Verteilung **nicht** möglich. 86

Beispiel 87

Der Gewerbetreibende Bernd Bär, der bisher seinen Gewinn zulässigerweise nach § 4 Abs. 3 EStG ermittelt hat, ist ab dem 1.1.11 zur Gewinnermittlung durch Betriebsvermögensvergleich (§ 5 Abs. 1 EStG) übergegangen. Aus diesem Grund hat er zum 1.1.11 die nachstehende Eröffnungsbilanz erstellt:

Eröffnungsbilanz zum 1.1.11 in €

Aktiva			Passiva
Grund und Boden	75 000,00	Eigenkapital	256 500,00
Gebäude	160 100,00	Darlehen	46 000,00
Geschäftsausstattung	25 000,00	Verbindlichkeiten aus L+L	42 500,00
Kraftfahrzeuge	5 000,00	Rückstellung (IHK)	1 000,00
Beteiligung	2 000,00	Umsatzsteuer	2 400,00
Warenbestand	58 900,00		
Forderungen aus L+L	13 000		
Wertberichtigung ./. 600	12 400,00		
Geldkonten	9 400,00		
Rechnungsabgrenzung	600,00		
Bilanzsumme	**348 400,00**	**Bilanzsumme**	**348 400,00**

Erläuterungen zu den einzelnen Bilanzposten:

1. Grund und Boden

Folgende Werte wurden festgestellt: Einheitswert des bebauten Grundstücks auf den 1.1.1964 = umgerechnet 60 000 €; Einheitswert zum 1.1.1964, wenn das Grundstück nicht bebaut wäre = 10 000 €; Teilwert des Grund und Bodens zum 1.1.11 = 75 000 €; Die ursprünglichen anteiligen Anschaffungskosten für den Grund und Boden am 3.7.01 betrugen umgerechnet 22 000 €.

2. Gebäude und Geschäftsausstattung

Die Wertansätze entsprechen den Anschaffungskosten vermindert um die Absetzung für Abnutzung nach § 7 EStG. Die Werte sind zutreffend ermittelt worden.

3. Fahrzeuge

Dieser Wertansatz entspricht dem unstreitig dauerhaft niedrigeren Teilwert zum 1.1.11. Die fortgeführten Anschaffungskosten (AK ./. AfA) betragen zum 31.12.10 € 7 000.

4. Übrige Bilanzposten

Die übrigen Bilanzposten sind zutreffend mit den Anschaffungskosten bewertet worden (die Forderungen sind bis auf die Pauschalwertberichtigung vollwertig, der Warenbestand ist ebenfalls nicht abzuwerten).
Alle in der Eröffnungsbilanz angesetzten Wirtschaftsgüter dienen ausschließlich eigenbetrieblichen Zwecken.
Bei dem aktiven Rechnungsabgrenzungsposten in Höhe von 600 € handelt es sich um eine Vorauszahlung auf die KFZ-Versicherung für das erste Halbjahr 11. Die Bezahlung erfolgte am 22.12.10.
Bei der Betriebseröffnung am 1.1.1988 waren außer den Geldbeständen keinerlei Bestände vorhanden.

Aufgabe

a) Die Wertansätze der Eröffnungsbilanz sind auf ihre Richtigkeit zu prüfen. Eine berichtigte Eröffnungsbilanz braucht nicht gefertigt zu werden.
b) Der durch den Wechsel der Gewinnermittlungsart sich ergebende Übergangsgewinn (bzw. Verlust) ist festzustellen. Dabei sind die einzelnen Bilanzposten zu beurteilen und die im einzelnen vorzunehmenden Hinzurechnungen und Abrechnungen der Reihe nach zu begründen (Hinweise auf die Anlage 1 zu R 4.6 der EStR reichen nicht aus!).

Lösung: Zur Vermeidung von Doppelerfassung oder Nichterfassung von Betriebseinnahmen oder –ausgaben und somit der Ermittlung des richtigen Totalgewinnes muss beim Wechsel der Gewinnermittlungsart der Überschussrechnung zu der durch Bestandsvergleich ein Übergangsgewinn ermittelt werden. Dieser ergibt sich durch Korrekturposten aus Hinzurechnungen und Abrechnungen und ist im ersten Jahr nach dem Übergang zum Bestandsvergleich (11) zu berücksichtigen (R 4.6 Abs. 1 EStR). Auf Antrag des D. Domann könnte der Gewinn gleichmäßig je zur Hälfte auf die Jahre 11 und 12 oder zu je 1/3 auf die Jahre 11 bis 13 verteilt werden (R 4.6 Abs. 1, Satz 4 EStR).

Zur Ermittlung des Übergangsgewinnes muss jeder einzelne Bilanzposten auf seine Gewinnauswirkung in der Vergangenheit und auf seine künftige Gewinnauswirkung hin überprüft werden.
Durch diese Korrekturen wird der Gewinn des Wirtschaftsjahres 11 (bzw. 12 und 13) um die Beträge berichtigt, die sich bereits in der Vergangenheit gewinnwirksam ausgewirkt haben und sich bei der Gewinnermittlung durch Bestandvergleich erneut gewinnwirksam auswirken würden sowie um die Beträge, die durch den Wechsel zur Gewinnermittlung durch Bestandvergleich überhaupt nicht gewinnwirksam würden.
Zu Beginn der Gewinnermittlung durch Bestandvergleich hat der Bernd Bär eine Eröffnungsbilanz aufzustellen. In dieser sind die Wirtschaftsgüter nach den allgemeinen Vorschriften des Handels- und Steuerrechts mit den Werten auszuweisen, mit denen sie zu Buche stehen würden, wenn von Anfang an der Gewinn durch Bestandvergleich ermittelt worden wäre (H 4.6 „Bewertung von Wirtschaftsgütern" EStH).

Anlagevermögen:
Da Wirtschaftsgüter des Anlagevermögen sowohl bei der Gewinnermittlung durch Betriebsvermögensvergleich als auch bei der Einnahmeüberschussrechnung gleich behandelt werden, ergibt sich insoweit kein Korrekturbedarf. Die abnutzbaren Wirtschaftsgüter des Anlagevermögens wirken sich nach wie vor über die AfA auf den Gewinn aus.
Eine Einlage der Wirtschaftsgüter liegt nicht vor, da sie nach wie vor Betriebsvermögen Bernd Bär sind.

Die Bilanzposten im Einzelnen:

- Grund und Boden

Gem. H 4.6 „Bewertung von Wirtschaftsgütern" EStH(s. o.) ist der Grund und Boden mit den historischen Anschaffungskosten von 22 000 € anzusetzen.
Eine Gewinnauswirkung ergibt sich durch den korrigierten Bilanzansatz nicht.

- Gebäude

keine Korrekturen (s. o. zum Anlagevermögen)

- Geschäftsausstattung

keine Korrekturen (s. o. zum Anlagevermögen)

- Kraftfahrzeuge

Der Ansatz mit dem dauerhaft niedrigeren Teilwert von 5 000 € ist sowohl handels- als auch steuerrechtlich zutreffend.
Damit die Teilwert-Afa i. H. v. 2 000 € nicht unberücksichtigt bleibt, wird der Übergangsgewinn um diese 2 000 € gemindert.
(Hinweis: Sollte nach anderer Auffassung der steuerliche Ansatz unter Hinweis auf den Teilwerterlass mit 7 000 € erfolgen, unterbliebe eine Gewinnkorrektur im Übergangsgewinn. In diesem Falle wäre jedoch der laufende steuerliche Gewinn des Jahres 11 gem. § 60 EStDV um ./. 2 000 € zu korrigieren)

- Beteiligung

führen mangels unterschiedlicher Behandlung zu keiner Gewinnkorrektur

Umlaufvermögen:

- Waren

Beim Einkauf der Waren hat sich die Bezahlung (so erfolgt) bereits gem. § 4 Abs. 3 i. V. m. § 11 EStG gewinnmindernd ausgewirkt.
Durch den Ausweis als Warenanfangsbestand wird der Gewinn durch den erhöhten Wareneinsatz nun ein zweites Mal gemindert.
Es ist daher eine Korrektur von +58 900 € vorzunehmen.

- Forderungen aus Lieferungen und Leistungen

Die Forderungen aus Lieferungen und Leistungen haben sich mangels Zahlungseingang gem. § 4 Abs. 3 i. V. m. § 11 EStG bisher noch nicht gewinnerhöhend ausgewirkt und werden dies auch bei künftiger Vereinnahmung nicht mehr tun:

Bank	an	Forderung	12 400

Es ist daher eine Korrektur in Höhe des Bestandes von 12 400 € vorzunehmen.

• Geldkonten
Die Geldkonten bedürfen mangels unterschiedlicher Behandlung bei Gewinnermittlung durch Bestandsvergleich und Überschussrechnung keiner Korrektur.

• Rechnungsabgrenzung
Die Versicherungsprämie hat sich bei Ihrer Verausgabung im Jahre 10 nicht gewinnwirksam ausgewirkt, da sie innerhalb von 10 Tagen vor Ende des Kalenderjahres 10 getätigt wurde und es sich bei der KFZ-Versicherung um eine regelmäßig wiederkehrende Ausgabe handelt (§ 11 Abs. 1, Satz 2 und Abs. 2 Satz 2 i.V.m. H 11 „Kurze Zeit" EStH). Auf die Fälligkeit der Versicherungsleistung kommt es dabei nicht an !
Die aktive Rechnungsabgrenzung wird daher in 11 zutreffend gewinnwirksam aufgelöst. Mangels Doppelberücksichtigung unterbleibt eine Korrektur.

Passiva

• Eigenkapital und Jahresüberschuss
Die Konten Eigenkapital und Jahresüberschuss haben als Kapitalkonten keinerlei Gewinnauswirkung. Eine Korrektur ist daher nicht erforderlich.

• Darlehen
Aufnahme und Tilgung eines Darlehens stellen weder bei der Gewinnermittlung durch Bestandsvergleich noch bei der Überschussrechnung Betriebsausgaben oder –einnahmen dar. Eine Korrektur ist daher mangels unterschiedlicher Behandlung nicht notwendig.

• Verbindlichkeiten aus Lieferungen und Leistungen
Die Verbindlichkeiten aus Lieferungen und Leistungen haben sich mangels Zahlungsabfluss gem. § 4 Abs. 3 i.V.m. § 11 EStG bisher noch nicht gewinnmindernd ausgewirkt und werden dies auch bei künftiger Zahlung nicht mehr tun:

Verbindlichkeit aus L+L	an	Bank	

Es ist daher eine Korrektur in Höhe ./. 42 500 € vorzunehmen.

• Rückstellung IHK-Beitrag
Die IHK-Beitrags-Rückstellung hat sich mangels Zahlungsabfluss gem. § 4 Abs. 3 i.V.m. § 11 EStG bisher noch nicht gewinnmindernd ausgewirkt und wird dies auch bei künftiger Zahlung nicht mehr tun:

Rückstellung (IHK)	an	Bank	1 000 €

Es ist daher eine Korrektur in Höhe ./. 1 000 € vorzunehmen.

• Umsatzsteuer

Die Umsatzsteuer hat sich bei Vereinnahmung durch den Kunden gem. § 4 Abs. 3 i.V.m. § 11 EStG bereits gewinnerhöhend ausgewirkt:

Sie würde bei Bezahlung an das Finanzamt (Umsatzsteuer an Bank) nun jedoch nicht mehr gewinnmindernd wirken und würde somit unzulässigerweise echten Ertrag darstellen.

Es ist daher eine Korrektur in Höhe von ./. 2 400 € vorzunehmen.

Summe der Korrekturen:

Aktiva	
Grund und Boden	–
Gebäude	–
Geschäftsausstattung	–
Kraftfahrzeuge	./. 2 000
Warenbestand	+ 58 900
Forderungen aus Lieferungen und Leistungen	+ 12 400
Geldkonten	–
Rechnungsabgrenzung	–
Passiva	
Eigenkapital	–
Jahresüberschuss	–
Darlehen	–

Verbindlichkeit aus Lieferungen und Leistungen	./. 42 500
IHK Beitrag	./. 1 000
Umsatzsteuer	./. 2 400
Summe Korrekturen/Übergangsgewinn 11–13	+ 23 400

frei **88, 89**

G. Regelungen über den Gewinnermittlungszeitraum und das Wirtschaftsjahr

I. Veranlagungszeitraum

Die Einkommensteuer wird nach Ablauf des Kalenderjahres **(= Veranlagungszeitraum)** nach *dem* Einkommen veranlagt, das der Steuerpflichtige in diesem Zeitraum bezogen hat (§ 25 Abs. 1 EStG). Hat die Steuerpflicht nicht während des vollen Veranlagungszeitraums bestanden, z.B. wegen Tod oder Wohnsitzverlegung ins Ausland, aber auch infolge Geburt oder Wohnsitzverlegung ins Inland innerhalb des Kalenderjahres, so wird nur das während der Dauer der Steuerpflicht bezogene Einkommen zugrunde gelegt. Eine Hochrechnung des zu versteuernden Einkommens auf einen Jahresbetrag erfolgt in solchen Fällen nicht. **90**

Beim **Wechsel** von der unbeschränkten zur beschränkten Steuerpflicht durch Wohnsitzverlegung ins Ausland (und umgekehrt) ist eine einzige Einkommensteuerveranlagung für den betreffenden Veranlagungszeitraum durchzuführen, und zwar unter Einbeziehung der während der beschränkten Steuerpflicht erzielten inländischen Einkünfte. Es ist also nur *eine* Veranlagung nach den bei unbeschränkter Steuerpflicht maßgebenden Vorschriften erforderlich. **91**

II. Ermittlungszeitraum

Da die Einkommensteuer nach § 2 Abs. 7 EStG eine **Jahressteuer** ist, wird die Grundlage für ihre Festsetzung, nämlich das zu versteuernde Einkommen, jeweils für *ein Kalenderjahr* ermittelt. Folglich sind auch die Einkünfte als Ausgangsbasis für die Berechnung des zu versteuernden Einkommens jeweils für ein Kalenderjahr festzustellen (hat die Steuerpflicht nur während eines Teils des Kalenderjahrs bestanden, so ist der Ermittlungszeitraum entsprechend kürzer). **92**

Diese Grundsätze gelten uneingeschränkt jedoch nur für die Einkünfte aus selbstständiger Arbeit und die Überschusseinkunftsarten. Bei Land- und Forstwirten und bei Gewerbetreibenden dagegen ist der Gewinn nicht nach dem Kalenderjahr, sondern nach dem **Wirtschaftsjahr** zu ermitteln (§ 4 a EStG). Wirtschaftsjahr ist der Zeitraum, für den der Land- und Forstwirt oder der Gewerbetreibende regelmäßig seinen Gewinn ermittelt. Das Wirtschafts- **93** jahr umfasst nach § 8 b EStDV einen Zeitraum von zwölf Monaten. Bei Eröffnung, Erwerb, Aufgabe oder Veräußerung eines Betriebes sowie bei der Umstellung eines Wirtschaftsjahrs darf das Wirtschaftsjahr einen kürzeren Zeitraum als zwölf Monate umfassen **(Rumpfwirtschaftsjahr).**

1. Wirtschaftsjahr bei Land- und Forstwirten

94 Land- und Forstwirte haben *zwingend* ein **abweichendes Wirtschaftsjahr** (§ 4 a Abs. 1 Nr. 1 EStG). Es umfasst regelmäßig die Zeit vom 1.7. bis 30.6. des Folgejahres. Nach § 8 c EStDV ist bei Betrieben mit

- einem Futterbauanteil von 80% und mehr der Fläche der landwirtschaftlichen Nutzung als Wirtschaftsjahr auch der Zeitraum 1.5. bis 30.4. des Folgejahres,
- reiner Forstwirtschaft das Wirtschaftsjahr der Zeitraum vom 1.10. bis 30.9. des Folgejahres, und
- reinem Weinbau das Wirtschaftsjahr der Zeitraum vom 1.9. bis 31.8. des Folgejahres möglich

Gartenbaubetriebe und Baumschulbetriebe können auch das Kalenderjahr als Wirtschaftsjahr bestimmen (§ 8 c Abs. 2 EStDV).

95 Die Ergebnisse der Wirtschaftsjahre werden den einzelnen Veranlagungszeiträumen *zeitanteilig* zugerechnet.

Beispiel:

	1.7.10 – 30.6.11		1.7.11 – 30.6.12	
Gewinne	28 000 €		33 000 €	
	↙	↘	↙	↘
Jahr:	10	11	11	12
	6/12 =	6/12 =	6/12 =	6/12 =
	14 000 €	14 000 €	16 500 €	16 500 €

Einkünfte aus Land- und Forstwirtschaft **11** : 30 500 €.

2. Wirtschaftsjahr bei Gewerbetreibenden

96 Nach § 4 a Abs. 1 Nr. 2 EStG können nur Gewerbetreibende, deren *Firma im Handelsregister* eingetragen ist, den Gewinn nach einem **abweichenden Wirtschaftsjahr** ermitteln. Nicht im Handelsregister eingetragene Gewerbetreibende können nach § 4 a Abs. 1 Nr. 3 EStG kein abweichendes Wirtschaftsjahr haben. Bei diesen Steuerpflichtigen stimmt also das Wirtschaftsjahr zwingend mit dem Kalenderjahr überein.

97 Ein zulässigerweise vom Kalenderjahr abweichendes Wirtschaftsjahr kann jeden *beliebigen Zeitraum* von **zwölf Monaten Dauer** umfassen, z.B. 1.11. bis 31.10. des Folgejahres, 15.8. bis 14.8. des Folgejahres usw. Im Allgemeinen werden betriebswirtschaftliche Gründe für die Wahl eines abweichenden Wirtschaftsjahres sprechen. So ist es z.B. nicht gerade sinnvoll, bei einem Wareneinzelhandelsunternehmen den Zeitraum 1.12. bis 30.11. des Folgejahres als Wirtschaftsjahr zu bestimmen oder bei einem Bauunternehmen den Zeit-

raum 1.6. bis 31.5. des Folgejahres; man wird vielmehr bemüht sein, das Wirtschaftsjahr so zu wählen, dass dies für Zwecke des Jahresabschlusses günstig ist (Vermeidung oder Verminderung von Inventurschwierigkeiten u. a. m.).

Die **Umstellung** eines Wirtschaftsjahrs, das mit dem Kalenderjahr übereinstimmt, auf ein vom Kalenderjahr abweichendes Wirtschaftsjahr ebenso wie die Umstellung eines vom Kalenderjahr abweichenden Wirtschaftsjahrs auf ein *anderes* vom Kalenderjahr abweichendes Wirtschaftsjahr wirken steuerlich nur, wenn die Umstellung im *Einvernehmen* mit dem Finanzamt vorgenommen wird (§ 4 a Abs. 1 Nr. 2 Satz 2 EStG i. V. m. § 8 b Nr. 2 EStDV). Eine Zustimmung des Finanzamts ist daher nicht erforderlich, wenn ein Gewerbebetrieb eröffnet oder erworben wird und in diesem Zusammenhang ein abweichendes Wirtschaftsjahr gewählt wird, ebenso nicht, wenn vom abweichenden Wirtschaftsjahr auf das Kalenderwirtschaftsjahr umgestellt wird. **98**

Sofern eine **Zustimmung** des Finanzamts zur Umstellung des Wirtschaftsjahres erforderlich ist, so ist diese nur dann zu erteilen, wenn der Steuerpflichtige gewichtige, in der Organisation des Betriebs gelegene Gründe für die Umstellung des Wirtschaftsjahres anführen kann. Die Erlangung einer „Steuerpause" oder anderer steuerlicher Vorteile ist kein Grund, der die Zustimmung des Finanzamts rechtfertigt. **99**

Bei Gewerbetreibenden gilt – anders als bei den Land- und Forstwirten – der in einem abweichenden Wirtschaftsjahr erzielte Gewinn gem. § 4 a Abs. 2 Nr. 2 EStG als in *dem* Kalenderjahr bezogen, in dem das Wirtschaftsjahr **endet.** Eine Aufteilung des Gewinns und Zuweisung zu den beiden Kalenderjahren, die das abweichende Wirtschaftsjahr berührt, findet also nicht statt. Dies kann zur Folge haben, dass in einem Kalenderjahr der Gewinn *mehrerer* Wirtschaftsjahre zu erfassen ist. **100**

Beispiel:

Der im Handelsregister eingetragene Gewerbetreibende A hat im Wirtschaftsjahr 1.4.01–31.3.02 einen Gewinn in Höhe von 100 000 € erzielt. Er stellt anschließend das Wirtschaftsjahr auf das Kalenderjahr um, sodass ein Rumpfwirtschaftsjahr entsteht, das den Zeitraum 1.4.–31.12.02 umfasst. Der Gewinn des Rumpfwirtschaftsjahrs beträgt 60 000 €. Maßgebend für die Erfassung des Gewinns in den einzelnen Kalenderjahren ist der Abschlusszeitpunkt. Am 31.3.02 endet das abweichende Wirtschaftsjahr, am 31.12.02 das Rumpfwirtschaftsjahr, so dass die Gewinne beider Wirtschaftsjahre von insgesamt 160 000 € im Jahr 02 der Einkommensteuer unterliegen.

H. Verlustabzug

Der **Verlustabzug** nach § 10 d EStG rechnet zwar grds. nicht zu den Sonderausgaben. Die systematische Stellung dieser Vorschriften im Gesetz verdeutlicht aber, worum es geht, nämlich um den Abzug bestimmter Beträge *„wie Sonderausgaben"* vom Gesamtbetrag der Einkünfte bei der Ermittlung des Einkommens.

Vom Verlustabzug i. S. d. § 10 d EStG streng zu unterscheiden ist der sog. **101**
Verlustausgleich: Man versteht darunter die Verrechnung von positiven und negativen Einkünften eines Kalenderjahres. Die Regelung des § 10 d EStG

dagegen bezweckt die Verrechnung negativer Einkünfte *eines* Kalenderjahrs mit positiven Einkünften *anderer* Kalenderjahre, um den Steuerpflichtigen in diesen Jahren einkommensteuerlich zu entlasten.

Übersteigen die negativen Einkünfte die positiven Einkünfte eines Veranlagungszeitraums, so ergibt sich eine negative Summe der Einkünfte und gleichzeitig ein negativer Gesamtbetrag der Einkünfte, wobei der negative Gesamtbetrag der Einkünfte um den Altersentlastungsbetrag und um den Freibetrag für Land- und Forstwirte höher sein kann als die negative Summe der Einkünfte (vgl. Rn. 68). § 10 d EStG schafft im Prinzip die Möglichkeit, im Jahr des Entstehens mangels ausreichender anderweitiger Einkünfte ins Leere gehende Verluste im vorhergehenden Veranlagungszeitraum **(Verlustrücktrag)** und – soweit das nicht möglich ist – in einem der folgenden Veranlagungszeiträume vom Gesamtbetrag der Einkünfte abzuziehen **(Verlustvortrag).**

102 Die Höhe des Verlustabzugs richtet sich immer nach dem **negativen Gesamtbetrag der Einkünfte,** nicht nach dem (negativen) Einkommen oder dem (negativen) zu versteuernden Einkommen. Nicht ausgeglichene Verluste des laufenden Veranlagungszeitraums *(= Verlustentstehungsjahr)* werden bis **maximal i. H. v. 1 000 000 €** (bei zusammenveranlagten Ehegatten 2 000 000 €) vom Gesamtbetrag der Einkünfte des dem Veranlagungszeitraum vorangegangenen Veranlagungszeitraums abgezogen **(Verlustrücktrag).** Soweit kein Abzug möglich ist, sind die Verluste in den folgenden Veranlagungszeiträumen abzuziehen **(Verlustvortrag):** weil der rücktragsfähige Verlust 1 000 000 €/2 000 000 € übersteigt und/oder der Gesamtbetrag der Einkünfte des Vorjahres für einen Abzug nicht ausreicht.

Beispiel:

Bei der Veranlagung des Steuerpflichtigen für das Jahr 02 ergibt sich ein negativer Gesamtbetrag der Einkünfte von 29 000 €. Die Einkommensteuerbescheide für die Jahre 01 und 03 zeigen folgende Zahlen:

	01 €	03 €
Gesamtbetrag der Einkünfte	10 000	19 000
Sonderausgaben	2 000	2 000
Außergewöhnliche Belastungen	–	1 500
Einkommen/zu versteuerndes Einkommen	8 000	15 500

Von dem negativen Gesamtbetrag der Einkünfte des Jahres 02 sind im Wege des Verlustrücktrags mit dem Gesamtbetrag der Einkünfte des Jahres 01 10 000 € und mit dem Gesamtbetrag der Einkünfte des Jahres 03 19 000 € zu verrechnen, sodass sich in beiden Jahren ein negatives Einkommen bzw. negatives zu versteuerndes Einkommen von 2 000 € bzw. 3 500 € ergibt.

103 Das Beispiel zeigt, dass im Verlust*entstehungs*jahr (02) alle Sonderausgaben und außergewöhnlichen Belastungen (und sonstigen Abzugsbeträge) keine einkommensteuerliche Auswirkung haben, da für Zwecke des Verlustrück- bzw. vortrags nur der negative Gesamtbetrag der Einkünfte zählt. In den Verlust*abzugs*jahren (01 und 03) wirken sich diese Beträge ebenfalls nicht aus, weil der Verlustabzug vorrangig vom Gesamtbetrag der Einkünfte abzuziehen ist. Der Steuerpflichtige kann jedoch gem. § 10 d Abs. 1 Satz 5 und 6 EStG mittels **Wahlrecht** den Verlustrücktrag zugunsten des Verlustvortrags der Höhe nach beschränken oder ganz darauf verzichten. In dem vorstehenden Beispiel geht der Verlustrücktrag in das Jahr 01 vollständig ins Leere, da das zu

versteuernde Einkommen unter Außerachtlassung des Verlustrücktrags bereits unter dem Grundfreibetrag liegt. Der Steuerpflichtige wäre also gut beraten, wenn er auf den Verlustrücktrag ganz verzichten würde, so dass er nach Verrechnung von 19 000 € im Jahr 03 noch 10 000 € an Verlustabzug für die Jahre 04 ff. (statt ansonsten 0 €) zur Verfügung hätte.

Soweit also der negative Gesamtbetrag der Einkünfte **104**

- in Ausübung des Wahlrechts nicht zurückgetragen wird und/oder
- wegen Überschreitung der Grenze von 1 000 000 €/1 000 000 € nicht zurückgetragen werden darf,

geht er in den **zeitlich unbegrenzten** Verlustvortrag ein.

Der Abzug eines bestehenden Verlustvortrags ist jedoch **betragsmäßig beschränkt.** Vortragsfähige Verluste sind bis zu einem Betrag von 1 Mio. €/2 Mio. € unbeschränkt, darüber hinaus bis zu 60% des nach Abzug des Betrags von 1 Mio. €/2 Mio. € verbleibenden Gesamtbetrags der Einkünfte abzugsfähig. Ein *Sockelbetrag verbleibt der sog. Mindest-Besteuerung.* Nicht ausgeschöpfte Verluste werden weiter vorgetragen.

Beispiel:

Der Steuerpflichtige hat im Jahr 02 folgende Einkünfte:

Einkünfte aus Land- und Forstwirtschaft	+ 170 000 €
Einkünfte aus Gewerbebetrieb	– 1 900 000 €
Einkünfte aus Vermietung und Verpachtung	– 400 000 €
Sonstige Einkünfte	+ 30 000 €
Summe der Einkünfte/Gesamtbetrag der Einkünfte	– 2 100 000 €

Von den negativen Einkünften des Jahres 02 von insgesamt 2 300 000 € konnten im Wege des vertikalen Verlustausgleichs 200 000 € verrechnet werden. Es verbleiben somit noch 2 100 000 €, die durch Verlustabzug nach § 10 d EStG im Jahr 01 zu berücksichtigen sind. Maximal in das Vorjahr können 1 000 000 € zurückgetragen werden (oder wahlweise zugunsten des Verlustvortrags in Höhe eines Teilbetrags nicht oder auch gar nicht).

Angenommen, der Verlustrücktrag wird in voller Höhe vorgenommen, verbleiben als Verlustvortrag 1 100 000 €. Ausgehend von einem Gesamtbetrag der Einkünfte des Jahres 03 von 1 120 000 € können berücksichtigt werden:

Gesamtbetrag der Einkünfte	+ 1 120 000 €
uneingeschränkter Verlustvortrag	– 1 000 000 €
restlicher Verlustvortrag von 100 000 € bis max. 60% des verbleibenden Gesamtbetrags der Einkünfte von 120 000 € =	– 72 000 €
Gesamtbetrag der Einkünfte nach Verlustabzug	48 000 €

Für die Jahre 04 ff. verbleibt ein Verlustvortrag von 28 000 € (1 100 000 € – 1 072 000 €).

Der Verlustabzug ist *von Amts wegen* vorzunehmen; eines **Antrags** des Steuerpflichtigen bedarf es also nur für eine mögliche Beschränkung des Verlustrücktrags. Ist für den vorangegangenen Veranlagungszeitraum bereits ein Steuerbescheid erlassen worden, so ist er insoweit zu ändern, als der Verlustabzug zu gewähren oder zu berichtigen ist. Das gilt auch dann, wenn der Steuerbescheid bereits unanfechtbar geworden sind. Die Verjährungsfrist endet insoweit nicht, bevor die Verjährungsfrist für den Veranlagungszeitraum abgelaufen ist, in dem die Verluste nicht ausgeglichen werden. **105**

Im Fall der Zusammenveranlagung von **Ehegatten** gibt es nur *einen* (gemeinsamen) Gesamtbetrag der Einkünfte (§ 26 b EStG). Ein Verlustrück- bzw. vortrag kommt folglich nur in Betracht, wenn der *gemeinsame Gesamtbe-* **106** *trag der Einkünfte* negativ ist. Werden die Ehegatten im Verlustentstehungsjahr zusammen, im Abzugsjahr hingegen einzeln der getrennt veranlagt, so kann der Abzug nur bei dem Ehegatten vorgenommen werden, der den Verlust erzielt hat. Umgekehrt muss der Verlust aber auch dann zurückgetragen werden, wenn die Ehegatten im Verlustentstehungsjahr einzeln oder getrennt veranlagt werden, aber im Abzugsjahr noch zusammen veranlagt worden sind. Der Abzug ist vom gemeinsamen Gesamtbetrag der Einkünfte des Abzugsjahres vorzunehmen, ohne dass es zulässig wäre, den Abzug auf den Anteil am Gesamtbetrag der Einkünfte desjenigen Ehegatten, der den Verlust erlitten hat, zu beschränken.

107 Der Verlustabzug ist nicht übertragbar. Sind im Todeszeitpunkt noch vortragsfähige Verluste des Erblassers vorhanden, können diese bei den Erben nicht berücksichtigt werden. Möglich ist nur ein Abzug bei der Veranlagung des Erblassers im Todesjahr. Bei einer Zusammenveranlagung kommt auch eine Verrechnung mit Einkünften des Ehegatten in Betracht, sofern im Todesjahr eine Zusammenveranlagung erfolgt. Auch ist ein Verlustrücktrag möglich, wenn sowohl für das Rücktragsjahr als auch für das Todesjahr eine Zusammenveranlagung vorgenommen wurde (R 10 d Abs. 9 EStÄR 2012).

Der am Schluss eines Veranlagungszeitraums verbleibende Verlustabzug ist durch Steuerbescheid *(Feststellungsbescheid)* förmlich festzustellen. Der **Feststellungsbescheid,** der bindende Wirkung für die Zukunft entfaltet, umfasst nicht nur den verbliebenen vortragsfähigen Verlust des betreffenden Veranlagungszeitraums sondern auch vortragsfähige Verluste früherer Veranlagungszeiträume. Bei der Feststellung des verbleibenden Verlustvortrags sind die Besteuerungsgrundlagen nur so zu berücksichtigen, wie sie den Einkommensteuerfestsetzungen des Veranlagungszeitraums, auf dessen Schluss der verbleibende Verlustvortrag festgestellt wird, und des Veranlagungszeitraums, in dem ein Verlustrücktrag vorgenommen werden kann, berücksichtigt wurde. Die Besteuerungsgrundlagen dürfen bei der Feststellung des Verlustes nur abweichend von der Einkommensteuerfestetzug des betreffenden Jahres berücksichtigt werden, soweit die Aufhebung, Änderung oder Berichtigung der Steuerbescheide ausschließlich mangels Auswirkung auf die Höhe der festzusetzenden Steuer unterbleibt.

108, 109 *frei*

I. Nicht abzugsfähige Betriebsausgaben und nicht abzugsfähige Ausgaben

110 Die Vorschrift des § 12 EStG verbietet die steuerliche Berücksichtigung all derjenigen Aufwendungen, die im weitesten Sinne zur **Lebensführung** rechnen. Ein Abzug kommt allenfalls als Sonderausgabe (§§ 10 ff. EStG) oder als außergewöhnliche Belastung (§§ 33 ff. EStG) in Betracht. § 12 EStG hat einerseits klarstellende Bedeutung, und zwar insofern, als ein Teil der aufgeführten Beträge von ihrer Natur her niemals Betriebsausgaben oder Werbungskosten sein können, z.B. die eigentlichen Lebenshaltungskosten.

Andererseits kommt § 12 EStG jedoch auch rechtsbegründende Bedeutung zu, nämlich dort, wo bestimmte Aufwendungen, die durchaus Betriebsausgaben oder Werbungskosten darstellen könnten, von der steuerlichen Berücksichtigung ausgeschlossen werden. Insofern könnte man meinen, dass § 12 EStG – über § 4 Abs. 5 EStG hinaus – nicht abzugsfähige Betriebsausgaben bzw. Werbungskosten schafft. Dies ist indessen nicht der Fall: Fallen Aufwendungen unter § 12 EStG, so verlieren sie damit ihren Charakter als Betriebsausgaben oder Werbungskosten; sie sind folglich **Privatausgaben,** was eine gewisse praktische Bedeutung im Bilanzsteuerrecht besitzt.

I. Kosten der Lebensführung (§ 12 Nr. 1 EStG)

Hierzu rechnen die für den **Haushalt** des Steuerpflichtigen und für den 111
Unterhalt seiner Familienangehörigen aufgewendeten Beträge. Dazu gehören auch die *Aufwendungen für die Lebensführung,* die die wirtschaftliche oder gesellschaftliche Stellung des Steuerpflichtigen mit sich bringt, auch wenn sie zur Förderung des Berufs oder der Tätigkeit des Steuerpflichtigen erfolgen. Im Allgemeinen wird es sich bei dieser Art von Aufwendungen um Ausgaben für Ernährung, Kleidung, Wohnung, Gesundheit und Repräsentation handeln. Dies schließt allerdings nicht aus, dass Aufwendungen dieser Art gleichwohl als Betriebsausgaben oder Werbungskosten berücksichtigungsfähig sind. Entscheidend ist, ob eine betriebliche bzw. berufliche Veranlassung besteht oder nicht. Dies zeigt sich typischerweise bei den **Reisekosten.** Hierbei handelt es sich im Wesentlichen ebenfalls um Aufwendungen des Steuerpflichtigen für Ernährung und Unterbringung, ohne dass dem Abzug dieser Aufwendungen § 12 EStG entgegen steht.

Aufwendungen, die sowohl der Lebensführung als auch den betrieblichen bzw. beruflichen Interessen des Steuerpflichtigen dienen, bezeichnet man als **gemischt veranlasste Aufwendungen.** Theoretisch wäre der betriebliche bzw. beruflich veranlasste Teil dieser Aufwendungen bei der jeweiligen Einkunftsart als Betriebsausgaben oder Werbungskosten abziehbar, der private Teil dagegen nicht. § 12 Nr. 1 Satz 2 EStG verbietet jedoch den Abzug solcher Aufwendungen *insgesamt.* Dieses Abzugsverbot bedeutet also gleichzeitig ein *Aufteilungsverbot.* Dadurch soll aus Gründen der steuerlichen Gleichbehandlung verhindert werden, dass Steuerpflichtige durch eine mehr oder weniger zufällige oder bewusst herbeigeführte Verbindung zwischen beruflichen und privaten Interessen Aufwendungen für ihre Lebensführung deshalb zum Teil in einen einkommensteuerrechtlich relevanten Bereich verlagern können, weil sie einen Betrieb oder Beruf haben, der ihnen das ermöglicht, während andere Steuerpflichtige gleichartige Aufwendungen aus versteuertem Einkommen bestreiten müssen.

Beispiel:

Ein Studienrat, der im Fach Geschichte unterrichtet, besichtigt während einer Urlaubsreise antike Stätten.

Es mag zwar sein, dass die Urlaubsreise auch beruflichen Nutzen hat. Gleichwohl kommt ein Abzug als Werbungskosten nicht in Betracht, weil es sich um sog. gemischte Aufwendungen handelt.

Die Rechtsprechung des BFH erkennt *zwei Ausnahmen* von dem Aufteilungs- und Abzugsverbot des § 12 Nr. 1 Satz 2 EStG an:

112 • Gemischte Aufwendungen sind in vollem Umfang abziehbar, wenn die private Lebensführung ganz in den Hintergrund tritt, die Aufwendungen also *nahezu ausschließlich* betrieblich bzw. beruflich veranlasst sind. Hierunter wird ein privater Anteil von ca. 10% verstanden.

Beispiel:
Ein Lehrer nutzt einen Computer zu beruflichen Zwecken. Gelegentlich dient der Computer aber auch privaten Zwecken, etwa dem Schreiben privater Korrespondenz. Es handelt sich bei den Kosten für den Computer (in Firm der Abschreibung) um gemischte Aufwendungen, da sie zugleich beruflich und privat veranlasst sind. Das Aufteilungs- und Abzugsverbot greift jedoch nicht ein, weil die private Mitbenutzung von ganz untergeordneter Bedeutung ist.

113 • Der betriebliche bzw. berufliche Anteil gemischter Aufwendungen ist dann abziehbar, wenn objektive Merkmale und Unterlagen eine *zutreffende und leicht nachprüfbare Trennung* der Aufwendungen ermöglichen und wenn außerdem der betriebliche bzw. berufliche Nutzungsanteil nicht von untergeordneter Bedeutung ist. Um den abziehbaren Teil der Aufwendungen zu ermitteln, bedarf es eines geeigneten Aufteilungsmaßstabes: Einen solchen liefert z.B. ein Fahrtenbuch, anhand dessen die anteilige private und betriebliche bzw. berufliche Nutzung eines Kraftfahrzeugs eindeutig nachgewiesen werden kann. Ausnahmsweise ist eine Ermittlung des betrieblich bzw. beruflich veranlassten Anteils auch im Wege griffweiser Schätzung zulässig, wie dies z.B. bei Telefonkosten (Grund- *und* Gesprächsgebühren) anerkannt wird, vgl. R 9.1 Abs. 5 LStR.

II. Zuwendungen im Sinne des § 12 Nr. 2 EStG

114 Nicht abziehbar sind ferner *freiwillige* **Zuwendungen,** Zuwendungen auf Grund einer *freiwillig begründeten Rechtspflicht* und Zuwendungen an eine gegenüber dem Steuerpflichtigen oder seinem Ehegatten *gesetzlich unterhaltsberechtigte Person* (oder deren Ehegatten), auch wenn diese Zuwendungen auf einer besonderen Vereinbarung beruhen. Dies schließt allerdings nicht aus, dass solche Zuwendungen unter Umständen nach §§ 33, 33 a EStG als außergewöhnliche Belastungen berücksichtigungsfähig sind.

115 Unter Zuwendungen i.S.d. § 12 Nr. 2 EStG versteht man Leistungen in Geld oder in Geldeswert, denen **keine Gegenleistung** gegenübersteht. Überall dort, wo der Leistung des Steuerpflichtigen keine irgendwie geartete Gegenleistung gegenübersteht, ergeben sich deshalb keine Probleme bei der Anwendung des § 12 Nr. 2 EStG: Die Leistungen sind weder als Betriebsausgaben noch als Werbungskosten abziehbar. Unproblematisch sind auch diejenigen Fälle, in denen der Leistung des Steuerpflichtigen eine *gleichwertige Gegenleistung* gegenübersteht: Hier kann § 12 Nr. 2 EStG nicht eingreifen, da es an einer Zuwendung im Sinne dieser Vorschrift fehlt. In diesem Fall ist von einer Anschaffung bzw. Veräußerung auszugehen.

Zweifelsfragen tauchen jedoch dann auf, wenn sich Leistung und Gegenleistung *nicht ausgewogen* gegenüberstehen. Handelt es sich um einen **teilent-**

geltlichen Erwerb, ist nach dem Verhältnis des Entgelts zum Verkehrswert des übertragenen Wirtschaftsguts in einen entgeltlichen und einen unentgeltlichen Teil aufzuteilen (BMF v. 13.1.1993, BStBl 1993 I S. 80, Rn. 14). **Ausgleichs- und Abstandsverpflichtungen** zur Zahlung eines bestimmten Geldbetrages (aus dem eigenen, nicht aus dem übernommenen Vermögen!) oder die **Übernahme von Verpflichtungen** führen zu Anschaffungskosten und ggf. steuerpflichtigen Veräußerungserlösen.

Wiederkehrende Bezüge im Zusammenhang mit der Übertragung von **116** Wirtschaftsgütern können als Veräußerungsleistungen, als Versorgungsleistungen oder als Unterhaltsleistungen anzusehen sein. Liegen *Veräußerungsleistungen* vor, führen diese zu Anschaffungskosten und ggf. steuerpflichtigen Veräußerungserlösen. Bei nahen Angehörigen (und selbstredend üblicherweise bei fremden Dritten) ist hiervon auszugehen, wenn sich Leistung und Gegenleistung kaufmännisch ausgewogen gegenüber stehen. Allerdings spricht eine widerlegbare Vermutung bei Übertragungen innerhalb diesen Personenkreises für *Versorgungsleistungen*, die als unentgeltliche Übertragung anzusehen sind. Diese können ggf. (mit dem Ertragsanteil) als Sonderausgaben nach § 10 Abs. 1 Nr. 1 a EStG abzugsfähig sein. Erreicht der Wert des übertragenen Vermögens bei überschlägiger und großzügiger Berechnung nicht mindestens die Hälfte der Gegenleistung, liegen nach § 12 Nr. 2 EStG nicht abzugsfähige *Unterhaltsleistungen* vor; in diesem Fall wird keine Gegenleistung des Vermögensübergebers angenommen, der Unterhaltscharakter der Zahlungen überwiegt.

Beispiele:

1. Gegen Zusage einer lebenslänglichen Rente mit einem Barwert von 200 000 € erwirbt der Sohn von seinem Vater einen Mitunternehmeranteil an einem Gewerbebetrieb mit einem Verkehrswert von ebenfalls 200 000 €.
Leistung und Gegenleistung sind nach wirtschaftlichen Gesichtspunkten bestimmt worden. Die Rentenzahlungen des Sohnes sind dem Grunde nach Sonder-Betriebsausgaben; das Abzugsverbot des § 12 Nr. 2 EStG greift nicht ein. Beim Vater ist ein Veräußerungsgewinn i.S.d. § 16 EStG zu versteuern.

2. Sachverhalt wie im Beispiel 1; der Verkehrswert des Mitunternehmeranteils beträgt jedoch nur 140 000 €.
In diesem Fall liegen ebenfalls keine Zuwendungen i.S.d. § 12 Nr. 2 EStG vor, da der Gesichtspunkt der Gegenleistung im Vordergrund steht. Der Wert der Gegenleistung beträgt nämlich mehr als die Hälfte des Wertes der Leistung (= Rentenverpflichtung). Der Sohn kann den Ertragsanteil der Rentenzahlungen zwar nicht als Betriebsausgaben, wohl aber als Sonderausgaben nach § 10 Abs. 1 Nr. 1 a EStG abziehen. Der Vater hat entsprechende sonstige Einkünfte i.S.d. § 22 Nr. 1 Satz 3 Buchst. a Doppelbuchst. bb EStG.

3. Sachverhalt wie im Beispiel 1; der Verkehrswert des Mitunternehmeranteils beträgt jedoch nur 70 000 €.
Bei den Rentenzahlungen des Sohnes handelt es sich um Zuwendungen, die unter das Abzugsverbot des § 12 Nr. 2 EStG fallen, da der Wert der Gegenleistung weniger als die Hälfte des Werts der Leistung in Form der Rentenverpflichtung beträgt. Die Rentenzahlungen des Sohnes haben Unterhaltscharakter, da der Gesichtspunkt der Gegenleistung durch den Vater allenfalls eine untergeordnete Rolle spielt.

Eine Zuwendung im Sinne dieser Vorschrift kann auch ein **Verzicht auf** **117** **Einnahmen** sein. Zu prüfen ist, ob Einnahmen, die beim Steuerpflichtigen zu Einkünften geführt hätten und die dieser einem anderen überlassen hat, mit einkommensteuerrechtlicher Wirkung letzterem zuzurechnen sind oder ob der Steuerpflichtige diese Einnahmen in eigener Person erzielt und diese gleichzeitig dem Anderen zuwendete. Wenn Letzteres zutrifft, spricht man von *Einkommensverwendung,* d.h. die Einnahmen unterliegen aufseiten des Steuerpflichtigen der Besteuerung, ohne dass er die Zuwendung steuermindernd berücksichtigen kann.

Beispiel:

Ein Steuerpflichtiger besitzt ein Mietwohngrundstück. Seiner Lebensgefährtin räumt er das Recht ein, über die jeweils fälligen Mieten nach eigenem Belieben zu verfügen.
Die Mieten unterliegen als Einnahmen aus Vermietung und Verpachtung beim Steuerpflichtigen der Besteuerung, nicht etwa bei seiner Lebensgefährtin. Die Überlassung der Mieten an diese ist eine Zuwendung, die unter § 12 Nr. 2 EStG fällt und nicht abzugsfähig ist. Es ist also nicht etwa so, dass die der Lebensgefährtin überlassenen Mieten bei dieser zur Einkommensteuer heranzuziehen wären. Etwas anderes würde gelten, wenn der Steuerpflichtige (endgültig) das Grundstück auf seine Lebensgefährtin übertragen würde, vgl. nachfolgend. (Ggf. wäre Schenkungssteuer zu beachten.)

118 Einkünfte hat derjenige zu versteuern, der *in seiner Person* den Tatbestand verwirklicht, der der Besteuerung unterliegt. Eine Verlagerung von Einkünften auf andere Personen ist zwar in einkommensteuerrechtlicher Hinsicht möglich und zulässig, wie typischerweise bei Schenkungen. Es muss aber die *Einkunftsquelle* übertragen werden, die bloße Abtretung von künftigen Einnahmen dagegen führt nicht zu einer Verlagerung der Einkünfte.

Beispiel:

Der Vater bestellt seinem minderjährigen Sohn bürgerlich-rechtlich wirksam den Nießbrauch an seinem Wertpapierbesitz.
Nach der Rechtsprechung des BFH erzielt nicht der Sohn als Nießbraucher Einnahmen aus Kapitalvermögen, sondern nach wie vor der Vater. Die Rechtsprechung wertet die Nießbrauchseinräumung nämlich lediglich als Vorausabtretung künftiger Erträgnisansprüche; es liegt also keine wirksame Übertragung einer Einkunftsquelle vor (BFH v. 14.12.1976, BStBl. II 1977, 115).

119 **Freiwillige** *Zuwendungen* fallen grundsätzlich in den Bereich der Lebensführung; die Bestimmung des § 12 Nr. 2 EStG hat insoweit also lediglich klarstellende Bedeutung. Eine Zuwendung ist freiwillig, wenn der Steuerpflichtige rechtlich, also gesetzlich oder vertraglich, nicht verpflichtet ist.

Beispiel:

Der Steuerpflichtige unterstützt die verarmte Patentante seiner Geliebten wegen Bedürftigkeit mit monatlich 200 €; eine Verpflichtung zur Zahlung besteht nicht.
Es liegen freiwillige, unter das Abzugsverbot des § 12 Nr. 2 EStG fallende Zuwendungen vor. Es ist in einem solchen Fall jedoch zu prüfen, ob nicht auf Antrag ein Unterhaltsfreibetrag gem. § 33 a Abs. 1 EStG in Betracht kommt, was hier mangels Verpflichtung aber ebenfalls nicht in Betracht kommt.

120 Den freiwilligen Zuwendungen sind Zuwendungen auf Grund einer **freiwillig begründeten** Rechtspflicht gleichgestellt.

Beispiel:

Der Steuerpflichtige hat sich durch notariell beurkundeten Vertrag verpflichtet, der behinderten Tochter seines Freundes auf Lebenszeit eine Rente in Höhe von 500 € je Monat zu bezahlen.
Der Steuerpflichtige kann die Rentenzahlungen nicht als Sonderausgaben i.S.d. § 10 Abs. 1 Nr. 1 a EStG abziehen; § 12 Nr. 2 EStG steht dem entgegen.

Das Abzugsverbot für Zuwendungen an gegenüber dem *Steuerpflichtigen* gesetzlich unterhaltsberechtigte Personen betrifft die kraft BGB bestehenden **Unterhaltsansprüche** zwischen Ehegatten, zwischen Verwandten in gerader Linie (Kinder, Enkelkinder, Eltern, Großeltern) und zwischen geschiedenen Ehegatten. Auch wenn die Unterhaltsberechtigung gegenüber dem *Ehegatten* des Steuerpflichtigen besteht, schließt § 12 Nr. 2 EStG den Abzug von Zuwendungen aus, gleichgültig ob diese freiwillig oder aufgrund einer Rechtspflicht geleistet werden. **121**

Unterhaltsberechtigten wird deren Ehegatte gleichgestellt.

Auch wenn **Unterhaltsaufwendungen** wegen § 12 Nr. 2 EStG weder bei den einzelnen Einkunftsarten noch vom Gesamtbetrag der Einkünfte abgezogen werden können, so bleibt stets zu prüfen, ob und inwieweit ein Abzug als *außergewöhnliche Belastungen* nach § 33 a EStG in Betracht kommt, denn diese Vorschrift wird durch § 12 Nr. 2 EStG nicht eingeschränkt. Im Übrigen ist zu beachten, dass Unterhaltsleistungen an den geschiedenen oder dauernd getrennt lebenden unbeschränkt steuerpflichtigen Ehegatten in bestimmtem Umfang und unter besonderen Voraussetzungen zum Abzug als Sonderausgabe zugelassen sind (§ 10 Abs. 1 Nr. 1 EStG, sog. Realsplitting). **122**

Das Abzugsverbot des § 12 Nr. 2 EStG für die dort genannten Zuwendungen ist der Grund dafür, dass diese Zuwendungen – sofern es sich um wiederkehrende Bezüge handelt – auf Seiten des **Zuwendungsempfängers** nicht zur Einkommensteuer herangezogen werden, wenn der Zuwendende unbeschränkt einkommensteuerpflichtig ist (§ 22 Nr. 1 Satz 2 EStG). **123**

III. Nicht abzugsfähige Steuern (§ 12 Nr. 3 EStG)

Nicht abzugsfähig sind nach der klarstellenden Regelung in § 12 Nr. 3 EStG **124**

- Steuern vom Einkommen,
- sonstige Personensteuern,
- Umsatzsteuer für Umsätze, die Entnahmen sind,
- Vorsteuerbeträge, die mit nicht abziehbaren Betriebsausgaben zusammenhängen (z.B. Vorsteuer aus Geschenken, Bewirtungs- und sonstigen Repräsentationskosten und aus Verpflegungsmehraufwendungen), und
- auf die vorgenannten Steuern entfallenden steuerlichen Nebenleistungen.

Unter **Steuern vom Einkommen** sind die *Einkommensteuer* und die *Körperschaftsteuer* einschließlich der sog. Annex- oder Zuschlagsteuern, die zeitweilig erhoben wurden (Ergänzungsabgabe, Stabilitätszuschlag, Investitionshilfeabgabe) bzw. noch erhoben werden *(Solidaritätszuschlag),* zu verstehen. Die Einkommensteuer und die Körperschaftsteuer mindern also nicht die Bemessungsgrundlage ihrer Festsetzung. Da die *Lohnsteuer* und die *Kapitalertragsteuer* (einschließlich *Zinsabschlagsteuer*) nur besondere Erhebungsformen der Einkommen- bzw. Körperschaftsteuer darstellen, sind sie gleichermaßen nach § 12 Nr. 3 EStG nicht abzugsfähig. Die *Kirchensteuer* dagegen ist nach der ausdrücklichen Regelung in § 10 Abs. 1 Nr. 4 EStG als Sonderausgabe abziehbar. Zu den **sonstigen Personensteuern** gehören derzeit nur die *Erbschaft- und Schenkungsteuer.* **125**

126 Die **Umsatzsteuer** fällt, da sie eine Unternehmensteuer und keine Personensteuer darstellt, nicht unter § 12 Nr. 3 EStG. Gegenstands- und Nutzungsentnahmen werden umsatzsteuerrechtlich in § 3 Abs. 1 b und Abs. 9 a UStG. Soweit dadurch jedoch Umsatzsteuer ausgelöst wird, ist diese nach § 12 Nr. 3 EStG keine abzugsfähige Steuer.

Beispiel:
Ein Gewerbetreibender schenkt seinem Sohn einen bisher ausschließlich betrieblich genutzten PC, für den er im Zeitpunkt der Anschaffung die Vorsteuer geltend gemacht hat. Der Einkaufswert des PC im Zeitpunkt der Entnahme beträgt 500 €, dies stellt auch den Teilwert dar.
Einkommensteuerrechtlich liegt gem. § 4 Abs. 1 Satz 2 EStG eine Gegenstandsentnahme vor, die gem. § 6 Abs. 1 Nr. 4 Satz 1 EStG mit dem Teilwert zu bewerten ist.
Umsatzsteuerrechtlich ist der Vorgang gem. § 3 Abs. 1 b Satz 1 Nr. 1 i.V.m. Satz 2 UStG steuerbar, weil die Anschaffung zum Vorsteuerabzug berechtigte. Bemessungsgrundlage ist gem. § 10 Abs. 4 Nr. 1 UStG der Einkaufspreis im Zeitpunkt des Umsatzes. Die anfallende Umsatzsteuer ist gem. § 12 Nr. 3 EStG nicht abzugsfähig und erhöht damit den einkommensteuerlichen Entnahmewert.

127 **Steuerliche Nebenleistungen** teilen das Schicksal der Steuer, zu der sie erhoben werden. Zu den steuerlichen Nebenleistungen rechnen *Säumniszuschläge, Verspätungszuschläge, Zwangsgelder, Nachforderungszinsen, Stundungszinsen, Hinterziehungszinsen* und *Aussetzungszinsen.* Je nachdem, ob die zugehörige Steuer eine abzugsfähige oder nicht abzugsfähige Steuer ist, ist auch die Nebenleistung entweder abziehbar oder nicht abziehbar. *Hinterziehungszinsen* dagegen sind in keinem Fall abziehbar; vgl. § 4 Abs. 5 Nr. 8 a EStG für den Bereich der Gewinneinkünfte, der über § 9 Abs. 5 Satz 1 EStG auch im Bereich der Überschusseinkünfte gilt.

IV. Geldstrafen und ähnliche Rechtsnachteile (§ 12 Nr. 4 EStG)

128 Die Vorschrift des § 12 Nr. 4 EStG steht in engem Zusammenhang mit den Bestimmungen in § 4 Abs. 5 Nr. 8 EStG (ggf. i.V.m. § 9 Abs. 5 EStG), der das Verbot des Abzugs von Geldbußen, Ordnungsgeldern und Verwarnungsgeldern regelt. Sie stellt klar, dass folgende Aufwendungen nicht abgezogen werden können:

- Geldstrafen,
- in einem Strafverfahren angeordnete oder festgesetzte *sonstige Rechtsfolgen vermögensrechtlicher Art,* bei denen der Strafcharakter der Maßnahme überwiegt,
- Leistungen zur Erfüllung von *Auflagen* oder *Weisungen,* die in einem Strafverfahren erteilt werden und nicht lediglich der Schadenswiedergutmachung dienen (Beispiel: Einstellung eines Strafverfahrens durch das Gericht mit der Auflage, einen bestimmten Geldbetrag an das Deutsche Rote Kreuz zu bezahlen).

Die genannten Aufwendungen können auch dann nicht abgezogen werden, wenn die Maßnahmen außerhalb des Geltungsbereichs des EStG verhängt, angeordnet oder festgesetzt werden, es sei denn, sie würden wesentlichen Grundsätzen der deutschen Rechtsordnung widersprechen.

Hinsichtlich der Aufwendungen für die **Strafverteidigung** und für die **Kosten des Strafverfahrens** gilt Folgendes: Diese sind, da sie weder Strafe noch strafähnliche Rechtsfolge darstellen, Betriebsausgaben oder Werbungskosten, wenn die dem Strafverfahren zugrunde liegende Tat in Ausübung der *betrieblichen* bzw. *beruflichen Tätigkeit* begangen worden ist. Beruht die Tat auf privaten Gründen oder ist sie sowohl privat als auch betrieblich bzw. beruflich veranlasst, sind die Aufwendungen nicht abziehbare Kosten der Lebensführung; jedoch können Strafverteidigungskosten im Fall eines Freispruchs sowie Verteidigungskosten in einem Bußgeld- oder Ordnungsgeldverfahren im Fall einer förmlichen Einstellung unter den Voraussetzungen des § 33 EStG außergewöhnliche Belastungen sein. **129**

V. Erstmalige Berufsausbildung und erstmaliges Studium (§ 12 Nr. 5 EStG)

Aufwendungen des Steuerpflichtigen für seine **erstmalige Berufsausbildung** und für ein **Erststudium,** wenn diese nicht im Rahmen eines Dienstverhältnisses stattfinden, sind nicht abzugsfähig. Auch in einer modernen entwickelten Gesellschaft gehört die erste Berufsausbildung typischerweise zu den Grundvoraussetzungen für eine Lebensführung. Sie stellt Vorsorge für die persönliche Existenz dar. Hinsichtlich des Erststudiums gilt dies auch, wenn es erst nach einer abgeschlossenen erstmaligen Berufsausbildung aufgenommen wird. Kosten eines Erststudiums werden damit typisierend den Lebensführungskosten zugerechnet. Diese Kosten können nur als **Sonderausgaben** gem. § 10 Abs. 1 Nr. 7 EStG bis zu 6 000 € pro Jahr abgezogen werden. **130**

Die Regelung des § 12 Nr. 5 EStG nimmt Ausbildungskosten, die Gegenstand eines **Dienstverhältnisses** sind, von der Zuordnung zu den Lebensführungskosten aus. Dabei handelt es sich um Aufwendungen, die Arbeitnehmern im Rahmen eines Ausbildungsverhältnisses entstehen. Diese Kosten dienen unmittelbar dazu, Einnahmen in einem bestehenden Dienstverhältnis zu erzielen und können daher als **Werbungskosten** mit den Einnahmen verrechnet werden.

Nach Abschluss der ersten Berufsausbildung bzw. des Erststudiums können nachfolgende Berufsbildungsmaßnahmen **Werbungskosten** bzw. **Betriebsausgaben** darstellen.

VI. Steuerliche Hinzurechnungsbeträge

Folgende Kosten sind ua., wenn sie denn betrieblich veranlasst sind, zwar Betriebsausgaben gem. § 4 Abs. 4 EStG, dürfen den Gewinn gem. § 4 Abs. 5 EStG aber trotzdem nicht mindern und werden daher zur Ermittlung der steuerlichen Gewinnes (ggf. außer bilanziell) wieder hinzugerechnet: **131**

1. Aufwendungen für Geschenke an Personen, die nicht Arbeitnehmer des Steuerpflichtigen sind, wenn die Anschaffungs- oder Herstellungskosten pro Empfänger im Wirtschaftsjahr insgesamt 35 Euro netto übersteigen;
2. 30% der Aufwendungen für die Bewirtung von Personen aus geschäftlichem Anlass: Soweit sie die Aufwendungen übersteigen, die nach der allgemeinen Verkehrsauffassung als angemessen anzusehen, sind sie generell nicht abzugsfähig. Zum Nachweis der Höhe und der betrieblichen Veranlassung der Aufwendungen hat der Steuerpflichtige schriftlich die folgenden Angaben zu machen: Ort, Tag, Teilnehmer und Anlass der Bewirtung sowie Höhe der Aufwendungen. Hat die Bewirtung in einer Gaststätte stattgefunden, so genügen Angaben zu dem Anlass und den Teilnehmern der Bewirtung; die Rechnung über die Bewirtung ist beizufügen;
3. Aufwendungen für Gästehäuser des Steuerpflichtigen zur Beherbergung von Geschäftsfreunden
4. Aufwendungen für Jagd oder Fischerei, für Segeljachten oder Motorjachten sowie für ähnliche Zwecke und für die hiermit zusammenhängenden Bewirtungen;
5. Mehraufwendungen für die Verpflegung des Steuerpflichtigen, soweit sie pro Kalendertag, die folgenden Pauschalen übersteigen:
   a) 24 Stunden abwesend ist, ein Pauschbetrag von 24 Euro,
   b) weniger als 24 Stunden, aber mindestens 14 Stunden abwesend ist, ein Pauschbetrag von 12 Euro,
   c) weniger als 14 Stunden, aber mindestens 8 Stunden abwesend ist, ein Pauschbetrag von 6 Euro (ab 1.1.2014 12 Euro)
6. Aufwendungen für die Wege des Steuerpflichtigen zwischen Wohnung und Betriebsstätte soweit sie die für Arbeitnehmer gem. § 9 EStG abzugsfähigen Entfernungenpauschale von 0,30 €/Entfernungskilometer übersteigen. Ermittelt der Steuerpflichtige Kraftfahrzeugkosten nicht, dürfen die Aufwendungen in Höhe des positiven Unterschiedsbetrags zwischen 0,03 Prozent des inländischen Listenpreises des PKW im Zeitpunkt der Erstzulassung je Kalendermonat für jeden Entfernungskilometer und dem sich nach § 9 Absatz 1 Satz 3 Nummer 4 oder Absatz 2 ergebenden Betrag sowie Aufwendungen für Familienheimfahrten in Höhe des positiven Unterschiedsbetrags zwischen 0,002 Prozent des inländischen Listenpreises im Sinne des § 6 Absatz 1 Nummer 4 Satz 2 für jeden Entfernungskilometer und dem sich nach § 9 Absatz 1 Satz 3 Nummer 5 Satz 4 bis 6 oder Absatz 2 ergebenden Betrag den Gewinn nicht mindern;

132 7. Aufwendungen für ein häusliches Arbeitszimmer sowie die Kosten der Ausstattung. Dies gilt nicht, wenn für die betriebliche oder berufliche Tätigkeit kein anderer Arbeitsplatz zur Verfügung steht. In diesem Fall wird die Höhe der abziehbaren Aufwendungen auf 1 250 Euro begrenzt; die Beschränkung der Höhe nach gilt nicht, wenn das Arbeitszimmer den Mittelpunkt der gesamten betrieblichen und beruflichen Betätigung bildet;

8. sämtliche betrieblich veranlassten Aufwendungen, die die Lebensführung des Steuerpflichtigen oder anderer Personen berühren, soweit sie nach allgemeiner Verkehrsauffassung als unangemessen anzusehen sind;
9. von einem Gericht oder einer Behörde im Geltungsbereich dieses Gesetzes oder von Organen der Europäischen Gemeinschaften festgesetzte Geldbu-

ßen, Ordnungsgelder und Verwarnungsgelder. Das Abzugsverbot für Geldbußen gilt nicht, soweit der wirtschaftliche Vorteil, der durch den Gesetzesverstoß erlangt wurde, abgeschöpft worden ist, wenn die Steuern vom Einkommen und Ertrag, die auf den wirtschaftlichen Vorteil entfallen, nicht abgezogen worden sind.

10. Zinsen auf hinterzogene Steuern nach § 235 der Abgabenordnung;

Diese Kosten werden zwar laufend als Betriebsausgaben erfasst und auch verbucht, jedoch bei der Gewinnermittlung für steuerliche Zwecke wieder hinzugerechnet, so dass der Gewinn in der Höhe versteuert werden muss, als wären diese Kosten nicht angefallen. Wegen Details vgl. R 4.10 bis 4.14 EStR. Diese nicht abzugsfähigen Betriebsausgaben sind einzeln und getrennt von den sonstigen Betriebsausgaben aufzuzeichnen, dh. zu verbuchen, vgl. § 4 Abs. 7 EStG. Wenn diese Aufwendungen nicht bereits dem Grunde nach vom Abzug ausgeschlossen sind, dürfen sie bei der Gewinnermittlung nur berücksichtigt werden, wenn sie besonders aufgezeichnet sind. **133**

Das Erfordernis der besonderen Aufzeichnung ist erfüllt, wenn für jede der in § 4 Abs. 7 EStG bezeichneten Gruppen von Aufwendungen ein besonderes Konto oder eine besondere Spalte geführt wird. Es ist aber auch ausreichend, wenn für diese Aufwendungen zusammengenommen ein Konto oder eine Spalte geführt wird. In diesem Fall muss sich aus jeder Buchung oder Aufzeichnung die Art der Aufwendung ergeben. Das gilt auch dann, wenn verschiedene Aufwendungen bei einem Anlass zusammentreffen, z. B. wenn im Rahmen einer Bewirtung von Personen aus geschäftlichem Anlass Geschenke gegeben werden, vgl. R 4.11 EStR.

Bei den Aufwendungen für Geschenke muss der Name des Empfängers aus der Buchung oder dem Buchungsbeleg zu ersehen sein. Aufwendungen für Geschenke gleicher Art können in einer Buchung zusammengefasst werden (Sammelbuchung), wenn

1. die Namen der Empfänger der Geschenke aus einem Buchungsbeleg ersichtlich sind oder
2. im Hinblick auf die Art des zugewendeten Gegenstandes, z. B. Taschenkalender, Kugelschreiber, und wegen des geringen Werts des einzelnen Geschenks die Vermutung besteht, dass die Freigrenze *gem.* § 4 Abs. 5 Satz 1 Nr. 1 EStG bei dem einzelnen Empfänger im Wirtschaftsjahr nicht überschritten wird; eine Angabe der Namen der Empfänger ist in diesem Fall nicht erforderlich.

frei **134–139**

J. Einkünfte aus Gewerbebetrieb

Das EStG zählt zu den Einkünften aus Gewerbebetrieb drei von ihrer Art her ganz verschiedene Einkünfte, nämlich einmal die *laufenden Einkünfte* aus Gewerbebetrieb (§§ 15, 15 a EStG), zum zweiten die *Einkünfte aus der Veräußerung* oder *Aufgabe eines Gewerbebetriebs* (§ 16 EStG) und schließlich *Einkünfte* **140** *aus der Veräußerung von Anteilen an Kapitalgesellschaften* (§ 17 EStG). Die beiden erstgenannten Arten von Einkünften aus Gewerbebetrieb setzen voraus, dass ein **Gewerbebetrieb** vorhanden ist oder war. Nicht so § 17 EStG: Dort geht es nämlich ausschließlich um Gegenstände des **Privatvermögens** in Form von *Beteiligungen an Kapitalgesellschaften.*

Das **Gewerbesteuerrecht** knüpft unmittelbar an den einkommensteuerrechtlichen Begriff der Einkünfte aus Gewerbebetrieb an, erfasst aber nur die *laufenden* Einkünfte aus Gewerbebetrieb i.S.d. § 15 EStG, nicht dagegen – von Ausnahmen abgesehen – die Betriebsveräußerungs- und Aufgabegewinne und selbstverständlich auch nicht die Veräußerung von Beteiligungen des Privatvermögens.

I. Gewerbliche Unternehmen

1. Begriff des Gewerbebetriebs

141 Unter den *laufenden Einkünften* aus Gewerbebetrieb nennt das EStG zunächst in § 15 Abs. 1 Nr. 1 die Einkünfte aus **gewerblichen Unternehmen** und versteht darunter das einzelkaufmännisch betriebene Unternehmen gewerblicher Art. Der Steuerpflichtige, der ein solches Unternehmen betreibt, wird deshalb auch als *Einzelunternehmer* oder Einzelgewerbetreibender bezeichnet.

Ein Gewerbebetrieb ist nach § 15 Abs. 2 EStG eine selbstständige nachhaltige Betätigung, die mit der Absicht, Gewinn zu erzielen, unternommen wird und sich als Beteiligung am allgemeinen wirtschaftlichen Verkehr darstellt, es sei denn, es handelt sich bei der Betätigung um die Ausübung von Land- und Forstwirtschaft oder um die Ausübung eines freien Berufs oder einer anderen selbstständigen Arbeit i.S.d. Einkommensteuerrechts.

Der Begriff „Gewerbetreibender" i.S.d. einkommensteuerrechtlichen Vorschriften geht über den Begriff „Kaufmann" der §§ 1–3 HGB hinaus. Kaufmann kann auch jemand sein, der keine Gewinnerzielungsabsicht hat, steuerrechtlich demnach sog. „Liebhaberei" vorliegt. Ausserdem ist für die Annahme eines Gewerbebetribes iSd. § 15 EStG anders als als für das Handelsgewerbe des Kaufmanns ein in kaufmännischer Art und Weise eingerichteter Geschäftsbetrieb erforderlich.

Beispiel:

Robin-Justin Koszlowski betreibt seit 1.1.02 von zu Hause den Versand von Wundertüten, die er über eine bekannte Auktionsplattform vertreibt. Er erzielt damit einen Jahresumsatz in 02 von 25 000 €

Robin-Justin ist kein Kaufmann gem. § 1 Abs. 1 HGB. Er übt ein Gewerbe – er erzielt Einkünfte aus Gewerbebetrieb iSd. § 15 EStG – aus, aber sein Unternehmen erfordert keinen nach Art und Umfang in kaufmännischer Weise eingerichteten Geschäftsbetrieb (§ 1 Abs. 2 HGB). Er ist daher grundsätzlich nicht zur Buchführung oder Bilanzierung verpflichtet.

Andererseits kann sich ein Land- und Forstwirt gem. § 3 Abs. 2 HGB freiwillig in das Handelsregister eintragen lassen (Kannkaufmann) und erzielt aber dennoch weiterhin Einkünfte aus Land- und Forstwirtschaft.

Der Gewerbebetrieb ist also gekennzeichnet durch die Merkmale

- Selbstständigkeit,
- Nachhaltigkeit,
- Gewinnerzielungsabsicht,
- Beteiligung am allgemeinen wirtschaftlichen Verkehr
- keine Land- und Forstwirtschaft (§ 13 EStG)
- keine selbstständiger Arbeit (§ 18 EStG)
- keine Vermögensverwaltung (ungeschriebenes Tatbestandsmerkmal).

Da die Merkmale „Selbstständigkeit, Nachhaltigkeit, Gewinnerzielungsabsicht und Beteiligung am allgemeinen wirtschaftlichen Verkehr" für alle Gewinneinkunftsarten charakteristisch sind, gilt es zunächst zu untersuchen, ob eine Betätigung unter §§ 13 ff. EStG (Land- und Forstwirtschaft) oder § 18 EStG (selbstständige Arbeit) fällt. Erst wenn diese Frage verneint ist, können Einkünfte aus Gewerbebetrieb angenommen werden. Die Einordnung bestimmter Einkünfte unter § 15 EStG hat beträchtliche Auswirkungen: Zum einen hinsichtlich der Frage, auf welche Weise der Gewinn zu ermitteln ist, zum zweiten – noch gewichtiger – wegen der **Gewerbesteuerpflicht,** die automatisch eintritt, wenn laufende gewerbliche Einkünfte angenommen werden, während Land- und Forstwirte und selbstständig Tätige nicht der Gewerbesteuer unterliegen. Infolge der nur bei Einkünften i. S. d. § 15 EStG in Betracht kommenden Steuerermäßigung nach § 35 EStG wird in vielen Fällen die Belastung durch die Gewerbesteuer reduziert oder entfällt ganz, vgl. Außerordentliche Einkünfte. 142

Was die Abgrenzung des Gewerbebetriebs gegenüber der selbstständigen Arbeit betrifft, wird auf Einkünfte aus selbstständiger Arbeit verwiesen.

Das Begriffsmerkmal **„Selbstständigkeit"** bedeutet, dass die Tätigkeit auf eigene Rechnung und auf eigene Verantwortung ausgeübt werden muss. Für die Frage, ob ein Steuerpflichtiger selbstständig oder nicht selbstständig tätig ist, kommt es nicht allein auf die vertragliche Bezeichnung, die Art der Tätigkeit oder die Form der Entlohnung an. Entscheidend ist vielmehr das *Gesamtbild der Verhältnisse,* wobei die Merkmale, die für die Selbstständigkeit sprechen, mit denen, die für eine unselbstständige Tätigkeit typisch sind, zu vergleichen sind; die gewichtigeren Merkmale sind dann für die Gesamtbeurteilung maßgebend (vgl. H 15.1 EStR). Selbstständig ist, wer auf eigene Rechnung (Unternehmerrisiko) und auf eigene Verantwortung (Unternehmerinitiative) tätig wird. 143

Eine Tätigkeit ist **nachhaltig,** wenn sie während eines bestimmten Zeitraums wiederholt ausgeübt wird. Ist die Absicht der Wiederholung erkennbar, so kann bereits eine einmalige Handlung den Beginn einer fortgesetzten Tätigkeit begründen. Nachhaltigkeit in diesem Sinne ist auch gegeben bei einer Mehrheit verschiedener einmaliger Handlungen, die in einem gewissen inneren Zusammenhang stehen (vgl. H 15.2 EStR). 144

Die Tätigkeit muss mit **Gewinnerzielungsabsicht** ausgeübt werden. Darunter ist die Absicht zu verstehen, eine Mehrung des Betriebsvermögens in Form eines sog. *Totalgewinns* während der gesamten Dauer der Betätigung zu erzielen. Die Rechtsprechung nimmt einen generellen Prognosezeitraum von 145

30 Jahren an. Ob ein Gewinn tatsächlich erzielt worden ist, ist nicht entscheidend; es kommt lediglich auf die *Absicht* der Gewinnerzielung an. Diese braucht auch nicht Hauptzweck der Betätigung zu sein; es genügt, wenn bei Vorliegen der übrigen Voraussetzungen die Gewinnerzielungsabsicht einen *Nebenzweck* darstellt. Die durch die Betätigung verursachte Einkommensteuerersparnis darf bei der Beurteilung der Frage, ob ein Gewinn möglich ist und erwartet wird, nicht berücksichtigt werden, denn § 15 Abs. 2 Satz 2 EStG bestimmt, dass eine durch die Betätigung verursachte Minderung der Steuern vom Einkommen *nicht* als Gewinn im Sinne der notwendigen Gewinnerzielungsabsicht anzusehen ist. Wer also durch seine Betätigung lediglich Einkommensteuer zu sparen sucht, unterhält keinen Gewerbebetrieb, auch wenn die übrigen Voraussetzungen des § 15 Abs. 2 EStG erfüllt sind. Die Grenzen zur einkommensteuerlichen Liebhaberei sind überschritten, wenn auf lange Sicht die Betriebseinnahmen die Betriebsausgaben nicht übersteigen können, etwa weil der Betrieb nicht nach betriebswirtschaftlichen Grundsätzen geführt wird. Bei **Anlaufverlusten** kann die Unterscheidung in der Praxis im Einzelfall sehr schwierig sein. Wegen weiterer Einzelheiten zur einkommensteuerlichen Liebhaberei wird auf H 15.3 EStR verwiesen.

146 Eine **Beteiligung am allgemeinen wirtschaftlichen Verkehr** liegt vor, wenn jemand nach außen hin erkennbar durch eigene Leistungen gegen Entgelt am allgemeinen Güter- und Leistungsaustausch teilnimmt; letztlich seine Leistungen gegen Entgelt der *Allgemeinheit,* d. h. einer unbestimmten Anzahl von Personen anbietet. Unerheblich ist dabei, dass das Angebot nur einen bestimmten Personenkreis erreicht, wie das z. B. bei einem selbstständigen Frisör der Fall ist, dessen Geschäftsräume sich in einem Hotel befinden und dessen Kundenkreis deshalb nur aus Hotelgästen besteht. Ob der Kundenkreis tatsächlich groß oder eng begrenzt ist, ist ohne Bedeutung für die Frage der Beteiligung am allgemeinen wirtschaftlichen Verkehr (vgl. H 15.4 EStR). Eine Beteiligung am allgemeinen wirtschaftlichen Verkehr kann selbst dann noch bejaht werden, wenn nur ein Kunde vorhanden ist, etwa bei Subunternehmern eines Großkonzerns, deren Arbeitszeit und Arbeitskraft durch diesen Kunden ausgeschöpft werden.

2. Abgrenzung gegenüber der Vermögensverwaltung

147 Eine Tätigkeit, die sich darauf beschränkt, eigenes Vermögen wie beispielsweise Grundbesitz oder Kapitalvermögen zu **verwalten** und daraus *laufende Erträgnisse* zu ziehen, ist nicht als gewerblich anzusehen, und zwar auch dann nicht, wenn es sich um umfangreiches Vermögen handelt. Es werden vielmehr in der Regel Einkünfte aus Kapitalvermögen oder aus Vermietung und Verpachtung anfallen. Von Zeit zu Zeit vorgenommene **Vermögensumschichtungen** sind steuerneutral: Dabei realisierte Gewinne werden vom EStG nicht erfasst. Etwas anderes gilt allerdings, wenn die Vermögensumschichtung zum *Hauptgegenstand* der Verwaltung wird wie etwa in den Fällen des An- und Verkaufs von Grundstücken über mehrere Jahre hinweg. Abhängig von der Zahl der in einem bestimmten Zeitraum veräußerten Objekte, den dabei getroffenen Verwertungsmaßnahmen und dem zeitlichen Zusammenhang zwischen Erwerb und Veräußerung kann die Grenze zur gewerblichen Betätigung überschritten sein. Die Annahme einer *gewerblichen Betätigung* liegt umso näher, wenn der Steuerpflichtige von Berufs wegen mit Immobilien zu tun hat, wie z.B. Makler, Architekten oder Bauunternehmer.

Werden Häuser oder Eigentumswohnungen in der Absicht errichtet, sie **148**
zum Zwecke späterer Vermietung zu nutzen, so ist darin keine gewerbliche Betätigung zu sehen, auch nicht bei Architekten und Bauunternehmern, selbst bei einer großen Zahl von Objekten und erheblichem Fremdmitteleinsatz. Anders dagegen, wenn von vornherein die **Absicht** bestand, die Häuser oder Eigentumswohnungen *später zu veräußern:* Hier kann schon bei einer geringen Anzahl von Objekten die Annahme eines Gewerbebetriebs gerechtfertigt sein, und zwar auch dann, wenn die Häuser oder Wohnungen zunächst vorübergehend vermietet werden. Bei einer solchen als **„gewerblicher Grundstückshandel"** bezeichneten Tätigkeit beginnt der Gewerbebetrieb in der Regel schon zu dem Zeitpunkt, in dem der Steuerpflichtige mit Tätigkeiten beginnt, die objektiv erkennbar auf die Vorbereitung der Grundstücksgeschäfte gerichtet sind. In der Regel geht der BFH vom gewerblichen Grundstückshandel aus, wenn innerhalb von 5 Jahren mehr als 3 Objekte an- und verkauft werden.

Keine gewerbliche Betätigung ist auch bei einer Vielzahl von veräußerten **149**
Objekten anzunehmen, wenn der Steuerpflichtige diese bis zum Verkauf während eines längeren Zeitraums durch **Vermietung** genutzt hat. Das gilt auch, wenn Mietwohnungen in Eigentumswohnungen umgewandelt und anschließend an verschiedene Erwerber veräußert werden. Ebenso reicht die bloße Parzellierung von unbebauten Grundstücken, die vor der Veräußerung selbst genutzt, z.B. als Garten, oder verpachtet wurden, nicht zur Annahme eines Gewerbebetriebs aus. Auch umfangreiche, zur bestmöglichen *Verwertung* dienende Maßnahmen kennzeichnen in solchen Fällen lediglich die Beendigung der *vermögensverwaltenden Tätigkeit,* ohne dass die Grenze zum Gewerbebetrieb überschritten ist. Wird jedoch der Veräußerer in einem Rahmen tätig, der den der reinen Verkaufshandlung, wozu auch (noch) die Parzellierung von unbebauten Grundstücken gehören kann, übersteigt, so kann die Grenze zum Gewerbebetrieb überschritten sein. Nach der Rechtsprechung ist dies in solchen Fällen insbesondere dann anzunehmen, wenn der Veräußerer bei der Erschließung und künftigen Bebauung mitwirkt oder darauf durch entsprechende Anträge bei der Gemeinde Einfluss nimmt oder die Erschließungsmaßnahmen selbst durchführt.

Um eine einheitliche Rechtsanwendung zu gewährleisten und im Inter- **150**
esse der Rechtssicherheit hat der BMF mit Schreiben vom 26.3.2004, BStBl. I, 434, die Ergebnisse der einschlägigen BFH-Rechtsprechung zum sog. gewerblichen Grundstückshandel zusammengefasst. Bei der Veräußerung von Grundstücken greift typisierend die sog. **Drei-Objekt-Grenze**. Ein Objekt in diesem Sinne ist anzunehmen, wenn zwischen Anschaffung/ Errichtung und Veräußerung ein enger zeitlicher Zusammenhang vorliegt, wovon i.d.R. bei nicht mehr als fünf Jahren auszugehen ist. Werden innerhalb eines Zeitraums von regelmäßig fünf Jahren mehr als drei solcher Objekte veräußert, ist von einer Gewerblichkeit auszugehen; sog. doppelte Fünf-Jahres-Voraussetzung.

151 Auch bei **An- und Verkauf von Wertpapieren** kann abzugrenzen sein, ob es sich um Vermögensverwaltung oder um eine gewerbliche Tätigkeit handelt. Solange sich die Tätigkeit auf die Verwaltung des Vermögens richtet, rechnet die fortgesetzte Umschichtung von Wertpapieren regelmäßig selbst dann noch zur *privaten Vermögensverwaltung,* wenn diese einen erheblichen Umfang erreicht und sich über einen längeren Zeitraum erstreckt; es sei denn, die berufliche Nähe des Steuerpflichtigen zu Geschäften dieser Art rechtfertigt eine abweichende Beurteilung wie beispielsweise bei einem Bankier.

152 Die **Vermietung und Verpachtung von Grundbesitz** stellt auch dann eine bloße Vermögensverwaltung dar, wenn der vermietete Grundbesitz sehr umfangreich ist, der Verkehr mit vielen Mietparteien eine erhebliche Verwaltungsarbeit erforderlich macht oder die vermieteten Räume gewerblichen Zwecken dienen (H 15.7 EStR). Die Vermietungstätigkeit des Grundstücksbesitzers kann aber dann *gewerblichen Charakter* annehmen, wenn **besondere Umstände** hinzutreten. Diese können beispielsweise darin bestehen, dass die Verwaltung des Grundbesitzes in Folge des ständigen und schnellen Wechsels der Mieter eine Tätigkeit erfordert, die über das bei langfristigen Vermietungen übliche Maß hinausgeht, oder dass der Grundstücksbesitzer den Mietern gegenüber *besondere Verpflichtungen* übernimmt, die über die reine Vermietungstätigkeit hinausgehen. Aus diesem Grunde werden z. B. die Vermietung von Ausstellungsräumen, Campingplätzen, Messeständen, Tennisplätzen und die ständig wechselnde kurzfristige Vermietung von Sälen als Gewerbebetrieb angesehen, ebenso wie die Untervermietung von kleinen Flächen, z. B. Läden und Ständen.

153 Die **Vermietung von Ferienwohnungen** stellt ebenfalls einen Gewerbebetrieb dar, wenn die Ferienwohnungen *hotelmäßig* zur Vermietung angeboten werden (andernfalls § 21 EStG). Dies setzt voraus, dass

- die Wohnung für die Führung eines Haushalts voll eingerichtet ist (Möbel, Wäsche, Geschirr),
- die Wohnung in einem reinen Feriengebiet im Verband mit einer Vielzahl gleichartig genutzter Wohnungen liegt, die eine einheitliche Wohnanlage bilden,
- die Werbung für die kurzfristige Vermietung der Wohnung an laufend wechselnde Mieter und die Verwaltung der Wohnung von einer für die einheitliche Wohnanlage bestehenden Feriendienstorganisation durchgeführt wird, und
- die Wohnung jederzeit zur Vermietung bereitgehalten wird, was voraussetzt, dass Personal anwesend ist, das mit den Feriengästen Mietverträge schließt und abwickelt und dafür sorgt, dass die Wohnung in einem Ausstattungs-, Erhaltungs- und Reinigungszustand ist und bleibt, der die sofortige Vermietung zulässt.

3. Betriebsaufspaltung

154 Eine Betriebsaufspaltung liegt vor, wenn ein Unternehmen **(Besitzunternehmen)** einem anderen Unternehmen **(Betriebsunternehmen)** Wirtschaftsgüter miet- oder pachtweise überlässt, die zu den wesentlichen Be-

triebsgrundlagen (z.B. Grundstücke, Maschinen, gewerbliche Schutzrechte u.Ä.m.) des Betriebsunternehmens gehören und zwischen Besitz- und Betriebsunternehmen eine *personelle und* eine *sachliche Verflechtung* vorliegt wodurch beide Unternehmen sich als ein einheitliches wirtschaftliches Unternehmen darstellen.

Begrifflich unterschieden wird zwischen echter und unechter Betriebsaufspaltung. Bei der **echten Betriebsaufspaltung** wird die Betriebsgesellschaft zusätzlich zu dem bestehenden (einheitlichen) Unternehmen gegründet, sodann werden die Funktionen auf beide, unter einer einheitlichen Willensbildung stehende Unternehmen aufgeteilt. Bei der **unechten Betriebsaufspaltung** werden von vornherein zwei getrennte Unternehmen gegründet, von denen eine Gesellschaft das wesentliche Anlagevermögen und dessen Verpachtung übernimmt (Besitzunternehmen), während die andere (Betriebs-) Gesellschaft die eigentliche gewerbliche Tätigkeit übernimmt.

Der **häufigste Fall** der Betriebsaufspaltung ist der, dass es sich bei dem Be- **155**
sitzunternehmen um ein Einzelunternehmen oder eine Personengesellschaft (z.B. GbR, oHG, KG) und bei dem Betriebsunternehmen um eine Kapitalgesellschaft (z.B. AG, GmbH) handelt.

Liegen personelle und sachliche Verflechtung vor (vgl. hierzu die beiden nachfolgenden Rn.), ist die an sich der Vermögensverwaltung und den Einkünften aus Vermietung und Verpachtung zuzurechnende **Tätigkeit des Besitzunternehmens** als *gewerbliche Tätigkeit* anzusehen. Nach ständiger Rechtsprechung nimmt das Besitzunternehmen über das Betriebsunternehmen am allgemeinen wirtschaftlichen Verkehr teil, vgl. H 15.7 Abs. 4 (Allgemeines) EStH. Das Besitzunternehmen unterliegt damit, wie das Betriebsunternehmen, der GewSt. Die gewerbliche Tätigkeit umfasst auch die Anteile und Einkünfte der Personen, die nur am Besitzunternehmen und nicht auch am Betriebsunternehmen beteiligt sind.

Beispiele:

1. Der Steuerpflichtige betreibt ein gewerbliches Unternehmen. Ab einem bestimmten Zeitpunkt werden Herstellung und Vertrieb der Erzeugnisse von einer neu gegründeten GmbH übernommen, deren Anteile ihm in vollem Umfang gehören. Die GmbH nutzt das Anlagevermögen des bisherigen Unternehmens miet- oder pachtweise.

Es liegt der Fall einer (echten) Betriebsaufspaltung vor. Das Besitzunternehmen ist weiterhin gewerblich tätig, sodass die Einstellung der Produktion und des Vertriebs keine Betriebsaufgabe im Sinne des § 16 EStG darstellt. Das Anlagevermögen, das vermietet oder verpachtet wird, bleibt gewerbliches Betriebsvermögen, ohne dass eine Überführung der Wirtschaftsgüter ins Privatvermögen unter Aufdeckung etwaiger stiller Reserven erfolgt.

2. An dem Besitzunternehmen sind A zu 60% und B zu 40%, an dem Betriebsunternehmen A zu 90% und C zu 10% beteiligt.

A beherrscht beide Unternehmen. Die gewerbliche Tätigkeit des Besitzunternehmens umfasst auch die Anteile und die Einkünfte von B, obwohl dieser nur am Besitzunternehmen, nicht dagegen am Betriebsunternehmen beteiligt ist.

3. A gründet als alleiniger Gesellschafter die X-GmbH, die in gemieteten Räumen ein gewerbliches Unternehmen betreibt. Zugleich erwirbt er ein Grundstück, lässt darauf ein für die speziellen Bedürfnisse der GmbH zugeschnittenes Gebäude errichten und vermietet dieses an die GmbH.

Die Vermietung des Gebäudes stellt eine gewerbliche Betätigung aufseiten des A dar und führt bei diesem zu Einkünften aus Gewerbebetrieb (unechte Betriebsaufspaltung).

156 **Vorteile** der Betriebsaufspaltung sind

- die *zivilrechtliche Haftungsbeschränkung* im Falle der Insolvenz auf das Vermögen der Kapitalgesellschaft, die regelmäßig kein oder nur sehr geringes Anlagevermögen besitzt,
- die Möglichkeit einer *gewinnmindernden* und damit Gewerbesteuer sparenden *Gehaltszahlung* an Gesellschafter,
- durch Vorschaltung eines Besitzunternehmens die Nutzung eines *zusätzlichen Freibetrags und des Staffeltarifs* bei der Gewerbesteuer, vgl. § 11 Abs. 2 GewStG.

Anteile an einer Betriebs-Kapitalgesellschaft sind *notwendiges Betriebsvermögen* des Besitzunternehmens bzw. notwendiges Sonderbetriebsvermögen der Gesellschafter des Besitzunternehmens. Folglich gehören auch die Beteiligungserträge gem. § 20 Abs. 8 i.V. mit § 15 EStG zu den Einkünften aus Gewerbebetrieb. Als Beteiligungsertrag sind auch verdeckte Gewinnausschüttungen zu erfassen, die sich z.B. durch überhöhte Pachtzahlungen der Betriebsgesellschaft an das Besitzunternehmen (oder dessen Gesellschafter) ergeben. Entfallen die tatbestandlichen Voraussetzungen einer Betriebsaufspaltung, z.B. durch Wegfall der personellen Verflechtung, so ist dieser Vorgang i.d.R. als Betriebsaufgabe des Besitzunternehmens zu behandeln. Die im Betriebsvermögen enthaltenen stillen Reserven sind dann aufzulösen, vgl. H 16 Abs. 2 (Beendigung einer Betriebsaufspaltung) EStH.

157 Die Beherrschung der Betriebsgesellschaft setzt eine enge **personelle Verflechtung** in der Weise voraus, dass die Person oder eine durch gleichgerichtete Interessen geschlossene Personengruppe, die das Besitzunternehmen tatsächlich beherrscht, in der Lage ist, auch in der Betriebsgesellschaft ihren Willen durchzusetzen. Diese einheitliche Willensbildung ist regelmäßig gegeben, wenn der Person oder der Personengruppe die Mehrheit der Anteile an beiden Unternehmen gehört.

Anteile von Eltern und minderjährigen Kindern werden nach R 15.7 Abs. 8 EStR zusammengerechnet, wenn beiden Elternteilen (oder einem Elternteil) und dem minderjährigen Kind zusammen als Personengruppe an beiden Unternehmen die Stimmenmehrheit zuzurechnen ist. Die Anteile des Kindes werden den Eltern auch zugerechnet, wenn diesen an einem Unternehmen die Stimmenmehrheit zusteht, sie aber am anderen Unternehmen nur zusammen mit dem minderjährigen Kind die Mehrheit der Stimmrechte haben und das Vermögenssorgerecht beiden Elternteilen zusteht. Ist nur ein Elternteil alleine an einem Unternehmen mehrheitlich und zusammen mit dem minderjährigen Kind am anderen Unternehmen mehrheitlich beteiligt, werden die Anteile des Kindes dem Elternteil nur zugerechnet, wenn diesem Elternteil das alleinige Vermögenssorgerecht zusteht oder dieses beiden Elternteilen zusteht und zusätzlich zur ehelichen Lebensgemeinschaft gleichgerichtete wirtschaftliche Interessen der Ehegatten vorliegen.

Anteile von Ehegatten werden grundsätzlich nicht zusammengerechnet. Eine Ausnahme gilt nur dann, wenn zusätzlich zur ehelichen Lebensgemeinschaft Beweisanzeichen für gleichgerichtete Interessen der Eheleute vorliegen, vgl. H 15.7 Abs. 7 (Allgemeines) EStH. Ohne weiteres verbietet sich damit die Annahme einer Betriebsaufspaltung, wenn ein Ehegatte nur am Besitzunternehmen und der andere nur am Betriebsunternehmen beteiligt ist, vgl. H 15.7 Abs. 7 (Wiesbadener Modell) EStH.

Anteile von Eltern und volljährigen Kindern oder sonstigen Angehörigen werden nur nach den allgemeinen Regeln für Personengruppen (= Vorliegen gleichgerichteter Interessen) zusammengerechnet. Eine generelle Zusammenrechnung findet nicht statt.

Der beherrschende Einfluss kann auch bei einer *mittelbaren Beteiligung,* vgl. H 15.7 Abs. 6 (Mittelbare Beteiligung) EStH oder bei *faktischer Beherrschung,* vgl. H 15.7 Abs. 6 (Faktische Beherrschung) EStH gegeben sein.

Beim *Nachweis tatsächlicher Interessengegensätze* zwischen Beteiligten kann ein einheitlicher geschäftlicher Betätigungswille nicht angenommen werden; dies gilt z.B. für den Fall, dass Rechtsstreitigkeiten anhängig sind.

Beispiele:
Es liegen folgende Beteiligungsquoten am Besitzunternehmen und an der Betriebsgesellschaft vor:

	Besitzunternehmen	Betriebsgesellschaft
1.	A 51%; B 45%; C 4%	A 75%; C 25%
2.	A 35%; B (Ehefrau von A) 25%; C 40%	A 55%; D 25%; E 20%
3.	A 90%; B 10%	A 10%; B 90%
4.	A 60%; B 40% (GbR)	A 70%; C 30%

Im *Fall (1)* werden Besitz- und Betriebsgesellschaft von A beherrscht.
Im *Fall (2)* ist die einheitliche Willensbildung in beiden Gesellschaften nicht gewährleistet, weil die Beteiligungen von A und dessen Ehefrau nicht zusammengefasst werden können (BVerfG v. 12.3.1985, BStBl. II 475).
Im *Fall (3)* ist zwar dieselbe Personengruppe in beiden Unternehmen beherrschend (100%), bei derart extrem gegensätzlichen Beteiligungen geht die Rechtsprechung jedoch nicht mehr von einem einheitlichen Willen beider Gesellschafter in jeder Gesellschaft aus, sodass keine Betriebsaufspaltung gegeben ist (BFH v. 12.10.1988, BStBl. 1989 II 152). Bei relativ gering gegensätzlichen Beteiligungen wird eine Betriebsaufspaltung aber noch angenommen, z.B. 50% zu 50% und 98% zu 2% in BFH v. 24.2.1994, BStBl. II 466 oder 40% zu 60% und 60% zu 40%, BFH v. 24.2.2000, BStBl. II 417.
Ohne abweichende Vereinbarung kann in einer Gesellschaft bürgerlichen Rechts nach § 709 Abs. 1 BGB nur einstimmig entschieden werden; deshalb kann A im *Fall (4)* im Besitzunternehmen ohne B keine Entscheidung treffen. B ist aber an der Betriebsgesellschaft nicht beteiligt (sog. Nur-Besitz-Gesellschafter). In diesem Fall ist grundsätzlich nicht von einer personellen Verflechtung auszugehen. Dies gilt jedoch nur, wenn das Einstimmigkeitsprinzip auch die laufende Verwaltung der vermieteten Wirtschaftsgüter, die so genannten Geschäfte des täglichen Lebens, einschließt. Ist die Einstimmigkeit nur bezüglich der Geschäfte außerhalb des täglichen Lebens vereinbart, wird die personelle Verflechtung dadurch nicht ausgeschlossen. Auch eine faktische Machtstellung kann im Einzelfall doch zu einer personellen Verflechtung führen (vgl. auch BMF v. 7.10.2002, BStBl. I 1028).

Eine **sachliche Verflechtung** ist gegeben, wenn im Überlassungsvertrag **158**
zwischen Besitz- und Betriebsgesellschaft mindestens **eine wesentliche Betriebsgrundlage** für die Betriebsgesellschaft **vermietet oder verpachtet** wird. Eine wesentliche Betriebsgrundlage wird angenommen, wenn das überlassene Wirtschaftsgut zur Erreichung des Betriebszwecks erforderlich ist und ein besonderes wirtschaftliches Gewicht für die Betriebsführung der Betriebsgesellschaft hat. Auch eine leihweise Überlassung eines Wirtschaftsgutes kann

ausreichen. Gleiches gilt, wenn das Besitzunternehmen ihm nicht gehörende, z.B. gepachtete, Wirtschaftsgüter überlässt. Allein die Tatsache, dass in einem überlassenen Wirtschaftsgut erhebliche stille Reserven ruhen, reicht für die Annahme einer sachlichen Verflechtung nicht aus. Als wesentliche Betriebsgrundlage werden **vor allem Grundstücke** angesehen, in denen das Betriebsunternehmen sein Unternehmen betreibt, aber auch Nutzungsrechte an Patenten und anderen Schutzrechten sowie spezielle Einrichtungen u.Ä., vgl. H 15.7 Abs. 5 (Wesentliche Betriebsgrundlage) EStH.

159–180 *frei*

II. Personengesellschaften und Mitunternehmerschaften

1. Begriffsumfang

181 Zu den Einkünften aus Gewerbebetrieb gehören auch die Gewinnanteile der Gesellschafter einer Offenen Handelsgesellschaft, einer Kommanditgesellschaft und einer anderen Gesellschaft, bei der der Gesellschafter als Unternehmer *(Mitunternehmer)* anzusehen ist (§ 15 Abs. 1 Nr. 2 EStG). Man bezeichnet deshalb Gesellschaften dieser Art als **Mitunternehmerschaften.** Steuersubjekt i.S.d. Einkommensteuerrechts ist nicht die Gesellschaft, da es sich dabei nur um einen Zusammenschluss von Personen handelt, sondern der einzelne Gesellschafter. Er wird als Mitunternehmer bezeichnet, weil er im Regelfall am Gewinn und Verlust und an den stillen Reserven beteiligt ist. Mitunternehmerschaft kann aber auch vorliegen, wenn die genannten Voraussetzungen nicht erfüllt sind. Entscheidend ist letztlich das Gesamtbild der Verhältnisse, ob Mitunternehmerrisiko und Mitunternehmerinitiative vorliegen. (Mit-) *Unternehmerrisiko* bedeutet, dass der Steuerpflichtige den Betrieb (zum Teil) auf seine Rechnung und Gefahr (mit-)führt, am Gewinn und Verlust der Gesellschaft und regelmäßig auch am Vermögen und den stillen Reserven teilnimmt. (Mit-)*Unternehmerinitiative* heißt, den Betrieb mit zu gestalten, etwa durch Stimmrechte, Geschäftsführung oder Veto- und Kontrollrechte.

182 Die Mitunternehmerschaft i.S.d. § 15 Abs. 1 Nr. 2 EStG setzt nicht in jedem Fall ein *zivilrechtliches Gesellschaftsverhältnis* voraus. So kann in Ausnahmefällen ein Steuerpflichtiger Mitunternehmer sein, ohne die zivilrechtliche Stellung eines Gesellschafters inne zu haben; aber auch der umgekehrte Fall ist denkbar.

183 Neben der in § 15 Abs. 1 Nr. 2 EStG genannten Offenen Handelsgesellschaft und der Kommanditgesellschaft umfasst der Begriff **Mitunternehmerschaft** vor allem auch

- die *Gesellschaft bürgerlichen Rechts* (§§ 705 ff. BGB), sofern diese gewerblich tätig ist,
- die *ungeteilte Erbengemeinschaft,* wenn der ererbte Gewerbebetrieb fortgeführt wird und die Erbauseinandersetzung unterbleibt oder für längere Zeit ausgeschlossen ist,

- die *stille Gesellschaft* i.S.d. §§ 230 ff. HGB, aber nur dann, wenn der stille Gesellschafter als Mitunternehmer anzusehen ist; dies ist ausnahmsweise der Fall, wenn der stille Gesellschafter nach den getroffenen Vereinbarungen nicht nur am Gewinn und Verlust beteiligt ist sondern auch an den *stillen Reserven* des Unternehmens, d.h. wenn er schuldrechtlich so gestellt ist als ob er Kommanditist einer Kommanditgesellschaft wäre (sog. **atypische stille Gesellschaft;** der typische stille Gesellschafter erzielt demgegenüber keine Einkünfte aus Gewerbebetrieb, sondern aus Kapitalvermögen),
- die *Unterbeteiligung;* das ist eine Beteiligung, die ein Mitunternehmer als Hauptbeteiligter einem Dritten an seiner Beteiligung einräumt,
- die Europäische Wirtschaftliche Interessenvereinigung (EWIV).

Eine Mitunternehmerschaft i.S.d. § 15 Abs. 1 Nr. 2 EStG besteht auch in aller Regel zwischen Ehegatten, die im Güterstand der Gütergemeinschaft leben, wenn der Gewerbebetrieb zum Gesamtgut der Ehegatten gehört.

2. Gewinnanteil des Mitunternehmers

§ 15 Abs. 1 Nr. 2 EStG umfasst **184**

- Gewinn- oder Verlustanteile des Mitunternehmers,
- Vergütungen, die der Gesellschafter von der Gesellschaft für seine Tätigkeit im Dienst der Gesellschaft oder für die Hingabe von Darlehen oder für die Überlassung von Wirtschaftsgütern bezogen hat **(Sondervergütungen).**

Das Gesetz orientiert sich hinsichtlich des Gewinn- oder Verlustanteils des **185** Mitunternehmers zunächst am **handelsrechtlichen Jahresabschluss.** Das was der Gesellschafter danach an Gewinn oder Verlust zu beanspruchen hat, bildet steuerrechtlich seinen Gewinn- oder Verlustanteil i.S.d. § 15 Abs. 1 Nr. 2 EStG. Allerdings ist das nach handelsrechtlichen Grundsätzen ermittelte Ergebnis (= Gewinn oder Verlust laut Handelsbilanz) *für steuerliche Zwecke zu korrigieren:* Zwar ist nach § 5 Abs. 1 EStG grundsätzlich der handelsrechtliche Jahresabschluss für die steuerliche Gewinnermittlung maßgeblich; jedoch enthalten die Vorschriften des EStG eine Vielzahl von Regelungen, die unabhängig von den handelsrechtlichen Bestimmungen das Ergebnis beeinflussen. Die **Korrekturen** am handelsrechtlichen Ergebnis, d.h. an den Gewinn-/Verlustanteilen der Gesellschafter, wie sie nach handelsrechtlichen Grundsätzen zu ermitteln sind, können in Form von *Zu- oder Abrechnungen außerhalb des handelsrechtlichen Jahresabschlusses* vorgenommen werden, um so die nach steuerrechtlichen Grundsätzen anzusetzenden Gewinn- oder Verlustanteile zu ermitteln (§ 60 Abs. 2 EStDV). Es kann aber auch speziell für Zwecke der *steuerrechtlichen Gewinnermittlung* – neben der Handelsbilanz – eine sog. **Steuerbilanz** aufgestellt werden, die die Besonderheiten der einkommensteuerrechtlichen Gewinnermittlungsvorschriften berücksichtigt. Da es sich bei jeder Mitunternehmerschaft um einen Zusammenschluss von – natürlichen und/oder juristischen – Personen handelt, für die Besteuerung der natürlichen Personen aber das EStG gilt, darf eine natürliche Person als Mitunternehmer einkommensteuerrechtlich nicht anders behandelt werden als der Inhaber eines gewerblichen Einzelunternehmens, denn in beiden Fällen sind für die Höhe der Einkünfte aus Gewerbebetrieb die gleichen Vorschriften des EStG verbindlich. Ausgehend von dieser Überlegung hat die Rechtsprechung des RFH und des BFH die sog. *Bilanzbündeltheorie* entwickelt. Sie besagt, dass die Bilanz der Gesellschaft (Mitunternehmerschaft) im Prinzip nichts anderes darstellt als die Summe (das „Bündel") von Bilanzen der einzelnen Gesellschafter (Mitunternehmer). Die Mitunternehmerschaft i.S.d. § 15 Abs. 1 Nr. 2 EStG wird also verstanden als eine Art Zusammenschluss von gewerblich tätigen *Einzelunternehmern*.

3. Vergütungen an Gesellschafter

186 Dies wird deutlich, wenn man § 15 Abs. 1 Nr. 2 Halbsatz 2 EStG betrachtet: Danach sind diejenigen Vergütungen, die der Gesellschafter von der Gesellschaft erhalten hat, sei es für seine Tätigkeit im Dienst der Gesellschaft, sei es für die Hingabe von Darlehen oder die Überlassung von Wirtschaftsgütern, *Bestandteil seiner Einkünfte;* oder umgekehrt ausgedrückt: Solche **Sondervergütungen** dürfen das steuerliche Ergebnis der Mitunternehmerschaft und damit die Einkünfte der Mitunternehmer nicht mindern. Haben solche Vergütungen das handelsrechtliche Ergebnis gemindert, weil handelsrechtlich ein zu berücksichtigender Aufwand vorlag (z.B. eine Vergütung für die geschäftsführende Tätigkeit durch einen der Gesellschafter), so ist für einkommensteuerrechtliche Zwecke der Jahresüberschuss um die *zu Lasten des Gewinns* gebuchte Sondervergütung zu erhöhen.

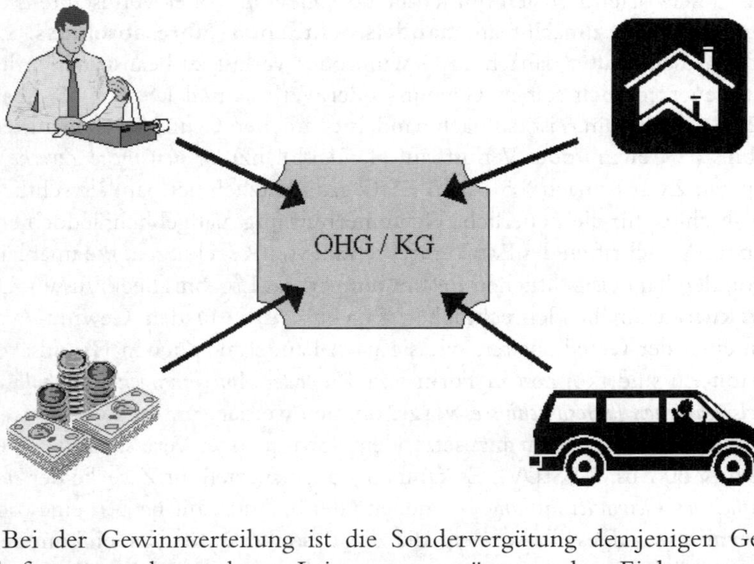

187 Bei der Gewinnverteilung ist die Sondervergütung demjenigen Gesellschafter zuzurechnen, dessen Leistungen vergütet wurden. Einkommensteuerrechtlich gesehen können Sondervergütungen also das Ergebnis der Mitunternehmerschaft nicht verändern; sie berühren vielmehr nur die *Aufteilung* des nach den Vorschriften des EStG ermittelten Gewinns. Insofern kann man Sondervergütungen der genannten Art steuerlich auch als eine Art **Vorausgewinn** des betreffenden Mitunternehmers ansehen. Die Aufzählung der

Sondervergütungen in § 15 Abs. 1 Nr. 2 Halbsatz 2 EStG ist nicht abschließend, denn es sind darüber hinaus eine Vielzahl weiterer Leistungen denkbar und in der Praxis zu finden, die von Gesellschaftern erbracht und seitens der Gesellschaft vergütet werden: Regelmäßig handelt es sich dann um Vergütungen i. S. d. § 15 Abs. 1 Nr. 2 EStG, jedenfalls dann, wenn die Leistungsbeziehung durch das Gesellschaftsverhältnis veranlasst ist. Dies ist der Fall, wenn die Vergütungen Entgelt für Leistungen des Gesellschafters sind, die zur Förderung des Gesellschaftszwecks erbracht werden. Dabei ist es unerheblich, ob Leistung und Leistungsvergütung ihre Grundlage im Gesellschaftsverhältnis oder in einem anderen Rechtsverhältnis haben, das formal nichts mit dem Gesellschaftsverhältnis zu tun hat, denn auch in solchen Fällen ist die Gesellschaftereigenschaft Anlass für die Leistungsbeziehung zur Gesellschaft. Ohne Bedeutung ist dabei, ob eine derartige Leistung auch von einem Nichtgesellschafter erbracht wird oder erbracht werden könnte.

Vergütungen für Leistungen, bei denen ein *wirtschaftlicher Zusammenhang* zwischen der Mitunternehmerschaft und der Leistung *ausgeschlossen* erscheint, fallen nicht unter die Regelung.

Beispiele:

1. Ein Rechtsanwalt ist an einer *Publikums*-KG als Kommanditist beteiligt und erhält von dieser ein Mandat.
Es handelt sich nicht um eine Vergütung i. S. d. § 15 Abs. 1 Nr. 2 Halbsatz 2 EStG, weil die Mitunternehmerschaft und die Leistung nur zufällig aufeinander treffen und ein wirtschaftlicher Zusammenhang ausgeschlossen erscheint.

2. Der Architekt A ist zu 20% an der B-OHG beteiligt, die ein Bauunternehmen betreibt. A erbringt gegenüber der OHG Architektenleistungen, die ihm mit dem üblichen Gebührensatz vergütet werden.
Die Vergütungen an A sind bei diesem nicht als Betriebseinnahmen aus selbstständiger Arbeit zu erfassen, sondern Bestandteil seiner Einkünfte aus der Beteiligung an der OHG. Die Vergütungen mindern also den einkommensteuerrechtlichen Gewinn der OHG (und damit die Gewerbesteuer) nicht.

Auf **Vergütungen für Arbeitsleistungen** ist § 15 Abs. 1 Nr. 2 EStG 188
selbst dann anzuwenden, wenn der Dienstleistende an der Gesellschaft nur geringfügig beteiligt ist, die Tätigkeitsvergütung den Tariflohn eines vergleichbaren Arbeitnehmers nicht übersteigt und die geleisteten Dienste von untergeordneter Bedeutung sind.

Die Regelungen in § 15 Abs. 1 Nr. 2 EStG haben unter anderem zur 189
Folge, dass **Altersversorgungsleistungen** der Gesellschaft zu Gunsten des Gesellschafters das steuerliche Ergebnis nicht beeinflussen. Sind solche Aufwendungen handelsrechtlich zu Lasten des Gewinns berücksichtigt worden, so werden sie dem *Gewinnanteil des betreffenden Gesellschafters* für Zwecke der steuerlichen Gewinnermittlung hinzugerechnet. Das Gleiche gilt, wenn die Gesellschaft vor Eintritt des Versorgungsfalls Aufwendungen tätigt, die der späteren Altersversorgung des Gesellschafters dienen, beispielsweise durch Bildung von *Pensionsrückstellungen*. Auch insoweit handelt es sich in einkommensteuerrechtlicher Hinsicht lediglich um eine **Gewinnverteilungsabrede.** In diesem Zusammenhang ist § 15 Abs. 1 Satz 2 EStG von Bedeutung: Diese Vorschrift stellt klar, dass die an einen früheren Gesellschafter gezahlten Vergütungen, beispielsweise in Form von Altersversorgungsleistungen, keine steuerlich abzugsfähigen Betriebsausgaben darstellen; es handelt sich vielmehr

auf Seiten des früheren Gesellschafters um *nachträgliche Einkünfte aus Gewerbebetrieb,* die das steuerliche Ergebnis der Gesellschaft nicht berühren. Entsprechendes gilt, wenn die Versorgungsbezüge der Witwe eines verstorbenen Gesellschafters zufließen.

190 Aus der weitgehenden einkommensteuerrechtlichen Gleichstellung des Mitunternehmers mit dem gewerblichen Einzelunternehmer folgt, dass alle steuerlich abzugsfähigen Betriebsausgaben den Gewinn der Mitunternehmerschaft mindern, gleichgültig ob die *Gesellschaft selbst* oder einer der *Gesellschafter* die Aufwendungen bestritten hat. Im letzteren Falle spricht man von persönlich getragenen Betriebsausgaben oder **Sonderbetriebsausgaben.**

Beispiel:
A mit Wohnsitz in Stuttgart ist an der B-KG mit Sitz in Berlin beteiligt. Anlässlich einer Reise zur Gesellschafterversammlung nach Berlin entstehen ihm Aufwendungen in Höhe von 600 €.
Es handelt sich um Sonderbetriebsausgaben des A, die seinen steuerlichen Gewinnanteil mindern.

191 Der *mittelbar* über eine (oder mehrere) Personengesellschaft(en) beteiligte Gesellschafter wird dem unmittelbar beteiligten durch § 15 Abs. 1 Nr. 2 Satz 2 EStG gleichgestellt. Vergütungen an den mittelbar beteiligten Gesellschafter sind deshalb keine Betriebsausgaben, wie dies etwa bei **doppelstöckigen Personengesellschaften** wie typischerweise der doppelstöckigen GmbH & Co. KG der Fall ist.

Beispiel:
Die X-GmbH & Co. KG, an der die X-GmbH als Komplementärin (= persönlich haftende Gesellschafterin) und A als Kommanditist beteiligt sind, ist ihrerseits Komplementärin der Y-GmbH & Co. KG; Kommanditisten sind dort B und C.

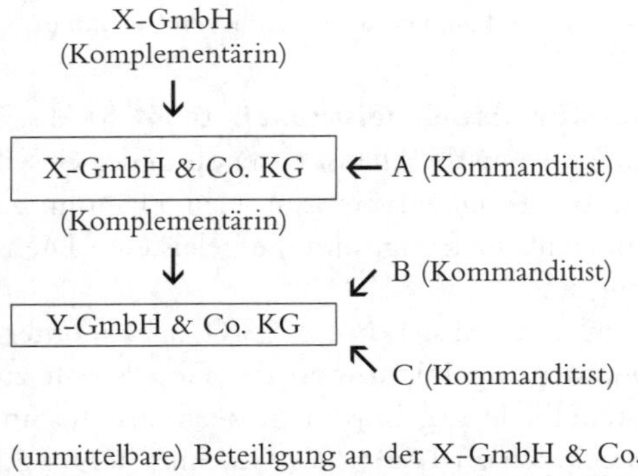

A ist über seine (unmittelbare) Beteiligung an der X-GmbH & Co. KG mittelbar auch an der Y-GmbH & Co. KG beteiligt. Vergütungen, die er von der Y-GmbH & Co. KG erhält, sind Bestandteil seines steuerlichen Gewinnanteils aus der X-GmbH & Co. KG.

4. Sonderbetriebseinnahmen

192 In erster Linie rechnen zu den Sonderbetriebseinnahmen die in § 15 Abs. 1 Nr. 2 Satz 1, 2. Hs. EStG genannten Vergütungen. Ferner gehören zu den Sonderbetriebseinnahmen auch Einnahmen, die der Mitunternehmer durch den Einsatz von Wirtschaftsgütern des Sonderbetriebsvermögens erlangt oder Zinsen, die er für an die Gesellschaft gewährte Darlehen erhält.

5. Sonderbetriebsausgaben

Ausgaben im Zusammenhang mit den Sondervergütungen nach § 15 Abs. 1 Nr. 2 Satz 1, 2. Hs. EStG sind Sonderbetriebsausgaben (§ 4 Abs. 4 EStG). Ferner sind als Sonderbetriebsausgaben sämtliche Ausgaben abzugsfähig, die im Zusammenhang mit Wirtschaftsgütern des Sonderbetriebsvermögens stehen, auch wenn diese der Gesellschaft unentgeltlich überlassen werden. 193

Zu den Sonderbetriebsausgaben gehören ferner alle Aufwendungen eines Mitunternehmers, die ihm allein durch den gemeinsamen Betrieb der Mitunternehmerschaft entstehen.

Beispiel:

Gesellschafter A streitet mit der Gesellschaft über die Gewinnverteilung. Hierdurch entstehen ihm (allein) Rechtsanwaltskosten.

Eine verfahrensrechtliche Besonderheit der Mitunternehmerschaft ist, dass der Gewinn der Gesellschaft und die auf die Beteiligten entfallenden Anteile daran von dem für den Betrieb der Gesellschaft zuständigen Finanzamt (Betriebsfinanzamt) **gesondert und einheitlich festgestellt** werden. Dies bedeutet, dass Betriebsausgaben, die den Gewinnanteil berühren, nur bei der *Feststellung* der Einkünfte berücksichtigt werden können (§§ 179 Abs. 2 Satz 2 AO, 180 Abs. 1 Nr. 2 Buchs. a AO), nicht dagegen im Rahmen der Einkommensteuerveranlagung der Gesellschafter. Dies gilt nicht nur für diejenigen Betriebsausgaben, die die Personengesellschaft betreffen, sondern für alle Sonderbetriebsausgaben jedes einzelnen Mitunternehmers. Die Gewinnfeststellung ist für die Veranlagung der beteiligten Mitunternehmer bindend; Einwendungen dagegen können deshalb nur im Rechtsbehelfsverfahren gegen den *Feststellungsbescheid* erhoben werden. 194

a) Verluste bei beschränkter Haftung

Die Haftung des Kommanditisten gegenüber den Gläubigern der Kommanditgesellschaft beschränkt sich auf dessen im Handelsregister eingetragenen **Haftsumme** (§§ 171 Abs. 1, 172 Abs. 1 HGB). Seine mit der KG bzw. den anderen Gesellschaftern im Innenverhältnis vereinbarte *Einlage* kann eine andere sein. Hat der Kommanditist seine Einlage erbracht, so hat er im Insolvenzfall – von Ausnahmefällen abgesehen – nichts zu befürchten. 195

An der *gesellschaftsrechtlichen Verlustverteilung* nimmt der Kommanditist nur bis zur Höhe seiner Einlage teil, der Verlust wird von der Einlage abgezogen (§ 167 Abs. 3 HGB). Der Verlustanteil wird dem Kommanditisten *handelsrechtlich* auch insoweit zugerechnet, als dieser die Einlage übersteigt, es entsteht dann ein sog. **negatives Kapitalkonto.** Künftige Gewinnanteile dürfen allerdings an den Kommanditisten nicht ausgezahlt werden, sondern müssen zur Wiederauffüllung des Kapitalkontos verwendet werden (§ 169 Abs. 1 HGB).

Beispiel:

A beteiligt sich am 1.1. des Jahres 01 an der X-KG mit einer Kommanditeinlage in Höhe von 50 000 €. Im Jahr 01 entfällt auf ihn ein Verlustanteil von 40 000 €, im Jahr 02 von 35 000 €, im Jahr 03 ein Gewinnanteil von 100 000 €.

Ende 01 beträgt das Kapitalkonto des A (positiv) 10 000 €, Ende 02 (negativ) 25 000 €, Ende 03 (positiv) 75 000 €. Erst ab dem Zeitpunkt, ab dem das Kapitalkonto des A sein Einlagekonto (50 000 €) übersteigt, können an ihn Gewinne ausgezahlt werden.

196 Ohne besondere Vorschrift könnte der auf den Kommanditisten entfallende Verlustanteil in *unbegrenzter Höhe* im Rahmen seiner Einkommensteuerveranlagung mit anderweitigen positiven Einkünften – entweder der gleichen Art oder anderer Einkunftsarten – **ausgeglichen** werden. Soweit sich dabei ein negativer Gesamtbetrag der Einkünfte ergäbe, käme ein *Verlustabzug* i. S. d. § 10 d EStG (Verlustrücktrag bzw. Verlustvortrag) in Betracht. § 15 a EStG schränkt den Verlustausgleich bzw. abzug des Kommanditisten und anderer Unternehmer, deren Haftung der eines Kommanditisten vergleichbar ist, ein. Danach darf in einkommensteuerrechtlicher Hinsicht der dem Kommanditisten zuzurechnende Anteil am Verlust der Kommanditgesellschaft weder mit anderen Einkünften aus Gewerbebetrieb noch mit Einkünften aus anderen Einkunftsarten ausgeglichen werden, *soweit ein negatives Kapitalkonto* des Kommanditisten *entsteht oder sich erhöht;* er darf insoweit auch nicht nach § 10 d EStG abgezogen werden.

Beispiel:

Sachverhalt wie im vorigen Beispiel. Der Verlustanteil des Jahres 01 von 40 000 € ist ausgleichsfähig, soweit andere positive Einkünfte vorhanden sind; der übersteigende Betrag ist abzugsfähig nach § 10 d EStG (Verlustrück- bzw. Verlustvortrag). Der Verlustanteil des Jahres 02 in Höhe von 35 000 € ist nur noch in Höhe von 10 000 € ausgleichs- bzw. abzugsfähig. Der restliche Betrag von 25 000 € übersteigt die Einlage und führt zu einem negativen Kapitalkonto; es greift deshalb § 15 a Abs. 1 EStG ein.

197 Soweit der dem Kommanditisten zuzurechnende Verlustanteil nicht ausgleichs- oder abzugsfähig ist, mindert er die Gewinne, die dem Kommanditisten in *späteren* Wirtschaftsjahren aus seiner Beteiligung an der Kommanditgesellschaft zuzurechnen sind.

Beispiel:

Sachverhalt wie in den vorigen Beispielen. Vom Gewinnanteil des Jahres 03 in Höhe von 100 000 € kann A den Teil des Verlustes, den er im Vorjahr nicht ausgleichen oder abziehen konnte, in Abzug bringen. Die Einkünfte des A aus der Beteiligung an der Kommanditgesellschaft betragen im Jahr 03 deshalb 75 000 €.

198 Maßgebend für die Frage, in welcher Höhe ein positives Kapitalkonto des Kommanditisten vorhanden ist, ist das in der Gesellschaftsbilanz ausgewiesene Kapital einschließlich etwaiger Wertkorrekturen in einer sog. **Ergänzungsbilanz** unter Einbeziehung aller (positiven oder negativen) weiteren für den Kommanditisten geführten Konten (z. B. Privat, Verrechnungs- oder Darlehenskonten), soweit diese Eigenkapitalcharakter haben. Sofern **Sonderbetriebsvermögen** vorhanden ist, bleibt dieses für die Berechnung des **steuerlichen Kapitalkontos** aber außer Betracht.

Beispiel:

Das Kapitalkonto des Kommanditisten A beträgt nach der KG-Bilanz zu Beginn des Wirtschaftsjahres 52 000 €. A hat der Gesellschaft ein Grundstück zur Nutzung überlassen, das in der Sonder-Bilanz des A mit einem Buchwert von 80 000 € ausgewiesen ist, das Sonder-Kapital des A beträgt also 80 000 €. Der auf A entfallende Verlustanteil des laufenden Wirtschaftsjahres beläuft sich auf 140 000 €.

Insgesamt beträgt das steuerliche Kapitalkonto zwar 132 000 €. Gleichwohl ist von dem Verlustanteil von 140 000 € nur ein Betrag von 52 000 € mit anderen Einkünften ausgleichsfähig oder abzugsfähig nach § 10 d EStG.

Das Verlustausgleichs- und abzugsverbot des § 15 a EStG betrifft nur Verluste, die im Gesamthands-(Gesellschafts-)Vermögen entstanden sind. *Verluste aus dem Sonderbetriebsvermögen* sind davon *nicht betroffen*. **199**

Das Verlustausgleichs- und abzugsverbot des § 15 a EStG gilt nicht, soweit die Haftung des Kommanditisten nach § 171 Abs. 1 HGB erweitert wird, weil die Pflichteinlage tatsächlich noch nicht erbracht wurde, und zwar bis zur Höhe der **Haftsumme,** auch soweit ein negatives Kapitalkonto entsteht oder sich erhöht (§ 15 a Abs. 1 Satz 2 EStG). Voraussetzung ist jedoch, dass derjenige, dem der Anteil zuzurechnen ist, im Handelsregister eingetragen ist, die bestehende Haftung nachgewiesen wird und eine Vermögensminderung aufgrund der Haftung nicht durch Vertrag ausgeschlossen oder nach Art und Weise des Geschäftsbetriebs unwahrscheinlich ist.

Das Verlustausgleichs und abzugsverbot des § 15 a Abs. 1 EStG könnte auf einfache Weise dadurch umgangen werden, dass dem Kommanditisten im Jahr der *Verlustentstehung* Verluste zugewiesen werden, die bis zur Höhe seines Kapitalkontos ausgleichs- oder abzugsfähig sind, und dass in einem *späteren* Jahr von Seiten des Kommanditisten **Entnahmen** getätigt werden, ohne dass dadurch eine Haftung entsteht. In diesem Falle würde, obwohl *nachträglich* ein negatives Kapitalkonto entsteht, die Verlustausgleichs- und abzugsmöglichkeit entgegen der gesetzlichen Intention nicht beeinträchtigt. Dies verhindert § 15 a Abs. 3 EStG: Soweit ein negatives Kapitalkonto des Kommanditisten durch *Entnahmen* entsteht oder sich erhöht **(Einlageminderung)** und soweit nicht auf Grund der Entnahmen eine zusätzliche Haftung gegenüber den Gläubigern der Gesellschaft entsteht, ist dem Kommanditisten in Höhe der Einlageminderung ein Gewinn hinzuzurechnen. Dieser Gewinn ist beschränkt auf diejenigen Verlustanteile, die dem Kommanditisten im Jahr der Einlageminderung und in den zehn Wirtschaftsjahren davor zugewiesen wurden. **200**

Beispiel:

A beteiligt sich im Jahr 01 an der X-GmbH & Co. KG mit einer Hafteinlage von 5 000 €, gewährt ferner der Gesellschaft ein eigenkapitalähnliches Darlehen von 45 000 €. Auf A entfällt im Jahr 01 ein Verlustanteil in Höhe von 50 000 €, der nach § 15 a Abs. 1 EStG aufseiten des A mit anderen positiven Einkünften ausgeglichen werden kann, da das steuerliche Kapitalkonto des A nicht negativ geworden ist (es beträgt am Ende des Jahres 01 0 €). Im Jahr 02 lässt sich A sein Darlehen von der Gesellschaft zurückzahlen; Gewinn- oder Verlustanteile fallen nicht an.

Nach § 15 a Abs. 3 EStG muss sich A im Jahr 02 eine Gewinnzurechnung von 45 000 € gefallen lassen, denn in Höhe dieses Betrages entsteht durch die Rückzahlung des Gesellschafterdarlehens ein negatives Kapitalkonto, ohne dass sich an der Haftung des A etwas ändert.

Entsprechende Folgen wie die Einlageminderung hat nach § 15 a Abs. 3 EStG auch eine *Haftungsminderung*.

Der Ausschluss vom Verlustausgleich und abzug gilt gleichermaßen bei den Einkünften aus Land- und Forstwirtschaft, Gewerbebetrieb, selbstständiger Arbeit und auch bei den Einkünften aus Vermietung und Verpachtung. Er ist außerdem nicht auf Kommanditgesellschaften beschränkt, sondern gilt sinn- **201** gemäß auch für (atypische) stille Gesellschaften, für Gesellschafter inländischer Gesellschaften bürgerlichen Rechts ebenso wie bei ausländischen Personengesellschaften, bei denen die Haftung ähnlich wie bei einem Kommanditisten beschränkt ist, sowie bei allen Unternehmen, soweit Verbindlichkeiten nur in Abhängigkeit von Erlösen oder Gewinnen aus der Nutzung, Veräußerung oder sonstigen Verwertung von Wirtschaftsgütern zu tilgen sind.

b) Art der Einkünfte

202 Die Tätigkeit einer OHG, einer KG oder einer anderen Personengesellschaft gilt stets und *in vollem Umfang* nach § 15 Abs. 3 Nr. 1 EStG als Gewerbebetrieb, wenn – neben einer nichtgewerblichen – *auch* eine gewerbliche Betätigung vorliegt (**Abfärbetheorie**, Infektionstheorie). Diese lässt sich in der Praxis durch Gründung einer gesellschafteridentischen Schwester-Personengesellschaft und Trennung der Geschäftsbereiche vermeiden.

Solche Gesellschaften können auch Einkünfte anderer Einkunftsarten erzielen, und zwar insbesondere dann, wenn sie (ausschließlich) *vermögensverwaltend* tätig sind. Ob die Gesellschaft im Handelsregister eingetragen ist oder nicht, spielt dabei keine Rolle.

Beispiel:
Die X-OHG beschäftigt sich ausschließlich mit der Verwaltung des eigenen Grundbesitzes. Da es sich dabei nicht um eine gewerbliche Betätigung handelt, erzielen die Gesellschafter aus ihrer Beteiligung an der X-OHG Einkünfte aus Vermietung und Verpachtung.

203 Dies gilt nach § 15 Abs. 3 Nr. 2 EStG jedoch nicht für die sog. *gewerblich geprägten Personengesellschaften,* die nur Einkünfte aus Gewerbebetrieb haben können, auch wenn sie keinerlei gewerbliche Betätigung ausüben: Diese Gesellschaften sind dadurch gekennzeichnet, dass bei ihnen ausschließlich eine oder mehrere Kapitalgesellschaften persönlich haftende Gesellschafter sind und nur diese oder Personen, die nicht Gesellschafter sind, zur Geschäftsführung befugt sind. Unter die Regelung fallen damit die **GmbH & Co. KG,** bei der die GmbH alleiniger Komplementär ist, die **mehrstöckige GmbH Co. KG** und die **oHG, bei der sämtliche Gesellschafter Kapitalgesellschaften** sind (sog. **Geprägetheorie**).

c) Familiengesellschaften

204 Grundsätzlich kann einer Mitunternehmerschaft, wie z.B. oHG, KG oder GbR die steuerliche Anerkennung nicht lediglich mit der Begründung versagt werden, dass außerbetriebliche, z.B. steuerliche und familienrechtliche Gesichtspunkte für den Abschluss des Gesellschaftsvertrags maßgebend waren. Jedoch muss der Gesellschaftsvertrag *zivilrechtlich wirksam* sein und auch *tatsächlich verwirklicht* werden, damit er mit steuerlicher Wirkung anerkannt werden kann. Dies gilt jedenfalls dann, wenn **nahe Angehörige** wie beispielsweise Ehegatten, (minderjährige) Kinder oder Geschwister am Unternehmen beteiligt werden. Für einen Steuerpflichtigen kann dies schon deshalb von Interesse sein, weil sich die Steuerbelastung durch Verteilung des Gewinns auf mehrere Köpfe vermindern lässt, und zwar durch *Milderung der Progression* und

Ausschöpfung von Freibeträgen. Ferner lässt sich auf diese Weise ein späterer Vermögensanfall durch Erbschaft oder Schenkung vermindern, so dass auch in *erbschaft-* bzw. *schenkungsteuerlicher Hinsicht* ein positiver Effekt eintritt.

Es müssen **klare Rechtsverhältnisse** geschaffen werden, die den neu eintretenden Gesellschaftern diejenigen Rechte einräumen, die fremden Gesellschaftern nach den für die gewählte Rechtsform maßgebenden Normen, z.B. des HGB, auch zustehen würden. Der *Gesellschaftsvertrag* muss *verwirklicht* werden, d.h. die tatsächliche Gestaltung muss mit der rechtlichen Gestaltung übereinstimmen. Dass steuerliche und familienrechtliche Gesichtspunkte die Gründung der Familiengesellschaft mitveranlasst haben, steht der steuerlichen Anerkennung nicht entgegen, vgl. H 15.9 Abs. 1 (Allgemeines) EStH. Die Anerkennung einer Familiengesellschaft setzt voraus, dass **205**

- eine Mitunternehmerschaft vorliegt, mithin Mitunternehmerinitiative und risiko vorliegen,
- der Gesellschaftsvertrag zivilrechtlich wirksam ist; er Bestimmungen über Umfang der Gesellschaftsrechte, Höhe der Kapitalanteile, die Gewinnbeteiligung, das Entnahmerecht und das Stimmrecht enthält und ggf. Formvorschriften (vgl. §§ 311 b Abs. 1, 518, 1643 Abs. 1 i.V. mit 1822 Nr. 3 BGB) beachtet wurden,
- die tatsächliche Durchführung mit der formellen Gestaltung übereinstimmt, z.B. Eltern das Kindern eingeräumte Stimmrecht beachten, und
- dem entspricht, was unter Fremden üblich ist, wobei z.B. schädlich ist, wenn Stimm, Widerspruchs- oder Kontrollrechte stark eingeschränkt werden, eine von vornherein befristete Mitgliedschaft vorliegt, eine sog. Hinauskündigungsklausel besteht oder der Widerruf der Schenkung vorbehalten wurde.

Für die Anerkennung der Familien-Personengesellschaft mit **minderjährigen Kindern** kann nicht verlangt werden, dass für jedes beteiligte Kind während der Dauer der Minderjährigkeit ein sog. Dauerpfleger bestellt ist. Es genügt, dass von Fall zu Fall, d.h. bei Vertragsabschluss sowie Vertragsänderungen jeweils ein sog. Ergänzungspfleger (§ 1909 BGB) bestellt wird. Der Vertrag muss vormundschaftsgerichtlich genehmigt werden, vgl. H 15.9 Abs. 2 (Vormundschaftsgerichtliche Genehmigung) EStH. **206**

Unabhängig von der Anerkennung der Familiengesellschaft als solcher ist zu prüfen, ob die **Gewinnverteilung** angemessen und damit steuerlich zu übernehmen ist. **207**

Die vorgenommene Gewinnverteilung ist angemessen, soweit sie nicht in einem offensichtlichen Missverhältnis zu den Leistungen der Gesellschafter steht. Das gilt vor allem bei einer unentgeltlich eingeräumten Beteiligung von nicht in der Gesellschaft mitarbeitenden Familienangehörigen. Der BFH hat in mehreren Entscheidungen Grundsätze zur angemessenen Gewinnverteilung aufgestellt, nach denen zwischen verschiedenen gesellschaftsrechtlichen Zusammenschlüssen unterschieden auf eine Durchschnittsrendite für einen längeren Zeitraum abgestellt wird, vgl. H 15.9 Abs. 3 (Allgemeines) EStH.

Bei nicht arbeitenden Familienangehörigen in *Familienpersonengesellschaften*, denen die Gesellschaftsanteile schenkweise überlassen wurden, wird in der Regel eine auf längere Sicht (in der Regel ein Zeitraum von 5 Jahren) aufgrund der Gewinnverteilung sich ergebende durchschnittliche Rendite bis zu 15% des tatsächlichen Werts der Beteiligung (nicht Nominalkapitals) anerkannt. Sind die neu eintretenden Gesellschafter in ihren Gesellschaftsrechten beschränkt (Einschränkung in der Verfügung über den Gesellschaftsanteil, die Entnahmen oder die Beteiligung an den stillen Reserven), ist noch ein Abschlag zu machen, vgl. H 15.9 Abs. 3 (Allgemeines) (Verfügungsbeschränkungen) EStH.

Bei Schenkung der Vermögenseinlage an einer *Stillen Gesellschaft* wird eine Gewinnbeteiligungsquote bis zu 15% des Wertes der Einlage als angemessen angesehen. Hat der neu eintretende Gesellschafter die Beteiligung jedoch mit eigenen Mitteln erworben, wird eine durchschnittliche Rendite bis zu 25% (bei Verlustbeteiligung bis 35%) des tatsächlichen Werts der Einlage als sachgerecht anerkannt, vgl. H 15.9 Abs. 5 (Eigene Mittel) EStH.

Die über die Angemessenheitsgrenze hinausgehenden Gewinnanteile der Familienangehörigen sind den anderen Gesellschaftern zuzurechnen, soweit bei ihnen keine Begrenzungen zu beachten sind.

6. Sonderbilanzen

208 Bei Personengesellschaften verfügen die Gesellschafter gemeinsam über die Wirtschaftsgüter der Gesellschaft (Gesamthandsvermögen). In der Bilanz der Personenhandelsgesellschaft dürfen nur Vermögensgegenstände aufgenommen werden, die im Gesamthandseigentum der Gesellschafter stehen, d.h. die gemeinschaftliches Eigentum der Gesellschafter sind.

Die Wirtschaftsgüter des Gesamthandsvermögens sind notwendiges Betriebsvermögen der Personengesellschaft, wenn sie unmittelbar dem Betrieb dienen oder zu dienen bestimmt sind.

209 Zum Gesamthandsvermögen einer Personengesellschaft gehörende Wirtschaftsgüter können nach der Rechtsprechung niemals gewillkürtes Betriebsvermögen sein. Ein Wahlrecht, wie es das gewillkürte Betriebsvermögen im Einzelunternehmen zulässt, ist beim Gesellschaftsvermögen nicht denkbar (BFH v. 15.11.78, BStB1 1979 11, 257).

Danach sind alle zum zivilrechtlichen Gesamthandsvermögen gehörenden Wirtschaftsgüter auch steuerliches (notwendiges) Betriebsvermögen, soweit sie nicht dem notwendigen Privatvermögen zuzurechnen sind.

210 Überlässt die Personengesellschaft z.B. einem Gesellschafter unentgeltlich ein zur gesamtem Hand gehörendes Einfamilienhaus zur Nutzung, handelt es sich hier unabhängig davon, dass das Grundstück im Eigentum der Gesellschaft steht, steuerlich um notwendiges Privatvermögen der Personengesellschaft (BFH v. 21.9.1995 – IV R 50/93 StWa.1996,67).

Schulden dürfen nur in der Gesellschaftsbilanz passiviert werden, wenn alle Gesellschafter Verpflichtete sind.

211 Gehört ein Vermögensgegenstand nur einem Gesellschafter und überlässt dieser Gesellschafter der Gesellschaft den Gegenstand entgeltlich oder unentgeltlich zur Nutzung, stellt dieses Wirtschaftsgut für den Gesellschafter sog. Sonderbetriebsvermögen dar, das in einer Sonderbilanz für diesen Gesellschafter zu erfassen ist. Das gleiche gilt für eine Betriebsschuld, die nur ein

Gesellschafter eingegangen ist. Die im Zusammenhang mit diesen Wirtschaftsgütern stehenden Einnahmen und Ausgaben stellen Sonderbetriebseinnahmen bzw. -ausgaben des Gesellschafters dar und sind regelmäßig in einer Sonder-G+V darzustellen. Aufgedeckte stille Reserven aus diesen Wirtschaftsgütern sind den Einkünften aus Gewerbebetrieb zuzurechnen.

Steuerrechtlich unterscheidet man beim Sonderbetriebsvermögen begrifflich zwischen **212**

- Sonderbetriebsvermögen I und
- Sonderbetriebsvermögen II

(R 4.2 Abs. 2 EStR).

Sonderbetriebsvermögen I sind alle Wirtschaftsgüter, die unmittelbar dem Betrieb der Personengesellschaft dienen und im Eigentum eines oder mehrerer – jedoch nicht aller – Mitunternehmers stehen.

Unter Sonderbetriebsvermögen II versteht man die Wirtschaftsgüter, die zwar nicht der Gesellschaft zur Nutzung überlassen sind, die aber der Beteiligung eines Mitunternehmers an der Personengesellschaft dienen oder zu dienen bestimmt sind. **213**

Ein solcher Zweck könnte auch die dauerhafte Stärkung des Betriebskapitals sein.

Anders als in der Gesamthandsbilanz gibt es beim Sonderbetriebsvermögen sowohl notwendiges als auch gewillkürtes Betriebsvermögen. **214**

Die Zulässigkeit von gewillkürtem Betriebsvermögen ist durch den BFH mehrfach bestätigt worden.

Als gewillkürtes Sonderbetriebsvermögen können grundsätzlich alle Wirtschaftsgüter in Betracht kommen, die auch ein Einzelunternehmer zum gewillkürten Betriebsvermögen machen kann.

Das Wirtschaftsgut muss objektiv geeignet sein, dem Betrieb der Personengesellschaft (oder der Beteiligung des Mitunternehmers) zu dienen und diesen zu fördern bzw. in einem gewissen objektiven Zusammenhang mit dem Betrieb der Personengesellschaft stehen, und das Wirtschaftsgut muss vom Mitunternehmer subjektiv dazu bestimmt sein, dem Betrieb der Gesellschaft (oder der Beteiligung des Mitunternehmers) zu dienen und ihn in bestimmter Weise zu fördern (BFH v. 17.5.1990 IV R 27/89).

Die subjektive Bestimmung setzt voraus, dass das Wirtschaftsgut in Buchführung und Bilanz (Sonderbilanz) ausgewiesen wird.

Wirtschaftsgüter, die weder zum notwendigen Betriebsvermögen noch zum notwendigen Privatvermögen gehören, können als gewillkürtes Betriebsvermögen behandelt werden, wenn sie in einem objektiven Zusammenhang mit dem Betrieb stehen und ihn zu fördern bestimmt oder geeignet sind und in der Buchführung eindeutig ausgewiesen sind. **215**

Die Bildung gewillkürten Betriebsvermögens ist unzulässig, wenn feststeht, dass das Wirtschaftsgut dem Betrieb keinen Nutzen, sondern nur Verluste bringen wird.

Der Begriff „Sonderbilanz" wird handelsrechtlich und steuerrechtlich verschieden gehandhabt. Während der handelsrechtliche Begriff das Aufstellen einer Bilanz aus besonderem Anlass meint, ergibt sich der Begriff aus steuer- **216** rechtlicher Sicht aus der Erfassung des Sonderbetriebsvermögens des einzelnen Gesellschafters in einer besonderen Bilanz für Zwecke der steuerlichen Gewinnermittlung. Darüber hinaus werden steuerrechtlich ggf. sog. Ergänzungsbilanzen aufgestellt, insbesondere beim Wechsel von Gesellschaftern oder beim Eintritt eines zusätzlichen Gesellschafters. Ergänzungsbilanzen enthalten dabei die positiven und negativen Abweichungen von den Ansätzen in der "Hauptbilanz" der Gesellschaft. Sie sind daher keine eigenständigen Bilanzen, sondern ergänzen die Bilanz der Gesellschaft lediglich für steuerliche Zwecke.

217 Sofern das Wirtschaftsgut, beispielsweise ein Grundstück, *bürgerlich-rechtliches Eigentum der Gesellschaft* ist, ergeben sich keine Abgrenzungsprobleme: Das Wirtschaftsgut ist als Bestandteil des Gesellschaftsvermögens in der Bilanz der Gesellschaft auszuweisen. Anders sieht es dagegen aus, wenn das Wirtschaftsgut zwar ebenfalls betrieblichen Zwecken dient, jedoch nicht der Gesellschaft sondern einem oder mehreren der *Mitunternehmer* gehört. In diesem Falle kann das Wirtschaftsgut nicht in der *Bilanz der Gesellschaft* erfasst werden. Es muss deshalb in einer besonderen Bilanz für den betreffenden Gesellschafter, die man als **Sonderbilanz** bezeichnet, ausgewiesen werden. Alle Aufwendungen und Erträge im Zusammenhang mit diesem sog. **Sonderbetriebsvermögen** wirken sich auf die Höhe der Einkünfte des betreffenden Gesellschafters aus.

Beispiel 1:

An einer OHG sind die Gesellschafter A und B beteiligt. A ist Eigentümer eines Grundstücks, das er für 20 000 € je Jahr an die OHG vermietet hat.

Das Grundstück ist nicht Gesellschaftsvermögen der OHG und kann deshalb in deren Bilanz nicht ausgewiesen werden. Es ist vielmehr als Sonderbetriebsvermögen in einer Sonderbilanz für den Gesellschafter A zu erfassen. A erzielt keine Einkünfte aus Vermietung und Verpachtung aus dem Grundstück; die erhaltene Miete stellt vielmehr eine Sondervergütung im Sinne des § 15 Abs. 1 Nr. 2 EStG dar. Ist die Miete im handelsrechtlichen Jahresabschluss der OHG als Aufwand zulasten des Gewinns gebucht worden, so ist das steuerliche Ergebnis um 20 000 € höher als das handelsrechtliche Ergebnis. Der Gewinnanteil des A nach dem handelsrechtlichen Jahresabschluss ist dementsprechend für steuerliche Zwecke um 20 000 € zu erhöhen.

Beispiel 2:

Gleicher Sachverhalt wie im vorigen Beispiel. A hat den Kaufpreis des Grundstücks teilweise finanziert und hat jährlich 8 000 € an Darlehenszinsen zu bezahlen.

Der handelsrechtliche Gewinnanteil des A ist um 20 000 € (Miete) zu erhöhen und um 8 000 € (Sonderbetriebsausgaben in Form von Zinsen) zu vermindern.

Beispiel 3:

Die Unternehmerinnen Klara Korn, Maria Kron und Anne Theke betreiben in Düsseldorf einen Spirituosengroßhandel in der Rechtsform einer KG. Der handelsrechtlich zutreffend ermittelte Jahresgewinn beträgt für 02 600 000,–. Er wird lt. Gesellschaftsvertrag im Verhältnis 40:40:20 auf Korn/Kron/Theke verteilt.

Klara Korn erhielt als Komplementärin ein anzuerkennendes Jahresgehalt von 80 000,– €, das die KG gewinnmindernd verbucht hat.

Maria Kron hat der KG am 1.7.02 ein Fälligkeitsdarlehen i. H. v. 200 000,– € gegeben (Disagio: 2%, Laufzeit 5 Jahre, Zinssatz: 9% p.a.). Die Zinsen sind jährlich nachschüssig zum 31.12. fällig. Die Zinsen für 02 wurden am 8.1.03 an Kron überwiesen. Das Darlehen hat sie aus Privatmitteln gegeben.

Anne Theke hatte in 01 von ihrer an Leberzirrhose verstorbenen Tante ein Grundstück geerbt, das mit 5 Garagen bebaut ist. Da das Grundstück verkehrsgünstig liegt und Stellplätze auf dem Betriebsgelände der KG ohnehin knapp waren, überließ sie es ab 1.3.02 an die KG gegen eine monatlich vorschüssig zu zahlende Miete von 1 600,– €. Am 1.3.02 betrug der Teilwert des Grund und Bodens 90 000,– €, der der Garagen insgesamt 40 000,– €. Die Garagen haben eine geschätzte Restnutzungsdauer von 20 Jahren. Alle Zahlungsvorgänge im Zusammenhang mit dem Grundstück liefen über das Privatkonto der Anne Theke. An Grundstücksaufwendungen hat sie in 02 monatlich 100,– € gezahlt.

Lösung: Für Klara Korn würde man in der Praxis wohl keine Bilanzen aufstellen. Sie erzielt Einkünfte aus § 15 Abs.1 Nr.2 EStG aus einer gewerblichen Mitunternehmerschaft, die gem. § 180 Abs.1 Nr.2 a AO einheitlich und gesondert festgestellt werden. Das Finanzamt listet die als BA in der KG steuerlich abgesetzten 80 000 € als Sonder-BE bei Korn auf. Würde sie eine GuV erstellen, wären dies BE (Erträge), evtl. mit ihrer Tätigkeit zusammenhängende Reisekosten, Fahrten zur Arbeit, Fachliteratur etc. wären BA.

Sonder-GuV Korn

Gewinn	80 000	Gehaltserträge	80 000
	80 000		80 000

Sonderbilanz Korn 31.12.02

		EK 1.1.02:	0
		+ Gewinn:	80 000
		– Entnahmen	80 000
		= EK 31.12.02:	0
	0		0

Korn hat mit der Darlehenshingabe eine Forderung in ihrem Sonder-BV/in ihrer Sonderbilanz. In der Gesamthandsbilanz der KG ist eine Verbindlichkeit zu erfassen. Die Zinsen (200 000 € × 9% × 1/2 Jahr) und die Auflösung des pRAP (aus dem Disagio: 4 000 ÷ 5 Jahre × 1/2 Jahr) stellen betriebliche Erträge in ihrer Sonder-GuV dar.

Eröffnungsbilanz Korn 1.7.02

Darlehensford. gegen KG	200 000	EK:	196 000
		pass. RAP	4 000
	200 000		200 000

Sonder-GuV Korn

Gewinn	9 400	Zinserträge	9.400
	9 400		9 400

Sonderbilanz Korn 31.12.02

Darlehensforderung gegen KG	200 000	EK 1.7.02:	196 000
Zinsforderung gegen KG	9 000	+ Gewinn:	9 400
		= EK 31.12.02:	205 400
		pass. RAP	3 600
	209 000		209 000

Auch bei Theke werden Grund und Boden und Gebäude mit der Überlassung an die KG – allein durch die betriebliche Nutzung – notwendiges (Sonder-)BV). Das Gebäude wird dann abgeschrieben (40 000 ÷ 20 Jahre × 9/12 Monate = AfA 1 667 €). Abschreibung und sonstige Grundstückskosten stellen BA dar, die erzielten Mieten sind Sonder-BE im Bereich der Theke.

Eröffnungsbilanz Theke 1.3.02

GruBo	90 000	EK:	130 000
Gebäude	40 000	pass. RAP	
	130 000		130 000

Sonder-GuV Theke

Grundstücksaufwand	1 000	Mieterträge	16 000
AfA	1 667		
Gewinn	13 333		
	16 000		16 000

Sonderbilanz Theke 31.12.02

Grundstück	90 000	EK 1.3.02:	130 000
Garagen	38 333	+ Gewinn:	13 333
		+ Einlagen:	1 000
		– Entnahmen:	16 000
		= EK 31.12.02:	128 333
	128 333		128 333

218, 219 *frei*

7. Ergänzungsbilanzen

220 Ergänzungsbilanzen werden erstellt, um bei Übernahme von Betrieben oder Einbringung von Betrieben in eine Gesellschaft die unterschiedlichen Werte (Teil- und Buchwerte) darzustellen. Dies wäre in der Gesamthandsbilanz der Gesellschaft nicht möglich.

Beispiel:
A und B gründen zum 1.1.02 die AB-oHG. A bringt eine Kapitaleinlage von 300 000 € ein, B bringt sein bisheriges Einzelunternehmen ein. Das Einzelunternehmen hat ein bilanziertes Eigenkapital von 100 000 € und einen Marktpreis (Teilwert) von 300 000 €. An der AB-oHG sind A und B dann zu je 50% beteiligt. Die Schlussbilanz des Einzelunternehmens zum 31.12.01 sieht so aus:

Schlussbilanz EU B 31.12.01

Grundstück	50 000	Eigenkapital	100 000
übrige Aktiva	250 000	Fremdkapital	200 000
	300 000		300 000

Im Grundstück sind stille Reserven von 100 000 € vorhanden. Der Firmenwert beträgt 100 000 €.

Lösung: Möglich ist eine Einbringung des EZU in die neue oHG zu Teilwerten. Eine Ergänzungsbilanz ist dann nicht erforderlich. Die oHG-Bilanz zum 1.1.02 sieht dann so aus:

oHG-Bilanz 1.1.02

Firmenwert	100 000	Eigenkapital A	300 000
Grundstück	150 000	Eigenkapital B	300 000
übrige Aktiva	250 000	Fremdkapital	200 000
Geld (Einlage des A)	300 000		
	800 000		800 000

Möglich ist aber auch eine Einbringung zu Buchwerten. Dann gibt es zwei Varianten der Darstellung:

a) In der Gesamthandsbilanz werden Teilwerte dargestellt und es wird eine negative Ergänzungsbilanz für A erstellt.
b) In der Gesamthandsbilanz werden Buchwerte dargestellt. In der positiven Ergänzungsbilanz werden dann die Bareinzahlungen des A dargestellt, soweit sie über die Buchwerte hinausgehen. Auch so erhält man gleiche Kapitalanteile in der Gesamthandsbilanz.

Bei Variante a) sieht die oHG-Bilanz wie oben dargestellt aus. Die (negative) Ergänzungsbilanz des A sieht so aus:

Ergänzungs-Bilanz A zum 1.1.02

Minderkapital	200 000	Firmenwert	100 000
		Grundstück	100 000
	200 000		200 000

Steuerlich gleicht sich dann z.B. die gewinnmindernde (tatsächliche) Abschreibung des Firmenwerts in der Gesamthandsbilanz mit der „Minderabschreibung" auf den negativen Firmenwert in der Ergänzungsbilanz aus, sodass der Firmenwert am Ende steuerlich nicht abgeschrieben wird. Das ist dann richtig, da ja zu Buchwerten eingebracht wurde, der Firmenwert aber Bestandteil des Teilwerts des Betriebs ist.

III. Veräußerungsgewinne

1. Ganzer Betriebe

Zu den Einkünften aus Gewerbebetrieb gehören nach § 16 EStG auch Gewinne aus der **Veräußerung** und aus der **Aufgabe des Betriebes.** Solche Gewinne werden in mehrfacher Hinsicht steuerlich begünstigt: 221

- Sie unterliegen im Gegensatz zu den laufenden Einkünften nicht der Gewerbesteuer,
- sie werden als außerordentliche Einkünfte nur ermäßigt besteuert: entweder nach § 34 Abs. 1 EStG mittels der sog. Fünftelmethode oder auf Antrag nach § 34 Abs. 3 EStG mit dem halben durchschnittlichen Steuersatz bei einem Mindeststeuersatz von 14% bei einem Veräußerungsgewinn von maximal 5 Mio. € und
- es kommt ein Freibetrag nach § 16 Abs. 4 EStG in Betracht.

Veräußerungsgewinne i.S.d. § 16 Abs. 1 EStG sind Gewinne aus der Veräußerung 222

- des *ganzen Gewerbebetriebs,*

- eines *Teilbetriebs;* als solcher gilt auch die zum Betriebsvermögen gehörende 100%-ige Beteiligung an einer Kapitalgesellschaft (mit der Besonderheit, dass hier keine Gewerbesteuerfreiheit besteht, wenn die Anteile nicht im Zusammenhang mit der Veräußerung oder Aufgabe dieses Betriebs veräußert oder entnommen werden),
- eines **ganzen** *Mitunternehmeranteils* i.S.d. § 15 Abs. 1 Nr. 2 EStG (die Veräußerung nur eines Teils eines Mitunternehmeranteils ist laufender Gewinn und damit gewerbesteuerpflichtig),
- des *Anteils* eines persönlich haftenden Gesellschafters einer Kommanditgesellschaft auf Aktien.

223 Eine Veräußerung des ganzen Gewerbebetriebs und damit eine **Betriebsveräußerung** liegt vor, wenn die wesentlichen Grundlagen des Betriebes – das sind alle Wirtschaftsgüter des Betriebsvermögens, ohne die eine Weiterführung des Betriebes in seiner bisherigen Art nicht möglich ist (i.d.R. die WG des Anlagevermögens, insbes. Betriebsgrundstücke; nicht die funktionell nicht wesentlichen sog. neutralen WG wie z.B. Kassenbestand, Bankguthaben, Forderungen – im Ganzen an einen Erwerber entgeltlich in der Weise veräußert werden, dass der Betrieb als geschäftlicher Organismus fortgeführt werden kann (R 16 Abs. 1 EStR). Bei der Betriebsveräußerung können ohne Gefährdung der steuerlichen Begünstigungen vom Veräußerer einzelne Wirtschaftsgüter zurückbehalten werden, wenn sie für die Fortführung des Betriebes nur von untergeordneter Bedeutung sind, vgl. H 16 Abs. 1 (Zurückbehaltene Wirtschaftsgüter) EStH.

Nicht unter die Vorschrift des § 16 EStG fällt deshalb die Veräußerung *einzelner Wirtschaftsgüter,* auch wenn diese wichtige Betriebsmittel darstellen, sofern das Unternehmen in derselben oder veränderter Form fortgeführt wird; es handelt sich dabei vielmehr um *laufende* Geschäftsvorfälle, für die die genannten Steuervergünstigungen nicht in Betracht kommen.

224 Der Betriebsveräußerung ist die **Betriebsaufgabe** gleichgestellt. Eine Betriebsaufgabe ist anzunehmen, wenn die wesentlichen Grundlagen des Betriebes in das Privatvermögen in einem Zuge überführt werden; dies ist der Fall, wenn die gewerbliche Tätigkeit ohne Veräußerung betrieblicher Vermögensteile eingestellt wird und der Betriebs aufgehört hat, als selbstständiger Organismus zu bestehen (R 16 Abs. 2 EStR). Die Veräußerung von Gegenständen an verschiedene Erwerber – mit oder ohne Überführung einzelner Wirtschaftsgüter ins Privatvermögen – im Zusammenhang mit der Einstellung der unternehmerischen Tätigkeit insgesamt, wird ebenfalls als Betriebsaufgabe bezeichnet; dabei muss es sich um einen einheitlichen Vorgang handeln, die Gesamtabwicklung darf sich nicht über einen längeren Zeitraum hinziehen, vgl. H 16 Abs. 2 (Allgemeines) EStH. Die Zeitgrenze ist einzelfallbezogen; der BFH sieht jedenfalls 36 Monate als zu lang an, vgl. H 16 Abs. 2 (Zeitraum für die Betriebsaufgabe) EStH. Auch die unentgeltliche Übertragung eines Teils der Wirtschaftsgüter des Betriebes verbunden mit der gleichzeitigen Überführung der zurückbehaltenen Wirtschaftsgüter in das Privatvermögen ist als eine Betriebsaufgabe anzusehen, vgl. H 16 Abs. 6 (Betriebsaufgabe) EStH.

Ein vorhandener **Firmenwert** (originär oder derivativ) geht **nicht** in das **Privatvermögen** über. Soweit ein solcher später veräußert wird, liegen nachträgliche Einkünfte nach § 24 Nr. 2 i.V.m. § 15 EStG vor (BFH v. 30.1.2002, BStBl. II 387).

Betriebsveräußerungsgewinne werden nur steuerlich begünstigt, soweit sie durch eine **Veräußerung an Dritte** entstehen. Ist also der *Veräußerer selbst Beteiligter auf der Erwerberseite* – also bei Einbringung des Betriebs in oder Veräußerung des Betriebs an eine Personengesellschaft, an der der Steuerpflichtige als Gesellschafter beteiligt ist –, kommen die *steuerlichen Vergünstigungen insoweit nicht* in Betracht (§ 16 Abs. 2 Satz 3 EStG). Nur insoweit, wie die stillen Reserven auf die anderen Gesellschafter übergehen, sind die steuerlichen Vergünstigungen zu gewähren. Entsprechendes gilt nach § 16 Abs. 3 Satz 5 EStG für den Fall der Betriebsaufgabe, wenn einzelne Wirtschaftsgüter veräußert werden und soweit der Veräußerer selbst – als Gesellschafter der erwerbenden Personengesellschaft – auf der Erwerberseite zu finden ist. 225

2. Teilbetriebsveräußerung und Teilbetriebsaufgabe

Unter einem **Teilbetrieb** versteht man einen mit einer gewissen Selbstständigkeit ausgestatteten, organisch geschlossenen Teil des Unternehmens, der für sich betrachtet alle Merkmale eines Betriebs i.S.d. Einkommensteuerrechts aufweist und *für sich* lebensfähig ist. Bloße Geschäftszweige eines Unternehmens sind keine Teilbetriebe, es sei denn, dass diese mit einer gewissen Eigenständigkeit ausgestattet sind, worauf beispielsweise eine organisatorische Trennung, eine eigene Buchführung oder eine getrennte Ergebnisermittlung hindeuten. Von der Rechtsprechung wurden als Teilbetriebe insbesondere *Zweigniederlassungen* und *Filialen* anerkannt. 226

§ 16 EStG umfasst – über seinen Wortlaut hinaus – nicht nur Gewinne aus der *Veräußerung eines Teilbetriebs*, sondern auch Gewinne aus der **Aufgabe eines Teilbetriebs.** Dementsprechend kommen die steuerlichen Vergünstigungen auch in Betracht, wenn im Zuge einer Teilbetriebsaufgabe Wirtschaftsgüter des Teilbetriebs ins Privatvermögen übernommen oder an Dritte veräußert werden, sofern die Wirtschaftsgüter die wesentliche Betriebsgrundlage des Teilbetriebs bildeten. Da die **100%-Beteiligung** an einer Kapitalgesellschaft als Teilbetrieb gilt, ist sowohl die Entnahme als auch die Veräußerung einer solchen Beteiligung als Aufgabe eines Teilbetriebs anzusehen, gleichgültig ob die Beteiligung zum Betriebsvermögen eines Einzelunternehmers oder einer Personengesellschaft gehörte oder im Eigentum eines Mitunternehmers stand (Sonderbetriebsvermögen). 227

3. Betriebsverpachtung

Wird ein Betrieb **im Ganzen verpachtet,** so gilt Folgendes: Solange die wesentlichen Grundlagen des Betriebs als einheitliches Ganzes verpachtet sind, der Verpächter also bei Beendigung des Pachtvertrages in der Lage ist, seine frühere gewerbliche Betätigung fortzusetzen, führt die Verpachtung *nicht zwingend* zur *Aufgabe* des Betriebs. Der Verpächter kann vielmehr bei Beginn der Verpachtung oder auch jederzeit während der Verpachtung gegenüber dem Finanzamt die Aufgabe des Betriebs erklären und damit das bishe- 228 rige Betriebsvermögen in das Privatvermögen überführen mit der Folge, dass dann die vorhandenen stillen Reserven einschließlich eines etwa vorhandenen Geschäftswerts sofort als Betriebsaufgabegewinn zu versteuern sind, die Erklärung ist aber nur 3 Monate rückwirkend zulässig, vgl. § 16 Abs. 3 b EStG; nach der Aufgabe fallen demzufolge bei ihm Einkünfte aus Vermietung und Verpachtung an. Erklärt der Steuerpflichtige, dass er den Betrieb mit der Verpachtung nicht aufgeben will oder gibt er keine Erklärung ab, so gilt der Betrieb als fortbestehend; der Steuerpflichtige erzielt weiterhin Einkünfte aus Gewerbebetrieb, die jedoch *nicht* zur *Gewerbesteuer* herangezogen werden. Die in dem verpachteten Betriebsvermögen enthaltenen stillen Reserven sind erst zu versteuern, wenn der Steuerpflichtige die verpachteten Wirtschaftsgüter in sein Privatvermögen überführt oder sie veräußert.

4. Unentgeltliche Betriebsübertragung und unentgeltliche Aufnahme einer natürlichen Person

229 Die **Betriebsübertragung** durch **Schenkung** oder **Erbfolge** führt nicht zu einem Betriebsaufgabegewinn, da der Betriebsübernehmer die Buchwerte des Rechtsvorgängers fortzuführen hat (§ 6 Abs. 3 Satz 1 1. Halbsatz EStG) und so die stillen Reserven im Betriebsvermögen auf ihn übergehen. Werden in einem solchen Fall vom Übergebenden Wirtschaftsgüter zurückbehalten, die keine wesentlichen Betriebsgrundlagen sind, so führt dies in Höhe der darin enthaltenen stillen Reserven zu einem *laufenden* Gewinn. Wird dagegen nur ein Teil der wesentlichen Betriebsgrundlagen unentgeltlich übertragen, der andere Teil veräußert oder ins Privatvermögen übernommen, so handelt es sich um eine *Betriebsaufgabe* mit der Folge, dass § 6 Abs. 3 Satz 1 1. Halbsatz EStG nicht anwendbar ist: Der Betriebsaufgabegewinn umfasst dann folglich auch die stillen Reserven in den unentgeltlich übertragenen Wirtschaftsgütern.

Keine Betriebsaufgabe und damit kein Betriebsaufgabegewinn liegt vor, wenn eine **natürliche Person unentgeltlich** an einem Einzelunternehmen oder an einer bestehenden Mitunternehmerschaft **beteiligt** wird, vgl. § 6 Abs. 3 Satz 1 2. Halbsatz EStG. Dies gilt gem. § 6 Abs. 3 Satz 2 EStG selbst dann, wenn der bisherige Betriebsinhaber/Mitunternehmer sich **Wirtschaftsgüter** des (entstehenden) Sonderbetriebsvermögens **zurückbehält.** Voraussetzung ist dann aber, dass der Rechtsnachfolger den übernommenen Mitunternehmeranteil nicht innerhalb von fünf Jahren veräußert oder aufgibt. Mit diesen Regelungen ist ein **schrittweiser Generationswechsel** z.B. möglich, indem ein Anteil an der Gesamthand einer Personengesellschaft unentgeltlich auf die nachfolgende Generation übertragen wird, jedoch Sonderbetriebsvermögen zurückbehalten wird, z.B. in Form eines an die Gesellschaft vermieteten Grundstücks. Gleiches gilt, wenn z.B. ein Einzelunternehmer sein Kind am Unternehmen beteiligt, das vorhandene Grundstück aber zurückbehält und an die (neue) Personengesellschaft vermietet.

230 Eine sog. **gemischte Schenkung** ist anzunehmen, wenn ein Betrieb in Bereicherungsabsicht zu einem unter dessen Wert liegenden Kaufpreis übertragen wird. Dieser Vorgang ist in einen *entgeltlichen* und einen *unentgeltlichen*

Teil zu zerlegen. Hinsichtlich des entgeltlichen Teils entsteht ein laufender Veräußerungsgewinn, der nicht begünstigt ist, hinsichtlich des unentgeltlichen Teils können vom Übernehmenden die Buchwerte fortgeführt werden, sodass insoweit kein Gewinn entsteht.

frei **231–239**

IV. Mitunternehmeranteil

Ebenfalls zu den Einkünften aus Gewerbebetrieb gehören Gewinne, die erzielt werden bei der Veräußerung eines **gesamten** Mitunternehmeranteils gem. § 16 Abs. 1 Nr. 2 EStG. **240**

Scheidet ein Gesellschafter durch Veräußerung seiner (gesamten) Beteiligung aus einer Personenhandelsgesellschaft aus, ist der Veräußerungsgewinn oder -verlust der Unterschied zwischen dem Veräußerungspreis und dem Buchwert (Anteiliges Kapital des gesellschafters in der Gesamthandsbilanz zzgl. einer evtl. vorhandenen Ergänzungsbilanz) seiner Beteiligung, vgl. H 16. 4 (Ermittlung des Veräußerungsgewinns) EStH. Beim Ausscheiden eines Mitunternehmers unter Übernahme eines negativen Kapitalkontos gegen Zahlung eines Kaufpreises liegt eine entgeltliche Übertragung eines Mitunternehmeranteils vor. Auch in diesem Fall bemisst sich der Veräusserungsgewinn nach dem Unterschied zwischen dem Veräußerungspreis und dem negativen Buchwert seiner Beteiligung.

Zum Mitunternehmeranteil zählt neben dem Anteil am Vermögen der Gesellschaft auch etwaiges Sonderbetriebsvermögen.

Die §§ 16, 34 EStG finden bei der Veräußerung oder Aufgabe eines Mitunternehmeranteils keine Anwendung, wenn gleichzeitig wesentliche Betriebsgrundlagen des Sonderbetriebsvermögens zum Buchwert in ein anderes Betriebs- oder Sonderbetriebsvermögen des Mitunternehmers überführt (BFH v. 19.3.1991 – BStBl II S. 635 und v. 2.10.1997 – BStBl 1998 II S. 104) oder unentgeltlich auf den Erwerber des Mitunternehmeranteils übertragen werden (BFH v. 6.12.2000 – BStBl 2003 II S. 194). Eine nach §§ 16, 34 EStG begünstigte Aufgabe des gesamten Mitunternehmeranteils liegt allerdings vor, wenn anlässlich der Übertragung eines Mitunternehmeranteils ein Wirtschaftsgut des Sonderbetriebsvermögens, das zu den wesentlichen Betriebsgrundlagen gehört, zurückbehalten und in das Privatvermögen überführt wird. **241**

Soweit einzelne Wirtschaftsgüter des Betriebsvermögens im Rahmen der Aufgabe des Betriebs veräußert werden und soweit auf der Seite des Veräußerers und auf der Seite des Erwerbers dieselben Personen Unternehmer oder Mitunternehmer sind, gilt der Gewinn aus der Aufgabe des Gewerbebetriebs als laufender Gewinn, § 16 Abs. 3 Satz 5 EStG.

1. Entgeltliche Aufnahme eines Gesellschafters in ein Einzelunternehmen bzw. eine Personengesellschaft

242 Bei Eintritt eines neuen Gesellschafters in ein Einzelunternehmen bzw. eine Personengesellschaft ist § 24 UmwStG bei **Ausgleichszahlungen** des Eintretenden **in das Betriebsvermögen** anzuwenden. In diesem Fall besteht für die aufnehmende Personengesellschaft ein Wahlrecht, das eingebrachte Betriebsvermögen mit den Buchwerten, den gemeinen Werten oder mit Zwischenwerten anzusetzen. Werden die Wirtschaftsgüter mit Werten über Buchwert angesetzt, kann ein dadurch entstehender (Veräußerungs-)Gewinn durch (negative) **Ergänzungsbilanzen** des bisherigen Einzelunternehmers bzw. der bisherigen Gesellschafter vermieden werden. Bei (unter Berücksichtigung der Ergänzungsbilanzen sich ergebendem) Buchwertansatz entsteht bei dem bisherigen Einzelunternehmer bzw. den Gesellschaftern kein, bei Zwischenwertansatz ein laufender und bei Ansatz mit dem gemeinen Wert ein nach §§ 16 Abs. 4, 34 EStG begünstigter Gewinn.

2. Realteilung von Personengesellschaften

243 Wird eine Personengesellschaft aufgelöst und das Gesellschaftsvermögen veräußert oder unter den Gesellschaftern verteilt, so liegt eigentlich eine Betriebsaufgabe vor, die zu einem Betriebsaufgabegewinn führen würde, soweit stille Reserven im Betriebsvermögen enthalten sind. Werden die vorhandenen Wirtschaftsgüter im Zuge der Auflösung der Gesellschaft auf die einzelnen Gesellschafter aufgeteilt und von diesen in deren – gegebenenfalls neu gegründete – Betriebe eingebracht, sind die übergehenden (auch nur einzelne) Wirtschaftsgüter *mit den Buchwerten fortzuführen* **(Realteilung),** vgl. § 16 Abs. 3 Satz 2 EStG. Da in aller Regel die bisherigen Kapitalkonten der Gesellschafter nicht mit den Buchwerten der jeweiligen übernommenen Wirtschaftsgüter übereinstimmen, sind die Kapitalkonten in den Bilanzen der Einzelunternehmen dahingehend *erfolgsneutral* anzupassen.

Beispiel:

Die Bilanz der X-OHG, an der A und B je zur Hälfte beteiligt sind, zeigt am 31.12.01 folgendes vereinfachte Aussehen:

	T €		T €
Grundstück A	250	Kapital A	812
Grundstück B	425	Kapital B	793
Maschinen	160	Verbindlichkeiten aus Lieferungen und Leistungen	212
Betriebs- und Geschäftsausstattung	80	Bankverbindlichkeiten	196
Vorräte	414		
Forderungen aus Lieferungen und Leistungen	679		
Kassenbestand	5		
	2 013		2 013

Stille Reserven finden sich

- beim Grundstück A 167 T €,
- beim Grundstück B 221 T €,
- bei den Maschinen 73 T €,
- bei der Betriebs- und Geschäftsausstattung 43 T €.

A und B setzen sich zum 1.1.02 dergestalt auseinander, dass A für Zwecke seines ab diesem Zeitpunkt betriebenen Einzelunternehmens das Grundstück A, die Maschinen und die Vorräte übernimmt, während B mit den restlichen Vermögensgegenständen und den Schulden ebenfalls ein Unternehmen eröffnet.
Weil eine Realteilung (ohne Wertausgleich) vorliegt, findet keine Aufdeckung der stillen Reserven statt. Die Wirtschaftsgüter der X-OHG sind erfolgs- und damit steuerneutral mit ihrem bisherigen Buchwert in das Unternehmen des A und in das Unternehmen des B zu übernehmen. Die Eröffnungsbilanzen von A und B zeigen dann am 1.1.02 folgendes Aussehen:

Eröffnungsbilanz A zum 1.1.02

	T €		T €
Grundstück A	250	Kapital	824
Maschinen	160		
Vorräte	414		
	824		824

Eröffnungsbilanz B zum 1.1.02

	T €		T €
Grundstück B	250	Kapital	781
Betriebs- und Geschäftsausstattung	80	Verbindlichkeiten aus Lieferungen und Leistungen	212
Forderungen aus Lieferungen und Leistungen	679	Bankverbindlichkeiten	196
Kassenbestand	5		
	1 189		1 189

Werden bei einer Realteilung *einzelne Wirtschaftsgüter* übertragen, ist nach § 16 Abs. 3 Satz 3 EStG rückwirkend deren gemeiner Wert anzusetzen, wenn die Wirtschaftsgüter innerhalb einer Sperrfrist nach der Übertragung veräußert oder entnommen werden und es sich um Grund und Boden, Gebäude oder andere übertragene wesentliche Betriebsgrundlagen handelt. Die Sperrfrist endet drei Jahre nach Abgabe der Steuererklärung der Mitunternehmerschaft für den Veranlagungszeitraum der Realteilung. Soweit die Wirtschaftsgüter unmittelbar oder mittelbar auf Körperschaften übertragen werden, ist der Buchwertansatz stets nicht möglich und der gemeine Wert der Wirtschaftsgüter anzusetzen, vgl. § 16 Abs. 3 Satz 4 EStG. 244

Wird im Zuge der Realteilung ein sog. **Spitzenausgleich** (Wertausgleich) geleistet, weil die Werte der übernommenen Wirtschaftsgüter nicht mit dem Beteiligungsverhältnis übereinstimmen, so ist der Ausgleichsbetrag beim ausgleichsberechtigten Gesellschafter als Gewinn zu erfassen; beim ausgleichsverpflichteten Gesellschafter entstehen in gleicher Höhe *zusätzliche Anschaffungskosten* für die von ihm übernommenen Wirtschaftsgüter.

3. Betriebsveräußerungs- bzw. Betriebsaufgabegewinn

Veräußerungsgewinn ist derjenige Betrag, um den der *Veräußerungspreis* nach Abzug der *Veräußerungskosten* den *Buchwert des Kapitalkontos* im Zeitpunkt der Veräußerung übersteigt (§ 16 Abs. 2 EStG). 245

Zum Veräußerungspreis gehören:

- die Barleistungen,
- die Sachleistungen des Erwerbers bzw. die zurückbehaltenen Wirtschaftsgüter mit ihrem gemeinen Wert am Veräußerungsstichtag,

- die Kaufpreisraten, soweit sie angemessen verzinst werden, mit dem Nennwert; soweit sie unverzinst oder zu niedrig verzinst sind, mit dem Barwert,
- die vom Erwerber übernommenen privaten Verbindlichkeiten des Veräußerers mit ihrem Nennwert (z.B. die Einkommensteuer für den Veräußerungsgewinn),
- wiederkehrende Bezüge (siehe hierzu Rn. 463).

Im Falle der *Betriebsaufgabe* fehlt es an einem Veräußerungspreis: Es ist deshalb anstelle dessen der *gemeine Wert* der ins Privatvermögen übernommenen Wirtschaftsgüter im Zeitpunkt der Aufgabe anzusetzen (§ 16 Abs. 3 Satz 7 EStG). Das Gleiche gilt für den Fall, dass im Zuge der Betriebsveräußerung *einzelne* Wirtschaftsgüter zurückbehalten und in das Privatvermögen überführt werden. Der gemeine Wert wird nach § 9 Abs. 2 BewG durch den Preis bestimmt, der im gewöhnlichen Geschäftsverkehr nach der Beschaffenheit des Wirtschaftsgutes bei einer Veräußerung zu erzielen wäre; dabei sind alle Umstände, die den Preis beeinflussen, mit Ausnahme ungewöhnlicher oder persönlicher Verhältnisse zu berücksichtigen.

246 **Veräußerungskosten** sind diejenigen Kosten, die durch die Veräußerung bedingt sind wie beispielsweise Provisionen, Notargebühren oder Kosten von Annoncen.

Bei der Feststellung des **Buchwerts** werden in der Steuerbilanz am Veräußerungsstichtag zulässigerweise passivierte steuerfreie Rücklagen (z.B. nach § 6 b EStG) nicht aufgelöst. Diese stillen Reserven gehören auch zum Veräußerungsgewinn, vgl. R 6 b.2 Abs. 10 Satz 6 EStR und H 16 Abs. 9 (Rücklage) EStH.

247 Wird der Betrieb gegen wiederkehrende Bezüge **(Leibrente, lang laufende Zeitrente)** veräußert, gleichgültig ob diese fest oder am Umsatz oder Gewinn orientiert ist, hat der Steuerpflichtige nach R 16 Abs. 11 EStR (bzw. H 16 Abs. 11 EStH) ein ausdrücklich auszuübendes *Wahlrecht*:

a) Der Veräußerer kann die **sofortige Versteuerung** des Veräußerungsgewinns wählen: Als Veräußerungspreis ist der nach §§ 13, 14 BewG ermittelte Rentenbarwert *(= Tilgungsanteil)* anzusetzen. In diesem Falle kommt der Steuerpflichtige in den Genuss der Vergünstigungen nach § 16 Abs. 4 EStG (Freibetrag) und § 34 Abs. 1 oder Abs. 3 EStG (Tarifermäßigung). Der in den Rentenzahlungen enthaltene *Zinsanteil* ist nach § 22 Nr. 1 Satz 3 Buchst. a Doppelbuchst. bb EStG mit dem Ertragsanteil zu versteuern.

b) Der Veräußerer kann aber auch die sog. **Zuflussbesteuerung** wählen. Die Rentenzahlungen sind nach den §§ 13, 14 BewG oder nach versicherungsmathematischen Grundsätzen aufzuteilen. Der *Tilgungsanteil* (Kapitalanteil) ist mit dem Buchwert des steuerlichen Kapitalkontos zu verrechnen. Erst nach dessen Aufzehrung stellen weitere zufließende Tilgungsanteile im Zeitpunkt des Zuflusses (§ 11 EStG) nachträgliche Betriebseinnahmen gem. §§ 15, 24 Nr. 2 EStG dar. Der *Zinsanteil* in den Rentenzahlungen stellt von Beginn an im Zeitpunkt des Zuflusses nachträgliche Betriebseinnahmen gem. §§ 15, 24 Nr. 2 EStG dar. Im Fall der Zuflussbesteuerung kommt weder der Freibetrag nach § 16 Abs. 4 EStG noch die Tarifermäßigung des § 34 EStG in Betracht.

248 Veräußert ein Steuerpflichtiger seinen Betrieb gegen einen in **Raten** zu zahlenden Kaufpreis, so gelten die vorstehenden Ausführungen entsprechend,

wenn die Raten während eines mehr als zehn Jahre dauernden Zeitraumes zu zahlen sind und die Ratenvereinbarung sowie die sonstige Ausgestaltung des Vertrags eindeutig die Absicht des Veräußerers zum Ausdruck bringen, sich eine Versorgung zu verschaffen. Bei der Zuflussbesteuerung ist die Aufteilung in Tilgungs- und Zinsanteil nach der Tabelle 2 zu § 12 BewG (aus Vereinfachungsgründen auch nach der Ertragswerttabelle des § 55 Abs. 2 EStDV, vgl. Rn. 739) vorzunehmen.

4. Freibetrag im Sinne des § 16 Abs. 4 EStG

Der Veräußerungs- bzw. Betriebsaufgabegewinn wird zur Einkommensteuer nur herangezogen, soweit er 45 000 € übersteigt. Ist der Veräußerungsgewinn höher als 136 000 €, so vermindert sich der Betrag von 45 000 € um *den* Teil des Veräußerungs-/Aufgabegewinns, der 136 000 € übersteigt. Es handelt sich bei dem **Freibetrag** i.S.d. § 16 Abs. 4 EStG also um eine sachliche Steuerbefreiung in Form eines *gleitenden Freibetrags,* die dann ihr Ende findet, wenn der Veräußerungs- bzw. Aufgabegewinn 181 000 € erreicht hat. Voraussetzung ist, dass der Steuerpflichtige seinen Betrieb bzw. Teilbetrieb oder Mitunternehmeranteil *nach Vollendung des 55. Lebensjahres* oder *wegen dauernder Berufsunfähigkeit* veräußert oder aufgegeben. **249**

Beispiele:

1. Veräußerungsgewinn 85 000 €. Der Freibetrag von 45 000 € ist nicht zu kürzen, weil der Gewinn 136 000 € nicht übersteigt; steuerpflichtig sind deshalb 40 000 €.

2. Veräußerungsgewinn 164 000 €. Der Freibetrag beläuft sich auf 17 000 € (45 000 € abzüglich 28 000 €); steuerpflichtiger Teil des Veräußerungsgewinns somit 147 000 €.

Der **Freibetrag** i.S.d. § 16 Abs. 4 EStG wird nur *auf Antrag* gewährt. Dies ist deshalb wichtig, weil jeder Steuerpflichtige nur *ein Mal* in seinem Leben in den Genuss dieses Freibetrags kommt. Der Steuerpflichtige kann also selbst entscheiden, für welchen begünstigten Veräußerungs- oder Aufgabevorgang er die Freibetragsregelung in Anspruch nimmt, wobei eine etwaige Inanspruchnahme der Vergünstigung vor dem 1.1.2001 nicht mitzählt. **250**

Auch ein Gesellschafter mit *negativem Kapitalkonto* kann – sofern er bei der Veräußerung seines Anteils einen Gewinn erzielt – einen Freibetrag nach § 16 Abs. 4 EStG erhalten.

Wird ein Betrieb *zum Teil* gegen **Barzahlung** und *zum Teil* gegen eine **Leibrente** veräußert und wählt der Steuerpflichtige nicht die sofortige Versteuerung des vollen Veräußerungsgewinns sondern die Besteuerung der Rentenbezüge als nachträgliche Einkünfte aus Gewerbebetrieb, so führt nur die Barzahlung zu dem Veräußerungsgewinn. Gleichwohl ist bei der Berechnung des Freibetrags der Rentenbarwert mit zu berücksichtigen. **251**

Beispiel:

Ein 58-jähriger Steuerpflichtiger erhält für die Veräußerung seines Betriebs eine Barzahlung von 154 000 € und eine lebenslängliche Rente im Betrag von 500 € je Monat (Rentenbarwert 62 500 €); das Kapitalkonto beträgt im Zeitpunkt der Veräußerung 41 500 €.

Alternative 1 (sofortige Versteuerung des vollen Veräußerungsgewinns):

Veräußerungserlös (154 000 € + 62 500 €)	216 500 €
Kapitalkonto	41 500 €
Veräußerungsgewinn	175 000 €
Freibetrag (45 000 € abzüglich 39 000 €)	– 6 000 €
Steuerpflichtiger, gem. § 34 EStG tarifermäßigt zu versteuernder Veräußerungsgewinn	169 000 €

Zudem sind die in den einzelnen Rentenzahlungen enthaltenen und sich anhand des Lebensalters des Betriebsveräußerers ergebenden Ertragsanteile gem. § 22 Nr. 1 Satz 3 Buchst. a Doppelbuchst. bb EStG zu versteuern.

Alternative 2 (Besteuerung der Rentenbezüge als nachträgliche Einkünfte aus Gewerbebetrieb):

Veräußerungserlös	154 000 €
Kapitalkonto	41 500 €
Veräußerungsgewinn	112 500 €
Freibetrag (durch Einbeziehung des Rentenbarwerts Kürzung wie oben i. H. v. 39 000 €)	– 6 000 €
Steuerpflichtiger, gem. § 34 EStG tarifermäßigt (vgl. BFH v. 28.9.1967, BStBl. 1968 II 76) zu versteuernder Veräußerungsgewinn	106 500 €

Zudem sind die einzelnen Rentenzahlungen in voller Höhe gem. §§ 15, 24 Nr. 2 EStG als nachträgliche gewerbliche Einkünfte zu versteuern.

252–259 *frei*

V. Veräußerung von in Privatvermögen befindlichen Anteilen an Kapitalgesellschaften

260 Zu den gewerblichen Einkünften rechnet auch der Gewinn aus der entgeltlichen Veräußerung von **Anteilen an einer Kapitalgesellschaft,** die zum **Privatvermögen** des Steuerpflichtigen gehört. Gewinne aus der Veräußerung von Anteilen, die zu einem *Betriebsvermögen* zählen, fallen nicht unter § 17 EStG; derartige Gewinne werden bereits unter den Einkünften aus Land- und Forstwirtschaft, Gewerbebetrieb oder selbstständiger Arbeit im Rahmen der Gewinnermittlung erfasst.

261 *Vermögensumschichtungen* auf der privaten Vermögensebene und daraus resultierende Gewinne oder Verluste werden grundsätzlich vom EStG nicht erfasst. § 17 EStG stellt daher – ebenso wie die Vorschrift des § 22 Nr. 2 i. V. m. § 23 EStG (Veräußerung privater Gegenstände innerhalb bestimmter Fristen) – einen *Ausnahmetatbestand* dar, dessen Rechtfertigung allein in fiskalischen Interessen zu sehen ist. Gewerbesteuerpflichtig sind Gewinne i. S. d. § 17 EStG allerdings nicht.

Eine unter § 17 EStG fallende **Beteiligung** liegt vor, wenn der Veräußerer (im Falle des unentgeltlichen Erwerbs der/die Rechtsvorgänger) innerhalb der letzten *fünf Jahre* vor dem Zeitpunkt der Veräußerung an einer Kapitalgesellschaft mit mindestens 1% unmittelbar oder mittelbar beteiligt war. Anteile an einer Kapitalgesellschaft i. S. d. § 17 EStG sind Aktien (einer AG oder einer KGaA), GmbH-Anteile, Genussscheine oder ähnliche Beteiligungen und Anwartschaften auf solche Beteiligungen. Unter „ähnlichen Beteiligungen" werden Anteile an der sog. Vorgesellschaft (= Gebilde nach Abschluss des notariellen Vertrags und Eintragung in das Handelsregister, mit der die Kapitalgesellschaft ihre Rechtsfähigkeit erlangt) verstanden, Anteile an ausländischen Gesellschaften, deren Rechtsform mit der einer inländischen Kapitalgesellschaft vergleichbar ist, ferner *beteiligungsähnliche Werte.*

Für die Steuerpflicht kommt es nicht darauf an, dass *im Zeitpunkt der Veräußerung* von dem Steuerpflichtigen noch 1% oder mehr der Anteile gehalten werden. Entscheidend ist allein, ob *er* oder – im Falle des unentgeltlichen Erwerbs – der *Rechtsvorgänger* oder – im Fall einer mehrmaligen nacheinander folgenden unentgeltlichen Übertragung – *einer der Rechtsvorgänger* innerhalb **der letzten fünf Jahre** vor der entgeltlichen Veräußerung mit 1% oder mehr an der Kapitalgesellschaft beteiligt war. Wie lange der Steuerpflichtige (oder der Rechtsvorgänger im Falle des unentgeltlichen Erwerbs) an der Kapitalgesellschaft in diesem Umfang beteiligt war, spielt keine Rolle: Auch eine ganz kurzfristige Beteiligung von mindestens 1% innerhalb des Fünf-Jahres-Zeitraums führt zur Steuerpflicht. 262

1. Abgrenzung zu privaten Veräußerungsgeschäften bei bis zum 31.12.2008 erworbenen Anteilen

Die Vorschriften des § 22 Nr. 2 i.V.m. § 23 EStG über die Besteuerung einiger privater Veräußerungsgeschäfte innerhalb bestimmter zeitlicher Grenzen haben gem. § 23 Abs. 2 Satz 2 EStG **Vorrang** vor § 17 EStG. Deshalb sind die Einkünfte, die sowohl unter § 17 EStG als auch unter § 22 Nr. 2 i.V.m. § 23 EStG fallen, weil eine Beteiligung i.S.d. § 17 EStG innerhalb eines Jahres nach Anschaffung wieder veräußert wird, nach letzteren Vorschriften zu versteuern. Bei **Gewinnen** nach § 17 EStG wird ein *Freibetrag* nach § 17 Abs. 3 EStG berücksichtigt, bei solchen nach § 23 EStG eine *Freigrenze* von 512 € gem. § 23 Abs. 3 Satz 6 EStG. Beides mal wird das **Teileinkünfteverfahren** angewandt (60% der Einnahmen abzüglich 60% der damit zusammenhängenden Ausgaben sind steuerpflichtig, §§ 3 Nr. 40 und 3 c Abs. 2 EStG). **Verluste** i.S.d. § 17 EStG sind grundsätzlich (zu 60% gem. § 3 c Abs.2 EStG) *uneingeschränkt ausgleichs- und abzugsfähig,* während Verluste i.S.d. § 23 EStG nur mit Gewinnen der gleichen Art (auch des Vorjahres und der Folgejahre) verrechnet werden können. 263

2. Abgrenzung zur Abgeltungssteuer bei ab dem 1.1.2009 erworbenen Anteilen

Mit der Einführung der Abgeltungssteuer gehören Gewinne aus der Veräußerung von Anteilen an Kapitalgesellschaften, die ab dem 1.1.2009 angeschafft werden, gem. § 20 Abs. 2 Nr. 1 EStG zu den Einkünften aus Kapitalvermögen. Solche Gewinne unterliegen der Abgeltungssteuer i.H.v. generell 25% gem. § 32 d Abs. 1 EStG. Stellen die Anteile jedoch eine Beteiligung i.S.d. § 17 EStG dar, werden die Einnahmen nach dem **Teileinkünfteverfahren** (60% der Einnahmen abzüglich 60% der damit zusammenhängenden Ausgaben sind steuerpflichtig) mit dem tariflichen Steuersatz versteuert. 264

3. Höhe der Einkünfte

265 **Veräußerungsgewinn** i.S.d. § 17 Abs. 1 EStG ist der Betrag, um den der Veräußerungspreis nach Abzug der Veräußerungskosten die Anschaffungskosten übersteigt. Hat der Veräußerer den veräußerten Anteil unentgeltlich erworben, so sind die Anschaffungskosten des Rechtsvorgängers maßgebend, der den Anteil zuletzt entgeltlich erworben hat (§ 17 Abs. 2 EStG). Sowohl der Veräußerungspreis als auch die Kosten werden gem. § 3 Nr. 40 Buchst. c EStG i.V.m. § 3 c Abs. 2 EStG im sog. **Teileinkünfteverfahren** erfasst. Wegen der Begünstigung durch das Teileinkünfteverfahren finden Tarifermäßigungen nach § 34 EStG („Fünftel-Regelung" oder „halber Steuersatz") keine Anwendung.

266 Zum **Veräußerungspreis** gehört alles, was der Veräußerer für die veräußerten Anteile erhält. Auch ein Tausch ist als Tatbestand einer Veräußerung i.S.d. § 17 EStG anzusehen, ebenso die *verdeckte Einlage von Anteilen an einer Kapitalgesellschaft* in eine Kapitalgesellschaft.

Eine verdeckte Einlage liegt vor, wenn der Gesellschafter für die Einlage keine neuen Gesellschaftsanteile und auch keine dem Wert der Einlage entsprechende (Bar- oder Sach-)Vergütung erhält. In diesem Fall ist als Veräußerungspreis der *gemeine Wert* (§ 9 Abs. 2 BewG) der eingebrachten Anteile anzusetzen, vgl. § 17 Abs. 2 Satz 2 EStG. Bedeutung hat diese Regelung für die Höhe des Veräußerungsgewinns, wenn die Anteile an der Kapitalgesellschaft, in die die verdeckte Einlage erfolgte, später veräußert werden.

Beispiel:
A hält sämtliche Anteile an der X-GmbH, die er am 15.7.01 für 100 000 € erworben hat und auch dem gemeinen Wert der X-GmbH entsprechen. Außerdem gehören ihm 50% der Aktien der Y-AG; deren Anschaffungskosten betrugen 150 000 €, ihr gemeiner Wert am 15.7.01 400 000 €. A überträgt am 21.7.01 die Aktien unentgeltlich auf die X-GmbH (= verdeckte Einlage) und veräußert am 29.7.02 alle Anteile an der X-GmbH für 500 000 €. Gäbe es § 17 Abs. 1 Satz 2 EStG nicht, so hätte die verdeckte Einlage am 21.7.01 zur Folge, dass sich die Anschaffungskosten für die Anteile an der X-GmbH um nachträgliche Anschaffungskosten von 400 000 € (= gemeiner Wert der verdeckten Einlage) auf 500 000 € erhöht hätten. Die Veräußerung dieser Anteile am 29.7.02 würde also keine Besteuerung des Gewinns aus den Aktien der Y-AG nach sich ziehen. So aber hat A bereits durch die verdeckte Einlage der Aktien in die X-GmbH einen Veräußerungsgewinn von 250 000 € nach § 17 EStG zu versteuern.

Als **Veräußerungskosten** kommen Kosten z.B. für Notar, Gutachten, Reisekosten in Betracht.

267 Auch ein **Veräußerungsverlust** ist grundsätzlich (Ausnahmen siehe unten) nach § 17 EStG zu berücksichtigen. Der im Teileinkünfteverfahren (§ 3 c Abs. 2 EStG) **zu 60%** zu berücksichtigende Verlust ist mit anderen Einkünften ausgleichsfähig oder nach § 10 d EStG abzugsfähig. Auch wenn gar keine Veräußerung erfolgt, kann ein nach § 17 EStG zu berücksichtigender Verlust entstehen, nämlich dann, wenn die Kapitalgesellschaft **insolvent** wird. In einem solchen Fall ist der Verlust anzusetzen, wenn feststeht, dass die Beteiligung untergeht, ohne dass dem Steuerpflichtigen hierfür ein Gegenwert zufließt. Ein Verlust kann auch dann eintreten, wenn die Kapitalgesellschaft außerhalb eines Insolvenzverfahrens liquidiert wird, sofern der Steuerpflichtige weniger an Liquidationserlös erhält, als er für die Anschaffung der Beteiligung aufgewandt hat.

Zu den **Anschaffungskosten** i.S.d. § 17 Abs. 2 EStG zählen auch die Anschaffungsnebenkosten. Das sind neben dem vereinbarten Kaufpreis alle Kosten, die durch den Erwerb verursacht worden sind, z.B. vom Erwerber getragene Beurkundungskosten, Provisionen, Reisekosten. Ist eine Beteiligung *unentgeltlich* erworben worden, so kommt es auf die Anschaffungskosten des Rechtsvorgängers an, der die Beteiligung zuletzt entgeltlich erworben hat. Wird eine Beteiligung veräußert, die zuvor dem Betriebsvermögen entnommen wurde, gilt der **Entnahmewert** als Anschaffungskosten. Für den Fall, dass die Beteiligung nicht insgesamt veräußert wird und die Anteile zu verschiedenen Zeitpunkten und zu verschiedenen Preisen erworben wurden, kann der Steuerpflichtige bestimmen, welche Anteile er davon veräußert. **268**

Zu den Anschaffungskosten rechnen ferner die sog. **kapitalersetzenden Darlehen.** Fällt ein Gesellschafter mit Darlehen aus, die in der Krise der Gesellschaft gewährt werden *(Krisendarlehen)* oder die von vornherein auf eine Krisenfinanzierung hin angelegt waren *(krisenbestimmtes Darlehen),* erhöhen sich die Anschaffungskosten um den Nennwert der Darlehen. Zu den Anschaffungskosten der Beteiligung gehören auch vor der Krise gewährte Darlehen, wenn der Gesellschafter diese in der Krise stehen ließ, obwohl er sie hätte abziehen können *(stehen gelassenes Darlehen).* In diesem Fall sind die Anschaffungskosten um den gemeinen Wert des Darlehens zu erhöhen, den es im Zeitpunkt des Eintritts der Krise (noch) hatte.

„Finanzplanmäßige Kredite" von Gesellschaftern, die der Kapitalausstattung der Gesellschaft etwa in der Startphase oder bei einer Erweiterung dienen und als Kombination von Eigen- und Fremdfinanzierung zu verstehen sind, rechnen mit ihrem Nennwert ebenfalls zu den Anschaffungskosten. Das Gleiche gilt für Bürgschaften von Gesellschaftern, wenn sie mit ihrer Regressforderung gegen die Gesellschaft ausfallen, nachdem sie von Dritten für Kredite an die Gesellschaft in Anspruch genommen wurden.

Der Veräußerungsgewinn **entsteht** im Zeitpunkt der Veräußerung, wobei als Veräußerung die entgeltliche Übertragung des wirtschaftlichen Eigentums an den veräußerten Anteilen auf den Erwerber zu *sehen ist. Wird der Kaufpreis in Raten* gezahlt oder werden laufende Bezüge, beispielsweise in Form einer *Leibrente* vereinbart, so gelten die Ausführungen zu § 16 EStG entsprechend (vgl. Rn. 247). Auf den Zeitpunkt des Zuflusses des Entgelts kommt es nicht an. § 17 Abs. 2 Satz 1 EStG ist nach der Rechtsprechung eine „Gewinnermittlungsvorschrift eigener Art", bei der die Einkünfte aus Gewerbebetrieb grundsätzlich in gleicher Weise wie laufende Gewinne oder Verluste stichtagsbezogen *nach den Grundsätzen eines Betriebsvermögensvergleichs* zu ermitteln sind. Dies bedeutet die Anwendung des Realisationsprinzips (und nicht des Zufluss-/Abflussprinzips des § 11 EStG) und die Berechnung des Veräußerungsgewinns bzw. verlustes – auf den Stichtag – nach den Grundsätzen des Bestandsvergleichs (§§ 4 Abs. 1, 5 EStG). Entscheidend für die Zuordnung des Veräußerungsgewinns bzw. verlustes zu einem Veranlagungszeitraum ist bei einer Veräußerung der Zeitpunkt (Stichtag), in dem das wirtschaftliche Eigentum auf den Erwerber übergeht (Realisationszeitpunkt). § 11 EStG ist nicht anzuwenden. Die für die Gewinnermittlung nach § 17 EStG maßgeblichen Beträge sind (grundsätzlich) wie bei Erstellung einer Bilanz auf den Stichtag festzulegen. Beträge, die am Stichtag (bzw. im Zeitpunkt der Veran- **269** lagung) noch Forderungs- oder Verbindlichkeitscharakter (z.B. die Inanspruchnahme aus einer Bürgschaft in der Form von Ratenzahlungen) haben, sind bereits zu berücksichtigen.

4. Freibetrag im Sinne des § 17 Abs. 3 EStG

270 Die Steuerpflicht tritt nur ein, soweit der (60%ige) Veräußerungsgewinn *den* Teil von 9 060 € übersteigt, der dem veräußerten Anteil an der Kapitalgesellschaft entspricht. Dieser **Freibetrag** ermäßigt sich um den Betrag, um den der Veräußerungsgewinn den Teil von 36 100 € übersteigt, der dem veräußerten Anteil an der Kapitalgesellschaft entspricht. Es handelt sich also um einen *gleitenden Freibetrag.*

Beispiel:

Der Steuerpflichtige hat am 11.3.2002 einen 30-prozentigen Geschäftsanteil an einer GmbH für 52 000 € erworben. Das Stammkapital der GmbH beträgt 50 000 €. Am 22.1.2014 verkauft er den Geschäftsanteil für 72 000 €.

Da der Steuerpflichtige nur mit 30% beteiligt ist, kann er nur einen anteiligen Freibetrag, nämlich 30% von 9 060 € = 2 718 € erhalten. Dieser verringert sich jedoch um den Teil des Veräußerungsgewinns, der die anteilige Gewinnschwelle (30% von 36 100 € = 10 830 €) übersteigt. Es ergibt sich somit:

Erlös			72 000 €
Anschaffungskosten			52 000 €
Veräußerungsgewinn			20 000 €
anzusetzen gem. §§ 3 Nr. 40 Buchst. c, 3 c Abs. 2 EStG			12 000 €
Freibetrag (anteilig)		2 718 €	
Veräußerungsgewinn	12 000 €		
abzüglich: Anteilige Gewinnschwelle	– 10 830 €		
übersteigender Betrag	– 1 170 €		– 1 170 €
verbleibender Freibetrag			1 548 €
Steuerpflichtiger Teil des Veräußerungsgewinns			10 452 €

K. Einkünfte aus selbstständiger Arbeit

271 Nach § 18 EStG sind Einkünfte aus selbstständiger Arbeit

- Einkünfte aus freiberuflicher Tätigkeit,
- Einkünfte der Einnehmer einer staatlichen Lotterie, wenn sie nicht Einkünfte aus Gewerbebetrieb sind,
- Einkünfte aus sonstiger selbstständiger Arbeit.

Die Einkünfte aus den bezeichneten Tätigkeiten sind auch dann steuerpflichtig, wenn sie nur *vorübergehend* ausgeübt werden (§ 18 Abs. 2 EStG). Vorübergehend in diesem Sinne ist eine Tätigkeit, wenn sie planmäßig nur einmalig oder wenige Male, jedoch mit der Absicht ausgeübt wird, sie bei sich bietender Gelegenheit zu wiederholen.

Von Interesse ist die Abgrenzung der Einkünfte aus selbstständiger Arbeit von denen aus Gewerbebetrieb, weil letztere der **Gewerbesteuer** unterliegen, was bei den Einkünften aus selbstständiger Arbeit nicht der Fall ist. Außerdem gelten unterschiedliche Vorschriften für die Art, wie die Einkünfte zu ermitteln sind (vgl. Rn. 70).

I. Freiberufliche Tätigkeit

Nach § 18 Abs. 1 Nr. 1 EStG gehören zu der **freiberuflichen Tätigkeit** 272 die selbstständig ausgeübte wissenschaftliche, künstlerische, schriftstellerische, unterrichtende oder erzieherische Tätigkeit. **Wissenschaftlich** tätig ist, wer eine forschende oder eine sonstige nach wissenschaftlichen Methoden durchzuführende Arbeit leistet. Hierzu können z.B. die Erstellung von Gutachten, die Vortragstätigkeit oder eine Prüfungstätigkeit rechnen. Eine wissenschaftliche Vorbildung ist keine notwendige Voraussetzung für die Annahme einer wissenschaftlichen Tätigkeit.

Die **künstlerische** Tätigkeit umfasst die freie Kunst, das Kunstgewerbe 273 und das Kunsthandwerk; wesentlich ist die freie schöpferische Gestaltung, in der Eindrücke, Erfahrungen und Erlebnisse des Künstlers unmittelbar zum Ausdruck gebracht werden. Eine künstlerische Tätigkeit kann auch auf dem Gebiet der angewandten Kunst wie beispielsweise bei Opernsängern und Dirigenten liegen. Die Entscheidung, ob eine künstlerische Tätigkeit anzunehmen ist, ist nicht nach dem einzelnen Werk, sondern nach der Gesamtheit der im jeweiligen Veranlagungszeitraum geschaffenen Werke zu beurteilen.

Eine **schriftstellerische** Tätigkeit liegt vor, wenn eigene Gedanken mit 274 Mitteln der Sprache schriftlich niedergelegt werden, wobei es nicht darauf ankommt, ob darin eine eigenschöpferische Leistung zu sehen ist. Deshalb übt z.B. auch der Verfasser eines wissenschaftlichen Werkes oder ein Sachbuchautor eine schriftstellerische Tätigkeit aus, wohingegen die steuerrechtliche Einordnung der Tätigkeit eines Werbetexters zweifelhaft ist.

Freiberuflicher Art ist ferner die **unterrichtende** und **erzieherische** Tä- 275 tigkeit, sofern sie selbstständig ausgeübt wird. Auf die Vorbildung des Unterrichtenden und den Unterrichtsgegenstand kommt es nicht an. Deshalb gehören hierzu z.B. der Fahr, Tanz, Reit- und Turnunterricht, ebenso die haupt- oder nebenberuflich ausgeübte Nachhilfetätigkeit.

Als freiberufliche Tätigkeit ist auch die **Erfindertätigkeit** anzusehen, so- 276 fern sie nicht im Rahmen eines land- und forstwirtschaftlichen Betriebs oder eines Gewerbebetriebs oder eines Arbeitsverhältnisses ausgeübt wird. Es handelt sich dabei um eine planmäßige, in der Regel als wissenschaftlich anzusehende Betätigung von gewisser Dauer, die auf die Erzielung einer *patentfähigen Erfindung* gerichtet ist; ob es tatsächlich zur Erteilung eines Patents kommt, ist ohne Bedeutung. **Zufallserfindungen** führen nur dann zu Einkünften aus selbstständiger Arbeit, wenn es nach einem spontan geborenen Gedanken weiterer Tätigkeiten bedarf, um die Erfindung zur Verwertungsreife zu bringen. In diesem Fall liegt eine planvolle und damit nachhaltige Erfindertätigkeit vor. Wird die Zufallserfindung in Form einer „Blitzidee" jedoch ohne weitere Tätigkeit veräußert, führt dies auch nicht zu sonstigen Einkünften i.S.d. § 22 Nr. 3 EStG (BFH v. 10.9.2003, BStBl. 2004 II 218).

Neben der allgemeinen Definition der freiberuflichen Tätigkeit enthält 277 § 18 Abs. 1 Nr. 1 EStG darüber hinaus eine katalogartige Aufzählung einzelner Berufe, deren Ausübung eine freiberufliche Tätigkeit darstellt. Man spricht deshalb von den sog. **Katalogberufen,** z.B. selbstständige Ärzte, Zahnärzte, Rechtsanwälte, Notare, Patentanwälte, Vermessungsingenieure, Ingenieure. Die Aufzählung ist nicht abschließend. Auch den Katalogberufen

ähnliche Berufe erzielen Einkünfte aus selbstständiger Tätigkeit. Eine Ähnlichkeit ist anzunehmen, wenn der Beruf in wesentlichen Punkten mit einem oder mehreren Katalogberufen verglichen werden kann. Eine Ähnlichkeit wird z.B. bejaht bei Hebammen oder Logopäden und verneint z.B. bei Apothekern, (generell) Bodybuilding-Studio, Fotomodell; vgl. wegen weiterer Einzelfälle H 15.6 (Abgrenzung) EStH.

278 Ein Angehöriger eines freien Berufs ist auch dann freiberuflich tätig, wenn er sich der Mithilfe fachlich vorgebildeter Mitarbeiter bedient. Voraussetzung ist aber, dass er auf Grund eigener Fachkenntnisse **leitend** und **eigenverantwortlich** tätig ist. Leitend tätig sein bedeutet, maßgeblichen Einfluss auf die betrieblichen Abläufe zu nehmen bzw. betriebliche Abläufe in ihrer Organisation und Durchführung zu gestalten, die für den Betrieb wesentlichen Entscheidungen zu treffen und die Einhaltung der festgelegten Regeln und Entscheidungen zu überwachen. Das Merkmal der Eigenverantwortlichkeit kommt dadurch zum Ausdruck, dass die vom Betrieb erbrachten Leistungen durch die *Person des Inhabers geprägt* sind. Eine Vertretung im Fall vorübergehender Verhinderung, beispielsweise wegen Krankheit, Urlaub, politischer Betätigung oder Mitarbeit in einer Standesorganisation, ist unschädlich. Vom Umfang her gesehen schließt das Erfordernis der persönlichen Leistung und der Eigenverantwortung angesichts der Grenzen menschlicher Leistungsfähigkeit eine *Ausdehnung* der freiberuflichen Tätigkeit *über ein gewisses Maß hinaus* grundsätzlich aus, so dass ab einer bestimmten Größe des Unternehmens die Einkünfte als solche aus Gewerbebetrieb anzusehen sind.

279 Wird **neben** einer **freiberuflichen** eine **gewerbliche Tätigkeit** ausgeübt, so sind die beiden Tätigkeiten steuerlich *getrennt* zu behandeln, *sofern* dies nach der Verkehrsauffassung *möglich* ist.

Beispiel:
Der Steuerpflichtige ist als selbstständiger Rechtsanwalt tätig und betreibt daneben eine Kneipe.
Weil beide Tätigkeiten nach der Verkehrsauffassung getrennt zu betrachten sind, erzielt der Steuerpflichtige aus seiner Tätigkeit als selbstständiger Rechtsanwalt Einkünfte aus § 18 Abs. 1 Nr. 1 EStG, während der Gewinn/Verlust aus dem Betreiben der Kneipe zu Einkünften aus Gewerbebetrieb gem. § 15 Abs. 1 Nr. 1 EStG führt.

Die getrennte Behandlung ist auch dann zulässig, wenn in einem Beruf freiberufliche und gewerbliche Merkmale zusammentreffen und ein *enger sachlicher und wirtschaftlicher Zusammenhang* zwischen den Tätigkeitsarten besteht, z.B. bei einem Kunstmaler, der gleichzeitig eine Kunstgalerie betreibt und dort sowohl eigene als auch fremde Werke vertreibt.

280 Sind aber bei gemischten Tätigkeiten die beiden *Tätigkeitsmerkmale so miteinander verflochten und bedingen sie sich gegenseitig unlösbar,* so muss der gesamte Betrieb als einheitlicher angesehen werden mit der Folge, dass – je nach dem Gesamtbild der Verhältnisse – entweder *insgesamt* eine freiberufliche Tätigkeit oder ein Gewerbebetrieb anzunehmen ist. Betreibt z.B. ein Masseur und medizinischer Bademeister eine Massagepraxis, in der auch Saunabäder verabreicht werden, so liegen Merkmale einer freiberuflichen Tätigkeit (heilberufliche Tätigkeit) und Merkmale einer gewerblichen Tätigkeit (Saunabetrieb) vor, die so untrennbar miteinander verbunden sind, dass nur eine einheitliche Entscheidung hinsichtlich der Zuordnung der

Einkünfte möglich ist. Hier liegen Einkünfte aus freiberuflicher Tätigkeit vor, wenn der Saunabetrieb ein notwendiges Hilfsmittel der heilberuflichen Tätigkeit darstellt und dieser – für sich gesehen – nicht Gegenstand einer besonderen Gewinnerzielungsabsicht ist.

Schließen sich Angehörige eines freien Berufs zur Ausübung ihrer Berufs- **281**
tätigkeit in einer Gesellschaft bürgerlichen Rechts (z.B. Rechtsanwaltssozietät) oder in einer Partnerschaft nach dem PartGG zusammen, so beziehen die einzelnen Gesellschafter Einkünfte aus selbstständiger Arbeit, und zwar selbst dann, wenn die Gesellschaft im Handelsregister eingetragen ist, was allerdings nur in Ausnahmefällen vorkommen kann. Sind jedoch an der Gesellschaft auch **berufsfremde Personen** beteiligt, so beziehen *alle* Gesellschafter Einkünfte aus Gewerbebetrieb.

Fehlen einem **Erben** eines Freiberuflers die fachlichen Voraussetzungen **282**
des betreffenden freien Berufs, so liegt in der Fortführung der Praxis durch den Erben – auch wenn diese nur vorübergehend ist – grundsätzlich eine gewerbliche Tätigkeit vor.

Einkünfte i.S.d. § 18 Abs. 1 Nr. 1 EStG liegen auch vor, wenn die frei- **283**
berufliche Tätigkeit nur im **Nebenberuf** oder auch nur **gelegentlich** ausgeübt wird. Bei nebenberuflichen Einkünften aus Schriftstellerei sowie Lehr- und Prüfungstätigkeit lässt die Finanzverwaltung – wenn nicht höhere Betriebsausgaben nachgewiesen werden – einen *pauschalen Betriebsausgabenabzug* in Höhe von 25% der Einnahmen, höchstens 614 € jährlich zu. Bei hauptberuflicher selbstständiger schriftstellerischer oder journalistischer Tätigkeit werden pauschale Betriebsausgaben von 30% der Betriebseinnahmen, höchstens 2 455 € je Jahr anerkannt, vgl. H 18.2 (Betriebsausgabenpauschale) EStH.

II. Gewinne aus anderer selbstständiger Arbeit

Hierzu rechnen die Einkünfte der **Einnehmer einer staatlichen Lotte- 284**
rie, wenn sie nicht Einkünfte aus Gewerbebetrieb sind, und die Einkünfte aus **sonstiger selbstständiger Arbeit,** z.B. Vergütungen für die Vollstreckung von Testamenten, für Vermögensverwaltung und für die Tätigkeit als Aufsichtsratsmitglied (§ 18 Abs. 1 Nr. 2 und 3 EStG). Die gesetzliche Aufzählung der Einkünfte aus sonstiger selbstständiger Arbeit ist nur beispielhaft, denn auch die Einkünfte der Insolvenzverwalter, Hausverwalter, Zwangsverwalter, Treuhänder, Pfleger und Nachlassverwalter fallen unter § 18 Abs. 1 Nr. 3 EStG. Einkünfte aus sonstiger selbstständiger Arbeit liegen auch vor, wenn die Tätigkeit nur gelegentlich ausgeübt wird wie das beispielsweise bei sog. *Tagesmüttern,* die ein fremdes Kind betreuen, der Fall zu sein pflegt.

Was die Abgrenzung zu den gewerblichen Einkünften betrifft, so gelten die **285**
diesbezüglichen Ausführungen zu den freiberuflichen Einkünften entsprechend: So üben z.B. **Hausverwalter,** die eine größere Zahl von Gebäuden verwalten und sich zur Erledigung ihrer Arbeiten laufend mehrerer Hilfskräfte bedienen, in der Regel eine gewerbliche Tätigkeit aus.

III. Veräußerungs- bzw. Aufgabegewinne im Sinne des § 18 Abs. 3 EStG

286 Zu den Einkünften aus selbstständiger Arbeit gehört auch der Gewinn, der bei der **Veräußerung des Vermögens** oder eines selbstständigen Teils des Vermögens oder eines Anteils am Vermögen erzielt wird, das der selbstständigen Arbeit dient (§ 18 Abs. 3 EStG). Die Vorschriften des § 16 Abs. 1 Nr. 1 Satz 2 und Abs. 2–4 EStG gelten entsprechend. Analog anzuwenden sind demnach die Bestimmungen in § 16 EStG über

- die *Veräußerung* einer *Praxis* oder eine (ganzen) *Mitunternehmeranteils* an der Gemeinschaftspraxis,
- die Veräußerung einer 100%-igen Beteiligung an einer Kapitalgesellschaft als – tarifermäßigt zu besteuernde – Veräußerung eines *Teilbetriebs,*
- die Berechnung des *Veräußerungsgewinns,*
- die Einbeziehung der Betriebsaufgabe- und Teilbetriebsaufgabegewinne,
- die Gewährung eines *Freibetrags.*

Auf die Ausführungen zu § 16 EStG (Veräußerungsgewinne) wird verwiesen.

287 Eine nach § 16 Abs. 4 und § 34 Abs. 3 EStG begünstigte Veräußerung des der selbstständigen Arbeit dienenden Vermögens liegt nur vor, wenn alle wesentlichen Grundlagen einem anderen übertragen werden **und** die **Tätigkeit** – zumindest vorübergehend – am Ort der bisherigen Berufsausübung **eingestellt** wird. Die Einstellung der Tätigkeit im bisherigen *örtlichen Wirkungskreis* muss nach außen hin erkennbar sein. Begünstigt ist die Veräußerung einer Praxis auch dann, wenn der Praxisinhaber die Absicht hat, in einem anderen örtlichen Wirkungskreis erneut tätig zu werden. Auch das Zurückhalten von bis zu 10% der „alten" Mandanten ist laut BFH unschädlich.

288, 289 *frei*

L. Einkünfte aus Kapitalvermögen

I. Allgemeines

290 Einkünfte aus Kapitalvermögen erzielt, wer *Kapital* gegen *Entgelt zur Nutzung überlässt,* soweit diese Erträge nicht einer der anderen Einkunftsarten (Land- und Forstwirtschaft, Gewerbebetrieb, selbstständige Arbeit) zuzuordnen sind. Unter Kapital ist Geldvermögen zu verstehen, insbesondere in Form von Anteilen an Kapitalgesellschaften, Geldforderungen und Grundpfandrechten. Einnahmen aus Kapitalvermögen sind nur die **Erträge** des Vermögens: Das Kapital selbst dagegen war lange Zeit einkommensteuerneutral, d.h. Gewinne oder Verluste aus der Verwertung des Kapitals, Wertsteigerungen oder Wertminderungen berührten die Höhe der Einkünfte nicht, ebenso nicht die allgemeine Geldentwertung oder der Verlust der Kapitalanlage. Durch die Neufassung des § 20 Abs. 2 EStG unterliegen aber seit 2009 auch Zuwächse aus dem Kapitalstamm der Einkommensteuer.

II. Einkünfte aus der Beteiligung an Körperschaften

Die Einkünfte aus der Beteiligung an **Körperschaften,** nämlich an Kapitalgesellschaften (AG, KGaA, GmbH), an Erwerbs- und Wirtschaftsgenossenschaften sowie an bergbautreibenden Vereinigungen, die die Rechte einer juristischen Person haben, sind in § 20 Abs. 1 Nr. 1 und 2 EStG zusammengefasst. Es sind dies die 291

- Gewinnanteile, Ausbeuten und sonstigen Bezüge (§ 20 Abs. 1 Nr. 1 EStG), und die
- Bezüge, die aufgrund einer Kapitalherabsetzung oder nach der Auflösung der Körperschaft anfallen, soweit darin umgewandelte Gewinnrücklagen enthalten sind (§ 20 Abs. 1 Nr. 2 EStG).

1. Gewinnanteile, Ausbeuten und sonstige Bezüge

Hierzu rechnen in erster Linie die (offenen) **Gewinnausschüttungen** 292
bzw. Ausbeuten der genannten Körperschaften, die auf Aktien, GmbH-Anteile, Geschäftsanteile und Genussscheine, mit denen das Recht am Gewinn und Liquidationserlös einer Kapitalgesellschaft verbunden ist, entfallen (beinhalten die Genussscheine lediglich Gläubigerrechte, so fallen die daraus erzielten Einnahmen unter § 20 Abs. 1 Nr. 7 EStG). Dabei ist es grundsätzlich gleichgültig, ob die Gewinnausschüttungen aus dem laufenden Ergebnis, aus Gewinnvorträgen oder aus der Auflösung von Gewinnrücklagen stammen. Nur dann, wenn sie aus dem sog. *steuerlichen Einlagekonto* gespeist werden (Einlagen der Anteilseigner), entfällt die Besteuerung. Es spielt dabei keine Rolle, ob der Ausschüttungsbeschluss der Gesellschaft ordnungsmäßig oder fehlerhaft zu Stande gekommen ist, ob er rückgängig gemacht werden kann oder später aufgehoben wird oder ob es sich um eine **Vorab-Ausschüttung** handelt.

Den Gewinnanteilen i. S. d. § 20 Abs. 1 Nr. 1 EStG sind die **sonstigen Be-** 293
züge gleichgestellt. Dazu gehören alle Bezüge, die ein Beteiligter von den genannten Körperschaften auf Grund seiner Beteiligung erhält. Es ist ohne Belang, ob die gewährten Beträge aus dem normalen Gewinn der Gesellschaft in dem betreffenden Geschäftsjahr oder aus Rücklagen herrühren oder ob sie aus der Vermögenssubstanz der Gesellschaft entrichtet werden. Es kommt nur darauf an, dass *geldwerte Güter* von der Gesellschaft auf den Gesellschafter übergehen und dass dabei die Anteilsrechte in ihrem Wesen unverändert bleiben. Die wichtigste Gruppe der sonstigen Bezüge bilden die in § 20 Abs. 1 Nr. 1 Satz 2 EStG ausdrücklich erwähnten **verdeckten Gewinnausschüttungen:** Das sind Zuwendungen oder sonstige Vorteile jeder Art, die eine Kapitalgesellschaft ihren Gesellschaftern unmittelbar oder mittelbar außerhalb der gesellschaftsrechtlichen Gewinnverteilung gewährt und die sie im Allgemeinen bei Anwendung der Sorgfalt eines ordentlichen und gewissenhaften Geschäftsführers einem Nichtgesellschafter nicht zugewendet hätte. Wegen Einzelheiten zum Begriff verdeckte Gewinnausschüttung wird auf Teil 3 dieses Bandes verwiesen.

2. Bezüge, die aufgrund einer Kapitalherabsetzung oder nach der Auflösung der Körperschaft anfallen, soweit darin umgewandelte Gewinnrücklagen enthalten sind

294 Zu den Einnahmen aus Kapitalvermögen gehören auch Beträge, die auf Grund einer (Nenn-)*Kapitalherabsetzung* an die Anteilseigner ausbezahlt werden, und *Vermögensauskehrungen* nach Auflösung einer Körperschaft (Liquidationserlöse oder Liquidationsraten genannt), aber nur insoweit, als das Nennkapital aus früher umgewandelten Gewinnrücklagen stammt (§ 28 Abs. 2 Satz 2 und 4 KStG), also nichts anderes darstellt als nicht ausgeschütteten Gewinn. Keine Einnahmen aus Kapitalvermögen sind dagegen die **Rückzahlung von Nennkapital** und die Auskehrung von Teilen des Eigenkapitals i. S. d. § 27 KStG *(Einlagen der Anteilseigner);* eine Steuerpflicht kommt allenfalls in Betracht, wenn die Anteile beim Gesellschafter eine Beteiligung i. S. d. § 17 EStG darstellen oder zu seinem Betriebsvermögen gehören.

3. Kapitalertragsteuer

295 Von den Kapitalerträgen i. S. d. § 20 Abs. 1 Nr. 1 und 2 EStG hat der *Schuldner* nach Maßgabe der §§ 43 ff. EStG **Kapitalertragsteuer** in Höhe von 25% gem. § 32 d Abs. 1 EStG (zzgl. SolZ und ggf. Kirchensteuer), bezogen auf den gesamten Betrag der Gewinnausschüttung einzubehalten und für Rechnung des Gläubigers der Kapitalerträge an das Finanzamt abzuführen. Einkünfte aus der Beteiligung an einem Handelsgewerbe als stiller Gesellschafter und aus partiarischen Darlehen

296 Eine **stille Beteiligung** an einem Handelsgewerbe liegt vor, wenn ein Steuerpflichtiger sich an einem Handelsgewerbe, das ein anderer betreibt, mit einer Vermögenseinlage nach §§ 230 ff. HGB beteiligt und für die Gewährung der Einlage keine Zinsen sondern Gewinnanteile erhält. Die Einlage des stillen Gesellschafters geht in das Vermögen des Geschäftsinhabers über. Unter § 20 Abs. 1 Nr. 4 EStG fallen aber nur Einnahmen aus der Beteiligung des *typischen* stillen Gesellschafters. Handelt es sich dagegen um eine *atypische stille Gesellschaft* (vgl. Rn. 383), so sind die daraus resultierenden Einkünfte nach § 15 Abs. 1 Nr. 2 EStG Einkünfte aus Gewerbebetrieb.

297 Ist der stille Gesellschafter auf Grund des Vertrags am *Verlust* beteiligt, so handelt es sich bei der Abbuchung der **Verlustanteile** von der Einlage um *Werbungskosten* des stillen Gesellschafters, solange die Verlustanteile den Betrag der Einlage nicht übersteigen. Darüber hinausgehende Verlustanteile fallen unter § 15 a EStG (Verlustausgleichs- und abzugsverbot; vgl. Rn. 195 ff.). Verliert der stille Gesellschafter seine Einlage in einem Insolvenzfall, so handelt es sich um einen ertragsteuerlich nicht relevanten Verlust in der Vermögenssphäre.

298 Ein **partiarisches Darlehen** liegt vor, wenn sich der Darlehensgeber mit dem Darlehensnehmer nicht zur Verfolgung eines gemeinsamen Gesellschaftszwecks verbindet, sondern ein Darlehen zur Verfügung stellt und als Entgelt für die Gewährung des Darlehens an Stelle von Zinsen Gewinnanteile vereinbart werden.

299 Wegen der Voraussetzungen für die steuerliche Anerkennung eines Gesellschaftsverhältnisses für den Fall, dass **nahe Angehörige** als stille Gesellschafter beteiligt sind, vgl. H 15.9 Abs. 5 EStH. Ist die stille Beteiligung dem Grunde nach anzuerkennen, so ist gleichwohl zu prüfen, ob die Höhe der Gewinnbeteiligung *wirtschaftlich angemessen* ist. Stammt die Beteiligung des stillen Gesellschafters in vollem Umfang aus einer Schenkung des Unternehmers, so ist in der Regel eine Gewinnverteilungsabrede angemessen, die im Zeitpunkt der Vereinbarung bei vernünftiger kaufmännischer Beurteilung eine durchschnittliche Rendite bis zu 15% – bei Ausschluss der Beteiligung am Verlust bis zu 12% – des tatsächlichen Werts der Einlage erwarten lässt. Wird die Einlage dagegen aus eigenen Mitteln des stillen Gesellschafters geleistet, so ist in der Regel eine Gewinnverteilungsabrede angemessen, die eine durchschnittliche Rendite bis zu 25% der Einlage erwarten lässt, wenn der stille Gesellschafter nicht am Verlust beteiligt ist; ist er am Verlust beteiligt, so ist in der Regel ein Satz von bis zu 35% noch angemessen.

Die Einnahmen i.S.d. § 20 Abs. 1 Nr. 4 EStG unterliegen ebenfalls dem Kapitalertragsteuerabzug, und zwar mit 25%.

Seit dem 1.1.2009 unterliegen solche Kapitaleinkünfte allerdings dann **nicht** der **Abgeltungssteuer**, sondern dem allgemeinen tariflichen Steuersatz, wenn Gläubiger und Schuldner **nahestehende Personen** sind, vgl. § 32 d Abs. 2 Satz 1 Nr. 1 Buchst. a EStG;

III. Zinsen aus Hypotheken und Grundschulden und Renten aus Rentenschulden

Unter die Vorschrift des § 20 Abs. 1 Nr. 5 EStG fallen Erträge aus Ansprü- 300
chen, die durch Grundpfandrechte (Hypothek, Grundschuld, Rentenschuld) gesichert sind.

IV. Zinsen aus Sparanteilen in Lebensversicherungsbeiträgen

1. Vertragsabschluss bis zum 31.12.2004

Steuerfrei sind Kapitalerträge aus jenen Versicherungen, bei denen die Bei- 301
tragszahlungen als *sog. Vorsorgeaufwendungen* begünstigt waren, das sind Rentenversicherungen ohne Kapitalwahlrecht, Rentenversicherungen mit Kapitalwahlrecht gegen laufende Beitragsleistung, wenn das Kapitalwahlrecht nicht vor Ablauf von zwölf Jahren seit Vertragsabschluss ausgeübt werden kann und Kapitalversicherungen gegen laufende Beitragsleistung mit Sparanteil, wenn der Vertrag für die Dauer von **mindestens zwölf Jahren** abgeschlossen worden ist.

Die **Steuerpflicht** tritt aber auch bei diesen Versicherungsverträgen insoweit ein, als Gewinnanteile nicht mit Beiträgen verrechnet sondern ausgezahlt werden, ferner wenn der Vertrag innerhalb eines Zeitraums von 12 Jahren seit Abschluss zurückgekauft wird.

Die Steuerbefreiung entfällt außerdem, wenn ein Erlebensversicherungs- 302
vertrag **Finanzierungszwecken** (= Tilgung und Sicherung von Darlehen; es

sei denn, dass die Darlehensaufnahme nachweislich vor dem 14.2.1992 erfolgte) dient und damit ein Sonderausgabenabzug der Beiträge nach § 10 Abs. 2 Satz 2 EStG i.d.F. vor dem Alterseinkünftegesetz vom 5.7.2004, BStBl. I, 554, nicht in Betracht kommt bzw. kommen würde. Steuerfrei bleiben die Erträge, wenn einer der steuerunschädlichen Fälle vorliegt:

- Das aufgenommene Darlehen dient unmittelbar und ausschließlich der Finanzierung von Anschaffungs- oder Herstellungskosten eines Wirtschaftsguts, das dauernd zur Erzielung von Einkünften bestimmt und keine Forderung ist, und die ganz oder zum Teil zur Tilgung oder Sicherung verwendeten Ansprüche aus Versicherungsverträgen übersteigen *nicht* die mit dem Darlehen finanzierten Anschaffungs- oder Herstellungskosten,
- Bei der Versicherung handelt es sich um eine sog. Direktversicherung (= eine durch den Arbeitgebers auf das Leben des Arbeitnehmers abgeschlossene Versicherung, bei der der Arbeitnehmer oder dessen Hinterbliebene ganz oder teilweise bezugsberechtigt sind),
- die Ansprüche aus den betreffenden Versicherungsverträgen dienen insgesamt nicht länger als *drei* Jahre der Sicherung betrieblich veranlasster Darlehen; in diesen Fällen sind nur die Erträge versteuert, in denen die Ansprüche schädlich verwendet werden.

Ferner sind Erträge aus **entgeltlich erworbenen Lebensversicherungsverträgen** steuerpflichtig, also Verträgen, die der Versicherungsnehmer nicht mehr erfüllen kann oder will und deshalb – anstelle einer Kündigung – an einen Dritten „verkauft", der den Vertrag bis zu dessen Ablauf fortführt.

2. Vertragsabschluss ab dem 1.1.2005

303 Der **Unterschiedsbetrag** zwischen der Versicherungsleistung und der Summe der auf sie entrichteten Beiträge (Erträge) im Erlebensfall oder bei Rückkauf des Vertrags bei Rentenversicherungen mit Kapitalwahlrecht, soweit nicht die Rentenzahlung gewählt wird, und bei Kapitalversicherungen mit Sparanteil, wenn der Vertrag nach dem 31. Dezember 2004 abgeschlossen worden ist, ist **steuerpflichtig**. Wird die Versicherungsleistung **nach Vollendung des 60. Lebensjahres** des Steuerpflichtigen und **nach Ablauf von zwölf Jahren** seit dem Vertragsabschluss ausgezahlt, ist nur die **Hälfte** des Unterschiedsbetrags **steuerpflichtig**. Volle Steuerpflicht der Erträge ist etwa bei Ausbildungs- und Aussteuerversicherungen gegeben.

3. Kapitalertragsteuer und Abgeltungsteuer

304 Soweit unter a) und b) steuerpflichtige Erträge anzunehmen sind, ist der Versicherer zum Einbehalt von **Kapitalertragsteuer** i.H.v. **25%** verpflichtet, vgl. § 43 Abs. 1 Nr. 4 EStG.

Bei den **bis zum 31.12.2004** abgeschlossenen Verträgen unterliegen die (voll) steuerpflichtigen Erträge gem. § 52 Abs. 36 Satz 5 EStG (auch nach Einführung der Abgeltungsteuer weiterhin) der **tariflichen Einkommensteuer**.

Bei den ab 1.1.2005 abgeschlossenen Verträgen unterliegen **die voll steuerpflichtigen Erträge** (Auszahlung vor 60. Lebensjahr oder vor Ablauf von 12 Vertragsjahren) gem. § 32 d Abs. 2 Nr. 2 EStG (im Umkehrschluss) der **Abgeltungssteuer**. Soweit es zur **hälftigen Steuerbefreiung** kommt, unterliegen die **Erträge** – wegen der hälftigen Steuerbefreiung – der **tariflichen Einkommensteuer**. Bei steuerpflichtiger Auszahlung durch den Versicherer sind auch bei hälftiger Steuerbefreiung die gesamten Erträge Bemessungsgrundlage für die Kapitalertragsteuer. Die hälftige Steuerbefreiung kann nur durch eine Einkommensteuererklärung unter Anrechnung der einbehaltenen Kapitalertragsteuer erreicht werden.

V. Erträge aus sonstigen Kapitalforderungen

Als Kapitalforderungen, deren Erträge nach § 20 Abs. 1 Nr. 7 EStG zu den **305** Einkünften aus Kapitalvermögen gehören, kommen insbesondere Darlehen, Anleihen, Einlagen und Guthaben bei Banken in Betracht. Unter diese Gruppe fallen alle **Kapitalerträge,** die nicht in § 20 Abs. 1 Nr. 1–6 EStG bezeichnet sind, unabhängig von der Bezeichnung und zivilrechtlichen Ausgestaltung der Kapitalanlage. Dazu gehören auch die Zinsen aus einer in *Raten* zu entrichtenden *Kaufpreisforderung,* selbst wenn die Vertragspartner keine Zinsen vereinbart oder sie ausdrücklich ausgeschlossen haben: Dennoch sind die einzelnen Raten in einen Zins- und Tilgungsanteil zu zerlegen, wobei ein Zinssatz von 5,5% zu Grunde zu legen ist.

§ 20 Abs. 1 Nr. 7 EStG erfasst auch **Zinsen auf Steuererstattungen** **306** i. S. d. § 233 a AO und Prozesszinsen auf Erstattungsbeträge (§ 236 AO), soweit diese nicht als Betriebseinnahmen Bestandteil der Einkünfte aus Land- und Forstwirtschaft, Gewerbebetrieb oder selbstständiger Arbeit sind (vgl. Rn. 632); entscheidend ist, ob die zu Grunde liegende Steuererstattung den betrieblichen Bereich betrifft, wie das z. B. in der Regel bei der Umsatzsteuer der Fall ist, oder den privaten Bereich (Einkommensteuer). Nach BFH- und FG-Rechtsprechung ist dies aber zumindest strittig.

Durch die Abgeltungssteuer wird der Anwendungsbereich des § 20 Abs. 1 **307** Nr. 7 EStG ab 1.1.2009 ausgedehnt auf Erträge aus sonstigen Kapitalforderungen, bei denen die **Höhe der Rückzahlung** oder **des Entgelts** von einem **ungewissen Ereignis**, wie etwa dem Stand des DAX, abhängig ist (sog. **Finanzinnovationen**). Etwaige Kursgewinne unterfallen dem neuen § 20 Abs. 2 Nr. 7 EStG.

Ab dem 1.1.2009 unterliegen auch Darlehenszinsen u. a. dann **nicht** der **Abgeltungssteuer**, sondern dem allgemeinen tariflichen Steuersatz, wenn Gläubiger und Schuldner **nahestehende Personen** sind, vgl. § 32 d Abs. 2 Satz 1 Nr. 1 Buchst. a EStG.

VI. Diskontbeträge

308 Nach § 20 Abs. 1 Nr. 8 EStG gehören zu den Einkünften aus Kapitalvermögen auch die *Diskontbeträge* von Wechseln und Anweisungen einschließlich der Schatzwechsel. Unter **Diskonten** versteht man die Beträge, die als Abschlag vom Ankäufer des Wechsels oder der Anweisung vom Ankaufspreis abgezogen werden. Praktisch stellen die Diskonte unter anderer Bezeichnung gewährte Zinsen dar.

VII. Stillhalterprämien

309 Bis 2008 wurden Stillhalterprämien für den Verkäufer bei Optionsgeschäften als sonstige Einkünfte nach § 22 Nr. 3 EStG erfasst.

Seit dem 1.1.2009 stellen sie gem. § 20 Abs. 1 Nr. 11 EStG **Einkünfte aus Kapitalvermögen** dar. Die in einem anschließenden Glattstellungsgeschäft gezahlten Prämien vermindern die Einnahmen; damit wird in diesem Fall nur der beim Stillhalter verbliebene Vermögenszuwachs erfasst (Nettoprinzip). Eine Glattstellung liegt vor, wenn der Stillhalter eine Option der gleichen Art unter Closing-Vermerk kauft, wie er sie zuvor verkauft hat. Der Verkäufer des Optionsgeschäfts befreit sich damit von der zuvor eingegangenen Stillhalterbindung.

VIII. Veräußerung von Anteilen an Körperschaften

310 Eine der wichtigsten Neuerungen durch die Neuregelung der Kapitaleinkünfte im Zusammenhang mit der Einführung der **Abgeltungssteuer** ist, dass der Gewinn aus der Veräußerung von **Aktien**, GmbH-Anteilen u. Ä., die nach dem 31.12.2008 erworben werden, nicht mehr als privates Veräußerungsgeschäft nach § 23 Abs. 1 Nr. 2 EStG (als sonstige Einkünfte) nur dann steuerpflichtig sind, wenn die Anteile innerhalb eines Jahres veräußert werden. Der Gewinn ist künftig unabhängig vom Zeitraum des Besitzes **stets** als **Einkünfte aus Kapitalvermögen** gem. § 20 Abs. 2 Nr. 1 EStG steuerpflichtig. Zudem unterliegt er dem gem. § 43 Abs. 5 EStG grundsätzlich abgeltenden **Kapitalertragsteuerabzug** i. H. v. (unbeschadet einer Kirchensteuerpflicht) 25% gem. §§ 43 Abs. 1 Nr. 9, 43 a Abs. 1 Nr. 1 EStG, wenn die auszahlende Stelle ein Kreditinstitut o. ä. ist.

IX. Veräußerung von Dividendenscheinen und sonstigen Ansprüchen sowie von Zinsscheinen und Zinsforderungen

311 Zu den Einkünften aus Kapitalvermögen gehören nach § 20 Abs. 2 Nr. 2 EStG auch Einkünfte aus der **Veräußerung** von **Dividendenscheinen** und sonstigen Ansprüchen auf Kapitalerträge durch den Anteilseigner sowie von

Zinsscheinen und Zinsforderungen durch den Inhaber der Schuldverschreibung, sofern die zugehörigen Aktien, sonstigen Anteile oder Schuldverschreibungen *nicht mitveräußert* werden.

X. Termingeschäfte

Wertzuwächse aus Termingeschäften sind bisher nach § 23 Abs. 1 Nr. 4 EStG als sonstige Einkünfte nur dann steuerpflichtig, sofern der Zeitraum zwischen Erwerb und Beendigung des Rechts nicht mehr als ein Jahr beträgt. **312**

Wertzuwächse bei **nach dem 31.12.2008** erworbenen Rechten sind nach § 20 Abs. 2 Satz 1 Nr. 3 EStG **unabhängig von der Haltedauer** als Einkünfte aus Kapitalvermögen zu erfassen. Der Begriff des Termingeschäfts umfasst sämtliche als **Options- oder Festgeschäft** ausgestaltete Finanzinstrumente sowie Kombinationen zwischen Options- und Festgeschäften, deren Preis unmittelbar oder mittelbar abhängt z.B. vom Börsenpreis eines Basiswertes wie etwa Wertpapieren, Edelmetallen oder Waren. Dabei ist es ohne Bedeutung, ob das Termingeschäft in einem Wertpapier verbrieft ist und ob es an der Börse abgeschlossen wird. Zu den Termingeschäften gehören insbesondere Optionsgeschäfte, Swaps, Devisentermingeschäfte, Forwards oder Futures.

XI. Wertzuwächse aus der Forderung aus einem partiarischen Darlehen

Wertzuwächse aus der Abtretung von nach dem 31.12.2008 angeschafften oder geschaffenen Forderungen aus partiarischen Darlehen sind steuerpflichtig. Gleiches gilt für einen Wertzuwachs nach der Beendigung der Laufzeit des Darlehens, der Veräußerung einer stillen Beteiligung an Gesellschaftsfremde sowie das Auseinandersetzungsguthaben, welches einem stillen Gesellschafter bei der Auflösung der Gesellschaft zufließt. **313**

XII. Übertragung von Hypotheken, Grundschulden sowie Rentenschulden

Der **Wertzuwachs** aus der Veräußerung von **nach dem 31.12.2008 angeschafften** oder geschaffenen Hypotheken, Grundschulden sowie Rentenschulden ist nach § 20 Abs. 2 Nr. 5 EStG **steuerpflichtig**. **314**

XIII. Veräußerung von Ansprüchen auf eine Versicherungsleistung

Wird eine (Lebens-)Versicherung nach dem 31.12.2008 verkauft, deren Vertrag nach dem 31.12.2004 abgeschlossen wurde, oder deren Vertrag vor dem 1.1.2005 geschlossen wurde und die Erträge wegen z.B. vorzeitiger **315**

Kündigung steuerpflichtig sind, gehört der **Gewinn** aus der Veräußerung gem. § 20 Abs. 2 Nr. 6 EStG zu den **Einkünften aus Kapitalvermögen**. Gewinn ist der Unterschiedsbetrag zwischen den Einnahmen aus der Veräußerung (abzüglich Veräußerungskosten) und den als Anschaffungskosten geltenden entrichteten Beiträgen. Wurde die Versicherung entgeltlich erworben, erhöhen die nach dem Erwerb entrichteten Beiträge die Anschaffungskosten.

Das Versicherungsunternehmen hat nach Kenntniserlangung der Veräußerung das für den Steuerpflichtigen **zuständige Finanzamt zu unterrichten** und auf Verlangen des Steuerpflichtigen, die entrichteten Beiträge zu bescheinigen. Ein **Kapitalertragsteuerabzug** erfolgt nicht, der Steuerpflichtige hat die Einkünfte gem. § 32 d Abs. 3 EStG in seiner Einkommensteuererklärung anzugeben. Es findet eine Besteuerung mit dem gesonderten Steuersatz gem. § 32 d Abs. 1 EStG statt.

XIV. Veräußerung sonstiger Kapitalforderungen

316 Nach dem 31.12.2008 zufließende Erträge aus der Veräußerung sonstiger Kapitalforderungen sind gem. § 20 Abs. 2 Nr. 7 EStG **steuerpflichtig**, wenn die Forderungen nach dem 31.12.2008 erworben wurde. Vor dem 1.1.2009 erworbene Zertifikate, die nicht als Finanzinnovationen gem. § 20 Abs. 1 Nr. 4 EStG a.F. gelten und dadurch auch bisher bereits steuerpflichtig waren, sind ab dem 1.7.2009 steuerpflichtig, wenn sie nach dem 14.3.2007 erworben wurden.

317 § 20 Abs. 2 Nr. 7 EStG ist – wie § 20 Abs. 1 Nr. 7 EStG – als **Auffangtatbestand** ausgestaltet. Durch die Erweiterung des § 20 Abs. 1 Nr. 7 EStG unterliegen damit auch Spekulationserträge, bei denen entweder die Rückzahlung des Kapitalvermögens, die Ertragerzielung oder beides unsicher ist. Insbesondere sind damit **Zertifikate** erfasst. Hierbei handelt es sich i.d.R. um **Schuldverschreibungen**, bei denen die Rückzahlung von der Entwicklung eines Basiswerts, z.B. dem DAX, abhängig ist.

318 Weiterhin erfasst die Regelung u.a. die (bisher gem. § 20 Abs. 2 Nr. 3 EStG erfassten) Einnahmen aus der Veräußerung von Zinsscheinen und Zinsforderungen, wenn die dazugehörigen Schuldverschreibungen *mitveräußert* werden und das Entgelt für die auf den Zeitraum bis zur Veräußerung der Schuldverschreibung entfallenden Zinsen des laufenden Zinszahlungszeitraums **(Stückzinsen)** besonders in Rechnung gestellt ist. Der Erwerber kann die von ihm entrichteten Stückzinsen als sog. *negative Einnahmen* aus Kapitalvermögen im Kalenderjahr der Zahlung abziehen. Sie wirken sich also selbst dann einkommensteuerlich aus, wenn in dem betreffenden Kalenderjahr keine oder nur geringere Kapitalerträge bezogen wurden und fallen damit nicht unter das generelle Abzugsverbot für Werbungskosten gem. § 20 Abs. 9 Satz 1 EStG.

319 Erfasst werden auch der Wertzuwachs aus der Veräußerung von (vorher gem. § 20 Abs. 2 Nr. 4 EStG zu versteuernden) **Finanzinnovationen**. Dies sind beispielsweise:

- **Bundesschatzbriefe Typ B**
  Bei diesen werden Zinsen und Zinseszinsen dem Kapitalbetrag bei der Rückzahlung zugeschlagen im Gegensatz zu den Bundesschatzbriefen Typ A, wo die Zinsen jährlich gezahlt werden. Obwohl auch bei den Bundesschatzbriefen Typ B (nach Ablauf einer Sperrfrist von 12 Monaten) jederzeit die Rückzahlung des Kapitals verlangt werden kann, und zwar zum Rückzahlungswert, d. h. einschließlich der inzwischen angefallenen Zinsen und Zinseszinsen, und der Anleger somit die Möglichkeit hat, jederzeit wirtschaftlich über die Zinsen zu verfügen, sind die Zinsen als Einnahmen erst in dem Jahr, in dem die Rückzahlung erfolgt, zu erfassen.
- **Abgezinste Sparbriefe**
  Im Gegensatz zum normalverzinslichen Sparbrief zahlt der Sparer bei dieser Kapitalanlage nicht den in der Urkunde genannten Nominalbetrag, sondern nur den aus dem Nominalbetrag unter Berücksichtigung der Festlegungsdauer und der Zinsen und Zinseszinsen ermittelten abgezinsten Betrag ein. Nach Ablauf der vereinbarten Frist wird ihm der Nominalbetrag ausbezahlt. Der Unterschied zwischen Nominalbetrag und abgezinstem Betrag ist als Zins anzusehen, der erst in dem Veranlagungszeitraum, in dem der Sparbrief eingelöst wird, als zugeflossen anzusehen ist.
- **Zero Bonds**
  Wie bei den abgezinsten Sparbriefen fließen die Erträge aus Zero Bonds in Höhe des Unterschiedsbetrages zwischen dem Emissions- und dem Einlösungspreis am Ende der Laufzeit zu.

XV. Besondere Entgelte und Vorteile

§ 20 Abs. 3 EStG (bzw. bis 31.12.2008: § 20 Abs. 2 Nr. 1 EStG) stellt klar, **320**
dass auch **besondere Entgelte** oder **Vorteile**, die neben den unter § 20 Abs. 1 oder Abs. 2 EStG fallenden Einnahmen oder an deren Stelle gewährt werden, zu den Einkünften aus Kapitalvermögen rechnen. Bei wirtschaftlicher Betrachtung liegt auch hierin ein Vorteil für die Kapitalgewährung. Folgende Punkte sind in diesem Zusammenhang u. a.hier von Interesse:

1. Agio/Disagio

Wird eine in ein öffentliches Schuldbuch eingetragene Anleihe oder Forde- **321**
rung zum Nennwert ausgegeben (z. B. 100 000 €) und über dem Nennwert mit einem Aufgeld zurückgezahlt (z. B. 102 000 €), wird der Unterschiedsbetrag als Agio (hier: 2 000 €) bezeichnet. Wird eine solche Anleihe oder Forderung unter Nennwert ausgegeben (z. B. 97 000 €) und zum Nennwert zurückgezahlt (100 000 €) liegt im Unterschiedsbetrag (hier: 3 000 €) ein Disagio vor.

2. Bezugsrecht

Erwerb und Veräußerung von Bezugsrechten spielen sich im Vermögensbe- **322**
reich ab und berühren deshalb die Einkünfte aus Kapitalvermögen nicht.

3. Damnum

323 Das Damnum stellt als Unterschiedsbetrag zwischen dem vom Darlehensgeber hingegebenen und dem vom Schuldner zurückzuzahlenden Betrag wirtschaftlich für den Darlehensgeber eine zusätzliche Vergütung für die Kreditgewährung und damit einen Ertrag der Kapitalforderung dar.

324–329 *frei*

4. Freianteile

330 Freianteile sind Freiaktien oder GmbH-Anteile aufgrund einer Kapitalerhöhung aus Gesellschaftsmitteln, die an Stelle oder neben einer Dividende gewährt werden. Diese sog. „Stock"-Dividenden stellen besondere Entgelte oder Vorteile i. S. d. § 20 Abs. 2 Nr. 1 EStG dar und zählen daher eigentlich zu den steuerpflichtigen Einnahmen aus Kapitalvermögen. Erhöht jedoch eine Kapitalgesellschaft das Nennkapital nach den Vorschriften der §§ 207 ff. AktG bzw. § 57 c GmbHG, so unterliegt der Erwerb der neuen Anteilsrechte nicht der Einkommensteuer, vgl. § 1 KapErhStG. Nach § 3 KapErhStG werden die bisherigen Anschaffungskosten auf die alten und neuen Anteile im Verhältnis der Nennwerte verteilt.

Steuerpflichtig sind damit Freianteile nur dann, wenn unter Verstoß gegen die vorgenannten Vorschriften laufende Gewinne oder Gewinnvorträge in Nennkapital umgewandelt werden.

5. Kursgarantie

331 Werden zum Zwecke der Darlehenshingabe Wertpapiere verkauft und verlangt der Darlehensgeber, dass ihm der Darlehensnehmer den durch einen späteren Kursanstieg der verkauften Papiere entgehenden Vorteil ersetzt, so liegt darin ein neben der üblichen Verzinsung vereinbartes besonderes Entgelt.

XVI. Subsidiarität der Einkünfte aus Kapitalvermögen

332 Einkünfte aus Kapitalvermögen sind nach § 20 Abs. 8 den Gewinneinkünften (Einkünfte aus Land- und Forstwirtschaft, aus Gewerbebetrieb und aus selbstständiger Arbeit) oder den Einkünften aus Vermietung und Verpachtung zuzurechnen, wenn sie zu diesen Einkünften gehören (sog. **Subsidiaritätsprinzip**). So sind etwa Zinsen für ein *betriebliches Bankguthaben* oder Dividenden aus im Betriebsvermögen befindlichen *Aktien* oder *GmbH-Anteilen* der jeweiligen Gewinneinkunftsart zuzurechnen. Steht die Erzielung von Guthabenzinsen aus einem *Bausparvertrag* in einem engen zeitlichen Zusammenhang mit dem Erwerb eines Hauses, welches vermietet werden soll, liegen Einkünfte aus Vermietung und Verpachtung vor (BFH v. 9.11.1982, BStBl. 1983 II, 172 und v. 8.2.1983, BStBl. II, 355).

XVII. Sparer-Freibetrag bzw. Sparer-Pauschbetrag

Ab **Veranlagungszeitraum 2009** wurden der Werbungskosten-Pauschbetrag und der bisherige Sparer-Freibetrag zu einem **Sparer-Pauschbetrag** zusammengeführt. Gem. § 20 Abs. 9 EStG beträgt dieser 801 €, bei zusammenveranlagten Ehegatten 1 602 €. wird Soweit ein Ehegatte den Sparer-Freibetrag nicht ausschöpfen kann, wird dieser von den Kapitaleinkünften des anderen Ehegatten abgezogen. 333

Durch die Gewährung des Sparer-Freibetrags dürfen **keine negative Einkünfte** entstehen.

XVIII. Werbungskosten

Bei der Ermittlung der privaten Einkünfte aus Kapitalvermögen ist der Abzug der **tatsächlichen Werbungskosten** (bis auf wenige Ausnahmen) **nicht (mehr) möglich**. 334

Handelt es sich wegen des Subsidiaritätsprinzips um **betriebliche Einkünfte**, können im dann gem. § 3 Nr. 40 Satz 2 EStG anzuwendenden Teileinkünfteverfahren **60 %** der Kosten als **Betriebsausgaben** abgezogen werden.

XIX. Abgeltungssteuer

Für im Privatvermögen erzielte Einkünfte aus Kapitalvermögen gilt ab Veranlagungszeitraum 2009 (grundsätzlich) gem. § 32 d Abs. 1 EStG ein **gesonderter Steuersatz** (25%). Soweit ein Kapitalertragsteuerabzug (i. d. R. durch ein Kreditinstitut) erfolgt, ist die Einkommensteuer gem. § 43 Abs. 5 EStG generell abgegolten **(Abgeltungsteuer)**. Ausländische Quellensteuern werden bereits im Kapitalertragsteuerabzugsverfahren angerechnet. 335

Der gesonderte Steuersatz beträgt **25 %**. Soweit **Kapitalertragsteuerpflicht** besteht, erfolgt der Steuerabzug **in gleicher Höhe**. Besteht **Kirchensteuerpflicht**, **ermäßigt** sich sowohl der gesonderte **Einkommensteuersatz** gem. § 32 d Abs. 1 Satz 3 EStG als auch der **Kapitalertragsteuersatz** gem. § 43 a Abs. 1 Satz 2 EStG. Begründet wird dies damit, dass gem. § 10 Abs. 1 Nr. 4 EStG die mit der Kapitalertragsteuer zu erhebende Kirchensteuer (siehe Punkt 23) nicht mehr als Sonderausgaben abgezogen werden kann. Stattdessen wird eine **pauschale Minderung** des gesonderten Einkommensteuersatzes bzw. der Kapitalertragsteuer i. H. v. 25% der Kirchensteuer vorgenommen.

Beispiel:

Von 1 000 € inländischen nach dem 31.12.2008 zufließenden Einkünften aus Kapitalvermögen ist die Kapitalertragsteuer einzubehalten. Der Steuerpflichtige erklärt gegenüber dem Kreditinstitut, dass er der römisch-katholischen Kirche angehört.

Lösung: Bei einem Kirchensteuersatz von 9% beträgt die Einkommensteuer 244,50 € (statt 250 €; Abzug von pauschal 25% der Kirchensteuer i. H. v. 22 €) und die Kirchensteuer 22 € (9% von 244,50 €).

frei **336–338**

XX. Verluste

1. Verlustverrechnungskreise

339 Es gibt ab Veranlagungszeitraum 2009 **zwei Verlustverrechnungskreise**:

- bei der **auszahlenden Stelle**, i.d.R. ein **Kreditinstitut**, gem. § 43 a Abs. 3 EStG (sog. **Verrechnungstopf**),
- bei einer **Einkommensteuerveranlagung** gem. § 20 Abs. 6 EStG.

2. Verluste bei Aktien

340 **Verluste** aus privaten Veräußerungsgeschäften mit **Aktien**, die nach dem 31.12.2008 erworben werden (sog. **Neuverluste**, vgl. § 52 a Abs. 10 Satz 1 EStG), werden **isoliert**. Sie können gem. § 20 Abs. 6 Satz 5 EStG bzw. § 43 a Abs. 3 Satz 2 EStG weder mit anderen privaten Kapitaleinkünften noch mit anderen Einkunftsarten verrechnet werden. Sie können **nur mit Gewinnen aus der Veräußerung von Aktien** im selben oder durch Verlustvortrag in folgenden Veranlagungszeiträumen verrechnet werden. Nicht ausgeglichene Verluste werden vom Kreditinstitut gem. § 43 a Abs. 3 Satz 2 EStG **in das nächste Jahr vorgetragen** bzw. durch das Finanzamt nach § 20 Abs. 6 Satz 5 2. HS EStG **gesondert festgestellt**.

3. Verrechnungstopf

341 **Andere Finanzmarktprodukte**, wie z.B. Zertifikate, Termingeschäfte oder Fondanteile, sind von der Verlustverrechnungsbeschränkung nicht betroffen. Negative Kapitalerträge werden gem. § 43 a Abs. 3 EStG **zunächst bei der auszahlenden Stelle** mit positiven Kapitalerträgen (die dem Grunde nach der Kapitalertragsteuer unterliegen) verrechnet. **Verbleiben** nach der Verrechnung **Verluste**, werden diese von der auszahlenden Stelle gem. § 43 a Abs. 3 Satz 3 EStG grundsätzlich **auf das nächste Jahr übertragen**.

4. Einkommensteuerveranlagung

342 Auf unwiderruflichen **Antrag** bis zum 15.12. eines Jahres stellt die auszahlende Stelle gem. § 43 a Abs. 3 Sätze 4 und 5 EStG eine **Bescheinigung** (nach amtlich vorgeschriebenem Muster) **über nicht ausgeglichene Verluste** aus. In diesem Fall entfällt der Verlustübertrag bei der auszahlenden Stelle. Die Bescheinigung ist gem. § 20 Abs. 6 Satz 6 EStG **Voraussetzung**, diese Verluste im Rahmen einer **Einkommensteuerveranlagung** mit positiven Einkünften aus Kapitalvermögen **verrechnen** zu können.

Verluste aus Kapitalvermögen dürfen gem. § 20 Abs. 6 Satz 2 EStG **nicht** mit anderen Einkunftsarten **verrechnet** werden.

Nicht ausgeglichene Verluste werden für den Ausgleich mit positiven Einkünften aus Kapitalvermögen in folgenden Veranlagungszeiträumen **gesondert festgestellt**, § 20 Abs. 6 Sätze 3 und 4 EStG.

5. Altverluste aus privaten Veräußerungsgeschäften

Verbleiben nach der Verrechnung durch die auszahlende Stelle **positive Einkünfte** aus Kapitalvermögen aus Veräußerungsgeschäften gem. § 20 Abs. 2 EStG, werden auf Antrag beim Finanzamt (gem. § 32 d Abs. 4 EStG) bis zum Veranlagungszeitraum 2013 (vgl. § 52 a Abs. 11 Satz 10 EStG) bei einer **Einkommensteuerveranlagung** zunächst die gesondert festgestellten Verluste aus privaten Veräußerungsgeschäften (z.B. Verluste aus privaten Veräußerungsgeschäften mit Aktien, die vor dem 1.1.2009 erworben wurden, sog. **Altverluste**, § 23 Abs. 3 Sätze 9 und 10 EStG) mit Einkünften aus Kapitalvermögen nach § 20 Abs. 2 EStG, wie z.B. Gewinne aus Aktiengeschäften, verrechnet. 343

Die Altverluste aus privaten Veräußerungsgeschäften gehen nach 2013 nicht unter. **Ab Veranlagungszeitraum 2014** können sie jedoch nur noch mit dann anfallenden Gewinnen aus privaten Veräußerungsgeschäften (zB. aus Grundstücken) verrechnet werden.

Nach der Verrechnung der Altverluste werden andere Verluste mit positiven Einkünften nach § 20 Abs. 2 EStG und anderen positiven Einkünften aus Kapitalvermögen verrechnet.

XXI. Veranlagung ab Veranlagungszeitraum 2009

1. Gesonderter Steuersatz

a) Veranlagungspflicht

Soweit für steuerpflichtige Einkünfte aus Kapitalvermögen kein Kapitalertragsteuerabzug stattfindet, sind diese Einkünfte gegenüber dem Finanzamt gem. § 32 d Abs. 3 EStG **zu erklären**. Diese werden mit dem **gesonderten Steuersatz** versteuert. Beispiele sind 344

- Zinseinkünften bei Konten im **Ausland**,
- Zinszahlungen zwischen **fremden Privatpersonen**,
- Verkauf eines **GmbH-Anteils**, der keine relevante Beteiligung i.S.d. § 17 EStG darstellt oder
- Steuererstattungszinsen nach § 233 a AO
- **Verkauf** von Lebensversicherungen.

b) Freiwillige Veranlagung

Auf **Antrag** werden gem. § 32 d Abs. 4 EStG i.V.m. § 43 Abs. 5 Satz 3 EStG der Kapitalertragsteuer unterlegene private Kapitaleinkünfte vom **Finanzamt** mit dem gesonderten Steuersatz gem. § 32 d Abs. 1 EStG **veranlagt**. Sinnvoll kann dies sein, wenn bestimmte Tatbestände beim Kapitalertragsteuerabzug nicht berücksichtigt wurden, z.B. weil 345

- gegenüber dem Kreditinstitut die **Kirchensteuerpflicht nicht angegeben** wurde,
- der **Sparer-Pauschbetrag** (ganz oder teilweise) **nicht ausgenutzt** wurde,

- **Verlustvorträge** bestehen, z.B. sog. Altverluste, vgl. Punkt 22 e) oder
- **Verluste** bei einer Bank sollen mit positiven Erträgen bei einer **anderen Bank** ausgeglichen werden.

Gegenüber dem durchgeführten Kapitalertragsteuerabzug ergibt sich durch die Festsetzung des Finanzamts eine **niedrigere steuerliche Belastung**.

2. Tarifliche Einkommensteuer

a) Ausschluss des gesonderten Steuersatzes

346 Nicht dem gesonderten Steuersatz, sondern gem. § 32 d Abs. 2 EStG **stets** zusammen mit anderen Einkünften der **tariflichen Einkommensteuer** zu unterwerfen sind

- private Kapitalerträge bzw. Gewinne aus der Veräußerung von **Beteiligungen** als **stiller Gesellschafter** und aus **partiarischen Darlehen** sowie aus **sonstigen Kapitalforderungen**, wenn
  - Gläubiger und Schuldner **nahe stehende Personen** sind und die Beträge beim Schuldner Betriebsausgaben oder Werbungskosten dar stellen, oder
  - die Kapitalerträge oder der Veräußerungserlös von einer Kapitalgesellschaft an einen zu **mindestens 10% beteiligten Anteilseigner** (oder an eine diesem nahe stehende Person) gezahlt werden (§ 32 d Abs. 2 Nr. 1 Buchst. a und b EStG), oder
  - eine **wechselseitige Kapitalüberlassung** (unter bestimmten Bedingungen wie z.B. einem engen zeitlichen Zusammenhang) vorliegt und es sich beim Steuerpflichtigen um betriebliches Fremdkapital handelt (sog. **back-to-back-Finanzierungen**, § 32 d Abs. 2 Nr. 2 EStG).

  In diesen Fällen können die tatsächlichen Werbungskosten abgezogen werden und entstehende Verluste uneingeschränkt verrechnet werden.
- ggf. bei **steuerpflichtigen Erträge aus Lebensversicherungen**, § 32 d Abs. 2 Nr. 2 EStG. Tatsächliche Werbungskosten können berücksichtigt werden, entstehende Verluste können uneingeschränkt verrechnet werden.
- einer Beteiligung an einer Kapitalgesellschaft, wenn der Steuerpflichtige entweder zu mindestens 25% beteiligt ist oder zu mindestens 1% und zugleich beruflich für die Kapitalgesellschaft tätig ist (sog. **unternehmerische Beteiligung**). In diesem Fall können tatsächliche Werbungskosten (vor allem **Refinanzierungskosten** für eine solche Beteiligung) abgezogen und entstehende Verluste uneingeschränkt verrechnet werden.

347 Wurde in solchen Fällen **Kapitalertragsteuer** einbehalten, hat diese **keine abgeltende Wirkung**, vgl. § 43 Abs. 5 Satz 2 EStG, sie wird daher auf die Einkommensteuer gem. § 36 Abs. 2 Nr. 2 EStG angerechnet.

b) Günstigerprüfung

348 Auf **Antrag** gem. § 32 d Abs. 6 EStG führt das Finanzamt eine **Günstigerprüfung** durch, ob bei Einbeziehung sämtlicher privaten Kapitalerträge –

incl. derjenigen, die dem Kapitalertragsteuerabzug unterlegen haben – sich bei einer Besteuerung mit der tariflichen Einkommensteuer eine gegenüber dem gesonderten Steuertarif eine **niedrigere tarifliche Steuer** ergibt. Zusammenveranlagte **Ehegatten** können einen solchen **Antrag nur einheitlich** für sämtliche Kapitalerträge beider Ehegatten stellen.

c) Bescheinigung

Soweit im Veranlagungsverfahren Angaben benötigt werden, hat die auszahlende Stelle diese nach § 45 a Abs. 2 Satz 1 EStG auf Verlangen des Steuerpflichtigen nach **amtlichem Vordruck** zu **bescheinigen**. Diese Bescheinigungen ersetzen die bis Veranlagungszeitraum 2008 von den Kreditinstituten auszustellenden Jahresbescheinigungen gem. § 24 c EStG. **349**

3. Kirchensteuer

Die **Kirchensteuer** wird gem. § 51 a Abs. 2 b und Abs. 2 c EStG auf schriftlichen und nicht rückwirkend widerrufbaren Antrag des Kirchensteuerpflichtigen gegenüber der auszahlenden Stelle (i. d. R. ein Kreditinstitut) hin von sämtlichen Kapitalerträgen als **Zuschlag zur Kapitalertragsteuer** einbehalten. Hierbei ist u. a. die Religionszugehörigkeit anzugeben. Der Antrag kann nicht auf Teilbeträge beschränkt werden. Bei konfessionsverschiedenen Ehegatten bzw. bei Kirchensteuerpflicht nur eines Ehegatten sind die Erträge nach den von den Ehegatten angegeben Anteilen oder ersatzweise nach Köpfen aufzuteilen. Geplant ist, ab dem **Veranlagungszeitraum 2015** mittels **elektronischer Datenbank** den auszahlenden Stellen zu ermöglichen, die Zugehörigkeit zu einer kirchensteuererhebenden Religionsgemeinschaft prüfen zu können. **350**

Wird die Kirchensteuer nicht von der auszahlenden Stelle erhoben, z. B. weil kein Antrag gestellt wurde, ist die Kirchensteuer gem. § 51 a Abs. 2 d EStG vom **Finanzamt zu veranlagen**. Eine Veranlagung zur Kirchensteuer kann der Steuerpflichtige auch beantragen. Bemessungsgrundlage ist bei einer Veranlagung die von der auszahlenden Stelle zu bescheinigende und von dieser einbehaltene Kapitalertragsteuer, jedoch ermäßigt um die Minderung, die sich durch den pauschalen Sonderausgabenabzug nach § 32 d Abs. 1 EStG ergibt. Die so erhobene Kirchensteuer ist **nicht** mehr als **Sonderausgaben** abzugsfähig, vgl. § 10 Abs. 1 Nr. 4 EStG.

M. Außerordentliche Einkünfte

§ 34 EStG beinhaltet Tarifvorschriften, die zu einer *Ermäßigung der Steuer* bei **außerordentlichen** Einkünften bestimmter Art führen. Dahinter steht die Überlegung, dass der Steuerpflichtige infolge des *progressiv* gestalteten Steuertarifs übermäßig belastet wird, wenn es auf Grund besonderer Umstände in einzelnen Veranlagungszeiträumen zu einer *Zusammenballung* von Einkünften kommt. § 34 EStG schafft keine neue Einkunftsart und verändert **351** auch nicht die gesetzlichen Vorschriften über die Ermittlung von Einkünften. § 34 EStG erlaubt vielmehr, die Einkommensteuer auf Einkünfte bestimmter außerordentlicher Natur, die als Bestandteil der Einkünfte aller sieben Einkunftsarten zur Einkommensteuer herangezogen werden, zu ermäßigen, wobei zwei völlig verschiedene Methoden zur Anwendung kommen. Außerordentliche Einkünfte sind gem. § 34 Abs. 2 EStG nur

- Betriebsaufgabe- und Betriebsveräußerungsgewinne (§ 16 EStG),
- **Entschädigungen** als Ersatz für entgangene oder entgehende Einnahmen oder für die Aufgabe oder Nichtausübung einer Tätigkeit, für die Aufgabe einer Gewinnbeteiligung oder einer Anwartschaft auf eine solche oder in Form von Ausgleichszahlungen an Handelsvertreter nach § 89 b HGB (vgl. Rn. 799 ff.),
- **Nutzungsvergütungen** sowie Zinsen i.S.d. § 24 Nr. 3 EStG, soweit für einen Zeitraum von mehr als drei Jahren nachgezahlt, und
- Vergütungen für mehrjährige Tätigkeiten,
- Einkünfte aus außerordentlichen Holznutzungen.
- Rentennachzahlungen für mehrere Vorjahre

352 (Nur) **Betriebsaufgabe- und Betriebsveräußerungsgewinne** werden in bestimmten Fällen dadurch begünstigt, dass Gewinne dieser Art **entweder** nach der sog. **Fünftel-Regelung** des § 34 Abs. 1 EStG **oder** mit dem **halben durchschnittlichen Steuersatz** gem. § 34 Abs. 3 EStG besteuert werden.

Bei den **restlichen außerordentlichen Einkünften** kommt lediglich die **Fünftel-Regelung** nach § 34 Abs. 1 EStG in Betracht.

I. Tarifermäßigung gemäß § 34 Abs. 3 EStG

353 Die durch § 34 Abs. 3 EStG begünstigten Betriebsaufgabe- und Betriebsveräußerungsgewinne werden im Allgemeinen in *einem* Veranlagungszeitraum zur Einkommensteuer herangezogen werden, obwohl sie in *mehreren,* möglicherweise in vielen Veranlagungszeiträumen erwirtschaftet wurden. § 34 Abs. 3 EStG trägt diesem Umstand dadurch Rechnung, dass die auf die begünstigten Einkünfte entfallende Einkommensteuer nach einem **ermäßigten Steuersatz** zu bemessen ist. Der ermäßigte Steuersatz beträgt die *Hälfte des durchschnittlichen Steuersatzes,* der sich ergeben würde, wenn die tarifliche Einkommensteuer nach dem gesamten zu versteuernden Einkommen (einschließlich der steuerfreien aber dem Progressionsvorbehalt unterliegenden Einkünfte) zu bemessen wäre, mindestens aber 14%. Da auf das restliche zu versteuernde Einkommen der Einkommensteuertarif (Grund- oder Splittingtarif) anzuwenden ist, erweist sich § 34 Abs. 3 EStG in *zweifacher* Hinsicht als vorteilhaft für den Steuerpflichtigen: Zum einen werden die begünstigten Einkünfte nur mit dem halben durchschnittlichen Steuersatz versteuert, zum anderen führt dies für die nicht begünstigten Einkünfte zu einer *Progressionsmilderung.*

Die Tarifermäßigung des § 34 Abs. 3 EStG ist **antragsgebunden** und auf **höchstens 5 Mio. €** Veräußerungsgewinne beschränkt. Die übersteigenden

Gewinne unterliegen der Einkommensteuer nach den allgemeinen Tarifvorschriften.

Voraussetzung für die Anwendung des § 34 Abs. 3 EStG ist, dass der Steu- 354
erpflichtige das **55. Lebensjahr** vollendet hat oder im sozialversicherungsrechtlichen Sinne **dauernd berufsunfähig** ist. Außerdem ist zu beachten, dass die Steuervergünstigungen des § 34 Abs. 3 EStG *nur einmal im Leben* in Anspruch genommen werden kann.

Soweit der begünstigte Veräußerungs- oder Aufgabegewinn teilweise nach 355
dem **Teileinkünfteverfahren** steuerbefreit ist, weil er Gewinne aus der Veräußerung von mitverkauften Anteilen an Kapitalgesellschaften beinhaltet, ist insoweit § 34 Abs. 3 EStG nicht anzuwenden, da sonst eine Doppelbegünstigung eintreten würde, vgl. § 34 Abs. 2 Nr. 1 EStG.

II. Tarifermäßigung nach § 34 Abs. 1 EStG

Handelt es sich bei den in § 34 Abs. 2 Nr. 2–5 EStG aufgeführten Einkünf- 356
ten um **außerordentliche Einkünfte,** was immer eine Zusammenballung von Einkünften voraussetzt, so unterliegen diese einer Tarifvergünstigung. Die auf die begünstigten Einkünfte entfallende Einkommensteuer ist nach § 34 Abs. 1 EStG in einem besonderen Berechnungsverfahren zu ermitteln und hat eine Glättung der Progression zum Ziel. Sinn dieser Vorschrift ist es, die Steuerprogression in den Fällen zu mildern, in denen es regelmäßig zu einer Zusammenballung von Einnahmen kommt, z. B. dadurch, dass ein Arbeitnehmer Vorauszahlungen oder eine nachträgliche Entlohnung für eine Tätigkeit erhält, die sich über mehrere Kalenderjahre erstreckt. In diesem Fall liegt eine **Vergütung für eine mehrjährige Tätigkeit** vor, die nach § 11 Abs. 1 EStG in dem Veranlagungszeitraum zu versteuern sind, in dem sie zufließen.

Unter die Vorschrift des § 34 Abs. 1 (i. V. m. Abs. 2 Nr. 4) EStG fallen beispielsweise neben **Abfindungen** auch **Jubiläumszuwendungen,** weil es sich auch dabei um Arbeitslohn für mehrere Jahre handelt.

Die auf die begünstigten Einkünfte entfallende Einkommensteuer ist wie 357
folgt zu berechnen: Zunächst wird festgestellt, wie hoch die Einkommensteuer unter Außerachtlassung der begünstigten Einkünfte ist. Dem wird die Einkommensteuer gegenübergestellt, die sich ergibt, wenn dem zu versteuernden Einkommen (ohne die begünstigten Einkünfte) **ein Fünftel** dieser Einkünfte hinzugerechnet wird. Das Fünffache des Unterschiedsbetrages ist die Einkommensteuer, die auf die begünstigten Einkünfte entfällt; die Einkommensteuer auf das verbleibende zu versteuernde Einkommen ist nach den allgemeinen Tarifvorschriften zu ermitteln **(Fünftel-Regelung).**

Beispiel:

Im zu versteuernden Einkommen des Veranlagungszeitraums 2013 des allein stehenden Steuerpflichtigen von 70 000 € ist eine Ausgleichszahlung i. S. d. § 89 b HGB (Handelsvertreterausgleich) von 30 000 € enthalten.

Bei Anwendung des § 34 Abs. 1 (i. V. m. Abs. 2 Nr. 2) EStG, sind zunächst vom zu versteuernden Einkommen die außerordentlichen Einkünfte abzuziehen; das verbleibende zu versteuernde Einkommen beträgt somit 40 000 €. Es ergibt sich eine Einkommensteuer von 9 477 €. Addiert man ein Fünftel der außerordentlichen Einkünfte (= 6 000 €) zum verbleibenden zu versteuernden Einkommen, so ergibt sich 46 000 € und eine Einkommensteuer von 11 849 €. Die Differenz i.H.v. 2 372 € ist mit 5 zu multiplizieren, das Ergebnis von 11 860 € ist die auf die außerordentlichen Einkünfte entfallende Einkommensteuer. Insgesamt beträgt demnach die Einkommensteuer unter Anwendung von § 34 Abs. 3 EStG 21 337 €, ohne die Vergünstigung dagegen 22 370 € bei einem zu versteuernden Einkommen von 70 000 € (Ersparnis 1 033 €).

358 Die Steuervergünstigung des § 34 Abs. 1 EStG findet bei Arbeitnehmern bereits im **Lohnsteuerabzugsverfahren** Anwendung; vgl. § 39 b Abs. 3 Satz 9 EStG.

359–369 *frei*

III. Steuerermäßigungen

1. Steuerermäßigung bei Einkünften aus Gewerbebetrieb (§ 35 EStG)

370 Die **Steuerermäßigung** bei Einkünften aus Gewerbebetrieb (§ 35 EStG) dient der Entlastung von Gewerbetreibenden, die – im Gegensatz zu den Land- und Forstwirten und den Selbstständigen i.S.d. § 18 EStG – *zusätzlich* der Gewerbesteuer unterliegen. Durch **Anrechnung der Gewerbesteuer** auf die Einkommensteuer soll die Benachteiligung der Gewerbetreibenden gegenüber den übrigen Beziehern von Gewinneinkünften im Prinzip aufgehoben werden.

371 Die auf im zu versteuernden Einkommen enthaltene gewerbliche Einkünfte entfallende tarifliche Einkommensteuer wird gem. § 35 Abs. 1 EStG **um das 3,8-fache** des/der festgesetzten **Gewerbesteuermessbetrags** (-beträge) **ermäßigt**. Die Festsetzung des Gewerbesteuer-Messbetrags ist dabei Grundlagenbescheid für die Ermäßigung der Einkommensteuer. Die Ermäßigung wird nach den sonstigen Steuerermäßigungen (§ 34 c Abs. 1 und 6 EStG, § 12 AStG, § 7 a FördG) aber vor den Ermäßigungen nach den §§ 34 f und 34 g EStG gewährt.

Die Ermäßigung ist der **Höhe nach begrenzt** durch

- den **Ermäßigungshöchstbetrag** (Berechnung der auf die gewerblichen Einkünfte entfallende Einkommensteuer) und
- die **tatsächlich gezahlte Gewerbesteuer**, wobei der Gewerbesteuerbescheid Grundlagenbescheid für den Einkommensteuerbescheid ist.

Der Ermäßigungshöchstbetrag ermittelt sich nach dem **Verhältnis** von Summe der **positiven gewerblichen Einkünfte** zur Summe aller **positiven Einkünfte**. Damit werden negative Einkünfte im Ergebnis anteilmäßig auf alle positiven Einkünfte verteilt.

Beispiel:

Der ledige Steuerpflichtige Emil Extra (E) erzielt Einkünfte nach § 15 EStG i.H.v. 300 000 €, nach § 19 EStG i.H.v. 100 000 € und gem. § 21 EStG i.H.v. – 200 000 €. Die Summe der Einkünfte beträgt daher 200 000 €. Das zu versteuernde Einkommen soll 180 000 € betragen, die tarifliche Einkommensteuer betrage 67 686 €. Der Gewerbesteu-

ermessbetrag beträgt 10 500 €, die festgesetzte Gewerbesteuer bei einem Hebesatz von 350% folglich 36 750 €.
Die Ermäßigung beträgt 3,8 × 10 500 €, mithin 39 900 €. Sie ist der Höhe nach begrenzt auf den Ermäßigungshöchstbetrag. Dieser ergibt sich, indem die (positiven) Einkünfte aus Gewerbebetrieb (300 000 €) ins Verhältnis gesetzt werden zur Summe der positiven Einkünfte (400 000 €). Folglich entfällt 75% der tariflichen Einkommensteuer auf die gewerblichen Einkünfte, mithin 50 764 €. Der sich danach ergebende Ermäßigungsbetrag von 39 900 € ist begrenzt auf die tatsächlich gezahlte 36 750 €. Um diesen Betrag ermäßigt sich die Einkommensteuer.

Kommt es nicht zu positiven Einkünften aus Gewerbebetrieb, z.B. durch einen **Verlust,** aber durch Hinzurechnungen nach § 8 GewStG zur Festsetzung eines Gewerbesteuer-Messbetrags, entfällt keine tarifliche Einkommensteuer auf gewerbliche Einkünfte, sodass trotz tatsächlicher Gewerbesteuerbelastung keine Steuerermäßigung gewährt wird. 372

Bei **Mitunternehmerschaften** erfolgt gem. § 35 Abs. 2 und Abs. 3 EStG eine **einheitliche und gesonderte Feststellung** des Gewerbesteuer-Messbetrags, der tatsächlich gezahlten Gewerbesteuer und der Anteile der Mitunternehmer daran als Vomhundertsatz mit zwei Nachkommastellen durch das für die gesonderte Feststellung der Einkünfte zuständige Finanzamt als Grundlagenbescheid für die Steuerermäßigung. Die **Aufteilung auf die einzelnen Mitunternehmer** wird anhand des Gewinnverteilungsschlüssels ohne Berücksichtigung von gesellschaftsrechtlichen Vorabgewinnen vorgenommen. Anteilige Gewerbesteuer-Messbeträge, die aus einer Beteiligung einer Mitunternehmerschaft an einer anderen Mitunternehmerschaft stammen, werden (verfahrensrechtlich) als Grundlagenbescheid einbezogen (mehrstöckige Gesellschaften). Damit wird die Entlastung an die Schlussgesellschafter durchgereicht. Auch die Gewerbesteuer, die auf das Ergebnis der Sonderbilanzen entfällt, wird nach dem allgemeinen Verteilungsschlüssel angerechnet. 373

Auch bei einer körperschaftsteuerlichen und damit auch gewerbesteuerlichen Organschaft wird wegen der dann bestehenden Gewinnabführung die Ermäßigung gewährt, weil das Einkommen der Organtochter in diesem Fall ungemildert der Einkommensteuer des Organträgers unterliegt. 374

2. Sonstige Steuerermäßigungen

Daneben gibt es noch Steuerermäßigung bei Zuwendungen an politische Parteien (§ 34 g EStG)und bei Aufwendungen für haushaltsnahe Beschäftigungsverhältnisse und für die Inanspruchnahme haushaltsnaher Dienstleistungen (§ 35 a EStG). 375

Stichwortverzeichnis Einkommensteuer

Die Zahlen verweisen auf die Randnummern.

Teil 3: Körperschaftsteuer

A. Abgrenzung unbeschränkte und beschränkte KSt-Pflicht

I. Unbeschränkte Körperschaftsteuerpflicht

1 Die persönliche Steuerpflicht umfasst die *unbeschränkte* und die *beschränkte* Körperschaftsteuerpflicht (§ 1 und 2 KStG).

Unbeschränkt körperschaftsteuerpflichtig sind die in § 1 Abs. 1 KStG genannten Körperschaften, Personenvereinigungen und Vermögensmassen, wenn sie ihre Geschäftsleitung oder ihren Sitz im **Inland** haben.

Die Begriffe „Geschäftsleitung" und „Sitz" sind in § 10 und § 11 der Abgabenordnung geregelt. Danach ist Geschäftsleitung der Mittelpunkt der geschäftlichen Oberleitung. Ihren Sitz hat eine Körperschaft an dem Ort, der durch Gesetz, Gesellschaftsvertrag, Satzung, Stiftungsgeschäft oder dergleichen bestimmt ist.

Von den in § 1 Abs. 1 KStG genannten Körperschaften, Personenvereinigungen und Vermögensmassen sind die Kapitalgesellschaften von besonderer Bedeutung, insbesondere die Aktiengesellschaften und die Gesellschaften mit beschränkter Haftung, weil das Steueraufkommen aus der Körperschaftsteuer ganz wesentlich von diesen Handelsgesellschaften abhängt.

Unbeschränkt körperschaftsteuerpflichtig zu sein bedeutet, grundsätzlich mit **sämtlichen** Einkünften, also den inländischen und ausländischen Einkünften, der deutschen Körperschaftsteuer zu unterliegen. Soweit jedoch zwischenstaatliche Vereinbarungen bestehen, wie z.B. Doppelbesteuerungsabkommen, die abweichende Regelungen vorsehen, haben diese Regelungen Vorrang (vgl. § 2 AO).

Beispiel:

Eine GmbH mit Sitz in Aachen hat auch eine Betriebsstätte in Belgien.
Die GmbH ist unbeschränkt steuerpflichtig; sie unterliegt gem. § 1 Abs. 2 KStG mit sämtlichen Einkünften der deutschen Körperschaftsteuer. Nach dem deutsch-belgischen Abkommen zur Vermeidung der Doppelbesteuerung (Doppelbesteuerungsabkommen) bleiben jedoch die in Belgien erzielten Gewinne in der Bundesrepublik Deutschland unbesteuert und unterliegen nur der Besteuerung in Belgien.

II. Beschränkte Körperschaftsteuerpflicht

2 Beschränkt körperschaftsteuerpflichtig sind Körperschaften, Personenvereinigungen und Vermögensmassen, die weder ihre Geschäftsleitung noch ihren Sitz im Inland haben (§ 2 Nr. 1 KStG), mit ihren inländischen Einkünften.

Beispiel:

Eine GmbH mit Sitz und Geschäftsleitung in Paris hat eine Betriebsstätte in München. Da die GmbH in Paris weder Geschäftsleitung noch Sitz in der Bundesrepublik Deutschland hat, ist sie nur mit ihren inländischen Einkünften (den Einkünften aus der Betriebsstätte in München) körperschaftsteuerpflichtig. Sie ist beschränkt körperschaftsteuerpflichtig. Die in Frankreich erzielten Einkünfte unterliegen nicht der deutschen Körperschaftsteuer.

Verlegt die Gesellschaft Sitz oder Geschäftsleitung in die Bundesrepublik Deutschland, so ist sie nunmehr unbeschränkt körperschaftsteuerpflichtig und unterliegt mit allen Einkünften der deutschen Körperschaftsteuer. Selbstverständlich ist stets anhand des deutsch-französischen Doppelbesteuerungsabkommens zu prüfen, ob und inwieweit die Bundesrepublik Deutschland auf ihr Besteuerungsrecht verzichtet hat.

III. Beginn und Ende der Körperschaftsteuerpflicht

Zivilrechtlich entstehen AG und GmbH erst mit ihrer *Eintragung in das* 3
Handelsregister. In der Zeit vorher wird **steuerrechtlich** unterschieden in die Zeit bis zum Abschluss des notariellen Vertrages und die Zeit bis zur Eintragung in das Handelsregister. In der Zeit bis zum Abschluss des notariellen Vertrags (Gesellschaftsvertrags) bilden die Gründer eine sogenannte **Vorgründungsgesellschaft.** Sie ist eine Personengesellschaft der Gründer und als GbR zu qualifizieren, wenn sie keine nach außen gerichtete gewerbliche Tätigkeit aufnimmt und als oHG anzusehen, wenn sie ein Handelsgewerbe aufnimmt. Sie ist nicht mit der Vorgesellschaft bzw. der später entstehenden Kapitalgesellschaft identisch. Die Beteiligten unterliegen in diesem Falle mit ihren anteiligen Einkünften aus der Gesellschaft der Einkommen- bzw. Körperschaftsteuer.

Nach der Gründung – dem Abschluss des Gesellschaftsvertrags vor dem Notar (§ 2 GmbHG) oder der notariellen Feststellung der Satzung (§§ 23 Abs. 1, 280 Abs. 1 AktG) – entsteht eine **Vorgesellschaft,** die nach der Eintragung in das Handelsregister zur eigentlichen Gesellschaft (GmbH, AG) wird. Steuerlich bildet die Vorgesellschaft mit der eingetragenen Gesellschaft eine Einheit, wenn es zur Eintragung der Gesellschaft in das Handelsregister kommt. Die Besteuerung knüpft dementsprechend an das Entstehen der Vorgesellschaft an, das heißt, *die Körperschaftsteuerpflicht beginnt mit dem Abschluss des Gesellschaftsvertrags.* Kommt es ausnahmsweise nicht zur Eintragung der Gesellschaft, ist die Vorgesellschaft *wie* eine Vorgründungsgesellschaft (jedoch keine Identität mit dieser) zu behandeln.

Die **Körperschaftsteuerpflicht** einer AG oder GmbH **endet** *mit dem end-* 4
gültigen Erlöschen der Rechtspersönlichkeit der Gesellschaft. Hierfür muss die geschäftliche Betätigung tatsächlich beendet sein, die Verteilung des gesamten Vermögens erfolgt sein und das Sperrjahr (§ 73 GmbHG, § 272 AktG) abgelaufen sein.

Die Steuerpflicht entfällt also nicht mit dem Eintritt der Liquidation. Auch der Zeitpunkt der Löschung im Handelsregister ist für die Frage der Beendigung der Körperschaftsteuerpflicht nicht maßgeblich.

Weiterhin kann die Körperschaftsteuerpflicht eintreten bzw. entfallen 5
durch gesellschaftsrechtliche **Umwandlungen** (Verschmelzung, Spaltung, Formwechsel, Vermögensübertragung) nach dem UmwG oder durch **Verlegung** des **Sitzes** und/oder der **Geschäftsführung** vom Ausland ins Inland bzw. umgekehrt.

IV. Persönliche Steuerbefreiungen

6 Die persönlichen Steuerbefreiungen für unbeschränkt steuerpflichtige Körperschaften sind in § 5 KStG geregelt. Wichtige Steuerbefreiungen sind z.B. für Berufsverbände ohne öffentlich-rechtlichen Status (Nr. 5), für politische Parteien (Nr. 7) oder für gemeinnützige Körperschaften (Nr. 9). Soweit die vorgenannten Körperschaften wirtschaftliche Geschäftsbetriebe unterhalten, sind sie mit diesem **partiell steuerpflichtig.**

Außerhalb dieses Bereichs besteht partielle Steuerpflicht gem. § 5 Abs. 2 Nr. 1 KStG für inländische Einkünfte, die dem Steuerabzug vollständig oder teilweise unterliegen, z.B. bei empfangenen Dividenden. Eine Veranlagung findet deswegen jedoch nicht statt, weil der Steuerabzug die entstehende Körperschaftsteuer abgilt (§ 32 Abs. 1 Nr. 1 KStG).

7–9 *frei*

B. Berechnung des zu versteuernden Einkommens

I. Maßgebliche Zeiträume

10 Nach § 31 Abs. 1 KStG i.V.m. § 25 Abs. 1 EStG ist **Veranlagungszeitraum** bei der Körperschaftsteuer das Kalenderjahr, das heißt, die Steuer wird jeweils für den Zeitraum vom 1.1. bis zum 31.12. eines Jahres festgesetzt. Dementsprechend sind auch die Besteuerungsgrundlagen *grundsätzlich* jeweils für ein Kalenderjahr zu ermitteln (vgl. § 7 Abs. 3 KStG). Besteht die Steuerpflicht nur in einem Teil des Jahres, so ist der **Ermittlungszeitraum** auf die Monate des Bestehens der Steuerpflicht begrenzt.

Beispiel:

Ein e.V. wird am 1.10.01 gegründet.
Der Jahresabschluss ist zum 31.12.01 zu erstellen. Ermittlungszeitraum ist die Zeit vom 1.10. bis zum 31.12.01, weil die Steuerpflicht erst am 1.10.01 begründet wurde. Veranlagungszeitraum ist jedoch das Jahr 01; die Körperschaftsteuer wird für diesen Zeitraum festgesetzt.

Bei Steuerpflichtigen, die nach den Vorschriften des HGB verpflichtet sind, Bücher zu führen – das trifft auf AG und GmbH zu – ist Ermittlungszeitraum gem. § 7 Abs. 4 KStG stets das **Wirtschaftsjahr.** Wirtschaftsjahr ist der Zeitraum, für den ein Unternehmen regelmäßig Abschlüsse macht; das Wirtschaftsjahr umfasst generell 12 Monate.

Weicht bei einer AG oder GmbH das Wirtschaftsjahr vom Kalenderjahr ab, so gilt der Gewinn in dem Kalenderjahr als bezogen, *in dem das Wirtschaftsjahr endet* (siehe § 7 Abs. 4 Satz 2 KStG).

Beispiel:

Eine GmbH hat ein Wirtschaftsjahr vom 1. Mai bis zum 30. April.
Der gesamte Gewinn des Wirtschaftsjahres vom 1.5.01 bis zum 30.4.02 gilt als in 02 bezogen, weil das Wirtschaftsjahr in 02 endet.

Ein Wirtschaftsjahr darf einen Zeitraum von weniger als 12 Monaten umfassen, wenn eine Gesellschaft neu gegründet wird oder wenn die Liquidation beschlossen wird und der Übergang in die Liquidationsbesteuerung eintritt. Ein Wirtschaftsjahr, das weniger als 12 Monate umfasst, bezeichnet man als **Rumpfwirtschaftsjahr.**

Wird der Abschlussstichtag im Laufe eines Kalenderjahres gewechselt, entsteht ebenfalls ein Wirtschaftsjahr von weniger als 12 Monaten. Die Umstellung des Wirtschaftsjahres ist steuerlich nur wirksam, wenn sie im Einvernehmen mit dem Finanzamt erfolgt; es sei denn, das Wirtschaftsjahr, auf das umgestellt werden soll, entspricht dem Kalenderjahr, vgl. den Wortlaut des § 7 Abs. 4 Satz 3 KStG.

Beispiel:

Eine GmbH hat bisher ihren Jahresabschluss zum 30.4. erstellt. Nunmehr soll der Jahresabschluss – erstmals in 02 – zum 30.6. erfolgen. Dadurch entsteht in 02 ein Rumpfwirtschaftsjahr von 2 Monaten.

Bisheriges Wirtschaftsjahr:	1.5.01 – 30.4.02
Rumpfwirtschaftsjahr:	1.5.02 – 30.6.02
Neues Wirtschaftsjahr:	1.7.02 – 30.6.03.

II. Einkommensbegriff im Körperschaftsteuerrecht

Nach § 7 Abs. 1 KStG bemisst sich die Körperschaftsteuer nach dem zu versteuernden Einkommen, d.h. der für die Berechnung der Körperschaftsteuer maßgebende Steuersatz wird auf das zu versteuernde Einkommen angewendet. **11**

Gem. § 7 Abs. 2 KStG entspricht das zu versteuernde Einkommen grundsätzlich dem Einkommen i.S.d. § 8 Abs. 1 KStG. Danach ermittelt man das Einkommen im Wesentlichen **nach den Vorschriften des Einkommensteuergesetzes,** wobei ergänzend Vorschriften des KStG zu beachten sind.

Die **einkommensteuerrechtliche Ermittlung** des Einkommens erfolgt **grundsätzlich** nach § 2 Abs. 1 bis Abs. 4 EStG und hat somit ihre Grundlage in den sieben Einkunftsarten des Einkommensteuergesetzes.

Das bedeutet, dass eine körperschaftsteuerpflichtige Person mit den von ihr bezogenen Einkünften i.S.d. Einkommensteuergesetzes der Körperschaftsteuer unterliegt. Damit sind auch z.B. die Pauschbeträge, etwa gem. § 9 a Satz 1 Nr. 2 EStG für Einkünfte aus Kapitalvermögen bzw. der Sparer-Freibetrag gem. § 20 Abs. 4 EStG bzw. ab Veranlagungszeitraum der Sparer-Pauschbetrag gem. § 20 Abs. 9 EStG anwendbar.

Ist die **Körperschaft jedoch nach dem HGB buchführungspflichtig,** wie z.B. AG oder GmbH als Handelsgesellschaften gem. § 6 HGB, sind hiervon abweichend die erzielten Einkünfte gem. § 8 Abs. 2 KStG **stets Einkünfte aus Gewerbebetrieb.** Die Zuordnung der Einkünfte erfolgt mithin ohne Rücksicht auf die tatsächliche Art der Einkünfte. Pausch- und Freibeträge kennt diese Einkunftsart nicht.

Beispiel:

Eine GmbH betreibt einen land- und forstwirtschaftlichen Betrieb. Aus Geldanlagen fließen ihr Zinsen zu.

Es liegen weder Einkünfte aus Land- und Forstwirtschaft noch Einkünfte aus Kapitalvermögen vor. Stattdessen sind die bezogenen Einkünfte gem. § 8 Abs. 2 KStG solche aus Gewerbebetrieb. Weder der Pauschbetrag gem. § 9 a EStG noch der Sparer-Freibetrag gem. § 20 Abs. 9 EStG kommen für die Zinsen in Betracht.

III. Ermittlung des zu versteuernden Einkommens

1. Grundsätze der Ermittlung

12 Gem. § 8 Abs. 1 KStG richtet sich die Ermittlung des Einkommens nach einkommensteuerrechtlichen und körperschaftsteuerrechtlichen Vorschriften.

Grundsätzlich sind alle einkommensteuerrechtlichen Vorschriften anwendbar, soweit sie nicht speziell auf natürliche Personen abstellen und aus diesem Grund bei einer AG oder GmbH nicht anwendbar sein können, wie z.B. §§ 10 ff. EStG (Sonderausgaben) oder §§ 33 ff. EStG (außergewöhnliche Belastung). Insbesondere anwendbar sind die Gewinnermittlungsvorschriften des EStG (§§ 4–7 k EStG). Wegen der Anwendbarkeit einkommensteuerrechtlicher Vorschriften siehe im Einzelnen R 32 KStR.

13 Die steuerliche Gewinnermittlung einer **AG oder GmbH** vollzieht sich somit grundsätzlich nach den gleichen Regeln, die auch für natürliche Personen gelten, wenn die natürlichen Personen als Einzelunternehmer oder Mitunternehmer Einkünfte aus Gewerbebetrieb erzielen, Bücher führen und regelmäßig Abschlüsse machen. Es ist der **Bestandsvergleich gem. § 5 EStG** durchzuführen. Allerdings spielt die Abgrenzung zwischen Betriebsvermögen und Privatvermögen sowie zwischen Betriebsausgaben und Kosten der privaten Lebensführung bei AG und GmbH keine Rolle, weil es bei den Kapitalgesellschaften keinen privaten Bereich gibt. Es könnten aber verdeckte Gewinnausschüttungen vorliegen, wenn private Interessen der Gesellschafter im Spiel sind.

2. Ermittlungsschema

14 Die körperschaftsteuerrechtlichen Regelungen zur Ermittlung des Einkommens ergeben sich im Wesentlichen aus den §§ 8–10 KStG (siehe nachfolgende Nummern 2 und 3). **Schematisch** lässt sich die Ermittlung des zu versteuernden Einkommens einer AG oder GmbH wie folgt (verkürzt) darstellen:

	Gewinn lt. Handelsbilanz
+ ./.	Korrekturen zwecks Anpassung der Handelsbilanz an die Steuerbilanz gem. § 60 Abs. 2 EStDV
=	(steuerlicher) Jahresüberschuss gem. § 8 Abs. 1 (und Abs. 2) KStG
+	verdeckte Gewinnausschüttungen, § 8 Abs. 3 Satz 2 KStG
./.	Einlagen, § 4 Abs. 1 Satz 7 EStG (auch verdeckte Einlagen)
+	nicht abziehbare Betriebsausgaben, § 10 KStG, § 3 c EStG, § 4 Abs. 5–7 EStG, § 160 AO
+	Gesamtbetrag der Zuwendungen, § 9 Abs. 1 Nr. 2 KStG

./.	Steuerfreie Erträge, § 8 b Abs. 1 KStG, § 3 EStG, § 12 InvZulG 2007, DBA
+ ./.	gebuchte Verlustübernahme/Gewinnübernahme bei Organschaft
=	Summe der Einkünfte (nur gewerbliche Einkünfte; = Einkommen i. S. d. § 9 Abs. 2 Satz 1 KStG)
./.	abzugsfähige Zuwendungen, § 9 Abs. 1 Nr. 2 KStG
+ ./.	zuzurechnendes (positives oder negatives) Einkommen von Organgesellschaften, §§ 14, 17 und 18 KStG
=	Gesamtbetrag der Einkünfte i. S. d. § 10 d EStG
./.	Verlustabzug nach § 8 Abs. 4 KStG i. V. m. § 10 d EStG
=	Einkommen, § 7 Abs. 2 KStG, zugleich zu versteuerndes Einkommen, § 7 Abs. 1 KStG

IV. Ausgangsgröße: Handelsrechtlicher Jahresüberschuss/Jahresfehlbetrag

Ausgangsgröße der körperschaftsteuerlichen Gewinnermittlung ist der handelsrechtlichen Grundsätzen ermittelte Jahresüberschuß (Jahresfehlbetrag) der Periode. In diesem sind noch keine steuerlichen Abzugsverbote oder Wahlrechte berücksichtigt sondern dieser ergibt sich ausschliesslich aus dem handelsrechtlichen Jahresabschluß. 15

V. Außerbilanzielle Ermittlung mit dem Ausgangswert Jahresüberschuss

Eine körperschaftsteuerliche Verpflichtung zur Erstellung einer Steuerbilanz besteht nicht. Es reicht aus, wenn die **Handelsbilanz** den steuerrechtlichen Vorschriften **angepasst** wird (§ 60 Abs. 2 EStDV). Eine Anpassung der Handelsbilanz an steuerrechtliche Vorschriften ist erforderlich, wenn in der Handelsbilanz Bilanz- bzw. Wertansätze gewählt werden, die den steuerrechtlichen Gewinnermittlungsvorschriften nicht entsprechen. 16

Beispiel:

Eine AG hat handelsrechtlich einen vor 2010 entgeltlich erworbenen Firmenwert im Jahr der Anschaffung gem. § 255 Abs. 4 HGB a. F. in voller Höhe abgeschrieben. Steuerrechtlich ist eine solche Abschreibung nicht zulässig. Gem. § 7 Abs. 1 EStG ist der Firmenwert über einen Zeitraum von 15 Jahren abzusetzen. Durch die im Jahr der Anschaffung geringere steuerliche Absetzung für Abnutzung ist der steuerliche Gewinn der AG in diesem Jahr erheblich höher, während er in den Folgejahren um die AfA (1/15 der Anschaffungskosten des entgeltlichen Firmenwertes) geringer ist als der handelsrechtliche Jahresüberschuss.

VI. Nicht abzugsfähige Aufwendungen

Nach Bereinigung des handelsrechtlichen Jahresüberschusses um steuerliche Ansatz- oder Bewertungsvorbehalte oder der abweichenden Ausübung von steuerlichen Wahlrechten müssen im nächsten Schritt zur Ermittlung des zu versteuernden Einkommens die nicht abzugsfähigen Aufwendungen wieder hinzugerechnet werden, soweit diese den Gewinn gemindert haben. 17

Nach § 10 KStG sind nicht abziehbar:

- die Aufwendungen für die Erfüllung von satzungsmäßigen Zwecken zB. bei einer Stiftung
- die Körperschaftsteuer,
- bei erhaltenen Kapitalerträgen einbehaltene **Kapitalertragsteuer,**
- der Solidaritätszuschlag,
- ggf. die Erbschaftsteuer,
- die **Umsatzsteuer für Umsätze die Entnahmen oder verdeckte Gewinnausschüttungen sind** (vgl. wegen letzterem Rn. 30 ff. und 36, wonach keine doppelte Hinzurechnung stattfindet) sowie
- die **Vorsteuerbeträge auf Aufwendungen, für die das Abzugsverbot** des § 4 Abs. 5 Satz 1 Nr. 1 bis 4 und 7 oder Abs. 7 des EStG gilt.

Diese Regelung **entspricht** der Vorschrift des **§ 12 Nr. 3 EStG,** nach der natürliche Personen derartige Steuern ebenfalls nicht gewinnmindernd erfassen dürfen. § 10 Nr. 2 KStG dient also der steuerlichen Gleichbehandlung der natürlichen bzw. juristischen Personen.

Da die **genannten Steuern** gem. § 4 Abs. 4 EStG **Betriebsausgaben** sind – sie sind veranlasst durch den Betrieb – haben sie zunächst den Gewinn gemindert. Wegen der vom Gesetzgeber angeordneten Nichtabziehbarkeit ist der **Gewinn** entsprechend der zuvor eingetretenen Gewinnminderung **zu erhöhen.**

Kommt es **umgekehrt** zu einem Ertrag aus einer nicht abziehbaren Steuer (z.B. Erstattung von Körperschaftsteuer auf Grund einer Betriebsprüfung), so erhöht dieser Ertrag den Steuerbilanzgewinn. Für Zwecke der Ermittlung des Einkommens ist dieser Ertrag wieder *abzusetzen,* weil er sich zuvor auch nicht als Aufwand gewinnmindernd auswirken konnte.

18 Gleiches gilt im Ergebnis für die ab Veranlagungszeitraum 2008 gem. § 4 Abs. 5 b EStG nicht mehr als Betriebsausgaben abziehbare **Gewerbesteuer** für Erhebungszeiträume ab 2008.

19 **Steuerliche Nebenleistungen** wie Säumniszuschläge, Verspätungszuschläge, Zinsen, Zwangsgelder oder Kosten der Vollstreckung, die mit einer nichtabziehbaren Steuer im Zusammenhang stehen, sind ebenfalls *nicht abziehbar* (R 48 Abs. 2 KStR). Soweit eine Kapitalgesellschaft einen **Verspätungszuschlag** im Zusammenhang mit einer **eigenen** als Schuldnerin abzugebenden **Kapitalertragsteueranmeldung** (bei Ausschüttung an ihre Gesellschafter) zu entrichten hat, ist dieser als Betriebsausgabe abzugsfähig und wird nicht gem. § 10 Nr. 2 KStG hinzugerechnet, weil es sich um gem. § 12 Nr. 3 EStG nicht abzugsfähige Steuern vom Einkommen der *Gesellschafter* und nicht der Gesellschaft handelt (BFH v. 22.1.1987, BStBl. II 548).

20 Bei der sog. **Vollverzinsung** gem. § 233 a AO sind **Nachzahlungszinsen** nicht abziehbar (und damit hinzuzurechnen). Indessen sind **erstattete Nachzahlungszinsen** kein Ertrag (und damit abzusetzen). Hingegen sind von einer Körperschaft vom Finanzamt erhaltene **Erstattungszinsen** steuerpflichtige Einnahmen, vgl. R 48 Abs. 2 KStR. **Hinterziehungszinsen** sind gem. § 4 Abs. 5 Nr. 8 a EStG stets nichtabziehbar. Bei ihnen kommt es nicht darauf an, bei welcher Steuerart sie entstanden sind.

Umgekehrt sind sich gem. § 236 AO ergebenden **Prozesszinsen auf Erstattungsbeträge** nach finanzgerichtlicher Entscheidung steuerpflichtige Einnahmen (vgl. BFH v. 18.2.1975, BStBl. II 568).

1. Geldstrafen

In einem Strafverfahren festgesetzte **Geldstrafen** und sonstige Rechtsfolgen vermögensrechtlicher Art, bei denen der Strafcharakter überwiegt, und Leistungen zur Erfüllung von Auflagen oder Weisungen, soweit die Auflagen oder Weisungen nicht lediglich der Wiedergutmachung des durch die Tat verursachten Schadens dienen, dürfen den steuerlichen Gewinn nicht mindern. Soweit sie den steuerlichen Gewinn gemindert haben, kommt es im Jahr der Minderung zu einer entsprechenden Hinzurechnung. Weil Geldstrafen, Auflagen oder Weisungen nach deutschem Strafrecht gegenüber juristischen Personen nicht zulässig ist, beschränkt sich die Vorschrift *insoweit* auf solche von einem ausländischen Gericht verhängte Sanktionen. Sonstige Rechtsfolgen vermögensrechtlicher Art, bei denen der Strafcharakter überwiegt, sind nach inländischem Strafrecht jedoch möglich, z.B. die Einziehung eines Gegenstands gem. § 74 StGB. 21

Die Regelung des § 10 Nr. 3 KStG stimmt mit § 12 Nr. 4 EStG überein, der den Abzug von Strafen bei natürlichen Personen verbietet.

Bei **Geldbußen, Ordnungsgeldern** und **Verwarnungsgeldern** ist § 4 Abs. 5 Nr. 8 EStG anzuwenden. Sind solche Aufwendungen Betriebsausgaben, so sind sie nicht abzugsfähig. Bei Geldbußen ist ggf. § 4 Abs. 5 Nr. 8 Satz 4 EStG zu beachten.

Verfahrenskosten, z.B. Gerichts- und Anwaltskosten, bleiben von der Vorschrift unberührt und sind als Betriebsausgaben abzugsfähig.

2. Aufwendungen zur Überwachung der Geschäftsführung

§ 10 Nr. 4 KStG schließt die **Hälfte der Vergütungen** jeder Art aus, die an Mitglieder des **Aufsichtsrates, Verwaltungsrates** oder andere *mit der Überwachung* der Geschäftsführung beauftragte Personen (z.B. Beiräte mit Überwachungsfunktion) gewährt werden. 22

Bei den genannten Vergütungen handelt es sich um Betriebsausgaben, die durch die Regelung im Ergebnis nur zur Hälfte abziehbar sind.

Der Empfängerkreis ist weit gefasst. Auf die Bezeichnung der Person kommt es nicht an. Maßgebend ist, dass diese Person beauftragt worden ist, die Geschäftsführung zu überwachen. Diese (überwachende) Tätigkeit muss die wesentliche Tätigkeit dieser Person für die Gesellschaft sein. Übt sie daneben noch eine andere Tätigkeit (z.B. eine beratende Tätigkeit) aus, so ändert dies nichts am Abzugsverbot. Übt die beauftragte Person im Wesentlichen jedoch eine Beratungstätigkeit für die Gesellschaft aus, so fallen die Aufwendungen insgesamt nicht unter das Abzugsverbot.

Das Abzugsverbot bezieht sich auf die Hälfte der Vergütungen jeder Art, die für die überwachende Tätigkeit erbracht werden. Dazu zählen neben Tagegelder, Sitzungsgelder, Reisegelder und sonstige Aufwandsentschädigungen

(R 50 Abs. 1 KStR) auch geldwerte Vorteile, wie z.B. die unentgeltliche Überlassung eines Pkw oder einer Wohnung.

Eine Ausnahme vom teilweisen Abzugsverbot besteht bei Kostenerstattungen durch die Gesellschaft, soweit diesen Erstattungen *tatsächliche,* durch die Überwachung der Geschäftsführung veranlasste Aufwendungen der beauftragten Person gegenüberstehen.

VII. Spendenabzug

23 Gem. § 9 Abs. 1 Nr. 2 KStG sind Zuwendungen (**Spenden** und **Mitgliedsbeiträge**) nur in bestimmten Umfang abziehbar. Bestimmte Mitgliedsbeiträge sind dem Grunde nach bereits gem. § 9 Abs. 1 Nr. 2 Satz 2 KStG nicht abzugsfähig, z.B. an einen Sportverein.

24 Die Zuwendungen sind abzugsfähig bis zu einer Höhe von insgesamt **20% des Einkommens** oder *wahlweise* **4 Promille** der Summe der gesamten **Umsätze** und der im Kalenderjahr aufgewendeten **Löhne und Gehälter**. Zu den gesamten Umsätzen zählen die steuerbaren und die nicht steuerbaren Umsätze, also z.B. auch Umsätze, die im Ausland ausgeführt werden. Maßgebend ist die Begrenzung, die zu einem höheren abzugsfähigen Betrag führt.

25 Soweit die Zuwendungen die Höchstgrenze übersteigen, werden sie gem. § 9 Abs. 1 Nr. 2 KStG gesondert und als **Spendenvortrag** zeitlich unbegrenzt vorgetragen.

26 **Einkommen** i.S.d. § 9 Abs. 1 Nr. 2 Satz 1 KStG ist gem. § 9 Abs. 2 KStG das Einkommen ***vor* Abzug aller Zuwendungen** und des Verlustabzugs gem. § 10 d EStG. Zur Ermittlung des Einkommens i.S.d. § 9 Abs. 2 KStG sind daher (zunächst) die *gesamten Spenden* hinzuzurechnen, wodurch sich die Bemessungsgrundlage für die Anwendung des 20%-Satzes erhöht. Vgl. zur Verdeutlichung das Schema zu Ermittlung des zu versteuernden Einkommens in Rn. 14.

Beispiel:
Eine GmbH weist in ihrer Steuerbilanz einen Gewinn von 70 000 € aus. Die folgenden Ausgaben haben die Gewinne gemindert:

Körperschaftsteuer (nur Vorauszahlungen)	75 000 €
Bußgeld	6 800 €
Betriebsausgaben i.S.d. § 4 Abs. 5 Nr. 1 EStG (Geschenke)	23 200 €
Zuwendungen für kirchliche Zwecke	50 000 €

Die Summe der gesamten Umsätze und der im Kalenderjahr aufgewendeten Löhne und Gehälter beträgt 4 000 000 €.

Lösung: Das Einkommen i.S.d. § 9 Abs. 2 Satz 1 KStG ist wie folgt zu ermitteln:

	Gewinn laut Steuerbilanz	70 000 €
+	Körperschaftsteuer (§ 10 Nr. 2 KStG)	75 000 €
+	Bußgeld (§ 4 Abs. 5 Nr. 8 EStG)	6 800 €
+	Betriebsausgaben gem. § 4 Abs. 5 Nr. 1 EStG	23 200 €
+	Gesamtbetrag der Zuwendungen	50 000 €
	Einkommen i.S.d. § 9 Abs. 2 Satz 1 KStG	225 000 €
./.	davon 20% als abzugsfähige Zuwendungen für kirchliche Zwecke	45 000 €
	zu versteuerndes Einkommen	180 000 €

Bei Anwendung der 4-Promille-Grenze auf die Summe der gesamten Umsätze und der im Kalenderjahr aufgewendeten Löhne und Gehälter ergäbe sich lediglich ein abzugsfähiger Betrag von 16 000 €.
Der nicht zu berücksichtigende Betrag i.H.v. 5 000 € ist gesondert festzustellen und als Spendenvortrag in die Folgejahre vorzutragen.

Gegenüber § 10 b EStG unterschiedlich ist die Behandlung von Zuwendungen an **politische Parteien** oder **unabhängige Wählervereinigungen.** Für solche Zuwendungen wird weder eine Steuerermäßigung (wie § 34 g EStG) noch ein Abzug bei der Ermittlung des Einkommens gewährt (siehe § 10 b Abs. 2 EStG). Vielmehr liegen gem. § 4 Abs. 6 EStG **nicht abzugsfähige Betriebsausgaben** vor. 27

In **Organschaftsfällen** ist sowohl beim Organträger als auch bei der Organgesellschaft die Höhe der Abzugsfähigkeit jeweils eigenständig zu ermitteln. 28

frei 29

VIII. Verdeckte Gewinnausschüttungen

1. Auf der Ebene der Gesellschaft

Gem. § 8 Abs. 3 KStG mindern Ausschüttungen das Einkommen nicht. 30
Nach dieser Vorschrift ist es für das Steuerrecht bedeutungslos, ob das Einkommen verteilt wird. Das gilt sowohl für solche Gewinnausschüttungen, die auf einem den gesellschaftsrechtlichen Vorschriften entsprechenden Gewinnverteilungsbeschluss beruhen, als auch für verdeckte Gewinnausschüttungen.

Nach der **Rechtsprechung des BFH** sind verdeckte Gewinnausschüttungen:

- Vermögensminderungen oder verhinderte Vermögensmehrungen,
- die durch das Gesellschaftsverhältnis veranlasst sind,
- sich auf die Höhe des Unterschiedsbetrags i.S.d. § 4 Abs. 1 Satz 1 EStG bzw. die Höhe des Einkommens auswirken und
- nicht auf einem den gesellschaftsrechtlichen Vorschriften entsprechenden Gewinnverteilungsbeschluss beruhen (vgl. R 36 Abs. 1 KStR).

Verdeckte Gewinnausschüttungen sind u.a. denkbar im Rahmen von **Verträgen zwischen Gesellschaft und Gesellschafter,** wie z.B. Arbeitsverträge, Mietverträge, Darlehensverträge, Kaufverträge usw. Hierbei ist **Form und Inhalt** bis auf gesetzliche Ausnahmen (z.B. Grundstücksverkäufe gem. § 311 b BGB) zivilrechtlich frei bestimmbar, mithin ist generell keine Schriftform vorgeschrieben. Jedoch muss eine Vereinbarung bürgerlich rechtlich wirksam und nachweisbar sein, damit sie auch steuerrechtlich anerkannt werden kann (BFH v. 29.7.1992, BStBl. 1993 II 139). Der **Nachweis** einer Vereinbarung kann bei monatlich wiederkehrenden Leistungen, wie z.B. Geschäftsführergehalt oder Miet- und Pachtzahlungen, auch aufgrund der tatsächlichen Durchführung erbracht werden (BFH v. 24.1.1990, BStBl. II 645). 31

Liegt eine wirksame Vereinbarung vor, ist zu prüfen, ob die Ursache für die Vermögensminderung oder verhinderte Vermögensmehrung **durch das Ge-** 32

sellschaftsverhältnis veranlasst wurde. Dies ist der Fall – und damit liegt eine verdeckte Gewinnausschüttung vor –, wenn die Kapitalgesellschaft bei Anwendung der Sorgfalt eines ordentlichen und gewissenhaften Geschäftsleiters (vgl. § 93 Abs. 1 Satz 1 AktG, § 43 Abs. 1 GmbHG) die Vermögensminderung oder verhinderte Vermögensmehrung unter sonst gleichen Umständen gegenüber einem Nichtgesellschafter nicht hingenommen hätte **(Fremdvergleich).** Hierbei ist auch die Angemessenheit und die Üblichkeit des Vertrags und der Leistung zu prüfen, hinsichtlich des unangemessenen oder unüblichen Teils liegt eine verdeckte Gewinnausschüttung vor. Eine etwaiger **Vorteilsausgleich** durch die Vereinbarung eines angemessenen Entgelts in anderer Weise ist zu berücksichtigen. Die vorbeschriebene Prüfung ist unabhängig von der Höhe der Beteiligung des Gesellschafters durchzuführen (BFH v. 18.7.1985, BStBl. II 635).

Beispiele:

1. Ein Gesellschafter ist Geschäftsführer seiner Gesellschaft und bezieht ein Gehalt von 200 000 €. Der Tätigkeit angemessen ist lediglich ein Gehalt von 140 000 €.

2. Ein Gesellschafter hat seiner Gesellschaft ein Grundstück vermietet und bezieht monatlich eine Miete von 2 500 €. Angemessen ist eine Miete von 1 000 €.

3. Ein Gesellschafter gewährt seiner Gesellschaft ein Darlehen von 100 000 €. Der vereinbarte Zinssatz beträgt 15%, obwohl die marktübliche Verzinsung 8% beträgt.

4. Ein Gesellschafter verkauft seinen Pkw an seine Gesellschaft zu einem Preis von 20 000 €, obwohl der Marktpreis für den Pkw lediglich 13 000 € beträgt.

Allen Beispielen ist gemeinsam, dass neben die eigentliche gesellschaftliche Bindung eine weitere schuldrechtliche Bindung getreten ist. Im Rahmen dieses schuldrechtlichen Verhältnisses erhält der Gesellschafter mehr als ein fremder Dritter erhalten würde. Dieser Mehrbetrag hat seine Ursache im *Gesellschaftsverhältnis* und stellt eine (verdeckte) Gewinnausschüttung dar. Läge die Ursache im betrieblichen Bereich, wären Betriebsausgaben gegeben.

33 Da gem. § 8 Abs. 3 KStG verdeckte Gewinnausschüttungen das Einkommen nicht mindern dürfen, sind solche Ausschüttungen – sofern sie sich **gewinnmindernd oder nicht gewinnerhöhend** ausgewirkt haben – dem Steuerbilanzgewinn außerbilanziell im Rahmen der Ermittlung des Einkommens hinzuzurechnen (BMF v. 28.5.2002, BStBl. 2002 I 603). Die Hinzurechnung erfolgt in dem Jahr, in dem durch die verdeckte Gewinnausschüttung die Gewinnminderung eingetreten ist, nicht jedoch in dem Jahr, in dem die Ausschüttung erfolgt.

Beispiel:

Ein Gesellschafter vermietet seiner Gesellschaft ein Grundstück zu einer Miete von 2 000 €. Einem Nichtgesellschafter hätte die Gesellschaft 1 000 € Miete gezahlt.

Während die Miete Januar bis August jeweils pünktlich zu Beginn des Monats entrichtet wurde, zahlt die Gesellschaft die Miete für die Monate September bis Dezember in Höhe von 8 000 € erst im Januar des Folgejahres. In der Bilanz zum 31.12. wurde eine sonstige Verbindlichkeit von 8 000 € (2 000 € × 4) ausgewiesen.

Die monatliche Miete von 2 000 € ist zur Hälfte durch die Vermietung des Grundstücks und zur Hälfte durch das Gesellschaftsverhältnis verursacht. In Höhe von 12 000 € liegt dementsprechend eine verdeckte Gewinnausschüttung vor. Da der Gewinn des Wirtschaftsjahres in dieser Höhe durch die verdeckte Gewinnausschüttung gemindert wurde, ist der Gewinn um 12 000 € zu erhöhen, obwohl die Auszahlung des verdeckt ausgeschütteten Betrages mit nur 8 000 € (1 000 € × 8 Monate) in diesem Wirtschaftsjahr und mit 4 000 € (für die Monate September bis Dezember) im folgenden Wirtschaftsjahr erfolgt.

Eine **verhinderte Vermögensmehrung** liegt vor, wenn auf Grund des Gesellschaftsverhältnisses auf ansonsten mögliche Betriebseinnahmen verzichtet wird.

Beispiel:

Eine GmbH vermietet an einen ihrer Gesellschafter eine Wohnung zu einer monatlichen Miete von 600 €, obwohl die ortsübliche Warmmiete 2 000 € beträgt.

Eine verdeckte Gewinnausschüttung kann auch an eine dem Gesellschafter **nahestehende Person** erfolgen, wenn der der nahestehenden Person zufließende Vermögensvorteil durch das Gesellschaftsverhältnis zwischen Gesellschafter und Gesellschaft verursacht ist. Eine nahestehende Person ist eine Person, die eine besondere persönliche oder sachliche Beziehung zu dem Gesellschafter aufweist. Dabei kann es sich um Angehörige oder auch um andere natürliche oder juristische Personen handeln. Gedanklich wendet in solchen Fällen die Gesellschaft den Vermögensvorteil dem Gesellschafter zu, der dann den Vorteil an die nahestehende Person weiterleitet. **34**

Beispiele:

1. Eine GmbH hat der Ehefrau ihres Alleingesellschafters ein Darlehen in Höhe von 200 000 € gewährt. Der vereinbarte Zins liegt 5% unter der marktüblichen Verzinsung.
Es liegt eine verdeckte Gewinnausschüttung der Gesellschaft in Höhe des Einnahmeverzichts von jährlich 5% von 200 000 € = 10 000 € vor. In dieser Höhe tritt durch den Einnahmenverzicht eine Gewinnminderung ein. Die Gesellschaft gewährt der nahestehenden Person einen Vermögensvorteil, der seine Ursache im Gesellschaftsverhältnis hat. Eine entsprechende Hinzurechnung zum Gewinn ist erforderlich.

2. Eine GmbH, die mit Schmuck handelt, verkauft der Freundin eines Gesellschafters eine Kette zu einem Preis von 1 000 €. Üblicherweise werden solche Ketten zu einem Preis von 3 000 € veräußert.
Verursacht durch das Gesellschaftsverhältnis zwischen Gesellschaft und Gesellschafter, verzichtet die Gesellschaft auf Einnahmenerzielung und wendet damit der nahestehenden Person einen Vermögensvorteil zu. Soweit der Einnahmenverzicht den Gewinn gemindert hat, ist eine Hinzurechnung zum Gewinn erforderlich.

Im Verhältnis zwischen Gesellschaft und **beherrschendem Gesellschafter** gilt zu dem Vorgesagten wegen des fehlenden Interessensgegensatzes das **Rückwirkungsverbot.** Bei einer Leistung der Kapitalgesellschaft an einen solchen Gesellschafter ist immer dann und vollumfänglich die Ursache im Gesellschaftsverhältnis – und damit eine verdeckte Gewinnausschüttung – anzunehmen, wenn es an einer klaren und von vornherein abgeschlossenen, zivilrechtlich wirksamen Vereinbarung, ob und in welcher Höhe ein Entgelt gezahlt wird, fehlt, oder nicht einer klaren Vereinbarung gemäß verfahren wird. Beherrschend ist ein Gesellschafter regelmäßig dann, wenn er allein oder im Zusammenwirken mit anderen über die Mehrheit der Stimmrechte verfügt. Bei 50% oder weniger müssen besondere Umstände hinzukommen, wie z.B. zwei Gesellschafter mit gleichgerichteten Interessen (R 31 Abs. 6 KStR). Folglich sind Nachzahlungen an beherrschende Gesellschafter stets verdeckte Gewinnausschüttungen, auch wenn sie das laufende Jahr betreffen. **35**

Beispiel:

Der Alleingesellschafter beschließt am 30.9. des Jahres eine rückwirkende Erhöhung seines Geschäftsführergehaltes vom 1.1. dieses Jahres an um 20% Das erhöhte Gehalt ist seiner Tätigkeit angemessen.

Der Gesellschafter hat eine beherrschende Stellung inne. Hinsichtlich der rückwirkenden Erhöhung des Gehalts von Januar bis September liegt eine verdeckte Gewinnausschüttung vor, weil nicht **von vornherein** klar und eindeutig bestimmt ist, dass es zu einer Gehaltserhöhung kommen soll. Hinsichtlich der rückwirkenden Gehaltszahlung Januar bis September wird unterstellt, dass sie ihre Ursache im Gesellschaftsverhältnis und nicht im Angestelltenverhältnis hat.

36 Besteht eine verdeckte Gewinnausschüttung nicht in Geld, ist sie zu bewerten. Mangels anderweitiger Bestimmung im KStG ist sie mit dem **gemeinen Wert** nach § 9 BewG zu **bewerten.** Löst eine verdeckte Gewinnausschüttung **Umsatzsteuer** aus, ist diese in einem solchen Wert bereits enthalten und daher nicht zusätzlich dem Einkommen der AG oder GmbH gem. § 10 Nr. 2 KStG hinzuzurechnen (vgl. R 37 KStR).

37 Neben einer höheren Körperschaftsteuer durch die Erhöhung bzw. Nichtminderung des Einkommen ist durch die Erfassung der verdeckten Gewinnausschüttung auch eine **Belastung mit Gewerbesteuer** zu sehen.

2. Auf der Ebene des Gesellschafters

38 Auf **Ebene des Gesellschafters** werden die verdeckten Gewinnausschüttungen als Einkünfte aus Kapitalvermögen nach § 20 Abs. 1 Nr. 1 EStG angesetzt. War der Vorteil vor Aufdeckung der verdeckten Gewinnausschüttung bereits erfasst, z.B. als Einkünfte aus nichtselbstständiger Arbeit gem. § 19 EStG, sind diese Einkünfte zu verringern.

Befinden sich die **Anteile** an der Kapitalgesellschaft **im Betriebsvermögen** des Gesellschafters, liegen betriebliche Einkünfte vor, für die mit Einführung der **Abgeltungsteuer** ab **Veranlagungszeitraum 2009** Folgendes gilt:

Befinden sich die Anteile im **Privatvermögen**, werden verdeckte Gewinnausschüttungen gem. § 32 d Abs. 1 EStG mit dem **Abgeltungssteuersatz** von (vorbehaltlich der Kirchensteuer) **25 %** versteuert. Befinden sich die Anteile im **Betriebsvermögen**, gilt gem. § 3 Nr. 40 Satz 2 EStG n. F. i. V.m. § 3 Nr. 40 Buchst. d EStG und § 3 c Abs. 2 EStG und § 20 Abs. 8 EStG das **Teileinkünfteverfahren**, nach dem 60% der Einnahmen bzw. Ausgaben steuerpflichtig bzw. abzugsfähig sind.

39 Verdeckte Gewinnausschüttungen unterliegen im Grunde dem **Kapitalertragsteuerabzug** gem. § 43 Abs. 1 Nr. 1 EStG, § 43 Abs. 4 EStG und § 43 a Abs. 1 Nr. 1 EStG. Es liegt in der Natur der Sache, dass tatsächlich kein Abzug vorgenommen wird. Wird im Nachhinein, meistens durch eine steuerliche Außenprüfung, eine verdeckte Gewinnausschüttung festgestellt, ist kein nachträglicher Abzug vorzunehmen, wenn die Erfassung der verdeckten Gewinnausschüttung beim Gesellschafter sichergestellt ist. Ist eine Erfassung nicht möglich, weil die Veranlagung des Gesellschafters nicht mehr änderbar ist, ist der Abzug jedoch vorzunehmen. Die Kapitalertragsteuer beträgt 25% des ausgeschütteten Betrags, wenn (nach Vertrags- oder Satzungsbestimmung) der Gesellschafter den Steuerabzug der Gesellschaft nicht erstattet. Der ausgeschüttete Betrag ist dann als Nettobetrag anzusehen.

Beispiel:

Ein Gesellschafter ist Geschäftsführer einer GmbH und bezieht im Veranlagungszeitraum 2013 ein Gehalt von 200 000 €, welches von der GmbH als Betriebsausgaben verbucht

wurde. Entsprechende Lohnsteuer wurde einbehalten. Der Tätigkeit angemessen ist lediglich ein Gehalt von 140 000 €. Das Gehalt hat der Gesellschafter als Einkünfte aus nichtselbstständiger Arbeit erklärt.
In Höhe des unangemessenen Teils des Gehalts i. H. v. 60 000 € darf das Einkommen der GmbH gem. § 8 Abs. 3 Satz 2 KStG nicht verringert werden. Folglich ist dieser Betrag dem Jahresüberschuss hinzuzurechnen. In Folge dessen erhöht sich auch die Gewerbesteuer für die GmbH.
Die Einkünfte des Gesellschafters aus § 19 EStG vermindern sich um 60 000 €. Als Einkünfte aus Kapitalvermögen gem. § 20 Abs. 1 Nr. 1 EStG sind 60 000 € zu erfassen. Die Lohnsteuer ist in voller Höhe weiterhin auf die Einkommensteuer anzurechnen. Weil die verdeckte Gewinnausschüttung bei der Veranlagung erfasst werden kann, ist Kapitalertragsteuer nicht nachträglich einzubehalten.

Beispiel:

Wie vor, jedoch erfolgt die verdeckte Gewinnausschüttung in 2014.
Bei der GmbH ändert sich nichts. Auf Ebene des Gesellschafters werden die Einkünfte aus § 19 EStG und damit auch das zu versteuernde Einkommen weiterhin um 60 000 € vermindert und in Folge dessen die tarifliche Einkommensteuer neu berechnet. Der gesamte Betrag der verdeckten Gewinnausschüttung i. H. v. 60 000 € wird – vorbehaltlich einer Option zur Veranlagung gem. § 32 d Abs. 6 EStG – nach § 32 d Abs. 1 EStG mit dem Abgeltungssteuersatz von (vorbehaltlich der Kirchensteuer) 25% belegt.

In aller Regel wird mit einer verdeckten Ausschüttung auch ein entsprechender **Zufluss beim Gesellschafter** vorliegen, der die verdeckte Gewinnausschüttung gem. § 11 Abs. 1 Satz 1 EStG (im Privatvermögen) im Jahr des Zuflusses dann auch zu versteuern hat. Dies ist aber nicht unbedingt zwingend. **40**

Beispiel:

Eine GmbH bildet eine unangemessen hohe Pensionsrückstellung zu Gunsten ihres Allein-Gesellschafter.
Durch die Zuführungen zur Rückstellung mindert sich (steuerrechtlich) in unzulässiger Weise der Gewinn der GmbH. Folglich sind gem. § 8 Abs. 3 Satz 2 KStG außerbilanzielle Hinzurechnungen in Höhe der Zuführungen vorzunehmen. Der Gesellschafter fließen die verdeckten Gewinnausschüttungen erst bei späteren Pensionszahlungen zu und sind damit erst in diesem Zeitpunkt zu versteuern.

Um eine **korrespondierende Besteuerung** zwischen Kapitalgesellschaft und Gesellschafter auch verfahrensrechtlich umsetzen zu können, wurde eine **eigene Korrekturvorschrift** in das KStG (und nicht in die AO) aufgenommen. Der § 32 a KStG ist der Korrekturvorschrift wegen Grundlagenbescheiden gem. § 175 Abs. 1 Nr. 1 AO nachgebildet, die beiden Vorschriften entsprechen sich in ihrer Wirkungsweise aber nicht. **41**

Gem. § 32 a Abs. 1 KStG ist ein Steuerbescheid gegenüber dem Gesellschafter zu ändern, soweit gegenüber einer Körperschaft ein Steuerbescheid hinsichtlich der Berücksichtigung einer verdeckten Gewinnausschüttung erlassen, aufgehoben oder geändert wird. Um eine zutreffende Erfassung der verdeckten Gewinnausschüttung beim Gesellschafter zu erreichen, endet die **Festsetzungsfrist** des gegenüber ihm zu ändernden Steuerbescheids insoweit nicht vor Ablauf eines Jahres nach Unanfechtbarkeit des Körperschaftsteuerbescheids. **42**

Beispiel:

Eine GmbH zahlt ihrem Gesellschafter-Geschäftsführer im Jahr 2012 ein Gehalt i. H. v. 100 000 €. Davon sind 20 000 € als unangemessen und damit als verdeckte Gewinnaus-

schüttung anzusehen. Die GmbH buchte das Gehalt als Betriebsausgaben. Demzufolge ist der Steuerbilanzgewinn entsprechend gemindert. Bei der Veranlagung der GmbH für 2012 mit Bescheid vom 1.6.2014 wird die verdeckte Gewinnausschüttung dem Einkommen der Kapitalgesellschaft hinzugerechnet. Die Veranlagung des Gesellschafters zur Einkommensteuer 2012 erfolgt mit Bescheid vom 1.9.2014.
Bei der Einkommensteuer sind 80 000 € als Einkünfte aus nichtselbständiger Arbeit und gem. § 20 Abs. 1 Nr. 1 EStG 20 000 € als Einkünfte aus Kapitalvermögen anzusetzen.

Beispiel:
Wie voriges Beispiel, jedoch wird der Gesellschafter bereits mit Bescheid vom 1.4.2014 endgültig veranlagt. Bei der Veranlagung der Kapitalgesellschaft wird die verdeckte Gewinnausschüttung nicht erkannt. Der Körperschaftsteuerbescheid ergeht gem. § 164 Abs. 1 AO unter Vorbehalt der Nachprüfung. Nach einer Betriebsprüfung im Jahr 2015 ergeht gegenüber der Kapitalgesellschaft am 1.10.2015 ein gem. § 164 Abs. 2 AO geänderter Bescheid, in dem die verdeckte Gewinnausschüttung dem Einkommen der GmbH hinzugerechnet wird.
Erkennt das für den Gesellschafter zuständige Finanzamt die verdeckte Gewinnausschüttung nicht, werden im Einkommensteuerbescheid vom 1.4.2014 als Einnahmen gem. § 19 EStG 100 000 € erfasst.
Wird die verdeckte Gewinnausschüttung erkannt, sind 80 000 € als Einnahmen gem. § 19 EStG und die verdeckte Gewinnausschüttung in voller Höhe mit 20 000 € als Einkünfte aus Kapitalvermögen gem. § 20 Abs. 1 Nr. 1 EStG zu erfassen. Nach der Änderung des Körperschaftsteuerbescheids ist gem. § 32 a Abs. 1 KStG der Einkommensteuerbescheid zu ändern, und die verdeckte Gewinnausschüttung § 20 Abs. 1 Nr. 1 EStG mit 20 000 € als Kapitaleinkünfte zu erfassen.

43–49 *frei*

IX. Verdeckte Einlagen

1. Auf der Ebene der Gesellschaft

50 Zunächst sind unter dem Begriff Einlagen sowohl **offene als auch verdeckte Zuführungen** von Gesellschaftern an eine Kapitalgesellschaft zu verstehen.

Unbestritten führen **gesellschaftsrechtliche Einlagen** bei Gründung oder Kapitalerhöhung nicht zu Einkommenserhöhungen der Gesellschaft, z.B. Leistung des Ausgabebetrags der Aktien einer AG oder der Stammeinlage/-en bei einer GmbH. Solche Einlagen führen zu Nennkapital; soweit (Ausgabe-)Aufgeld zu leisten ist, ist ein solcher Betrag in die Kapitalrücklage gem. § 272 Abs. 2 Nr. 1 HGB einzustellen. Steuerlich führt die Zuführung zur Kapitalrücklage gem. § 27 Abs. 1 KStG als nicht in das Nennkapital geleistete Einlage zu einem Zugang im **steuerlichen Einlagekonto,** um bei einer späteren Rückzahlung des Betrags an die Gesellschafter sicherzustellen, dass diese Beträge (folgerichtig) bei diesen nicht versteuert werden, vgl. § 20 Abs. 1 Nr. 1 Satz 3 EStG.

51 Auch **verdeckte Einlagen** eines Gesellschafters führen zu einer **Erhöhung des ausschüttungsfähigen Vermögens** der Gesellschaft. Sie dürfen sich nicht auf die Höhe des steuerlichen Einkommen auswirken. Soweit sie handelsbilanziell als Ertrag zu erfassen sind, erfolgt eine Abrechnung bei Ermittlung des Einkommens, vgl. § 8 Abs. 3 Satz 3 KStG.

Eine verdeckte Einlage liegt vor, wenn:

- eine **Zuwendung durch einen Gesellschafter** (oder einer nahe stehenden Person) an die Gesellschaft vorliegt,
- es sich um einen einlagefähigen Vermögensgegenstand handelt und
- die Zuwendung ihre Ursache im gesellschaftsrechtlichen Bereich hat.

Verdeckt erfolgt eine Einlage, wenn sie **durch das Gesellschaftsrecht** 52
veranlasst ist. Dies ist dann der Fall, wenn ein Nichtgesellschafter bei Anwendung der Sorgfalt eines ordentlichen Kaufmanns den Vermögensvorteil der Gesellschaft nicht eingeräumt hätte (R 40 Abs. 3 KStR).

Eine Einlage setzt eine **Vermögensmehrung der Kapitalgesellschaft** voraus, die bilanzmäßig ausweisbar ist. Gegenstand einer verdeckten Einlage kann nur ein aus Sicht der Gesellschaft bilanzierungsfähiger Vermögensvorteil sein. Dieser muss in der Steuerbilanz der Gesellschaft entweder zum Ansatz bzw. zur Erhöhung eines Aktivpostens oder zum Wegfall bzw. zur Minderung eines Passivpostens geführt haben. Damit scheiden **Nutzungsvorteile** als Gegenstand einer verdeckten Einlage aus, z.B. durch die Überlassung eines Wirtschaftsguts zum Gebrauch oder zur Nutzung. Dies gilt aber nicht, wenn in einer auf den Zeitpunkt des Verzichts aufzustellenden Bilanz der Gesellschaft Verbindlichkeiten eingestellt werden müssten.

Beispiel:

Der zu 40% beteiligte Gesellschafter einer GmbH verzichtet am 1.9. eines kalenderjahrgleichen Wirtschaftsjahres auf die ihm zustehenden Zinsen für das ganze Jahr von insgesamt 2 400 €. Die Beteiligung hält der Gesellschafter im Privatvermögen.

Hinsichtlich der Zinsen bis August i.H.v. 1 600 € eine verdeckte Einlage vor. Der durch die Ausbuchung der Verbindlichkeit bei der GmbH entstehende Ertrag wird durch die Abrechung der verdeckten Einlage bei der Ermittlung des Einkommens wieder neutralisiert. Hinsichtlich des Verzichts auf die Zinsen nach dem 1.9. liegt eine nicht einlagefähige Nutzungseinlage vor. Beim Gesellschafter führt der Verzicht zu Einnahmen i.S.d. § 20 Abs. 1 Nr. 7 EStG iHv. 1 600 €und zugleich zu nachträglichen Anschaffungskosten der Beteiligung.

Einlagen sind über § 8 Abs. 1 KStG gem. § 4 Abs. 1 Satz 5 EStG i.V.m. § 6 Abs. 1 Nr. 5 EStG grds. mit dem **Teilwert zu bewerten.** Abnutzbare Wirtschaftsgüter sind von diesem Wert abzuschreiben.

Beispiel:

Der zu 40% beteiligte Gesellschafter verkauft seiner GmbH eine Maschine zum Preis von 5 000 €. Angemessen wären 9 000 € gewesen. Für den zu niedrigen Kaufpreis sind allein gesellschaftsrechtliche Gründe ausschlaggebend gewesen.

Die Maschine ist mit 9 000 € zu aktivieren. In Höhe der Differenz von 4 000 € liegt ein auszuweisender Ertrag in der Steuerbilanz der GmbH vor, der bei der Ermittlung des Einkommens als verdeckte Einlage wieder abzurechnen ist. Bemessungsgrundlage für die Abschreibung der Maschine sind 9 000 €.

Ein **Verzicht** des Gesellschafters **auf** eine **voll werthaltige Forderung** 53
führt zu einer verdeckten Einlage i.H. des Nennbetrags der Forderung. Der durch die Ausbuchung entstehende Ertrag ist bei der Ermittlung des Einkommens abzurechnen (vgl. vorletztes Beispiel).

Bei **Verzicht** auf eine **nicht voll werthaltige Forderung** sind Besonderheiten zu beachten, die anhand des folgenden Beispiels aufgezeigt werden sollen. Weiterführend wird auf BMF v. 8.6.1999, BStBl. I 545 verwiesen.

Beispiel:

Der Alleingesellschafter einer GmbH erlässt seiner GmbH ein schon mehrere Jahre bestehendes Darlehen im Betrag von 50 000 €. Die Anteile befinden sich im Privatvermögen. Der Alleingesellschafter erlässt das Darlehen, weil die GmbH

a) für eine Betriebserweiterung weitere Mittel benötigt. Die GmbH könnte das Darlehen im Zeitpunkt des Verzichts ohne weiteres zurückzahlen.

b) sich in einer schleichend begonnenen und nunmehr vorhandenen finanziellen Krise befindet und kein Kreditinstitut mehr zu weiteren Darlehen bereit ist. Würde der Gesellschafter das Darlehen bei Beginn der Krise kündigen, könnte er noch eine Tilgung von 10 000 € erreichen.

c) wie b), aber im Darlehensvertrag ist geregelt, dass das Darlehen auch in einer finanziellen Krise stehen gelassen wird.

d) wegen einer unvorhersehbaren finanziellen Krise plötzlich sowohl überschuldet als auch zahlungsunfähig ist.

Variante:

Der Gesellschafter gewährt der GmbH erst in der Krise ein Darlehen.

a) Die Darlehensforderung war im Zeitpunkt des Erlasses voll werthaltig. Es erfolgt eine betriebswirtschaftliche notwendige und sinnvolle Zuführung von Kapital. Es liegt eine verdeckte Einlage zum Nennwert i. H. v. 50 000 € vor, die keine Auswirkung auf den Gewinn der GmbH hat. Beim Gesellschafter führt die Einlage zu entsprechenden nachträglichen Anschaffungskosten seiner Beteiligung i. S. d. § 17 EStG.

b) Es handelt sich um ein in der Krise der GmbH stehen gelassenes Darlehen. Die Krise der Gesellschaft ist eingetreten, wenn die Gesellschafter vor der Frage stehen, ob sie als ordentliche Kaufleute Eigenkapital zuführen oder sich für die Liquidation der Gesellschaft entscheiden, vgl. § 32 a Abs. 1 GmbHG. Durch die Entscheidung des Gesellschafters, das Darlehen stehen zu lassen, hat es eigenkapitalersetzenden Charakter bekommen. Es liegt eine verdeckte Einlage vor. Es ist der gemeine Wert (= Teilwert) maßgebend, den das Darlehen im Zeitpunkt des Eintritts der Krise hatte (BFH v. 24.4.1997, BStBl. 1999 II 339, möglich ist auch ein Wert von 0 €). Im vorliegenden Fall ist dies ein Betrag von 10 000 €. In Höhe der Differenz zwischen auszubuchender Verbindlichkeit und einzubuchender Einlage ergibt sich ein zu versteuernder Gewinn der GmbH. Beim Gesellschafter führt die verdeckte Einlage i. H. v. 10 000 € zu nachträglichen Anschaffungskosten seiner Beteiligung i. S. d. § 17 EStG. Der darüber hinausgehende ausgefallene Betrag ist der steuerlich unbeachtlichen privaten Vermögenssphäre zuzurechnen.

c) Es handelt sich um ein krisenbestimmtes Darlehen. Im Falle des Ausfalls der Forderung liegt eine verdeckte Einlage vor. Diese ist mit dem Nennwert der Forderung zu bewerten und führt in dieser Höhe auch zu Anschaffungskosten des Beteiligten auf seine Beteiligung.

d) Hierbei handelt es sich in Abgrenzung zu c) um kein stehen gelassenes Darlehen und damit nicht um eigenkapitalersetzendes Kapital, weil es sich um eine nicht vorhersehbare plötzlich aufgetauchte Krise handelt. In diesem Fall ist die Einlage durch den Verzicht auf das Darlehen nach dem Grundsatz mit seinem gemeinen Wert zu bewerten, in diesem Fall mit 0 €. In Höhe der auszubuchenden Verbindlichkeit ergibt sich bei der Gesellschaft ein Gewinn. Beim Gesellschafter entstehen dadurch keine nachträglichen Anschaffungskosten auf seine Beteiligung i. S. d. § 17 EStG. Der gesamte ausgefallene Betrag ist der steuerlich unbeachtlichen privaten Vermögenssphäre zuzurechnen.

Variante:

Dieser Fall ist wie c) zu behandeln. Die verdeckte Einlage ist mit dem Nennwert zu behandeln und führt zu entsprechenden Anschaffungskosten der Beteiligung (Hinweis: Gleiches gilt für sog. Finanzplandarlehen, u. a. mit dem die Kapitalausstattung der GmbH sichergestellt wird).

54 Das **Einkommen** einer Kapitalgesellschaft **erhöht sich** gem. § 8 Abs. 3 Satz 4 KStG um eine verdeckte Einlage, soweit diese das Einkommen des **Gesellschafters** als **Betriebsausgaben oder Werbungskosten** gemindert hat.

Beispiel:
Alleiniger Gesellschafter einer GmbH ist A. Die Anteile an der GmbH befinden sich bei A im Betriebsvermögen seines Einzelunternehmens. A verkauft der GmbH ein betriebliches Grundstück mit Buchwert von 10 000 € für einen Kaufpreis von 80 000 €. Angemessen gewesen wäre ein Kaufpreis von 100 000 €. A bucht: Bank 80 000 € an Grundstücke 10 000 € und sonstiger betrieblicher Ertrag 70 000 €, die GmbH bucht: Grundstücke 80 000 € an Bank 80 000 €.

Lösung: 20 000 € des Kaufpreises sind als verdeckte Einlage des A in die GmbH anzusehen.

Alternative 1:
Die verdeckte Einlage wird bei der Veranlagung des A erkannt (oder sein Steuerbescheid kann verfahrensrechtlich korrigiert werden).
Der Gewinn aus Gewerbebetrieb des A wird um 20 000 € erhöht. Entsprechend erhöhen sich seine Anschaffungskosten für die GmbH-Beteiligung. Der zutreffende Buchungssatz bei A lautet: Bank 80 000 € und Beteiligung 20 000 € an Grundstücke 10 000 € und sonstiger betrieblicher Ertrag 90 000 €. Bei der Einkommensermittlung der GmbH erhöhen sich die Anschaffungskosten für das Grundstück und die verdeckte Einlage ist gem. § 8 Abs. 3 Satz 3 KStG mindernd zu berücksichtigen, verfahrensrechtlich ggf. gem. § 32 a Abs. 2 KStG. Der richtige Buchungssatz lautet: Grundstücke 100 000 € an Bank 80 000 € und sonstiger betrieblicher Ertrag 20 000 €; zusätzlich außerbilanzielle Abrechnung i. H. v. 20 000 €.

Alternative 2:
Die verdeckte Einlage wird bei der Veranlagung des A nicht erkannt. Der Einkommensteuerbescheid wird bestandskräftig.
Gem. § 8 Abs. 3 Satz 4 KStG ist das Einkommen der GmbH zu erhöhen, weil das Einkommen des A um 20 000 € zu niedrig ist. Ist die Veranlagung der GmbH noch nicht durchgeführt, kann das Einkommen der GmbH entsprechend erhöht werden. Der zutreffende Buchungssatz lautet: Grundstück 100 000 € an Bank 80 000 € und sonstiger betrieblicher Ertrag 20 000 €.
Ist die Veranlagung der GmbH aber bereits durchgeführt, kann das Einkommen der GmbH verfahrensrechtlich nicht erhöht werden. Die Korrekturvorschrift des § 32 a Abs. 2 KStG greift nicht, weil die verdeckte Einlage bei A nicht berücksichtigt wurde.

Eine verdeckte Einlage ist bei einer Körperschaft **einkommenserhöhend** 55
gem. § 8 Abs. 3 Satz 5 Halbsatz 1 KStG zu erfassen, wenn sie auf einer verdeckte Gewinnausschüttung einer dem Gesellschafter nahe stehenden Person (z. B. eine Schwestergesellschaft) beruht (und bei dieser das Einkommen gemindert hat) und die verdeckte Gewinnausschüttung beim Gesellschafter nicht erhöhend berücksichtigt wurde. Statt einer an sich zutreffenden Erfassung beim Gesellschafter, erfolgt hier eine (ersatzweise) Erfassung bei einer Kapitalgesellschaft.

2. Auf der Ebene des Anteilseigners

Verdeckte Einlagen stellen nachträgliche Anschaffungskosten de Gesell- 56
schafters auf die Beteiligung an der Kapitalgesellschaft dar und wirken sich daher bei Veräußerung der Gesellschaft gewinnmindernd aus.

Soweit beim Gesellschafter ein Steuerbescheid oder ein Feststellungsbescheid hinsichtlich der Berücksichtigung einer verdeckten Einlage erlassen, aufgehoben oder geändert wird, kann durch die **Korrekturvorschrift** gem. § 32 a Abs. 2 KStG der Körperschaftsteuerbescheid aufgehoben, erlassen oder geändert werden, um eine **korrespondierende Besteuerung** zu erreichen.

Beispiele:

Beatrix Ugli ist zu jeweils 100% an GmbH 1 und GmbH 2 beteiligt. Die Beteiligungen befinden sich in ihrem Privatvermögen. Beatrix Ugli ist Steuerinländerin, die beiden Kapitalgesellschaften sind im Inland ansässig. GmbH 2 überlässt der GmbH 1 ein Grundstück und erhält dafür von dieser eine Miete i.H.v. 100 000 €, von der 20 000 € als unangemessen anzusehen sind. Die GmbH 1 hat 100 000 € als Betriebsausgaben und die GmbH 2 diesen Betrag als Betriebseinnahmen verbucht.

Lösung: In Höhe von 20 000 € liegt eine verdeckte Gewinnausschüttung der GmbH 1 an Beatrix Ugli und eine verdeckte Einlage der Beatrix Ugli in die GmbH 2 vor.

Alternative 1:

Die verdeckte Gewinnausschüttung kann verfahrensrechtlich bei der Veranlagung der GmbH 1 gem. § 8 Abs. 3 Satz 2 KStG deren Einkommen hinzugerechnet werden.
In diesem Fall ist bei Beatrix Ugli die verdeckte Gewinnausschüttung i.H.v. 20 000 € zu erfassen, verfahrensrechtlich ggf. gem. § 32 a Abs. 1 KStG. Weiterhin ist die verdeckte Einlage der Beatrix Ugli bei der Einkommensermittlung der GmbH 2 gem. § 8 Abs. 3 Satz 3 KStG abzuziehen, verfahrensrechtlich ggf. gem. § 32 a Abs. 2 KStG. Zudem erhöht die verdeckte Einlage die Anschaffungskosten der Beteiligung der Beatrix Ugli an der GmbH 2.

Alternative 2:

Die verdeckte Gewinnausschüttung kann dem Einkommen der GmbH 1 nicht mehr hinzugerechnet werden, deren Steuerbescheid ist bereits bestandskräftig und eine Korrekturvorschrift ist nicht anwendbar.
Weil die verdeckte Gewinnausschüttung das Einkommen der GmbH 1 gemindert hat, ist bei Beatrix Ugli der Kapitaleinkünftetarif nicht anzuwenden. Ist ihre Veranlagung noch nicht durchgeführt, werden 20 000 € im zu erlassenden Einkommensteuerbescheid als Einkünfte aus Kapitalvermögen erfasst. Die verdeckte Einlage ist bei der GmbH 2 gem. § 8 Abs. 3 Satz 3 KStG einkommensmindernd zu berücksichtigen, ggf. gem. § 32 a Abs. 2 KStG.
Wurde gegenüber Beatrix Ugli der Einkommensteuerbescheid jedoch bereits bestandskräftig erlassen, findet § 32 a Abs. 1 KStG keine Anwendung, weil die verdeckte Gewinnausschüttung bei der GmbH 1 nicht (einkommenserhöhend) berücksichtigt wurde. In diesem Fall ist die verdeckte Gewinnausschüttung bei Beatrix Ugli nicht erfasst. Daher ist das Einkommen der GmbH 2 gem. § 8 Abs. 3 Satz 5 HS. 1 KStG um die verdeckte Einlage erhöht zu lassen, mithin bleiben die Mieteinnahmen in voller Höhe als Betriebseinnahmen erfasst. Bei Beatrix Ugli führt die verdeckte Einlage nicht zu Anschaffungskosten ihrer Beteiligung an der GmbH 2.

57 Eine verdeckte Einlage ist gem. § 8 Abs. 3 Satz 5 Halbsatz 2 KStG bei einer Kapitalgesellschaft **nicht einkommenserhöhend** zu erfassen, wenn das Einkommen der leistenden Kapitalgesellschaft durch die verdeckte Gewinnausschüttung nicht gemindert wurde und das Einkommen des Gesellschafters nicht erhöht wurde, etwa weil die verdeckte Gewinnausschüttung bei einem im Ausland ansässigen Gesellschafter nach ausländischem Recht nicht steuerpflichtig ist.

Beispiel:

Sachverhalt wie voriges Beispiel, jedoch ist Beatrix Ugli im Ausland ansässig. Nach ausländischem Recht ist die verdeckte Gewinnausschüttung der GmbH 1 an Beatrix Ugli nicht steuerpflichtig.
Kann die verdeckte Gewinnausschüttung verfahrensrechtlich dem Einkommen der GmbH 1 hinzugerechnet werden, würde eine Erhöhung des Einkommens der GmbH 2 durch die verdeckte Einlage zu einer doppelten Erfassung der verdeckten Gewinnausschüttung führen. Aus diesem Grund wird die verdeckte Einlage bei der GmbH 2 nicht einkommenserhöhend erfasst.

X. Beteiligungen an anderen Kapitalgesellschaften

Bezieht eine unbeschränkt steuerpflichtige Kapitalgesellschaft von einer anderen in- oder ausländischen Kapitalgesellschaft, an der sie zu mindestens 10% beteiligt ist, eine **Gewinnausschüttung,** so bleibt gem. § 8 b Abs. 1 KStG diese Ausschüttung bei der Ermittlung des Einkommens der Ausschüttungsempfängerin **außer Betracht,** d. h. diese Ausschüttung ist bei der Ermittlung des Einkommens abzusetzen, sofern sie den steuerlichen Gewinn erhöht hat. Damit wird eine Doppelbelastung vermieden, denn der ausgeschüttete Gewinn hat bereits bei der ausschüttenden Gesellschaft der Körperschaftsteuer unterlegen. Die Steuerfreiheit gilt aber nicht für verdeckte Gewinnausschüttungen, wenn diese bei der leistenden Körperschaft das Einkommen gemindert hat. Die Steuerfreiheit soll also nur dann Anwendung finden, wenn die verdeckte Gewinnausschüttung bei der leistenden Körperschaft steuerrechtlich erfasst wurde. 58

Veräußert die Kapitalgesellschaft, die **Beteiligung** ganz oder teilweise und erzielt sie dabei einen Gewinn, so bleibt dieser ebenfalls unbesteuert, vgl. § 8 b Abs. 2 KStG.

Beispiel:

Die A-GmbH hält seit dem 1.2.08 20% der Anteile an der B-GmbH. Am 15.6.08 erhält sie eine Gewinnausschüttung. Am 14.10.08 und 10.6.09 veräußert sie jeweils einen Teil der Anteile und erzielt bei beiden Verkäufen einen Gewinn.
Die von der B-GmbH erhaltene Gewinnausschüttung bleibt nach § 8 b Abs. 1 KStG bei der A-GmbH außer Ansatz. Ebenfalls bleiben nach § 8 b Abs. 2 KStG beide Veräußerungsvorgänge unbesteuert. Soweit die Ausschüttung in 08 und die Veräußerungsgewinne in 08 und 09 den Gewinn erhöht haben, müssen sie bei der Ermittlung des Einkommens 08 bzw. 09 wieder abgezogen werden.

Gewinnausschüttung von Minderheitsbeteiligungen von weniger 10% (Streubesitzdividenden) sind seit dem 28.2.2013 allerdings gem. § 8 b Abs. 4 KStG als Einkommen zu berücksichtigen, wenn die Beteiligung zu Beginn des Kalenderjahres unmittelbar weniger als 10 Prozent des Grund- oder Stammkapitals betragen hat; in diesem Fall liegen voll körperschaftsteuerliche Bezüge vor. Hintergrund dieser Regelung ist ein Urteil des Europäischen Gerichtshofes (EuGH, Urt. v. 20.10.2011, C-284/09), in dem der EuGH beanstandete, dass inländische Firmen Streubesitzdividenden im Gegensatz zu ausländischen Aktionären steuerfrei erhielten.

Beispiel:

Die A-GmbH hält seit dem 1.2.08 5% der Anteile an der B-GmbH. Am 15.6.08 erhält sie eine Gewinnausschüttung. Am 14.10.08 und 10.6.09 veräußert sie jeweils einen Teil der Anteile und erzielt bei beiden Verkäufen einen Gewinn.
Die von der B-GmbH erhaltene Gewinnausschüttung bleibt nicht nach § 8 b Abs. 1 KStG bei der A-GmbH außer Ansatz sondern stellen voll steuerpflichtige Beteiligungserträge der A-GmbH dar. Ebenfalls sind nach § 8 b Abs. 4 KStG beide Veräußerungsvorgänge steuerpflichtig. Soweit die Ausschüttung in 08 und die Veräußerungsgewinne in 08 und 09 den Gewinn erhöht haben, müssen sie bei der Ermittlung des Einkommens 08 bzw. 09 wieder abgezogen werden.

Soweit im Zusammenhang mit steuerfreien Ausschüttungen bzw. steuerfreien Veräußerungsgewinnen Aufwendungen anfallen (z. B. Finanzierungskosten, Veräußerungskosten) wären diese eigentlich gem. § 3 c Abs. 1 EStG 59 in vollem Umfang nicht abzugsfähig, weil sie mit steuerfreien Einnahmen stehen. § 3 c Abs. 1 EStG ist nach § 8 b Abs. 5 Satz 2 KStG jedoch nicht anzuwenden, die **tatsächlichen Aufwendungen** sind in vollem Umfang **Betriebsausgaben. Pauschal** gelten **5% der** steuerfreien **Dividende** gem. § 8 b Abs. 5 Satz 1 KStG KStG als in wirtschaftlichem Zusammenhang mit der Dividende stehende Betriebsausgaben, die den Gewinn nicht mindern dürfen, mithin außerbilanziell **hinzugerechnet** werden. Gleiches gilt bezüglich eines steuerfreien Veräußerungsgewinns. Hier gelten gem. § 8 b Abs. 3 KStG **5% des** jeweiligen **Gewinns** als nicht abzugsfähige Betriebsausgaben.

Beispiel:

Die A-GmbH erhält in 01 eine steuerfreie Dividende von der D-GmbH, an der sie zu 30% beteiligt ist.
Im Zusammenhang mit der Dividende sind tatsächliche Betriebsausgaben in Höhe von
a) 3 000 €
b) 6 000 €
entstanden und haben den Gewinn gemindert.
Bei der Ermittlung des Einkommens der A-GmbH ist die steuerfreie Dividende vom Gewinn lt. Steuerbilanz abzuziehen. Gleichzeitig ist sowohl im Fall a) als auch im Fall b) der Gewinn um 5% von 100 000 € = 5 000 € zu erhöhen. Unabhängig von den tatsächlichen Betriebsausgaben, die abziehbare Betriebsausgaben bleiben, werden nicht abziehbare Betriebsausgaben i. H. v. 5% von 100 000 € fingiert, die bei der Ermittlung des Einkommens hinzuzurechnen sind.
Diese Regelung ist im Fall a) ungünstig, weil tatsächlich weniger Betriebsausgaben entstanden sind, im Fall b) jedoch günstig, weil tatsächlich mehr Betriebsausgaben den Gewinn gemindert haben.

Beispiel:

Die A-GmbH veräußert in 02 ihre Beteiligung an der D-GmbH für 250 000 €.
Im Zusammenhang mit der Veräußerung sind tatsächliche Betriebsausgaben in Höhe von
a) 5 000 €
b) 15 000 €
entstanden und haben den Gewinn gemindert.
Bei der Ermittlung des Einkommens der A-GmbH ist der steuerfreie Veräußerungsgewinn vom Gewinn lt. Steuerbilanz abzuziehen. Gleichzeitig ist sowohl im Fall a) als auch im Fall b) der Gewinn um 5% von 250 000 € = 12 500 € zu erhöhen. Unabhängig von den tatsächlichen Betriebsausgaben, die abziehbare Betriebsausgaben bleiben, werden nicht abziehbare Betriebsausgaben i. H. v. 5% von 100 000 € fingiert, die bei der Ermittlung des Einkommens hinzuzurechnen sind.
Diese Regelung ist im Fall a) ungünstig, weil tatsächlich weniger Betriebsausgaben entstanden sind, im Fall b) jedoch günstig, weil tatsächlich mehr Betriebsausgaben den Gewinn gemindert haben.

60 Kommt es bei der **Veräußerung** von Anteilen zu **Verlusten,** so dürfen diese nach § 8 b Abs. 3 Satz 2 KStG den Gewinn nicht mindern bzw. einen bereits vorhanden Verlust nicht erhöhen.

Beispiel:

Die A-GmbH erhält in 08 eine Ausschüttung der B-GmbH in Höhe von 100 000 €. Noch im selben Jahr verkauft sie ihre Anteile an der B-GmbH und erzielt dabei einen Verlust von 140 000 €. Der Gewinn lt. Steuerbilanz beträgt 600 000 €.

Nach § 8 b KStG ist der Gewinn lt. Steuerbilanz wie folgt zu korrigieren:

	Gewinn	600 000 €
./.	Ausschüttung	100 000 €
+	Veräußerungsverlust	140 000 €
	korrigierter Gewinn	640 000 €

XI. Verlustabzug

1. Verlustabzug nach § 10 d EStG

Nach § 8 Abs. 1 KStG wird das zu versteuernde Einkommen sowohl nach einkommensteuerrechtlichen als auch nach körperschaftsteuerrechtlichen Vorschriften ermittelt. Das **zu versteuernde Einkommen** kann **auch negativ** sein. 61

Beispiel:

Lt. Steuerbilanz beträgt der Verlust einer GmbH 30 000 €. Steuerfreie Erträge in Höhe von 8 000 € haben den Verlust gemindert. Folgende Aufwendungen haben den Verlust erhöht:

Bußgeld	4 000 €.
Vergütung an einen Beirat, der die Geschäftsführung überwacht	10 000 €.

Das zu versteuernde Einkommen ist wie folgt zu ermitteln:

Verlust lt. Steuerbilanz	30 000 €
+ steuerfreie Erträge	8 000 €
./. Bußgeld	4 000 €
./. 1/2 der Vergütung an den Beirat	5 000 €
zu versteuerndes Einkommen (steuerlicher Verlust)	29 000 €

Soweit der **Gesamtbetrag der Einkünfte** bei der Ermittlung des zu versteuernden Einkommens **negativ** ist, ist der **Verlustabzug nach § 10 d EStG** vorzunehmen (vgl. im Einzelnen Rn. 101, Teil 2 ESt). 62

2. Mantelkauf

Ein sog. **Mantelkauf** liegt gem. § 8 c KStG vor, wenn durch Veräußerung von Anteilen an der Kapitalgesellschaft **wirtschaftlich betrachtet** bestehende **Verlustvorträge** i.S.d. § 10 d EStG **verkauft** werden. Denn selbst wenn alle Anteile eine Gesellschaft veräußert werden, ist der rechtlicher Bestand der Kapitalgesellschaft hiervon nicht betroffen, obgleich wirtschaftlich betrachtet ein Wechsel stattgefunden hat. An diese Überlegung knüpft § 8 c KStG an. Danach muss für einen Verlustabzug neben der rechtlichen auch die **wirtschaftliche Identität** gegeben sein: die Körperschaft, die den Verlust abziehen will, muss wirtschaftlich mit der Körperschaft identisch sein, die den Verlust erlitten hat. Werden **mehr als die Hälfte der Anteile** (auch innerhalb des bestehenden Gesellschafterkreises) **veräußert,** geht der Gesetzgeber in § 8 c 2 KStG zwingend von einer fehlenden wirtschaftlichen Identität aus. Erwerbe zum Zwecke der **Sanierung** sind gem. § 8 c Abs. 1 a grds. **unschädlich. Diese sog. Sanierungsklausel wird aber derzeit gem. § 34 Abs. 7 c KStG wegen evtl. Europarechtswidrigkeit nicht angewendet.** 63

Die in der praktischen Anwendung relativ schwierig zu handhabende Regelung des früheren § 8 Abs. 4 KStG wurde durch § 8 c KStG ersetzt. Für eine **Übergangszeit** ist **parallel** auch die **bisherige Regelung** des § 8 Abs. 4 KStG anzuwenden. Diese findet neben § 8 c KStG Anwendung, wenn innerhalb eines vor dem 1.1.2008 beginnenden **Fünf-Jahres-Zeitraums** mehr als die Hälfte der Anteile übertragen werden und der Verlust der wirtschaftlichen Identität vor dem 1.1.**2013** eintritt. Die **Neuregelung** des § 8 c KStG ist ab dem **Veranlagungszeitraum 2008** und **Anteilsübertragungen nach dem 31.12.2007** anzuwenden.

64 § 8 c KStG knüpft nicht mehr – wie seine Vorgängerregelung – an die Zuführung überwiegend neuen Betriebsvermögens an. Allein entscheidend ist ein mittelbarer oder unmittelbarer Anteilseignerwechsel. Werden **innerhalb von fünf Jahren** (vor allem) **Anteils- oder Stimmrechte** von **mehr als 25% bis zu 50%** übertragen, geht ein Verlustvortrag und ein im laufenden Jahr bis zum Zeitpunkt des Wechsels entstehender **Verlust quotal unter**. Nach dem Jahr eines quotalen Untergangs des Verlustvortrags beginnt ein neuer Fünf-Jahres-Zeitraum.

65 Unabhängig davon geht ein **Verlustvortrag** und ein bis zum Wechsel entstehender Verlust **komplett unter**, wenn **innerhalb von fünf Jahren mehr als 50%** der Anteils- oder Stimmrechte übertragen werden; die Anteilsübertragungen, die innerhalb dieses Fünf-Jahres-Zeitraums zu einem quotalen Verlustvortrag führten, zählen mit. Um **Missbrauch** (Unterschreiten der 25%-Grenze durch vier oder mehr Erwerber) zu verhindern, gilt auch eine **Gruppe von Erwerbern** mit gleichen Interessen als ein Erwerber.

XII. Körperschaftsteuertarif-Belastung

66 Nach § 23 Abs. 1 KStG beträgt die Körperschaftsteuer seit dem Veranlagungszeitraum 2008 **15%**. Die Art der Gewinnverwendung (Thesaurierung durch Bildung von Rücklagen oder Ausschüttungen) spielt dabei keine Rolle.

Vom Einkommen für bestimmte Körperschaften ist gem. § 24 KStG ein Freibetrag i.H.v. **5 000 €** abzuziehen. Beispielhaft können den Freibetrag gemeinnützige Körperschaften i.S.d. § 5 Abs. 1 Nr. 9 KStG in der Rechtsform eines Vereins für ihren steuerpflichtigen wirtschaftlichen Geschäftsbetrieben beanspruchen oder **Betriebe gewerblicher Art** von juristischen Personen des öffentlichen Rechts. Das **Einkommen** darf durch diesen Freibetrag **nicht negativ** werden. Er ist an keine Umsatz- oder Gewinngrenze gekoppelt.

Kapitalgesellschaften steht er jedoch nicht zu.

Erwerbs- und Wirtschaftsgenossenschaften sowie Vereinen, die Land- und Forstwirtschaft betreiben, steht (unter bestimmten Voraussetzungen) gem. § 25 KStG ein Freibetrag i.H.v. 15 000 € zu.

Die KöSt unterliegt wie die ESt dem 5,5%igen Solidaritätszuschlag (vgl. Rn. 81).

XIII. KSt-Guthaben

67 Mit Wirkung ab dem Veranlagungszeitraum 2001 wurde das damalige sog. Anrechnungsverfahren umgestellt auf das heutige Teileinkünfteverfahren. Für sich damals aus Teilbeträgen des für Ausschüttungen verwendbaren Eigenkapitals im Anrechungsverfahren **(EK 45 und EK 40)** ergebende Möglichkeiten der Körperschaftsteuerminderung konnten bei der Umstellung aus verfassungsrechtlichen Gründen nicht einfach entfallen. Daher wurde diese

Möglichkeit in einem Körperschaftsteuerguthaben „gespeichert". Aus fiskalischen Gründen wurde für Ausschüttungen, die nach dem 11.4.2003 und **vor dem 1.1.2006** erfolgen, eine mögliche Minderung ausgesetzt (sog. **Moratorium,** vgl. § 37 Abs. 2 a Nr. 1 KStG). Ein vorhandenes Guthaben konnte nicht genutzt werden. Für **Ausschüttungen ab 2006** begann nach § 37 Abs. 2 a Nr. 2 KStG eine auf den restlichen Zeitraum des Übergangszeitraums bis 2018 gestreckte Nutzungsmöglichkeit des Guthabens.

Hiervon wurde auch wieder abgerückt. Das noch vorhandene Körperschaftsteuerguthaben wurde gem. § 37 Abs. 4 Satz 1 KStG letztmals zum 31.12.2006 ermittelt. Über einen **10-jährigen Zeitraum** zwischen 2008 und 2017 wird nach § 37 Abs. 5 KStG das noch bestehende Körperschaftsteuerguthaben ohne weitere Voraussetzungen **ratierlich** zum jeweils 30.9. eines Jahres **ausgezahlt**. **68**

XIV. KSt-Erhöhung

Soweit im Anrechnungsverfahren mit Körperschaftsteuer **unbelastete Gewinne** anfielen (z.B. durch sachliche Steuerbefreiungen der Einnahmen), wurden diese eigenständige festgehalten **(im sog. EK 02)** und bei einer Ausschüttung an die Gesellschafter **mit Körperschaftsteuer nachbelastet.** Im Ergebnis haben diese (nur) im Falle einer Ausschüttung dieselbe Belastung mit Körperschaftsteuer (Ausschüttungsbelastung) erhalten, wie die mit Körperschaftsteuer bereits versteuerten Gewinne. Ohne weiteres wäre durch die Umstellung auf das heutige Teileinkünfteverfahren eine Belastung nicht mehr möglich gewesen. **69**

Aus diesem Grund wurde das **EK 02** gem. § 38 Abs. 1 KStG regelmäßig seit dem 31.12.2000 zum Ende des jeweiligen Wirtschaftsjahren **fortgeschrieben.** Wurde fortgeschriebenes EK 02 bis zum 31.12.2006 für Ausschüttungen verwendet, **erhöhte** dies die **Körperschaftsteuer** des betreffenden Jahres **um 3/7 des verwendeten Betrags.**

Das EK 02 wird gem. § 38 Abs. 4 KStG **letztmals zum 31.12.2006** festgestellt. Das zu diesem Zeitpunkt noch vorhandene EK 02 wird verwendungsunabhängig, also unabhängig von einer Ausschüttung, nach § 38 Abs. 5 KStG **pauschal** mit **3%** versteuert, **mindestens** muss sich ein Körperschaftsteuererhöhungsbetrag von **1 000 €** ergeben. Es musste zum 31.12.2006 also ein EK 02 Bestand von mindestens 33 334 € vorhanden sein. **70**

Die Zahlung der Pauschalsteuer erfolgt in zehn gleichmäßigen **Jahresraten** über einen Zeitraum von **2008 bis 2017**, jeweils zum 30.9. eines Jahres. Auf Antrag, der letztmals zum 30.9.2015 gestellt werden kann, können nach dem Zeitpunkt des Antrags fällige Raten durch **Zahlung in einer Summe** abgelöst werden, wobei eine Abzinsung mit einem Zinssatz von 5,5% erfolgt.

Unter bestimmten Bedingungen können **Wohnungsunternehmen**, die der öffentlichen Hand oder gemeinnützigen Körperschaften gehören oder in der Rechtsform einer Erwerbs- und Wirtschaftsgenossenschaft betrieben werden auf Antrag nach der bisherigen Rechtslage behandelt werden und damit die Versteuerung der naturgemäß sehr hohen Bestände an EK 02 vermeiden.

XV. Steuerliches Einlagenkonto

1. Sinn und Zweck

71 (Vor allem) Unbeschränkt steuerpflichtige Kapitalgesellschaften müssen außerhalb der Buchführung und des Jahresabschlusses nur für körperschaftsteuerliche Zwecke den Nachweis darüber erbringen, ob und in welcher Höhe die Anteilseigner Einlagen über das Nennkapital hinaus erbracht haben. Für die Besteuerung der Kapitalgesellschaften hat dieses Konto zwar keine Bedeutung, jedoch ist es wichtig **für die Besteuerung beim Anteilseigner.**

Mithilfe des steuerlichen Einlagekontos erbringt eine Kapitalgesellschaft den Nachweis, inwieweit in ihren Leistungen an die Gesellschafter frühere Einlagen der Gesellschafter als enthalten gelten. Derartige Rückzahlungen bleiben beim Empfänger nach § 20 Abs. 1 Nr. 1 Satz 3 EStG **unbesteuert, da es sich hier nicht um Gewinnausschüttungen sondern um eine Einlagenrückgewähr handelt** (bei einer Personengesellschaft spräche man von Einlage und späterer Entnahme).

2. Entwicklung

72 Das steuerliche Einlagekonto wurde im Zuge des Wechsels vom Anrechnungsverfahren zum Teileinkünfteverfahren aus dem damaligen EK 04 fortentwickelt, dessen positiver Endbestand der Anfangsbestand des steuerlichen Einlagekontos war. Seitdem ist das steuerliche Einlagekonto wie folgt zu entwickeln:

	Bestand am Ende des vorangegangenen Wirtschaftsjahres
+	Zugänge
./.	Abgänge
Bestand am Ende des Wirtschaftsjahres	

3. Zugänge

73 Das Einlagekonto erfasst im Zeitpunkt ihres Zuflusses lediglich Einlagen **außerhalb** des Nennkapitals, vgl. § 27 Abs. 1 KStG. Einlagen in das Nennkapital der Kapitalgesellschaft stehen für Rückzahlungen an die Gesellschafter bei einer nicht in Liquidation befindlichen Kapitalgesellschaft regelmäßig nicht zur Verfügung. Bei Zuführungen zum steuerlichen Einlagenkonto handelt es sich insbesondere um Einzahlungen der Gesellschafter in die **Kapitalrücklage** – siehe § 272 Abs. 2 HGB – sowie um **verdeckte Einlagen.**

4. Abgänge

74 Ob es zu einem Abgang im steuerlichen Einlagekonto kommt, bestimmt sich nach § 27 Abs. 1 Satz 3 und 4 KStG.

Das Einlagekonto gilt insoweit als gemindert, als die Summe der im Wirtschaftsjahr an die Gesellschafter erbrachten Leistungen **höher** ist **als** das zu

Beginn des Wirtschaftsjahres lt. Steuerbilanz vorhandene, um das **gezeichnete Kapital und** um den **Bestand im Einlagekonto geminderte Eigenkapital.**

Beispiel:

Zum 31.12.08 beträgt das Eigenkapital lt. Steuerbilanz insgesamt 400 000 €. Davon sind 100 000 € gezeichnetes Kapital (Nennkapital). Der Bestand im steuerlichen Einlagekonto zum 31.12.08 beträgt 80 000 €. In 09 werden 250 000 € ausgeschüttet.
Der Abgang im steuerlichen Einlagenkonto ermittelt sich wie folgt:

Summe der in 09 erbrachten Leistungen		250 000 €
Eigenkapital lt. Steuerbilanz per 31.12.08	400 000 €	
./. gezeichnetes Kapital	100 000 €	
verbleibendes Eigenkapital	300 000 €	
Bestand im steuerlichen Einlagekonto zum 31.12.08	80 000 €	
Unterschiedsbetrag	220 000 €	220 000 €
Übersteigender Betrag		30 000 €

Der übersteigende Betrag von 30 000 € ist der Abgang im steuerlichen Einlagekonto in 09.
In 09 ist das Einlagekonto wie folgt zu entwickeln:

Bestand 31.12.08	80 000 €
+ Zugänge 09	0 €
./. Abgänge 09	30 000 €
Bestand 31.12.09	50 000 €

Bei dieser Art der Ermittlung des Abgangs im steuerlichen Einlagekonto **75**
gelten **Einlagen** bei Leistungen an Gesellschafter als **zuletzt verwendet.** Für den Anteilseigner bedeutet dies, dass er 30 000 € nicht zu versteuern braucht, während 220 000 € versteuert werden müssen.

Hätte die Gewinnausschüttung nur 200 000 € betragen, so hätte sie den Unterschiedsbetrag von 220 000 € im obigen Beispiel nicht überschritten. Es wäre nicht zu einem übersteigenden Betrag gekommen und somit hätte sich auch kein Abgang im steuerlichen Einlagekonto ergeben. Folglich hätte der Anteilseigner die gesamten 200 000 € versteuern müssen, denn nur insoweit, wie Leistungen einer Kapitalgesellschaft an ihre Anteilseigner das steuerliche Einlagekonto mindern, unterliegen sie beim Anteilseigner nach § 20 Abs. 1 Satz 1 Nr. 1 Satz 3 EStG nicht der Besteuerung.

Nach § 27 Abs. 3 KStG ist die Gesellschaft verpflichtet (bzw. nach § 27 Abs. 4 KStG das Kreditinstitut), dem Anteilsgegner die Höhe der zurückgewährten Einlagen zu **bescheinigen.**

5. Gesonderte Feststellung

Nach § 27 Abs. 3 KStG wird der jeweilige zum Ende des Wirtschaftsjahres **76**
ermittelte Bestand im steuerlichen Einlagekonto gesondert festgestellt. Der jeweilige Feststellungsbescheid ist zugleich Grundlagenbescheid für die nachfolgende Feststellung.

frei **77–79**

XVI. Berechnung zur Körperschaftsteuer

80 **Beispiel zur Ermittlung der Körperschaftsteuer:**
Eine GmbH (Körperschaftsteuerguthaben per 31.12.2006 100 000 €, kein EK 02) erzielt im kalenderjahrgleichen Wirtschaftsjahr 02 einen handelsbilanziellen Jahresüberschuss von 180 615 €. In der Schlussbilanz wurde eine Rückstellung i.H.v. 7 000 € eingestellt, die nach den Bestimmungen des § 5 III EStG steuerrechtlich nicht zulässig ist. Als Betriebsausgaben sind Vorauszahlungen auf die Körperschaftsteuer 02 i.H.v. 40 000 € sowie den Solidaritätszuschlag i.H.v. 2 200 €, eine Rückstellung für die zu erwartende Körperschaftsteuer-Abschlusszahlung von 28 405 € sowie den Solidaritätszuschlag i.H.v. 1 562 € sowie Aufwendungen für einen Beirat, der die Geschäftsführung überwacht, i.H.v. 20 000 € berücksichtigt. Am 8.8.02 hat die GmbH der Tochter eines Gesellschafters aus Anlass des 18. Geburtstages einen PKW für 10 000 € verkauft. Der marktübliche Preis des PKW beträgt 13 000 € (incl. USt). Für Geschäftsessen mit Kunden wurden 2 500 € und 400 € darauf entfallende Vorsteuer gebucht.
Das zu versteuernde Einkommen der GmbH für den VZ 02 ermittelt sich wie folgt:

	handelsbilanzieller Jahresüberschuss, § 7 Abs. 3 und Abs. 4 Satz 1 KStG		180 615 €
+	steuerrechtlich unzulässiger Aufwand für Rückstellung, § 60 Abs. 2 EStDV	+	7 000 €
=	(steuerlicher) Jahresüberschuss, § 8 Abs. 1 (und Abs. 2) KStG	=	187 615 €
+	verdeckte Gewinnausschüttung, § 8 Abs. 3 Satz 2 KStG i.H. der Differenz zwischen unangemessen niedrigem Verkaufspreis und Marktpreis (vgl. nachfolgenden Punkt 2)	+	3 000 €
+	nichtabziehbare Betriebsausgaben, § 4 Abs. 5 Nr. 2 EStG i.H.v. 30% der angemessenen Bewirtungskosten	+	750 €
+	Körperschaftsteuer-Vorauszahlungen, § 10 Nr. 2 KStG	+	40 000 €
+	Solidaritätszuschlag § 10 Nr. 2 KStG	+	2 200 €
+	Körperschaftsteuer-Rückstellung, § 10 Nr. 2 KStG	+	28 375 €
+	Solidaritätszuschlag-Rückstellung, § 10 Nr. 2 KStG	+	1 560 €
+	Hälfte der Aufsichtsratsvergütungen, § 10 Nr. 4 KStG	+	10 000 €
=	Einkommen, § 7 Abs. 2 KStG und zugleich zu versteuerndes Einkommen, § 7 Abs. 1 KStG		273 500 €

1. Festzusetzende Körperschaftsteuer

81 Die festzusetzende Körperschaftsteuer beträgt gem. § 23 KStG 15% vom zu versteuernden Einkommen abzgl. Minderungen gem.§ 37 Abs. 4 KStG und zzgl. Erhöhungen gem. 38 KStG.

Fortführung des obigen Beispiels:

Einkommen, § 7 Abs. 2 KStG und zugleich zu versteuerndes Einkommen, § 7 Abs. 1 KStG		273 500 €
Davon KSt-Tarif 15%		41 025 €
Abzgl. Minderung § 37 Abs. 4 KStG 1/10 von 100 000 € per 31.12.2006	–	10 000 €
Festzusetzende KSt		31 025 €
Zzgl. SolZ 5,5%		1 706 €

2. Abschlußzahlung/Erstattung

82 Eine verbleibende positive Differenz zwischen festzusetzender Körperschaftsteuer und geleisteten KSt-Vorauszahlungen ergibt die Körperschaftsteuerabschlusszahlung.

Eine verbleibende negative Differenz zwischen festzusetzender Körperschaftsteuer und geleisteten KSt-Vorauszahlungen ergibt die Körperschaftsteuerabschlusszahlung.

Fortführung des obigen Beispiels:

Festzusetzende KSt	31 025 €
Abzgl. KST-VZ laut Sachverhalt	40 000 €
KSt-Erstattung	8 975 €
Zzgl. SolZ 5,5%	1 706 €
Abzgl. SolZ-VZ laut Sachverhalt	2 200 €
SolZ-Erstattung	494 €

3. Rückstellung/Erstattungsanspruch

In Höhe eines verbleibenden Erstattungsanspruches ist erfolgswirksam per Steueraufwand eine Forderung gegen das Finanzamt im Jahresabschluss zu erfassen: 83

Fortführung des obigen Beispiels:

KSt-Erstattung 8 975 €

Buchung:

sonstige Vermögensgegenstände (KSt-Erstattung) 8 975 € an Steueraufwand 8 975 €

SolZ-Erstattung 494 €

Buchung:

sonstige Vermögensgegenstände (SolZ-Erstattung) 494 € an Steueraufwand 494 €

In Höhe einer verbleibenden Abschlusszahlung wäre erfolgswirksam per Steueraufwand eine Rückstellung gegenüber dem Finanzamt im Jahresabschluss zu erfassen: 84

KSt-Abschlußzahlung 15 000 €

Buchung:

Steueraufwand 15 000 € an Rückstellung für Steuern vom Einkommen und Ertrag 15 000 €

SolZ- Abschlußzahlung 825 €

Buchung:

Steueraufwand 825 € an Rückstellung für Steuern vom Einkommen und Ertrag 825 €

Stichwortverzeichnis Körperschaftsteuer

Die Zahlen verweisen auf die Randnummern.

Teil 4: Abgabenordnung

A. Inhalt und Aufbau der AO

I. Stellung der AO im Steuersystem

1. Systematische Stellung und Bedeutung der AO

1 Das Steuerrecht als Teil des Verwaltungsrechts und damit des öffentlichen Rechts gliedert sich in einen allgemeinen und einen besonderen Teil. Die Abgabenordnung (AO) bildet zusammen mit den allgemeinen Vorschriften des Bewertungsgesetzes den **Allgemeinen Teil des Steuerrechts,** während der besondere Teil in den Einzelsteuergesetzen (z.B. EStG, UStG) geregelt ist.

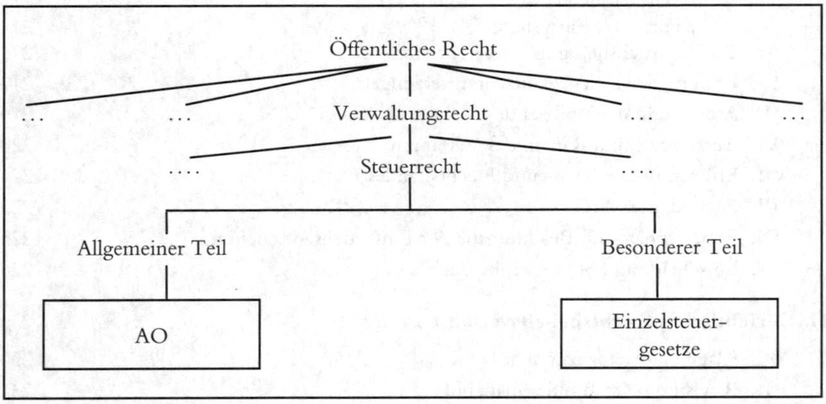

Die AO enthält in erster Linie **Verfahrensvorschriften,** die für einen großen Teil der öffentlichen Abgaben gelten, nämlich für Steuern (vgl. § 1 Abs. 1 AO). Sie wird daher auch als **Steuergrundgesetz** oder **Mantelgesetz** bezeichnet, da die Einzelsteuergesetze von allgemeinen Verfahrensvorschriften entlastet werden, um so unnötige Wiederholungen und sich widersprechende Regelungen zu vermeiden. Gleichzeitig ist damit eine weitgehende Vereinheitlichung des Steuerrechts sichergestellt.

Beispiel:

Steuerbescheide sind schriftlich zu erlassen (§ 157 Abs. 1 AO), unabhängig davon, ob es sich um ESt-, USt- oder GewSt-Bescheide handelt. Ohne die AO wäre eine Wiederholung dieser Formvorschriften in allen Einzelsteuergesetzen erforderlich.

Während die Einzelsteuergesetze die Ansprüche des Fiskus *begründen,* regelt die AO die *Durchsetzung* dieser Ansprüche.

Beispiel:

Das EStG bestimmt die Höhe der festzusetzenden ESt, die AO regelt die Pflichten und Rechte des Bürgers (z.B. Abgabe von Steuererklärungen, Möglichkeit des Einspruchs) und die Aufgaben der Finanzverwaltung in diesem Verfahren (z.B. Zuständigkeit, Festsetzung durch Steuerbescheid). Stets ist also die AO zur Ausführung der Einzelsteuergesetze erforderlich.

Das nachfolgende Schaubild verdeutlicht die Stellung der AO als *Mantelgesetz:*

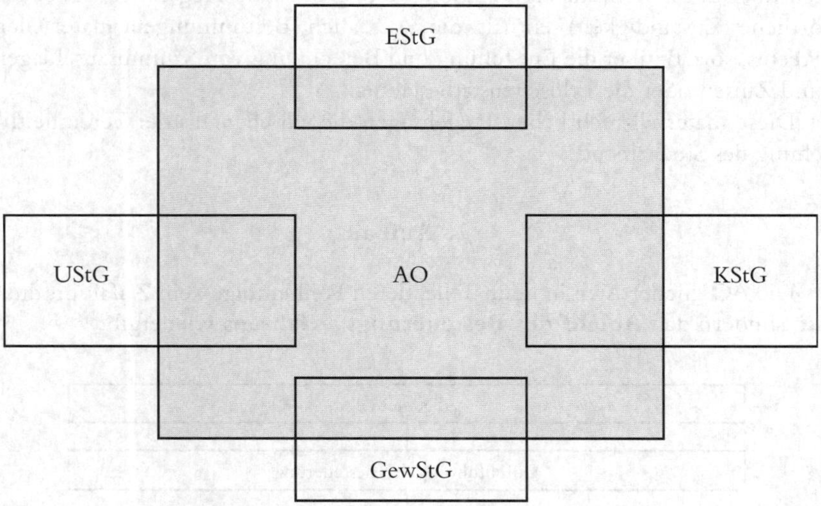

Die Bestimmungen der AO gelten grds. für alle Steuerarten. Wird jedoch eine Regelung sowohl in der AO als auch in einem Einzelsteuergesetz getroffen, so hat die **spezielle Regelung im Einzelsteuergesetz Vorrang** vor der allgemeinen Regelung der AO. 2

2. Verfahrensrechtliche Gesetze neben der AO

Neben der AO enthalten auch andere Gesetze Verfahrensvorschriften. 3

So enthält die **Finanzgerichtsordnung (FGO)** Regeln über das Verfahren vor den Finanzgerichten, welches sich an das außergerichtliche Rechtsbehelfsverfahren (vgl. den siebten Teil der AO) anschließt. Darüber hinaus hat die FGO Vorrang bei der Frage der Klagefrist oder zur Frage der Vertretung vor dem Gericht.

Das **Verwaltungszustellungsgesetz (VwZG)** regelt die (förmliche) Zustellung von Verwaltungsakten *aller* Art, so dass keine eigenständigen Bestimmungen für die Finanzverwaltung erforderlich sind. Ein Hinweis auf die Anwendbarkeit dieses Gesetzes auch in der Finanzverwaltung genügt (vgl. § 122 Abs. 5 AO).

Im **Steuerberatungsgesetz (StBerG)** wird vorrangig die Vertretung des Bürgers durch einen Angehörigen der steuerberatenden Berufe geregelt. Auch hier kann daher eine Erläuterung in der AO entfallen (vgl. § 80 Abs. 1 AO).

II. Inhalt und Aufbau der AO

1. Inhalt

4 Neben den verfahrensrechtlichen Vorschriften (insbesondere die Vorschriften über die Durchführung der Besteuerung oder die Regelungen über die örtliche Zuständigkeit) enthält die AO auch Bestimmungen materiellen Rechts, so z. B. über die Entstehung und Berechnung von Säumniszuschlägen und Zinsen oder die Erlöschenstatbestände.

Diese materiell-rechtlichen Regelungen dienen ebenfalls der Vereinheitlichung des Steuerrechts.

2. Aufbau

5 Die AO gliedert sich in neun Teile, deren Reihenfolge kein Zufallsprodukt ist, sondern den **Ablauf des Besteuerungsverfahrens** wiedergibt.

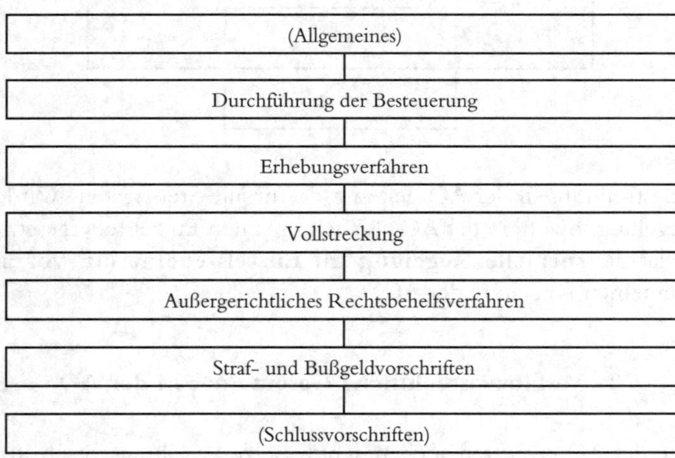

Neben **allgemeinen Erläuterungen** und den allgemein gültigen Verfahrensvorschriften des *Ersten bis Dritten Teils* (§§ 1–133) bildet der *Vierte Teil* mit der **Durchführung der Besteuerung** (§§ 134–217) den Schwerpunkt. Die hiernach festgesetzten Ansprüche werden durch das **Erhebungsverfahren** im *Fünften Teil* (§§ 218–248) und durch die **Vollstreckung** im *Sechsten Teil* (§§ 249–346) verwirklicht. Es schließen sich im *Siebten Teil* (§§ 347–368) das **Rechtsbehelfsverfahren** und im *Achten Teil* (§§ 369–412) **Straf- und Bußgeldvorschriften** an. Der *Neunte Teil* (§§ 413–415) enthält **Schlussvorschriften.**

III. Steuerliche Begriffsbestimmungen

1. Begriff der Steuern

Da die AO nur für bestimmte **Steuern** *uneingeschränkt* gilt (§ 1 Abs. 1 AO) **6**
und weil der Gesetzgeber häufig Sammelbegriffe verwendet (vgl. z.B. § 169 Abs. 2 AO, Art. 105 und 106 GG), ist eine Begriffsbestimmung erforderlich.

Der Gesetzgeber definiert in § 3 Abs. 1 S. 1 AO den Begriff **„Steuern“** **7**
wie folgt:

1. Geldleistungen
2. **ohne** (unmittelbare) **Gegenleistung** für eine bestimmte Leistung
3. von einem öffentlich-rechtlichen Gemeinwesen
4. zur Erzielung von Einnahmen
5. **allen** (bei denen der gesetzliche Tatbestand zutrifft)
6. auferlegt

Zölle sind nach § 3 Abs. 1 S. 2 AO stets Steuern.

Zu 1: Steuerschulden sind stets **Geldleistungen.** Sach- und Dienstleistungsverpflichtungen (z.B. Wehr- oder Zivildienst, Feuerwehrabgabe) sind daher keine Steuern.

Zu 2: Das Tatbestandsmerkmal **„ohne Gegenleistung“** soll in erster Linie die Steuern von den **Gebühren** und **Beiträgen** abgrenzen.
Gebühren sind das Entgelt für die *tatsächliche* Inanspruchnahme der Verwaltung. Beiträge sind zu erbringen, da die *Möglichkeit* eingeräumt wird, Leistungen von der Verwaltung zu verlangen.

Beispiele:
Kfz-Zulassungs*gebühr,* Ausstellungs*gebühren* für einen Personalausweis oder eine Heiratsurkunde; Sozialversicherungs*beiträge,* Straßenanlieger*beiträge,* Kurtaxen.

Zu 3: Öffentlich-rechtliche Gemeinwesen sind neben den Gebietskörperschaften (Bund, Länder, Gemeinden) die Religionsgemeinschaften des öffentlichen Rechts (z.B. römisch-katholische Kirche, evangelisch-lutherische Kirche, jüdische Kultusgemeinde).

Zu 4: Haupt- oder zumindest Nebenzweck einer Steuer muss die **Erzielung von Einnahmen** sein, also die Finanzierung des Staatshaushalts. Hauptzweck einer Steuer kann also auch die Konjunktursteuerung oder die Sozialpolitik sein. Tritt jedoch die Einnahmeerzielungsabsicht völlig in den Hintergrund, so handelt es sich nicht um eine Steuer. Dies sind in erster Linie Abgaben mit *Erziehungscharakter.*

Beispiele:
Verspätungszuschläge und Zwangsgelder sind keine Steuern, weil sie als Druckmittel zur Herbeiführung von Verhaltensänderungen auferlegt werden.

Zu 5: Geldleistungen sind nur dann Steuern, wenn sie allen, d.h. einer Vielzahl von Personen auferlegt sind (vgl. § 85 AO *Gleichmäßigkeit der Besteuerung*) und wenn der Tatbestand des entsprechenden Steuergesetzes erfüllt ist. Daraus wird deutlich, dass jedes Verwaltungshandeln einer gesetzlichen Grundlage bedarf.

Zu 6: Die Verpflichtung zur Erbringung einer Geldleistung muss einseitig durch hoheitlichen Akt auferlegt worden sein.

Beispiele:

Spenden an eine Gemeinde stellen keine Steuern dar, da es sich um eine freiwillige Abgabe handelt. Forderungen eines Finanzamtes aus dem Verkauf von alten Büromöbeln sind nicht nach der AO vollstreckbar, da dieser Anspruch aus einem Kaufvertrag heraus begründet wurde.

Es gibt eine Vielzahl von Einteilungsmöglichkeiten; hier die gebräuchlichsten:

8 a) **Einteilung nach der Ertragshoheit** („Wem fließen die Einnahmen zu?")
   aa) *Bundessteuern,* z.B. Zölle, Kaffeesteuer, Mineralölsteuer, Sektsteuer
   bb) *Landessteuern,* z.B. ErbSt, KfzSt, GrESt
   cc) *Gemeindesteuern,* z.B. GewSt, GrSt
   dd) *Gemeinschaftsteuern,* z.B. USt, LSt, ESt
   ee) *Kirchensteuern*

b) Einteilung nach dem Steuergegenstand („Was wird besteuert?")
   aa) *Besitzsteuern,* z.B. ESt, GewSt, KSt, die an Vermögen und Erträge anknüpfen
   bb) *Verkehrsteuern,* z.B. USt, GrESt, ErbSt, die an wirtschaftliche Vorgänge bzw. Rechtsgeschäfte anknüpfen
   cc) *Verbrauchsteuern,* z.B. Kaffeesteuer, Tabaksteuer, Mineralölsteuer, die an den Verbrauch anknüpfen

c) Einteilung nach der Auswirkung beim Schuldner
   aa) *Direkte* Steuern, z.B. ESt, KSt, die der Steuerschuldner auch tatsächlich wirtschaftlich trägt
   bb) *Indirekte* Steuern, z.B. USt, Mineralölsteuer, die der Steuerschuldner wirtschaftlich auf einen anderen Träger abwälzt (i.d.R. Endverbraucher)

d) Einteilung unter Berücksichtigung der persönlichen Leistungsfähigkeit
   aa) *Personensteuern,* z.B. ESt. Hier werden die persönlichen Verhältnisse des Steuerschuldners (Alter, Familienstand u.a.) berücksichtigt.
   bb) *Sachsteuern,* z.B. USt, GewSt, GrSt, bei denen ausschließlich objektive Gesichtspunkte entscheidend sind.

e) Veranlagungs- und Abzugssteuern

Steuern werden grundsätzlich im Wege der Veranlagung (Festsetzung durch Steuerbescheid) erhoben, z.B. ESt, KSt.

9 In Einzelfällen hat der Gesetzgeber Dritten (z.B. Arbeitgeber, Kapitalgesellschaften) die Pflicht auferlegt, bei Auszahlung von Ansprüchen die darauf lastende Steuer einzubehalten, z.B. LSt, KapESt.

Die ESt ist also eine Mischform, da sie grds. im Veranlagungswege erhoben wird und dabei die bereits vorab im Wege des Steuerabzugs erhobenen besonderen Formen der ESt (LSt, KapESt) angerechnet werden.

10–19 *(frei)*

2. Steuerliche Nebenleistungen

Auf steuerliche Nebenleistungen sind die Vorschriften der AO *sinngemäß* anwendbar, jedoch unter Ausschluss einer Reihe von Bestimmungen (§ 1 Abs. 3 AO). 20

Beispiel:
Ein Verspätungszuschlag unterliegt nicht der Festsetzungsfrist (§ 169 AO), da § 1 Abs. 3 AO die §§ 155–217 AO ausdrücklich ausschließt.

Die **steuerlichen Nebenleistungen** sind in § 3 Abs. 4 AO abschließend aufgezählt. Sie erfüllen nicht den Begriff der „Steuern", weil

a) **Verspätungszuschläge**
(Druckmittel bei der verspäteten Abgabe oder der Nichtabgabe von Steuererklärungen),

b) **Zwangsgelder**
(Druckmittel bei der Nichterfüllung steuerlicher Pflichten, z.B. Nichtbeantwortung eines Auskunftsersuchens oder Nichtabgabe von Erklärungen) und

c) **Säumniszuschläge**
(Druckmittel bei der verspäteten Zahlung von Steuerschulden)

nicht der Erzielung von Einnahmen dienen und weil

d) **Zinsen**
(insbesondere für eine gewährte Stundung) und

e) **Kosten**
(insbesondere Vollstreckungskosten)

Gebühren für eine bestimmte, von der Verwaltung erbrachte (Gegen-) Leistung darstellen.

3. Ermessen

Im Regelfall schreiben Gesetze die gewollte Rechtsfolge zwingend vor, d.h. nur eine Entscheidung kann richtig sein. 21

Beispiele:
Eine Steuererklärung **ist** auf amtlichem Vordruck abzugeben (§ 150 Abs. 1 AO). Steuern **werden** durch Steuerbescheid festgesetzt (§ 155 Abs. 1 AO), das Gesetz bestimmt den Steuersatz (z.B. § 32 a EStG, § 12 UStG).

Häufig lässt das Gesetz aber auch hinsichtlich der Rechtsfolge einer Vorschrift der Verwaltung einen Ermessensspielraum. Dies hat der Gesetzgeber durch die Formulierungen „kann", „darf" o.ä. zum Ausdruck gebracht.

Beispiele:
Ein Verspätungszuschlag **kann** festgesetzt werden (§ 152 Abs. 1 AO).
Ansprüche aus dem Steuerschuldverhältnis **können** gestundet werden (§ 222 AO).

Auch Ermessensentscheidungen kann die Verwaltung nicht vollkommen willkürlich treffen, sondern hat nach § 5 AO insbesondere den Zweck einer Vorschrift sowie die gesetzlich vorgegebenen Grenzen des Ermessens zu be- 22 achten. Bei allen Ermessensentscheidungen ist stets der **„Grundsatz der Verhältnismäßigkeit"** zu beachten, denn durch die Entscheidung muss der vom Gesetzgeber gewünschte Erfolg sichergestellt werden.

Beispiel:

Ein Verspätungszuschlag von 1 000 Euro bei einer Steuer von 20 000 Euro und einer erstmaligen um 2 Wochen verspäteten Erklärungsabgabe überschreitet nicht die gesetzlich vorgegebenen Grenzen (vgl. § 152 Abs. 2 AO), verstößt aber gegen den Sinn und Zweck der Vorschrift. Es liegt ein Ermessensmissbrauch vor, denn der Stpfl. wird wohl auch ohne oder einen geringen Verspätungszuschlag in Zukunft pünktlich sein.

23 Gerade im Ermittlungsverfahren sind häufig Ermessensentscheidungen durch die Finanzbehörden zu treffen. Da das wesentliche Merkmal einer solchen Entscheidung die Möglichkeit mehrerer möglicher richtiger Entscheidungen ist, erfordert die Ausübung des Ermessens entsprechendes „Fingerspitzengefühl".

Die **Anforderung von Beweismitteln** stellt stets eine Ermessensentscheidung dar (vgl. § 92 AO). Dabei sollte von der Behörde stets das Beweismittel ausgewählt werden, welches den geringsten Eingriff in die Sphäre des Bürgers bedeutet.

Beispiel:

Ein Stpfl. erklärt seit Jahren Einkünfte i. H. v. jeweils 300 000 Euro, Zinseinkünfte wurden nicht angegeben.

Das Finanzamt fordert ermessensfehlerhaft unmittelbar sämtliche Kontoauszüge, Sparbücher etc. an, obwohl eine einfache Auskunft hier zunächst auch genügen würde.

Ermessensentscheidungen sind stets zu begründen und nur schwer überprüfbar. Aus diesem Grunde ergehen gerade zu Ermessensvorschriften eine Reihe von Verwaltungsanweisungen, um eine einheitliche Ermessensausübung sicherzustellen.

4. Wohnsitz und gewöhnlicher Aufenthalt

a) Wohnsitz

Da verschiedene Steuergesetze die unbeschränkte Steuerpflicht oder sonstige Rechtsfolgen an den Wohnsitz oder den gewöhnlichen Aufenthalt knüpfen, ist auch dieser in der AO generell definiert. Einen Wohnsitz hat jemand gem. § 8 AO dort, wo er eine Wohnung unter Umständen innehat, die darauf schließen lassen, dass er die Wohnung beibehalten und benutzen wird. Mit Wohnung sind die objektiv zum Wohnen geeigneten Wohnräume gemeint. Es genügt eine bescheidene Bleibe. Nicht erforderlich ist eine abgeschlossene Wohnung mit Küche und separater Waschgelegenheit i. S. d. Bewertungsrechts, vgl. A 7 Nr. 3 AEAO zu § 8 AO.

24 Der Begriff Wohnung ist weit auszulegen. So kann bereits ein einziger Raum als Wohnung i. S. d. § 8 AO anzusehen sein, etwa in einem Altersheim. Eine eigene Kochgelegenheit oder eigene sanitäre Einrichtungen sind nicht Voraussetzung.

Auf die polizeiliche Anmeldung oder auf die tatsächliche Anwesenheit kommt es nicht an. Inne haben bedeutet vielmehr, dass der Steuerpflichtige über eine *Wohnung* rechtlich oder tatsächlich verfügen, sie also insbesondere jederzeit benutzen kann.

Es werden aber Umstände vorausgesetzt, unter denen anzunehmen ist, dass der Inhaber die Wohnung beibehalten und in der Zukunft noch nutzen will. Wird die Wohnung ausschließlich von Angehörigen genutzt, hat der Steuerpflichtige die Wohnung zwar inne, jedoch keinen steuerlichen Wohnsitz mehr dort. Gelegentliche oder regelmäßige Abwesenheit des Steuerpflichtigen von der Wohnung, auch bei längerer Dauer, ändern am Vorhandensein eines steuerlichen Wohnsitzes jedoch nichts, sofern aus den Umständen erkennbar ist, dass der Steuerpflichtige die Wohnung beibehalten wird.

Beispiel:
Ein im Ruhestand lebender Steuerpflichtiger besitzt eine Wohnung in Stuttgart. Er unternimmt laufend längere Reisen ins Ausland, die sich zuweilen über mehr als ein Jahr erstrecken.
Auch wenn sich der Steuerpflichtige ein ganzes Jahr lang nicht in Stuttgart aufgehalten hat, hat er dennoch einen Wohnsitz im Inland und ist damit unbeschränkt steuerpflichtig.

Ehegatten haben regelmäßig einen **gemeinsamen Wohnsitz,** und zwar 25
dort, wo die Familie wohnt. Dies gilt auch für die zur Haushaltsgemeinschaft gehörenden Kinder, auch wenn diese sich, z.B. zu Studienzwecken, *vorübergehend* im Ausland aufhalten.

Möglich ist selbstverständlich, dass ein Steuerpflichtiger an verschiedenen Orten einen Wohnsitz hat, sei dies im Inland oder im Ausland. In diesen Fällen ist unbeschränkte Steuerpflicht gegeben, wenn nur *einer* der Wohnsitze sich im Inland befindet. Wegen Details vgl. A 7 AEAO zu § 8 AO.

b) Gewöhnlicher Aufenthalt

Den gewöhnlichen Aufenthalt bestimmt § 9 AO dort, wo man sich unter 26
Umständen aufhält, die erkennen lassen, dass er an diesem Ort oder in diesem Gebiet nicht nur vorübergehend verweilt. Als gewöhnlicher Aufenthalt im Geltungsbereich dieses Gesetzes ist stets und von Beginn an ein zeitlich zusammenhängender Aufenthalt von mehr als sechs Monaten Dauer anzusehen; kurzfristige Unterbrechungen bleiben unberücksichtigt. Das gilt nicht, wenn der Aufenthalt ausschließlich zu Besuchs-, Erholungs-, Kur- oder ähnlichen privaten Zwecken genommen wird und nicht länger als ein Jahr dauert. Als gewöhnlicher Aufenthalt im Inland ist stets und von Beginn an ein zeitlich zusammenhängender Aufenthalt von mehr als *sechs Monaten* Dauer anzusehen, es sei denn, der Aufenthalt dient ausschließlich zu Besuchs, Erholungs, Kur- oder ähnlichen privaten Zwecken und dauert nicht länger als ein Jahr.

Der gewöhnliche Aufenthalt spielt für die Frage der unbeschränkten Steuer- 27
pflicht nur dann eine Rolle, wenn im Inland *kein* Wohnsitz vorhanden ist. Entscheidend ist die tatsächliche **Anwesenheit im Inland,** die nicht vorübergehender Natur sein muss, da nur der gewöhnliche *(= andauernde)* Aufenthalt die unbeschränkte Steuerpflicht begründet. Um Abgrenzungsschwierigkeiten zwischen einem vorübergehenden und einem gewöhnlichen Aufenthalt auszuschließen, gilt jeder zeitlich zusammenhängende Aufenthalt von mehr als sechs Monaten Dauer als gewöhnlicher Aufenthalt; kurzfristige Unterbrechungen ändern daran nichts.

Beispiel:
Ein ausländischer Saisonarbeiter ist sieben Monate im Inland beschäftigt, ohne hier einen Wohnsitz zu begründen.
Es ist ein gewöhnlicher Aufenthalt im Inland gegeben mit der Folge, dass der Saisonarbeiter unbeschränkt steuerpflichtig ist.

28 Der gewöhnliche Aufenthalt im Inland ist zu verneinen, wenn der Steuerpflichtige unter Benutzung einer im Ausland gelegenen Wohnung lediglich seine Tätigkeit im Inland ausübt. Grenzgänger haben ihren gewöhnlichen Aufenthalt grundsätzlich im Wohnsitzstaat. Dasselbe gilt für Unternehmer/Freiberufler, die regelmäßig jeweils nach Geschäftsschluss zu ihrer Familienwohnung im Ausland zurückkehren. Wer allerdings regelmäßig an Arbeitstagen am Arbeits-/Geschäftsort im Inland übernachtet und sich nur am Wochenende bzw. an Feiertagen und im Urlaub zu seiner Wohnung im Ausland begibt, hat an dem inländischen Arbeits-/Geschäftsort jedenfalls seinen gewöhnlichen Aufenthalt.

29 Der gewöhnliche Aufenthalt kann nicht gleichzeitig an mehreren Orten bestehen. Bei fortdauerndem Schwerpunktaufenthalt im Ausland begründen kurzfristige Aufenthalte im Inland, z. B. Geschäfts-, Dienstreisen, Schulungen, keinen gewöhnlichen Aufenthalt im Inland. Umgekehrt führen kurzfristige Auslandsaufenthalte bei fortdauerndem Schwerpunktaufenthalt im Inland nicht zur Aufgabe eines gewöhnlichen Aufenthalts im Inland. Der gewöhnliche Aufenthalt im Inland ist aufgegeben, wenn der Steuerpflichtige zusammenhängend mehr als sechs Monate im Ausland lebt, es sei denn, dass besondere Umstände darauf schließen lassen, dass die Beziehungen zum Inland bestehen bleiben, vgl. A 8 AEAO zu § 9 AO.

5. Betriebstätte

30 Gem. § 12 AO ist eine Betriebstätte „jede feste Geschäftseinrichtung oder Anlage, die der Tätigkeit eines Unternehmens dient". Beispielhaft, aber nicht abschließend, nennt § 12, Satz 2 AO die Stätte der Geschäftsleitung i. S. d. § 10 AO, (in das Handelsregister eingetragene) Zweigniederlassungen i. S. d. § 13 HGB, Geschäftsstellen (z. B. unselbständige Zweigstellen oder Filialen), Fabrikations- und Werkstätten (Einrichtungen und Anlagen, die der Herstellung oder Bearbeitung von Erzeugnissen dienen), Warenlager, Ein- und Verkaufsstellen und Bergwerke, Steinbrüche sowie stehende oder örtlich fortschreitende oder gar schwimmende Stätten der Bodenschatzgewinnung sowie bestimmte Bauausführungen

31 Auch nicht sichtbare, unterirdisch verlaufende Rohrleitungen (Pipelines) sind feste Geschäftseinrichtungen i. S. d. § 12 Satz 1 AO und damit Betriebstätten (BFH-Urt. v. 30.10.1996 – II R 12/92 – BStBl 1997 II, 12). Zu den Betriebstätten zählen auch bewegliche Geschäftseinrichtungen mit vorübergehend festem Standort (z. B. fahrbare Verkaufsstätten mit wechselndem Standplatz).

32 Die Begriffsbestimmung gilt auch für die freiberufliche Tätigkeit und Steuerpflichtige mit Einkünften aus Land- und Forstwirtschaft. Diese Beispielsfälle sind bei der Auslegung des Betriebstättendefinition gem. § 12 Satz 1 AO zu berücksichtigen.

Geschäftseinrichtung oder Anlage kann jeder körperliche Gegenstand sein (insbesondere z.B. Gebäude(-teile), aber auch Verkaufsautomaten oder Plakatsäulen).

Eine Differenzierung zwischen Geschäftseinrichtung und Anlagen ist wegen der identischen Rechtsfolgen müßig. (begrifflich anders im OECD-MA, siehe dort)

Die notwendige „Festigkeit" der Geschäftseinrichtung beinhaltet neben einer örtlichen Bindung i.S. „einer gewissen Verwurzelung" auch ein zeitliches Moment. So entwickelt der BFH in ständiger Rechtsprechung aus der Voraussetzung „feste" Geschäftseinrichtung das Gebot der „Verbindung mit (einem festen Punkt) der Erdoberfläche" ebenso wie „die Notwendigkeit einer gewissen Dauer". Die Tätigkeit darf nicht nur vorübergehend, kurzfristig ausgeübt werden. 33

Hinsichtlich der zeitlichen Dauer des Bestands der Betriebstätte machen weder § 12 AO noch der BFH konkrete verbindliche Vorgaben. Vielmehr richtet sich dies nach den Gesamtumständen des Einzelfalls. Jedoch hält der BFH eine 6-Monatsfrist in sinngemäßer Anwendung des § 12, Satz 2 Nr. 8 AO zur Bauausführung (s.u.) für einen geeigneten Anhaltspunkt, fordert gar einen Mindestbestand von 6 Monaten zur Annahme einer „festen" Geschäftseinrichtung. 34

Die Verbindung der Geschäftseinrichtung mit der Erdoberfläche muss keineswegs dauerhafter baulicher Natur sein, vielmehr reicht eine hinreichende örtliche Konkretisierung, die auf eine gewisse Dauer angelegt ist. So können nach h.M. bspw. auch täglich aufzubauende Marktstände, sogar mit wechselnden Standplätzen, bereits eine Betriebstätte darstellen. 35

Ferner entwickelte der BFH in ständiger Rechtsprechung aus dem Merkmal der Festigkeit, dass Steuerpflichtige über die Geschäftseinrichtung oder Anlage eine nicht nur „vorübergehende Verfügungsmacht" haben muss. Diese Verfügungsmacht sah der BFH als „Rechtsposition an, die ihm ohne seine Mitwirkung nicht, oder nicht ohne weiteres entzogen werden kann", und sich auf bestimmte Räume beziehen muss, jedoch unabhängig von der Rechtsposition des Eigentums, dem Steuerpflichtigen auch entgeltlich oder gar unentgeltlich überlassen werden kann. Es ist jedoch nicht notwendig, dass diese Verfügungsmacht auch nach außen erkennbar wird. 1993 erkannte der BFH jedoch, dass „die geforderte Rechtsposition weder ausdrücklich vereinbart noch auf einen bestimmten Raum oder Arbeitsplatz bezogen sein muss", vielmehr soll es genügen, wenn aus „tatsächlichen Gründen anzunehmen ist, dass dem Unternehmer irgendein Raum zur Nutzung zur Verfügung gestellt wird". Davon kann bei einer regelmäßigen, nachhaltigen tatsächlichen Nutzung – auch wechselnder Räume innerhalb eines bestimmten Areals – durch den Unternehmer ausgegangen werden. Insbesondere eine ausschließliche Verfügungsmacht durch den Steuerpflichtigen wird nicht gefordert. Diese Auffassung bestätigte der BFH zusammenfassend sogar für den Fall, dass der Steuerpflichtige wechselnde Räume zugewiesen bekam, die er oder seine Mitarbeiter erst im Anschluss an personenbezogene Kontrollmaßnahmen betreten konnte, wenn die Betretungsbefugnis nach Überprüfung der Personalien dem Grunde nach außer Frage steht. An der zum Investitionszulagenrecht ergangenen Entscheidung, dass die Privatwohnung eines Arbeitnehmers je- 36 doch mangels Verfügungsmacht keine Betriebstätte des Arbeitgebers darstellt, wird ausdrücklich festgehalten.

37 Neben den genannten Merkmalen der Festigkeit muss die Anlage oder Einrichtung der Tätigkeit des Unternehmens dienen, d.h. den Unternehmenszweck fördern. Ob mit Hilfe der Anlage hingegen eine Haupt- oder Hilfstätigkeit ausgeübt wird, spielt für den nationalen Betriebstättenbegriff des § 12 AO keine Rolle.

38 Der generelle Betriebsstättenbegriff der AO ist nicht anzuwenden, soweit andere Rechtsvorschriften (z.B. DBA, OECD-Musterabkommen, EStG) abweichende Regelungen zum Begriff „Betriebstätte“ enthalten. Vgl. A 9 AEAO zu § 12 AO. Abweichend von § 12 AO enthält zB. § 41 Abs. 2 EStG für den Bereich des Lohnsteuerabzugs durch den Arbeitgeber eine eigene Betriebstättendefinition: „Betrieb oder Teil des Betriebs in dem der für den Lohnsteuerabzug maßgebende Arbeitslohn ermittelt wird“.

39 Grds. findet die Legaldefinition der Betriebstätte des § 12 AO Anwendung auf den Begriff in sämtlichen Einzelsteuergesetzen, die keine eigenständige Definition enthalten. Jedoch schränkt der BFH diesen Grundsatz ein. Nach Ansicht des BFH muss bei jeder Verwendung des Betriebstättenbegriffes „im Rahmen der Auslegung der jeweiligen Regelung der Zusammenhang berücksichtigt werden, in dem die Vorschrift steht“. Insbesondere für die Anwendung des § 4 Abs. 5 Nr. 6 EStG (Fahrten zwischen Wohnung und Betriebstätte) will der BFH abweichend von § 12 AO die Definition in Anlehnung an die Parallelregelung für den Werbungskostenabzug der Arbeitnehmer analog der „Arbeitsstätte“ des Arbeitnehmers verstanden wissen. Auch für Zwecke der Investitionszulage und der Bildung von Rücklagen nach dem AuslInvG sieht der BFH einen engeren Betriebstättenbegriff als § 12 AO, um der unberechtigten Inanspruchnahme dieser Begünstigungen entgegen zu treten. Die spezielle Betriebstättendefinition des § 41 Abs. 2 EStG verdrängt für den Bereich des Lohnsteuerabzug durch den Arbeitgeber gem. dem Rechtsgrundsatz „lex specialis derogat legi generali“ die Anwendung des § 12 AO.

IV. Zuständigkeit der Finanzbehörden und der Finanzgerichtsbarkeit

40 Die AO unterscheidet in die örtliche und sachliche Zuständigkeit. Die Vorschriften über die Zuständigkeiten sind geregelt in §§ 16–23 AO.

Die sachliche Zuständigkeit der Finanzbehörden richtet sich gemäß § 16 Abgabenordnung, soweit nichts anderes bestimmt ist, nach dem Gesetz über die Finanzverwaltung, FVG. Das FVG definiert zum Beispiel die sachliche Zuständigkeit der Bundesbehörden in § 4 FVG, des Bundesamtes für Finanzen in § 5 FVG und der Oberfinanzdirektion in § 8 FVG sowie der Hauptzollämter in § 12 FVG und der Finanzämter in § 17 FVG.

41 Die Finanzbehörden generell sind grundsätzlich sachlich zuständig für die Festsetzung und Erhebung von Steuern. Daneben besteht zB. keine sachliche Zuständigkeit auf anderen Gebieten wie zum Beispiel dem Strafvollzugsrecht

oder der Straßenverkehrsordnung. Aus dem föderativen Aufbau der Bundesrepublik und der damit verbundenen Einteilung in Bundes-, Landes- Gemeinschafts und Gemeindesteuern gemäß Art. 106 Grundgesetz (GG) ergibt sich weiterhin die so genannte verbandsmäßige Zuständigkeit als ein Unterfall der sachlichen Zuständigkeit. Dabei gilt:

Bundessteuern werden grundsätzlich durch Bundesfinanzbehörden verwal- **42**
tet, vergleiche auch Art. 108 Abs. 1 GG.

Gemeindesteuern wie die Gewerbesteuer und die Grundsteuer werden von **43**
den Gemeinden verwaltet. Welche Gemeinde genau zuständig ist, ergibt sich aus der örtlichen Zuständigkeit. Alle übrigen Steuern werden durch die Landesfinanzbehörden verwaltet, vergleiche Art. 108 Abs. 2 GG. Ein Verwaltungsakt, der von einer sachlich unzuständigen Behörde erlassen worden ist, ist fehlerhaft, vgl. § 130 Abs. 2 Nr. 1 AO. Er kann, muss aber nicht gemäß § 125 Abs. 1 AO nichtig sein.

Wenn in der Sache auch durch die örtlich zuständige Behörde keine andere Entscheidung hätte getroffen werden können, kommt gem. § 127 AO eine Aufhebung nur wegen der Verletzung der örtlichen Zuständigkeit nicht in Betracht.

Die so genannte funktionelle Zuständigkeit ist eine Unterart der sachli- **44**
chen Zuständigkeit. Diese bestimmt, welche von verschiedenen denkbar zuständigen Landesfinanzbehörden im jeweiligen Einzelfall konkret tätig wird. Die interne Zuständigkeit innerhalb eines Finanzamtes gehört nicht zur so nannten sachlichen Zuständigkeit. Die Folgen der Verletzung des internen Geschäftsverteilungsplans einer Finanzbehörde ergibt sich aus § 119 Abs. 3 iVm. § 127 AO.

Wenn nun alle Finanzämter sachlich zuständig sind für Einkommensteuer, **45**
Umsatzsteuer, Körperschaftsteuer und Ähnliches, stellt sich im konkreten Fall die Frage welches Finanzamt denn nun genau nun für einen Fall zuständig ist. Dies entscheidet sich nach den Regelungen zur sogenannten örtlichen Zuständigkeit, die entscheidet welche konkrete Behörde bei mehreren sachlich zuständige Behörden im Einzelfall zuständig ist. Ein Verstoß gegen die zutreffende örtliche Zuständigkeit führt alleine nicht zur Nichtigkeit eines unter Missachtung der örtlichen Zuständigkeit ergangen Verwaltungsaktes oder Steuerbescheides. Auch ein von einer örtlich nicht zuständigen Finanzbehörde erlassener Steuerbescheid ist grundsätzlich wirksam gemäß 124 Abs. 2 und § 125 Abs. 3 Nr. 1 AO, allerdings ist ein solcher Verwaltungsakt bzw. Steuerbescheid fehlerhaft. Gemäß § 127 AO ist ein solcher Steuerbescheid allerdings nicht alleine deswegen aufzuheben, weil er von einer örtlich zuständigen Behörde erlassen wurde, wenn in der Sache keine andere Entscheidung hätte getroffen werden können.

Zuständig für die Festsetzung der Einkommensteuer einer natürlichen Per- **46**
son ist gemäß § 19 Abs. 1 AO grundsätzlich das so genannte Wohnsitz-Finanzamt. Das ist das Finanzamt, in dessen Bezirk der Steuerpflichtige seinen Wohnsitz oder seinen gewöhnlichen Aufenthalt hat. Bei mehrfachem Wohnsitz ist der Wohnsitz maßgebend, an dem sich der Steuerpflichtige vorwiegend aufhält, Vergleich § 19 Abs. 1 Satz zwei Abgabenordnung. Bei verheirateten Steuerpflichtigen ist der Wohnsitz maßgebend, an dem sich die Familie vorwiegend aufhält.

47 Gehören zum Bereich der Wohnsitzgemeinde eines Steuerpflichtigen mehrere Finanzämter (zum Beispiel in der Gemeinde Bonn gibt es die Finanzämter Bonn-Innenstadt und Bonn-Außenstadt) und übt ein Steuerpflichtiger mit Gewinneinkünften (Land und Forstwirtschaft, Gewerbebetrieb oder freiberuflicher Tätigkeit) diese Tätigkeit innerhalb seiner Wohnsitzgemeinde aus, aber im Bezirk eines anderen Finanzamts als des eigentlich örtlich zuständigen Wohnsitz-Finanzamt des so bestimmt sich die örtliche Zuständigkeit abweichend vom Wohnsitz-Finanzamt nach der Belegenheit der Betriebsstätte beim Betriebsstätten-Finanzamt.

48 § 18 AO regelt die örtliche Zuständigkeit für gesonderte Feststellungen. § 18 AO unterscheidet in das so genannte Lagefinanzamt, das Betriebs-Finanzamt, und das Tätigkeits-Finanzamt. Das Lagefinanzamtes ist zuständig für:

- die Feststellung für Einheitswerte für Grundstücke
- Gewinnfeststellungsbescheide bei land- und forstwirtschaftlichen Betriebe
- sowie der Bedarfsbewertung für Grundbesitz nach 152 Abs. 1 Nr. 1 iVm. § 151 Abs. 1 Nr. 1 BewG.

49 Das Betriebs-Finanzamt ist das Finanzamt, in dessen Bezirk sich die Geschäftsleitung bzw. die Betriebsstätte befindet, und ist zuständig für:

- die gesonderte Feststellung einer gewerblichen Tätigkeit,
- die Feststellung des Wertes von Gewerbebetrieben für Zwecke der ErbSt nach § 152 iVm. § 151 BewG sowie
- der Feststellung des Wertes von Anteilen an Kapitalgesellschaften ohne Kurswert für Zwecke des Erbschaftsteuergesetzes.

50 Das Tätigkeits-Finanzamt ist gemäß § 18 Abs. 1 Nr. 3 AO zuständig für die gesonderte Feststellung des Gewinnes aus freiberuflicher Tätigkeit, wenn sich die Betriebsstätte des freiberuflichen Betriebes in einem anderen Bezirk befindet als das Wohnsitz-Finanzamt des Betriebsinhabers.

51 Für die Körperschaftsbesteuerung von Kapitalgesellschaften und Vereinen ist gemäß § 20 AO das Finanzamt zuständig, in dessen Bezirk sich die Geschäftsleitung der steuerpflichtigen Körperschaft befindet.

52 Für die Umsatzsteuer ist gemäß § 21 AO generell das Finanzamt zuständig von dessen Bezirk aus der Unternehmer sein Unternehmen betreibt. Eine Ausnahme gilt jedoch für die Einfuhrumsatzsteuer, die nach der Zuständigkeitsregelung für die Zölle (§ 23 AO) behandelt wird. Für so genannte Realsteuern gibt es eine geteilte Zuständigkeit gemäß § 22 AO. Für die Festsetzung und Zerlegung der Beträge ist bei der Grundsteuer des Lage-Finanzamt, bei der Gewerbesteuer das Finanzamt örtlich zuständig. Die eigentliche Erhebung und Festsetzung der Gewerbesteuer und Grundsteuer erfolgt allerdings durch die jeweils zuständige Gemeinde.

53 Für Zölle und Verbrauchsteuern ist gemäß § 23 AO das Hauptzollamt örtlich zuständig in dessen Bezirk der Tatbestand verwirklicht wird an der das Gesetz die Steuer knüpft bzw. der Unternehmen sein Unternehmen betreibt.

V. Aufbau und Zuständigkeit der Finanzgerichtsbarkeit

Gemäß § 33 FGO ist die Klage beim Finanzgericht zu erheben bei Streitigkeiten über Steuern, die durch Bundes- oder Landesfinanzbehörden verwaltet werden. Das sind wie oben ausgeführt zum Beispiel Einkommensteuer, Umsatzsteuer, Körperschaftsteuer aber auch Gewerbesteuer und Grundsteuer**mess**bescheide. Klagen gegen Gewerbesteuer und Grundsteuerbescheide sind hingegen beim Verwaltungsgericht zu erheben, da diese Steuer nicht durch die Landes- oder Bundesfinanzbehörden sondern durch die Gemeinden verwaltet werden. Steuerstrafverfahren wegen Steuerhinterziehung werden ebenfalls nicht durch das Finanzgericht verhandelt, sondern dafür sind die Strafgerichte zuständig. Gem. § 35 FGO ist das Finanzgericht die sachlich zuständige Gerichtsbarkeit in erster Instanz nach dem Finanzamt. Das Finanzgericht ist zugleich die letzte Tatsacheninstanz. Gemäß Paragraph 36 FGO ist der BFH zuständig als Revisionsinstanz und entscheidet über das Rechtsmittel der Revision gegen Urteile des Finanzgerichts. **54**

Örtlich zuständig ist gemäß Paragraph 38 in Verbindung mit Paragraph 63 Abs. 1 FGO das Finanzgericht, in dessen Bezirk das beklagte Finanzamt seinen Sitz hat. Der Bundesfinanzhof ist das bundesweit oberste Finanzgericht und hat seinen Sitz in München.

frei **55–59**

B. Ermittlung der Besteuerungsgrundlagen

I. Besteuerungsgrundsätze und Beweismittel

Die Durchführung des Besteuerungsverfahrens mit dem Ziel der Verwirklichung der auf Grund der Einzelsteuergesetze entstandenen Steueransprüche ist die wichtigste Aufgabe der Finanzverwaltung. Vom Tag der Ent- **60**

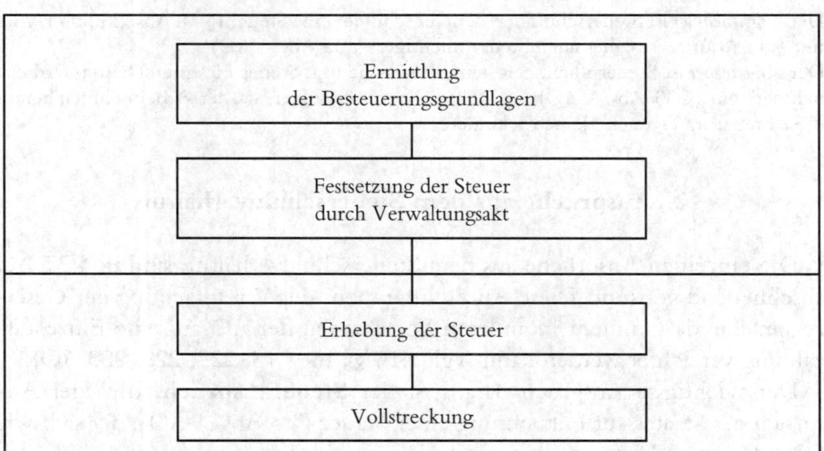

stehung der Steuer bis zu dem Tag, an dem der Staat diese Einnahmen tatsächlich erhält, ist es jedoch ein langer Weg, denn zunächst müssen mithilfe des Steuerpflichtigen die Besteuerungsgrundlagen *ermittelt,* anschließend die Ansprüche durch die Behörde *festgesetzt* und *erhoben* und ggf. *beigetrieben* werden.

II. Steuerpflicht- und Steuerschuldverhältnis

1. Begriff

61 Das **Steuerpflichtverhältnis** umfasst alle Pflichten (und ggf. Rechte) des Bürgers gegenüber der Finanzverwaltung. Im Einzelnen bestimmt § 33 AO die Pflichten des Steuer*pflichtigen* wie folgt:

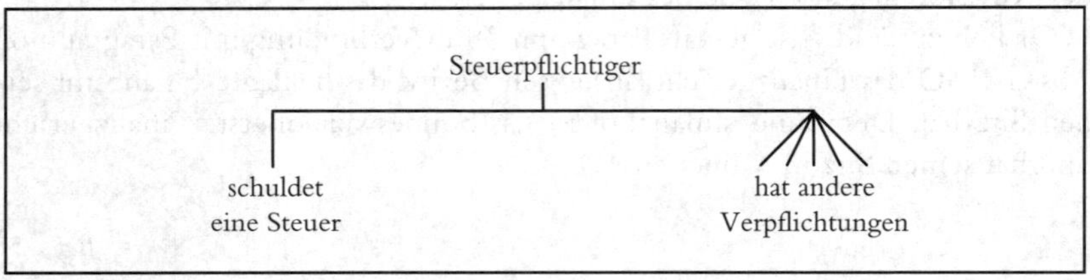

Neben der Verpflichtung, Geldleistungen zu erbringen, sind auch andere Pflichten geregelt, z.B. Bücher und Aufzeichnungen zu führen, Steuererklärungen abzugeben oder Steuern für Dritte einzubehalten.

Die Summe all dieser Pflichten und Rechte bildet das Steuerpflichtverhältnis, das das auf Geldleistungen gerichtete Steuerschuldverhältnis einschließt.

Das **Steuerschuldverhältnis** ist daher ein spezieller Teil des allumfassenden Steuerpflichtverhältnisses, zugleich aber auch der bedeutendste Anspruch des Finanzamts.

Beispiel:

Der *Arbeitnehmer* ist Steuerschuldner, denn er schuldet eine Steuer (§ 38 Abs. 2 EStG i.V.m. mit § 43 AO); er ist daher auch Steuerpflichtiger (§ 33 Abs. 1 AO).

Der *Arbeitgeber* ist Steuerpflichtiger, denn er hält die o.g. Steuer für einen Dritten (Arbeitnehmer) ein (§ 33 Abs. 1 AO); er ist kein Steuerschuldner, da der Arbeitnehmer bereits diese Steuer im eigenen Namen schuldet.

2. Ansprüche aus dem Steuerschuldverhältnis

62 Die einzelnen Ansprüche aus dem Steuerschuldverhältnis sind in § 37 AO abschließend genannt. Diese Aufzählung dient der Vereinfachung der Gesetzessprache, da nunmehr in anderen Vorschriften der AO auf eine Einzelaufzählung verzichtet werden kann (vgl. z.B. §§ 69, 218, 222, 228, 233 AO).

Der wichtigste Anspruch daraus ist der **Steueranspruch,** d.h. der Anspruch des Staates auf Entrichtung einer Steuer (§ 3 Abs. 1 AO), der sich wie folgt skizzieren lässt:

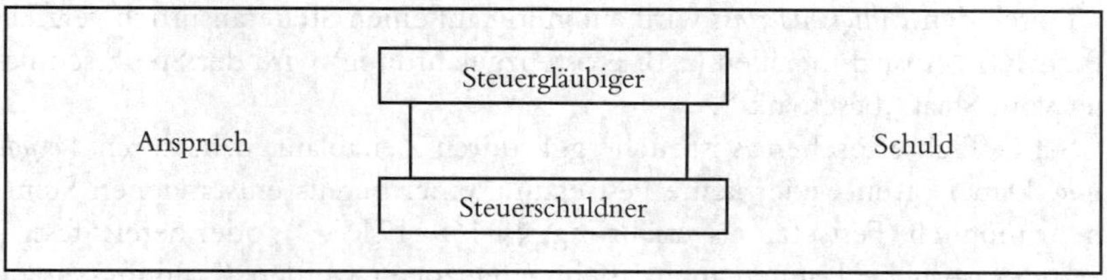

Dabei ist regelmäßig der Fiskus Gläubiger, im Erstattungsfall jedoch der Bürger.

Ob ein solcher Zahlungsanspruch überhaupt besteht und wer ihn schuldet, **63** wann er entstanden und wann er fällig ist, richtet sich nach den Einzelsteuergesetzen (vgl. §§ 43, 38 und 220 AO).

Dabei sind folgende Stationen zur Konkretisierung des Steueranspruchs erforderlich:

1. Entstehung (§ 38 AO)
2. Festsetzung (§ 155 AO)
3. Verwirklichung (§ 218 AO)
4. Fälligkeit (§ 220 AO)
5. Erlöschen (§ 47 AO)

Beispiel:

Die ESt 02 entsteht mit Ablauf des 31.12.02 (§ 38 AO i.V.m. § 36 Abs. 1 EStG) und wird von einer natürlichen Person geschuldet (§ 43 AO i.V.m. § 1 EStG), sofern sachliche Steuerpflicht gegeben ist (§ 2 EStG), d.h. ein entsprechendes zu versteuerndes Einkommen vorhanden ist.

Die Steuer *entsteht* also kraft Gesetzes durch Erfüllung des gesetzlichen Tatbestandes („Erzielung von Einkünften"), d.h. auch ohne entsprechende Steuererklärung.

Verwirklicht wird dieser Anspruch durch Festsetzung (Steuerbescheid; i.d.R. nach Abgabe einer entsprechenden Erklärung; § 218 Abs. 1 i.V.m. § 155 Abs. 1 AO) und durch Festlegung einer entsprechenden *Fälligkeit* (§ 220 AO i.V.m. § 36 Abs. 4 EStG). Der Anspruch *erlischt* regelmäßig durch Zahlung des Schuldners (§§ 47, 224 AO).

Die Frage der **Entstehung** einer Steuer ist in der Praxis kaum von Bedeutung, allenfalls in den Fällen der Aufrechnung (§ 226 AO) und in einigen Fällen der Haftung (§ 75 AO). Ein einheitliches Prinzip zur Frage des Entstehungszeitpunktes ist in den Einzelsteuergesetzen nicht erkennbar, allenfalls bei den Veranlagungssteuern, die spätestens mit Ablauf des Kalenderjahres (also am 31.12.) entstehen (vgl. z.B. § 36 Abs. 1 EStG). Selbstverständlich kann ein Anspruch nur festgesetzt werden, wenn er bereits entstanden ist.

Wichtigste Grundlage für die **Verwirklichung** von Ansprüchen bilden die **64** Steuerbescheide. Durch eine damit verbundene **Fälligkeitsbestimmung** wird festgelegt, bis zu welchem Zeitpunkt die Steuerschuld gezahlt sein muss.

Neben der Zahlung (§§ 224, 225 AO) nennt § 47 AO beispielhaft die wichtigsten **Erlöschenstatbestände:**

- Aufrechnung (§ 226 AO)
- Erlass (§§ 163, 227 AO)
- Verjährung (§§ 169–171; §§ 228–232 AO)

Aufrechnung bedeutet dabei die Verrechnung von Steuerrückständen mit Steuerguthaben des gleichen Steuerschuldners (vgl. auch §§ 387–396 BGB).

Durch den *Billigkeitserlass* wird endgültig auf einen Steueranspruch verzichtet, d.h. in Ausnahmefällen (z.B. Existenzgefährdung) wird der Steuerschuldner vom Staat „beschenkt".

Schließlich erlöschen Ansprüche ggf. durch Zeitablauf, d.h. durch *Verjährung.* Dabei ist entweder keine Festsetzung einer bereits entstandenen Steuer mehr möglich (Festsetzungsverjährung, §§ 169–171 AO), oder bereits festgesetzte Ansprüche können nicht mehr eingezogen werden (Zahlungsverjährung, §§ 228–232 AO).

3. Pflichten und Rechte des Steuerbürgers

a) Steuerliche Pflichten

65 Neben den in § 33 AO genannten wichtigsten Pflichten haben die Steuergesetze dem Bürger noch einige weitere Verpflichtungen auferlegt, von denen noch einige genannt sein sollen:

- *Mitwirkungspflicht* bei der Ermittlung des Sachverhalts (§§ 90, 200 AO)
- Auskunftspflicht (§ 93 AO)
- *Vorlagepflicht* von Urkunden und anderen Beweismitteln (§§ 97 ff. AO)
- *Anzeigepflicht* (§§ 137, 138 AO)

All diese Pflichten dienen dazu, das Besteuerungsverfahren ordnungsgemäß abzuwickeln und die materiell richtige Steuer festzusetzen. Die Pflichten sind daher zum größten Teil **erzwingbar,** i.d.R. durch die Festsetzung von *Zwangsgeld* (vgl. § 328 Abs. 1 AO). Dies gilt insbesondere für die Abgabe und Ergänzung von Steuererklärungen oder die Erteilung von Auskünften.

Lassen sich Besteuerungsgrundlagen nicht oder nur zum Teil ermitteln, so ist das Finanzamt berechtigt, diese zu *schätzen* (vgl. § 162 AO). Allerdings darf keine Strafschätzung (bewusst überhöhte Schätzung als Erziehungsmaßnahme) erfolgen.

Erziehungsmaßnahme kann in diesem Zusammenhang jedoch ein *Verspätungszuschlag* (§ 152 AO) wegen der verspäteten Abgabe oder Nichtabgabe der Steuererklärung sein, der sich nach der Höhe der festgesetzten Steuer und dem Grad des Verschuldens bemisst (vgl. § 152 Abs. 2 AO).

b) Steuerliche Rechte

66 Als Gegenleistung für seine Mitwirkung bei der Ermittlung des Steueranspruchs genießt der Bürger auch eine Reihe von Rechten. Die wichtigsten sollen an dieser Stelle kurz erwähnt werden:

- *Steuergeheimnis*
  als Schutz der persönlichen Verhältnisse des Bürgers (vgl. § 30 AO). Es umfasst sowohl das Amtsgeheimnis als auch den allgemeinen Datenschutz.
- *Beratung und Auskunft*
  § 89 AO begründet eine gewisse Fürsorgepflicht der Finanzverwaltung gegenüber dem Steuerpflichtigen. Daher sollen Finanzbeamte den Bürger – falls erforderlich – über Verfahrensrechte und -pflichten informieren.

§ 89 AO beinhaltet allerdings kein Recht auf „Steuerberatung" durch die Finanzbehörde.

- *Rechtliches Gehör*
  Nach § 91 AO ist die Finanzbehörde grds. verpflichtet, *vor* Erlass eines für den Steuerpflichtigen ungünstigen Verwaltungsaktes Sachverhaltsfragen abzustimmen, umso unnötige Rechtsbehelfsverfahren zu vermeiden.
- *Begründung von Verwaltungsakten*
  Verwaltungsakte, insbesondere Steuerbescheide, sollen nach § 121 AO regelmäßig zum besseren Verständnis begründet werden. Dies gilt besonders dann, wenn von den Erklärungen des Steuerpflichtigen abgewichen wird.

Verletzt das Finanzamt § 91 oder § 121 AO und versäumt der Steuerpflichtige *aus diesem Grund* die Rechtsbehelfsfrist, so liegt darin ggf. der Grund für eine „Wiedereinsetzung in den vorigen Stand" (vgl. § 126 Abs. 3 AO; vgl. Rn. 83).

III. Verfahrensgrundsätze

1. Allgemeine Verfahrensgrundsätze

Die Finanzbehörden haben die Besteuerungsgrundsätze der §§ 85 ff. AO 67 zu beachten, die für das gesamte Steuerverwaltungsverfahren gelten. Dabei bringt § 85 AO die tragenden Säulen des Steuerrechts zum Ausdruck: **Gesetzmäßigkeit und Gleichmäßigkeit** der Besteuerung.

> „Die Finanzbehörden **haben** die Steuern nach **Maßgabe der Gesetze gleichmäßig** festzusetzen und zu erheben."

Die Finanzbehörden sind also verpflichtet, ein Besteuerungsverfahren durchzuführen. Dabei ist der Sachverhalt von Amts wegen zu ermitteln **(Untersuchungsgrundsatz)** und alle günstigen wie ungünstigen Umstände sind gleichermaßen zu berücksichtigen (vgl. §§ 86, 88 AO).

Auch der **Beginn des Verfahrens** ist von Amts wegen einzuleiten, aus- 68 nahmsweise auf Antrag (z.B. Antrag auf Arbeitnehmerveranlagung oder auf Festsetzung der Eigenheimzulage). Die Frage, ob überhaupt ein Verwaltungsverfahren eingeleitet werden soll, stellt sich dagegen nur bei Ermessensentscheidungen (z.B. Zwangsgeld, Verspätungszuschlag).

Die Steuern werden nach **Maßgabe der Gesetze** festgesetzt, d.h. Steuervereinbarungen mit dem Steuerpflichtigen (z.B. abgesprochene Schätzung) sind unzulässig. Auch ist sicherzustellen, dass alle steuerpflichtigen Personen von den Finanzbehörden erfasst und rechtlich gleich behandelt werden.

Beispiel:

Der Stpfl. stellt einen Antrag auf Aufteilung der Steuerschuld (vgl. § 268 AO). Das Finanzamt muss auf Grund dieses Antrags tätig werden.
Ein Betriebsprüfer darf eine Außenprüfung nicht beenden, wenn er für den Stpfl. günstige Tatsachen erkennt (vgl. auch § 199 Abs. 1 AO).

2. Beweismittel

69 Die Finanzbehörde bedient sich bei der Ermittlung gem. § 92 AO der Beweismittel, die sie nach pflichtgemäßem Ermessen zur Ermittlung des Sachverhalts für erforderlich hält. Sie kann insbesondere

- Auskünfte jeder Art von den Beteiligten und anderen Personen einholen,
- Sachverständige zuziehen,
- Urkunden und Akten beiziehen,
- den Augenschein einnehmen.

IV. Fristen und Termine, Wiedereinsetzung in den vorherigen Stand

1. Begriffe

70 Ein geordnetes Verwaltungsverfahren ist nur gewährleistet, wenn die beteiligten Parteien für ihr Handeln verbindliche Zeitfestlegungen zu beachten haben. Die AO kennt **Fristen und Termine** (vgl. §§ 108–110 AO), ohne diese Begriffe jedoch zu erläutern.

> Eine **Frist** ist ein abgegrenzter bestimmter **Zeitraum,** in dessen Verlauf eine Handlung erwartet wird und dessen Versäumen die Rechtslage ändert.

Beispiele für Fristen:

Die **Einspruchsfrist** (§ 355 AO) behandelt einen Zeitraum, da der Stpfl. jederzeit innerhalb der Frist einen Einspruch einlegen kann und nicht nur am letzten Tag der Frist. Wird diese Frist versäumt, so wird der Verwaltungsakt bestandskräftig, d.h. sachliche Fehler können im Einspruchsverfahren nicht mehr korrigiert werden.
Steuererklärungsfristen (§ 149 AO) räumen dem Stpfl. die Möglichkeit ein, irgendwann innerhalb eines Zeitraums die entsprechenden Erklärungen abzugeben. Geschieht dies nicht, so sind ggf. die Voraussetzungen für eine Schätzung (§ 162 AO) und/oder die Festsetzung eines Verspätungszuschlags (§ 152 AO) erfüllt.
Weitere Beispiele sind die **Festsetzungsfrist** (§§ 169 ff. AO), die **Zahlungsverjährung** (§ 228 AO), die **Zahlungs-** (§ 240 Abs. 3 AO) und **Vollstreckungsschonfrist** (§ 254 Abs. 1 AO).

71 Da fast alle gesetzlichen Zeitfestlegungen Fristen sind, kommt demgegenüber den Terminen in der Praxis kaum Bedeutung zu.

> Ein **Termin** ist ein genau bestimmter **Zeitpunkt,** an dem etwas geschehen soll oder eine Wirkung eintritt und dessen Versäumen die Rechtslage ändert. Der davor liegende Zeitraum ist unbeachtlich.

Beispiele für Termine:

Ein vom Finanzamt oder vom Gericht gesetzter Termin zur **eidesstattlichen Versicherung** (§ 284 AO) kann nur zu diesem Termin und nicht vorher oder nachher erbracht werden.

Die vorgenannten Ausführungen lassen sich wie folgt zusammenfassen: 72

verlangte Handlung

innerhalb eines Zeitraums	an einem bestimmten Zeitpunkt
Frist	Termin

Dabei ist stets auf die Zielsetzung einer Vorschrift und nicht auf ihren Wortlaut abzustellen.

Beispiel:
Nach § 37 Abs. 1 EStG hat der Stpfl. ESt-Vorauszahlungen **am** 10. März etc. zu entrichten. Selbstverständlich treten bei früherer Zahlung keine Nachteile ein, so dass es sich tatsächlich um eine Frist handelt. Man liest die Vorschrift daher besser wie folgt: „… hat **bis zum** 10. März … zu entrichten".

Der Grund der **Unterscheidung** ergibt sich aus § 108 Abs. 3 AO: 73

Alle **Fristen,** die am Wochenende oder an einem gesetzlichen Feiertag **enden,** verschieben sich auf den nächstfolgenden Werktag.

Daraus ergibt sich, dass ein **Termin** auch auf z.B. einen Sonntag fallen kann. Dies hat der Gesetzgeber in § 108 Abs. 5 AO für von der Behörde gesetzte Termine zusätzlich ausdrücklich klargestellt, auch wenn diese Vorschrift in der Praxis kaum Bedeutung haben dürfte.

Beispiele:
Ein Steuerbescheid, der am 22.12. zur Post geht, gilt grds. am dritten Tag nach Aufgabe zur Post, d.h. am 25.12. als bekanntgegeben (§ 122 Abs. 2 Nr. 1 AO). Mit Urteil vom 14.10.2003 (BStBl 2003 II S. 898) hat der BFH entschieden, dass es sich bei der sog. Bekanntgabefiktion um eine Frist und nicht um einen Termin handelt. Dementsprechend kommt es auch beim Bekanntgabetag zu einer Fristverschiebung. Da der 25. und auch der 26.12. gesetzliche Feiertage sind, erfolgte die Bekanntgabe somit am 27.12. (§ 108 Abs. 3 AO).
Die **Einspruchsfrist** endet in diesem Fall regulär mit Ablauf des 27.1. (1 Monat, § 355 Abs. 1 AO). Fällt dieser Tag z.B. auf einen Samstag, so kann der Stpfl. bis zum Ablauf des Montags, 29.1., einen zulässigen Rechtsbehelf einlegen (§ 108 Abs. 3 AO).
Sog. **„Fälligkeitstermine"** („… zahlen Sie am …") stellen jeweils den letzten Tag von Zahlungs*fristen* dar. Der Begriff oder der Gesetzeswortlaut ist oft missverständlich. § 108 Abs. 3 AO ist also zu beachten.

2. Fristarten

Die meisten steuerlichen Fristen sind **gesetzliche Fristen.** Dauer und Beginn ergeben sich dabei unmittelbar aus dem Gesetz: 74

• Steuererklärungsfristen		§ 149 Abs. 1 AO
• Einspruchsfrist		§ 355 Abs. 1 AO
• Zahlungsfristen	z.B.	§ 36 Abs. 4 EStG
• Festsetzungsfrist		§ 169 Abs. 2 AO

75 Da in den folgenden Vorschriften Angaben zum Fristverlauf fehlen, handelt es sich um **behördliche Fristen,** d.h. Fristbeginn und -dauer sind durch Ermessensentscheidung durch die Behörde festzulegen:

- Stundung § 222 AO
- Aussetzung der Vollziehung § 361 AO
- Auskunftsfrist § 93 AO
- Vorlagefrist § 97 AO
- Fristverlängerungen § 109 AO

76 Warum diese erneute **Unterscheidung?**

Behördliche Fristen sind nach § 109 Abs. 1 AO stets **verlängerbar,** *gesetzliche Fristen* aber **nur,** wenn dies wiederum **gesetzlich vorgesehen** ist, z.B. *Erklärungs-* (§ 109 Abs. 1 AO) und *Zahlungsfristen* (§§ 222, 361 AO).

Für gesetzliche Fristen dagegen besteht ggf. die Möglichkeit der **Wiedereinsetzung in den vorigen Stand,** falls das Einhalten der Frist mit Vorteilen für den Steuerpflichtigen verbunden wäre (§ 110 AO). Ansonsten führt das Nichteinhalten von gesetzlichen Fristen regelmäßig zu Rechtsverlusten.

Eine Fristverlängerung kann auch rückwirkend (§ 109 Abs. 1 S. 2 AO) sowie unter Auflagen oder Bedingungen (§ 109 Abs. 2 AO) erfolgen. Die Wiedereinsetzung ist keine Fristverlängerung; vielmehr wird der Stpfl. so gestellt, als habe er die (längst abgelaufene) Frist gewahrt.

Übersicht:

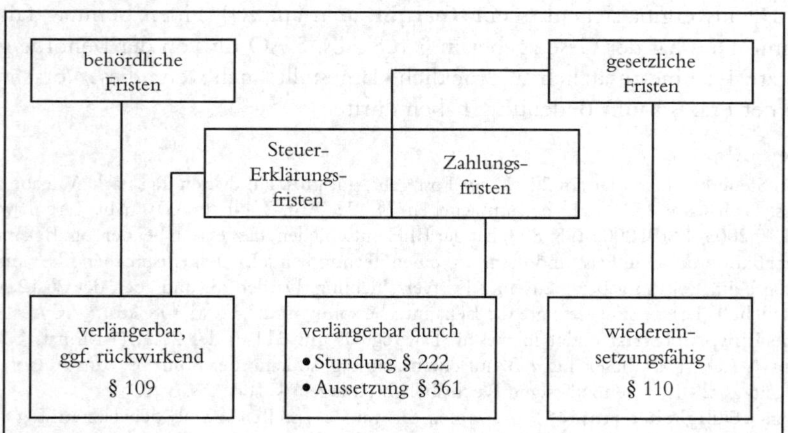

3. Fristberechnung

77 Für die Fristberechnung gelten die Vorschriften der §§ 187–193 BGB, falls die Absätze 2–6 des § 108 AO keine Regelungen enthalten (§ 108 Abs. 1 AO).

Jede Frist lässt sich nach folgendem Schema berechnen:

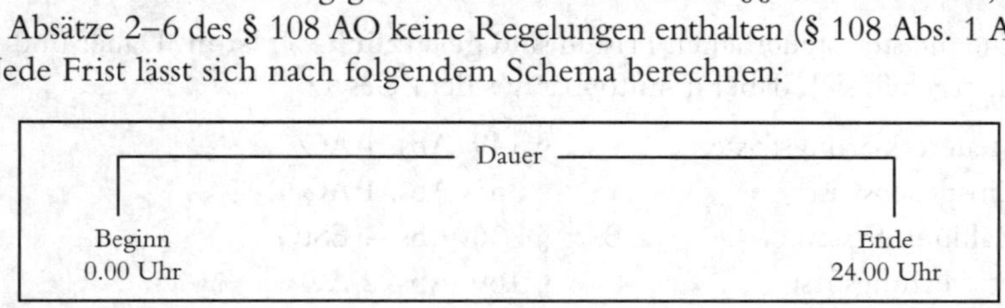

a) Beginn

Die AO regelt lediglich den Beginn von **behördlichen Fristen** (§ 108 Abs. 2 AO). 78

Falls dieser nicht ausdrücklich bestimmt wurde, beginnt die Frist am Tag nach der Bekanntgabe des Verwaltungsaktes.

Beispiel:

Ein Auskunftsersuchen mit 4 Wochen Fristsetzung geht am 10.5. zur Post. Da der Bekanntgabetag der 13.5. ist (§ 122 Abs. 2 BGB), beginnt die 4-wöchige Frist am 14.5. um 0.00 Uhr (§ 108 Abs. 2 BGB).

Hinsichtlich der gesetzlichen Fristen unterscheidet § 187 BGB die Ereignisfristen (§ 187 Abs. 1 BGB) und die Tagesbeginnfristen (§ 187 Abs. 2 BGB). 79

Fast alle steuerlichen Fristen sind **Ereignisfristen,** d.h. der Lauf der Frist wird durch ein „Ereignis" ausgelöst.

Beispiele für Ereignisse:

Einspruchsfrist (§ 355 Abs. 1 AO):	Bekanntgabe des Verwaltungsaktes
Vollstreckungsschonfrist (§ 254 Abs. 1 AO):	Bekanntgabe des Leistungsgebotes
Festsetzungsfrist (§ 170 Abs. 1 AO):	Ablauf des Kalenderjahres (KJ) der Entstehung der Steuer
Festsetzungsfrist (§ 170 Abs. 2 Nr. 1 AO):	Ablauf des KJ der Abgabe der Erklärung

> Ist für den Beginn einer Frist ein Ereignis entscheidend, so wird der Ereignistag nicht mitgerechnet. Die Frist beginnt am nächsten Tag um 0.00 Uhr.

Beispiel:

Ein Steuerbescheid wurde am 31.7. bekannt gegeben. Die Einspruchsfrist beginnt am 1.8. um 0.00 Uhr, weil der Bekanntgabetag als Ereignistag nicht mitgerechnet wird.

Von **Tagesbeginnfristen** spricht man, weil bei diesen Fristen der fragliche Tag mitgerechnet wird. Diese Fristberechnung kommt in erster Linie bei Dauerschuldverhältnissen (Miet- oder Arbeitsvertrag) oder *Lebensaltersberechnungen* vor.

> Tagesbeginnfristen beginnen mit Beginn des festgelegten ersten Tages der Frist bzw. des Tages der Geburt.

Beispiel:

Der Stpfl. wechselt zum Jahresende den Arbeitsplatz und beginnt sein neues Arbeitsverhältnis zum 1.1. des Folgejahres.
Der Arbeitsvertrag beginnt am 1.1. 0.00 Uhr, obwohl der Arbeitnehmer im Regelfall wohl kaum am Neujahrsmorgen seinen Dienst beginnt.

b) Dauer

Die Dauer einer Frist oder das zu erreichende Lebensalter sind den jeweiligen Vorschriften oder dem Verwaltungsakt zu entnehmen. Der Gesetzgeber kennt *Tages-* (z.B. § 18 Abs. 1 UStG), *Wochen-* (z.B. § 259 AO), *Monats-* (z.B. § 110 Abs. 2 AO) und *Jahresfristen* (z.B. § 169 Abs. 2 AO). 80

c) Ende

81 Das Fristende richtet sich nach der Fristdauer. Auch an dieser Stelle ist zwischen Ereignis- und Beginnfristen zu unterscheiden.

Tagesfristen enden mit Ablauf des letzten Tages der Frist um 24.00 Uhr (§ 188 Abs. 1 BGB). Das Ende ist also durch Zählen zu ermitteln.

Beispiel:

Ein Steuerbetrag ist fällig am 20.6.; der Stpfl. kann somit bis zum 23.6. 24.00 Uhr durch Überweisung zahlen, ohne dass Säumniszuschläge erhoben werden (§ 240 Abs. 3 AO).

Wochenfristen enden mit Ablauf des Tages der letzten Woche, der den gleichen *Wochennamen* hat wie der Ereignistag (Ereignisfristen; § 188 Abs. 2 BGB) **oder** mit Ablauf des Tages der letzten Woche, der durch seinen Namen dem Anfangstag der Frist *vorangeht* (Beginnfristen; § 188 Abs. 2 BGB).

Beispiel:

Ein Leistungsgebot wurde am 10.11. zur Post gegeben (Montag).
Der Bekanntgabetag (= Ereignistag) ist daher der 13.11. **(Donnerstag,** § 122 Abs. 2 AO), die Vollstreckungsschonfrist beginnt am 14.11. um 0.00 Uhr und endet am 20.11. um 24.00 Uhr **(Donnerstag).** Ab dem 21.11. (Freitag) um 0.00 Uhr kann daher ggf. vollstreckt werden (§ 254 Abs. 1 AO).

Monats- und Jahresfristen enden mit Ablauf des Tages des letzten Monats/Jahres, der *zahlenmäßig* (Datum) dem Ereignistag *entspricht* (Ereignisfristen; § 188 Abs. 2 BGB) **oder** mit Ablauf des Tages des letzten Monats/Jahres, der durch seine Zahl dem Ereignistag *vorangeht* (Beginnfristen; § 188 Abs. 2 BGB).

Beispiele:

Bekanntgabetag (= Ereignis) ist der 12. März.
Die Monatsfrist des § 355 Abs. 1 AO beginnt am 13. März 0.00 Uhr und endet am 12. April um 24.00 Uhr.
Ein Stpfl. ist am 2.1.1986 geboren.
Er vollendet sein 18. Lebensjahr daher am 1.1.2004 um 24.00 Uhr (Fristbeginn 2.1.1986 um 0.00 Uhr), sodass er im VZ 2004 noch von Amts wegen als Kind auf der Steuerkarte seiner Eltern zu berücksichtigen ist (§ 32 Abs. 3 EStG).

Fehlt der letzte Tag der Frist im betreffenden Monat, so endet die Frist mit Ablauf des letzten Tages dieses Monats (§ 188 Abs. 3 BGB).

Beispiel:

Bekanntgabetag ist der 31. Januar.
Die Einspruchsfrist endet somit am 28. Februar (bzw. 29.2. in Schaltjahren), da es keinen „31.2." gibt.

82 Bei allen Fristen ist gleichermaßen die **Verschiebung** auf den nächsten Werktag zu beachten, falls das Ende der Frist auf einen gesetzlichen Feiertag oder ein Wochenende fällt (§ 108 Abs. 3 AO). Dies gilt jedoch nicht für die Lebensaltersberechnung.

Abschließendes Beispiel:

Ein Steuerbescheid geht am 22.11. zur Post. Wann endet die Einspruchsfrist?
Bekanntgabetag ist der 25.11. (§ 122 Abs. 2 AO), die Frist beginnt also am 26.11. um 0.00 Uhr (§ 187 Abs. 1 BGB), dauert einen Monat (§ 355 Abs. 1 AO) und endet am 25.12. 24.00 Uhr (§ 188 Abs. 2 BGB). Da dies und der nächste Tag gesetzliche Feiertage sind, verschiebt sich das Fristende auf den 27.12. um 24.00 Uhr (§ 108 Abs. 3 AO).

Die Fälligkeit (vgl. § 36 Abs. 4 EStG) berechnet sich nach den gleichen Grundsätzen. Daher endet die Zahlungsfrist ebenfalls am 27.12. (§ 36 Abs. 4 EStG). Die Zahlungsschonfrist endet am 30.12. (§ 240 Abs. 3 AO), sofern es sich dabei nicht um ein Wochenende handelt. Zu beachten ist, dass die Zahlungsschonfrist jedoch nur bei Zahlungen durch Überweisung (§ 224 Abs. 2 Nr. 2 AO) gilt (§ 240 Abs. 3 S. 2 AO).

4. Wiedereinsetzung in den vorigen Stand

Um *Härtefälle* zu vermeiden, ist Wiedereinsetzung in den vorigen Stand bei der Versäumung von nicht verlängerbaren **gesetzlichen** Fristen zu gewähren, wenn den Betroffenen an der Fristversäumung **kein Verschulden** trifft (§ 110 AO). 83

Zu den einzelnen Voraussetzungen des § 110 AO: 84

Nur *gesetzliche Fristen* (vgl. Rn. 76) sind wiedereinsetzungsfähig, da behördliche Fristen nach Ermessen der Finanzbehörde verlängerbar sind.

Unverschuldete Fristversäumnis liegt vor, wenn der Stpfl. alles getan hat, was ihm nach den Umständen des Einzelfalles und seiner persönlichen Verhältnisse zumutbar war, um die Frist einzuhalten. Schuldhaft handelt, wer vorsätzlich oder leicht fahrlässig Fristen nicht einhält. Die Gerichte verlangen im Umgang mit Schriftstücken von Behörden eine gewisse Sorgfalt, zumal häufig schon mit einfachen Mitteln Fristen gewahrt werden können.

Beispiel:

Der Stpfl. liegt mit einer Erkältung im Bett und weiß, dass an diesem Tag die Einspruchsfrist abläuft.

Obwohl der Stpfl. sich sicherlich nicht auf die Verfassung einer schwierigen Einspruchsbegründung konzentrieren kann, ist es ihm zumindest zuzumuten, einen Einspruch ohne Begründung zur Fristwahrung einzulegen.

Das Verschulden eines Vertreters (z. B. Steuerberaters) ist dem Steuerpflichtigen zuzurechnen (§ 110 Abs. 1 S. 2 AO).

Gerade zum Tatbestandsmerkmal „ohne Verschulden" gibt es eine Reihe von durch die Rechtsprechung entwickelten Grundsätzen.

Beispiele:

Urlaub kann ein Wiedereinsetzungsgrund sein, wenn der Stpfl. während des *gesamten* Verlaufs der Frist abwesend war. Bei einem Urlaub eines Privatmanns von mehr als 6 Wochen sowie stets ohne Zeitbegrenzung bei Geschäftsleuten ist aber die Bestellung eines Vertreters oder ein Postnachsendeantrag erforderlich.

Krankheit ist dann ein Wiedereinsetzungsgrund, wenn der Stpfl. *handlungsunfähig* war und wenn sie unvorhersehbar eintrat (z. B. Unfall; aber nicht: geplanter Krankenhausaufenthalt).

Arbeitsüberlastung ist eine allgemeine Zeiterscheinung und entschuldigt daher nie eine Fristversäumnis. Es ist jedermann zuzumuten, kurze, fristwahrende Schreiben aufzusetzen.

Kurze Fristüberschreitung ist für sich allein kein Wiedereinsetzungsgrund. Das Warten bis zum letzten Tag ist dem Stpfl. grds. nicht zu verwehren, jedoch trifft ihn insoweit eine erhöhte Sorgfaltspflicht.

Erwartungswidrige Postverzögerungen bei der Beförderung eines Schriftstücks, mit dem der Stpfl. seine Rechte geltend macht, kann ein Wiedereinsetzungsgrund sein.

Der **Irrtum über die Erfolgsaussichten** eines fristgebundenen Antrags rechtfertigt keine Wiedereinsetzung, wohl aber ggf. der Irrtum über den Fristverlauf.

Die **fehlende Begründung** eines Verwaltungsaktes kann einen Wiedereinsetzungsgrund darstellen, sofern der Stpfl. *dadurch* die Frist versäumt hat (§ 126 Abs. 3 AO).

Kurzer Überblick zum Verfahren nach § 110 AO: 85

Innerhalb eines Monats nach Wegfall des Hindernisses, welches die Fristversäumnis verursachte, ist grds. der *Antrag* auf Wiedereinsetzung zu stellen; die Gründe sind dabei glaubhaft zu machen (§ 110 Abs. 2 Sätze 1 und 2 AO).

Gleichzeitig ist innerhalb dieses Monats die *versäumte Handlung* (z.B. Einspruch) nachzuholen (§ 110 Abs. 2 S. 3 AO). Ist dies geschehen, so ist der Antrag zudem entbehrlich (§ 110 Abs. 2 S. 4 AO). Auch diese Wiedereinsetzungsfrist ist eine gesetzliche Frist, die wiederum wiedereinsetzungsfähig ist.

Beispiel:

Der Bekanntgabetag eines Steuerbescheides war der 13.5., der Einspruch und ein Wiedereinsetzungsantrag gingen am 10.8. ein. Am 10.6. hatte der Stpfl. einen schweren Autounfall und erlangte erst wieder am 20.6. das Bewusstsein. Am 20.7. war der vom Unglück Verfolgte infolge eines Herzanfalls handlungsunfähig.

Die Einspruchsfrist endete am 13.6. 24.00 Uhr, der Einspruch ist mithin verspätet eingegangen. Diese Frist hat der Stpfl. jedoch schuldlos nicht eingehalten. Die entsprechende Wiedereinsetzungsfrist beginnt am 21.6. (Tag nach Wegfall des Hindernisses) und endet am 20.7. 24.00 Uhr. Da erneut eine gesetzliche Frist ohne Verschulden des Stpfl. nicht eingehalten wurde, beginnt eine neue Wiedereinsetzungsfrist, die am 20.8. endet. Somit gilt die Versäumung der Frist als unbeachtlich und der Einspruch als fristgemäß eingelegt.

Nach einem Jahr seit dem Ende der versäumten Frist kann Wiedereinsetzung nicht mehr beantragt oder die versäumte Handlung nicht mehr nachgeholt werden (§ 110 Abs. 3 AO). Diese *Ausschlussfrist* dient als letzte zeitliche Grenze dem Rechtsfrieden und ist aus ihrem Sinn und Zweck heraus selbst nicht wiedereinsetzungsfähig.

86 Liegen die Voraussetzungen für die Wiedereinsetzung vor, so hat der Steuerpflichtige einen **Rechtsanspruch** auf Wiedereinsetzung. Er muss so behandelt werden, als habe er die Frist eingehalten.

Über die Frage der Wiedereinsetzung wird nicht in einem eigenständigen Verwaltungsakt entschieden, auch wenn § 110 Abs. 4 AO dies auszudrücken scheint. Vielmehr ist diese *Entscheidung* regelmäßig unselbstständiger Bestandteil des den Antrag ablehnenden Verwaltungsaktes.

Beispiel:

Ein Einspruch ist verspätet eingegangen, der Wiedereinsetzungsantrag nicht begründet, da die Frist schuldhaft versäumt wurde.

Das Finanzamt wird eine Einspruchsentscheidung fertigen und dabei u.a. auf die Fristversäumnis und die fehlende Wiedereinsetzungsmöglichkeit hinweisen. Gegen diese Einspruchsentscheidung ist die Klage beim Finanzgericht gegeben.

87–89 *frei*

V. Anzeige und Mitwirkungspflichten

90 Zur Erfassung von Personen und Unternehmen, die der Besteuerung unterliegen, können die Gemeinden gemäß § 134 AO für die Finanzbehörden eine Personenbestandsaufnahme durchführen. Die Gemeinden werden dabei bei der Durchführung für die Finanzbehörden und in deren Auftrag tätig und kommen dem regelmäßig durch die Einwohnermeldeämter nach. Insbesondere Vermieter trifft nach § 135 AO ebenfalls eine Mitwirkungspflicht. Sie haben insbesondere Personen anzugeben, die auf ihrem Grundstück eine Wohnung oder einem Betrieb unterhalten. Die Meldebehörden der Gemeinden haben gemäß § 136 AO die ihnen bekannt gewordenen Änderung im Meldewesen wie Umzug, Wegzug, Zuzug natürlicher Personen den Finanzämtern zu melden. Steuerpflichtige Körperschaften und Gesellschaften haben dem örtlich zuständigen Finanzamt und den für die Grund- und Gewerbesteuer zuständigen Gemeinden alle steuererheblichen Tatsachen mitzuteilen, insbesondere die Gründung, die Änderung der Rechtsform, die Verlegung der Geschäftsleitung oder des Sitzes und die Auflösung. Die Mitteilungen sind gemäß § 137 Abs. 2 Abgabenordnung innerhalb eines Monats seit dem meldepflichtigen Ereignis vorzunehmen. Wer einem Betrieb der Land und Forstwirtschaft oder einen Gewerbebetrieb eröffnet, hat dies gemäß § 138 AO auf amtlich vorgeschriebenen Vordruck der Gemeinde mitzuteilen in der dem Betrieb geöffnet (Gewerbeanmeldung). Die Gemeinde unterrichtet dann unverzüglich das zuständige Finanzamt vom Inhalt der Gewerbeanmeldung. Zum Umfang der Buchführung und Aufzeichnungsverpflichtungen vergleiche den Band Jahresabschluss.

VI. Vorschriften zur Abgabe von Steuererklärungen

Die Einzelsteuergesetze bestimmen, wer zur Abgabe einer Steuererklärung 91
verpflichtet ist. Vergleiche dazu Paragraph 56 Abs. 1 EStDV, § 49 KStG, § 25 GewStDV, § 31 ErbStG, § 18 UStG.

1. Begriff der Steuererklärung

Der Begriff der Steuererklärung ist in der Abgabenordnung nicht explizit 92
definiert. § 150 AO regelt nur die Form und den Inhalt. Gemeint ist wohl eine vollständige, ehrliche Selbstauskunft des Steuerpflichtigen über alle steuerlich erheblichen Tatschen eines Veranlagungszeitraums einer Steuerart.

2. Form und Inhalt der Steuererklärung

Zur Abgabe einer Steuererklärung ist auch verpflichtet, sich hierzu von der 93
Finanzbehörde aufgefordert wird (§ 149 Abs. 1 Sat z2 AO). Diese Aufforderung ist ein Verwaltungsakt. Soweit die Einzelsteuergesetze nichts anderes bestimmen, sind Steuererklärung die sich auf ein Kalenderjahr oder einen anderen gesetzlichen Zeitpunkt beziehen, spätestens bis zum 31. Mai des Folgejahres abzugeben., § 149 Abs. 2 Satz 1 AO. Die Steuererklärung sind dabei nach amtlich vorgeschriebenem Vordruck abzugeben bzw nach amtlich vorgeschriebenen Datensatz elektronisch zu übermitteln, wenn die Einzelsteuergesetze dies fordern, § 150 Abs. 1 AO. Die Angaben in der Steuererklärung sind durch den Steuerpflichtigen wahrheitsgemäß nach bestem Wissen und Gewissen zu machen. Dies ist, wenn der Vordruck der Steuererklärung dies vorsieht, schriftlich zu bestätigen. Auch ist eine Steuererklärung regelmä-

ßig eigenhändig zu unterschreiben sofern der Steuerpflichtige nicht aus tatsächlichen körperlichen oder geistigen Gründen daran gehindert ist. Steuererklärung, die schriftlich abzugeben sind, können bei der jeweils zuständigen Finanzbehörde auch zur Niederschrift erklärt werden, wenn die Schriftform dem Steuerpflichtigen nach seinen persönlichen Verhältnissen nicht zugemutet werden kann. Dies ist insbesondere der Fall, wenn er nicht in der Lage ist, eine gesetzlich vorgeschriebene Berechnung der Steuer vorzunehmen oder durch einen Dritten vornehmen zu lassen. Dies trifft zB. zu, wenn ein Steuerpflichtiger finanziell nicht in der Lage ist, die Hilfe eines Steuerberaters zur Erfüllung seiner steuerlichen Deklarationsverpflichtungen in Anspruch zu nehmen.

94 Als Druckmittel bei der verspäteten Abgabe oder der Nichtabgabe von Steuererklärungen regelt § 152 AO den Verspätungszuschlag. Gegen den Steuerpflichtigen, der der Verpflichtung zur Abgabe einer Steuererklärung nicht oder nicht fristgerecht nachkommt, kann ein Verspätungszuschlag festgesetzt werden. Diese Festsetzung ist eine Ermessensentscheidung des zuständigen Finanzamts. Von der Festsetzung eines Verspätungszuschlag soll das Finanzamt absehen, wenn die Versäumnis des Steuerpflichtigen entschuldbar erscheint, § 152 Abs. 1 Satz 2 AO. Der Verspätungszuschlag darf 10% der festgesetzten Steuer nicht übersteigen und höchstens 25 000 € betragen. Bei der Bemessung des Verspätungszuschlages sind neben seinem Zweck, den Steuerpflichtigen zur rechtzeitigen Abgabe der Steuererklärung anzuhalten, im Rahmen der Ermessensentscheidung auch die Dauer der Fristüberschreitung, die Höhe des sich aus der Steuerfestsetzungen dienen Zahlungsanspruchs, die aus der verspäteten Abgabe der Steuererklärung gezogenen Vorteile sowie das Verschulden und wirtschaftliche Leistungsfähigkeit des Steuerpflichtigen zu berücksichtigen. Die Höchstgrenze von 25 000 € darf nur in außergewöhnlichen Fällen bei Zusammentreffen mehrerer erschwerender Umstände festgesetzt werden. Bei einem mittelschweren Fall des Verschuldens ist daher ein Verspätungszuschlag von 5% gerechtfertigt. Bei Steuerpflichtigen, die bereits mehrfach Steuererklärung verspätet eingereicht haben, kann der Prozentsatz auch höher als 5% liegen. Gegen die Festsetzung eines Verspätungszuschlages ist der Rechtsbehelf des Einspruchs gegeben.

3. Berichtigung von Steuererklärungen

95 Erkennt ein Steuerpflichtiger nachträglich, d.h. nach Abgabe einer durch ihn eingereichten Steuererklärung, dass die von ihm eingereicht oder für ihn abgegebene Steuererklärung falsch ist und dass es durch diesen Fehler zu einer Verkürzung von Steuern kommen kann oder bereits gekommen ist, so ist der Steuerpflichtige gemäß § 153 AO verpflichtet, dies unverzüglich dem Finanzamt anzuzeigen und die erforderliche Richtigstellung vorzunehmen. Diese Verpflichtung geht auch auf den Erben eines Steuerpflichtigen über, zum Beispiel wenn der Sohn als Erbe seines Vaters bei der Durchsicht der geerbten Unterlagen erkennt, dass der Vater im Rahmen seiner Steuererklärung über Jahre hinweg ausländische Kapitalerträge nicht als Kapitaleinkünfte erklärt hat. Dasselbe gilt gemäß § 153 Abs. 2 AO wenn die Voraussetzung für eine

Steuerbefreiungssteuerermäßigung oder sonstige Steuervergünstigung nachträglich ganz oder teilweise wegfallen. § 153 AO normiert allerdings keine Verpflichtung des Steuerpflichtigen, das Finanzamt auf Fehler, die das Finanzamt gemacht hat, hinzuweisen.

Die Anzeige muss unverzüglich, d.h. ohne schuldhaftes Zögern des Steuerpflichtigen erfolgen. Verstößt der Steuerpflichtige gegen die Korrektur- und Anzeigeverpflichtung des § 153 AO, macht er sich in diesem Zeitpunkt der Steuerhinterziehung nach § 370 AO strafbar. **96**

frei **97–99**

C. Steuerfestsetzungsverfahren

I. Begriff des Verwaltungsaktes und Formen der Bekanntgabe von Verwaltungsakten

1. Verwaltungsakt, Begriff

Nach Abschluss des Ermittlungsverfahrens muss der Anspruch des Staates nunmehr gegenüber dem Steuerpflichtigen geltend gemacht werden. Diese Rechtshandlungen werden durch **Verwaltungsakt** (VA) ausgeführt. Er konkretisiert und verdeutlicht die in den Gesetzen vorhandenen Pflichten des Steuerbürgers. Die Frage, ob ein VA vorliegt ist u.a. von Bedeutung bei der Durchsetzung und der Änderung von Ansprüchen sowie der Rechtsmittel des Betroffenen.

§ 118 S. 1 AO definiert den Begriff des Verwaltungsaktes wie folgt: **100**

1. hoheitliche Maßnahme
2. einer **Behörde**
3. auf dem Gebiet des **öffentlichen Rechts**
4. zur Regelung eines **Einzelfalles**
5. mit unmittelbarer **Rechtswirkung** nach außen

Hoheitliche Maßnahmen tragen das Merkmal der Über- und Unterordnung; privatrechtliche Verträge einer Behörde (Arbeitsvertrag, Kaufvertrag) sind daher keine VAe. Als einseitige Maßnahmen sind VAe auch nicht zustimmungsbedürftig.

Die AO sieht als VAe nur Maßnahmen der **Finanzbehörden** (Finanzämter, Oberfinanzdirektionen, Finanzministerien) an. Gerichtliche Entscheidungen rechnen daher nicht zu den VAen.

Behördliche Maßnahmen setzen eine Willensbildung zum Erlass einer Regelung voraus.

Beispiele:

Versehentlich versandte Berechnungsblätter für interne Zwecke, die als solche gekennzeichnet sind, stellen keine VAe dar.

Überschreitet ein Amtsträger sein internes Zeichnungsrecht, liegt gleichwohl eine Willensbildung und daher ein VA vor.

Während sich Gesetze an eine Vielzahl von Personen wenden, muss ein VA einen individuellen **Einzelfall** regeln. Dies ist dann der Fall, wenn für eine bestimmte Person die Rechtslage verbindlich festgelegt wird.

Beispiele:
Keine VAe sind demnach Verordnungen, Richtlinien, Erlasse des Finanzministeriums oder Verfügungen der OFD'en.
Eine in den Tageszeitungen durch die Finanzämter veröffentlichte Aufforderung zur Abgabe der Steuererklärungen bis zum 31.5. des Jahres stellt eine sog. *Allgemeinverfügung* im Sinne des § 118 S. 2 AO dar und dient der Verwaltungsvereinfachung.

Unmittelbare Rechtswirkung nach außen haben Regelungen, die zu einer Rechtsgestaltung (z.B. Steuerbescheid) oder einer verbindlichen Rechtsfeststellung (z.B. Erlass) führen. Dazu gehört auch die Ablehnung einer beantragten Rechtshandlung (z.B. Ablehnung einer Stundung). Keine Regelungen sind bloße Meinungsäußerungen und unverbindliche Auskünfte sowie innerdienstliche Weisungen.

Beispiele:
Ein Betriebsprüfer übersendet dem Stpfl. nach einer Außenprüfung einen Betriebsprüfungsbericht (§ 202 Abs. 1 AO).
Die OFD weist das Finanzamt an, dem Stpfl. X keine weiteren Stundungen mehr zu gewähren.
In diesen Fällen erfolgt die eigentliche Regelung erst später durch Verwaltungsakt, Steuerbescheid bzw. Stundungsablehnung.
Dagegen liegen VAe vor, wenn das Finanzamt einen Stpfl. auffordert, Belege zuzusenden oder an Amtsstelle zu erscheinen, denn insoweit wird in die Rechte der Betroffenen unmittelbar eingegriffen (Eingriff in die Privatsphäre).

101 In der Praxis werden häufig **mehrere VAe** äußerlich auf einem Blatt Papier zusammengefasst. Das stets als „Steuerbescheid" bezeichnete Formular besteht tatsächlich aus einem **Festsetzungs-** (eigentliche *Steuerfestsetzung*) und einem **Erhebungsteil** (Anrechnung von LSt, KapESt und Abrechnung der Vorauszahlungen), mithin in aller Regel aus einer Vielzahl von unterschiedlichen VAen und Regelungen.

Finanzamt Bottrop St-Nr. 308/123/4567		Bottrop, 11.11.03
Frau Britta Steilmanns Nibelungenweg 2 46240 Bottrop	**BESCHEID** **über Einkommensteuer** **02**	
Festgesetzt werden	**8 000 Euro**[1]	
anzurechnende LSt	– 6 000 Euro[2]	
anzurechnende KapESt	– 300 Euro[2]	
geleistete Vorauszahlungen	– 800 Euro[2]	
verbleibende Beträge	900 Euro[2]	
Bitte zahlen Sie den Betrag von insgesamt 900 Euro bis zum 14.12.03[2]		
Berechnung … (des zu versteuernden Einkommens)		

[1] = Steuerfestsetzung
[2] = Leistungsgebot unter Berücksichtigung der Anrechnungsbeträge

2. Einteilung von Verwaltungsakten

Wegen der unterschiedlichen Anwendung der Vorschriften des Berichtigungsverfahrens müssen VAe in verschiedene Gruppen eingeordnet werden. „Steuerbescheide und gleichgestellte VAe" werden nach §§ 172 ff. AO berichtigt, „Sonstige Bescheide und sonstige VAe" nach §§ 130, 131 AO. 102

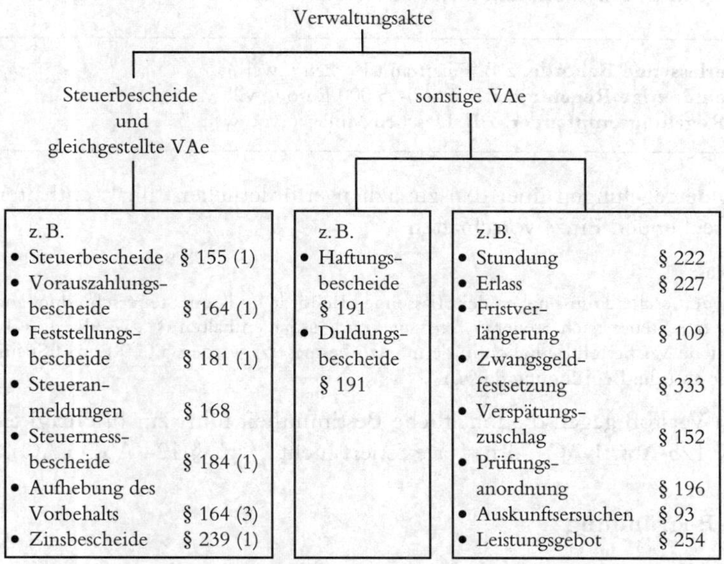

Die VAe, mit denen die o. g. VAe korrigiert oder der Erlass eines o. g. VA abgelehnt wird, fallen in die Einordnung des entsprechenden VA. Bei den „Gleichgestellten VAen" ist die Vorschrift angeführt, die auf §§ 155ff. AO verweist.

3. Form und Inhalt

a) Form

Ein VA kann in jeder Form ergehen (§ 119 Abs. 2 AO), sofern keine abweichende Regelung besteht. 103

Beispiele:
Eine telefonisch ausgesprochene **Fristverlängerung** ist wirksam, da § 109 AO keine besondere Form verlangt; somit ist auch ein **mündlicher** VA möglich.
Ein **Steuerbescheid** oder eine **Einspruchsentscheidung** ist schriftlich zu erteilen (§ 157 Abs. 1; § 366 AO). Eine mündliche Regelung wäre daher nichtig (§ 125 Abs. 1 AO).

In der Praxis wird aus Beweisgründen regelmäßig für jede Art von VA die Schriftform gewählt.

Ein **schriftlicher VA** muss grds. die *erlassende Behörde* und die *Namenswiedergabe* des verantwortlichen Amtsträgers enthalten, jedoch sind formularmäßig oder durch Datenverarbeitung gefertigte Massen-VAe auch ohne die Namenswiedergabe wirksam (vgl. § 119 Abs. 3 S. 2 i. V. m. § 125 Abs. 2 Nr. 1 AO).

Außerdem darf ein VA grds. mit einer **Nebenbestimmung** versehen werden (§ 120 AO), z. B. mit dem Vermerk „Unter Vorbehalt der Nachprüfung" oder „Unter dem Vorbehalt des Widerrufes".

b) Inhalt

104 Ein VA muss **inhaltlich hinreichend bestimmt** sein (§ 119 Abs. 1 AO), d. h., er muss erkennen lassen, **„wer – was – von wem** – verlangt".

1. **erlassende Behörde,** z. B. Finanzamt Borken („wer")
2. **eindeutige Regelung,** z. B. ESt 04 5 000 Euro („will was")
3. **Regelungsempfänger,** z. B. Lieschen Müller („von wem")

Sonderregelungen über den zusätzlich erforderlichen Inhalt enthalten die entsprechenden Einzelvorschriften.

Beispiel:
Ein Steuerbescheid muss neben der erlassenden Behörde und dem Steuerschuldner auch die festgesetzte Steuer nach Steuer*art, -zeitraum* und *-betrag* enthalten (§ 157 Abs. 1 AO). Der eigentliche VA besteht lediglich in dem Satz „Festgesetzt werden 5 000 Euro ESt für 04". Der Rest ist die Begründung des VA.

Ein Verstoß gegen die inhaltliche Bestimmtheit führt zur **Nichtigkeit** des VA (§ 125 Abs. 1 AO), d. h. „er existiert nicht" (vgl. § 124 Abs. 3 AO).

c) Begründung

105 Ein VA ist grds. zu begründen, soweit dies zu seinem Verständnis erforderlich ist (§ 121 Abs. 1 AO). Diese Vorschrift dient dem *Rechtsschutz* des Betroffenen, der somit prüfen kann, ob er einen Einspruch einlegen soll oder nicht. Absatz 2 dieser Vorschrift nennt die Fälle, in denen dieser Rechtsschutz nicht erforderlich ist.

Beispiel:
Einem Stpfl. wird an Amtsstelle ausführlich erläutert, warum bestimmte Aufwendungen keine Werbungskosten darstellen. Eine Erläuterung im Steuerbescheid ist somit entbehrlich (§ 121 Abs. 2 Nr. 2 AO).

Bei Ermessensentscheidungen ist anzugeben, auf welchen Erwägungen sie beruhen.

Eine fehlende Begründung macht den VA nicht nichtig, sondern führt zu einem heilbaren **Verfahrensfehler** (§ 126 Abs. 1 Nr. 2 AO), z. B. durch Nachreichen der Begründung in einem Anschreiben an den Steuerpflichtigen.

Wird **wegen** der fehlenden Begründung die Einspruchsfrist versäumt, so ist dem Stpfl. Wiedereinsetzung in den vorigen Stand (vgl. Rn. 83) zu gewähren (§ 126 Abs. 3 AO).

4. Wirksamkeit von Verwaltungsakten

a) Folgen der Wirksamkeit

Ein nach den vorhergehenden Grundsätzen vorbereiteter VA **wird mit seiner Bekanntgabe wirksam** (§ 124 Abs. 1 AO) und damit für beide Parteien verbindlich. Wirksam wird der **bekanntgegebene** Inhalt (§ 124 Abs. 1 S. 2 AO), auch wenn er sachlich falsch ist. Er bleibt wirksam, bis er im Rechtsbehelf- oder Berichtigungsverfahren aufgehoben oder geändert wird (§ 124 Abs. 2 AO). 106

Beispiel:
Auf Grund eines Schreibfehlers wird nur eine Aussetzung der Vollziehung (vgl. § 361 AO) i. H. v. 1 500 Euro gewährt, obwohl 15 000 Euro strittig waren.
Wirksam von der Vollziehung ausgesetzt wurden 1 500 Euro; der Restbetrag ist daher vom Stpfl. pünktlich zu zahlen, wenn er das Finanzamt nicht auf diesen Fehler aufmerksam macht und das Finanzamt den VA nicht ändert.

Nur bei besonders schwerwiegenden Fehlern entfaltet ein VA keine Wirkungen (vgl. § 125 Abs. 1 i. V. m. § 124 Abs. 3 AO).

Die Wirksamkeit erfordert die Bekanntgabe **an die richtige Person** (§ 122 Abs. 1 AO) und **in der richtigen Art** (§ 122 Abs. 2 ff. AO).

b) Adressat

Zum **Inhalt** eines VA gehört die zweifelsfreie Bezeichnung des Betroffenen. Dies ist im Besteuerungsverfahren regelmäßig der *Steuerschuldner,* der sich nach den Einzelsteuergesetzen bestimmt. Der VA ist daher grds. auch ihm bekanntzugeben (§ 122 Abs. 1 S. 1 AO). 107

Sind Personen oder Gemeinschaften, gegen die sich der VA richtet, **nicht handlungsfähig** (vgl. § 79 AO), so müssen handlungsfähige Personen für die Betroffenen als Adressaten bei der Bekanntgabe mitwirken (vgl. § 34 AO). Das Vertretungsverhältnis muss sich dabei aus dem VA selbst ergeben. 108

Beispiele:
Der 9 jährige Fritz Gernegroß, Sohn von Fritz und Frieda Gernegroß, hat Einkünfte aus geerbten Sparguthaben.
Der ESt-Bescheid richtet sich gegen den Minderjährigen (§ 1 EStG); Adressat sind die **Eltern als gesetzliche Vertreter** (§§ 34 Abs. 1, 79 Abs. 1 Nr. 1 AO; § 1626 BGB).
z. B. „Herrn Fritz Gernegroß, sen.
Frau Frieda Gernegroß
Lange Straße 195
46 286 Dorsten
als gesetzliche Vertreter für Fritz Gernegroß, jun."
Der Hinweis kann an beliebiger Stelle (Adressatenfeld, Erläuterungen) erfolgen.
Der Adressat muss ebenso zweifelsfrei zu erkennen sein wie der Stpfl. selbst, ggf. durch entsprechende Zusätze.
Für VAe, die ausschließlich den Betrieb eines Minderjährigen betreffen, ist dieser ggf. selbst Adressat (vgl. § 112 BGB und § 79 Abs. 1 Nr. 2 AO).

Weitere Beispiele:
- **Geschäftsführer** einer GmbH, einer OHG, einer KG (§ 34 Abs. 1, § 79 Abs. 1 Nr. 3 AO)

- **Vorstand** einer AG (§ 34 Abs. 1, § 79 Abs. 1 Nr. 3 AO)
- **Geschäftsführer** oder – falls nicht bestellt – ein **Mitglied** einer GbR, einer Erben- o. Grundstücksgemeinschaft (§ 34 Abs. 1 oder 2, § 79 Abs. 1 Nr. 3 AO)
- **Erben** für einen Verstorbenen (§ 45 Abs. 1 AO)
  „Frau Frieda Freundlich
  als Gesamtrechtsnachfolgerin des Gerd Grimmig"

c) Bekanntgabe

aa) Person

109 Der nach den vorstehenden Grundsätzen ermittelte Adressat ist grds. auch Empfänger des VA (§ 122 Abs. 1 S. 1 AO), es sei denn, er lässt sich vertreten (vgl. § 122 Abs. 1 S. 3 und § 80 Abs. 1 und 3 AO), z.B. durch einen Steuerberater.

Beispiel:
Im obigen Beispiel lassen sich die Eltern des Fritz Gernegroß durch den Steuerberater Klaus Klug vertreten.

z.B.	„Herrn Steuerberater	
	Klaus Klug	**Empfänger**
	Ideengasse 11	
	46 286 Dorsten	
für	Herrn Fritz Gernegroß, sen.	**Adressat**
	und Frau Frieda Gernegroß	
	…	
	als gesetzliche Vertreter des	**Steuerschuldner**
	Fritz Gernegroß, jun."	

Sämtliche betroffene Personen müssen sich unmittelbar aus dem VA ergeben. Die Adressierung des VA an die Eltern und die Benennung des Empfangsbevollmächtigten lediglich auf dem Briefumschlag ist nicht ausreichend.

110 Bei **zusammenveranlagten Personen** (z.B. Ehegatten bei der ESt) genügt die Übersendung *einer* Ausfertigung, gleichwohl müssen alle Steuerschuldner irgendwo im Bescheid genannt sein, was selbstverständlich auch im Anschriftenfeld geschehen kann. Voraussetzung ist, dass die betroffenen Personen eine gemeinsame Anschrift und keine ernstliche Meinungsverschiedenheiten haben (vgl. § 122 Abs. 7 AO).

„Herrn Karl Käfer
Frau Karla Käfer
Feldwiese 9
45 239 Essen"

111 **Feststellungsbescheide** richten sich gegen die einzelnen Beteiligten, da diese letztlich eine aus dem Feststellungsbescheid resultierende Steuer schulden (§ 179 Abs. 2 AO), und sind demzufolge auch diesen jeweils einzeln bekannt zu geben. Aus Vereinfachungsgründen wird der Bescheid jedoch regelmäßig in einer Ausfertigung *mit Wirkung für und gegen alle* Beteiligten einem Empfangsbevollmächtigten übersandt (vgl. § 183 Abs. 1 AO), sofern kein Ausnahmefall des § 183 Abs. 2 AO gegeben ist.

bb) Art

112 Der VA muss in den **Machtbereich** des Empfängers (Briefkasten, Postfach, Geschäftsräume) gelangen, so dass dieser die **Möglichkeit** zur Kenntnisnahme hat (= „Zugang").

Beispiel:
Der Stpfl. wirft einen Brief des Finanzamts aus Verärgerung ungeöffnet fort.
Der VA ist wirksam, da es auf die tatsächliche Kenntnisnahme nicht ankommt.

Die Bekanntgabe schriftlicher VAe erfolgt grds. formfrei, d.h. durch persönliche **Übergabe** des Schriftstücks oder regelmäßig durch **Versenden mit einfachem Brief** (§ 122 Abs. 1 und 2 AO). Dabei gilt grds. die *Bekanntgabefiktion* des § 122 Abs. 2 AO (vgl. Rn. 32). **113**

Nur in den vom Gesetz vorgeschriebenen Fällen ist eine **förmliche** Bekanntgabe erforderlich (vgl. § 122 Abs. 5 AO).

Beispiele:
Pfändungsverfügungen sind zuzustellen (§ 309 Abs. 2 S. 1 AO), z.B. durch *Postzustellungsurkunde,* mit *eingeschriebenen Brief* oder durch die *Behörde* selbst (§ 3, § 4 und § 5 VwZG i.V.m. § 122 Abs. 5 AO).
Ist der **Aufenthaltsort** eines Stpfl. **unbekannt,** kann ggf. *öffentlich zugestellt* werden (Aushang im Finanzamt, § 15 VwZG).

II. Form, Arten und Inhalte von Steuerbescheiden

1. Überblick

Verwaltungsakte, durch die ein Steuerbetrag gegenüber einem Steuerschuldner festgesetzt, durch die jemand von einer Steuer freigestellt oder durch die ein Antrag auf Steuerfestsetzung abgelehnt wird, bezeichnet man als Steuerbescheide (§ 155 Abs. 1 AO). **114**

Neben den allgemeinen Regelungen über die VAe (§§ 118 ff. AO) gelten die besonderen Bestimmungen der §§ 155 ff. AO.

Dieser Abschluss des Festsetzungsverfahrens, in dem die bereits Kraft Gesetzes entstandene Steuer dem Steuerschuldner sichtbar gemacht wird, wird in der Praxis als **Veranlagung** bezeichnet.

2. Form und Inhalt

Steuerbescheide müssen demnach folgende Merkmale aufweisen: **115**

1. **Schriftform** (§ 157 Abs. 1 S. 1 AO)
2. Name der ausstellenden **Behörde,** eine Unterschrift ist nicht erforderlich (§ 119 Abs. 3, vgl. auch § 125 Abs. 2 Nr. 1 AO)
3. Eindeutige Bezeichnung des **Steuerschuldners** (§ 157 Abs. 1 S. 2, § 119 Abs. 1 AO), d.h. der Person, gegen die sich der VA richtet (vgl. auch Rn. 65 u. 69)
4. **Art** und **Höhe** der **Steuer** (§ 157 Abs. 1 S. 2 AO), also der eigentliche Regelungsinhalt (vgl. § 119 Abs. 1 AO), z.B. „ESt 03: Festgesetzt werden 5 000 Euro"

Fehlt eine dieser Voraussetzungen, so ist der Bescheid **nichtig** (§ 125 Abs. 1, Abs. 2 Nr. 1 AO).

5. **Begründung** (§ 121 AO)

Da die festgesetzte Steuer den eigentlichen Regelungsinhalt darstellt, sind die sog. *Besteuerungsgrundlagen* (§ 157 Abs. 2 AO) bereits Teil der Begründung (z.B. bei der ESt: Einkünfte, Freibeträge, Sonderausgaben). Abweichungen von der Steuererklärung sind durch Hinweise im Steuerbescheid zu erläutern.

Fehlt die Begründung, so liegt lediglich ein Verfahrensfehler vor, der durch Nachholung der fehlenden Begründung heilbar ist (§ 126 Abs. 1 Nr. 2 AO). Versäumt der Steuerpflichtige **wegen** dieses Mangels die Einspruchsfrist, ist ggf. Wiedereinsetzung zu gewähren (§ 126 Abs. 3 AO; vgl. Fristen und Termine, Wiedereinsetzung in den vorherigen Stand).

6. **Rechtsbehelfsbelehrung** (§ 157 Abs. 1 S. 3 AO), die die Form und die Frist der Möglichkeit der Anfechtung des VA beschreibt. Bei **fehlender** oder **unrichtiger Belehrung** gilt die Sonderregelung des § 356 Abs. 2 AO, wonach die Einlegung eines Einspruchs innerhalb eines Jahres nach Bekanntgabe des Steuerbescheides möglich ist.

116 Regelmäßig werden mit dem Steuerbescheid weitere VAe **verbunden** (s.o.), wie z.B. das Leistungsgebot, ein Verspätungszuschlag oder die Festsetzung zukünftiger Vorauszahlungen.

Beispiel:
In einem Steuerbescheid ist nach dem Satz „Festgesetzt werden 20 000 Euro" die Zahlungsaufforderung „Zahlen Sie bis zum …" infolge eines technischen Fehlers unlesbar.
Der **Steuerbescheid** selbst ist wirksam; der festgesetzte Betrag kann jedoch nicht beigetrieben werden, da das **Leistungsgebot** nichtig ist (vgl. § 125 Abs. 1 Nr. 2 AO sowie § 254 Abs. 1 AO).

117 Aus Vereinfachungsgründen kann die Finanzverwaltung bei Gesamtschuldnerschaft (§ 44 AO) sog. **„Zusammengefasste Steuerbescheide"** erlassen (vgl. § 155 Abs. 3 AO). Insbesondere bei der Zusammenveranlagung (z.B. § 26 EStG) müssten sonst an alle Beteiligten mehrere, inhaltlich vollkommen identische Bescheide erteilt werden. Rechtlich handelt es sich bei diesem „einen Blatt Papier" aber um zwei eigenständige Verwaltungsakte, da Empfänger zwei natürliche Personen sind.

Die für Steuerbescheide geltenden Vorschriften finden auch auf eine Reihe anderer Bescheide sinngemäß Anwendung.

3. Arten der Steuerfestsetzungen

Neben den allgemein gültigen Regelungen für Steuerbescheide gibt es noch eine Reihe von Besonderheiten, die hier kurz erläutert werden sollen.

a) Vorbehaltsfestsetzungen

118 Aus Rationalisierungsgründen **kann** eine Steuerfestsetzung unter dem Vorbehalt der (späteren) Nachprüfung (VdN) ergehen, wenn der Steuerfall noch **nicht abschließend geprüft** ist, was eine Abweichung von der Steuererklärung nicht ausschließt. Diese Nebenbestimmung (§ 120 Abs. 1 AO) ist Ermessenssache und braucht nicht begründet zu werden (§ 164 Abs. 1 AO). Der

Vorbehalt ist durch einen ausdrücklichen **Vermerk** im – ursprünglichen – Bescheid deutlich zu machen und erfasst stets die **gesamte Steuerfestsetzung.** Im Übrigen entfalten Steuerbescheide unter VdN dieselben Wirkungen wie „endgültige" Bescheide (z.B. Einspruchsfrist, Fälligkeit).

Aufgrund des VdN können Bescheide **jederzeit geändert** werden (§ 164 Abs. 2 AO).

Der VdN kann jederzeit **aufgehoben** werden (§ 164 Abs. 3 AO). Diese Aufhebung gilt als Steuerbescheid (§ 164 Abs. 3 S. 2 AO). Aufgrund einer *Außenprüfung* ist der VdN stets aufzuheben, sei es, weil sich keine Änderungen ergeben (§ 164 Abs. 3 S. 1 AO) oder weil der Fall nunmehr abschließend geprüft wurde (§ 164 Abs. 1 S. 1 AO).

Grds. entfällt der VdN auch ohne ausdrückliche Aufhebung nach Ablauf der regulären Festsetzungsfrist (§ 164 Abs. 4 AO).

b) Vorauszahlungsbescheide

Vorauszahlungsbescheide (z.B. ESt, KSt, USt-Voranmeldungen) sind **119**
kraft Gesetzes stets Festsetzungen unter VdN (§ 164 Abs. 1 S. 2 AO). Ein Vermerk ist daher entbehrlich. Dieser VdN kann nicht aufgehoben werden.

4. Grundlagenbescheide

a) Begriff

Da Besteuerungsgrundlagen wie bereits ausgeführt einen unselbstständigen **120**
Teil des VA bilden, können Ermittlungsfehler hierbei nur angefochten werden, wenn sie sich auch auf die festgesetzte Steuer ausgewirkt haben (§ 157 Abs. 2 AO).

Beispiel:
Vom Stpfl. erklärte Einkünfte aus Vermietung und Verpachtung wurden als Einkünfte aus Gewerbebetrieb behandelt.
Bleibt die Höhe der ESt davon unberührt, wäre die Anfechtung dieses Bescheides unzulässig. Der Stpfl. muss ggf. später gegen den GewSt-Messbescheid vorgehen.

Aus wirtschaftlichen Erwägungen können Besteuerungsgrundlagen „gesondert" festgestellt werden, wenn dies **gesetzlich zugelassen** ist (§ 179 Abs. 1 AO). Da diese Bescheide nur die Besteuerungs*grundlagen* für andere Bescheide enthalten, spricht man auch von **Grundlagenbescheiden.** Ihre Feststellungen sind für die Folgebescheide **bindend** (§ 182 Abs. 1 AO). Daher ist bei evtl. Fehlern der Grundlagenbescheid anzufechten, und nicht der Folgebescheid (§ 351 Abs. 2 AO).

Grundlagenbescheide sind gem. § 171 Abs. 10 AO insbesondere *Feststellungsbescheide* (§§ 179 ff. AO) und *Steuermessbescheide* (§§ 184 ff. AO).

Die Vorschriften über die Durchführung der Besteuerung sind entsprechend anzuwenden (§ 181 Abs. 1 S. 1 und § 184 Abs. 1 S. 3 AO.

Ändert sich ein Grundlagenbescheid, so ist wegen der Bindungswirkung (§ 182 AO) auch der Folgebescheid zu ändern (vgl. § 175 Abs. 1 Nr. 1 AO; vgl. Rn. 174).

b) Feststellungsbescheide

121 Gesondert festgestellt werden **Werte** (§ 180 Abs. 1 Nr. 1 und 3 AO) für die „einheitswertabhängigen Steuern“ (aktuell nur noch die GrSt) sowie **Einkünfte** (§ 180 Abs. 1 Nr. 2 AO) für die „ertragsabhängigen Steuern“ (z. B. ESt, KSt).

Beispiel:
A wohnt in Bottrop und hat seinen Gewerbebetrieb in Gladbeck.
Der Gewinn aus Gewerbebetrieb ist vom FA Gladbeck gesondert festzustellen (§ 180 Abs. 1 Nr. 2 b i. V. m. § 18 Abs. 1 Nr. 2 AO). Dieser Wert ist vom FA Bottrop unverändert bei der ESt-Veranlagung zu übernehmen (§ 182 Abs. 1 AO).

Sind mehrere Personen an dem Gegenstand der Feststellung beteiligt, so ergeht der Bescheid „einheitlich“ gegen alle Beteiligten **(einheitliche und gesonderte Feststellung).**

Beispiel:
Für die A-B-C-OHG wird ein Gewinn i. H. v. 120 000 Euro für das Jahr 02 ermittelt. Es ist vom Betriebsfinanzamt (§ 18 Abs. 1 Nr. 2 AO) ein Feststellungsbescheid über die einheitliche und gesonderte Feststellung des Gewinns aus Gewerbebetrieb 02 zu erteilen, der die Beteiligten und die Verteilung des Gewinns enthalten muss sowie sämtliche formellen Merkmale eines Steuerbescheides.
Die jeweiligen Wohnsitzfinanzämter der Beteiligten (§ 19 AO) haben nun zwingend diese Beträge von jeweils 40 000 Euro als Einkünfte aus Gewerbebetrieb bei der Veranlagung zur ESt anzusetzen (§ 182 Abs. 1 AO).

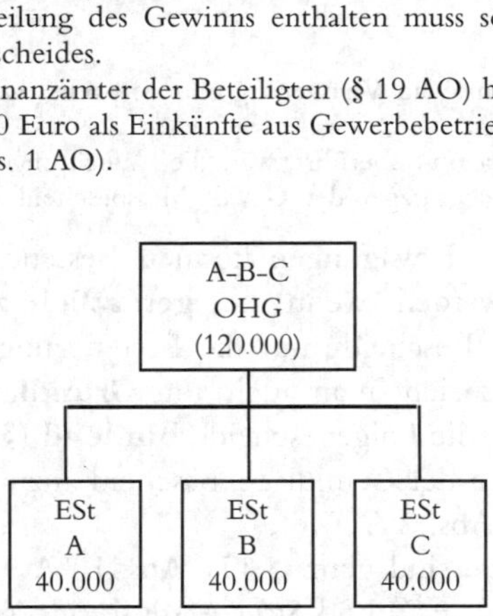

c) Steuermessbescheide

122 Steuermessbescheide sind Grundlage für die **Realsteuerbescheide** der Gemeinden (GewSt und GrSt; vgl. § 3 Abs. 2 AO).

Die jeweiligen Messbescheide werden den Gemeinden übersandt (§ 184 Abs. 3 AO), die daraufhin die Steuer mittels eines Hebesatzes (für diese Gemeinde durch Satzung beschlossener Prozentsatz vom Messbetrag) durch Steuerbescheid festsetzen.

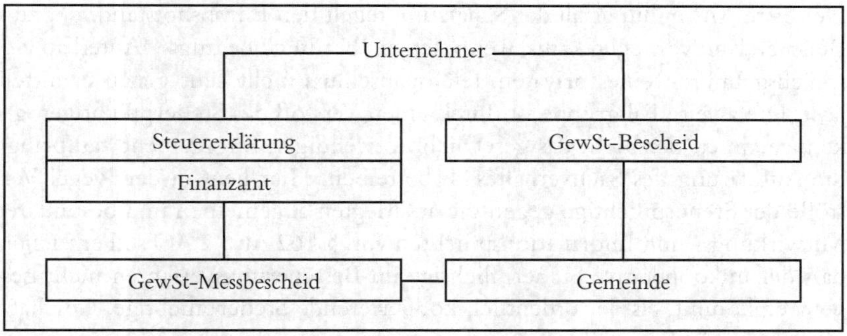

III. Steuerfestsetzung unter dem Vorbehalt der Nachprüfung

Steuerfestsetzungen, die unter dem Vorbehalt der Nachprüfung ergangen sind (vgl. Rn. 118), können **jederzeit** in **vollem Umfang** berichtigt werden (§ 164 Abs. 2 S. 1 AO), solange der Vorbehalt nicht aufgehoben (§ 164 Abs. 3 AO) oder durch Ablauf der Festsetzungsfrist weggefallen ist (§ 164 Abs. 4 AO). Der Steuerpflichtige kann jederzeit die Berichtigung beantragen (§ 164 Abs. 2 S. 2 AO). Auch die geänderte Festsetzung kann wieder unter dem Vorbehalt der Nachprüfung ergehen, es sei denn, es hat eine abschließende Prüfung des Steuerfalles stattgefunden (§ 164 Abs. 1 S. 1 AO). **123**

§ 164 AO räumt der Finanzbehörde zur Beschleunigung des Veranlagungsverfahrens die Möglichkeit ein, die Prüfung der Rechtslage zunächst zurückzustellen. Die Vorschrift erlaubt daher nicht nur die Korrektur von Tatsachen-, sondern auch von **Rechtsfehlern,** es sei denn, § 176 AO **(Vertrauensschutz** z.B. bei der Änderung der Rechtsprechung) steht dem entgegen, was selten der Fall ist.

Der Eintritt der **Unanfechtbarkeit** bei Ablauf der Einspruchsfrist ist damit für die Fehlerkorrektur grds. ohne Bedeutung.

IV. Vorschriften zur Schätzung von Besteuerungsgrundlagen

Soweit die Finanzbehörde die Besteuerungsgrundlagen nicht ermitteln oder berechnen kann, hat sie diese gemäß § 162 AO zu schätzen. Dabei sind alle Umstände zu berücksichtigen, die für die Schätzung von Bedeutung sind. Zu schätzen ist insbesondere dann, wenn der Steuerpflichtige bei seinen Angaben keine ausreichende Aufklärung zu geben vermag oder weitere Auskunft- oder Versicherungen an Eides Statt verweigert oder seine Mitwirkungspflichten nach § 90 AO verletzt. Geschätzt wird auch, wenn der **124**

Steuerpflichtige Bücher oder Aufzeichnungen, die er nach den Steuergesetzen zu führen hat (zum Beispiel § 140 oder 141 AO) nicht vorlegen kann oder wenn die Buchführung der Besteuerung nicht zu Grunde gelegt werden kann, zB. weil sie nicht ordnungsgemäß ist. Die Schätzung stellt eine besondere Art der Sachverhaltsaufklärung im Wege freier Beweiswürdigung dar. Der erste Anwendungsfall der Schätzung regelt den Beweisnotstand, der zum Beispiel dann vorliegen kann, wenn sich ein beruflich bedingter Anteil an Gesprächsgebühren eines privaten Telefonanschluss nicht cent-genau ermitteln lässt. Die zweite Fallgruppe ist durch einen Verstoß des Steuerpflichtigen gekennzeichnet, der nicht das gesetzlich notwendige „Engagement" aufbringt, die Aufklärung des Sachverhaltes zu betreiben. Hier liegt in der Regel Verstöße der Steuerpflichtige gegen die auferlegten allgemeinen und besonderen Mitwirkungs- und Informationspflichten vor. § 162 Abs. 2 AO soll erreichen, dass der unkooperative Steuerpflichtige im Besteuerungsverfahren nicht besser weg kommt, als der ordentlich kooperierende Steuerpflichtige. Geschätzt wird grundsätzlich nicht die Steuer sondern nur Tatsachen (Besteuerungsgrundlagen). Ziel der Schätzung ist es, diejenigen Tatsachen zu ermitteln, die die größtmögliche Erreichbarkeitswahrscheinlichkeit für sich tragen (BFH). Das Schätzungsergebnis soll dem wahren Sachverhalt möglichst nahe kommen, die gewonnenen geschätzten Ergebnisse müssen schlüssig, wirtschaftlich möglich und vernünftig sein. Deshalb müssen sämtliche Anhaltspunkte, auch ein möglicher Sachvortrag des Steuerpflichtigen selbst, bei der Schätzung berücksichtigt werden. Schätzungen und Unsicherheitszuschläge müssen in sich plausibel und die geschätzten Ergebnisse wirtschaftlich vernünftig und möglich sein. Je höher der Grad des Mitverschuldens des Steuerpflichtigen, desto nachsichtiger sind die Finanzgerichte in aller Regel mit Schätzungsunsicherheiten. Schätzungsunsicherheiten und –zuschläge, die sich daraus ergeben, dass ein Steuerpflichtige seine Mitwirkungspflichten verletzt hat, gehen nach ständiger Rechtsprechung der Finanzgerichte zulasten des Steuerpflichtigen. Auch grobe Schätzungsfehler führen regelmäßig nicht zur Nichtigkeit der entsprechenden Bescheide.

V. Vorschriften der vorläufigen Steuerfestetzung

125 Bestehen hinsichtlich eines steuerlich zu würdigenden *Sachverhaltes* vorübergehend **Ungewissheiten,** so **kann** die Steuerfestsetzung **insoweit** vorläufig erfolgen (§ 165 Abs. 1 S. 1 AO).

Im Gegensatz zu § 164 AO liegt hier ein punktuelles Fehlen der Bestandskraft vor. **Grund und Umfang** der Vorläufigkeit sind möglichst genau im Bescheid anzugeben (§ 165 Abs. 1 S. 3 AO).

Beispiel:

„Dieser ESt-Bescheid ist vorläufig hinsichtlich der Einkünfte aus Vermietung und Verpachtung, weil wegen der Frage der Zurechnung des Grundstücks der Ausgang des von Ihnen geführten Zivilprozesses von Bedeutung ist".

Soweit die Vorläufigkeit reicht kann jederzeit die **Änderung** der Steuerfestsetzung erfolgen (§ 165 Abs. 2 AO).

Nach **Wegfall** der Ungewissheit ist die ursprüngliche Steuerfestsetzung zu ändern oder der Vorläufigkeitsvermerk aufzuheben (§ 165 Abs. 2 S. 2 AO).

Von dem genannten Vorläufigkeitsvermerk kann darüber hinaus in den sog. **126** **Massenverfahren** Gebrauch gemacht werden, in denen insbesondere die Verfassungsmäßigkeit einer steuerlichen Rechtsnorm behauptet wird. Hat das Bundesverfassungsgericht die Unvereinbarkeit eines Steuergesetzes mit dem Grundgesetz festgestellt und den Gesetzgeber zu einer Neuregelung verpflichtet, so können Steuerbescheide insoweit vorläufig ergehen. Nach Erlass des entsprechenden Gesetzes können die Steuerbescheide anschließend zugunsten des Betroffenen geändert werden (§ 165 Abs. 1 S. 2 AO). Dies gilt auch in den Fällen, in denen die Vereinbarkeit eines Steuergesetzes mit höherrangigem Recht Gegenstand eines noch laufenden Verfahrens bei einem obersten Gericht ist.

Wird in diesen Fällen die fragliche Steuerfestsetzung nicht geändert, so muss die vorläufige Steuererklärung nur auf Antrag des Steuerpflichtigen für endgültig erklärt werden (§ 165 Abs. 2 S. 3 AO). So wird für alle Betroffenen der Verwaltungsaufwand begrenzt.

Eine vorläufige Steuerfestsetzung kann mit einer Festsetzung unter dem Vorbehalt der Nachprüfung verbunden werden (§ 165 Abs. 3 AO).

Beispiel:

„Dieser Bescheid ergeht unter dem Vorbehalt der Nachprüfung gem. § 164 AO und hinsichtlich der Einkünfte aus Gewerbebetrieb vorläufig gem. § 165 AO, weil …“.

Dies ist bei der Frage der **Festsetzungsfrist** von Bedeutung, da im Gegensatz zum Vorbehalt der Nachprüfung die „Vorläufigkeit“ die Festsetzungsfrist in ihrem Ablauf „hemmt“, d.h. verlängert (vgl. § 171 Abs. 8 AO).

Steuerfestsetzungen, die vorläufig ergangen sind (vgl. Rn. 125), können **jederzeit bezüglich des vorläufig festgesetzten Teils** geändert werden **127** (§ 165 Abs. 2 S. 1 AO). Im Gegensatz zu § 164 AO besteht daher eine auf bestimmte Sachverhalte bezogene „punktuelle Vorläufigkeit“. Für den restlichen, endgültigen Teil der Steuerfestsetzung gelten somit die übrigen Berichtigungsvorschriften.

Der Vorläufigkeitsvermerk ist anzubringen, wenn Ungewissheiten im **tatsächlichen** Bereich vorliegen. Daher können **Rechtsfehler** nicht nach § 165 Abs. 2 AO berichtigt werden. Diese Möglichkeit bietet nur der Vorbehalt der Nachprüfung.

Die Vorläufigkeit ist zu begründen und der Umfang anzugeben. Eine fehlende Erläuterung des Umfangs macht den Vorläufigkeitsvermerk unwirksam, wodurch der Bescheid einer endgültigen Steuerfestsetzung gleichsteht.

Beispiel:

In einem Zivilprozess war die Frage abzuklären, ob der Stpfl. in 02 noch Eigentümer eines Grundstücks war. Der ESt-Bescheid 02 erging vorläufig hinsichtlich der Einkünfte aus Vermietung und Verpachtung. Das Urteil sah den späteren Käufer bereits ab Ende 01 als (wirtschaftlichen) Eigentümer an.
Es ist ein neuer, nach § 165 Abs. 2 AO geänderter ESt-Bescheid für 02 zu erlassen ohne Ansatz der Einkünfte aus Vermietung und Verpachtung. Der Vorläufigkeitsvermerk ist aufzuheben.

frei **128, 129**

VI. Zeitpunkt der Festsetzungsverjährung

1. Festsetzungsfrist

a) Überblick

130 Die Festsetzungs*verjährung* (§§ 169–171 AO) bedeutet die **zeitliche Einschränkung** der Möglichkeit der Steuerfestsetzung. Nach Ablauf der Festsetzungsfrist sind erstmalige Steuerfestsetzungen sowie Berichtigungen unzulässig (§ 169 Abs. 1 S. 1 AO), der Steueranspruch erlischt (§ 47 AO). Dies gilt gleichermaßen zu Gunsten wie zu Ungunsten des Steuerpflichtigen.

Bei Missachtung der Festsetzungsfrist ist eine Festsetzung zwar fehlerhaft, aber nicht nichtig.

Beispiel:
Am 31.12.08 soll die Festsetzungsverjährung für eine Steuerfestsetzung eingetreten sein. Das Finanzamt erlässt am 20.5.09 trotzdem den entsprechenden Bescheid, der vom Stpfl. nicht mit einem Einspruch angefochten wird.
Obwohl die Festsetzungsfrist von Amts wegen zu prüfen ist und die Steuerfestsetzung nicht mehr zulässig war, ist der VA wirksam. Da der Stpfl. keinen Einspruch eingelegt hat, muss er den Bescheid hinnehmen und den Steuerbetrag zahlen.

Die Festsetzungsfrist gilt für Steuerfestsetzungen und gleichgestellte Verwaltungsakte, wenn nichts anderes bestimmt ist (vgl. z.B. § 239 Abs. 1 S. 1 AO). Haftungsbescheide (vgl. Rn. 190 ff.) unterliegen einer eigenständigen Verjährung (vgl. § 191 Abs. 3 AO). Auf sonstige Verwaltungsakte sind die Vorschriften über die Festsetzungsfrist grds. nicht anzuwenden (vgl. § 1 Abs. 3 AO).

b) Berechnung

131 Grundsätzlich beginnt die Festsetzungsfrist mit Ablauf des Jahres, in dem die **Steuer entstanden** ist (§ 170 Abs. 1 AO).

Beispiel:
Die GrESt für einen Grundstückserwerb entsteht mit Abschluss des Kaufvertrages, z.B. am 13.5.01.
Die Festsetzungsfrist beginnt somit am 1.1.02 um 0.00 Uhr, da das Entstehungsjahr nicht mitgerechnet wird.

2. Anlaufhemmung

a) Beginn

132 Der Regelfall ist jedoch die **Anlaufhemmung,** die den Beginn hinausschiebt. Ist bei Besitz- und Verkehrsteuern (vgl. § 170 Abs. 2 S. 2 AO) eine **Steuererklärung einzureichen,** so beginnt die Festsetzungsfrist erst mit Ablauf des Kalenderjahres, in dem die Steuererklärung eingereicht wurde, **spätestens** jedoch mit Ablauf des dritten Jahres seit der Entstehung der Steuer (§ 170 Abs. 2 Nr. 1 AO).

Beispiel:
Die ESt-Erklärung 02 wurde abgegeben

a) am 27.2.03
b) am 27.2.04
c) gar nicht.

Die Festsetzungsfrist beginnt somit

a) am 1.1.04 0.00 Uhr (nach Ablauf des Jahres der Abgabe der Erklärung)
b) am 1.1.05 0.00 Uhr (nach Ablauf des Jahres der Abgabe der Erklärung)
c) am 1.1.06 0.00 Uhr (spätestens 3 Jahre nach Entstehung).

Eine gesetzliche Verpflichtung zur Abgabe einer Steuererklärung besteht z.B. für

- ESt (§ 25 Abs. 3 EStG)
- USt (§ 18 UStG)
- GewSt (§ 14 a GewStG)
- LSt-Anmeldung (§ 41 a EStG)
- Feststellungen (§ 181 Abs. 2 AO)
- KapESt-Anmeldung (§ 45 a EStG).

Daneben besteht eine Verpflichtung zur Abgabe von Steuererklärungen, wenn eine Aufforderung durch die Finanzbehörde erfolgt ist (§ 149 Abs. 1 S. 2 AO).

b) Dauer

Die Festsetzungsfrist beträgt nach § 169 Abs. 2 AO 133

- für Zölle und Verbrauchsteuern 1 Jahr
- für Besitz- und Verkehrsteuern 4 Jahre.

Nach S. 2 verlängert sich die Frist bei allen Abgaben auf 10 Jahre, **soweit** Steuerhinterziehung vorliegt (vgl. § 370 AO) und auf 5 Jahre, **soweit** leichtfertige Steuerverkürzung begangen wurde (vgl. § 378 AO). Für den nicht verkürzten Teil der Steuer bleibt es bei der regulären Fristdauer.

c) Ende

Das regelmäßige Ende der Festsetzungsfrist fällt auf den 31.12. mit Ablauf des vierten Jahres, man spricht von einer sog. Kalenderverjährung. 134

Beispiel:
wie oben

a) 31.12.07
b) 31.12.08
c) 31.12.09

3. Ablaufhemung

Das Ende der Festsetzungsfrist ist regelmäßig nach den vorstehenden Grundsätzen zu ermitteln, es sei denn, eine Ablaufhemmung schiebt das regelmäßige **Ende** der Frist **hinaus.** § 171 AO enthält eine abschließende Aufzählung, die sich nur auf die im Gesetz genau bezeichneten Sachverhalte bezieht. Dazu in Kürze die wichtigsten Fälle. 135

a) Offenbare Unrichtigkeit (§ 171 Abs. 2 AO)

136 Enthält ein Steuerbescheid eine offenbare Unrichtigkeit, so endet die Festsetzungsfrist **insoweit** nicht vor Ablauf **eines Jahres nach Bekanntgabe** des fehlerhaften Bescheides. Der Steuerbetrag ist also aufzuteilen, d.h. im Übrigen gilt das reguläre Fristende.

Beispiel:

Die ESt-Erklärung 02 wurde am 20.4.03 abgegeben. Der Steuerbescheid vom 22.11.07, mit dem eine Steuer i.H.v. 10 000 Euro festgesetzt wurde, enthält eine offenbare Unrichtigkeit mit einer steuerlichen Auswirkung von 500 Euro.
Die Festsetzungsfrist beginnt am 1.1.04 (§ 170 Abs. 2 Nr. 1 AO) und endet grds. am 31.12.07. Der Steuerbescheid vom 22.11.07 ist noch innerhalb dieser Frist zur Post gegangen. Hinsichtlich des Fehlers i.H.v. 500 Euro kommt es zu einer Ablaufhemmung (§ 171 Abs. 2 AO), d.h. der Fehler kann **bis zum 25.11.08** (§ 122 Abs. 2 Nr. 1 AO!) beseitigt werden.

b) Antrag auf Änderung (§ 171 Abs. 3 und Abs. 3 a AO)

137 Wird noch innerhalb der Festsetzungsfrist vom Steuerpflichtigen ein Antrag auf erstmalige Festsetzung oder Änderung der Steuerfestsetzung gestellt (§ 171 Abs. 3 AO), so endet die Festsetzungsfrist erst, wenn über diesen **Antrag unanfechtbar entschieden** worden ist. Durch diese Vorschrift ist sichergestellt, dass sich rechtzeitig gestellte Anträge nicht durch Zeitablauf erledigen. Gleiches gilt für einen zulässigen Einspruch, der vor Ablauf der Festsetzungsfrist eingelegt wurde (§ 171 Abs. 3 a AO).

c) Außenprüfung (§ 171 Abs. 4 AO)

138 Wird noch vor Ablauf der Verjährungsfrist mit einer Außenprüfung beim Steuerpflichtigen begonnen, so endet die Festsetzungsfrist nicht, bevor die auf Grund der Prüfung zu erlassenden **Bescheide unanfechtbar geworden** sind. Eine rechtzeitige Betriebsprüfung hemmt den Verjährungsablauf für die in Betracht kommenden Jahre. Dies gilt auch, wenn der (rechtzeitige) Beginn der Außenprüfung auf Antrag des Steuerpflichtigen verschoben wird.

d) Vorläufige Steuerfestsetzung (§ 171 Abs. 8 AO)

139 Ist eine Steuerfestsetzung vorläufig gem. § 165 AO ergangen (vgl. Rn. 82), so endet die Festsetzungsfrist nicht vor Ablauf **eines Jahres** nach Kenntnisnahme der Behörde vom **Wegfall der Ungewissheit.**

Beispiel:

Die reguläre Festsetzungsfrist für eine vorläufige Steuerfestsetzung soll grds. am 31.12.07 enden. Hinsichtlich der Einkünfte aus Gewerbebetrieb ist der Bescheid vorläufig ergangen. Die Ungewissheit entfällt am 28.2.08, wovon das FA am 15.3.08 erfährt.
Hinsichtlich der Einkünfte aus Gewerbebetrieb wäre eine Änderung nach § 165 Abs. 2 AO bis zum 15.3.09 möglich, die übrige Steuerfestsetzung ist verjährt.

In den Fällen, in denen der Steuerbescheid vorläufig ist wegen verfassungsrechtlicher Bedenken, endet die Festsetzungsfrist insoweit erst 2 Jahre nach der entsprechenden Entscheidung.

e) Grundlagenbescheide (§ 171 Abs. 10 AO)

Soweit für eine Steuerfestsetzung ein Grundlagenbescheid der Finanzverwaltung bindend ist, endet die Festsetzungsverjährung insoweit erst zwei Jahre nach Bekanntgabe dieses Grundlagenbescheides. **140**

Beispiel:
Die ESt-Erklärung 01 ist am 30.5.03 beim FA eingegangen. Am 18.8.09 erhält das FA eine Mitteilung von einem anderen FA, wonach der Stpfl. an einer Erbengemeinschaft beteiligt ist. Der Feststellungsbescheid, der einen Verlustanteil von 1 000 Euro enthielt, ging am 3.8.09 zur Post (vgl. auch Rn. 83).
Der ESt-Bescheid, der diesen Verlust bislang noch nicht berücksichtigte, kann noch bis zum 6.8.11 geändert werden, allerdings nur in diesem Punkt, da die reguläre Festsetzungsfrist am 31.12.07 abgelaufen ist (Beginn § 170 Abs. 2 Nr. 1 AO am 1.1.04, Dauer § 169 Abs. 2 Nr. 2 AO 4 Jahre, Ende somit zum 31.12.07).
Für den Bescheid über die einheitliche und gesonderte Feststellung läuft eine eigene Festsetzungsfrist (vgl. § 181 Abs. 1 Sätze 1 und 2 AO), die der Bearbeiter beim „Folgefinanzamt" nicht prüfen kann und muss.

4. Fristwahrung

Die Finanzbehörde hat die Festsetzungsfrist gewahrt, wenn der Bescheid **vor Ablauf der Frist** den Bereich der **Behörde verlässt** (§ 169 Abs. 1 S. 3 Nr. 1 AO). Die Aufgabe zur Post am letzten Tag der Frist wäre somit ausreichend, der Tag der Bekanntgabe ist unbeachtlich. **141**

VII. Bestandskraft

Durch die ordnungsgemäße Bekanntgabe erhält ein Verwaltungsakt (VA) seine Wirksamkeit (§ 124 Abs. 1 AO). Auch wenn er inhaltlich fehlerhaft sein sollte, sind aus Gründen der Rechtssicherheit Behörde und Steuerpflichtiger daran gebunden (vgl. § 124 Abs. 1 AO), denn das Vertrauen in die einmal von der Behörde getroffene Entscheidung muss grds. gewährleistet sein, es sei denn, das Gesetz lässt eine Korrektur zu. **142**

Ein wirksamer VA kann durch zwei grundsätzlich getrennte Verfahren inhaltlich verändert werden:

- im Rechtsbehelfsverfahren
- im Berichtigungsverfahren.

Der Begriff „Bestandskraft" entspricht annähernd dem Begriff der „Rechtskraft" von gerichtlichen Entscheidungen. Demnach wird ein wirksamer VA formell bestandskräftig, wenn er vom Stpfl. nicht mehr mit dem zulässigen Einspruch angefochten werden kann. Daher spricht man auch von der „Unanfechtbarkeit" des VA. Der nach **Ablauf der Einspruchsfrist** bestandskräftige VA ist nur noch in wenigen gesetzlich geregelten Ausnahmefällen änderbar. Legt der Betroffene daher keinen Einspruch ein und trifft auch keine Berichtigungsvorschrift zu, können wirksame VAe nicht mehr geändert werden, auch wenn die Fehler beachtliche Auswirkung haben.

VIII. Begriff und Wirkung einer Steueranmeldung

143 Um das Verwaltungsverfahren zu vereinfachen hat der Steuerpflichtige in bestimmten Fällen (z.B. USt, LSt, KapESt) die Steuer in der Erklärung selbst zu berechnen und anzumelden (§ 150 Abs. 1 S. 3 i.V.m. § 167 Abs. 1 AO). Diese Anmeldung wirkt mit **Eingang** beim Finanzamt wie eine **Festsetzung unter Vorbehalt der Nachprüfung** (§ 168 S. 1 AO).

Führt die Anmeldung zu einer **Herabsetzung** der bisherigen Steuer oder zu einer **Vergütung** („Rotbetrag"), so liegt erst mit **Zustimmung** des Finanzamts eine Steuerfestsetzung vor (§ 168 S. 2 AO). Die Zustimmung kann formlos, z.B. durch Überweisung des Erstattungs- oder Vergütungsbetrages erfolgen (§ 168 S. 3 AO).

Trotz des Vorliegens einer Anmeldung ist die Festsetzung durch Bescheid erforderlich, wenn das Finanzamt einen **abweichenden Betrag** festsetzen will (§ 167 Abs. 1 S. 1 AO).

Beispiele:

Ein Unternehmer reicht die USt-Voranmeldung 8/01 über 10 000 Euro am 10.9.01 beim FA ein. Tatsächlich beträgt die Steuer nur 9 000 Euro, da sich der StPfl. verrechnet hat. Mit Eingang am 12.9. liegt eine Steuerfestsetzung unter VdN über 10 000 Euro vor (§ 168 S. 1 AO). Eine Zustimmung ist nicht erforderlich. Da bereits eine wirksame Steuerfestsetzung vorliegt, ist zur **Korrektur nach § 164 Abs. 2 AO** auf 9 000 Euro ein Bescheid des FA erforderlich (§ 167 Abs. 1 S. 1 AO).

Am 31.5.02 geht beim Finanzamt die USt-Jahreserklärung 01 mit einem Betrag von 50 000 Euro ein; mtl. vorangemeldet waren insgesamt 54 000 Euro. Am 20.6.02 wird ohne Abweichung veranlagt.

Erst mit der Veranlagung am 20.6.02 i.H.v. 50 000 Euro liegt eine Steuerfestsetzung unter VdN vor, da für die Herabsetzung der Steuer die Zustimmung erforderlich ist (§ 168 S. 2 AO). Ein Bescheid ist nicht erforderlich (§ 167 Abs. 1 AO), da von der *Jahres*anmeldung nicht abgewichen wird.

IX. Kosten bei besonderer Inanspruchnahme von Finanz- und Zollbehörden

144 Die Behörden der Bundeszollverwaltung sowie die Behörden, denen die Wahrnehmung von Aufgaben der Bundeszollverwaltung übertragen worden ist, können für eine besondere Inanspruchnahme oder Leistung (kostenpflichtige Amtshandlung) Gebühren erheben und die Erstattung von Auslagen verlangen, § 178 AO.

Dies ist insbesondere möglich bei:

1. Amtshandlungen außerhalb des Amtsplatzes und außerhalb der Öffnungszeiten, soweit es sich nicht um Maßnahmen der Steueraufsicht handelt,
2. Amtshandlungen, die zu einer Dienstерschwernis führen, weil sie antragsgemäß zu einer bestimmten Zeit vorgenommen werden sollen,
3. Untersuchungen von Waren, wenn
   a) sie durch einen Antrag auf Erteilung einer verbindlichen Zolltarifauskunft, Gewährung einer Steuervergütung oder sonstigen Vergünstigungen veranlasst sind oder

b) bei Untersuchungen von Amts wegen Angaben oder Einwendungen des Verfügungsberechtigten sich als unrichtig oder unbegründet erweisen oder
c) die untersuchten Waren den an sie gestellten Anforderungen nicht entsprechen,
4. Überwachungsmaßnahmen in Betrieben und bei Betriebsvorgängen, wenn sie durch Zuwiderhandlungen gegen die zur Sicherung des Steueraufkommens erlassenen Rechtsvorschriften veranlasst sind,
5. amtlichen Bewachungen und Begleitungen von Beförderungsmitteln oder Waren,
6. Verwahrung von Nichtgemeinschaftswaren,
7. Schreibarbeiten (Fertigung von Schriftstücken, Abschriften und Ablichtungen), die auf Antrag ausgeführt werden,
8. Vernichtung oder Zerstörung von Waren, die von Amts wegen oder auf Antrag vorgenommen wird.

Das Bundeszentralamt für Steuern erhebt ferner gem. § 179 a AO für die **145** Bearbeitung eines Antrags auf Durchführung eines **Verständigungsverfahrens** nach einem Doppelbesteuerungsabkommen von noch nicht verwirklichten Geschäften eines Steuerpflichtigen mit nahe stehenden Personen im Sinne des § 1 des Außensteuergesetzes oder zur zukünftigen einvernehmlichen Gewinnaufteilung zwischen einem inländischen Unternehmen und seiner ausländischen Betriebsstätte oder zur zukünftigen einvernehmlichen Gewinnermittlung einer inländischen Betriebsstätte eines ausländischen Unternehmens (Vorabverständigungsverfahren, quasi eine Art internationale verbindliche Auskunft) Gebühren, die vor Eröffnung des Vorabverständigungsverfahrens durch das Bundeszentralamt für Steuern festzusetzen sind. Diese Eröffnung geschieht durch die Versendung des ersten Schriftsatzes an den anderen DBA-Staat. Hat ein Antrag Vorabverständigungsverfahren mit mehreren Staaten zum Ziel, ist für jedes Verfahren eine Gebühr festzusetzen und zu entrichten. Das Vorabverständigungsverfahren wird erst eröffnet, wenn die Gebührenfestsetzung unanfechtbar geworden und die Gebühr entrichtet ist; die Gebühr beträgt 20 000 Euro (Grundgebühr) für jeden Antrag.

X. Gesonderte Feststellung von Besteuerungsgrundlagen

Grundsätzlich werden Besteuerungsgrundlagen nicht selbstständig festgestellt und sind auch nicht selbst ständig anfechtbare Teile des Steuerbescheides, vgl. § 157 II AO. Ausnahmsweise werden jedoch nach § 179 AO Besteuerungsgrundlagen gesondert festgestellt soweit dies im § 180 AO oder auch in Einzelsteuergesetzen geregelt ist. **146**

§ 180 AO regelt die gesonderte Feststellung von Besteuerungsgrundlagen für drei Fälle:

1. die Feststellung der Einheitswerte nach dem Bewertungsgesetz
2. die Feststellung von gemeinschaftlich erzielten einkommensteuerpflichtigen oder körperschaftsteuerpflichtigen Einkünften mehrerer Personen oder

3. die gesonderte Feststellung eines Gewinns aus Land- und Forstwirtschaft, Gewerbebetrieb oder einer freiberuflichen Tätigkeit, wenn sich der Betrieb in der Zuständigkeit des Betriebsstätten-Finanzamt einer anderen Gemeinde befindet als das Wohnsitz-Finanzamt des Inhabers.

In den Einzelsteuergesetzen finden sich beispielhaft folgende **Feststellungs-Fälle**:

1. § 10 d EStG Feststellung des verbleibenden Abzugs
2. § 10 b EStG Feststellung des vortragsfähigen Spendenabzugs
3. § 15 a EStG Feststellung des vortragsfähigen Verlustes des Kommanditisten
4. § 27 KStG Feststellung des steuerlichen Eigenkapitals
5. § 38 KStG Feststellung der Körperschaftsteuererhöhungsbeträge
6. § 151 BewG Gesonderte Feststellung von Grundbesitzwerte (§§ 138, 157 BewG), Wert des Betriebsvermögens oder des Anteils am Betriebsvermögen (§§ 95, 96, 97 BewG) oder Wert von Anteilen an Kapitalgesellschaften im Sinne des § 11 Abs. 2 BewG
7. § 2 a EStG verbleibenden negativen Einkünfte

147 Der Sinn dieser Regelung ist es, Besteuerungsgrundlagen einmalig und einheitlich festzustellen, die an mehreren Stellen im Besteuerungsverfahren verwendet werden. So hat beispielsweise die einmalige Festlegung des Einheitswert des Grundstücks Bedeutung für viele Jahre der Besteuerung zum Beispiel bei der Gewerbe- und Grundsteuer. Die gemeinschaftliche Feststellung von Einkünften zum Beispiel einer Personengesellschaft vermeidet es, dass das jeweilige Finanzamt des beteiligten Mitunternehmers die Einkünfte selbstständig neu und mehrfach ermitteln muss. Der Feststellungsbescheid vermeidet daher unterschiedliche Rechtsanwendungen bei den einzelnen Gesellschaftern. Der Feststellungsbescheid beinhaltet noch keine Aussage über die Höhe der festzusetzenden Steuer auf Ebene der Gesellschafter oder der Folgebescheide. Der Feststellungsbescheid löst lediglich eine Besteuerungsgrundlage aus dem Steuerfestsetzungsverfahren heraus und stellt diese gesondert fest.

148 Der Unterschied zwischen einer gesonderten Feststellung und einer gesonderten und einheitlichen Feststellung besteht darin, dass sich die Festsetzung einer gesonderten Feststellung immer gegen einen Steuerpflichtigen richtet (zum Beispiel gesonderte Feststellung des Gewinns eines Einzelunternehmens in Dortmund für den Inhaber wohnhaft in Oberhausen) und sich die gesonderte und einheitliche Feststellung immer gegen mehrere Beteiligte richtet. Die wesentlichste und wichtigste Wirkung eines Feststellungsbescheides ergibt sich aus § 182. AO: Feststellungsbescheide sind als Grundlagenbescheide absolut bindend für die daraus folgenden Folgebescheide. Eine Anfechtung der Besteuerungsgrundlage kann im nachfolgenden Festsetzungsverfahren nicht erfolgen. Ein Einspruch gegen eine eventuell falsche Festsetzung einer gesonderten oder gesonderten und einheitlichen Besteuerungsgrundlage muss sich zwingend innerhalb der Einspruchsfrist des Grundlagenbescheides gegen den Grundlagenbescheid richten. Ein materiell unzutreffender aber rechtskräftig bestandswirksam gewordener Feststellungsbescheid bindet die Folgebescheide auch an falsch festgestellt Werte. Eine Änderung des Feststellungsbescheides nach den Vorschriften der AO zieht stets eine Änderung eines eventuell schon festgesetzten Folgebescheides gemäß § 175 Abs. 1 Nr. 1 AO nach sich.

frei **149**

D. Berichtigung, Aufhebung und Änderung von Steuerbescheiden

Mit der Bekanntgabe von Verwaltungsakten (VAen) tritt regelmäßig Bindungswirkung für die Finanzbehörde und den Steuerpflichtigen ein. **150**

Die Korrektur eines wirksamen, fehlerhaften VA kann anschließend auf Grund eines zulässigen Einspruchs des Steuerpflichtigen im Rechtsbehelfsverfahren (vgl. Vorschriften zum außergerichtlichen Rechtsbehelfsverfahrenerfolgen. Nach (ungenutztem) Ablauf der Einspruchsfrist sind VAe **bestandskräftig** und können inhaltlich nicht mehr geändert werden („Rechtsfrieden"), es sei denn, eine der wenigen **gesetzlichen Berichtigungsvorschriften** ist anwendbar; vgl. § 172 Abs. 1 Nr. 2 d AO:

> „Ein Steuerbescheid darf … nur geändert werden, … soweit dies … **gesetzlich** zugelassen ist …"

Der Begriff **„Berichtigung"** soll dabei als Oberbegriff für Korrekturen aller Art von fehlerhaften VAen dienen (vgl. § 172 AO: „ändern, aufheben"; § 129 AO: „berichtigen"; § 130 AO: „zurücknehmen"; § 131 AO: „widerrufen"). **151**

Ist ein VA **nichtig,** so bedarf es keiner Berichtigungsvorschrift, da der „Ersatz" dieses (rechtlich nicht vorhandenen) Verwaltungsaktes der erstmalige Erlass eines wirksamen VA ist.

Der berichtigte VA unterliegt den gleichen **Form- und Verfahrensvorschriften** wie der ursprüngliche VA (z. B. Bekanntgabe, Rechtsbehelf).

Eine Berichtigung ist nicht mehr zulässig, wenn die **Festsetzungsfrist** abgelaufen ist (vgl. Rn. 130).

Allen Berichtigungsvorschriften ist gemeinsam, dass es sich um **punktuelle,** sachverhaltsbezogene Korrekturmöglichkeiten handelt („… soweit …"). Lediglich § 164 Abs. 2 AO bietet die Möglichkeit der Gesamtänderung.

Beispiel:

Ein Steuerbescheid über 1 000 Euro enthält einen Rechenfehler, der die Steuer um 100 Euro, und einen „Rechtsirrtum", der die Steuer um 200 Euro erhöhen würde. Der Betrag ist bereits entrichtet.

Der Rechenfehler ist nach § 129 AO zu berichtigen, für den Rechtsirrtum ist keine Berichtigungsvorschrift vorhanden. Die neue festgesetzte Steuer lautet daher auf 1 100 Euro; die Abrechnung der bereits gezahlten 1 000 Euro ist Teil des sonstigen VA „Leistungsgebot" („Bitte zahlen Sie …").

Prüfungsschema:
1. wirksamer VA gegeben?
2. Fehler vorhanden?
3. Festsetzungsfrist nicht abgelaufen?
4. Berichtigungsvorschrift vorhanden?

152 Durch § 172 Abs. 1 Nr. 2 d AO werden VAe in verschiedene Gruppen getrennt, sodass die unterschiedlichen Berichtigungsvorschriften nur jeweils auf bestimmte VAe anwendbar sind:

„Ein **Steuerbescheid** …; die §§ 130 und 131 gelten nicht".

Die §§ 130, 131 sind nach dem Wortlaut des § 172 für Steuerfestsetzungen (und gleichgestellte VAe) ausgeschlossen; sie gelten daher nur für die übrigen VAe. Da § 129 nicht erwähnt wird, ist diese Vorschrift auf alle VAe anwendbar. Aus dem eingeschobenen Nebensatz „… soweit er nicht vorläufig oder unter dem Vorbehalt der Nachprüfung ergangen ist …" lässt sich die Reihenfolge der zu prüfenden Vorschriften entnehmen.

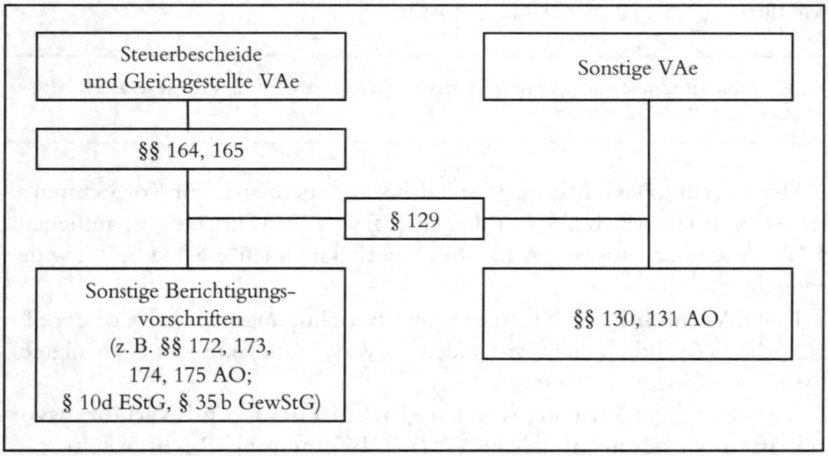

Auch die Einzelsteuergesetze enthalten eine Reihe von Berichtigungsvorschriften, deren Anwendung § 172 Abs. 1 Nr. 2 d AO ermöglicht (z.B. § 10 d EStG, § 35 b GewStG).

Beispiel:

Ein ESt-Bescheid unter dem Vorbehalt der Nachprüfung mit einer Steuer von 15 000 Euro berücksichtigt versehentlich nicht die Steuerermäßigung für haushaltsnahe Dienstleistungen nach § 35 a ff. i. H. v. 600 €. Die LSt wird zu niedrig angesetzt, da die Lohnbescheinigung fehlerhaft übermittelt wurde.

Die Steuerfestsetzung ist nach § 164 Abs. 2 AO zu ändern auf 14 400 Euro, da § 35 a EStG noch Teil der Steuerfestsetzung ist. Die Anrechnung der LSt (sonstiger VA) ist nach § 130 Abs. 1 AO zu berichtigen.

Ist die Berichtigung eines VA möglich, so ist es ohne Bedeutung, ob die Finanzbehörde die Korrektur auf die zutreffende Vorschrift gestützt hat. Das Zusammentreffen mehrerer Vorschriften ist möglich. 153

Beispiel:
Das Finanzamt hat einen ESt-Bescheid nach § 175 AO berichtigt, obwohl er unter dem Vorbehalt der Nachprüfung stand.
Da eine Berichtigung nach § 164 Abs. 2 AO möglich war, ist der berichtigte Bescheid im Ergebnis nicht zu beanstanden. Es liegt lediglich ein Begründungsfehler vor.

Lehnt die Finanzbehörde die Berichtigung eines Steuerbescheides **ab,** so ist wie gegen den berichtigten Steuerbescheid selbst der Einspruch gegeben (vgl. § 347 AO).

Da im Folgenden nur die Berichtigung von Steuerbescheiden behandelt wird, hier ein kurzer Hinweis zu den **sonstigen VAen:** 154

Für den Steuerpflichtigen **ungünstige** sonstige VAe können grds. ohne weitere Voraussetzungen geändert werden (vgl. § 130 Abs. 1, § 131 Abs. 1 AO); die Berichtigung von **günstigen** sonstigen VAen ist wegen des Vertrauensschutzes dagegen nur eingeschränkt möglich (vgl. § 130 Abs. 2, § 131 Abs. 2 AO).

I. Offenbare Unrichtigkeiten beim Erlass eines Verwaltungsaktes

Schreibfehler, Rechenfehler oder ähnliche **offenbare Unrichtigkeiten,** 155
die **beim Erlass eines Verwaltungsaktes** unterlaufen sind, können jederzeit berichtigt werden (§ 129 AO).

Durch diese Vorschrift sollen offenkundige Abweichungen des Verwaltungsaktes vom gewollten Ergebnis, die regelmäßig auf Flüchtigkeiten beruhen, korrigiert werden können. § 129 AO erstreckt sich auf alle Verwaltungsakte.

Ähnliche offenbare Unrichtigkeiten sind erkennbar *mechanische Versehen,* 156
bei denen die *Möglichkeit des rechtlichen Irrtums* ausgeschlossen ist. Der rechtliche Irrtum umfasst dabei auch die fehlerhafte oder fehlende Sachverhaltsermittlung.

Ein offenbarer Fehler liegt vor, wenn er für einen Dritten ohne großes Nachforschen sofort als solcher erkennbar ist. Dabei muss dieser Fehler nicht im Verwaltungsakt selbst enthalten sein, sondern kann sich auch aus dem Akteninhalt ergeben.

Ist der Fehler erst durch weitere Ermittlungen erkennbar oder kann auch nur die Möglichkeit eines rechtlichen Irrtums nicht ausgeschlossen werden, so liegt keine offenbare Unrichtigkeit vor.

Beispiele für offenbare Unrichtigkeiten:
- Eine Anweisung im Eingabewertbogen des FA lautet auf 250,00 Euro, erfasst werden aber 25 000 Euro.
- Bei einer manuellen Veranlagung liest der Sachbearbeiter die Steuer aus der Tabelle ab und gerät dabei in die falsche Zeile.
- Bei der Veranlagung einer Witwe vermerkt der Bearbeiter deutlich und zutreffend „Witwensplitting", vermerkt aber im Eingabewertbogen die falsche Kennziffer.

- Außergewöhnliche Belastungen werden in der Steuererklärung „abgehakt" und zutreffend berechnet, aber nicht in die entsprechende Kennziffer übertragen.
- Eine Aktenverfügung sieht eine Stundung i.H.v. 3 000 Euro vor. Aufgrund eines Tippfehlers erhält der Stpfl. einen Bescheid über 8 000 Euro.
- Ein Verlust i.H.v. 10 000 Euro wird als Gewinn erfasst.

In all diesen Fällen war der „Rechtsbildungsprozess" zutreffend abgeschlossen; es liegen lediglich mechanische **Übertragungsfehler** oder **Flüchtigkeiten** vor. Die Verwaltungsakte sind allesamt mit ihrem fehlerhaften Inhalt wirksam geworden, so dass Berichtigungen nach § 129 AO durchzuführen sind.

Beispiele für Fehler, die keine offenbare Unrichtigkeit darstellen:
- Eine Witwe erhält bei der Veranlagung im Jahr nach dem Tode ihres Mannes die Grundtabelle; es wurden keinerlei Aktenvermerke angebracht. Ein rechtlicher Irrtum („Einzelveranlagung") ist nicht auszuschließen.
- Unterstützungsleistungen wurden nicht berücksichtigt. Diese Seite der Steuererklärung enthält keine näheren Vermerke. Ein rechtlicher Irrtum ist zumindest nicht auszuschließen.

157 Nur Fehler der Finanzbehörde können beim **Erlass eines Verwaltungsaktes** unterlaufen; Fehler des Steuerpflichtigen (z.B. in der Buchführung) führen daher grds. nicht zur Berichtigung. Ausnahmsweise werden Fehler des Steuerpflichtigen, die bei normaler Bearbeitung hätten auffallen müssen, durch **Übernahme** in die Akten des Finanzamts zu Fehlern der Behörde. Dies ist stets dann der Fall, wenn der Fehler aus den eingereichten Unterlagen klar erkennbar ist und von der Behörde unbeanstandet in den Verwaltungsakt übernommen wurde.

Beispiel:

In der Anlage V hat der Stpfl. die *Einnahmen* aus Vermietung eines Hauses nach Etagen getrennt aufgelistet. Bei der auszuweisenden Summe ist ihm ein Additionsfehler unterlaufen, wodurch die Einkünfte zu hoch ausgewiesen wurden. Das Finanzamt hat die erklärten Einkünfte in den Steuerbescheid übernommen.
Es handelt sich um einen Fehler beim Erlass eines Verwaltungsaktes, da sich das Finanzamt den erkennbaren Fehler des Stpfl. durch Übernahme zu Eigen gemacht hat.
Hätte der Stpfl. die Mieteinnahmen in einem Mietbuch addiert, welches er zu Hause führt, und nur die Summe in die Anlage V übertragen, wäre eine Berichtigung nach § 129 AO nicht möglich, da der Fehler für das Finanzamt nicht erkennbar war. Allerdings wäre dann eine Änderung des Steuerbescheides nach § 173 Abs. 1 Nr. 2 AO möglich.

158 Nur die Unrichtigkeit selbst darf durch die Berichtigung beseitigt werden **(Punktberichtigung);** weitere Fehler erfordern selbstständige Berichtigungsvorschriften.

Trotz der Formulierung als **„Ermessensvorschrift"** besteht grds. die Verpflichtung der Behörde auf Berichtigung des Verwaltungsaktes, denn die Beteiligten haben regelmäßig ein **berechtigtes Interesse** an der Richtigstellung der sachlichen Regelung (§ 129 S. 2 AO). Durch diese Einschränkung wird nur ein unnötiger Verwaltungsaufwand bei geringfügigen Versehen vermieden, z.B. bei Schreibfehlern ohne steuerliche Auswirkung.

Eine zeitliche Grenze für die Fehlerberichtigung bildet die **Festsetzungsfrist,** wobei ggf. eine *Ablaufhemmung* zu beachten ist (§ 171 Abs. 2 AO; vgl. Rn. 135).

II. Aufhebung und Änderung von Steuerbescheiden gem. § 172 AO

Neben seiner Funktion als **„Generalvorschrift"** für das Berichtigungsverfahren, in dessen Eigenschaft § 172 Abs. 1 Nr. 2 d AO auf andere Berichtigungsvorschriften verweist (z.B. auf §§ 173 ff. AO, § 10 d EStG, § 35 b GewStG, § 17 UStG) und damit überhaupt die Änderung von Steuerfestsetzungen und gleichgestellten Verwaltungsakten zulässt, enthält die Vorschrift auch **eigenständige Änderungstatbestände.** Von diesen kommt jedoch nur **Nr. 2 a AO** praktische Bedeutung zu. **159**

1. Schlichte Änderung

Ein **endgültiger** Steuerbescheid (oder gleichgestellter Verwaltungsakt) **kann auf Antrag** oder **mit Zustimmung** des Steuerpflichtigen geändert werden. Während eine Änderung zuungunsten des Steuerpflichtigen jederzeit möglich ist, kann eine Änderung **zu Gunsten** nur erfolgen, soweit der Steuerpflichtige sein Einverständnis innerhalb der Einspruchsfrist erklärt hat (§ 172 Abs. 1 Nr. 2 a AO). **160**

Der Antrag auf **„schlichte" Änderung** muss zwar innerhalb der Einspruchsfrist, kann aber formfrei gestellt werden, z.B. auch telefonisch. Damit haben die Finanzbehörden die Möglichkeit, alltägliche Fehler, die sich in Massenverfahren nie ganz vermeiden lassen, ohne großen Verwaltungsaufwand richtigzustellen, umso unnötige Einsprüche zu vermeiden. Einen umfassenden Rechtsschutz bietet jedoch allein der Einspruch, so dass von der Möglichkeit der „schlichten Änderung" nur in eindeutigen Fällen Gebrauch gemacht werden wird. **161**

Zwar besteht im Gegensatz zum Einspruch bei diesem bloßen Änderungsantrag keine Gesamtaufrollung (vgl. § 367 Abs. 2 S. 1 AO), sondern nur eine punktuelle Überprüfungsmöglichkeit und damit auch keine Möglichkeit einer „verbösernden" Entscheidung (§ 367 Abs. 2 S. 2 AO; vgl. Entscheidung über den Einspruch). Allerdings ermöglicht nur der Einspruch als Nebenverfahren die Aussetzung der Vollziehung des Verwaltungsaktes (vgl. § 361 Abs. 2 AO). Da sich der Steuerpflichtige zudem der drohenden „Verböserung" im Rechtsbehelfsverfahren durch Rücknahme des Einspruchs entziehen kann, wird von den Steuerpflichtigen mit Ausnahme eindeutiger Fälle üblicherweise ein Steuerbescheid im Wege des Einspruchs angefochten werden. Die Behörden sind zudem angewiesen, bei der Auslegung unklarer schriftlicher Anträge des Steuerpflichtigen diese zu seinen Gunsten als Einspruch zu werten, da dieser eine weitergehende Überprüfung der Sach- und Rechtslage zulässt.

2. Abhilfebescheid

Ihren Hauptanwendungsbereich findet die Vorschrift des § 172 Abs. 1 Nr. 2 a AO im **Rechtsbehelfsverfahren** selbst. **162**

Grds. wird über einen Einspruch in einer förmlichen Entscheidung entschieden (§ 367 Abs. 1 S. 1 AO), die aber nur erforderlich ist, wenn dem Einspruch nicht abgeholfen wird (§ 367 Abs. 2 S. 3 AO). Gerade aber dieser **„Abhilfebescheid"** bietet der Behörde eine unbürokratische Methode zur einvernehmlichen Erledigung von Einsprüchen (vgl. auch § 132 S. 1 AO).

Beispiel:

Mit seinem Einspruch reicht der Stpfl. weitere Werbungskosten nach, die die Steuer um 400 Euro mindern würden.

Zur Erledigung dieses Einspruchs und zur Neufestsetzung der Steuer ist grds. eine förmliche Einspruchsentscheidung erforderlich (§ 367 Abs. 1 S. 1 AO). Da der Verwaltungs- und Kostenaufwand groß wäre, ist zur Verwaltungsvereinfachung der Erlass eines geänderten Steuerbescheides ausreichend (§ 367 Abs. 2 S. 3 i.V.m. § 172 Abs. 1 Nr. 2 a i.V.m. § 132 AO). Dieser Abhilfebescheid sollte den Vermerk: „Hiermit erledigt sich Ihr Einspruch vom ..." enthalten. Der Antrag auf Änderung ist im Einspruch des Stpfl. enthalten.

Vergleich

	Einspruch	**Antrag auf schlichte Änderung**
Form	schriftlich	formfrei
Überprüfung	Gesamtaufrollung	punktuell; aber „Verrechnung" mit anderen Fehlern gem. § 177 AO
Erweiterung des Antrags	jederzeit	nur innerhalb der Einspruchsfrist
Verböserung	ja	nein
Aussetzung der Vollz.	ja	nein

3. Weitere Änderungstatbestände des § 172 AO

163 Da Steuerbescheide, die von einer **sachlich** unzuständigen Behörde erlassen wurden, in aller Regel nichtig sind, kommt § 172 Abs. 1 Nr. 2 b AO kaum praktische Bedeutung zu.

Steuerbescheide, die durch **unlautere Mittel** (Täuschung, Drohung, Bestechung) vom Steuerpflichtigen herbeigeführt wurden, sind nach § 172 Abs. 1 Nr. 2 c AO aufzuheben oder zu ändern. In Täuschungsfällen (Steuerhinterziehung) ist zudem § 173 Abs. 1 Nr. 1 AO anwendbar.

III. Aufhebung und Änderung von Steuerbescheiden wegen neuer Tatsachen und Beweismittel

164 Steuerbescheide und gleichgestellte Verwaltungsakte sind zu ändern, soweit **Tatsachen** oder Beweismittel **nachträglich bekannt werden,** die zu einer **höheren** Steuer führen (§ 173 Abs. 1 Nr. 1 AO).

Führen nachträglich bekannt gewordene Tatsachen oder Beweismittel zu einer **niedrigeren** Steuer, so darf zudem den Steuerpflichtigen **kein grobes Verschulden** an deren Nachträglichkeit treffen (§ 173 Abs. 1 Nr. 2 AO).

§ 173 AO enthält **zwei** eigenständige Änderungstatbestände. Liegen in einem Fall gleichzeitig steuererhöhende und steuermindernde Tatsachen vor, sind beide für sich Anlass einer Änderung des ursprünglichen Bescheides. Eine **Saldierung** mehrerer Tatsachen ist insbesondere wegen der Anwendung des § 177 AO (vgl. Rn. 166) **nicht zulässig.**

Übersicht

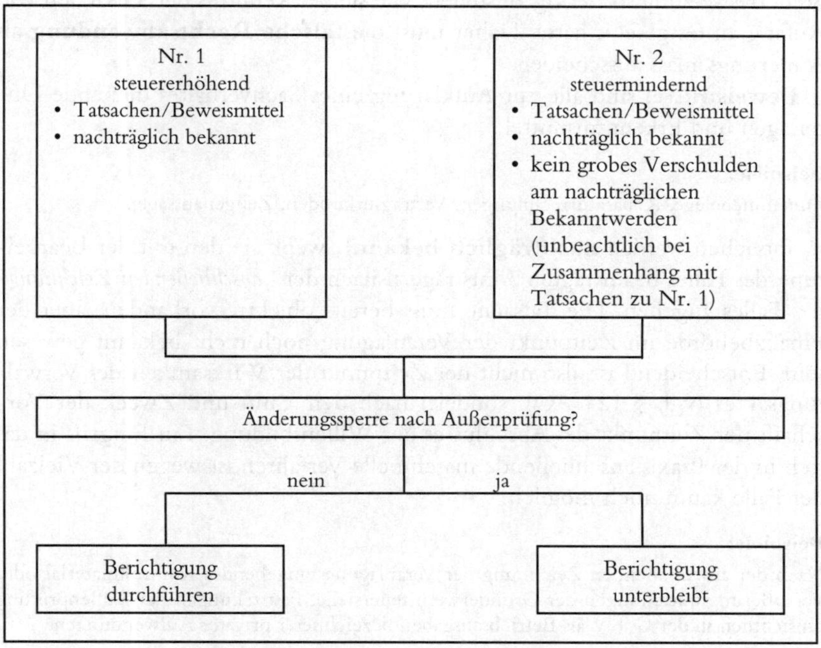

Auch bei diesen Vorschriften handelt es sich jeweils um Punktberichtigungen („… soweit …"), sodass weitere Fehler, die nicht auf neuen Tatsachen beruhen, eigenständige Berichtigungsvorschriften benötigen bzw. ggf. unberücksichtigt bleiben.

1. Änderung zu Ungunsten des Steuerpflichtigen

Tatsachen sind objektive *Lebenssachverhalte,* die einen steuerlichen Tatbestand erfüllen und deren steuerliche Berücksichtigung vom Willen des Steuerpflichtigen unabhängig sind. Sie hätten zu einer anderen Steuerfestsetzung geführt, wenn sie dem Finanzamt bei der ursprünglichen Festsetzung bekannt gewesen wären. **165**

Beispiele:
Einnahmen und Ausgaben, Nutzungsdauer eines Wirtschaftsgutes, Verwendung eines Wirtschaftsgutes zu privaten oder betrieblichen Zwecken, Lebensalter, Familienstand, usw.

Keine Tatsachen sind bloße *Schlussfolgerungen,* insbesondere die Änderung der Rechtsauffassung auf Grund eines unveränderten Sachverhaltes sowie (Wert-)Schätzungen.

Beispiele:

Schätzung des Werts eines Wirtschaftsgutes durch einen Außenprüfer, Anwendung eines BFH-Urteils auf einen vollständig vorliegenden Sachverhalt, geänderte Rechtsprechung, Verfügungen der OFD über die Auslegung einer Vorschrift.

§ 173 AO räumt der Finanzbehörde die Möglichkeit ein, eine fehlerhafte Steuerfestsetzung so richtig zu stellen, wie sie bei Kenntnis der Tatsachen von Anfang an festgesetzt hätte. Daher muss die **falsche Rechtsanwendung** als Änderungsanlass ausscheiden.

Beweismittel sind alle zur Aufklärung eines Sachverhaltes dienende Unterlagen und Erkenntnismittel.

Beispiele:

Einnahmebelege, Reparaturrechnungen, Vertragsurkunden, Zeugenaussagen.

166 Tatsachen werden **nachträglich bekannt,** wenn sie den mit der Bearbeitung des Falles beauftragten Amtsträgern nach der *„abschließenden Zeichnung"* des Falles zugehen. Die Tatsache muss bereits objektiv vorhanden, aber der Finanzbehörde im Zeitpunkt der Veranlagung noch nicht bekannt gewesen sein. Entscheidend ist also nicht der Zeitpunkt der Wirksamkeit des Verwaltungsaktes (vgl. § 124 AO), sondern nach dem Sinn und Zweck der Vorschrift der Zeitpunkt des Abschlusses der Willensbildung. Ein Eingriff in das sich in der Praxis anschließende maschinelle Verfahren ist wegen der Vielzahl der Fälle kaum noch möglich.

Beispiele:

Nach der abschließenden Zeichnung der Veranlagung eingehendes Kontrollmaterial oder Veräußerungsmitteilungen der Grunderwerbsteuerstelle, Feststellungen der Außenprüfung hinsichtlich in der G + V als Betriebsausgaben bezeichneter privater Aufwendungen.

Als bekannt gelten daher alle Tatsachen, die im o. g. Zeitpunkt in den Akten oder in sonstigen Unterlagen der *zuständigen Stelle* enthalten sind, sofern deren Kenntnis unter regelmäßigen Umständen möglich war.

Beispiele:

Unbearbeitete Kontrollmitteilungen in einer Sammelakte, Aktenvermerk über Falschbuchung in der Gewinn- und Verlustrechnung nach Telefonanruf des Stpfl., Vermerke im internen Anhang zum Betriebsprüfungsbericht für künftige Veranlagungen.

Ist das Finanzamt in nahe liegenden Fällen seiner *Ermittlungspflicht* nach § 88 AO (Untersuchungsgrundsatz) nicht nachgekommen, muss eine Änderung unterbleiben.

Beispiel:

In der ESt-Erklärung gibt der Stpfl. bei Beantragung eines Ausbildungsfreibetrages für ein berufstätiges Kind in einer Anlage an: „Einkünfte des Kindes liegen wohl unter dem Existenzminimum". Erfolgt die Veranlagung ohne den Ansatz der Einkünfte des Kindes bei Ermittlung der außergewöhnlichen Belastungen (§ 33 a EStG), so ist eine spätere Änderung wegen vorwerfbar mangelnder Sachaufklärung nicht möglich, denn weitere Ermittlungsmaßnahmen mussten sich dem Sachbearbeiter aufdrängen. Die Tatsache, dass das Kind Einkünfte erzielt, war dem Finanzamt bekannt, bei Nichterklärung der Höhe dieser Einkünfte hätte eine Ermittlung erfolgen müssen.

167–169 *frei*

2. Änderung zu Gunsten des Steuerpflichtigen

Eine Änderung nach § 173 Abs. 1 Nr. 2 AO ist ausgeschlossen, wenn den Steuerpflichtigen ein **grobes Verschulden** daran trifft, dass die Tatsachen/Beweismittel erst nachträglich bekannt geworden sind. 170

Grobes Verschulden liegt vor, wenn der Steuerpflichtige die Sorgfalt, zu der er nach seinen (subjektiven) persönlichen Kenntnissen und Fähigkeiten verpflichtet und imstande war, in *besonders schwerem Maße* verletzt hat. Der Begriff umfasst also Vorsatz und grobe Fahrlässigkeit. Schuldhaft handelt vor allem, wer besonders gleichgültig oder leichtsinnig handelt.

Beispiele:
Fehlende Buchführung oder Verletzung von allgemeinen Buchführungsgrundsätzen, Nichtbeachten von Aufforderungen der Behörde, Nichtbeantwortung von einfachen Fragen in Steuererklärungen und Merkblättern, Nichtabgabe von Steuererklärungen.
Flüchtigkeitsfehler oder bloßes Verschreiben sind alltägliche Versehen und stellen kein grobes Verschulden dar.

Das Verschulden eines Vertreters (z.B. Steuerberaters) ist dem Betroffenen zuzurechnen.

Das Verschulden ist **unbeachtlich,** wenn die Tatsachen/Beweismittel zu Gunsten des Steuerpflichtigen mit solchen zu seinen Ungunsten **in sachlichem Zusammenhang** stehen (§ 173 Abs. 1 Nr. 2 S. 2 AO). 171

Beispiel:
Einnahmen aus Warenverkäufen erscheinen ebenso wenig in der Buchführung wie die damit im Zusammenhang stehenden Ausgaben.
Wegen der nicht erklärten Einnahmen kommt es zu einer Änderung des bisherigen Steuerbescheides nach § 173 Abs. 1 Nr. 1 AO. Die Ausgaben rechtfertigen eine Berichtigung nach Abs. 1 Nr. 2, obwohl die bewußte Nichtangabe grobes Verschulden darstellt.

Das Vorbringen der neuen Tatsachen muss auch **„rechtserheblich"** sein, d.h. die Tatsache hätte aufgrund der Rechtslage beim Erlass des Steuerbescheides zu einer anderen Steuer führen müssen. 172

Beispiel:
Aufgrund einer nunmehr eingetretenen Änderung der Rechtsprechung trägt der Stpfl. vor, er habe seinerzeit die Tatsache nicht angegeben, weil nach damaliger Rechtslage keine Erfolgsaussichten bestanden haben.
Die Tatsachen sind nicht rechtserheblich, weil der Sachverhalt nach damaliger Rechtslage nicht steuermindernd berücksichtigt worden wäre. Steuerpflichtige, die dem Finanzamt gegenüber sämtliche Tatsachen offenbaren, dürfen nicht anders behandelt werden, als solche, die ihren Mitwirkungspflichten nur unzureichend nachkommen.

3. Änderungssperre nach einer Außenprüfung

War eine Steuerfestsetzung Gegenstand einer **Außenprüfung,** so kann eine Berichtigung der nach der Außenprüfung ergangenen Steuerbescheide wegen neuer Tatsachen (zu Gunsten wie zu Ungunsten) nicht mehr erfolgen, es sei denn, es liegt Steuerhinterziehung (§ 370 AO) oder leichtfertige Steuerverkürzung (§ 378 AO) vor (§ 173 Abs. 2 AO). Diese Regelung dient dem Rechtsfrieden, da der Steuerfall abschließend erledigt sein soll. 173

IV. Aufhebung und Änderung von Steuerbescheiden in sonstigen Fällen

1. Änderung von Folgebescheiden

174 Ein Steuerbescheid ist zu berichtigen, soweit ein **Grundlagenbescheid,** dem Bindungswirkung für diese Steuerfestsetzung zukommt, **erlassen, aufgehoben oder geändert** wird (§ 175 Abs. 1 Nr. 1 AO).

Die Feststellung von Besteuerungsgrundlagen (vgl. Rn. 120, 121) ist nur dann sinnvoll, wenn sie zu einer Umsetzung in einem Steuerbescheid führt. Daher löst der Erlass oder die Änderung eines Grundlagenbescheides „automatisch" die Berichtigung des Folgebescheides aus. Auf den Zeitpunkt des Erlasses oder der Änderung des Grundlagenbescheides kommt es trotz des missverständlichen Gesetzeswortlauts nach der Rechtsprechung des BFH nicht an.

Der zu berichtigende Steuerbescheid darf nur der Änderung des Grundlagenbescheides Rechnung tragen; eine Gesamtaufrollung des Steuerfalles findet auch bei dieser **Punktberichtigung** nicht statt. **Grundlagenbescheide** sind z.B. Feststellungsbescheide, Steuermessbescheide (§ 170 Abs. 10 AO).

Beispiele:

Auf Grund eines Klageverfahrens wird der Gewinnfeststellungsbescheid der A+B-OHG gem. § 172 Abs. 1 Nr. 2 a AO von 100 000 Euro auf 80 000 Euro Gewinn geändert. A und B sind jeweils zu 50% beteiligt.

Die Wohnsitzfinanzämter der beiden Gesellschafter A und B erhalten vom Betriebsfinanzamt Mitteilungen über die Änderung des Grundlagenbescheides. Beide ESt-Bescheide sind gem. § 175 Abs. 1 Nr. 1 AO unter Ansatz der Einkünfte aus Gewerbebetrieb von bisher 50 000 Euro auf 40 000 Euro zu ändern.

Der Stpfl. beantragt nach Unanfechtbarkeit des ESt-Bescheides unter Vorlage seines Schwerbehindertenausweises, einen Freibetrag nach § 33 b EStG zu gewähren.

Der Entscheidung des Versorgungsamtes kommt Bindungswirkung zu. Der ESt-Bescheid ist auch dann nach § 175 Abs. 1 Nr. 1 AO zu ändern, wenn der Antrag vom Stpfl. bislang nur vergessen wurde, da § 175 AO keine weitere Voraussetzung kennt.

Die **Festsetzungsfrist** (vgl. Rn. 130) des Folgebescheides endet insoweit nicht vor Ablauf von zwei Jahren seit Bekanntgabe des Grundlagenbescheides (§ 171 Abs. 10 AO).

2. Änderung bei rückwirkenden Ereignissen

175 Ein Steuerbescheid ist zu ändern, wenn ein Ereignis eintritt, das steuerliche Wirkung für die Vergangenheit hat (§ 175 Abs. 1 Nr. 2 AO). Die Vorschrift gestattet die Korrektur einer Steuerfestsetzung, die seinerzeit rechtmäßig war und auf Grund eines nachträglich eingetretenen Sachverhalts nunmehr fehlerhaft geworden ist.

Beispiel:

Der Stpfl. veräußert in 04 seinen Betrieb gegen Ratenzahlungen. Er versteuert in 04 einen Veräußerungsgewinn nach §§ 16, 34 EStG. Im Jahre 09 wird der Käufer zahlungsunfähig, die restlichen Raten gehen nicht mehr ein.

Die ESt-Veranlagung 04 ging zutreffend von einem Veräußerungsgewinn in voller Höhe aus. Nunmehr muss auf Grund des geänderten Sachverhalts die Steuerfestsetzung nach

§ 175 Abs. 1 Nr. 2 AO korrigiert und ein niedrigerer Veräußerungsgewinn angesetzt werden. Die Festsetzungsfrist für den Steuerbescheid 04 beginnt insoweit neu zu laufen (§ 175 Abs. 1 S. 2 AO).

3. Umfang der Berichtigung

Da mit Ausnahme des § 164 Abs. 2 AO jeweils Punktberichtigungen erfolgen, können Fehler, für die keine Berichtigungsvorschrift vorhanden ist, nicht korrigiert werden. Wird aber aus anderen Gründen eine Berichtigung durchgeführt, lässt § 177 AO ggf. eine **„Mitberücksichtigung"** solcher Fehler zu, allerdings nur **„soweit die Änderung reicht"**. 176

„Liegen die Voraussetzungen für die ... Änderung eines Steuerbescheides ... vor, so sind ... solche ... Fehler (mit) zu berichtigen, die nicht Anlass ... einer Änderung sind."

„... soweit die Änderung reicht ..."

Daraus lässt sich ableiten, dass bei der Berichtigung eines Steuerbescheides aufgrund einer der genannten Berichtigungsvorschriften zusätzlich Fehler ohne eigenständige Berichtigungsvorschrift **gegengerechnet** werden (gegenläufige steuerliche Auswirkung der beiden Fehler).

Beispiele:

Die Steuer betrug bislang 10 000 Euro und soll nun wegen eines Grundlagenbescheides um 1 000 Euro erhöht werden. Gleichzeitig wird ein Rechtsirrtum des Finanzamts entdeckt, der die Steuer um 400 Euro erhöhen würde.

Es erfolgt eine Änderung nach § 175 Abs. 1 Nr. 1 AO ohne Mitberücksichtigung des weiteren Fehlers, da § 177 AO nie zu einer Erweiterung der selbstständigen Korrektur führen kann. § 177 kann nur den Umfang der geplanten Berichtigung vermindern oder allenfalls ganz verhindern.

Würde die Richtigstellung des Rechtsirrtums zu einer Steuer*minderung* von 400 Euro führen, erfolgte die Berichtigung nach § 175 Abs. 1 Nr. 1 i. V. m. § 177 Abs. 1 AO (selbstständige Korrektur zu Ungunsten des Stpfl.) auf 10 600 Euro.

Betrüge die Steuerminderung gar 1 400 Euro, so würde eine Änderung unterbleiben, da der Betrag von 1 000 Euro (§ 175 AO) ganz aufgebraucht würde. Der überschießende Teil der Auswirkung des Rechtsirrtums muss unberücksichtigt bleiben.

Fehler i. S. d. § 177 AO sind alle materiellen Fehler ohne eigenständige Berichtigungsvorschrift, also z. B. Rechtsirrtümer, bekannte Tatsachen, infolge groben Verschuldens nachträglich bekanntgewordene Tatsachen (§ 177 Abs. 3 AO). Liegen mehrere solcher Fehler vor, ist der Saldo dieser Fehler zu ermitteln. 177

frei 178, 179

E. Steuererhebungsverfahren

I. Fälligkeit

180 An das Festsetzungsverfahren schließt sich das **Erhebungsverfahren** an, denn erst durch die Einziehung der festgesetzten Ansprüche sind Einnahmen für den Staat verfügbar.

Grundlage für die Verwirklichung der Ansprüche aus dem Steuerschuldverhältnis (§ 37 AO) ist regelmäßig die Festsetzung, also in erster Linie der Steuerbescheid (§ 218 Abs. 1 AO). Die mit dem Steuerbescheid verbundene Fälligkeitsbestimmung (Leistungsgebot) ist damit bereits Teil des Erhebungsverfahrens.

181 Fälligkeit bedeutet, dass **Zahlungspflicht** eintritt, d.h. der **Steuergläubiger kann vom Steuerschuldner die Steuer fordern.** Wird der Fälligkeitszeitpunkt (letzter Tag der Zahlungsfrist) überschritten, so sind grds. Säumniszuschläge verwirkt (§ 240 Abs. 1 AO). Auch darf die Vollstreckung des Anspruchs erst beginnen, wenn die Leistung fällig ist (§ 254 Abs. 1 AO).

182 Der **Eintritt der Fälligkeit** wird grds. durch die **Einzelsteuergesetze** geregelt (§ 220 Abs. 1 AO), die die Fälligkeit regelmäßig der Entstehung des Anspruchs folgen lassen. Falls ein Einzelsteuergesetz keine Regelung enthält, wird der Anspruch mit seiner Entstehung fällig (§ 220 Abs. 2 1. Halbsatz AO, z.B. bei Säumniszuschlägen) oder mit Ablauf des vom **Finanzamt** im Leistungsgebot **bestimmten Fälligkeitszeitpunktes** (§ 220 Abs. 2 2. Halbsatz

Beispiele für Fälligkeitsbestimmungen der Einzelsteuergesetze:

– ESt-Vorauszahlungen	10.3./10.6./10.9./10.12.	§ 37 Abs. 1 EStG
– Nachträgliche Erhöhung von Vorauszahlungen	1 Monat nach Bekanntgabe des geänd. VZ-Bescheides	§ 37 Abs. 4 EStG
– ESt-Abschlusszahlung	1 Monat nach Bekanntgabe des Steuerbescheides	§ 36 Abs. 4 EStG
– GewSt-Vorauszahlungen	15.2./15.5./15.8./15.11.	§ 19 Abs. 1 GewStG
– GewSt-Abschlusszahlung	1 Monat nach Bekanntgabe des Steuerbescheides	§ 20 Abs. 2 GewStG
– KSt-Vorauszahlungen	10.3./10.6./10.9./10.12.	§ 49 Abs. 1 KStG
– KSt-Abschlusszahlung	1 Monat nach Bekanntgabe des Steuerbescheides	§ 49 Abs. 1 KStG
– LSt-Anmeldungen	10. Tag nach Ablauf des Voranmeldungszeitraums	§ 41a Abs. 1 EStG
– USt-Voranmeldungen	10. Tag nach Ablauf des Voranmeldungszeitraums	§ 18 Abs. 1 + 2 UStG
– USt-VZ-Bescheid	1 Woche nach Bekanntgabe	Erlass des FinMin
– USt-Abschlusszahlung – lt. Jahreserklärung	1 Monat nach Eingang der Erklärung beim Finanzamt	§ 18 Abs. 4 S. 1 UStG
– – lt. Steuerbescheid	1 Monat nach Bekanntgabe des Steuerbescheides	§ 18 Abs. 4 S. 2 UStG

Die USt-Vorauszahlungen und die LSt-Anmeldungen sind sog. „Fälligkeitssteuern", da sie ohne besondere Aufforderung zu einem gesetzlich vorgeschriebenem Datum abzuführen sind.

AO; „Zahlen Sie bitte bis zum …"), wovon die Finanzbehörden regelmäßig Gebrauch machen. In der Praxis wird bei Veranlagungssteuern üblicherweise die Fälligkeitsbestimmung des Gesetzes im Leistungsgebot datumsmäßig wiedergegeben.

Die Fälligkeit einer Abgabe kann ausnahmsweise verändert werden durch: **183**

- Stundung (§ 222 AO)
- Aussetzung der Vollziehung (§ 361 AO).

Andere Maßnahmen, insbesondere ein gewährter Vollstreckungsaufschub (vgl. § 258 AO), haben auf die Fälligkeit keinen Einfluss und können deren Folgen (z.B. das Entstehen von Säumniszuschlägen) daher nicht vermeiden.

II. Stundung, Verrechnungsstundung

Ansprüche aus dem Steuerschuldverhältnis (§ 37 AO) **können** gestundet **184**
werden, wenn die Zahlung bei Fälligkeit für den Steuerpflichtigen eine **erhebliche Härte** wäre *und* der **Anspruch** des Staates durch die Stundung nicht gefährdet ist (§ 222 AO).

Die Stundung ist eine Ermessensentscheidung und hat die Interessen des Staates und des Steuerpflichtigen gegeneinander abzuwägen.

Fälle **erheblicher Härte** sind z.B. *vorübergehende unverschuldete Zahlungsschwierigkeiten* (unerwartet hohe Nachzahlung auf Grund einer Außenprüfung, Konkurs eines Großkunden, längere Krankheit) oder andere *sachliche Gründe* (z.B. „technische" Stundung bei der zu erwartenden Verrechnungsmöglichkeit mit voraussichtlichen Guthaben aus eingereichten Steuererklärungen). Auf bloße, *vermeidbare Zahlungsschwierigkeiten* kann sich der Steuerschuldner jedoch nicht berufen; insoweit ist ihm zuzumuten, sich um einen Bankkredit zur Zahlung seiner Steuerschulden zu bemühen.

Lohnsteuerbeträge können nicht gestundet werden, da der Arbeitgeber diese nur treuhänderisch für den Arbeitnehmer einbehält und diese Beträge daher „fremde Gelder" darstellen (§ 222 S. 3 AO).

Die Stundung soll regelmäßig nur gegen **Sicherheitsleistung** (z.B. Bestellung einer Hypothek oder Einräumung einer Grundschuld, Verpfändung von Wertpapieren) erfolgen (§ 222 S. 2 AO). Außerdem ist sie grds. unter dem Vorbehalt des Widerrufes auszusprechen (vgl. § 131 Abs. 2 Nr. 1 i.V.m. § 120 Abs. 2 Nr. 3 AO).

Zum Ausgleich dieser Vorteilsgewährung sind für die Dauer der gewährten Stundung **Zinsen** von 0,5% pro Monat der Stundung (6% p.a.) zu erheben (§§ 234 iVm. 238 AO).

III. Leistungsort, Tag der Zahlung

Zahlungen an Finanzbehörden sind gem. § 224 AO an die zuständige Fi- **185**
nanzkasse zu entrichten. Außerhalb des Kassenraums können Zahlungsmittel nur einem Amtsträger übergeben werden, der zur Annahme von Zahlungs-

mitteln außerhalb des Kassenraums besonders ermächtigt worden ist und sich hierüber ausweisen kann.

Eine wirksam geleistete Zahlung gilt als entrichtet:

1. bei Übergabe oder Übersendung von Zahlungsmitteln am Tag des Eingangs, bei Hingabe oder Übersendung von Schecks jedoch drei Tage nach dem Tag des Eingangs,
2. bei Überweisung oder Einzahlung auf ein Konto der Finanzbehörde und bei Einzahlung mit Zahlschein oder Postanweisung an dem Tag, an dem der Betrag der Finanzbehörde gutgeschrieben wird
3. bei Vorliegen einer Einzugsermächtigung am Fälligkeitstag

186 Eine wirksame Zahlung führt zum Erlöschen des Zahlungsanspruchs, vgl. § 47 AO.

Zahlungen der Finanzbehörden an Steuerpflichtige sind stets unbar zu leisten, vgl. § 224 Abs. 3 Satz 1 AO.

Schuldet ein Steuerpflichtiger Erbschaftsteuer, kann gem. § 224 a AO durch öffentlich-rechtlichen Vertrag zugelassen werden, dass an stelle einer Geldzahlung der ErbSt das Eigentum an Kunstgegenständen, Kunstsammlungen, wissenschaftlichen Sammlungen, Bibliotheken, Handschriften und Archiven dem Land, dem das Steueraufkommen zusteht, übertragen wird, wenn an deren Erwerb wegen ihrer Bedeutung für Kunst, Geschichte oder Wissenschaft ein öffentliches Interesse besteht.

IV. Erlass

187 Neben der Zahlung (§§ 224, 225 AO) nennt § 47 AO beispielhaft die wichtigsten **Erlöschenstatbestände:**

- Aufrechnung (§ 226 AO)
- Erlass (§§ 163, 227 AO)
- Verjährung (§§ 169–171; §§ 228–232 AO)

Aufrechnung bedeutet dabei die Verrechnung von Steuerrückständen mit Steuerguthaben des gleichen Steuerschuldners (vgl. auch §§ 387–396 BGB).

Durch den *Billigkeitserlass* wird endgültig auf einen Steueranspruch verzichtet, d.h. in Ausnahmefällen (z.B. Existenzgefährdung) wird der Steuerschuldner vom Staat „beschenkt", in dem ihm eine rechtlich eigentlich entstandene Steuer oder steuerliche Nebenleistung erlassen wird.

V. Zahlungsverjährung

188 Schließlich erlöschen Ansprüche ggf. durch Zeitablauf, d.h. durch Verjährung. Dabei ist entweder keine Festsetzung einer bereits entstandenen Steuer mehr möglich (Festsetzungsverjährung, §§ 169–171 AO), oder bereits festgesetzte Ansprüche können nicht mehr eingezogen werden (Zahlungsverjährung, §§ 228–232 AO).

Ansprüche aus dem Steuerschuldverhältnis unterliegen gem. § 228 einer besonderen Zahlungsverjährung. Die Verjährungsfrist beträgt fünf Jahre.

Die Verjährung beginnt gem. § 229 AO mit Ablauf des Kalenderjahrs, in dem der Anspruch erstmals fällig geworden ist frühestens jedoch mit Ablauf des Kalenderjahrs, in dem die Steuerfestsetzug wirksam erfolgt ist; eine Steueranmeldung (zB. USt) steht dabei einer Steuerfestsetzung gleich.

Der Ablauf der Zahlungsfrist (Eintritt der Zahlungsverjährung) tritt gem. § 229 AO nicht ein, solange der Anspruch wegen höherer Gewalt innerhalb der letzten sechs Monate der Verjährungsfrist nicht verfolgt werden kann.

Die Verjährung wird unterbrochen durch jegliche schriftliche Geltendma- **189**
chung des Anspruches, durch die Vereinbarung von Zahlungsaufschub, durch Stundung, durch Aussetzung der Vollziehung, durch Sicherheitsleistung, durch Vollstreckungsaufschub, durch eine Vollstreckungsmaßnahme, durch Anmeldung im Insolvenzverfahren, durch Aufnahme in einen Insolvenzplan oder einen gerichtlichen Schuldenbereinigungsplan, durch Einbeziehung in ein Verfahren, das die Restschuldbefreiung für den Schuldner zum Ziel hat, und durch Ermittlungen der Finanzbehörde nach dem Wohnsitz oder dem Aufenthaltsort des Zahlungspflichtigen, § 231 AO. Das heisst sowohl das Finanzamt als auch der Steuerpflichtige können durch schriftliche Geltendmachung des Anspruches die Zahlungsverjährung vermeiden.

Mit Ablauf des Kalenderjahrs, in dem die Unterbrechung geendet hat, beginnt eine neue Verjährungsfrist.

Die Verjährung wird nur in Höhe des Betrags unterbrochen, auf den sich die Unterbrechungshandlung bezieht.

Durch die Verjährung erlöschen der Anspruch aus dem Steuerschuldverhältnis und die von ihm abhängenden Zinsen, §§ 47 iVm. 232 AO.

F. Haftung für Steuerschulden

Haften heißt Einstehenmüssen für eine **fremde** Schuld mit dem eigenen **190**
Vermögen. Der Haftungsschuldner kann somit neben oder an Stelle des Steuerpflichtigen in Anspruch genommen werden. Beide sind Gesamtschuldner (§ 44 AO).

Beispiel:

Sohn S hat bei der Bank ein Darlehen aufgenommen, für das der Vater V zur Sicherheit einen Bürgschaftsvertrag unterzeichnet hat.

Bei Nichterfüllung des Darlehensvertrags wird sich die Bank zwar zunächst an S, bei Zahlungsunfähigkeit jedoch sodann an V wenden, der für diese Schuld mit seinem Vermögen einstehen muss (§ 765 BGB).

Die steuerliche Haftung kann zwar auch auf einem privatrechtlichen Vertrag beruhen (vgl. § 192 AO), der Regelfall ist jedoch die gesetzliche Haftung durch Vorschriften der AO, der Einzelsteuergesetze oder des Zivilrechts (vgl. § 191 AO).

I. Verfahren

191 Bei Erfüllung eines **gesetzlichen** Haftungstatbestandes liegt ein Anspruch aus dem Steuerschuldverhältnis vor (vgl. § 37 AO), der durch **Haftungsbescheid** (= Verwaltungsakt) geltend gemacht werden **kann** (vgl. § 191 Abs. 1 AO).

Haftet jemand, weil er sich dazu **vertraglich** verpflichtet hat, so kann die Finanzbehörde diesen Anspruch nicht durch Verwaltungsakt geltend machen und daher auch nicht wie bei gesetzlichen Haftungstatbeständen im Rahmen der AO vollstrecken. Dieses Verfahren richtet sich vielmehr nach den Regeln der Zivilprozessordnung (ZPO), d.h. das Finanzamt muss wie jeder andere private Gläubiger vor einem Zivilgericht klagen und die Vollstreckung durch einen Gerichtsvollzieher vornehmen lassen (§ 192 AO).

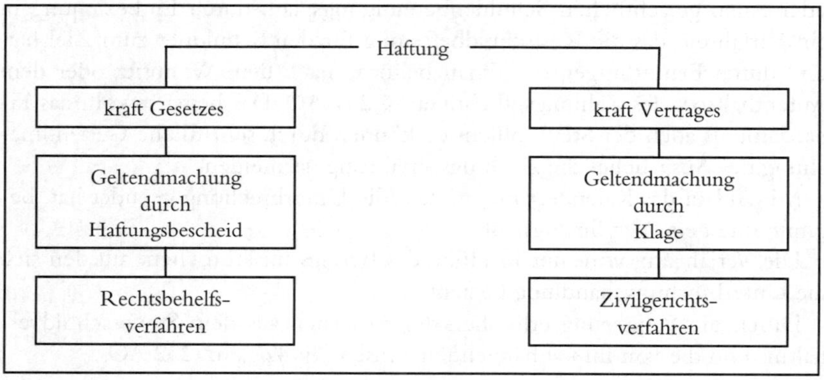

II. Vertragliche Haftung

192 Andere Personen als der Steuerschuldner können sich vertraglich dazu verpflichten, für Leistungen aus dem Steuerschuldverhältnis gegenüber der Finanzbehörde freiwillig einzustehen (vgl. § 48 Abs. 2 AO). Auch in diesen (in der Verwaltungspraxis seltenen) Fällen kann sich das Finanzamt erst bei Zahlungsunfähigkeit des Steuerschuldners an den Haftungsschuldner wenden, da der Steueranspruch gegen den Steuerschuldner weiterhin besteht.

Rechtsgeschäftliche Verpflichtungsgründe sind z.B. die **Bürgschaft** (§§ 765 ff. BGB) und das **Schuldversprechen** (§§ 780 ff. BGB).

III. Gesetzliche Haftung

193 Eine gesetzliche Haftung kann sich sowohl aus Steuergesetzen (AO, Einzelsteuergesetze) als auch aus zivilrechtlichen Vorschriften (BGB, HGB) ergeben. Die wichtigsten Haftungsfälle sind nachstehend aufgeführt:

Haftung

nach Steuerrecht		nach Zivilrecht
nach der AO	nach Einzelsteuergesetzen	nach dem HGB
• des Vertreters § 69 AO • des Steuerhinterziehers § 71 AO • des Eigentümers § 74 AO • des Betriebsübernehmers § 75 AO	• des Arbeitgebers § 42 d EStG • des Schuldners der KapESt § 44 (4) EStG • für Umsatzsteuer § 25 d UStG	• des Erwerbes eines Handelsgeschäftes § 25 HGB • des Gesellschafters einer OHG § 128 HGB • des Komplementärs § 161 HGB • des Kommanditisten § 171 HGB

IV. Haftung der Vertreter

Der **gesetzliche** Vertreter eines Steuerpflichtigen haftet für dessen Steuerschulden, soweit er seine Pflichten, die er als Vertreter zu erfüllen hat (vgl. § 34 Abs. 1, vgl. auch § 35 AO), **vorsätzlich oder grob fahrlässig** verletzt (§ 69 S. 1 AO). **194**

Gesetzliche Vertreter sind z.B. die Eltern für ihre minderjährigen Kinder, der Geschäftsführer einer GmbH oder der Vorstand einer AG. Nicht von der Haftung betroffen ist somit der gewillkürte Vertreter, z.B. der Steuerberater.

Die einzelnen durch die Vertreter zu erfüllenden *Pflichten* regeln die jeweiligen Steuergesetze, z.B. Erklärungs- (§§ 149 ff. AO) und Zahlungspflichten (z.B. § 41 a EStG).

Schuldhafte Pflichtverletzung erfordert Vorsatz oder zumindest grobe Fahrlässigkeit, d.h., dass der Vertreter seine Sorgfaltspflicht in ungewöhnlich groben Maße verletzen muss.

Beispiel:

Der Geschäftsführer einer GmbH, der feststellt, dass Steueranmeldungen wiederholt verspätet abgegeben wurden, handelt grob fahrlässig, wenn er nicht durch geeignete Maßnahmen für die künftige rechtzeitige Abgabe Sorge trägt.

Die Haftung tritt jedoch nur ein, wenn die Pflichtverletzung *ursächlich* dafür gewesen ist, dass Ansprüche nicht oder nicht rechtzeitig festgesetzt oder erfüllt worden sind.

Beispiele:

Der Geschäftsführer einer GmbH gibt bewusst unrichtige LSt-Anmeldungen ab, da die GmbH Zahlungsschwierigkeiten hat. Die angemeldeten Beträge führt er nicht an das FA ab und tilgt stattdessen Lieferantenverbindlichkeiten, da nur geringe Geldmittel zur Verfügung stehen. Während einer späteren Außenprüfung meldet die GmbH Insolvenz an.
Die GmbH haftet als Arbeitgeber für die nicht angemeldeten und nicht abgeführten LSt-Beträge (§ 42 d EStG).

Der Geschäftsführer haftet (für die Schulden der GmbH)

1. für die nicht angemeldeten LSt-Beträge, da er bewusst unrichtige Angaben gemacht hat und dadurch Ansprüche nicht rechtzeitig festgesetzt wurden;
2. für die angemeldeten, aber nicht abgeführten LSt-Beträge, da er trotz Kenntnis der Zahlungsschwierigkeiten der GmbH anderweitig Schulden beglichen hat. Abzugssteuern sind jedoch als „fremde Schuld", die der Arbeitgeber nur für den Staat treuhänderisch verwaltet, vorrangig zu begleichen. Insoweit sind Ansprüche zumindest grob fahrlässig nicht rechtzeitig erfüllt worden (vgl. § 34 Abs. 1 AO i.V.m. § 41 a Abs. 1 EStG).

Die Haftung ist **persönlich** und **unbeschränkt,** d.h. der Haftende muss für *alle* Ansprüche aus dem Steuerschuldverhältnis, soweit sie durch seine Pflichtverletzung dem Staat entgangen sind, mit seinem gesamten *privaten* Vermögen einstehen.

V. Haftung des Betriebsübernehmers

195 Der Erwerber eines Betriebes haftet ggf. in bestimmtem Umfang für betriebliche Steuern und Steuerabzugsbeträge (§ 75 Abs. 1 AO).

Durch diese Vorschrift soll sichergestellt werden, dass betrieblich veranlasste Steuern bei einem Übergang in andere Hände nicht verloren gehen, denn der Erwerber übernimmt nicht nur die Vermögenswerte, sondern auch die Schulden des Betriebes. Ein vertraglicher Ausschluss der Haftung ist daher unzulässig.

Als **Betrieb** ist dabei jede gewerblich oder beruflich selbstständig ausgeübte Tätigkeit anzusehen, also auch land- und forstwirtschaftliche Betriebe oder die Praxis eines Freiberuflers.

Der Betrieb muss durch **Rechtsgeschäft** dem Erwerber im Ganzen übereignet werden, d.h. die wesentlichen Grundlagen des Betriebes müssen in einem einheitlichen Vorgang übertragen werden.

Keine Übereignung im Sinne des § 75 AO liegt daher bei der Erbschaft (vgl. aber § 45 AO) oder der Ersteigerung (vgl. § 75 Abs. 2 AO) eines Betriebes vor.

Werden einzelne Gegenstände vom Veräußerer zurückgehalten, schließt dies die Haftung nicht aus, es sei denn, der Betrieb ist ohne diese lebenswichtigen Teile nicht fortführbar.

Für die Haftung ist nur Voraussetzung, dass der Betrieb **fortführbar** ist, nicht, dass der Erwerber den Betrieb auch tatsächlich fortführt.

Beispiel:

Schulz erwirbt von Schulze eine gut gehende Gaststätte, um diese zu verpachten. Schulz haftet für die rückständigen Betriebsteuern aus dieser Gaststätte, da er einen „lebenden Betrieb" erworben hat.

Die Haftung des Erwerbers ist sowohl sachlich als auch zeitlich begrenzt.

So tritt eine Haftung nur hinsichtlich der **unternehmerischen Steuern** (z.B. USt, GewSt) und der **Abzugssteuern** (z.B. LSt, KapESt) ein.

Daher werden von der Haftung z.B. nicht erfasst: ESt, KSt, GrESt, KfzSt, steuerliche Nebenleistungen (z.B. Säumnis- oder Verspätungszuschläge).

196 Der Erwerber haftet zudem nur für die Betriebs- und Abzugssteuern, die seit Beginn des letzten vor der Übertragung liegenden Kalenderjahres **ent-**

standen sind (vgl. § 38 AO; vgl. Rn. 23) und die innerhalb eines Jahres nach Anmeldung des Betriebes (vgl. § 138 AO) **festgesetzt oder angemeldet** werden.

Beispiel:

Die o.g. Gaststätte wurde am 1.12.07 übertragen und am gleichen Tag bei der Gemeinde angemeldet. Rückständig sind USt und LSt.

Schulz haftet für die USt und LSt 06, für die bis zum 30.11.07 entstandenen USt-Vorauszahlungen und LSt-Anmeldungsbeträge, vorausgesetzt, diese Steuern sind bereits festgesetzt oder werden bis zum 1.12.08 vom Stpfl. angemeldet oder vom FA festgesetzt. Für ab dem 1.12.07 entstandene Steuern ist keine Haftung erforderlich, da Schulz nunmehr selbst Steuerschuldner ist.

Die Haftung ist zwar **persönlich,** jedoch beschränkt sie sich auf die übernommenen Vermögensgegenstände (§ 75 Abs. 1 S. 2 AO). Dies bedeutet, dass das Finanzamt im Falle der Zahlungsverweigerung nur die Möglichkeit hat, in das Betriebsvermögen zu vollstrecken. Das private Vermögen des Erwerbers bleibt unberührt.

Das **Zivilrecht** kennt mit § 25 HGB einen ähnlichen Haftungstatbestand. **197**
Die *Haftung bei Erwerb eines Gewerbebetriebes* umfasst alle Geschäftsverbindlichkeiten ohne zeitliche Einschränkung oder Beschränkung auf das übernommene Vermögen. Diese Haftung gilt jedoch nur bei Fortführung der Firma (§ 25 Abs. 1 HGB) und kann zudem vertraglich ausgeschlossen werden (§ 25 Abs. 2 HGB).

frei **198, 199**

VI. Haftung des Arbeitgebers

Der Arbeitgeber haftet insbesondere für Lohnsteuerbeträge, die er vom Ar- **200**
beitnehmer einzubehalten und an das Finanzamt abzuführen hat (§ 42 d Abs. 1 Nr. 1 EStG). Arbeitgeber und Arbeitnehmer sind Gesamtschuldner (§ 44 AO).

Der Arbeitgeber hat die LSt dann nicht vorschriftsmäßig einbehalten, wenn er die LSt nicht entsprechend den Eintragungen auf der LSt-Karte berechnet oder wenn er bei der Berechnung der LSt nicht die für das maßgebende Jahr gültigen LSt-Tabellen zu Grunde gelegt hat. Ein Verschulden des Arbeitgebers ist dabei für die Frage der grundsätzlichen Haftung nicht erforderlich.

Die Inanspruchnahme des Arbeitgebers an Stelle des Arbeitnehmers (= Steuerschuldner) ist regelmäßig ermessensfrei, wenn z.B. der Arbeitgeber sich über seine Verpflichtungen nicht hinreichend informiert oder gleiche Berechnungsfehler bei einer größeren Zahl von Arbeitnehmern gemacht hat. Die grundsätzlich vorrangige Inanspruchnahme des Arbeitgebers vor dem Arbeitnehmer kann allerdings dann unzulässig sein, wenn die LSt ebenso schnell und einfach vom Arbeitnehmer erhoben werden kann, z.B., wenn dieser ohnehin zu veranlagen ist.

Beispiel:

Der Geschäftsführer einer GmbH unterlässt es, die LSt-Beträge von Arbeitnehmern der GmbH abzuführen, da die GmbH in Zahlungsschwierigkeiten ist.

Die GmbH haftet als Arbeitgeber für die nicht abgeführte LSt ihrer Arbeitnehmer nach § 42 d Abs. 1 EStG, der Geschäftsführer der GmbH haftet mit seinem Privatvermögen als gesetzlicher Vertreter der GmbH wegen grob fahrlässiger Pflichtverletzung nach § 69 AO. Die beiden Haftenden und der Arbeitnehmer als Steuerschuldner sind Gesamtschuldner (§ 44 AO). Die Inanspruchnahme des Geschäftsführers als einen der Gesamtschuldner erfolgt nach pflichtgemäßen Ermessen (§ 5 AO) unter Abwägung der Interessen aller Beteiligten, da die Pflichtverletzung des Geschäftsführers ursächlich für den entstandenen Schaden war.

201 Vom Haftungsverfahren sind die Fälle der Pauschalierung der LSt nach § 40 EStG zu trennen, da der Arbeitgeber insoweit durch die freiwillige Übernahme der LSt zum Steuerschuldner geworden ist (vgl. § 40 Abs. 3 EStG). Daher sind diese LSt-Beträge durch Steuerbescheid, nicht durch Haftungsbescheid nachzufordern.

Einzelheiten zur Arbeitgeberhaftung ergeben sich aus R 42d.1 und R 42d.2 LStR.

Erkennt der Arbeitgeber seine Zahlungsverpflichtung auf Grund einer Außenprüfung an, so steht dieses schriftliche Anerkenntnis einer Steueranmeldung gleich (§ 167 Abs. 1 S. 3 AO). In diesen Fällen entfällt die Notwendigkeit, einen Haftungsbescheid zu erlassen, falls der Schuldner später der Zahlungsverpflichtung aus dem Anerkenntnis nicht nachkommen will, da die Anmeldung (Anerkenntnis) einer Steuerfestsetzung gleichsteht (§ 168 S. 1 AO) und eine Änderung zu Gunsten des Betroffenen der Zustimmung der Finanzbehörde bedarf (§ 168 S. 2 AO).

VII. Haftungsbescheide

202 Bei Erfüllung eines **gesetzlichen** Haftungstatbestandes liegt ein Anspruch aus dem Steuerschuldverhältnis vor (vgl. § 37 AO), der durch **Haftungsbescheid** (= Verwaltungsakt) geltend gemacht werden **kann** (vgl. § 191 Abs. 1 AO).

Die Inanspruchnahme ist eine Ermessensentscheidung, die ausführlich zu begründen ist. Für Form und Inhalt gelten die allgemeinen Regelungen über den Verwaltungsakt (§§ 119 ff. AO).

Da der Haftungsbescheid selbst nur die Feststellung eines Haftungsgrundes betrifft, ist zudem eine an den Haftungsschuldner gerichtete **Zahlungsaufforderung** erforderlich. Diese Zahlungsaufforderung darf nur ergehen, soweit die Vollstreckung in das bewegliche Vermögen des Steuerschuldners erfolglos war oder aussichtslos erscheint (vgl. § 219 S. 1 AO). Dies gilt auch dann, wenn der Haftungsbescheid mit der Zahlungsaufforderung verbunden wird. Vergleichbar ist diese Zusammenfassung von verschiedenen Verwaltungsakten mit der Verbindung von Steuerbescheid und Leistungsgebot. Auch die Entscheidung, ob und in welcher Höhe das Finanzamt den Haftungsschuldner in Anspruch nimmt, ist eine Ermessensentscheidung, die daher ebenfalls ausführlich zu begründen ist.

Beispiel:

Der Steuerschuldner ist nicht vollkommen vermögenslos, der Haftungsschuldner zurzeit verschuldet.

Wenn die Voraussetzungen für die Haftung dem Grunde nach erfüllt sind, kann die Finanzbehörde gleichwohl einen Haftungsbescheid erlassen, um z.B. der drohenden Verjährung des Haftungsanspruchs entgegenzuwirken (§ 191 Abs. 3 AO). Eine Zahlungsaufforderung an den Haftungsschuldner darf jedoch nicht erfolgen; sie wäre ermessensfehlerhaft (§ 219 S. 1 AO).

Gegen den Haftungsbescheid ist als Rechtsbehelf der **Einspruch** gegeben (§ 347 Abs. 1 AO), mit dem der Haftungsschuldner z.B. einwenden kann, es sei kein Haftungstatbestand gegeben oder die Steuerschuld selbst sei erloschen (z.B. durch Zahlung oder Verjährung). Mit dem Einspruch gegen die Zahlungsaufforderung kann der Haftungsschuldner einwenden, die Inanspruchnahme des Steuerschuldners sei nicht hinreichend erfolgt, z.B. sei die Vollstreckung in das bewegliche Vermögen des Steuerschuldners unterblieben (vgl. § 219 AO). **203**

Haftet jemand, weil er sich dazu **vertraglich** verpflichtet hat, so kann die Finanzbehörde diesen Anspruch nicht durch Verwaltungsakt geltend machen und daher auch nicht wie bei gesetzlichen Haftungstatbeständen im Rahmen der AO vollstrecken. Dieses Verfahren richtet sich vielmehr nach den Regeln der Zivilprozessordnung (ZPO), d.h. das Finanzamt muss wie jeder andere private Gläubiger vor einem Zivilgericht klagen und die Vollstreckung durch einen Gerichtsvollzieher vornehmen lassen (§ 192 AO). **204**

G. Vorschriften zum außergerichtlichen Rechtsbehelfsverfahren

In jedem Rechtsstaat ist eine gerichtliche Überprüfung der Maßnahmen der Verwaltung möglich (vgl. Art. 19 Abs. 4 GG). Der Rechtsschutz in Steuersachen wird durch ein außergerichtliches Vorverfahren (vgl. 7. Teil der AO) und durch ein sich daran anschließendes Gerichtsverfahren gewährleistet. Über den Einspruch entscheidet die Behörde selbst durch Verwaltungsakt. Gerade im steuerlichen Massenverfahren mit Millionen von Steuerbescheiden jährlich sind Fehler unvermeidlich. Das Vorverfahren dient der Selbstkontrolle der Verwaltung und trägt dazu bei, ein aufwändiges Gerichtsverfahren zu vermeiden. Das außergerichtliche Vorverfahren ist kostenfrei. Die gegen die behördliche Entscheidung zu erhebenden **gerichtlichen Rechtsbehelfe** heißen *Klage* und *Revision.* Die Kosten des gerichtlichen Verfahrens, welches in der FGO geregelt ist, trägt derjenige, der in diesem Verfahren unterliegt. Die Klage vor einem Finanzgericht ist grds. erst möglich, wenn ein außergerichtliches Vorverfahren ganz oder teilweise erfolglos geblieben ist. Gegen das Urteil eines Finanzgerichts ist die Revision das zutreffende Rechtsmittel, wobei jedoch eine Reihe von erschwerten formellen Voraussetzungen erfüllt sein müssen. So besteht beispielsweise Vertretungszwang durch einen Steuerberater oder Wirtschaftsprüfer. **205**

Daneben gibt es noch **formlose Rechtsbehelfe** wie die *Gegenvorstellung* und die *Dienstaufsichtsbeschwerde.* Sie sind nicht gesetzlich geregelt. Sie gehören zu den Petitionsrechten i.S.d. Art. 17 GG und können sich gegen alle Handlungen der Behörde richten.

Beispiel:
Das besonders unfreundliche Verhalten des Beamten kann mit der Dienstaufsichtsbeschwerde gerügt werden, der von ihm erlassene Verwaltungsakt ist jedoch zusätzlich mit dem Einspruch anzufechten, wenn er überprüft werden soll.

Übersicht:

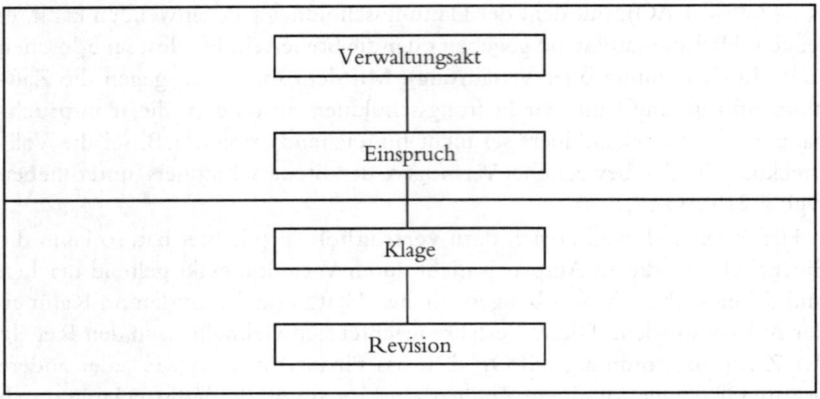

206 Klage ist bei den jeweils zuständigen Finanzgerichten, Revision beim Bundesfinanzhof in München zu erheben. Ein förmlicher und zulässiger Einspruch verhindert (ebenso wie eine zulässige Klage) den Eintritt der **Unanfechtbarkeit** des Verwaltungsaktes, d.h. der angefochtene Verwaltungsakt wird nicht bestandskräftig. Vielmehr wird die Behörde, die den angefochtenen Verwaltungsakt erlassen hat, verpflichtet, den Verwaltungsakt noch einmal zu überprüfen (§ 367 Abs. 2 S. 1 AO). Daher bezeichnet man das Einspruchsverfahren auch als **verlängertes Veranlagungsverfahren.**

207 Neben dem außergerichtlichen Einspruchsverfahren hat der Steuerpflichtige zudem die Möglichkeit, innerhalb der Einspruchsfrist einen Antrag auf **schlichte Änderung** (§ 172 Abs. 1 Nr. 2 a AO; vgl. Rn. 159) zur Überprüfung eines Steuerbescheides zu stellen. Dieses formlose Verfahren soll die Erledigung von einfach gelagerten Fällen (z.B. vergessene oder übersehene Werbungskosten) in der Praxis erleichtern.

I. Verfahren

208 Der Verfahrensablauf des außergerichtlichen Einspruchsverfahrens lässt sich wie folgt gliedern:

- Prüfung der Zulässigkeitsvoraussetzungen **(Zulässigkeit),** § 358 AO
- Inhaltliche (materiell-rechtliche) Prüfung **(Begründetheit),** § 367 Abs. 2 AO
- **Entscheidung** über den Einspruch, § 367 Abs. 1 AO.

II. Einspruchfrist

Zur Wahrung eines einheitlichen Rechtsfriedens können Verwaltungsakte zeitlich nicht unbeschränkt angefochten werden. Ein Einspruch ist innerhalb **eines Monats** nach **Bekanntgabe** des Verwaltungsaktes einzulegen. Der Einspruch gegen eine Steueranmeldung ist innerhalb eines Monats nach Eingang der Anmeldung oder – bei „Rotbeträgen" – innerhalb eines Monats nach Bekanntwerden der Zustimmung (z.B. durch Erstattung oder Mitteilung) anzubringen (§ 355 Abs. 1 AO). **209**

Bei Versäumnis der Einspruchsfrist ist unter den Voraussetzungen des § 110 AO Wiedereinsetzung möglich (vgl. Rn. 83 ff.).

Bei Tod des Steuerpflichtigen während einer laufenden Einspruchsfrist müssen die Erben diese ursprüngliche Einspruchsfrist gegen sich gelten lassen (§ 353 AO).

Enthält ein schriftlicher Verwaltungsakt keine oder eine unrichtige **Rechtsbehelfsbelehrung,** so endet die Einspruchsfrist erst ein Jahr nach Bekanntgabe des fehlerhaften Verwaltungsaktes (§ 356 Abs. 2 AO). **210**

Beispiel:
Das Finanzamt lehnt am 14.10.07 eine beantragte Stundung ab und fordert den Steuerpflichtigen auf, unverzüglich zu zahlen. Das Schreiben enthält keine Rechtsbehelfsbelehrung.
Bei der Ablehnung der beantragten Stundung handelt es sich um einen Verwaltungsakt, der bis zum 17.10.08 mit einem Einspruch angefochten werden kann, weil eine Rechtsbehelfsbelehrung unterblieben ist.

Einsprüche gegen **Grundlagenbescheide** (vgl. Rn. 120, 146, 174) können fristwahrend auch bei der Behörde, die für den Folgebescheid zuständig ist, angebracht werden (§ 357 Abs. 2 S. 3 AO). Wird ansonsten der Einspruch bei einer falschen Behörde angebracht, trägt der Steuerpflichtige das Risiko der rechtzeitigen Übermittlung innerhalb der laufenden Frist (§ 357 Abs. 2 letzter Satz AO). **211**

Beispiel:
Der Stpfl. legt gegen den ESt-Bescheid vom 1.10.02 am 30.10.02 bei der OFD Einspruch ein. Die OFD leitet den Rechtsbehelf am 8.11.02 an das FA weiter.
Der Einspruch ist unzulässig, da am 8.11.02 die Einspruchsfrist abgelaufen ist. Eine Ausnahmeregelung des § 357 Abs. 2 AO kommt nicht in Betracht, das Anbringen des Einspruchs innerhalb der Einspruchsfrist bei der OFD als unzuständige Behörde geht zulasten des Steuerpflichtigen.

III. Einlegung des Einspruches

1. Zulässigkeitsvoraussetzungen

Gegen alle Verwaltungsakte im Steuerrecht ist der Rechtsbehelf des **Einspruchs** gegeben (§ 347 Abs. 1 Nr. 1 AO). **212**

Obwohl es Ziel des Rechtsbehelfsverfahrens ist, eine sachliche Überprüfung des angefochtenen Verwaltungsaktes herbeizuführen, ist die Entscheidung in der Sache selbst nur möglich, wenn einige formelle Voraussetzungen erfüllt sind (§ 358 AO). Sind diese *Zulässigkeitsvoraussetzungen* für formelle Rechtsbehelfe nicht erfüllt, so ist der Rechtsbehelf **unzulässig.** Die Finanzbehörde muss daher einen Einspruch durch Entscheidung als unzulässig **verwerfen,** ohne dass die sachliche Richtigkeit des angegriffenen Verwaltungsaktes geprüft werden kann (§ 358 S. 2 AO). In diesem Fall bliebe ggf. nur die Möglichkeit der Anwendung von Berichtigungsvorschriften (vgl. Abschn. D, Rn. 150 ff.).

Die wichtigsten Zulässigkeitsvoraussetzungen, die beispielhaft in § 358 AO genannt sind, sind Folgende:

- Statthaftigkeit
- Form
- Frist
- Beschwer
- Einspruchsbefugnis.

a) Statthaftigkeit

213 Ein Einspruch ist nur statthaft, wenn er sich gegen einen wirksamen *Verwaltungsakt* der *Finanzbehörden* wendet (§§ 347–348 AO). Der Einspruch ist bei der Behörde anzubringen, die den angefochtenen Verwaltungsakt erlassen hat (§ 357 Abs. 2 S. 1 AO). Einsprüche gegen Grundlagenbescheide können auch bei der Behörde, die für den Erlass des Folgebescheides zuständig ist, angebracht werden (§ 357 Abs. 2 S. 3 AO).

Die unrichtige Bezeichnung des Einspruchs schadet nicht (§ 357 Abs. 1 S. 4 AO).

b) Form des Einspruchs

214 Einsprüche sind schriftlich (einfacher Brief) einzureichen, durch Telegramm oder per Telefax einzulegen oder an Amtsstelle zur Niederschrift zu erklären (§ 357 Abs. 1 AO). Mündliche Rechtsbehelfe sind unzulässig. Auch eine Übermittlung per email erfüllt laut FG Köln die Schriftform (FG Köln v. 30.5.2012, 10 K 3264/11)

Aus dem Einspruch muss erkennbar sein, wer **Einspruchsführer** ist und **welcher Verwaltungsakt angegriffen** wird (§ 357 Abs. 1 S. 2 i.V.m. Abs. 3 S. 1 AO). Eine fehlende Unterschrift ist unschädlich.

Außerdem soll der Einspruch **Antrag, Begründung** und **Beweismittel** enthalten (§ 357 Abs. 3 Sätze 2 und 3 AO).

Beispiel:
Beim Finanzamt geht folgendes Schreiben ein:
„Andreas Bellmann, Bottrop, St-Nr. 308/123/4567
Hiermit wende ich mich entschieden gegen Ihre Steuerfestsetzung vom 15.10.03."
Das Schreiben ist als Einspruch auszulegen, der Verwaltungsakt ist hinreichend bezeichnet durch Datum und Angabe des Steuerschuldners im Briefkopf. Trotz der fehlenden Begründung ist der Verwaltungsakt von Amts wegen zu überprüfen, die Ermittlungspflicht des FA ist jedoch eingeschränkt.

215 Mit seinem Einspruch muss der Steuerpflichtige geltend machen, in seinen Rechten beeinträchtigt, also **„beschwert"** zu sein (§ 350 AO). Die Behauptung des Steuerpflichtigen reicht dabei aus, sodass Beschwer nur in einigen Ausnahmefällen nicht gegeben ist.

Beispiele:
Ein Steuerbescheid lautet über 0 Euro ESt, weil das zu versteuernde Einkommen unter dem Grundfreibetrag liegt.
Der Einspruch ist mangels Beschwer unzulässig, weil die ESt nicht unter 0 Euro festgesetzt werden kann.

2. Einspruchsbefugnis

Für das Rechtsbehelfsverfahren gelten die allgemeinen Verfahrensgrundsätze der AO sinngemäß (§ 365 Abs. 1 AO). Daher sind auch die Vorschriften über die **Handlungsfähigkeit** und über die Vertretung zu beachten (§§ 79, 34, 80 AO). **216**

Somit hat grundsätzlich nur derjenige Einspruchsbefugnis, der vom angefochtenen Verwaltungsakt betroffen ist. Dies ist regelmäßig der Adressat (vgl. Rn. 107 ff.).

Gesonderte und **einheitliche Feststellungsbescheide** können grds. nur von geschäftsführenden Mitgliedern der Gemeinschaft angefochten werden, um einen unnötigen Verwaltungsaufwand zu vermeiden (§ 352 AO).

IV. Prüfung der Zulässigkeitsvoraussetzungen

Die Einhaltung der og. Formerfordernisse und Zulässigkeitsvoraussetzungen ist Gegenstand des Rechtsbehelfsverfahrens. Sind alle Formerfordernisse erfüllt und ist der **Einspruch** somit **zulässig,** so hat die Finanzbehörde nunmehr „die Sache in vollem Umfang erneut inhaltlich zu überprüfen" (§ 367 Abs. 2 S. 1 AO). Der Einspruch führt daher zu einer **Wiederaufrollung des gesamten Falles,** obwohl der Steuerpflichtige grds. nur einen Teil des angegriffenen Verwaltungsaktes für unrichtig hält („Verlängertes Veranlagungsverfahren"). Das Finanzamt ist also zur Festsetzung der materiell richtigen Steuer nicht an Anträge des Steuerpflichtigen gebunden. Daher besteht also grds. auch die Möglichkeit, den Verwaltungsakt zuungunsten des Einspruchsführers zu ändern. Diese sog. **„Verböserung"** ist jedoch nur möglich, wenn dem Steuerpflichtigen vorab die Möglichkeit zur Stellungnahme gegeben wird (§ 367 Abs. 2 S. 2 AO). Zur Vermeidung der Verböserung kann er den Einspruch zurücknehmen (§ 362 AO). **217**

Feststellungen in einem **Grundlagenbescheid** können nur durch einen Einspruch gegen diesen Grundlagenbescheid und nicht im Rechtsbehelfsverfahren gegen den Folgebescheid angegriffen werden (§ 351 Abs. 2 AO). **218**

Wird ein **berichtigter Verwaltungsakt,** der einen unanfechtbaren Verwaltungsakt ändert, angefochten, so kann der Änderungsbescheid nur insoweit angegriffen werden, als die Änderung reicht (§ 351 Abs. 1 AO), es sei denn, eine Berichtigungsvorschrift lässt eine weitergehende Änderung zu. Diese Vorschrift entspricht der Einschränkung von Berichtigungen nach § 177 AO.

V. Aussetzung der Vollziehung

219 Durch das Einlegen eines Einspruchs wird die Vollziehung eines Verwaltungsaktes nicht gehemmt (§ 361 Abs. 1 AO; vgl. auch § 124 Abs. 2 AO), sodass insbesondere der umstrittene Betrag vom Steuerpflichtigen grds. zu zahlen ist. Um Härten zu vermeiden kann das Finanzamt die Vollziehung aussetzen, wenn **ernstliche Zweifel an der Rechtmäßigkeit** des angefochtenen Verwaltungsaktes bestehen (§ 361 Abs. 2 AO). Bei Erfolgsaussichten wird somit dem Steuerpflichtigen vorläufiger Rechtsschutz eingeräumt. Die Aussetzung ist auf den im Rechtsbehelfsverfahren umstrittenen Betrag zu beschränken.

Die Aussetzung hat stundungsgleiche Wirkung und kann daher ebenfalls von einer **Sicherheitsleistung** abhängig gemacht werden (§ 361 Abs. 2 S. 3 AO).

Beispiel:
Die Vollziehung eines Haftungsbescheides über 2 Mio. Euro gegen einen GmbH-Geschäftsführer kann von der Gewährung einer Sicherheit, z.B. der Verpfändung von Wertpapieren, abhängig gemacht werden, wenn die spätere Verwirklichung gefährdet scheint.

Auch die Aussetzung hat eine Verschiebung der Fälligkeit zur Folge, so dass keine Säumniszuschläge anfallen. Für die Dauer der Aussetzung eines Steuerbetrages sind **Zinsen** zu erheben (§ 237 AO).

Die Aussetzung der Vollziehung eines **Grundlagenbescheides** hat die Aussetzung des Folgebescheides von Amts wegen zur Folge (§ 361 Abs. 3 AO).

Für die Aussetzung im **finanzgerichtlichen Verfahren** gelten diese Ausführungen entsprechend (vgl. § 69 FGO).

Vergleich von Stundung und Aussetzung der Vollziehung:

Stundung	Aussetzung		
• Geldleistung ist zu erbringen	• Einspruch ist eingelegt	→	Anspruch ist nicht fällig
• Einziehung würde Härte bedeuten	• Zweifel an Rechtmäßigkeit des VA		

VI. Aussetzung und Ruhen des Verfahrens

220 Die Aussetzung des Verfahrens ist möglich, wenn ein Gerichts- oder Verwaltungsverfahren anhängig ist, das unmittelbar Auswirkung auf die Entscheidung hat (§ 363 Abs. 1 AO). Ein Ruhen des Verfahrens ist möglich mit Zustimmung des Steuerpflichtigen, wenn dies zweckmäßig erscheint, z.B. in Erwartung einer Entscheidung des Bundesfinanzhofs in einer vergleichbaren Streitfrage oder wenn eine Verfassungsbeschwerde anhängig ist (§ 363 Abs. 2 AO). Besondere Bestimmungen gelten für die Aussetzung und das Ruhen bei Verfahren wegen höherrangigen Rechts (§ 363 Abs. 2 Sätze 2 bis 4 sowie Abs. 3 AO).

VII. Erörterung des Sach- und Rechtsstandes

Auf Antrag eines Einspruchsführers soll die Finanzbehörde nach § 364 a AO vor Erlass einer Einspruchsentscheidung den Sach- und Rechtsstand erörtern. Weitere Beteiligte können hierzu geladen werden, wenn die Finanzbehörde dies für sachdienlich hält. Die Finanzbehörde kann auch ohne Antrag eines Einspruchsführers diesen und weitere Beteiligte zu einer Erörterung laden. **221**

Die Beteiligten können sich durch einen Bevollmächtigten vertreten lassen. Sie können auch persönlich zur Erörterung geladen werden, wenn die Finanzbehörde dies für sachdienlich hält.

§ 364 a soll eine einvernehmliche Erledigung der Einspruchsverfahren fördern und Streitfälle von den Finanzgerichten fernhalten. Ziel einer mündlichen Erörterung kann auch eine „tatsächliche Verständigung" über einen streitigen Sachverhalt (vgl. BMF-Schreiben vom 30.7.2008, BStBl I, S. 831) sein.

Einem Antrag auf mündliche Erörterung soll grundsätzlich entsprochen werden, vgl. A 193 AEAO zu § 364 a AO. Die mündliche Erörterung kann in geeigneten Fällen auch telefonisch durchgeführt werden. Im Hinblick auf die Pflicht zur Wahrung des Steuergeheimnisses (§ 30) muss sich das Finanzamt dann aber zu Beginn des Gespräches in geeigneter Weise über die Identität des Gesprächspartners vergewissern, um nicht das Steuergeheimnis zu verletzen. **222**

Antragsberechtigt ist nur der Einspruchsführer, nicht aber hinzugezogene Personen.

Keine Verpflichtung zur mündlichen Erörterung besteht, wenn das Finanzamt dem Einspruch abhelfen will oder solange das Einspruchsverfahren nach § 363 ausgesetzt ist oder ruht.

Der Antrag dient dazu, die Rechtsauffassung der im Finanzamt verantwortlichen Rechtsbehelfstelle schon im Vorfeld einer evtl. negativen Einspruchentscheidung abschätzen zu können um zur Klagevermeidung evtl. noch Beweise zu bringen oder den Einspruch ggf. sogar zurück nehmen zu können.

VIII. Fristsetzung

Der Einspruch muss innerhalb der Einspruchsfrist beim Finanzamt in der vorgeschriebenen Form eingegangen sein, die Begründung sowie entsprechende Anträge können auch später vorgebracht werden. Die Finanzbehörden können jedoch dem Einspruchsführer in einigen Fällen eine Frist mit **ausschließender Wirkung** setzen, um eine bestimmte Handlung vorzunehmen (§ 364 b AO). Nach fruchtlosen Ablauf der Frist kann die Finanzbehörde über den Einspruch entscheiden, Erklärungen oder Beweismittel können nicht nachgeschoben werden. Die Vorschrift soll dem Missbrauch des Einspruchs- oder Klageverfahrens entgegenwirken und die Finanzgerichte in den genannten Fällen entlasten, insbesondere in Schätzungsfällen bei schuldhafter verspäteter Abgabe der Steuererklärungen auch im einspruchs- oder finanzgerichtlichen Verfahren. **223**

Eine Ausschlussfrist kann die Finanzbehörde setzen zur Angabe von Tatsachen, durch deren Berücksichtigung oder Nichtberücksichtigung sich der Einspruchsführer beschwert fühlt (§ 364 b Abs. 1 Nr. 1 AO), zur Erklärung über bestimmte klärungsbedürftige Punkte (§ 364 b Abs. 1 Nr. 2 AO) und zur Bezeichnung oder zur Vorlage von Urkunden, soweit er dazu verpflichtet ist (§ 364 b Abs. 1 Nr. 3 AO). Für den Steuerpflichtigen günstige Erklärungen und Beweismittel, die erst nach Ablauf der gesetzten Frist vorgebracht werden, sind nicht zu berücksichtigen (§ 364 b Abs. 2 AO). Über die Rechtsfolgen des Fristablaufs ist der Einspruchsführer im Rahmen der Fristsetzung zu **belehren** (§ 364 b Abs. 3 AO). Bei unverschuldetem Fristversäumnis ist Wiedereinsetzung in den vorigen Stand zu gewähren (§ 364 b Abs. 2 S. 3 AO), nach Verwaltungsauffassung ist eine Verlängerung der Frist möglich, wenn diese Fristverlängerung während der laufenden Frist beantragt wird (AEAO Nr. 4 zu § 364 b).

224 Die Vorschrift über die sog. **Präklusion** ist auch im finanzgerichtlichen Verfahren zu beachten (§ 76 Abs. 3 FGO). Das Gericht kann die im Einspruchsverfahren verspätet vorgebrachten Erklärungen und Beweismittel zurückweisen und ohne weitere Ermittlung entscheiden. Die Vorschriften über die Berichtigung von Verwaltungsakten bleiben von dieser Regelung unberührt.

IX. Form, Inhalt und Bekanntgabe der Einspruchsentscheidung

225 Die Einspruchsentscheidung ist gem. § 366 AO schriftlich zu erteilen, zu begründen, mit einer Rechtsbehelfsbelehrung zu versehen und den Beteiligten bekannt zu geben.

Für die Bekanntgabe der Einspruchsentscheidung gilt § 122 AO.

Eine förmliche Zustellung der Einspruchsentscheidung ist nur erforderlich, wenn sie ausdrücklich angeordnet wird (§ 122 Abs. 5 Satz 1 AO). Sie sollte insbesondere dann angeordnet werden, wenn ein eindeutiger Nachweis des Zugangs für erforderlich gehalten wird. In den Gründen der Einspruchsentscheidung sollen Wiedergabe des Tatbestandes und Darlegung der rechtlichen Erwägungen der entscheidenden Behörde getrennt sein, vgl. A 196 AEAO zu § 366 AO.

Enthält die Einspruchsentscheidung entgegen § 366 Satz 1 AO keine oder eine unrichtige Rechtsbehelfsbelehrung, beträgt die Klagefrist nach § 55 Abs. 2 FGO ein Jahr statt eines Monats.

X. Entscheidung über den Einspruch

226 Über den eingelegten Einspruch entscheidet die Finanzbehörde, die den angegriffenen Verwaltungsakt erlassen hat, grds. durch **Einspruchsentscheidung** (§ 367 Abs. 1 S. 1 AO).

Will die Finanzbehörde dem Begehren des Steuerpflichtigen entsprechen, vereinfacht die Möglichkeit des sog. **Abhilfebescheides** die Verwaltungspraxis (§ 367 Abs. 2 S. 3 i. V. m. § 172 Abs. 1 Nr. 2 a i. V. m. § 132 AO).

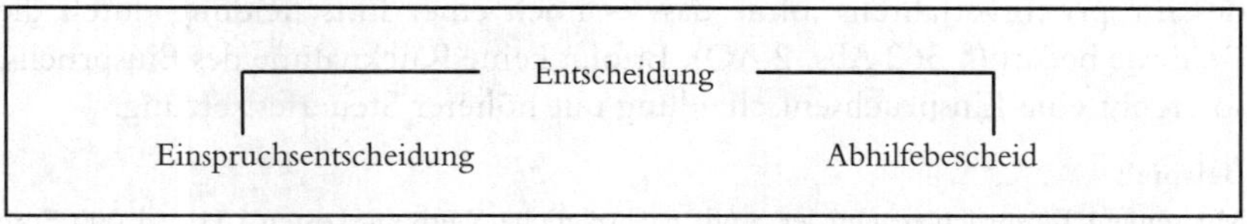

Die Entscheidungsformel („Tenor") in der **Einspruchsentscheidung** lautet je nach Art der Entscheidung:

– „Der Einspruch wird als unzulässig verworfen"
(Bei Nichtbeachtung von Förmlichkeiten, insbesondere nach § 358 AO)
– „Der Einspruch wird als unbegründet zurückgewiesen"
(Wenn keine andere Entscheidung in der Sache selbst getroffen wird)
– „Unter Änderung des Bescheides vom … wird die … steuer … auf … festgesetzt"
(Wenn dem Einspruch des Stpfl. teilweise entsprochen wird).

Wenn das Finanzamt dem Einspruch entsprechen möchte, kann es zur Ver- 227
einfachung des Verwaltungsverfahrens statt einer förmlichen Einspruchsentscheidung einen nach § 172 Abs. 1 Nr. 2 a AO geänderten Steuerbescheid erlassen (vgl. Rn. 161 ff.). Eine ausführliche Sachverhaltungsdarstellung und Begründung wie in der Einspruchsentscheidung ist dabei nicht erforderlich. Ein Hinweis, dass sich der Einspruch insoweit erledigt, genügt. Diese Möglichkeit besteht auch, wenn der Steuerpflichtige sein Begehren im Laufe des Rechtsbehelfsverfahrens eingegrenzt hat. Der **„Abhilfebescheid"** ist erneut mit dem Einspruch anfechtbar.

Bei der sogenannten *„Teilabhilfe"* wird dieser neue Steuerbescheid Gegenstand des laufenden Einspruchsverfahrens, da der ursprüngliche Einspruch noch anhängig bleibt (vgl. § 365 Abs. 3 AO). Eine erneute Anfechtung dieses Bescheides ist daher nicht erforderlich. Um das Einspruchsverfahren zu straffen kann die Finanzbehörde auch vorab über Teile des Einspruchs entscheiden, wenn dies sachdienlich ist (§ 367 Abs. 2 a AO). In der **Teil-Einspruchsentscheidung** ist genau zu bestimmen, hinsichtlich welcher Teile des Verwaltungsakts die Bestandskraft nicht eintreten soll (vgl. auch AEAO Nr. 6.3 zu § 367). Einsprüche in sog. **Massenverfahren**, die eine vom EuGH, vom BVerfG oder vom BFH entschiedene Rechtsfrage betreffen und denen nach dem Ausgang des Verfahrens vor diesen Gerichten nicht entsprochen werden kann, können durch **Allgemeinverfügung** zurückgewiesen werden (§ 367 Abs. 2 b AO). Die Verfügung ist im Bundessteuerblatt und auf den Internetseiten des Bundesfinanzministeriums zu veröffentlichen, als Bekanntgabetag gilt der Tag nach der Herausgabe des Bundessteuerblatts. Gegen die Allgemeinverfügung kann innerhalb eines Jahres nach Bekanntgabe geklagt werden. Die Klage ist gegen das Finanzamt zu richten. Wurde auch wegen anderer Fragen Einspruch eingelegt, ist das Einspruchsverfahren insoweit weiterhin anhängig. Unzulässige Einsprüche werden von einer nach § 367 Abs. 2 b AO ergehenden Allgemeinverfügung nicht erfasst (AEAO 7.3 zu § 367). Sie sind daher vom zuständigen Finanzamt durch individuelle Einspruchsentscheidung zurückzuweisen, falls sie nicht zurückgenommen werden.

Im Falle der sogenannten **„Verböserung"** ist vor Erlass einer die Steuer 228
erhöhenden Einspruchsentscheidung der Steuerpflichtige vorab anzuhören (§ 367 Abs. 1 S. 2 AO), um ihm ggf. eine Rücknahme seines Einspruchs zu ermöglichen (vgl. § 362 Abs. 1 AO). Die Rücknahme führt zur Erledigung

des Einspruchsverfahrens, ohne dass es noch einer Entscheidung durch die Behörde bedarf (§ 362 Abs. 2 AO). Erfolgt keine Rücknahme des Einspruchs, so ergeht eine Einspruchsentscheidung mit höherer Steuerfestsetzung.

Beispiel:
Mit seinem Einspruch macht der Stpfl. nachträgliche Werbungskosten i. H. v. 1 000 Euro bei den Einkünften aus nichtselbstständiger Arbeit geltend. Das FA will diese Werbungskosten anerkennen, stellt jedoch gleichzeitig fest, dass außergewöhnliche Belastungen i. H. v. 2 500 Euro zu Unrecht gewährt wurden, da sie nicht um die zumutbare Belastung i. H. v. 3 000 Euro gekürzt wurden.
Das FA hat unter Beachtung des rechtlichen Gehörs dem Stpfl. mitzuteilen, dass im Rahmen der Gesamtaufrollung (§ 367 Abs. 1 S. 1 AO) alle Fehler zu korrigieren sind und dies zu einer Erhöhung der Steuer führen würde (§ 367 Abs. 2 AO). Dies kann der Stpfl. durch Rücknahme seines Einspruchs verhindern (§ 362 AO). Die Verfahrensvereinfachung und der Rechtsfriede stehen hier vor der materiell richtigen Steuer.

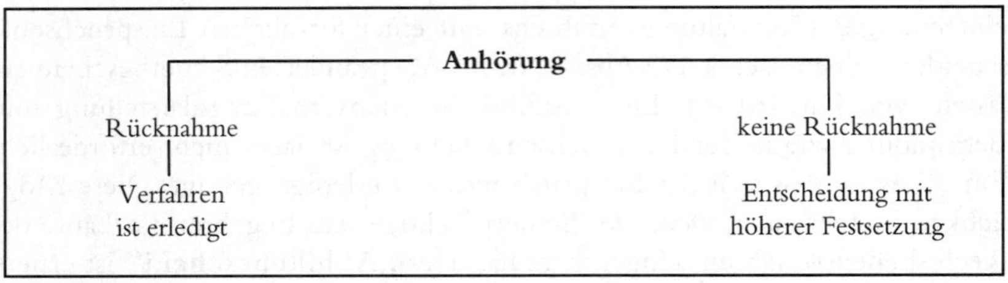

229 *frei*

H. Gerichtliches Rechtsbehelfsverfahren

I. Klage beim Finanzgericht

230 Zur Zuständigkeit des FG siehe Aufbau und Zuständigkeit der Finanzgerichtsbarkeit.

Die FGO sieht folgende 4 Klagearten vor:

- Anfechtungsklage, § 40 Abs. 1 FGO
- Verpflichtungsklage, § 40 Abs. 1 FGO
- Leistungsklage, § 40 Abs. 1 FGO
- Feststellungsklage, § 41 FGO

Eine Klage ist gem. § 40 Abs. 2 FGO nur zulässig, wenn der Kläger geltend macht, durch einen Verwaltungsakt, zB. Steuerbescheid, oder die Verwehrung desselben in seinen Rechten beinträchtigt zu sein. Dies entspricht der Beschwer in § 350 AO.

Die Klagefrist beträgt gem. § 47 FGO einen Monat nach Zugang der Einspruchsentscheidung, bei fehlender oder fehlerhafter Rechtsbehelfsbelehrung 1 Jahr gem. §§ 55 Abs. 2 FGO und 356 AO.

Die Klage ist gem. § 64 FGO schriftlich einzureichen und eigenhändig zu unterschreiben.

Ebenso wenig wie ein Einspruch begründet die Klagererhebung einen Zahlungsaufschub, vielmehr kann auch im Klageverfahren Aussetzung der Vollziehung gem. § 69 FGO gewährt werden.

Das Klageverfahren endet regelmäßig mit der Klagerücknahme oder einem Urteil gem. § 95 ff. FGO.

Das FG ist die letzte Tatsacheninstanz.

II. Revision beim Bundesfinanzhof

Eine Revision gegen das Urteil eines FG beim Bundesfinanzhof in München ist gem. § 115 FGO nur zulässig, wenn 231

- Das FG dies ausdrücklich im Urteil zugelassen hat oder
- Der BFH der Beschwerde gegen die Nichtzulassung stattgibt, Nichtzulassungsbeschwerde § 116 FGO.

Der BFH entscheidet nur über Rechtsfragen.

I. Vorschriften zur Außenprüfung

I. Ermittlungsverfahren

In schwierigen oder für die Besteuerung erheblichen Sachverhalten wird das Ermittlungsverfahren beim Steuerpflichtigen selbst im Rahmen einer Außenprüfung durchgeführt (vgl. § 194 Abs. 1 S. 1 und § 200 AO). Sie ist erforderlich, weil das Finanzamt bei der Veranlagung nur geringe Nachprüfungsmöglichkeiten hat. Eine Prüfung setzt nicht voraus, dass bisher unbekannte Tatsachen festgestellt werden, aus denen sich eine abweichende Steuerfestsetzung ergibt. Vielmehr dient eine Außenprüfung der Überprüfung der Besteuerungsgrundlagen. Sie ist regelmäßig zulässig, wenn die in § 193 Abs. 1 AO genannten Einkünfte erzielt werden oder Abzugssteuern (z.B. LSt) betroffen sind (§ 193 Abs. 2 Nr. 1 AO) oder umfangreiche Überschusseinkünfte vorliegen, die nicht an Amtsstelle überprüft werden können (§ 193 Abs. 2 Nr. 2 AO). 232

Beispiel:

Der Ehemann ist Zahnarzt, die Ehefrau hat Einkünfte aus Vermietung und Verpachtung. Beide Einkunftsarten sollen im Rahmen einer Außenprüfung überprüft werden.

Die routinemäßige Prüfung des freiberuflichen Betriebes des Ehemannes erfordert keine Begründung (vgl. § 193 Abs. 1 AO), die Prüfungsanordnung gegen die Ehefrau ist zu begründen (vgl. § 193 Abs. 2 Nr. 2 AO). Insbesondere ist darzulegen, warum eine Prüfung der Einkünfte im Amt unzweckmäßig wäre. Dies dürfte hier regelmäßig nicht der Fall sein.

Daneben gibt es noch besondere Außenprüfungen, deren Prüfer einzelne Steuerarten prüfen, z.B. die Lohnsteueraußenprüfung oder die Umsatzsteuersonderprüfung. Die Prüfung von Großbetrieben und Konzernen ist bestimmten Finanzämtern mit bezirksübergreifender Zuständigkeit übertragen worden („Finanzämter für Konzern- bzw. Großbetriebsprüfung"). Eine abgekürzte „Schwerpunktprüfung" ist möglich (§ 203 AO).

II. Umfang

233 Über den sachlichen Umfang der Prüfung entscheidet das Finanzamt nach pflichtgemäßem Ermessen. Die Prüfung umfasst grds. mehrere Steuerarten und mehrere Zeiträume und ist üblicherweise nicht auf bestimmte Sachverhalte beschränkt (§ 194 Abs. 1 S. 2 AO).

Beispiel:

Bei einem Gewerbebetrieb soll eine Außenprüfung für die Jahre 01–03 stattfinden. Es ist angemessene Zeit vor Prüfungsbeginn eine **schriftliche** Prüfungsanordnung zu erteilen (§§ 196, 197 AO), in der die Zeiträume (z.B. 01–03) und die Steuerarten (z.B. ESt, USt, GewSt) enthalten sein müssen. Prüfungsbeginn und Name des Prüfers sind anzugeben.

Die **Prüfungsanordnung** ist mit dem Einspruch anfechtbar ist (§ 197 S. 1 AO).

III. Durchführung der Prüfung

234 Bei der Durchführung der Außenprüfung ist der Steuerpflichtige zu einer erhöhten Mitwirkung verpflichtet, die über seine üblichen steuerlichen Pflichten hinausgeht (§ 200 AO). Aber auch die Finanzbehörde hat eine Reihe von Formvorschriften zu beachten (vgl. §§ 197, 198, 199, 201 AO).

Die Prüfung soll sich auf das Wesentliche beschränken und günstige wie ungünstige Tatsachen berücksichtigen (§ 199 Abs. 1 AO). Auskünfte sind zunächst vom Steuerpflichtigen einzuholen und nur unter den Voraussetzungen des § 200 Abs. 1 AO von anderen Personen (z.B. Angestellte, Geschäftspartner). In § 146 Abs. 5 und § 147 Abs. 6 AO räumt der Gesetzgeber der Verwaltung einen Zugriff auf die elektronischen Datenverarbeitungssysteme des zu prüfenden Unternehmens ein. Mit der **Betriebsprüfungsordnung** (BpO), die genauere Vorschriften über das Verfahren und insbesondere die zu prüfenden Zeiträume enthält, hat sich die Finanzverwaltung selbst gebunden.

IV. Schlussbesprechung

235 Eine Schlussbesprechung dient der Erörterung strittiger Sachverhalte und ihrer rechtlichen Beurteilung (§ 201 AO).

Durch eine Schlussbesprechung wird dem Grundsatz des rechtlichen Gehörs (vgl. § 91 AO) genüge getan. Anschließend fertigt der Prüfer einen Prüfungsbericht (vgl. § 202 Abs. 1 AO), der dem Steuerpflichtigen regelmäßig vor Auswertung der Prüfungsfeststellungen zuzusenden ist. Der Prüfungsbericht stellt keinen Verwaltungsakt dar und ist daher auch nicht anfechtbar.

V. Folgen der Prüfung

Häufig werden auf Grund der Prüfungsfeststellungen geänderte Verwaltungsakte erlassen. Sind Steuerfestsetzungen bislang unter dem **Vorbehalt der Nachprüfung** ergangen, so ist der Vorbehalt nunmehr aufzuheben (§ 164 Abs. 1 S. 1 und Abs. 3 AO). Eine rechtzeitig begonnene Außenprüfung hemmt den Ablauf der **Festsetzungsfrist** (§ 171 Abs. 4 AO), eine **Selbstanzeige** ist nach Bekanntgabe der Prüfungsanordnung (§ 371 Abs. 2 Nr. 1 a AO). 236

Im Rahmen einer Außenprüfung werden nicht selten **Kontrollmitteilungen** angefertigt, durch die Sachverhaltsfeststellungen, die für die Besteuerung anderer Personen von Bedeutung sind, ausgewertet werden können (vgl. § 194 Abs. 3 AO). Typische Sachverhalte dafür sind Darlehensverträge, Provisionen, ungewöhnliche Zahlungswege. 237

So kommt es also ggf. zu einer Verknüpfung von Ermittlungsverfahren bei verschiedenen Steuerpflichtigen.

frei **238, 239**

J. Straf- und Bußgeldvorschriften

I. Allgemeines

Der achte Teil der AO enthält Straf- und Bußgeldvorschriften (§§ 369–384 AO) und regelt das Straf- und Bußgeldverfahren (§§ 385–412 AO). Dabei handelt es sich insbesondere hinsichtlich des Verfahrens kaum um eigenständige Regelungen; vielmehr wird auf die Vorschriften des Strafgesetzbuches (StGB), der Strafprozessordnung (StPO) und des Gesetzes über Ordnungswidrigkeiten (OWiG) zurückgegriffen (vgl. § 385 Abs. 1 AO. 240

Man unterscheidet **Straftaten** (§§ 369–376 AO, §§ 1–79 b StGB), die mit Geld- oder Freiheitsstrafe bestraft werden können und **Ordnungswidrigkeiten** (§§ 377–384 AO, §§ 1–34 OWiG), die mit einer Geldbuße geahndet werden können.

Eine Steuerstraftat kann nur vorsätzlich begangen werden, bei einer Ordnungswidrigkeit genügt grobe Fahrlässigkeit. Im Strafverfahren besteht Verfolgungszwang, bei Ordnungswidrigkeiten dagegen ein Ermessensspielraum. Die Finanzbehörden dürfen keine Strafen verhängen; dies ist Sache der ordentlichen Gerichte. Ordnungswidrigkeiten können von der Finanzbehörde selbst geahndet werden, allerdings entscheidet das Gericht über einen evtl. Einspruch. Straftaten werden in ein Strafregister eingetragen.

II. Steuerstraftaten

1. Vorsätzliches Handeln

241 Strafbar sind gesetzlich mit Strafe bedrohte, rechtswidrige, schuldhaft begangene Handlungen (§§ 1 und 2 StGB). Die Bestrafung darf nur aufgrund eines Gesetzes erfolgen, das **vor** der Tat bereits in Kraft trat (Rückwirkungsverbot, Art. 103 GG). Rechtfertigungsgründe wie im allgemeinen Strafrecht (z.B. Notwehr) haben im Steuerrecht keine praktische Bedeutung.

242 Die in der AO geregelten Straftatbestände können nur **vorsätzlich** begangen werden (§ 369 Abs. 2 AO i.V.m. § 15 StGB), d.h. die Verwirklichung des Straftatbestandes war dem Täter bewusst und von ihm gewollt. Ein Verschulden liegt demnach vor, wenn dem Betroffenen subjektiv vorzuwerfen ist, er habe anders handeln können und müssen. Kein Vorsatz liegt vor bei grober Fahrlässigkeit; dies stellt jedoch regelmäßig eine Ordnungswidrigkeit dar (vgl. § 378 AO). Ein Verschulden entfällt beim sog. Tatbestands- oder Verbotsirrtums, d.h. der Täter „wusste nicht, was er tat".

Beispiel:

Der Kaufmann Winkelmann manipuliert seine Bücher, um seine geschiedene und unterhaltsberechtigte Ehefrau zu täuschen. Eine zu niedrige Steuerfestsetzung durch das Finanzamt will er zwar nicht, nimmt sie aber „billigend in Kauf". Er vertraut darauf, dass das Finanzamt die offensichtliche Unrichtigkeit im Jahresabschluss bemerkt.
Winkelmann hinterzieht Steuern, denn er handelt vorsätzlich, wenn er seine Bücher manipuliert und seinen Gewinn zu niedrig ausweist. Er will zwar in erster Linie nicht den Staat, sondern seine geschiedene Ehefrau schädigen, nimmt aber die Steuerverkürzung in Kauf. Es liegt sog. bedingter Vorsatz vor. Das Vertrauen darauf, dass die Steuer richtig festgesetzt würde, ist kein Entschuldigungsgrund, zumal auch der Versuch der Steuerhinterziehung strafbar ist (vgl. § 370 Abs. 2 AO).

243 Strafbar macht sich neben dem Täter auch der Mittäter (§ 25 StGB), wenn die Tat gemeinschaftlich begangen wurde. Dabei ist es unerheblich, ob Steuervorteile für den Betroffenen selbst oder für einen anderen erlangt werden. Als Anstifter wird bestraft, wer vorsätzlich einen anderen zu dessen vorsätzlich begangener rechtwidrigen Tat bestimmt hat (§ 26 StGB), als Gehilfe wird bestraft, wer vorsätzlich einen anderen zu dessen vorsätzlich begangener rechtswidrigen Tat Hilfe geleistet hat (§ 27 StGB). Anstifter werden wie Täter bestraft.

2. Tatbestände der Steuerhinterziehung

244 Die AO kennt zwei Tatbestände der Steuerhinterziehung, die **Steuerverkürzung** und die **Erlangung ungerechtfertigter Steuervorteile.**

245 Steuern sind dann verkürzt, wenn sie nicht oder nicht rechtzeitig **festgesetzt** werden (§ 370 Abs. 4 S. 1 AO). Anknüpfungspunkt ist die Festsetzung einer Steuer, nicht die Erhebung. Daher ist die bloße Nichtzahlung von Steuern grds. nicht strafbar. Die Nichtzahlung von angemeldeten Umsatzsteuerbeträgen kann eine Ordnungswidrigkeit (§ 26 b UStG) oder eine Straftat sein (§ 26 c UStG), auch die Nichtabführung von Steuerabzugsbeträgen (z.B. LSt) kann eine Ordnungswidrigkeit darstellen (§ 380 Abs. 1 AO).

Beispiel:

Ein Unternehmer gibt seit Monaten seine Umsatzsteuer-Voranmeldungen verspätet ab, da er Zahlungsschwierigkeiten hat.

Es liegt vollendete Steuerhinterziehung (auf Zeit) vor, da Steuern verspätet *festgesetzt* werden (vgl. § 18 Abs. 1 S. 1 UStG i.V.m. § 370 Abs. 1 Nr. 2 i.V.m. Absatz 4 S. 1 AO). Würden die Voranmeldungen pünktlich abgegeben und die fälligen Beträge nur nicht entrichtet werden, läge keine Straftat i.S.d. § 370 AO vor. Insoweit wäre allerdings § 26 b bzw. § 26 c UStG zu prüfen.

Ungerechtfertigte Steuervorteile sind Begünstigungen außerhalb der Steuerfestsetzung, z.B. Erlass, Stundung, Zahlungsaufschub, Aussetzung der Vollziehung, Fristverlängerung (§ 370 Abs. 4 S. 2 AO). **246**

Strafbar ist eine Steuerhinterziehung nur, wenn der Steuerpflichtige **unrichtige oder unvollständige Angaben** macht (§ 370 Abs. 1 Nr. 1 AO) oder wenn er die Finanzbehörde **pflichtwidrig** über steuerlich erhebliche Tatsachen in **Unkenntnis** lässt (§ 370 Abs. 1 Nr. 2 AO). **247**

Beispiele:

Abgabe einer Steuererklärung mit unrichtigen Angaben (zu hohe Ausgaben, fehlende Einnahmen), Nichtangabe von Nebeneinkünften in der Steuererklärung, Nichtabgabe einer Steuererklärung oder Steueranmeldung.

3. Folgen der Steuerhinterziehung

Eine Steuerhinterziehung kann mit Freiheitsstrafe bis zu 5 Jahren oder einer Geldstrafe bis zu 1,8 Millionen Euro geahndet werden (§ 370 Abs. 1 AO, § 40 StGB). In besonders schweren Fällen kann die Freiheitsstrafe bis auf 10 Jahre ausgedehnt werden (§ 370 Abs. 3 AO). **248**

Auch der Versuch ist strafbar (§ 370 Abs. 2 AO).

4. Selbstanzeige

Wer Steuern hinterzieht, aber zu **allen** unverjährten Steuerstraftaten einer Steuerart in vollem Umfang die unrichtigen Angaben berichtigt, die unvollständigen Angaben ergänzt oder die unterlassenen Angaben nachholt, wird wegen dieser Steuerstraftaten nicht nach § 370 bestraft. (§ 371 Abs. 1 AO). Dazu sind konkrete Angaben gegenüber der Finanzbehörde erforderlich. **249**

Beispiel:

Der Stpfl. erstattet Selbstanzeige mit dem Hinweis, er habe in den Jahren 06 und 07 aus finanzieller Not heraus wiederholt Betriebseinnahmen nicht verbucht. Zur Ermittlung der Höhe dieser Beträge beantragt er die Durchführung einer Außenprüfung.

Der Stpfl. geht nicht straffrei aus, da die Nachholung unterlassener Angaben oder die Ergänzung unrichtiger Angaben erforderlich ist. Die pauschale Erklärung reicht für eine wirksame Selbstanzeige nicht aus, allerdings wird das Verhalten des Stpfl. bei der Strafbemessung berücksichtigt werden müssen.

Die sog. Selbstanzeige stellt einen **persönlichen Strafausschließungsgrund** dar (§ 28 Abs. 2 StGB). Dritte (z.B. der Steuerberater eines Steuerpflichtigen) können eine Selbstanzeige nur erstatten, wenn sie vom Betroffenen ausdrücklich beauftragt waren.

Darüber hinaus ist die fristgerechte **Nachentrichtung** der hinterzogenen Beträge erforderlich (§ 371 Abs. 3 AO).

Eine Selbstanzeige bewirkt eine Ablaufhemmung bei der Festsetzungsfrist (§ 171 Abs. 9 AO).

250 Die Straffreiheit tritt nicht ein, wenn *vor* der Berichtigung eine Prüfungsanordnung einer Aussenprüfung gem. § 196 AO bekannt gegeben wurde (§ 371 Abs. 2 Nr. 1 a AO), ein Strafverfahren erkennbar **eingeleitet** war (§ 371 Abs. 2 Nr. 1 b AO), die Tat bereits **entdeckt** war (§ 371 Abs. 2 Nr. 2 AO) oder ein Amtsträger der Finanzverwaltung zur Prüfung ohne Anordnung erschienen ist (§ 371 Abs. 2 Nr. 1 c AO).

Beispiel:

Das Finanzamt erlässt am 10.10. eine Prüfungsanordnung, in der dem Steuerpflichtigen der Beginn einer Außenprüfung am 2.11. angekündigt wird. Am 30.10. geht beim Finanzamt eine Selbstanzeige ein.

Die Selbstanzeige ist nicht wirksam, da dem Steuerpflichtigen die Prüfungsanordnung bereits bekannt gegeben wurde.

251 Ebenfalls tritt Straffreiheit trotz vollständiger Selbstanzeige nicht ein, wenn die Summe der hinterzogenen Steuern mehr als 50 000 € beträgt, § 371 Abs. 2 Nr. 3 AO. In diesen Fällen wird aber von der Verfolgung der Steuerstraftat gem. § 398 a AO abgesehen, wenn der Täter innerhalb einer ihm bestimmten angemessenen Frist

1. die aus der Tat zu seinen Gunsten hinterzogenen Steuern entrichtet und
2. einen Geldbetrag in Höhe von 5 Prozent der hinterzogenen Steuer zugunsten der Staatskasse zahlt.

Im Ergebnis kann sich also auch der umfangreiche Steuerhinterzieher vor der faktischen Strafverfolgung durch eine wirksame Selbstanzeige befreien, wenn er zusätzlich zu den hinterzogenen Steuern und den anfallenden Hinterziehungszinsen noch einen Strafzuschlag von 5% zu zahlen bereit ist.

252 Die bis 2011 mögliche **Teilselbstanzeige** wurde nach einer Gesetzesänderung als Reaktion auf ein BGH-Urteil abgeschafft. Wer also nur einen Teil der hinterzogenen Steuern in der Selbstanzeige offenbart, erlangt keine Straffreiheit, wenn ihm weitere hinterzogene Beträge nachgewiesen werden können. Diese Betrachtung gilt allerdings nur pro Steuerart. Denkbar wäre sehr wohl eine strafbefreiende vollständige Nacherklärung von zB. ausländischen Zinseinkünften für Zwecke der Einkommensteuer, auch ohne die Nacherklärung bewusst fälschlicherweise als umsatzsteuerfrei vereinnahmter Einnahmen (die allerdings in den Betriebseinahmen einkommensteuerlich enthalten sind) für umsatzsteuerliche Zwecke zu korrigieren. In diesem Fall würde der Selbstanzeigesteller hinsichtlich der Einkommensteuer Straffreiheit erlangen, selbst wenn er hinterzogenen Umsatzsteuern nicht korrigiert. Verschweigt er jedoch bei der Nacherklärung der ausländischen Zinseinkünfte bisher weder bei der Einkommensteuer- noch bei der Umsatzsteuererklärung enthaltene Schwarzeinnahmen, so erlangt er auch bzgl. der freiwillig erklärten Zinseinkünfte keine Straffreiheit, da diese Nacherklärung bezogen auf die Einkommensteuerhinterziehung nicht vollständig war.

III. Ordnungswidrigkeiten

Werden die in § 370 AO genannten Handlungen nicht vorsätzlich, sondern grob fahrlässig begangen, so liegt eine **leichtfertige Steuerverkürzung** vor (§ 378 Abs. 1 AO). Diese Ordnungswidrigkeiten können mit einer Geldbuße bis zu 50 000 Euro geahndet werden (§ 378 Abs. 2 AO), eine Selbstanzeige ist möglich (§ 378 Abs. 3 AO). Wer sich wirtschaftlich betätigt und keine steuerlichen Kenntnisse hat, handelt regelmäßig leichtfertig, wenn er sich nicht über seine Pflichten informiert. 253

Vorsätzliche oder leichtfertige Vorbereitungshandlungen (z. B. das Ausstellen falscher Rechnungen oder unrichtige Verbuchungen) stellen eine **Steuergefährdung** dar (§ 379 Abs. 1 Nr. 1 und 2 AO). Sie können mit einer Geldbuße bis zu 50 000 Euro geahndet werden (§ 379 Abs. 4 AO).

Beispiel:

Der Stpfl. hat Betriebseinnahmen bewusst nicht verbucht und legt den entsprechenden Jahresabschluss seinen Steuererklärungen zu Grunde. Es liegt Steuerhinterziehung vor (§ 370 AO), die Ahndung als Ordnungswidrigkeit ist subsidiär (zweitrangig) und entfällt daher.

Werden Abzugssteuern (z. B. LSt, KapESt) leichtfertig oder vorsätzlich nicht oder nicht rechtzeitig einbehalten und abgeführt, so liegt eine **Gefährdung von Abzugssteuern** vor (§ 380 Abs. 1 AO), die ebenfalls mit einer Geldbuße bis zu 25 000 Euro geahndet werden kann (§ 380 Abs. 2 AO). Dabei ist zu beachten, dass die Anmeldung der Steuer zutreffend sein muss, da ansonsten Steuerhinterziehung (§ 370 AO) oder leichtfertige Steuerverkürzung (§ 378 AO) vorliegt.

IV. Strafverfahren

Im Strafverfahren wegen Steuerstraftaten gelten neben der AO die allgemeinen Gesetze zum Strafverfahren (§ 385 Abs. 1 AO). Die Ermittlungen erfolgen regelmäßig durch die Finanzbehörden, die bei konkretem Verdacht zur Ermittlung verpflichtet sind (§ 386 AO). Zuständig sind die Finanzämter für Steuerstrafsachen. Dabei haben die Finanzbehörden die gleichen Befugnisse wie die Staatsanwaltschaft (§ 399 Abs. 1 AO); die Steuer- und Zollfahndungsstellen sind Hilfsbeamte der Staatsanwaltschaft (§ 404 AO). 254

Das Strafverfahren ist kraft Gesetzes eingeleitet, sobald die Finanzbehörde oder die Staatsanwaltschaft eine nach außen erkennbare Maßnahme trifft (§ 397 Abs. 1 AO). Die Einleitung des Strafverfahrens ist dem Betroffenen mitzuteilen (§ 397 Abs. 3 AO) und er ist über seine Rechte und Pflichten zu belehren. Eine strafbefreiende Selbstanzeige ist nicht mehr möglich. 255

Führt die Finanzbehörde ein Ermittlungsverfahren durch, so nimmt sie die Aufgaben der Staatsanwaltschaft wahr, z. B. Vernehmung, Anhörung von Zeugen. Ansonsten führen die Fahndungsstellen die Ermittlungen unter Leitung der Staatsanwaltschaft durch. 256

Sowohl die Finanzbehörde als auch die Staatsanwaltschaft haben das Recht, das Verfahren einzustellen (§§ 398, 399 Abs. 1 AO) oder einen Antrag auf Erlass eines Strafbefehls beim zuständigen Richter zu stellen (§ 400 AO). Darüber hinaus kann die Staatsanwaltschaft öffentlich Klage erheben.

Die Verurteilung erfolgt durch das ordentliche Gericht (= Amtsgericht, § 391 AO) durch Strafbefehl oder Urteil.

257 Der **Strafbefehl** hat für den Betroffenen den Vorteil, dass das Verfahren schnell und ohne öffentliche Verhandlung erledigt wird. Die Anhörung des Betroffenen durch den Richter erfolgt allerdings erst in einem sich evtl. anschließenden Einspruchsverfahren. Wird innerhalb der zweiwöchigen Rechtsbehelfsfrist Einspruch eingelegt, so steht dieser einem Antrag auf Hauptverhandlung gleich. Die Erledigung durch Strafbefehl ist nur möglich bei Geldstrafen.

V. Bußgeldverfahren

258 Die Vorschriften über das Strafverfahren gelten entsprechend (§ 410 Abs. 1 AO). Das Finanzamt ist Verfolgungsbehörde, es besteht jedoch kein Verfolgungszwang (§ 47 OWiG). Geldbußen können durch die Finanzbehörden verhängt werden (§ 35 OWiG).

Gegen den Bußgeldbescheid ist innerhalb von zwei Wochen der Rechtsbehelf des Einspruch möglich (§ 67 OWiG). Über den Einspruch entscheidet das Gericht.

Stichwortverzeichnis Abgabenordnung

Die Zahlen verweisen auf die Randziffern.

Teil 5: Gewerbesteuer

Rn.

A. Steuergegenstand, Befreiungen

1 Die Erhebung der Gewerbesteuer als einer besonderen Steuer, die ausschließlich auf **Gewerbebetrieben** lastet, findet ihre finanzwissenschaftliche Rechtfertigung darin, dass die durch den Betrieb eines Gewerbes indirekt hervorgerufenen Belastungen nach dem *Verursachungsprinzip* nicht von der Allgemeinheit getragen sondern auf die Gewerbebetriebe umgelegt werden sollen. Die Gewerbesteuer soll also im Prinzip einen Ausgleich bilden für die Kosten öffentlicher Einrichtungen wie beispielsweise Straßen, Schulen, Krankenhäuser (sog. Infrastrukturkosten), die den Gemeinden als Folge vorhandener oder neu anzusiedelnder Gewerbebetriebe durch deren Beschäftigte erwachsen. Art. 106 Abs. 6 GG weist deshalb das Aufkommen der Gewerbesteuer als einer der Realsteuern den **Gemeinden** zu. Dementsprechend bestimmt § 1 GewStG, dass die Gemeinden berechtigt sind, eine Gewerbesteuer als Gemeindesteuer zu erheben.

2 Der Begriff **Realsteuern** kennzeichnet jene Steuern, die – im Gegensatz zu den sog. *Personensteuern* – an das Vorhandensein von bestimmten Gegenständen (Objekten) geknüpft sind. Man spricht deshalb folglich vom **Objektsteuercharakter** der Gewerbesteuer und meint damit die Tatsache, dass die Gewerbesteuer grundsätzlich persönliche Verhältnisse des Gewerbetreibenden außer Betracht lässt. Zu den Realsteuern gehören die Grundsteuer und die Gewerbesteuer (§ 3 Abs. 2 AO).

Steuergegenstand ist im einen Falle der Grundbesitz, im anderen Falle der Gewerbebetrieb. Die Realsteuern stellen wichtige Einnahmequellen der Gemeinden dar, weshalb es verständlich ist, dass Art. 106 Abs. 6 GG den Gemeinden im Rahmen landesrechtlicher Regelungen das Recht einräumt, durch Festlegung der sog. **Hebesätze** deren Aufkommen zu bestimmen. Zur Verhinderung von „Steuerdumping" wird hierbei eine Untergrenze von 200% bestimmt, vgl. § 16 Abs. 4 GewStG.

3 Wegen der unterschiedlichen Wirtschaftsstruktur in den einzelnen Gemeinden und dem daraus resultierenden, von Gemeinde zu Gemeinde stark schwankenden Gewerbesteueraufkommen sind die Gemeinden nach dem Gemeindefinanzreformgesetz zu **Umlagen** zugunsten von Bund und Ländern verpflichtet.

Die Höhe der Gewerbesteuer wird – wenn man vom Hebesatz absieht – vom **Gewerbeertrag** bestimmt. Nach seiner Grundkonzeption trägt das GewStG einerseits den Interessen der Gemeinden an einem *stetigen Steueraufkommen* Rechnung, berücksichtigt aber andererseits auch in gewissem Umfang die unterschiedliche Struktur der Gewerbebetriebe, ausgehend von dem grundgesetzlichen Gebot der Gleichmäßigkeit der Besteuerung. **4**

Wie die Ermittlung der Gewerbesteuer *systematisch* vor sich geht, veranschaulicht die nachstehende Skizze: **5**

Steuerpflichtiger Gewerbeertrag

|

hiervon (maximal) 3,5%
(Steuermesszahl)

↓

ergibt Steuermessbetrag
(Festsetzung durch Finanzamt)

|

dieser vervielfältigt mit Hebesatz der Gemeinde

↓

ergibt die zu zahlende Gewerbesteuer
(grds. Festsetzung durch Gemeinde;
Festsetzung durch Finanzamt in Stadtstaaten:
Hamburg, Bremen, Berlin)

Am Verfahren zur *Festsetzung* der Gewerbesteuer sind das Betriebsfinanzamt und die jeweilige Gemeinde beteiligt. Das Betriebsfinanzamt hat die Besteuerungsgrundlagen zu ermitteln und – daraus abgeleitet – durch den *Gewerbesteuermessbescheid* den **Steuermessbetrag** festzusetzen (§ 22 Abs. 1 AO). Die Gemeinde (in Hamburg, Bremen, Berlin das Finanzamt) setzt anschließend unter Zugrundelegung des Steuermessbetrags und des jeweils geltenden Hebesatzes durch den *Gewerbesteuerbescheid* die **Gewerbesteuer** fest. **6**

Richten sich **Einwendungen des Steuerpflichtigen** gegen die Höhe des Steuermessbetrags, so können diese lediglich im Wege des **Einspruchs** gegen den Gewerbesteuermessbescheid zum Erfolg führen, nicht dagegen durch Anfechtung des Gewerbesteuerbescheides. Da der Gewerbesteuermessbescheid ein *Grundlagenbescheid* im Sinne des § 171 Abs. 10 AO für den Gewerbesteuerbescheid ist, führt eine Änderung des Gewerbesteuermessbescheides automatisch zu einer Änderung des darauf fußenden Gewerbesteuerbescheides (§ 175 Abs. 1 Nr. 1 AO). **7**

Richten sich die Einwendungen des Steuerpflichtigen nicht gegen die Höhe des Steuermessbetrags, sondern gegen die Festsetzung der Gewerbesteuer durch den *Gewerbesteuerbescheid,* so muss er diesen, wenn die Gemeinden den Gewerbesteuerbescheid erlassen, mit dem Rechtsbehelf des **Widerspruchs** anfechten. Über den Widerspruch wird nach den Vorschriften des Verwaltungsverfahrensrechts entschieden. In diesem Verfahren bleiben Einwendungen gegen die Höhe des Steuermessbetrags ohne Erfolg. Soweit Finanzämter den Gewerbesteuerbescheid erlassen, ist der Einspruch statthaft. **8**

Rechtliche Grundlage für die Festsetzung und Erhebung der Gewerbesteuer stellt neben dem GewStG die **Gewerbesteuer-Durchführungsverordnung (GewStDV)** dar. Die Auffassung der Finanzverwaltung zu Fragen des Gewerbesteuerrechts ist in den **Gewerbesteuer-Richtlinien (GewStR)** niedergelegt. **9**

Gegenstand der Besteuerung nach dem GewStG ist der Gewerbebetrieb. Ist ein Gewerbebetrieb nach den vorstehend erörterten Merkmalen anzunehmen, dann besteht auch **Steuerpflicht,** es sei denn, es würde eine der Befreiungen des § 3 GewStG eingreifen.

10 Nach R 2.5 GewStR **beginnt** die Gewerbesteuerpflicht bei Einzelgewerbetreibenden und bei Personengesellschaften in dem Zeitpunkt, in dem erstmals alle Voraussetzungen erfüllt sind, die zur Annahme eines Gewerbebetriebs erforderlich sind. *Vorbereitende Handlungen* begründen die Gewerbesteuerpflicht noch nicht, ebenso wenig wie die – nur deklaratorisch wirkende – Eintragung im Handelsregister. Anders ist es bei den **Kapitalgesellschaften:** Diese *entstehen* rechtlich mit der Eintragung im Handelsregister (konstitutive Wirkung) und sind ab diesem Zeitpunkt steuerpflichtig, gleichgültig ob der Geschäftsbetrieb aufgenommen wurde oder nicht. Die genannten Unternehmen können aber auch schon zu einem früheren Zeitpunkt steuerpflichtig geworden sein, nämlich dann, wenn bereits die mit Abschluss des notariellen Vertrags (§ 2 GmbHG) oder durch notarielle Feststellung der Satzung (§ 23 Abs. 1, § 280 Abs. 1 AktG) entstehende sog. **Vorgesellschaft** (vgl. H 2 „Beginn der Steuerpflicht" KStH) eine nach außen in Erscheinung getretene Geschäftstätigkeit entfaltet. In diesem Fall bildet diese Vorgesellschaft zusammen mit der später eingetragenen Kapitalgesellschaft einen einheitlichen Steuergegenstand.

11 Die Gewerbesteuerpflicht **erlischt** nach R 2.6 Abs. 1 GewStR bei Einzelgewerbetreibenden und bei Personengesellschaften mit der tatsächlichen Einstellung des Betriebs. Darunter ist die völlige Aufgabe jeder *werbenden* Tätigkeit zu verstehen. § 4 Abs. 1 GewStDV bestimmt hierzu, dass ein Gewerbebetrieb, der aufgegeben oder aufgelöst wird, bis zur **Beendigung** der Aufgabe oder Abwicklung Steuergegenstand bleibt. Etwas anderes gilt, wenn der Gewerbebetrieb *im ganzen verpachtet* wird: In diesem Fall erlischt die Gewerbesteuerpflicht des Verpächters. Die Pachteinnahmen gehören zwar, solange der Verpächter nicht die Betriebsaufgabe erklärt hat, einkommensteuerrechtlich zu den Einkünften aus Gewerbebetrieb, sie unterliegen jedoch nicht mehr der Gewerbesteuer (R 11 Abs. 3 GewStR). Endet die Verpachtung und nimmt der Gewerbetreibende seine frühere gewerbliche Betätigung wieder auf, dann setzt erneut Gewerbesteuerpflicht ein.

12 *Vorübergehende* Unterbrechungen der betrieblichen Tätigkeit ändern an der Gewerbesteuerpflicht nichts. Die Steuerpflicht besteht auch während des **Ruhens des Betriebes** weiter wie typischerweise bei Saisonbetrieben.

13 Bei **Kapitalgesellschaften** und den übrigen Unternehmen i. S. d. § 2 Abs. 2 Satz 1 GewStG erlischt die Gewerbesteuerpflicht nach R 2.6 Abs. 2 GewStR – anders als bei Einzelkaufleuten und Personengesellschaften – nicht schon mit dem Aufhören der gewerblichen Betätigung, sondern erst mit dem Aufhören jeglicher Tätigkeit überhaupt; das ist der Zeitpunkt, in dem das Vermögen an die Gesellschafter verteilt wird.

14 Durch die Eröffnung eines **Insolvenzverfahrens** wird die Gewerbesteuerpflicht des Unternehmers nicht berührt (§ 4 Abs. 2 GewStDV).

15–20 *frei*

I. Gewerbebetrieb als Steuerobjekt

Das GewStG kennt *zwei Arten* von Gewerbebetrieben, die Gegenstand der Besteuerung sind: Zum einen ist das der **stehende Gewerbebetrieb** (§ 2 Abs. 1 Satz 1 GewStG), zum anderen der **Reisegewerbebetrieb** (§ 35 a GewStG). Die Unterscheidung zwischen diesen beiden Arten von Gewerbebetrieben ist bedeutsam für die Frage, welche Gemeinde die Gewerbesteuer erheben darf. Im Unterschied zu den stehenden Gewerbebetrieben gilt für Reisegewerbebetriebe eine Sonderregelung, da sich gerade die Tätigkeit der Reisegewerbetreibenden in aller Regel über *mehrere* Gemeinden erstreckt: § 35 a Abs. 3 GewStG bestimmt deshalb für Reisegewerbebetriebe, dass diejenige Gemeinde hebeberechtigt ist, in der sich der *Mittelpunkt der gewerblichen Tätigkeit* befindet. 21

Ein **Reisegewerbebetrieb** ist nach § 35 a Abs. 2 GewStG ein Gewerbebetrieb, dessen Inhaber nach den Vorschriften der Gewerbeordnung entweder einer Reisegewerbekarte bedarf oder von der Reisegewerbekarte lediglich deshalb befreit ist, weil er einen Blindenwaren-Vertriebsausweis besitzt. Als **stehender Gewerbebetrieb** ist jeder Gewerbebetrieb anzusehen, der *kein* Reisegewerbebetrieb ist (§ 1 GewStDV). 22

1. Gewerbebetriebe kraft gewerblicher Betätigung

a) Allgemeine Voraussetzungen

Was als **Gewerbebetrieb** im Sinne des Gewerbesteuerrechts anzusehen ist, ergibt sich nicht unmittelbar aus dem GewStG. Das GewStG knüpft in § 2 Abs. 1 Satz 2 GewStG vielmehr an den *einkommensteuerrechtlichen* Begriff des Gewerbebetriebs an, wie er in § 15 Abs. 2 EStG definiert ist. Aus diesem Grund wird vorne weg ergänzend auf die Erläuterungen zur Einkommensteuer dieses Bandes verwiesen. 23

Nach § 15 Abs. 2 EStG liegt ein Gewerbebetrieb vor, wenn eine *selbstständige nachhaltige Tätigkeit* ausgeübt wird, die mit *Gewinnerzielungsabsicht* unternommen wird und sich als *Beteiligung am allgemeinen wirtschaftlichen Verkehr* darstellt und die nicht als Ausübung von Land- und Forstwirtschaft noch als freier Beruf oder als andere selbstständige Arbeit anzusehen ist. Das Streben nach Gewinn braucht nicht Hauptzweck der Betätigung zu sein: Wenn die übrigen Voraussetzungen für die Annahme eines Gewerbebetriebs vorliegen, so genügt es, wenn die **Gewinnerzielungsabsicht** nur ein Nebenzweck ist. 24

Das Merkmal der **Selbstständigkeit** bedeutet, dass die Tätigkeit in eigener Verantwortung auf eigene Rechnung ausgeübt werden muss. Neben dieser *persönlichen* Selbstständigkeit des Unternehmers kommt im Gewerbesteuerrecht der Frage der *sachlichen* Selbstständigkeit des Gewerbebetriebs Bedeutung zu, denn jeder sachlich selbstständige Betrieb ist für sich ein Steuerobjekt. Sachlich selbstständig ist ein Unternehmen, wenn es für sich eine wirtschaftliche Einheit bildet (R 2.1 Abs. 1 GewStR). Wegen der Abgrenzung zwischen selbstständiger und nicht selbstständiger Tätigkeit siehe R 15.1 EStR und H 15.1 EStH. 25

26 **Nachhaltig** ist eine Tätigkeit, wenn sie mit der Absicht der Wiederholung ausgeübt wird. Ein einmaliges Gelegenheitsgeschäft rechtfertigt deshalb noch nicht die Annahme eines Gewerbebetriebs. Die Nachhaltigkeit ist im Allgemeinen daran zu erkennen, dass sich die Tätigkeit über einen gewissen Zeitraum erstreckt. Da es aber auf die **Absicht der Wiederholung** ankommt, kann Nachhaltigkeit schon bei einer einzigen Handlung vorliegen, wenn die Wiederholungsabsicht erkennbar ist und als Beginn einer fortgesetzten Tätigkeit anzusehen ist, vgl. H 15.2 (Wiederholungsabsicht) EStH.

27 Das Merkmal der **Gewinnerzielungsabsicht** – gleichgültig ob diese Haupt- oder Nebenzweck ist – ist ein wesentliches Element für die Beurteilung der Frage, ob ein Gewerbebetrieb vorliegt oder nicht, anders als im Umsatzsteuerrecht, wo es nicht auf die Gewinnerzielungsabsicht sondern auf die *Einnahme*erzielungsabsicht ankommt (§ 2 Abs. 1 Satz 3 UStG). Gewinnerzielungsabsicht heißt, dass eine Mehrung des Betriebsvermögens während der Dauer der Betätigung angestrebt wird. Folglich liegt kein Gewerbebetrieb vor, wenn nur *Umlagen zur Kostendeckung* erhoben werden, wie das häufig bei ärztlichen Laborgemeinschaften der Fall ist. Wegen mangelnder Gewinnerzielungsabsicht ist auch eine Betätigung, die aus Gründen der **Liebhaberei** unternommen wird, kein Gewerbebetrieb. Von Bedeutung ist ferner in diesem Zusammenhang, dass die durch die Betätigung erzielte Einkommensteuerersparnis bei der Beurteilung der Frage, ob ein Gewinn möglich ist und erwartet wird, nach § 15 Abs. 2 Satz 2 EStG nicht berücksichtigt werden darf.

28 Eine **Beteiligung am allgemeinen wirtschaftlichen Verkehr** liegt vor, wenn Leistungen gegen Entgelt der Allgemeinheit, also einem unbestimmten Personenkreis angeboten werden. Die geschäftliche Tätigkeit muss also nach *außen* in Erscheinung treten, z. B. durch das Vorhandensein von Geschäftsräumen, durch Werbung u. Ä. m.

29 Da die **Land- und Forstwirte** und die **selbstständig Tätigen** i. S. d. § 18 EStG, insbesondere die Freiberufler, *nicht* zur Gewerbesteuer herangezogen werden, ist die Abgrenzung des Gewerbebetriebs von diesen Tätigkeiten von besonderer Bedeutung, allerdings auch besonders schwierig, weil die Merkmale Selbstständigkeit, Nachhaltigkeit, Gewinnerzielungsabsicht und Beteiligung am allgemeinen wirtschaftlichen Verkehr auch auf Land- und Forstwirte und selbstständig Tätige zutreffen. Wegen der Abgrenzung vgl. R 15.5 EStR, H 15.5 EStH und H 15.6 EStH.

30 Ähnlich problematisch ist die Abgrenzung des Gewerbebetriebs gegenüber der **vermögensverwaltenden Tätigkeit.** Die bloße Verwaltung eigenen Vermögens ist in aller Regel keine gewerbliche Tätigkeit, auch wenn es sich um umfangreiches Vermögen handelt. In Einzelfällen kann aber die Grenze zur gewerblichen Betätigung überschritten sein, wie etwa bei einem **gewerblichen Grundstückshandel**.

31 Keine vermögensverwaltende, sondern eine gewerbliche Betätigung liegt vor, wenn im Rahmen einer **Betriebsaufspaltung** das Besitzunternehmen dem Betriebsunternehmen Wirtschaftsgüter, die zu den wesentlichen Betriebsgrundlagen gehören, miet- oder pachtweise überlässt; in diesem Fall bleibt das Besitzunternehmen nämlich nach der Rechtsprechung weiterhin (über das Betriebsunternehmen) am allgemeinen wirtschaftlichen Verkehr beteiligt, vgl. H 15.7 Abs. 4 (Allgemeines) EStH. Umgekehrt ist die **Verpach-**

tung eines Gewerbebetriebs *im ganzen* oder eines *Teilbetriebs* grundsätzlich nicht als Gewerbebetrieb anzusehen und unterliegt daher in aller Regel nicht der Gewerbesteuer (R 2.2 GewStR; R 15.7 Abs. 1 Satz 4 EStR), ungeachtet dessen, dass die Pachteinnahmen einkommensteuerrechtlich zu den Einkünften aus Gewerbebetrieb gehören.

b) Besonderheiten bei Personengesellschaften

Bei **Personengesellschaften** des *Handelsrechts* (OHG, KG) spricht deren Eintragung im Handelsregister für die *Vermutung,* dass sie einer gewerblichen Tätigkeit nachgehen, denn die Handelsregistereintragung setzt – wie beim Kaufmann i.S.d. § 1 HGB – den Betrieb eines Handelsgewerbes voraus. Diese Vermutung ist allerdings widerlegbar, sodass es im Einzelfall eben doch darauf ankommen kann, welche Betätigung die Personenhandelsgesellschaft ausübt. 32

Beispiele:

Eine KG ist ausschließlich vermögensverwaltend tätig, und zwar durch Vermietung ihres umfangreichen Grundbesitzes. Die Gesellschafter der KG erzielen in diesem Fall nicht Einkünfte aus Gewerbebetrieb sondern aus Vermietung und Verpachtung. Die KG unterliegt nicht der Gewerbesteuer.

Die Ingenieure A und B betreiben in der Rechtsform einer OHG eine Gesellschaft, die ausschließlich Ingenieurleistungen erbringt. Die Einkünfte von A und B bestimmen sich nach § 18 EStG (Einkünfte aus selbstständiger Arbeit). Die OHG stellt keinen Gewerbebetrieb im Sinne des Einkommen- und Gewerbesteuerrechts dar.

Zu beachten ist ferner, dass auch Betriebe der Land- und Forstwirtschaft im Handelsregister eingetragen werden können (§ 3 HGB). Ist ihre *Firma* eingetragen worden, so betreiben sie ein Handelsgewerbe und besitzen **Kaufmannseigenschaft.** Land- und forstwirtschaftliche Betriebe, die sich unter ihrer Firma eintragen lassen, können auch eine OHG oder KG bilden. An der Art der Einkünfte ändert sich jedoch dadurch nichts: Diese sind – wenn sie der Art nach unter §§ 13 ff. EStG fallen – Einkünfte aus Land- und Forstwirtschaft; ein Gewerbebetrieb liegt nicht vor mit der Folge, dass diese Betriebe von der Gewerbesteuer nicht erfasst werden. 33

Bei Personengesellschaften, die nicht den Vorschriften des HGB unterliegen wie z.B. die **GbR,** ist die Frage, ob ein Gewerbebetrieb anzunehmen ist, nach der Art der Tätigkeit unter Heranziehung der oben dargestellten allgemeinen Abgrenzungsmerkmale zu beantworten. 34

Beispiel:

Die Rechtsanwälte A und B schließen sich zu einer Sozietät (= GbR) zusammen.

Die Sozietät stellt keinen Gewerbebetrieb dar, da die Sozien Einkünfte aus selbstständiger Arbeit (§ 18 EStG) erzielen.

Etwas anderes gilt allerdings dann, wenn die **Personengesellschaft,** gleichgültig ob es sich um eine Personengesellschaft des Handelsrechts oder des bürgerlichen Rechts handelt, zu einem *Teil* gewerblich tätig ist, sei dies auch nur in geringem Umfang. § 15 Abs. 3 Nr. 1 EStG bestimmt nämlich, dass die mit Einkünfteerzielungsabsicht unternommene Tätigkeit einer OHG, einer KG oder einer anderen Personengesellschaft *in vollem Umfang* als Gewerbebetrieb gilt, wenn die Gesellschaft – neben anderem – *auch* einer gewerbli- 35 chen Tätigkeit nachgeht. Die Vorschrift des § 15 Abs. 3 Nr. 1 EStG betrifft Personengesellschaften, die eine **gemischte Tätigkeit** ausüben. Die Tätigkeit wird in diesem Falle *insgesamt* als Gewerbebetrieb angesehen; eine Aufteilung ist – anders als bei einzelnen Personen – nicht zulässig (**Abfärbetheorie**, Infektionstheorie).

Beispiel 1:

Ein Tierarzt unterhält ein Depot an Tierarzneimitteln und Impfstoffen. Ein Teil davon wird in seiner Praxis verwendet, der Rest gegen Entgelt an Tierhalter abgegeben.
Der Tierarzt erzielt gleichzeitig Einkünfte aus selbstständiger Arbeit und Einkünfte aus Gewerbebetrieb; mit den Letzteren unterliegt der Tierarzt der Gewerbesteuer.

Beispiel 2:

Eine GbR, bestehend aus den Architekten A und B, befasst sich vorwiegend mit der Planung und Durchführung von Bauvorhaben Dritter. Daneben vermittelt die GbR Kaufverträge über bebaute und unbebaute Grundstücke.
Die Tätigkeit der GbR ist insgesamt als gewerbliche einzustufen. A und B erzielen als Gesellschafter der GbR (ausschließlich) Einkünfte aus Gewerbebetrieb. Die GbR unterliegt in vollem Umfang der Gewerbesteuer.

Zum einen lässt sich dieses Ergebnis durch Gründung einer (auch personenidentischen) zweiten Personengesellschaft vermeiden. Zum anderen hat der BFH im Urt. v. 11.8.1999, BStBl. 2000 II, 229 einen äußerst geringen Anteil an gewerblichen Einkünften i. H. v. 1,25% des Gesamtumsatzes als unschädlich angesehen.

36 Bei Personengesellschaften ist als weitere Besonderheit die sog. **Geprägetheorie** zu erwähnen, die ihren Niederschlag in § 15 Abs. 3 Nr. 2 EStG gefunden hat. Nach dieser Vorschrift gilt die mit Einkünfteerzielungsabsicht unternommene Tätigkeit einer sog. *gewerblich geprägten Personengesellschaft* stets und unabhängig von der Art ihrer Tätigkeit in vollem Umfang als Gewerbebetrieb. Unter einer gewerblich geprägten Personengesellschaft versteht § 15 Abs. 3 Nr. 2 EStG eine Personengesellschaft, bei der ausschließlich eine oder mehrere Kapitalgesellschaften persönlich haftende Gesellschafter sind und nur diese oder Personen, die nicht Gesellschafter sind, zur Geschäftsführung befugt sind, wie typischerweise bei der GmbH & Co. KG.

Beispiel:

An der X-GmbH & Co. KG sind die natürlichen Personen A und B als Kommanditisten, die X-GmbH als Komplementärin beteiligt. Die X-GmbH & Co. KG beschäftigt sich ausschließlich mit der Verwaltung eigenen Grundbesitzes.
Auf Grund der Regelungen in § 15 Abs. 3 Nr. 2 EStG gilt die Tätigkeit der X-GmbH & Co. KG – obwohl es sich sachlich nur um Vermögensverwaltung handelt – in vollem Umfang als Gewerbebetrieb.

37 Unter die Vorschrift des § 15 Abs. 3 Nr. 2 EStG fallen auch die sog. **doppelstöckige GmbH & Co. KG** und ähnlich strukturierte Gesellschaften.

Beispiel:

An der X-GmbH & Co. KG sind die natürlichen Personen A und B als Kommanditisten, die Y-GmbH & Co. KG als Komplementärin beteiligt. Komplementärin der Y-GmbH & Co. KG ist die Y-GmbH, Kommanditisten sind wiederum A und B.

38 Auch **Arbeitsgemeinschaften** wie typischerweise diejenigen der Bauwirtschaft sind Personengesellschaften. Auf sie ist aber die Sonderregelung des § 2 a GewStG anzuwenden. Danach gilt die Tätigkeit der Arbeitsgemein-

schaft, deren alleiniger Zweck sich auf die Erfüllung eines einzigen Werkvertrags oder Werklieferungsvertrags beschränkt, nicht als Gewerbebetrieb. Liegen die Voraussetzungen des § 2 a GewStG vor, so gelten die Betriebsstätten der Arbeitsgemeinschaften insoweit *anteilig* als **Betriebsstätten** der beteiligten Unternehmen. Jedes der beteiligten Unternehmen hat demzufolge im Umfang seiner Beteiligung den Gewinn der Arbeitsgemeinschaft mitzuversteuern. Damit erweist sich die Regelung des § 2 a GewStG zur Vereinfachung der Steuerfestsetzung und erhebung als zweckmäßig.

c) Betriebe der öffentlichen Hand

Betriebe von *juristischen Personen des öffentlichen Rechts* (Staat, Gemeinden, Anstalten des öffentlichen Rechts usw.) sind gewerbesteuerpflichtig, wenn sie als **stehende Gewerbebetriebe** anzusehen sind (§ 2 Abs. 1 GewStDV). Das gilt auch für Unternehmen, die der Versorgung der Bevölkerung mit Wasser, Gas, Elektrizität oder Wärme, dem öffentlichen Verkehr oder dem Hafenbetrieb dienen. Nicht zu den Gewerbebetrieben gehören dagegen die sog. *Hoheitsbetriebe* (z.B. Hausmüllentsorgung, Arbeitsbetriebe einer Strafvollzugsanstalt, Friedhöfe, Betrieb von Parkuhren oder von Parkscheinautomaten). Das sind Unternehmen von juristischen Personen des öffentlichen Rechts, die überwiegend der Ausübung der öffentlichen Gewalt dienen. **39**

Betriebe von juristischen Personen des öffentlichen Rechts sind – im Gegensatz zu den Gewerbebetrieben kraft Rechtsform – ein Gewerbebetrieb nur dann, wenn sie die Voraussetzungen eines Betriebs gewerblicher Art (§ 4 KStG) und eines Gewerbebetriebs erfüllen. Im Unterschied zum KStG (vgl. § 4 Abs. 1 Satz 2 KStG) muss also eine **Gewinnerzielungsabsicht** bestehen und eine Beteiligung am allgemeinen wirtschaftlichen Verkehr stattfinden. Fehlt es daran wie z.B. bei Unternehmen, die lediglich einen auf *Kostendeckung* ausgerichteten Geschäftsbetrieb unterhalten, so liegt kein Gewerbebetrieb vor. Dies gilt auch dann, wenn etwaige Gewinne lediglich der Erhaltung und der Wiedererlangung des durch frühere Verluste verlorenen Vermögens dienen sollen. **40**

Umgekehrt gilt die **Verpachtung eines Betriebs** gewerblicher Art selbst als Betrieb gewerblicher Art, während im Gewerbesteuerrecht die Betriebsverpachtung nicht steuerpflichtig ist, R 2.2 GewStR.

2. Gewerbebetriebe kraft Rechtsform

Als Gewerbebetrieb gilt nach § 2 Abs. 2 GewStG stets und in vollem Umfang die Tätigkeit der *Kapitalgesellschaften,* der *Erwerbs- und Wirtschaftsgenossenschaften* und der *Versicherungsvereine auf Gegenseitigkeit.* Zu den **Kapitalgesellschaften,** die in diesem Zusammenhang von Bedeutung sind, rechnen die AG, die KGaA und die GmbH. Die Art der Betätigung spielt dabei keine Rolle: Eine GmbH z.B., die ausschließlich Landwirtschaft betreibt, wird damit zur Gewerbesteuer herangezogen. Auch die Frage, wieviel selbstständige Betriebe vorliegen, wenn mehrere voneinander getrennte Tätigkeiten ausgeübt werden, ist ohne Bedeutung, denn es liegt *insgesamt* nur *ein einheitlicher Gewerbebetrieb* vor. **41**

3. Gewerbebetriebe kraft wirtschaftlichen Geschäftsbetriebs

42 Nach § 2 Abs. 3 GewStG gilt als Gewerbebetrieb auch die Tätigkeit der *sonstigen juristischen Personen des privaten Rechts* (eingetragene Vereine) und der *nicht rechtsfähigen Vereine,* soweit sie einen **wirtschaftlichen Geschäftsbetrieb** (ausgenommen Land- und Forstwirtschaft) unterhalten. Als sonstige juristische Personen des privaten Rechts kommen rechtsfähige Vereine, privatrechtliche Stiftungen und Anstalten mit eigener Rechtspersönlichkeit in Betracht. Im Gegensatz zu den Gewerbebetrieben kraft Rechtsform beschränkt sich hier die Besteuerung auf den *wirtschaftlichen Geschäftsbetrieb,* während der übrige Bereich von der Gewerbesteuer nicht berührt wird.

Der Begriff **„wirtschaftlicher Geschäftsbetrieb"** ist weiter gefasst als der Begriff Gewerbebetrieb, der bereits von § 2 Abs. 1 GewStG erfasst wird: Ein wirtschaftlicher Geschäftsbetrieb ist nach § 14 AO eine selbstständige nachhaltige Tätigkeit, durch die Einnahmen oder andere wirtschaftliche Vorteile erzielt werden und die über den Rahmen einer Vermögensverwaltung hinausgeht. Die Absicht, Gewinn zu erzielen, ist nicht erforderlich. Mehrere wirtschaftliche Betriebe gelten gem. § 8 GewStDV als ein einheitlicher Gewerbebetrieb.

Beispiel:

Der örtliche Tennisklub e.V. betreibt neben seiner Tennisanlage eine Gaststätte und verpachtet die Werbeflächen auf dem Sportgelände in eigener Regie.

Die Gaststätte ist ein wirtschaftlicher Geschäftsbetrieb i.S.d. § 2 Abs. 3 GewStG, ebenso das Verpachten der Werbeflächen. Zusammen bilden beide Bereiche einen einheitlichen Gewerbebetrieb; der erzielte Gewinn unterliegt der (Körperschaft- und) Gewerbesteuer, wenn die Einnahmen incl. Umsatzsteuer 35 000 € im Jahr übersteigen (vgl. § 64 Abs. 3 AO).

43–60 *frei*

II. Inländischer Gewerbebetrieb

1. Beschränkung der Besteuerung auf das Inland

61 Der Besteuerung unterliegt ein Gewerbebetrieb nur insoweit, als er im **Inland** betrieben wird. Diese *Grundregel* in § 2 Abs. 1 Satz 1 GewStG spiegelt die Absicht des Gesetzgebers wider, nur das zur Gewerbesteuer heranzuziehen, was zum *inländischen* Gewerbeertrag zu rechnen ist. Dementsprechend nimmt das GewStG in § 9 Nr. 3 den Teil des Gewerbeertrags von der Besteuerung aus, der auf **ausländische Betriebsstätten** entfällt.

Zum Inland gehört auch der der Bundesrepublik Deutschland zustehende Anteil am Festlandssockel, soweit dort Naturschätze des Meeresgrundes und des Meeresuntergrundes erforscht oder ausgebeutet werden oder dieser der Energienutzung unter Nutzung erneuerbarer Energien dient (§ 2 Abs. 7 GewStG).

2. Betriebsstätte als Abgrenzungsmerkmal

Im Inland betrieben wird ein Gewerbebetrieb, *soweit* für ihn im Inland oder auf einem in einem inländischen Schiffsregister eingetragenen Kauffahrteischiff (nicht staatliches mit Gewinnerzielungsabsicht betriebenes Schiff) eine **Betriebsstätte** unterhalten wird (§ 2 Abs. 1 Satz 3 GewStG). Die Betriebsstätte ist damit das *Abgrenzungsmerkmal,* mit dessen Hilfe die Beschränkung der Besteuerung auf das Inland verwirklicht wird. **62**

Der *Begriff* der Betriebsstätte ist § 12 AO zu entnehmen: Danach ist eine Betriebsstätte jede feste Geschäftseinrichtung oder Anlage, die der Tätigkeit eines Unternehmens dient. Als Betriebsstätten sind insbesondere anzusehen **63**

- die Stätte der Geschäftsleitung (vgl. § 10 AO),
- Zweigniederlassungen (selbstständiges Geschäft),
- Geschäftsstellen (z.B. Filialen von Dienstleistungsunternehmen),
- Fabrikations- oder Werkstätten (Herstellung und Veredelung von Produkten),
- Warenlager (nicht nur Lagerung, auch Auslieferung möglich),
- Ein- oder Verkaufsstellen (z.B. Filialen von Bäckereien oder Metzgereien),
- Bergwerke, Steinbrüche oder andere stehende, örtlich fortschreitende oder schwimmende Stätten der Gewinnung von Bodenschätzen,
- Bauausführungen oder Montagen, auch örtlich fortschreitende oder schwimmende, wenn diese – vereinfacht ausgedrückt – länger als sechs Monate dauern.

Wegen weiterer Einzelheiten zum Begriff Betriebsstätte vgl. R 2.9 GewStR.

Je nach dem Ort der Betriebsstätte lassen sich prinzipiell folgende drei Fälle unterscheiden: **64**

(1) Ein im **Inland** ansässiges Unternehmen unterhält nur *eine einzige Betriebsstätte* im *Inland.*
Die gesamte Tätigkeit des Unternehmens wird von der Gewerbesteuer erfasst, gleichgültig ob diese (auch) im Ausland ausgeübt oder verwertet wird. Dasselbe gilt selbstverständlich, wenn das Unternehmen im Inland *mehrere Betriebsstätten* in verschiedenen Gemeinden unterhält oder wenn sich eine Betriebsstätte über mehrere Gemeinden erstreckt: Hier stellt sich lediglich die Frage, in welchem Umfang die einzelnen Gemeinden Gewerbesteuer erheben dürfen. Diese Frage beantwortet § 4 GewStG in Verbindung mit den Vorschriften über die Zerlegung des einheitlichen Steuermessbetrags (§§ 28 ff. GewStG).

(2) Ein im **Inland** ansässiges Unternehmen unterhält *Betriebsstätten* sowohl im *Inland* als auch im *Ausland.*
Aus dem Gewerbeertrag des Unternehmens sind die auf die ausländischen Betriebsstätten entfallenden Teile auszuscheiden (§ 9 Nr. 3 GewStG). Nur der Teil des Gewerbeertrags, der auf die inländische Betriebsstätte entfällt, wird zur Gewerbesteuer herangezogen.

(3) Ein im **Ausland** ansässiges Unternehmen unterhält im *Inland* eine Betriebsstätte.
Das ausländische Unternehmen unterliegt der Gewerbesteuer mit dem der inländischen Betriebsstätte zuzurechnenden Gewerbeertrag.

III. Mehrheit von Betrieben

1. Mehrere Betriebe in einer Hand

65 Der Gewerbesteuer unterliegt der **einzelne** Gewerbebetrieb (§ 2 Abs. 1 Satz 1 GewStG). Demzufolge kann eine natürliche Person als Gewerbetreibender *mehrere Betriebe* haben, die jeder für sich zu besteuern sind. Die Frage, ob eine gewerbliche Betätigung insgesamt als ein einziger Gewerbebetrieb anzusehen ist oder ob mehrere gewerbesteuerrechtlich selbstständige Betriebe vorliegen, ist in mehrfacher Hinsicht von Bedeutung: So kann beispielsweise, wenn mehrere Betriebe vorhanden sind, der Gewinn des einen Betriebes nicht mit dem Verlust eines anderen ausgeglichen werden. Andererseits erhält der Gewerbetreibende aber in diesem Fall für jeden Betrieb den **Freibetrag** gem. § 11 Abs. 1 GewStG, der vom Gewerbeertrag abzuziehen ist.

66 Die Frage, ob mehrere Betriebe vorliegen oder insgesamt ein einheitlicher Gewerbebetrieb anzunehmen ist, stellt sich bei **Kapital-** und **Personengesellschaften** nicht. Die Tätigkeit dieser Unternehmen gilt nämlich stets als einheitlicher Gewerbebetrieb (R 2.4 Abs. 3 und 4 GewStR), sodass jedes Unternehmen dieser Art *insgesamt* Gegenstand der Besteuerung ist, gleichgültig wie verzweigt und/oder unterschiedlich seine Tätigkeit sein mag. Umgekehrt können mehrere solcher Unternehmen nicht zu einem einheitlichen Gewerbebetrieb zusammengefasst werden, selbst wenn an jedem der Unternehmen die gleichen Personen in gleichem Umfang beteiligt sind. Auch im Fall einer **Betriebsaufspaltung** bilden das Besitzunternehmen und das Betriebsunternehmen keinen einheitlichen Gewerbebetrieb.

67 Mehrere gewerbesteuerrechtlich selbstständige Betriebe liegen im Allgemeinen vor, wenn die Betriebe **räumlich getrennt** und außerdem artverschieden sind.

Beispiel:

A ist Inhaber eines Bauunternehmens in X-Stadt und eines Textileinzelhandelsgeschäfts in Y-Stadt.

Das Gleiche gilt, wenn die Betriebe zwar nicht räumlich getrennt sind, also sich am gleichen Ort befinden, aber so **artverschieden** sind, dass sie keine wirtschaftliche Einheit darstellen.

Beispiel:

A besitzt ein Geschäftshaus, in dem sich die Geschäftsräume sowohl seines Reisebüros als auch des von ihm betriebenen Lebensmitteleinzelhandels befinden.

68 Sind die Betriebe jedoch gleichartig, so wird in aller Regel ein **einheitlicher Gewerbebetrieb** vorliegen. Dies ist der Fall, wenn die einzelnen Betriebe sachlich, insbesondere wirtschaftlich, finanziell oder organisatorisch zusammenhängen, wie das vor allem bei *Filialunternehmen* anzutreffen ist. Ob sich die einzelnen Betriebsteile in einer Gemeinde befinden oder in verschiedenen Gemeinden, spielt dabei keine Rolle. Ein einheitlicher Gewerbebetrieb ist auch anzunehmen, wenn die verschiedenen Betätigungen *artverwandt* sind (Beispiel: Apotheke und Kosmetikinstitut).

69 Die Frage, ob ein einheitlicher Gewerbebetrieb angenommen werden kann, stellt sich insbesondere auch für Gemeinden, die einzelne **Versor-**

gungsbetriebe (Elektrizitätswerk, Wasserwerk u. a. m.) unterhalten. An der Zusammenfassung besteht vor allem dann ein Interesse, wenn ein Versorgungsbetrieb mit Gewinn arbeitet, während ein anderer Verluste aufweist. Nach der Rechtsprechung ist insgesamt ein einziger Gewerbebetrieb anzunehmen, wenn zwischen den einzelnen Versorgungsbetrieben eine enge wechselseitige *technisch-wirtschaftliche Verflechtung* besteht. Es genügt allerdings auch schon eine rein *organisatorische* Zusammenfassung, denn die Versorgungsbetriebe dienen insgesamt der Aufgabe, die Bevölkerung mit bestimmten Gütern zu versorgen (vgl. auch R 7 KStR).

IV. Steuerbefreiungen

§ 3 GewStG enthält einen umfangreichen Katalog an persönlichen und **70** sachlichen **Steuerbefreiungen** verschiedenster Art. Danach sind unter anderem von der Gewerbesteuer befreit

- bestimmte Unternehmen der öffentlichen Hand wie z. B. die Monopolverwaltungen des Bundes, die Deutsche Bundesbank und die Kreditanstalt für Wiederaufbau (§ 3 Nr. 1 und 2 GewStG);
- Sonderformen land- und forstwirtschaftlicher Betätigungen sowie Hochsee- und Küstenfischerei und Tierhaltung in bestimmten Fällen (§ 3 Nr. 5, 7, 8, 12 und 14 GewStG);
- gemeinnützige, mildtätige und kirchliche Institutionen. Wird ein wirtschaftlicher Geschäftsbetrieb unterhalten, ist die Steuerfreiheit insoweit ausgeschlossen (§ 3 Nr. 6 GewStG);
- betriebliche Unterstützungs- und Versorgungseinrichtungen sowie der Pensionssicherungsverein aG (§ 3 Nr. 9 und 19 GewStG);
- Wohnungsbaugenossenschaften und gemeinnützige Siedlungsunternehmen (§ 3 Nr. 15 und 17 GewStG);
- private Schulen, Krankenhäuser, Altenheime, Altenwohnheime und Pflegeheime unter bestimmten Voraussetzungen (§ 3 Nr. 13 und 20 GewStG);
- vermögensverwaltende Einrichtungen nichtrechtsfähiger Berufsverbände und bestimmte öffentlich-rechtliche Versicherungs- und Versorgungseinrichtungen (§ 3 Nr. 10 und 11 GewStG);
- der sog. „Feuerwehrfonds“ der Kreditwirtschaft (§ 3 Nr. 21 GewStG) und Unternehmensbeteiligungsgesellschaften im Sinne des Gesetzes über Unternehmensbeteiligungsgesellschaften (§ 3 Nr. 23 GewStG),
- Bürgschaftsbanken, mittelständische Beteiligungsgesellschaften und Wirtschaftsförderungsgesellschaften (§ 3 Nr. 22, 24 und 25 GewStG).

B. Hebeberechtigte Gemeinde, Steuerschuldner

Die Hebeberechtigung ist das Recht einer Gemeinde, den Gewerbesteuer- **71** anspruch unmittelbar dem Steuerpflichtigen gegenüber geltend zu machen, wenn ihr die Festsetzung und Erhebung der Gewerbesteuer durch ein Landesgesetz übertragen ist. Hebeberechtigte Gemeinde für den stehenden Gewerbebetrieb ist diejenige Gemeinde, in der der Gewerbebetrieb seine Betriebsstätte hat. Befinden sich Betriebsstätten desselben Gewerbebetriebs in mehreren Gemeinden oder erstreckt sich eine Betriebsstätte über mehrere Gemeinden, so ist jede dieser Gemeinden nach dem Teil des Steuermessbetrags hebeberechtigt, der auf sie entfällt. Dieser Teil wird im Wege der Zerlegung des Steuermessbetrags (§§ 28 bis 34 GewStG) ermittelt.

I. Persönliche Steuerpflicht

72 Bei der persönlichen Steuerpflicht geht es um die Frage, *wer* die Gewerbesteuer schuldet, sie also zu entrichten hat. § 5 Abs. 1 GewStG bestimmt hierzu: **Steuerschuldner** ist der *Unternehmer.* Im Zweifel gilt als Unternehmer derjenige, für dessen Rechnung das Gewerbe betrieben wird. Dahinter verbirgt sich die Überlegung, dass nicht derjenige als Unternehmer anzusehen ist, der nach außen hin als solcher auftritt, sondern derjenige, der das finanzielle Risiko des Gewerbebetriebs trägt.

73 Bei **Personengesellschaften** dagegen sind die Gesellschafter die Unternehmer. Kraft ausdrücklicher Anordnung ist jedoch Steuerschuldner die *Gesellschaft,* nicht deren Gesellschafter. Von der gewerbesteuerlichen Steuerschuldnerschaft unberührt bleibt im Einzelfall die gesamtschuldnerische Haftung der Gesellschafter nach BGB, HGB oder nach den Vorschriften der AO (vgl. z.B. § 75 AO).

Wird ein Gewerbe von einer **juristischen Person** betrieben, so ist allein sie als Unternehmerin Steuerschuldnerin.

II. Steuerpflicht bei Unternehmerwechsel

74 Da der Gewerbebetrieb als solcher, also losgelöst von der Person des Unternehmers, Gegenstand der Besteuerung ist, berührt ein **Wechsel** in der Person des Unternehmers grundsätzlich den Bestand des Gewerbebetriebs nicht, denn dieser besteht ja tatsächlich fort. Dieses an sich folgerichtige aber aus den verschiedensten Gründen unerwünschte Ergebnis wird durch die Regelung in § 2 Abs. 5 GewStG vermieden. Danach gilt der Gewerbebetrieb als durch den bisherigen Unternehmer *eingestellt,* wenn er im Ganzen auf einen anderen Unternehmer übergeht (Ende der sachlichen Steuerpflicht). Der Gewerbebetrieb gilt beim neuen Unternehmer als *neu gegründet* (es sei denn, er würde mit einem bereits bestehenden Gewerbebetrieb vereinigt). Obwohl also der Gewerbebetrieb als Steuergegenstand fortbesteht, gelten in dem Erhebungszeitraum, in den der **Unternehmerwechsel** fällt, zwei voneinander unabhängige Gewerbebetriebe als vorhanden. Parallel dazu bestimmt § 5 Abs. 2 GewStG, dass in solchen Fällen der bisherige Unternehmer bis zum Zeitpunkt des Übergangs *Steuerschuldner* ist; danach ist der neue Unternehmer Steuerschuldner.

75 Bei **Personengesellschaften** besteht bei einem Hinzukommen, Wechsel oder Ausscheiden von Gesellschaftern die sachliche Steuerpflicht des bisherigen Unternehmens weiter, solange zumindest ein bisheriger Gesellschafter in

der Gesellschaft verbleibt. Steuerschuldner ist danach immer noch grundsätzlich die Gesellschaft. Die Steuerschuld wechselt aber, wenn alle Gesellschafter bis auf einen ausscheiden. In diesem Fall endet die Steuerschuldnerschaft der Personengesellschaft und die des verbleibenden Gesellschafters als Unternehmer beginnt. Sowohl der Abrundungsbetrag als auch der Freibetrag gem. § 11 Abs. 1 GewStG werden in diesem Fall des Wechsels der Steuerschuldnerschaft zeitanteilig auf Einzelunternehmer und Personengesellschaft aufgeteilt, weil es sich um unternehmensbezogene Vergünstigungen handelt.

Wird ein **Einzelunternehmen** in eine Personengesellschaft **eingebracht,** 76
bleibt die sachliche Steuerpflicht des Unternehmens weiterhin bestehen. Allerdings wechselt in diesem Fall ebenfalls die Steuerschuldnerschaft mit der Folge, dass auch hier der Abrundungsbetrag und der Freibetrag gem. § 11 Abs. 1 GewStG zeitanteilig aufgeteilt werden.

frei **77–79**

C. Maßgebender Gewerbeertrag und -verlust

I. Besteuerungsgrundlagen

Die Besteuerungsgrundlage der Gewerbesteuer ist, wie bereits oben darge- 80
legt, der Gewerbeertrag (§ 6 GewStG). **Gewerbeertrag** ist gem. § 7 GewStG der nach den Vorschriften des Einkommensteuergesetzes oder des Körperschaftsteuergesetzes zu ermittelnde *Gewinn* aus dem Gewerbebetrieb, vermehrt um die *Zurechnungen* i.S.d. § 8 GewStG und vermindert um die *Kürzungen* i.S.d. § 9 GewStG.

1. Gewinn als Ausgangswert

Der **Gewinn** i.S.d. § 7 GewStG ist nach den gleichen gesetzlichen Vor- 81
schriften zu ermitteln, nach denen er zum Zwecke der Festsetzung der Einkommensteuer und der Körperschaftsteuer ermittelt wird. Deshalb kann im Regelfall der bei der Veranlagung zur Einkommensteuer oder Körperschaftsteuer erfasste Gewinn für die Gewerbesteuer zugrundegelegt werden. Eine *Bindungswirkung* besteht indessen nicht, da der Gewinn für Zwecke der Gewerbebesteuerung – zumindest theoretisch – *selbstständig* zu ermitteln ist. Deshalb können im Rechtsbehelfsverfahren gegen den Gewerbesteuermessbescheid Einwendungen wegen der Höhe des dort erfassten Gewinns auch dann erhoben werden, wenn der Einkommensteuer- oder Körperschaftsteuerbescheid mit dem dort erfassten Gewinn bereits bestandskräftig ist. Umgekehrt kann auch das Finanzamt einen vom Einkommensteuer- oder Körperschaftsteuerbescheid abweichenden (höheren) Gewinn der Gewerbesteuer zu Grunde legen, wenn dadurch Fehler vermieden werden.

Während bei den Gewerbebetrieben kraft Rechtsform wie typischerweise 82
den Kapitalgesellschaften der *gewerbesteuerrechtliche Gewinn* – von wenigen

Ausnahmen abgesehen (vgl. 7.1 GewStR) – identisch ist mit dem **Einkommen** i. S. d. Körperschaftsteuerrechts, können sich bei Einzelgewerbetreibenden und gewerblich tätigen Personengesellschaften beträchtliche Unterschiede gegenüber den Einkünften i. S. d. Einkommensteuerrechts aus dem betreffenden Gewerbebetrieb ergeben. Dies ist darauf zurückzuführen, dass bestimmte Arten von Einkünften aus Gewerbebetrieb nicht zur Gewerbesteuer herangezogen werden, weil bei dieser nur der laufende Gewinn besteuert wird. Als solche bei der Gewerbesteuer **nicht zu berücksichtigende Einkünfte** kommen in Betracht:

- **Betriebsaufgabe- und Betriebsveräußerungsgewinne** i. S. d. § 16 EStG (mit Ausnahme der Gewinne aus der Veräußerung einer 100%-igen Beteiligung an einer Kapitalgesellschaft); Gewinne aus der Veräußerung einer Beteiligung an einer Personengesellschaft bleiben auch dann gewerbesteuerfrei, wenn die Beteiligung zu einem Betriebsvermögen gehört.
- Gewinne aus der **Veräußerung von Beteiligungen an Kapitalgesellschaften** i. S. d. § 17 EStG (und zwar deshalb, weil die Einkünfte nicht aus einem Gewerbebetrieb stammen, sondern aus der Veräußerung von Privatvermögen herrühren).
- Einkünfte aus einer **ehemaligen gewerblichen Tätigkeit** gem. § 24 Nr. 2 EStG wie beispielsweise Leibrenten, die der Steuerpflichtige für die Veräußerung seines Betriebs erhält, sofern er nicht ohnehin die sofortige Versteuerung nach R 16 Abs. 11 EStR gewählt hat.
- Einkünfte aus der **Verpachtung eines Gewerbebetriebs** im Ganzen (vgl. R 16 Abs. 5 EStR, R 2.2 GewStR).

83 Wenn das Gewerbesteuerrecht positive Einkünfte dieser Art gewerbesteuerfrei lässt, so bedeutet das umgekehrt, dass negative Einkünfte die Gewerbesteuer ebenfalls nicht berühren: **Verluste** dieser Art mindern also gewerbesteuerpflichtige Gewinne nicht (vgl. im Einzelnen auch R 7.1 GewStR).

Beispiel:

Der 45-jährige Steuerpflichtige ist Inhaber von drei Gewerbebetrieben in A, B und C. Die Betriebe in A und B werden am 15.9. veräußert, der Betrieb in C ab dem gleichen Zeitpunkt im Ganzen verpachtet. Folgende Einkünfte sind zu verzeichnen:

	A €	B €	C €
Lfd. Gewinn 1.1.–15.9.	40 000	70 000	50 000
Veräußerungsgewinn bzw. -verlust (–)	60 000	– 25 000	–
Pachterträge 16.9.–31.12.	–	–	20 000
	100 000	45 000	70 000

Die Einkünfte aus Gewerbebetrieb im Sinne der §§ 15, 16 EStG errechnen sich wie folgt:

Lfd. Einkünfte 1.1.–15.9. (A, B und C)	160 000 €
lfd. Einkünfte 16.9.–31.12. (C)	20 000 €
Veräußerungsgewinn (A)	60 000 €
	240 000 €
Veräußerungsverlust (B)	– 25 000 €
Einkünfte aus Gewerbebetrieb	215 000 €

Der Gewerbesteuer unterliegen dagegen nur insgesamt 160 000 €, nämlich die laufenden Gewinne jedes der Betriebe vom 1.1. bis 15.9.

Die Regelungen des § 8 b KStG (**Steuerbefreiung** von Dividenden bzw. Veräußerungsgewinnen; Nichtabziehbarkeit von Gewinnminderungen bei Körperschaften als Anteilseigner), des § 3 Nr. 40 EStG (teilweise Steuerfreistellung von Einnahmen bei natürlichen Personen als Anteilseigner) und des § 3 c Abs. 2 EStG (nichtabziehbare Ausgaben) schlagen grundsätzlich auf die GewSt durch.

2. Hinzurechnungen

a) Allgemeines

Zur Verstetigung des Gemeindefinanzaufkommens und zur Besteuerung der Ertragskraft des Gewerbebetriebes unabhängig von gewählten Finanzierungsstrukturen (Eigenkapital- oder Fremdkapitalausstattung, Miete oder Kauf) sieht § 8 GewStG eine Reihe von Hinzurechnungen zum Gewerbeertrag vor. **84**

Voraussetzung für die Hinzurechnung der in § 8 GewStG bezeichneten Beträge ist, dass diese den einkommen- bzw. körperschaftsteuerlichen Gewinn zunächst *gemindert* haben. Was nicht zu Lasten des Gewinns berücksichtigt wurde, ist auch nicht hinzurechnungspflichtig. Im Ergebnis haben Hinzurechnungen die Wirkung eines gewerbesteuerlichen Abzugsverbots.

Durch das Unternehmensteuerreformgesetz 2008 wurden u. a. die bisherigen Regelungen in § 8 Nummer 1 bis 3 und 7 GewStG a. F. zur Hinzurechnung von Entgelten für die Nutzung von Betriebskapital durch die Regelung des § 8 Nummer 1 GewStG ersetzt. Die Änderungen waren erstmals für den Erhebungszeitraum 2008 anzuwenden (§ 36 Absatz 5 a GewStG).

Hinzugerechnet werden nach § 8 Nummer 1 GewStG vorbehaltlich des § 8 Nummer 1 Buchstabe a Satz 3 GewStG nur die Beträge, die bei der Ermittlung des Gewinns abgesetzt worden sind. Demnach unterbleibt eine Hinzurechnung von Aufwendungen, die am Bilanzstichtag als Anschaffungs- oder Herstellungskosten des Anlage – oder Umlaufvermögens aktiviert wurden. Als Herstellungskosten aktivierte Bauzeitzinsen sind zB. dem Gewinn weder in dem Erhebungszeitraum der Aktivierung noch in den Erhebungszeiträumen, in denen sie sich über Abschreibungen auf den Gewinn auswirken, als Entgelte für Schulden nach § 8 Nummer 1 Buchstabe a GewStG hinzuzurechnen (vgl. BFH 30.4.2003, BStBl 2004 II, 192). Entsprechendes gilt für aktivierte Erbbauzinsen. Maßgebend ist die Gewinnermittlung des Steuergegenstands (des Unternehmens) im Sinne des § 2 Absatz 1 bis 3 GewStG. Deshalb unterliegen Sondervergütungen (zB. Zinsen für ein gewährtes Darlehen) eines Mitunternehmers im Sinne des § 15 Absatz 1 Satz 1 Nummer 2 EStG nicht der Hinzurechnung.

Die wichtigsten Hinzurechnungsvorschriften im Einzelnen betreffen:

Schuldzinsen

Mit der Hinzurechnungsbestimmung des § 8 Nr. 1 GewStG wird der Tatsache Rechnung getragen, dass es insbesondere den Einzelunternehmen und den Personengesellschaften grundsätzlich freigestellt ist, auf welche Weise das Unternehmen finanziert wird, ob durch Eigenkapital oder durch Fremdkapi- **85** tal. Je höher das Fremdkapital ist, desto geringer wird wegen der hierfür zu zahlenden Zinsen der Gewinn ausfallen. Dieses Ergebnis wird für Zwecke der Gewerbesteuer (teilweise) durch die Bestimmung des § 8 Nr. 1 GewStG verhindert. Danach ist ein Viertel der Entgelte für Schuldzinsen dem Gewinn wieder hinzuzurechnen. Auf die Dauerhaftigkeit der Schulden kommt es im Rahmen der Neuregelung nicht mehr an (insbesondere auch Verbindlichkeiten des laufenden Geschäftsverkehrs fallen unter die Neuregelung). **Kontokorrentzinsen** werden unabhängig vom Kontostand **stets** mit einbezogen. Für die Frage, ob ein Entgelt für eine Schuld vorliegt, sind laut Gleich lautende Erlasse der obersten Finanzbehörden der Länder v. 2.7.2012 – G 1422 „Anwendungsfragen zur Hinzurechnung von Finanzierungsanteilen nach § 8 Nummer 1 GewStG in der Fassung des Unternehmensteuerreformgesetzes 2008" vom 14. August 2007 (BGBl 2007 I S. 1912, BStBl 2007 I S. 630) die Grundsätze des Abschnitts 46 GewStR 1998 weiter anzuwenden, vgl. auch aktuelle R 8.1 GewStR: Entgelte i.S.d. § 8 Nr. 1 GewStG sind nicht nur Zinsen, sondern alles was als Entgelt für die Kapitalüberlassung zu verstehen ist, z.B. auch das Disagio (Damnum). Nicht als Entgelt in diesem Sinne sind aber Bereitstellungszinsen, Geldbeschaffungskosten, laufende Verwaltungskosten, Bearbeitungsgebühren, Kreditvermittlungsprovisionen,

Zu den Entgelten gehören gem. § 8 Nr. 1 Buchst. a Satz 2 GewStG auch:

86 **Diskontbeträge** aus der Veräußerung von Wechseln und anderen Geldforderungen, z.B. wegen Factoring oder aus der Fortfaitierung. Das gilt auch dann, wenn es sich um die Veräußerung einer Forderung aus einem schwebenden Geschäft handelt.

Aufwand bzw. Erlösschmälerungen aus Skonti und Boni, aber nur wenn sie **geschäfts*un*üblich** sind. Soweit geschäftsüblich, steht das Verhältnis der Geschäftspartner im Vordergrund, nicht der Finanzierungseffekt.

87 **Factoring** ist eine Finanzierungsform. Ein Factoring-Kunde (z.B. ein Gewerbetreibender) **verkauft** an den Factor (Finanzierungsinstitut) seine (gesamten) **Forderungen** aus dem Verkauf von Waren unter Abzug eines Diskonts für die Leistungen des Factors wegen Finanzierung, und Debitorenmanagement, also u.a. Führung der Debitorenbuchhaltung einschl. Kosten der Einforderung. Gründe sind z.B. ein erhöhter Liquiditätsbedarf oder der Schutz vor Kreditrisiken. beim echten Facoring.

88 **Forfaitierung** ist Factoring im Zusammenhang mit **Export-/Importgeschäften**. Der Forfaitist veräußert eine Forderung an den Forfaiteur. Im Unterschied zum Factoring beschränkt sich die Forfaitierung auf einzelne Forderungen, besondere Serviceleistungen werden nicht übernommen.

Beispiel 1 aus Gleich lautende Erlasse der obersten Finanzbehörden der Länder v. 2.7.2012 – G 1422 „Anwendungsfragen zur Hinzurechnung von Finanzierungsanteilen nach § 8 Nummer 1 GewStG in der Fassung des Unternehmensteuerreformgesetzes 2008" vom 14. August 2007 (a.a.O.) (echte Forfaitierung):

Die V-GmbH überlässt der S-GmbH am 1. Januar 2001 ein Grundstück zur Miete. Der Mietvertrag ist bis zum 31. Dezember 2010 befristet. Der jährlich auf den 1. Januar im Voraus zu entrichtende Mietzins beträgt 1 Mio. €. Die V-GmbH verkauft sämtliche Mietzinsansprüche aus dem Vertragsverhältnis am 30. Dezember 2001 an die K-GmbH und tritt sie mit sofortiger Wirkung ab. Das Ausfallrisiko geht auf die K-GmbH über. Der Kaufpreis für die Forderung beträgt 7,5 Mio. €. Von dem Differenzbetrag zum Nennwert der Forderung (9 Mio. € abzgl. 7,5 Mio. € = 1,5 Mio. €) entfallen nachweislich 10 000 € auf Wertermittlungskosten und 300 000 € auf die Risikoübernahme.

Lösung: Es handelt sich um eine echte Forfaitierung. Bei der V-GmbH ist der Forfaitierungserlös mittels eines passiven Rechnungsabgrenzungspostens auf die Jahre 2002 – 2010 linear zu verteilen (vgl. BMF 9.1.1996, BStBl 1996 I, 9). Ein gewinnmindernder Zinsaufwand in Höhe der Differenz zwischen dem Nennwert der abgetretenen Forderung und dem erzielten Verkaufserlös ist bei der V-GmbH bilanzsteuerrechtlich nicht zu erfassen. Gleichwohl ist der Differenzbetrag abzgl. der Wertermittlungsgebühren und der Risikoprämie in Höhe von 1,19 Mio. € (1,5 Mio. € abzgl. 10 000 € und abzgl. 300 000 €) nach § 8 Nummer 1 Buchstabe a Satz 3 GewStG bei der Ermittlung des Hinzurechnungsbetrages zu erfassen, und zwar linear verteilt auf die Restlaufzeit des schwebenden Vertrags (hier auf die Jahre 2002 – 2010, vgl. auch Rdnr. 21).

Beispiel 2 (unechte Forfaitierung):
Die V-GmbH überlässt der S-GmbH am 1. Januar 2001 ein Grundstück zur Miete. Der Mietvertrag ist bis zum 31. Dezember 2010 befristet. Der jährlich auf den 1. Januar im Voraus zu entrichtende Mietzins beträgt 1 Mio. €. Die V-GmbH verkauft sämtliche Mietzinsansprüche aus dem Vertragsverhältnis am 30. Dezember 2001 an die K-GmbH und tritt sie mit sofortiger Wirkung ab. Das Ausfallrisiko verbleibt bei der V-GmbH. Der Kaufpreis für die Forderung beträgt 7,8 Mio. €. In dem Differenzbetrag zum Nennwert (9 Mio. € abzgl. 7,8 Mio. € = 1,2 Mio. €) sind Wertermittlungskosten in Höhe von 10 000 € enthalten.

Lösung: Bilanzsteuerrechtlich handelt es sich um eine Darlehensaufnahme durch die V-GmbH (Buchungssatz: Bank 7,8 Mio. € und aktive RAP 1,2 Mio. € an Verbindlichkeiten 9 Mio. €). Gewerbesteuerlich kommt es zu einer Hinzurechnung nach § 8 Nummer 1 Buchstabe a Satz 1 GewStG. Der aus der Auflösung des aktiven RAP resultierende jährliche Aufwand ist bei der Ermittlung des Hinzurechnungsbetrages anzusetzen, soweit er nicht auf die Wertermittlungskosten entfällt.

Skonti ist ein prozentualer Preisnachlass auf einen Rechnungsbetrag von 89
üblicherweise 2 bis 3%. Skonto kann auch als Erlass der im Rechnungsbetrag eingerechneten Verzugszinsen aufgefasst werden.

Beispiel:

Der Barverkaufspreis einer Ware beträgt 99,96 €. Der Zielverkaufspreis liegt bei 102 €. Bei Bezahlung innerhalb eines Monats dürfen 2% abgezogen werden.
Zieht man vom Zielverkaufspreis 2% ab, ergibt sich der Barverkaufspreis. Damit stellt aus Sicht des Zielverkaufspreises der Skontoaufwand ein Finanzierungsaufwand.
Ein Skonto von 2% kann aber üblich sein und deswegen nicht der Hinzurechnung unterliegen, vgl. Rn. 86.

Beispiel:

Der Maschinenhersteller Karl Klamm (K) verkauft am 1.4.01 eine Maschine für 100 000 € an den französischen Unternehmer André Alligator (A) auf Ziel. Vereinbart ist die Zahlung des Kaufpreises in einem Jahr. A stellt eine Sicherheit in Form einer Bankbürgschaft.
K tritt seine Forderung an die „Direkt und Gierig-Bank" (D-Bank) ab. Diese schreibt ihm am 1.5.01 einen Betrag von 94 000 € auf seinem betrieblichen Bankkonto gut.
Durch die Abtretung hat K sich Finanzmittel beschafft und durch den Diskont im Ergebnis auf einen Teil der Forderungen verzichtet. Damit liegen Finanzierungsaufwendungen i. H. v. 6 000 € vor, die gem. § 8 Nr. 1 Buchst. a Satz 2 GewStG zu berücksichtigen sind.

Beispiel:

Der Gewerbetreibende Gustav Gans (G) hat gegen seinen Kunden Friedrich Fuchs (F) mit Datum vom 1.4.01 eine Rechnung gestellt mit einer Forderung in Höhe von 100 000 €. Vereinbart war eine Zahlung innerhalb von einem Monat mit Abzug eines branchenüblichen Skonto von 2%. Ohne Grund bezahlt F zunächst nicht. Nach langem „Hin und Her" und vielen Diskussionen bezahlt F am 1.11.01 einen Betrag i. H. v. 92 000 €. G ist damit einverstanden.

G hat in Höhe der Differenz einen Forderungsausfall, aber kein Skontoaufwand. Folglich erfolgt keine Hinzurechnung.

Beispiel:
Der Gewerbetreibende Griesgram Gerissen (G) hat gegen seinen Kunden Kunibert Keinplan (K) mit Datum vom 1.2.01 eine Rechnung gestellt aus dem Verkauf von Waren mit einer Forderung von 119 000 €. Vereinbart ist eine Zahlung innerhalb von einem halben Jahr (also bis zum 1.8.01) unter Abzug eines Skontos von 4%. Üblicherweise wird in der Branche bei einem solchen Zeitraum kein Skonto gewährt. K zahlt per Überweisung vereinbarungsgemäß und fristgerecht am letzten Tag.
Der geschäftsunübliche Skontiaufwand i. H. v. 4 000 € (netto) ist dem Grunde nach zu erfassen.

Durchlaufende Kredite

90 Bei einem Unternehmen, das einen Kredit aufgenommen und weitergeleitet hat, liegt ein hinzurechnungspflichtiger Zinsaufwand nach § 8 Nummer 1 Buchstabe a GewStG vor. Dem steht das BFH-Urteil vom 7.7.2004 (BStBl 2005 II, 102) nicht entgegen, da es auf das Tatbestandsmerkmal „nicht nur der vorübergehenden Verstärkung des Betriebskapitals" nicht mehr ankommt. Eine Saldierung von Zinsaufwendungen und Zinserträgen im Zusammenhang mit durchgeleiteten Krediten kommt nicht in Betracht.

Aufzinsungsbeträge nach § 6 Absatz 1 Nummer 3, 3 a und § 6 a Absatz 3 EStG

Erträge aus der Abzinsung und Aufwände aus der nachfolgenden Aufzinsung von unverzinslichen Verbindlichkeiten nach § 6 Absatz 1 Nummer 3 EStG und von Rückstellungen nach § 6 Absatz 1 Nummer 3 a EStG stellen keine Entgelte im Sinne des § 8 Nummer 1 GewStG dar (vgl. RdNr 39 des BMF-Schreibens vom 26.5.2005, BStBl 2005 I, 699). Dem entsprechend unterliegen auch Aufzinsungsbeträge bei Pensionsrückstellungen nach § 6 a Absatz 3 EStG nicht der Hinzurechnung.

Teilwertabschreibung

91 Auch der Aufwand, der dem Unternehmen aus einer steuerlich zulässigen Abschreibung der Forderung auf den niedrigeren Teilwert entsteht, fällt nicht unter die Hinzurechnung nach § 8 Nummer 1 GewStG. Dies gilt auch dann, wenn das Unternehmen die abgeschriebene Forderung im Folgenden zu diesem abgeschriebenen Wert verkauft.

b) Renten und dauernde Lasten

92 Nach § 8 Nr. 2 GewStG sind des Weiteren hinzurechnungspflichtig **Renten** und **dauernde Lasten.** Auf einen Zusammenhang der Renten und dauernden Lasten mit der Gründung oder dem Erwerb des Betriebes kommt es seit 2008 nicht mehr an. Ebenso wenig ist entscheidend, wie die Beträge beim Empfänger gewerbesteuerlich behandelt werden.

Erbbauzinsen gelten nicht als dauernde Last im Sinne des § 8 Nummer 1 Buchstabe b GewStG (vgl. BFH 7.3.2007, BStBl 2007 II, 654).

Für die Anwendung des § 8 Nr. 2 GewStG kommen neben Versorgungsrenten und ähnlichen Verpflichtungen jedoch nach wie vor insbesondere **Renten** im Zusammenhang mit dem Erwerb eines Betriebes in Betracht.

Beispiel:

A erwirbt mit Wirkung zum 1.1.01 von der 59 Jahre alten Frau B deren Unternehmen mit allen Aktiven und Passiven gegen Zusage einer lebenslänglichen Rente in Höhe von monatlich 4 800 €. Der von A zu passivierende versicherungsmathematische Barwert der Rentenverpflichtung beträgt am 1.1.01 667 000 €, am 31.12.01 644 000 €.

Die Rentenzahlungen des Jahres 01 in Höhe von insgesamt 57 600 € wirken sich gewinnmindernd aus, die Verminderung der Rentenverpflichtung vom 1.1.01 bis 31.12.01 in Höhe von 23 000 € gewinnerhöhend, sodass sich per Saldo ein Aufwand von 34 600 € ergibt. Dieser Betrag ist dem Gewinn nach § 8 Nr. 2 GewStG wieder hinzuzurechnen (vgl. R 49 Abs. 3 GewStR).

Die Hinzurechnung der in § 8 Nr. 2 GewStG genannten Renten und dauernden Lasten unterbleibt auch nicht (mehr), wenn diese Beträge beim *Empfänger* zur Steuer nach dem Gewerbeertrag heranzuziehen sind, da andernfalls eine doppelte Besteuerung eintreten würde.

Eine Hinzurechnung findet seit 2008 ausdrücklich auch für solche Renten und dauernde Lasten statt, die im **laufenden Geschäft** entstanden sind, insbesondere zum Zwecke einer Erweiterung oder Verbesserung des Betriebs oder Anschaffung von Umlauf- oder Anlagevermögen.

Beispiel:

Der seinen Gewinn nach § 5 EStG (Wirtschaftsjahr entspricht dem Kalenderjahr) ermittelnde Gewerbetreibende Emil (E) erwirbt mit Wirkung vom 1.4.01 vom Gewerbetreibenden Volker (V) ein Grundstück, das bei beiden als betrieblicher Lagerplatz genutzt wurde. Als Gegenleistung wird die Zahlung einer ab 1.4.01 monatlich vorschüssig zu zahlenden Leibrente i. H. v. 500 € vereinbart. V hat am 1.2. Geburtstag und vollendete am 1.2.01 sein 65. Lebensjahr.

Die Anschaffungskosten für das Grundstück betragen 54 546 € (500 € × 12 Monate × Vervielfältiger Anlage 9 zum BewG: 9,019). Weil zum 31.12.01 V gegenüber dem Anschaffungszeitpunkt kein weiteres Lebensjahr vollendet hat, stellt dieser Betrag auch die zu passivierende Rentenverpflichtung dar. Der laufende Rentenaufwand beträgt 4 500 € und wird dem Grunde nach als Hinzurechnung des Erhebungszeitraums 01 erfasst.

Im Wirtschaftsjahr 02 sind die laufenden Rentenzahlungen i. H. v. 6 000 € als laufender Aufwand zu erfassen. Zum 31.12.02 erfolgt eine Neubewertung der Rentenverpflichtung, diese ist mit 52 338 € (6 000 € × Vervielfältiger Anlage 9 zum BewG: 8,723) zu passivieren. In Höhe der Differenz von 2 208 € ist die Verbindlichkeit gewinnerhöhend aufzulösen. Die dem Grunde nach zu erfassende Hinzurechnung für den Erhebungszeitraum 02 beträgt damit 3 792 € (6 000 € – 2 208 €).

Beispiel:

Wie vor, jedoch wird ab 1.1.03 eine Wertanpassungsklausel wirksam, nach der die monatlichen Rentenzahlungen ab 1.1.03 520 € betragen.

Die als Aufwand zu erfassenden laufenden Rentenzahlungen erhöhen sich auf 6 240 €. Die Rentenverpflichtung zum 31.2.03 ist mit 52 553 € zu bewerten (6 240 € × Vervielfältiger Anlage 9 zum BewG: 8,422). Die buchungstechnische Anpassung zum Buchwert 31.12.02 erfolgt damit i. H. eines Aufwands v. 215 €. Nach BFH v. 18.1.2001, BStBl 2001 II, 687 erfolgt i. H. des Aufwands aus der Erhöhung des Rentenbarwerts auf Grund der Wertsicherungsklausel jedoch keine Hinzurechnung. Insoweit beträgt der Aufwand 2 021 € (240 € × Vervielfältiger Anlage 9 zum BewG: 8,422). Damit beträgt der Ertrag aus der Auflösung der Rentenverpflichtung 1 806 €. Dem Grunde nach ist eine Hinzurechnung für den Erhebungszeitraum 03 i. H. v. 4 424 € (6 240 € – 1 806 €) zu berücksichtigen.

c) Gewinnanteile des stillen Gesellschafters

Von § 8 Nr. 3 GewStG werden nur die Gewinnanteile des **typischen stillen Gesellschafters** erfasst, nicht dagegen die Gewinnanteile des *atypischen* stillen Gesellschafters, da Letztere bereits aufgrund der einkommensteuer- 93 rechtlichen Vorschriften (§ 15 Abs. 1 Nr. 2 EStG) Bestandteil des Gewinns sind. Eine Hinzurechnung erfolgt wie bei den Renten und dauernden Lasten auch dann, wenn die Gewinnanteile beim stillen Gesellschafter nicht zur Steuer nach dem Gewerbeertrag heranzuziehen sind. Die Gewinnanteile des typisch stillen Gesellschafters sind stets unabhängig von der gewerbesteuerlichen Behandlung beim Empfänger hinzuzurechnen.

Beispiel:
Der Gewerbetreibende Axel hält in seinem Betriebsvermögen eine typisch stille Beteiligung am Handelsgewerbe der Faxe-GmbH.
Bei der Faxe-GmbH erfolgt eine Hinzurechnung des Gewinnanteils des A aus der stillen Beteiligung.

Hinzurechnungspflichtig ist der *volle* Betrag, der zu Lasten des Gewinns berücksichtigt wurde. Der Begriff des stillen Gesellschafters im Sinne des § 8 Nr. 1 Buchstabe c GewStG geht insofern über den handelsrechtlichen Begriff hinaus, als nicht die Beteiligung an einem Handelsgewerbe erforderlich ist, sondern die Beteiligung an einem Gewerbe schlechthin genügt, für die laut Vereinbarung der Vertragspartner die Vorschriften der §§ 230 bis 237 HGB gelten sollen, vgl. R 8.1 Abs. 3 GewStR. Bei der Ermittlung der Summe der nach § 8 Nr.1 GewStG hinzuzurechnenden Finanzierungsanteile ist auch ein Verlustanteil des stillen Gesellschafters zu berücksichtigen, soweit dieser Verlustanteil den Verlust aus Gewerbebetrieb gemindert hat. Wird die Summe hierdurch negativ, kommt eine „negative Hinzurechnung" nicht in Betracht.

d) Miet- und Pachtzinsen

94 Nach § 8 Nr. 7 GewStG sind 20% der Miet- und Pachtzinsen (einschließlich Leasingraten) für die Benutzung von beweglichen Wirtschaftsgütern des Anlagevermögens, die im Eigentum eines anderen stehen und die der Hälfte der Miet- und Pachtzinsen (einschließlich Leasingraten) für die Benutzung der unbeweglichen Wirtschaftsgüter des Anlagevermögens, die im Eigentum eines anderen stehen dem Gewinn hinzuzurechnen.

Die Hinzurechnung erfolgt auch wenn Miet- oder Pachtzinsen beim Vermieter oder Verpächter zur Gewerbesteuer nach dem Gewerbeertrag heranzuziehen sind.

95 Die Laufzeit von Miet- und Pachtverträgen alleine ist grundsätzlich für die Beurteilung, ob eine Hinzurechnung vorzunehmen ist, ohne Bedeutung. Zu den Miet- und Pachtzinsen gehören auch die Aufwendungen des Mieters oder Pächters für die Instandsetzung, Instandhaltung und Versicherung des Miet- oder Pachtgegenstandes, die er über seine gesetzliche Verpflichtung nach bürgerlichem Recht hinaus (§§ 582 ff. BGB) auf Grund vertraglicher Verpflichtungen übernommen hat; nicht hinzuzurechnen sind reine Betriebskosten wie Wasser, Strom, Heizung. Ist die Umlage der Grundsteuer vereinbart, stellen die diesbezüglichen Aufwendungen gleichermaßen hinzuzurechnende Miet- und Pachtzinsen dar. Die vorstehenden Grundsätze gelten auch bei Leasingverträgen mit der Folge, dass sich der Umfang der Hinzurechnung auf die den Gewinn mindernde Leasingrate erstreckt. Die im Zusammenhang mit der Anmietung von Fahrzeugflächen (z.B. Taxi- oder Busflächen für Werbezwecke) entrichteten Entgelte stellen Mietaufwendungen dar und un-

terliegen nach Verwaltungsauffassung ebenfalls der Hinzurechnung des § 8 Nummer 1 Buchstabe d GewStG.

Im Fall der Weitervermietung von Wirtschaftsgütern liegt auf jeder Stufe der Überlassung eine Benutzung im Sinne des § 8 Nummer 1 Buchstabe d bzw. e GewStG vor. Eine Saldierung von Mietaufwendungen und Mieterträgen kommt nicht in Betracht. 96

Miet- und Pachtzinsen werden dann für die Benutzung von Wirtschaftsgütern des Anlagevermögens gezahlt, wenn die Wirtschaftsgüter für den Fall, dass sie im Eigentum des Mieters oder Pächters stünden, dessen Anlagevermögen zuzurechnen wären. Diese Fiktion muss sich jedoch soweit wie möglich an den betrieblichen Verhältnissen des Steuerpflichtigen orientieren (vgl. BFH 29.11.1972, BStBl 1973 II, 148). So unterliegen beispielsweise auch die von einem Bauunternehmer für die einmalige Anmietung von Baumaschinen geleisteten Mietaufwendungen der Hinzurechnung. Dies gilt selbst dann, wenn die Anmietung lediglich stunden- oder tageweise erfolgt. Demnach sind Mietaufwendungen des Unternehmers für die Anmietung von Unterkünften, die unmittelbar der originären Tätigkeit zuzuordnen sind (z.B. Baumontage, Reisedienstleistungen), hinzuzurechnen. Aus Vereinfachungsgründen unterbleibt laut Finanzverwaltung bei Verträgen über kurzfristige Hotelnutzungen oder bei kurzfristigen Pkw-Mietverträgen eine Hinzurechnung. 97

Bei einem einheitlichen Vertrag über unbewegliche Wirtschaftsgüter, insbesondere von Ladenlokalen, ist zu prüfen, ob Vertragsbestandteil auch die Überlassung von Wirtschaftgütern ist, die, hätte der Mieter hierfür Herstellungskosten aufgewendet, nach den Grundsätzen von H 4.2 (3) EStH Mietereinbauten wären. Soweit die Mietaufwendungen auf bewegliche Wirtschaftsgüter entfallen, ist § 8 Nummer 1 Buchstabe d GewStG maßgebend. 98

Mieten für Schiffe und Flugzeuge unterliegen der Hinzurechnung für bewegliche Wirtschaftsgüter im Sinne des § 8 Nummer 1 Buchstabe d GewStG.

Wird ein Erbbaurecht an einem bebauten Grundstück bestellt, sind die gezahlten Erbbauzinsen in einen Tilgungs- und Zinsanteil für die Übertragung des Bauwerks einerseits und ein Entgelt für die Nutzung des Grund und Bodens andererseits aufzuteilen (BFH 18.3.2009, BStBl 2010 II, 560). Der auf das Bauwerk entfallende Zinsanteil unterliegt der Hinzurechnung nach § 8 Nummer 1 Buchstabe a GewStG, soweit die diesbezüglichen Erbbauzinsen nicht aktiviert wurden

e) Zeitlich befristete Überlassung von Rechten

Bei § 8 Nr. 1 Buchst. f GewStG handelt es sich um einen neuen Hinzurechnungstatbestand. Einbezogen werden Aufwendungen für zeitlich befristet überlassene Rechte, insbesondere für **Lizenzen** und **Konzessionen**. Eine zeitlich befristete Überlassung von Rechten stellt eine (Sach-)Kapitalüberlassung dar, die aber regelmäßig nicht unter normale Miet- oder Pachtverträge fällt. Der Finanzierungsanteil wird mit 25% angenommen. 99

Als Rechte im Sinne des § 8 Nummer 1 Buchstabe f GewStG gelten subjektive Rechte an immateriellen Wirtschaftsgütern, denen bereits unabhängig vom jeweiligen Überlassungsverhältnis ein eigenständiger Vermögenswert 100 beizumessen ist und an denen eine geschützte Rechtsposition besteht. Demnach gehören insbesondere Konzessionen, gewerbliche Schutzrechte, Urheberrechte, Lizenzrechte und Namensrechte zu den Rechten im Sinne des § 8 Nummer 1 Buchstabe f GewStG. Aufwendungen für die zeitlich befristete Überlassung von Software unterliegen regelmäßig der Hinzurechnung nach § 8 Nummer 1 Buchstabe f GewStG, wenn mit der zeitlich befristeten Überlassung das Recht auf Nutzung eingeräumt wird und auf Seiten des Überlassenden eine geschützte Rechtsposition an diesem Recht (z.B. Urheberrecht) besteht. Dem entgegen unterliegen Aufwendungen für die Überlassung ungeschützter Erfindungen, Know-How, Firmenwert, Kundenstamm und sonstiger ungeschützter geistiger Werte nach vorstehenden Grundsätzen nicht der Hinzurechnung. Eine Hinzurechnung kann nicht allein dadurch vermieden werden, dass einzelne Rechte nur für kurze Zeit überlassen werden.

101 **Ausgenommen** von der Hinzurechnung sind

- Lizenzen, die ausschließlich dazu berechtigen, daraus abgeleitete Rechte Dritten zu überlassen, z.B. **Vertriebslizenzen** für EDV-Software.
- Leistungen an (selbstständige) **Künstler** und **Publizisten**, die Bemessungsgrundlage für die Künstlersozialabgabe sind, weil dieser Personenkreis eine Arbeitnehmern vergleichbare sozialversicherungsrechtliche Nähe aufweist.

f) Berechnung der Hinzurechnung nach § 8 Nr. 1 GewStG n.F.

102 Nur **wenn** die Summe der Hinzurechnungen nach § 8 Nr. 1 Buchst. a bis Buchst. f EStG den **Betrag von 100 000 € übersteigt** (Freibetrag), findet eine Hinzurechnung statt, und zwar in Höhe von **25% des übersteigenden Betrags**. Die Bemessungsgrundlage für den Freibetrag nach § 8 Nummer 1 GewStG ist die Summe der sich aus § 8 Nummer 1 Buchstabe a bis f GewStG ergebenden Finanzierungsanteile. Diese Summe, vermindert um den Freibetrag von 100 000 €, ist Ausgangsgröße für die Anwendung des Faktors von 25%.

Beispiel:

Paul Pächter (P). hat einen Gewerbebetrieb im Ganzen gepachtet. Der Teil der Pacht, der auf die beweglichen Wirtschaftsgüter entfällt, beträgt im Wirtschaftsjahr 150 000 €, der Teil für die unbeweglichen Wirtschaftsgüter 50 000 €. Die weiteren Hinzurechnungen nach § 8 Nr. 1 Buchst. a – c und f GewStG sollen 70 000 € betragen.

Die Hinzurechnung gem. § 8 Nr. 1 GewStG beträgt 6 250 €.

20% × 150 000 € =	30 000 €
50% × 50 000 € =	25 000 €
sonstige	70 000 €
Summe	125 000 €
– Freibetrag	– 100 000 €
verbleiben	25 000 €
× 25%	= 6 250 €

Beispiel:

Beispiel wie vor, jedoch beträgt der Teil der Pacht, der auf die beweglichen Wirtschaftsgüter entfällt, 100 000 €.

Die Hinzurechnung gem. § 8 Nr. 1 GewStG beträgt 10 0000 €.

20% × 100 000 € =	20 000 €
50% × 100 000 € =	50 000 €
sonstige	70 000 €

Summe	140 000 €
– Freibetrag	– 100 000 €
verbleiben	40 000 €
× 25%	= 10 000 €

3. Gewinnanteile und Vergütungen für die Geschäftsführung von persönlich haftenden Gesellschaftern einer KGaA

Gewinnanteile, die an *persönlich haftende Gesellschafter* einer **KGaA** auf ihre nicht auf das Grundkapital gemachten Einlagen oder als Vergütung (Tantieme) für die Geschäftsführung verteilt werden, sind nach § 9 Nr. 2 KStG abziehbare Aufwendungen und mindern deshalb zunächst den Gewerbeertrag der Gesellschaft. Durch die Hinzurechnungsbestimmung in § 8 Nr. 4 GewStG wird die vom Gesetzgeber gewollte gewerbesteuerliche *Gleichstellung* der KGaA mit den Personengesellschaften erreicht. Bei den letzteren ist nämlich die Heranziehung von Gewinnanteilen und Vergütungen der Gesellschafter zur Gewerbesteuer dadurch gewährleistet, dass diese nach § 15 Abs. 1 Nr. 2 EStG den Gewinn nicht mindern dürfen. **103**

Sind die Gewinnanteile oder die Tantiemen bei dem persönlich haftenden Gesellschafter einer KGaA Bestandteil *seines* Gewerbeertrages, so würde die Regelung in § 8 Nr. 4 GewStG zu einer doppelten Gewerbebesteuerung führen. Dies verhindert die Vorschrift des § 9 Nr. 2 b GewStG, die in einschlägigen Fällen eine **korrespondierende Kürzung** aufseiten des persönlich haftenden Gesellschafters der KGaA gebietet. **104**

4. Steuerfreie Dividenden

Ganz (bei Körperschaften gem. § 8 b Abs. 1 KStG) oder teilweise (bei Einzelunternehmern oder Personengesellschaften gem. § 3 Nr. 40 EStG) steuerfrei bleibende Gewinnanteile **(Dividenden)** aus **Streubesitz** werden gem. § 8 Nr. 5 GewStG hinzugerechnet. Gegengerechnet werden die bei der Einkommen- bzw. Körperschaftsteuer damit im Zusammenhang stehenden und daher dort nicht abzugsfähigen Aufwendungen i. S. d. § 8 b Abs. 3 KStG bzw. § 3 c Abs. 2 EStG. **105**

Streubesitz liegt vor, solange die **Beteiligung nicht** die Voraussetzungen des § 9 Nr. 2 a oder 7 GewStG erfüllt (Beteiligung zu Beginn des Erhebungszeitraums **mindestens 15 %**; vgl. Kürzungen)

Beispiel:

Der Gewerbetreibende G hat (zu Recht) 500 Aktien einer im DAX notierten AG in seinem Betriebsvermögen. Im Wirtschaftsjahr erhielt er eine Brutto-Dividende von 500 € (Auszahlungsbetrag wegen Kapitalertragsteuer und Annexsteuern geringer). Betriebsausgaben sollen im Zusammenhang mit dem Beteiligungsbesitz nicht angefallen sein. Der Gewinn des G ohne die Dividendenzahlung (d. h. aus dem „übrigen Geschäftsbetrieb") soll 100 000 € betragen.

Der einkommensteuerlich gem. § 3 Nr. 40 Buchst. d i. V. m. Satz 2 EStG zu versteuernde Gewinn beträgt 100 300 €. Die Hinzurechnung gem. § 8 Nr. 5 GewStG beträgt 200 €.

Beispiel:

Wie voriges Beispiel, jedoch handelt es sich bei G um eine GmbH.

Der Steuerbilanzgewinn der GmbH beträgt 100 500 €. Gem. § 8 b Abs. 1 EStG sind 500 € steuerfrei, 5% davon stellen gem. § 8 b Abs. 5 KStG nicht abzugsfähige Betriebsausgaben dar. Der zu versteuernde Gewinn aus Gewerbebetrieb der GmbH beträgt 100 025 €. Ausgehend von diesem Betrag erfolgt eine Hinzurechnung von 500 € und eine Abrechnung von 25 €, sodass sich ein Betrag von 100 500 € ergibt.

Beispiel:

Zum Betriebsvermögen des metallverarbeitenden buchführenden Betriebs des Stefan Stahl (S) zählt seit Jahren eine Beteiligung an der Blech-AG. Durch die Veräußerung der Beteiligung im Erhebungszeitraum 2012 ergibt sich ein Veräußerungsgewinn von 90 000 €. Im Zusammenhang mit der Beteiligung stehende Aufwendungen sind aus Vereinfachungsgründen nicht angefallen. Der Gewinn des S beträgt ohne den Veräußerungsgewinn 50 000 €. Die Beteiligung beträgt:
Variante a: 2%
Variante b: 20%
Ausgangspunkt ist der um den Veräußerungsgewinn erhöhte Gewinn aus Gewerbebetrieb von 140 000 €. Durch eine außerbilanzielle Korrektur wird der Gewinn gem. §§ 3 Nr. 40 EStG, 3 c Abs. 2 EStG um 36 000 € nach unten korrigiert. Damit werden vom Veräußerungsgewinn einkommensteuerrechtlich nur 54 000 € im Teileinkünfteverfahren versteuert. Es ergibt sich damit ein Gewinn aus Gewerbebetrieb und (ohne sonstige Hinzurechnungen oder Kürzungen) ein Gewerbeertrag von 104 000 €.

Beispiel:

Wie vor, es handelt sich jedoch nicht um einen Veräußerungsgewinn, sondern um eine Dividende der Blech-AG i. H. v. 90 000 €.
Wie im vorigen Beispiel beträgt als Ausgangspunkt zur Ermittlung des Gewerbeertrags der Gewinn aus Gewerbebetrieb 95 000 €.
Variante a:
Es handelt sich um Streubesitz. Es erfolgt gem. § 8 Nr. 5 GewStG eine Hinzurechnung des steuerfreien Teils. Der Gewerbeertrag beträgt daher (ohne sonstige Hinzurechnungen oder Kürzungen) 140 000 €.

Variante b:
Es handelt sich um eine Schachtelbeteiligung. Es erfolgt keine Hinzurechnung gem. § 8 Nr. 5 GewStG. Der steuerpflichtige Teil der Dividende wird gem. § 9 Nr. 2 a GewStG gekürzt. Der Gewerbeertrag beträgt daher (ohne sonstige Hinzurechnungen oder Kürzungen) 50 000 €.

5. Anteile am Verlust von Personengesellschaften

106 Das Ergebnis aus der Beteiligung an einer *OHG,* einer *KG* oder einer *anderen Gesellschaft,* bei der die Gesellschafter als **Mitunternehmer** anzusehen sind, wird aus dem Gewerbeertrag des Unternehmens, das die Beteiligung besitzt, eliminiert, weil es entweder schon im Rahmen der Gewerbebesteuerung der Beteiligungsgesellschaft erfasst wird, wenn diese ein inländisches Unternehmen ist, oder – wenn die Beteiligungsgesellschaft ein ausländisches Unternehmen ist – generell die Gewerbesteuer nicht berührt. Deshalb sind *Verluste* aus einer solchen Beteiligung, die den Gewinn gemindert haben, nach § 8 Nr. 8 GewStG wieder *hinzuzurechnen,* während Gewinne, die in dem Gewinn des Unternehmens enthalten sind, nach § 9 Nr. 2 GewStG wieder zu *kürzen* sind.

6. Zuwendungen von Körperschaften

Zunwendungen sind nach § 9 Abs. 1 Nr. 2 KStG bei **Körperschaften** in bestimmtem Umfang *abziehbare* Aufwendungen. Der gewerbesteuerrechtliche Abzug soll aber für alle Gewerbetreibenden – unabhängig von ihrer Rechtsform – einheitlich geregelt werden; dies erfolgt durch die Kürzungsvorschrift des § 9 Nr. 5 GewStG. Daher werden die nach dem KStG abgezogenen Zuwendungen dem Gewerbeertrag hinzugerechnet. Damit kommt es zu einer einheitlichen Ausgangsbasis für alle Gewerbetreibenden, weil bei Einzelunternehmen und Personengesellschaften solche Ausgaben gem. § 12 EStG den Gewinn nicht mindern durften. 107

7. Ausschüttungsbedingte Teilwertabschreibungen auf Beteiligungen an Kapitalgesellschaften

Die Vorschrift des § 8 Nr. 10 GewStG verhindert einen *doppelten* gewerbesteuerlichen Entlastungseffekt, der dann eintreten könnte, wenn zum Vermögen eines Gewerbebetriebs eine Beteiligung an einer Körperschaft, insbesondere an einer *Kapitalgesellschaft* gehört. Schüttet nämlich die Kapitalgesellschaft Gewinne aus, so vermindert sich in der Regel der Wert der Beteiligung, weil die Kapitalgesellschaft eben durch die Gewinnausschüttung Vermögenssubstanz abgegeben hat, was unter Umständen eine **Teilwertabschreibung** auf den Beteiligungswert erforderlich macht. Eine solche Teilwertabschreibung wird durch die Hinzurechnungsbestimmung des § 8 Nr. 10 GewStG neutralisiert, wenn der ausgeschüttete Gewinn kraft der *Kürzungsvorschriften* in § 9 Nr. 2 a, 7 oder 8 GewStG aus dem Gewerbeertrag des die Ausschüttung empfangenden Gewerbebetriebs auszunehmen ist. 108

Auch bei Ansatz eines niedrigeren Teilwerts infolge einer **organschaftlichen Gewinnausschüttung** der Körperschaft erfolgt eine Hinzurechnung. 109

Eine Hinzurechnung findet auch statt, wenn eine solche Beteiligung infolge vorheriger Gewinnausschüttungen oder organschaftlicher Gewinnabführungen bei ihrer **Veräußerung** oder **Entnahme** zu einem buchmäßigen **Verlust** führt, die Kapitalgesellschaft **liquidiert** oder deren **Kapital herabgesetzt** wird und dadurch eine Gewinnminderung bei dem an der Kapitalgesellschaft beteiligten Gewerbebetrieb eintritt. 110

8. Ausländische Steuern, die bei der Ermittlung der Einkünfte abgezogen wurden

Auch durch die Vorschrift des § 8 Nr. 12 GewStG soll eine *doppelte* gewerbesteuerliche Entlastung verhindert werden: Gewinne oder Gewinnanteile, die aus dem *Ausland* stammen, berühren das gewerbesteuerliche Ergebnis nicht (vgl. Rn. 61). Etwaige darauf im Ausland erhobene **Steuern** können wahlweise auf die Einkommen- oder Körperschaftsteuer *angerechnet* oder bei der Ermittlung der Einkünfte *abgezogen* werden (vgl. § 34 c Abs. 1 und 2 EStG). Wählt der Gewerbetreibende den Abzug der ausländischen Steuern, so würde sich ohne die Hinzurechnungsbestimmung des § 8 Nr. 12 GewStG der 111

Gewerbeertrag verringern, obwohl die ausländischen Gewinne darin gar nicht enthalten sind. So aber bleiben gewerbesteuerlich sowohl die ausländischen Gewinne als auch die darauf entfallenden ausländischen Steuern außer Betracht.

112–119 *frei*

II. Kürzungen

1. Erträge des Grundbesitzes

120 Der zum Betriebsvermögen gehörende Grundbesitz soll im Hinblick auf die bereits erfolgte Belastung mit Grundsteuer gewerbesteuerlich *entlastet* werden. Dementsprechend wird die Summe des Gewinns und der Hinzurechnungen nach § 9 Nr. 1 GewStG um einen vom Gesetzgeber angenommenen (fiktiven) **Ertrag des Grundbesitzes** gekürzt, gleichgültig welchen *tatsächlichen* Ertrag der Grundbesitz abwirft, was bei eigenbetrieblicher Nutzung oftmals gar nicht feststellbar ist. Der Kürzungsbetrag beträgt **1,2% des Einheitswerts** des zum Betriebsvermögen gehörenden inländischen Grundbesitzes. Da Betriebsgrundstücke in den alten Bundesländern für Zwecke der Gewerbesteuer nach § 121 a BewG mit 140% des auf den Wertverhältnissen zum 1.1.1964 beruhenden Einheitswerts anzusetzen sind, ist für die Berechnung des Kürzungsbetrages der Einheitswert um 40% zu erhöhen. In den neuen Bundesländern belegene Betriebsgrundstücke werden mit 100% bis 600% je nach Grundstückart des auf den Wertverhältnissen zum 1.1.1935 beruhenden Einheitswerts angesetzt.

Beispiel:
Zum Betriebsvermögen gehört ein in Haßloch (Rheinland-Pfalz) belegenes bebautes Grundstück mit einem zum 1.1.1975 festgestellten Einheitswert von 200 000 DM.
Die Summe des Gewinns und der Hinzurechnungen ist zu kürzen um 1,2% von 280 000 DM (= Einheitswert + 40%), somit um 3 360 DM = 1 718 €.

121 Maßgebend ist *der* **Einheitswert,** der auf den letzten Feststellungszeitpunkt vor dem Ende des Erhebungszeitraums lautet. Für die Frage, ob und inwieweit Grundbesitz zum Betriebsvermögen gehört, sind nach § 20 Abs. 1 GewStDV die Vorschriften des EStG oder KStG, also nicht diejenigen des BewG entscheidend, wobei es auf den Stand zu *Beginn* des Erhebungszeitraums ankommt. Gehört der Grundbesitz nur *zum Teil* zum Betriebsvermögen, so ist der Kürzung nach § 9 Nr. 1 GewStG nur der entsprechende Teil des Einheitswerts zu Grunde zu legen (§ 20 Abs. 2 GewStDV).

122 Anstelle der Kürzung um *fiktive Erträge* des Grundbesitzes, berechnet nach dessen Einheitswert, können bestimmte Unternehmen auf Antrag die **tatsächlichen Erträge** aus der Verwaltung und Nutzung eigenen Grundbesitzes kürzen (§ 9 Nr. 1 Satz 2–4 GewStG), was insoweit zu einer Freistellung von der Gewerbeertragsteuer führt. Begünstigt sind allerdings nur Unternehmen, die *ausschließlich* eigenen Grundbesitz oder – neben eigenem Grundbesitz –

eigenes Kapitalvermögen verwalten und nutzen; werden daneben andere gewerbliche Tätigkeiten ausgeübt oder z.B. Wohnungsbauten betreut oder Einfamilienhäuser, Zweifamilienhäuser oder Eigentumswohnungen errichtet und veräußert, so ist das für die Anwendung der Vorschrift des § 9 Nr. 1 Satz 2 GewStG unschädlich. Auf die Ausnahmen wird an dieser Stelle nicht eingegangen.

2. Anteile am Gewinn von Personengesellschaften

Das Ergebnis aus der Beteiligung an einer *OHG,* einer *KG* oder einer *anderen Gesellschaft,* bei der die Gesellschafter als **Mitunternehmer** anzusehen sind, wird aus dem Gewerbeertrag des Unternehmens, das die Beteiligung besitzt, eliminiert, weil es entweder schon im Rahmen der Gewerbebesteuerung der Beteiligungsgesellschaft erfasst wird, wenn diese ein inländisches Unternehmen ist, oder – wenn die Beteiligungsgesellschaft ein ausländisches Unternehmen ist – generell die Gewerbesteuer nicht berührt. Deshalb sind *Verluste* aus einer solchen Beteiligung, die den Gewinn gemindert haben, nach § 8 Nr. 8 GewStG wieder *hinzuzurechnen,* während Gewinne, die in dem Gewinn des Unternehmens enthalten sind, nach § 9 Nr. 2 GewStG wieder zu *kürzen* sind. **123**

3. Gewinne aus Anteilen an inländischen Kapitalgesellschaften

Die Summe des Gewinns und der Hinzurechnungen wird nach § 9 Nr. 2 a GewStG insoweit gekürzt, als in dem Gewinn **Gewinnanteile** nicht steuerbefreiter inländischer *Kapitalgesellschaften,* einer Kreditanstalt des öffentlichen Rechts, einer Erwerbs- und Wirtschaftsgenossenschaft oder einer Unternehmensbeteiligungsgesellschaft enthalten sind. Dadurch wird verhindert, dass der gleiche Gewinn sowohl bei dem Unternehmen, das die Beteiligung hält, als auch bei der Beteiligungsgesellschaft zur Gewerbesteuer herangezogen wird. Voraussetzung ist allerdings eine Mindestbeteiligung von **15%** zu Beginn des Erhebungszeitraums **(Schachtelbeteiligung).** Handelt es sich bei dem Gewerbebetrieb, der die Beteiligung an der Kapitalgesellschaft hält, um ein Einzelunternehmen oder eine Personengesellschaft, so ist im *steuerlichen* Gewinn wegen der Steuerbefreiung nach § 3 Nr. 40 EStG nur ein Teil der Gewinnausschüttungen enthalten. Wird die Beteiligung von einer Kapitalgesellschaft gehalten, beinhaltet deren Einkommen wegen § 8 b KStG überhaupt keine Gewinnanteile i.S.d. § 9 Nr. 2 a GewStG, sodass in diesem Fall § 9 Nr. 2 a GewStG nicht zur Anwendung gelangt. Wegen der Behandlung von Streubesitz und wegen eines Beispiels vgl. zu § 8 Nr. 5 GewStG bei den Hinzurechnungen. **124**

4. Auf ausländische Betriebsstätten entfallender Gewerbeertrag

Ein Gewerbebetrieb i.S.d. GewStG liegt **nur** insoweit vor, als er im **Inland** unterhalten wird. Gewinne aus ausländischen Betriebsstätten müssen deshalb nach § 9 Nr. 3 GewStG aus dem Gewerbeertrag eliminiert werden. **125**

5. Ausgaben zur Förderung mildtätiger, kirchlicher, religiöser, wissenschaftlicher und gemeinnütziger Zwecke – Spenden und Mitgliedsbeiträge

126 Spenden uä. sollen gewerbesteuerrechtlich in einem bestimmten Umfang *abzugsfähig* sein. § 9 Nr. 5 GewStG legt die Höhe der **abziehbaren** Spenden *einheitlich* für alle der Gewerbesteuer unterliegenden Unternehmen, unabhängig von deren Rechtsform, fest.

Abziehbar sind aus den Mitteln des Gewerbebetriebs geleistete Zuwendungen (Spenden und Mitgliedsbeiträge) zur Förderung steuerbegünstigter Zwecke *wahlweise* bis zur Höhe von

- **20% des Gewinns aus Gewerbebetrieb** i. S. d. § 7 GewStG (bei Körperschaften erhöht um die Hinzurechnung nach § 8 Nr. 9 GewStG; vgl. Rn. 150) oder
- **4 Promille** der Summe der gesamten **Umsätze** und der im Wirtschaftsjahr aufgewendeten **Löhne und Gehälter**.

127 Soweit die Zuwendungen die Höchstgrenzen überschreiten, können sie zeitlich unbegrenzt in die folgenden Erhebungszeiträumen vorgetragen werden (sog. **Spendenvortrag**).

Beispiel:

Aus Mitteln seines Gewerbebetriebs spendet ein Gewerbetreibender zur Förderung wissenschaftlicher Zwecke im Jahr 01 einen Betrag von 50 000 €. Die Gewinne der Jahre 01 bis 04 lauten: 100 000 €, 20 000 €, 70 000 € und 190 000 € (Hinweis: Die Promille-Grenze soll ungünstiger sein).

Die Kürzungen sind wie folgt vorzunehmen:

in 01 (20% × 100 000 €):	20 000 €
in 01 (20% × 20 000 €):	4 000 €
in 01 (20% × 70 000 €):	14 000 €
in 01 der Rest (maximal 20% × 190 000 €):	12 000 €

128 (Nur) Einzelunternehmen und Personengesellschaften können Spenden (nicht Mitgliedsbeiträge) an **Stiftungen** des öffentlichen Rechts oder einer steuerbefreiten Stiftung des privaten Rechts sowohl bei Neugründung als auch später bei Zustiftungen in den Vermögensstock im Veranlagungszeitraum der Zuwendung und in den folgenden neun Jahren bis zu einem Gesamtbetrag von **1 Mio. € zusätzlich** neben den sonstigen Zuwendungen abziehen.

6. Gewinne aus Anteilen an ausländischen Kapitalgesellschaften

129 Durch die Kürzungsbestimmung des § 9 Nr. 7 Satz 1 Halbsatz 1 GewStG wird der Gewerbeertrag um die im Gewinn enthaltenen Gewinnanteile aus der Beteiligung an einer **ausländischen Kapitalgesellschaft** entlastet. Voraussetzung für die Kürzung ist, dass eine *Mindestbeteiligung* **15%** vorhanden ist; ferner muss diese Mindestbeteiligung ununterbrochen seit Beginn des Erhebungszeitraums bestanden haben. Weitere Voraussetzung ist, dass die ausländische Tochtergesellschaft *aktiv* im Sinne von § 8 Abs. 1 Nr. 1–6 AStG tätig ist. Ist das nicht der Fall, dann bleiben die von der Tochtergesellschaft erhaltenen

Gewinnanteile gewerbesteuerpflichtig. Da darin aber – wirtschaftlich gesehen – Gewinnanteile aus aktiver Tätigkeit i. S. d. § 8 Abs. 1 Nr. 1–6 AStG einer weiteren ausländischen Kapitalgesellschaft **(Enkelgesellschaft)** enthalten sein können, an der die Tochtergesellschaft beteiligt ist, werden diese durch § 9 Nr. 7 Satz 2 GewStG auf Antrag in dem Umfang von der Besteuerung ausgenommen, in dem die inländische Muttergesellschaft an der ausländischen Enkelgesellschaft *mittelbar* beteiligt ist; die mittelbare Beteiligung muss mindestens 10% betragen.

Soweit es sich um Gewinne an einer ausländischen Gesellschaft i. S. d. der **130** sog. **Mutter/Tochter-Richtlinie** der EG handelt, werden diese abweichend von den vorigen Ausführungen gem. § 9 Nr. 7 Satz 1 Halbsatz 2 GewStG dann gekürzt, wenn zu **Beginn des Erhebungszeitraums** (stichtagsbezogene Betrachtung) eine **Mindestbeteiligung** von **10%** vorliegt.

§ 9 Nr. 8 GewStG ergänzt die Regelung des § 9 Nr. 7 GewStG für den **131** Fall, dass in einem *DBA* eine gewisse **Mindestbeteiligung** an einer ausländischen Kapitalgesellschaft Voraussetzung für die Gewerbesteuerbefreiung der erhaltenen Gewinnanteile ist. Ungeachtet der in dem DBA vereinbarten Mindestbeteiligung lässt § 9 Nr. 8 GewStG eine solche von mindestens 10% genügen, um die Gewinnanteile durch Kürzung des Gewinns und der Hinzurechnungen gewerbesteuerfrei zu stellen.

III. Maßgebender Gewerbeertrag

Die Gewerbesteuer ist eine *Jahressteuer* (vgl. § 14 Abs. 2 GewStG). Dem- **132** entsprechend ist der Gewerbeertrag maßgebend, der in dem betreffenden **Erhebungszeitraum** (= Kalenderjahr) bezogen worden ist, für den der einheitliche Steuermessbetrag – und daraus abgeleitet die Gewerbesteuer – festzusetzen ist (§ 10 Abs. 1 GewStG). Stimmt das Wirtschaftsjahr eines Unternehmens mit dem Kalenderjahr überein, so ist jeweils der im abgelaufenen Kalenderjahr erzielte Gewerbeertrag der Besteuerung zu Grunde zu legen. Weicht dagegen das Wirtschaftsjahr vom Kalenderjahr ab, so gilt der Gewerbeertrag (in voller Höhe) als in dem Erhebungszeitraum bezogen, in dem das Wirtschaftsjahr **endet.** Das GewStG kennt also eine gleichartige Regelung, wie sie in § 4 a Abs. 2 Nr. 2 EStG zu finden ist.

Beispiel:
Ein Unternehmen hat ein abweichendes Wirtschaftsjahr, das vom 1.4.01 bis 31.3.02 läuft. Bei der Festsetzung der Gewerbesteuer des Erhebungszeitraums (= Kalenderjahr) 02 auf der Grundlage des einheitlichen Steuermessbetrags ist der im abweichenden Wirtschaftsjahr 1.4.01 – 31.3.02 erzielte Gewerbeertrag maßgebend. Es findet also keine – zumindest denkbare – Aufteilung des Gewerbeertrags auf die Erhebungszeiträume 01 und 02 statt.

Bei *Beginn* der Steuerpflicht, bei *Beendigung* der Steuerpflicht oder bei *Um-* **133** *stellung* des Wirtschaftsjahres kann der für die Ermittlung des Gewerbeertrags maßgebende Zeitraum weniger als zwölf Monate umfassen. Dennoch wird ausschließlich der in dem jeweiligen Wirtschaftsjahr erzielte Gewerbeertrag in dem Erhebungszeitraum, in dem das Wirtschaftsjahr endet, zugrundegelegt. Dies hat zur Folge, dass bei Beginn und bei Beendigung der Steuerpflicht regelmäßig ein kürzerer Zeitraum als zwölf Monate **(abgekürzter Erhebungszeitraum),** bei Umstellung des Wirtschaftsjahres dagegen ein *längerer* Zeitraum als zwölf Monate in Betracht kommen kann.

Beispiel:
Ein Unternehmen wird am 1.9.01 mit einem abweichenden Wirtschaftsjahr, das am 31.8.02 endet, gegründet. Im Jahr 02 wird das Wirtschaftsjahr auf das Kalenderjahr umgestellt, sodass ein Rumpfwirtschaftsjahr vom 1.9. bis 31.12.02 entsteht. Am 30.4.03 wird das Unternehmen aufgegeben.
Im Erhebungszeitraum 01 unterbleibt die Besteuerung. Im Erhebungszeitraum 02 dagegen wird sowohl der im (abweichenden) Wirtschaftsjahr 1.9.01 – 31.8.02 erzielte Gewerbeertrag besteuert als auch der Gewerbeertrag des Rumpfwirtschaftsjahres 1.9. – 31.12.02. Im Erhebungszeitraum 03 ist der vom 1.1. – 30.4.03 erzielte Gewerbeertrag zu erfassen. Sowohl im Erhebungszeitraum 02 als auch im Erhebungszeitraum 03 wird, wenn die Voraussetzungen dafür erfüllt sind, der Freibetrag i. S. d. § 11 Abs. 1 Nr. 1 GewStG in voller Höhe gewährt.

134 Eine Besonderheit gilt nach § 16 GewStDV bei der Abwicklung einer aufgelösten Kapitalgesellschaft und bei Insolvenz eines Unternehmens. Der sog. Abwicklungszeitraum reicht vom Ende des letzten Wirtschaftsjahres vor der Auflösung bis zum Ende der Abwicklung. Die in diesem Zeitraum erzielten Gewerbeerträge werden zusammengerechnet und gleichmäßig auf die Jahre des Abwicklungszeitraums verteilt. Ist über das Vermögen eines Unternehmens das Insolvenzverfahren eröffnet worden, so ist der in dem Zeitraum vom Tag der Insolvenzeröffnung bis zur Beendigung des Insolvenzverfahrens erzielte Gewerbeertrag entsprechend auf die einzelnen Jahre zu verteilen. Nach § 16 GewStDV ist für den gesamten Abwicklungs- und Insolvenzzeitraum ein Gewerbeertrag zu ermitteln. Dies hat zur Folge, dass der Freibetrag (zumindest nach FinVerw) nur einmal gewährt wird.

135–139 *frei*

IV. Gewerbeverlust

140 Der maßgebende Gewerbeertrag wird nach § 10 a GewStG bis zu einem Betrag i. H. v. **1 Mio. € uneingeschränkt** um die **Fehlbeträge** gekürzt, die sich bei der Ermittlung des maßgebenden Gewerbeertrags für die vorangegangenen Erhebungszeiträume ergeben haben, soweit diese nicht bei der Ermittlung des Gewerbeertrags für die vorangegangenen Erhebungszeiträume berücksichtigt worden sind. Über den vorgenannten Betrag **hinausgehende Fehlbeträge** werden (nur) bis zu **60%** des Gewerbeertrags berücksichtigt (sog. Mindestbesteuerung). *Vorvertragliche Verlustvorträge* von **Organgesellschaften** werden während der Dauer der Organschaft nicht berücksichtigt.

Wie im Einkommensteuerrecht (§ 10 d EStG) findet sich also auch im Gewerbesteuerrecht eine *Verlustabzugsmöglichkeit.* Im Gegensatz zu § 10 d EStG gibt es jedoch hier **keinen Verlustrücktrag** sondern nur einen **Verlustvortrag** auf die folgenden Erhebungszeiträume. Unter dem Ausdruck Fehlbetrag versteht § 10 a GewStG den *negativen Gewerbeertrag* eines Erhebungszeitraums, also unter Einbeziehung aller Hinzurechnungen und Kürzungen i. S. d. §§ 8, 9 GewStG. Der Fehlbetrag wird (in den oben genannten Grenzen) zwingend mit den positiven Gewerbeerträgen, wiederum unter Berücksichtigung der Hinzurechnungen und Kürzungen, der folgenden Erhebungszeiträume verrechnet, und zwar so lange, bis er aufgezehrt ist. Eine Beschränkung des Verlustabzugs (z.B. zur Ausnutzung des Freibetrags gem. § 11 Abs. 1 Satz 3 Nr. 1 GewStG) ist nicht möglich.

Beispiel:

	01 €	02 €	03 €
Gewinn (+), Verlust (–)	– 80 000	– 7 000	+ 120 000
Hinzurechnungen	+ 22 000	+ 21 000	+ 24 000
Kürzungen	– 6 000	– 4 000	– 5 000
	– 64 000	+ 10 000	+ 139 000
Verlustabzug		– 10 000	– 54 000
	– 64 000	–	+ 85 000
Freibetrag im Sinne des § 11 Abs. 1 Satz 3 Nr. 1 GewStG	–	–	24 500
	– 64 000	–	+ 60 500

Wie man sieht, ist der Verlustabzug vor dem Abzug des Freibetrags i. S. d. § 11 Abs. 1 Satz 3 GewStG, sofern dieser in Betracht kommt, vorzunehmen, d. h. der Verlustvortrag wird auch im Erhebungszeitraum 02 aufgebraucht, obwohl sich für diesen Erhebungszeitraum ein steuerpflichtiger Gewerbeertrag wegen des Freibetrags ohnehin nicht ergeben hätte.

Beispiel:

	01 €	02 €	03 €
Gewinn (+), Verlust (–)	– 2 200 000	+ 1 400 000	+ 1 000 000
Verlustabzug uneingeschränkt		– 1 000 000	– 960 000
Verlustabzug eingeschränkt		– 240 000	
	– 2 200 000	+ 160 000	+ 140 000
Freibetrag im Sinne des § 11 Abs. 1 Satz 3 Nr. 1 GewStG	–	– 24 500	– 24 500
	– 2 200 000	+ 135 500	+ 115 500

Die Höhe der vortragsfähigen Fehlbeträge ist gesondert i. S. d. §§ 179 ff. AO festzustellen.

Bei **Einzelunternehmen** und **Personengesellschaften** ist Voraussetzung **141**
für den Abzug eines Verlustvortrags, dass *Unternehmensidentität* als auch *Unternehmeridentität* besteht. Dies folgt aus dem Objektsteuercharakter der Gewerbesteuer.

Unternehmensidentität bedeutet, dass der im Anrechnungsjahr bestehende Gewerbebetrieb identisch ist mit dem Betrieb, der im Jahr der Entstehung des Verlustes bestanden hat. Da jeder *selbstständige* Betrieb für sich einen Steuergegenstand im Sinne des Gewerbesteuerrechts darstellt, können aus diesem Grund – wenn ein Unternehmer mehrere Betriebe unterhält – negative Gewerbeerträge eines Betriebes *nicht* mit positiven Gewerbeerträgen anderer Betriebe ausgeglichen werden. Auch wenn ein Unternehmen einen Betrieb aufgibt und einen neuen gründet, können frühere Verluste des aufgegebenen Betriebes nicht vom Gewerbeertrag des neuen Betriebes abgezogen werden, vgl. R 10a.2 GewStR.

Unternehmeridentität liegt insbesondere dann nicht vor, wenn ein Einzelunternehmen nach dem Tode des Inhabers von dem Erben weitergeführt wird (R 10a.3 GewStR).

Beispiel:

A stirbt. Sein Betrieb wird von seinem Sohn B weitergeführt.
Mangels Unternehmeridentität kann bei dem Betrieb des B der Verlustvortrag des A nicht fortgeführt und abgezogen werden.

Geht ein Gewerbebetrieb im Ganzen auf einen anderen Unternehmer über (§ 2 Abs. 5 GewStG, **Unternehmerwechsel**) und endet dadurch die sachliche Steuerpflicht, so kann der neue Unternehmer den maßgebenden Gewerbeertrag nicht um die Fehlbeträge kürzen, die sich bei der Ermittlung des maßgebenden Gewerbeertrags des übergegangenen Unternehmens ergeben haben (§ 10 a Satz 5 GewStG).

142 Bei **Personengesellschaften** ist Unternehmergleichheit nur dann anzunehmen, wenn an dem Unternehmen im Jahr der Entstehung des Verlustes die *gleichen* Personen beteiligt sind wie in dem Jahr, in dem der Verlust abgezogen werden soll. Tritt nach Entstehung des Verlustes ein Wechsel in der Person eines Gesellschafters ein, so kann der auf diesen Gesellschafter entfallende Anteil an dem Gewerbeverlust in einem *späteren Erhebungszeitraum* nicht abgezogen werden (vgl. R 10a.3 Abs. 3 GewStR).

Beispiel 1:

A, B und C sind Gesellschafter einer OHG. C verkauft in 02 seinen Anteil an D.
Die sachliche Steuerpflicht des Gewerbebetriebs (§ 2 Abs. 5 GewStG) und die Steuerschuldnerschaft der Gesellschaft (§ 5 Abs. 2 GewStG) werden nicht berührt. Ein vortragsfähiger Verlust der OHG ist aber um 1/3 (Anteil C) zu kürzen. Der Gewerbeertrag 03 kann nur i. H. von 2/3 (Anteile A und B) gekürzt werden, weil nur insoweit Unternehmeridentität anzunehmen ist. Der auf D entfallende Anteil des Gewerbeertrags wird nicht gekürzt.

Beispiel 2:

A, B und C sind Gesellschafter einer OHG. D tritt in 02 neu in die Gesellschaft ein. Die Gewinnverteilung betrug vorher je 1/3, danach je 1/4.
Die sachliche Steuerpflicht des Gewerbebetriebs (§ 2 Abs. 5 GewStG) und die Steuerschuldnerschaft der Gesellschaft (§ 5 Abs. 2 GewStG) werden nicht berührt. Ein vortragsfähiger Verlust kann insgesamt weitergeführt werden. Er wird in 03 jedoch nur bei A, B und C i. H. ihrer Gewinnanteile von je 1/4 berücksichtigt. Der auf D entfallende Anteil des Gewerbeertrags wird nicht gekürzt, weil insoweit keine Unternehmeridentität vorliegt.

Beispiel 3:

A, B und C sind Gesellschafter einer OHG. Sie verkaufen ihre Anteile in 02 je an D, E und F. Der Gewerbebetrieb ist im ganzen auf andere Unternehmer übergegangen, § 2 Abs. 5 GewStG. Es liegt keine Unternehmeridentität mehr vor. Ein vortragsfähiger Verlust geht verloren. Die Steuerschuldnerschaft der OHG gem. § 5 Abs. 2 GewStG bleibt bestehen.

Beispiel 4:

A, B und C sind Gesellschafter einer OHG. A und B scheiden aus. C führt den Betrieb fort. Die sachliche Steuerpflicht des Gewerbebetriebs bleibt bestehen. C kann den auf ihn entfallenden Verlustvortrag weiter nutzen, insoweit liegt Unternehmeridentität vor. Davon abzugrenzen ist, dass die Steuerschuldnerschaft gem. § 5 Abs. 2 GewStG wechselt von der Personengesellschaft auf C.

143 Bei Gewerbebetrieben kraft Rechtsform (**Kapitalgesellschaften**, Erwerbs- und Wirtschaftsgenossenschaften und Versicherungsvereine auf Gegenseitigkeit) bleibt bei Schließung und anschließender Eröffnung eines anderen Betriebs ein gewerbesteuerlicher Verlustvortrag erhalten, da bei diesen die Tätigkeit stets und in vollem Umfang als Gewerbebetrieb gilt (§ 2 Abs. 2 Satz 1 GewStG). Nach § 10 a Satz 8 GewStG in Verbindung mit § 8 c KStG ist jedoch Voraussetzung für den Verlustabzug bei einer Körperschaft, dass sie nicht

nur rechtlich, sondern auch **wirtschaftlich** mit der Körperschaft **identisch** ist, die den Verlust erlitten hat (sog. **Mantelkauf,** vgl. hierzu Verlustabzug bei der Körperschaftsteuer). Entsprechendes gilt für den Ausgleich des Verlustes vom Beginn des Wirtschaftsjahrs bis zum Zeitpunkt der Anteilsübertragung.

frei **144–149**

D. Steuermesszahl und –messbetrag nach dem Gewerbeertrag

Bei *natürlichen Personen* und *Personengesellschaften* – und nur bei diesen! – **150**
bleiben von dem zunächst auf volle 100 € nach unten abgerundeten Gewerbeertrag 24 500 € außer Ansatz (**Freibetrag** i. S. d. § 11 Abs. 1 Nr. 1 GewStG). Liegt der Gewerbeertrag der bezeichneten Unternehmen unter 24 500 €, aber über 0 €, so ist höchstens ein Freibetrag in Höhe des Gewerbeertrags abzuziehen. Ein Gewerbeverlust kann sich also durch die Anwendung des § 11 Abs. 1 Nr. 1 GewStG nicht ergeben. Vor Kürzung des Gewerbeertrags um den Freibetrag ist ein etwaiger *Verlustvortrag* i. S. d. § 10 a GewStG zu berücksichtigen.

Unternehmen i. S. d. § 2 Abs. 3 GewStG (sonstige juristische Personen des privaten Rechts und nichtrechtsfähige Vereine, die einen wirtschaftlichen Geschäftsbetrieb unterhalten), Unternehmen von juristischen Personen des öffentlichen Rechts und bestimmten Unternehmen mit Tätigkeiten i. S. d. § 3 Nr. 5, 6, 8, 9, 15, 17, 21, und 26–29 GewStG (z. B. **gemeinnützigen Körperschaften)** wird ein verringerter Freibetrag von 3 900 € gewährt.

Der **Steuermessbetrag** ergibt sich, indem der Gewerbeertrag, gegebe- **151**
nenfalls nach Abzug des Freibetrages, mit einer **Steuermesszahl** multipliziert wird. Die Steuermesszahl beträgt 3,5%, § 11 Abs.2 GewStG.

Bei Hausgewerbetreibenden und bei Unternehmen, die Handelsschiffe im internationalen Verkehr betreiben, vermindern sich die Steuermesszahlen auf 56% (§ 11 Abs. 3 GewStG).

Die folgenden Beispiele sollen die Berechnung der Gewerbesteuer verdeutlichen. Aus den gesetzlichen Vorgaben ergibt sich folgendes Berechnungsschema:

	§§ GewStG:
Gewinn aus Gewerbebetrieb	7
+ Hinzurechnungen	8
– Kürzungen	9
= maßgebender Gewerbeertrag	7, 10 Abs. 1
– Gewerbeverlust	10 a
= verbleibender Gewerbeertrag	
Abrundung auf volle 100 €	11 Abs. 1 Satz 3
– Freibetrag	11 Abs. 1 Satz 3
= steuerpflichtiger Gewerbeertrag	
× Steuermesszahl	11 Abs. 2
= Steuermessbetrag	11 Abs. 1 Satz 2 u. 3
× Hebesatz der Gemeinde (mind. 200%)	16
= Gewerbesteuer	16 Abs. 1

152 **Beispiel:**
Der steuerpflichtige Gewerbeertrag eines Einzelgewerbetreibenden beträgt 50 000 €, der Hebesatz 300%.
Der Steuermessbetrag beträgt 50 000 € × 3,5% = 1 750 €.
Multipliziert mit dem Hebesatz ergibt sich die Steuerschuld:
300% von 1 750 € = 5 250 €

153 Die bis Erhebungszeitraum 2007 gestaffelten Steuermesszahlen, die (nur) bei natürlichen Personen und Personengesellschaften anzuwenden sind, wirkten wie ein zusätzlicher Freibetrag von 24 000 €, wenn der steuerpflichtige Gewerbeertrag, d.h. der Gewerbeertrag nach Abzug des generell bei diesen Gewerbebetrieben abzuziehenden Freibetrages von 24 500 € (§ 11 Abs. 1 Nr. 1 GewStG), 48 000 € übersteigt. Dies sei anhand der Zahlen des vorangegangenen Beispiels verdeutlicht:

Steuerpflichtiger Gewerbeertrag	50 000 €
abzüglich	24 000 €
	26 000 €
Steuermessbetrag nach dem Gewerbeertrag	
5% von 26 000 € = (wie im Beispiel 1)	1 300 €

154 **Beispiel:**
Der Gewerbesteuererklärung der A-GmbH sind folgende Zahlen zu entnehmen:

Gewinn aus Gewerbebetrieb	64 126 €
Zinsen (§ 8 Nr. 1 Buchst. a GewStG)	5 946 €
Spenden an politische Parteien (§ 8 Nr. 9 GewStG)	125 €
Einheitswert des Grundbesitzes (§ 9 Nr. 1 Satz 1 GewStG)	
74 300 DM (× 140%) ergibt umgerechnet	53 185 €

Der Hebesatz beträgt 330%.

Berechnung des steuerpflichtigen Gewerbeertrags:

Gewinn aus Gewerbebetrieb	64 126 €
Hinzurechnungen:	
Zinsen für Dauerschulden, keine Hinzurechnung wegen Freibetrag	
Spenden	125 €
	64 251 €
Kürzung i.S.d. § 9 Nr. 1 Satz 1 GewStG	
1,2% von 53 185 €	639 €
	63 612 €
= steuerpflichtiger Gewerbeertrag (abgerundet)	63 600 €
Steuermessbetrag (3,5% von 63 600 €)	2 226 €
Steuerschuld (330% von 2 226 €) abgerundet	7 345 €

155 **Beispiel:**
Der handelsrechtliche Jahresabschluss der ab 1.3.01 gewerblich tätigen B-OHG, an der die Gesellschafter A, B und C beteiligt sind, zeigt im Rumpfgeschäftsjahr 1.3. – 31.12.01 einen Verlust von 91 518 €.

Zulasten des Ergebnisses wurden verbucht:

Tätigkeitsvergütung des geschäftsführenden Gesellschafters A	60 000 €
Zinsen für ein Darlehen, das B der Gesellschaft gewährt hat	18 000 €
Miete an C für die Überlassung eines Lagerplatzes, den die B-OHG für ihre betrieblichen Zwecke benötigt	24 000 €

Die Anschaffung des Lagerplatzes (Einheitswert 78 700 DM) hatte C vor Jahren mittels eines Darlehens der Y-Bank finanziert. In der Zeit vom 1.3. bis 31.12.01 sind von C dafür 7 128 € an Zinsen bezahlt worden.
Für die Ermittlung des Gewerbeertrags ist das handelsrechtliche Ergebnis zu korrigieren, ebenso wie für die Ermittlung der Einkünfte aus Gewerbebetrieb, die A, B und C im Jahr

01 aus ihrer Beteiligung an der B-OHG erzielten. Maßgebend sind die Vorschriften des EStG (hier in erster Linie § 15 Abs. 1 Nr. 2 EStG) mit der Folge, dass die Vergütungen an A, B und C den Gewinn nicht mindern. Andererseits stellt der Lagerplatz, obwohl er nicht Eigentum der B-OHG ist, ertragsteuerlich Betriebsvermögen (sog. Sonderbetriebsvermögen des C) dar; die Zinsen, die aus der Finanzierung des Lagerplatzes herrühren, sind als sog. Sonderbetriebsausgaben abziehbar. Dementsprechend ist der steuerpflichtige Gewerbeertrag wie folgt zu ermitteln:

Handelsbilanz-Ergebnis		– 91 518 €
zuzüglich:		
Tätigkeitsvergütung A	60 000 €	
Zinsen B	18 000 €	
Miete C	24 000 €	102 000 €
		10 482 €
abzüglich:		
Sonderbetriebsausgaben C		7 128 €
Gewinn aus Gewerbebetrieb		3 354 €
Gewerbesteuerrechtliche Hinzurechnungen bzw. Kürzungen:		
Zinsen für Dauerschulden, keine Hinzurechnung, weil unter Freibetrag		
		3 354 €
Kürzung im Sinne des § 9 Nr. 1 Satz 1 GewStG		
(78 700 DM + 40% = 110 180 DM = 56 334 €, davon 1,2%)		– 676 €
		2 678 €
verbleibender Gewerbeertrag (abgerundet)		2 600 €
abzüglich:		
Freibetrag (§ 11 Abs. 1 Satz 3 GewStG, maximal 24 500 €)		2 600 €
Steuerpflichtiger Gewerbeertrag		0 €

Gewerbesteuer fällt für das Rumpfwirtschaftsjahr 1.3. – 31.12.01 nicht an, weil kein steuerpflichtiger Gewerbeertrag zu verzeichnen ist.

E. Entstehung, Festsetzung und Erhebung der Steuer

Die Gewerbesteuer entsteht gem. § 18 GewStG, soweit es sich nicht um **156** Vorauszahlungen (§ 21 GewStG) handelt, mit Ablauf des Erhebungszeitraums, für den die Festsetzung vorgenommen wird. Der Steuerschuldner hat am 15. Februar, 15. Mai, 15. August und 15. November Vorauszahlungen zu entrichten. Jede Vorauszahlung beträgt grundsätzlich ein Viertel der Steuer, die sich bei der letzten Veranlagung ergeben hat. Die Vorauszahlungen auf die Gewerbesteuer entstehen mit Beginn des Kalendervierteljahrs, in dem die Vorauszahlungen zu entrichten sind, oder, wenn die Steuerpflicht erst im Laufe des Kalendervierteljahrs begründet wird, mit Begründung der Steuerpflicht, § 21 GewStG.

F. Zerlegung des einheitlichen Gewerbesteuermessbetrages

Die Gewerbesteuer steht grundsätzlich derjenigen Gemeinde zu, in deren **157** Gebiet sich der Betrieb des Gewerbebetriebes befindet.

Betreibt der Steuerpflichtige hingegen seinen Gewerbebetrieb mit Betriebsstätten in mehreren Gemeinden, so ist der Steuermessbetrag gem. § 28 GewStG in die auf die einzelnen Gemeinden entfallenden Anteile (Zerlegungsanteile) zu zerlegen. Das gilt auch in den Fällen, in denen eine Betriebsstätte sich über mehrere Gemeinden erstreckt hat (mehrgemeindliche Betriebsstätte) oder eine Betriebsstätte innerhalb eines Erhebungszeitraums von einer Gemeinde in eine andere Gemeinde verlegt worden ist. Bei der Zerlegung sind allerdings die Gemeinden nicht zu berücksichtigen, in denen

1. Verkehrsunternehmen lediglich Gleisanlagen unterhalten,
2. sich nur Anlagen befinden, die der Weiterleitung fester, flüssiger oder gasförmiger Stoffe sowie elektrischer Energie dienen, ohne dass diese dort abgegeben werden,
3. Bergbauunternehmen keine oberirdischen Anlagen haben, in welchen eine gewerbliche Tätigkeit entfaltet wird.

158 Maßgeblicher Zerlegungsmaßstab ist gemäß § 29 GewStG

1. bei allen Gewerbebetrieben, außer Windparks, das Verhältnis, in dem die Summe der Arbeitslöhne, die an die bei allen Betriebsstätten (§ 28 GewStG) beschäftigten Arbeitnehmer gezahlt worden sind, zu den Arbeitslöhnen steht, die an die bei den Betriebsstätten der einzelnen Gemeinden beschäftigten Arbeitnehmer gezahlt worden sind;
2. bei Betrieben, die Anlagen zur Erzeugung von Windenergie betreiben, zu 30% das Verhältnis der Lohnsummen und zu 70% das Verhältnis, in dem die Summe der steuerlich maßgebenden Ansätze des Sachanlagevermögens mit Ausnahme der Betriebs- und Geschäftsausstattung, der geleisteten Anzahlungen und der Anlagen im Bau in allen Betriebsstätten (§ 28 GewStG) zu dem Ansatz in den einzelnen Betriebsstätten steht.

Bei der Zerlegung nach der Lohnsumme sind die Arbeitslöhne anzusetzen, die in den Betriebsstätten der beteiligten Gemeinden (§ 28 GewStG) während des Erhebungszeitraums (§ 14) tatsächlich erzielt oder gezahlt worden sind. Dabei sind die Arbeitslöhne auf volle 1 000 Euro abzurunden, § 29 Abs. 3 GewStG. Arbeitslöhne sind gem. § 31 GewStG grds. Vergütungen im Sinne des § 19 Abs. 1 Nr. 1 des Einkommensteuergesetzes, soweit sie nicht durch andere Rechtsvorschriften von der Einkommensteuer befreit sind. Zuschläge für Mehrarbeit und für Sonntags-, Feiertags- und Nachtarbeit gehören unbeschadet der einkommensteuerlichen Behandlung ebenfalls zu den Arbeitslöhnen. Zu den Arbeitslöhnen gehören nicht Vergütungen, die an Personen gezahlt worden sind, die zu ihrer Berufsausbildung beschäftigt werden, also Ausbildungsbezüge.

Einmalige, gewinnabhängige, Sondervergütungen wie zum Beispiel Tantiemen und Gratifikationen bleiben hingegen genauso außer Ansatz wie einmalige Sondervergütungen von mehr als 50 000 € pro Person und Kalenderjahr.

Bei Personenunternehmen (Einzelunternehmen und Personengesellschaften) sind bei der Ermittlung der Zerlegungslöhne 25 000 € jährlich als kalkulatorische Unternehmerlohn für den im Unternehmen tätigen Inhaber anzusetzen, vgl. § 31 Abs. 5 GewStG.

159 **Beispiel:**

Ein Gewerbetreibender unterhält Betriebsstätten in zwei Gemeinden.
In Gemeinde 1 zahlt er folgende Löhne:

Löhne und Gehälter	180 000 €
Ausbildungsbezüge	15 000 €
gewinnabhängige Tantieme des Niederlassungsleiters	30 000 €

In Gemeinde 2 zahlt er folgende Löhne:

Löhne und Gehälter	350 620 €
Kosten für Leiharbeiter der Produktion	580 000 €

Der Inhaber selbst ist ca. zu 75% in Gemeinde 2 tätig und zu 25% in Gemeinde 1.
Die Ausbildungsbezüge sowie die Gewinnabhängige Tantieme sind gemäß § 31 GewStG nicht bei der Berechnung zu berücksichtigen. Ebenfalls nicht berücksichtigt werden die Kosten für die Leiharbeiter der Produktion, vgl. R 29.1 GewStR.
Der kalkulatorische Unternehmerlohn von 25 000 € ist im Verhältnis der tatsächlichen Tätigkeit auf Gemeinde 1 und Gemeinde 2 zu verteilen, Vergleich R 31 Abs. 6 GewStR.

Die bereinigte Lohnsumme beträgt daher für Gemeinde 1:

Löhne und Gehälter	180 000 €	
anteiliger Unternehmerlohn	6 250 €	(25% von 25 000 €)
sowohl Lohnsumme Gemeinde 1:	186 250 €	
abgerundet auf volle 1 000 € gemäß § 29 Abs. 3 GewStG	186 000 €	

Die bereinigte Lohnsumme beträgt für Gemeinde 2:

Löhne und Gehälter	350 620 €	
anteiliger Unternehmerlohn	18 750 €	(75% von 25 000 €)
Lohnsumme Gemeinde 2:	369 370 €	
abgerundet auf volle 1 000 € gemäß § 29 Abs. 3 GewStG	369 000 €	
Lohnsumme Gesamt:		
Lohnsumme Gemeinde	1 186 000 €	
Lohnsumme Gemeinde	2 369 000 €	
Summe	555 000 €	

davon entfallen auf Gemeinde 1: 186 000/555 000 gleich 33,5%
davon entfallen auf Gemeinde 2: 369 000/555 000 gleich 66,5%

Erstreckt sich die Betriebsstätte auf mehrere Gemeinden, so ist der Steuermessbetrag oder Zerlegungsanteil gem. § 30 GewStG auf die Gemeinden zu zerlegen, auf die sich die Betriebsstätte erstreckt, und zwar nach der Lage der örtlichen Verhältnisse unter Berücksichtigung der durch das Vorhandensein der Betriebsstätte erwachsenden Gemeindelasten. 160

Beispiel:
Eine weitläufige Betriebsstätte eines Ruhrgebiet ansässigen Automobilherstellers erstreckt sich sowohl auf das Gebiet der Stadt Bochum als auch der Stadt Essen. Von ca. 3000 m² gesamter Grundstücksfläche entfallen ca. 1000 m² auf das Stadtgebiet der Kommune Bochum und ca. 2000 m² auf das Stadtgebiet der Kommune Essen.
Der einheitliche Steuermessbetrag wird zu 1/3 auf Bochum und zu 2/3 auf Essen gem. § 31 GewStG aufgeteilt.

Für die Zerlegung der Gewerbesteuer ist eine separate Erklärung abzugeben. Auf der Erklärung hat der Steuerpflichtige anzugeben, nach welcher Zerlegungsart der Steuermessbetrag zerlegt wird. 161

frei **162–169**

G. Ermittlung der Gewerbesteuerrückstellung

170 Den Grundsätzen ordnungsmäßiger Buchführung entsprechend ist nicht nur für rückständige Gewerbesteuer-Vorauszahlungen in der Bilanz eine *Verbindlichkeit* zu passivieren (R 4.9 Abs. 2 EStR), sondern es ist auch für eine sich ergebende Gewerbesteuer-Abschlusszahlung eine **Rückstellung** zu bilden. Umgekehrt ist ein Anspruch auf Erstattung überzahlter Gewerbesteuer zu aktivieren, unabhängig davon, dass die Festsetzung der Steuerschuld und die Abrechnung über die entrichteten Vorauszahlungen erst zu einem späteren Zeitpunkt erfolgt. In der **Praxis** wird im Allgemeinen auf die Passivierung einer etwa rückständigen Vorauszahlungsrate verzichtet und die Abschlusszahlung bzw. der Erstattungsanspruch unter Berücksichtigung nur der tatsächlich bis zum Ende des Erhebungszeitraums geleisteten Vorauszahlungen berechnet.

Für Zwecke der Aufstellung des Jahresabschlusses muss zwecks Aktivierung/Passivierung des/der Erstattungsanspruchs/Rückstellung die auf das Unternehmen zukommende Verpflichtung bzw. der Erstattungsanspruch berechnet werden.

171 Für **bis Erhebungszeitraum 2007** festzusetzende Gewerbesteuer ist zu berücksichtigen, dass die Gewerbesteuer eine **abziehbare Betriebsausgabe** ist, mit der Folge, dass sich nicht nur die auf dem Ergebnis des Unternehmens beruhende Einkommen- oder Körperschaftsteuer mindert, sondern gleichzeitig auch der Gewerbeertrag, was wiederum zu einem geringeren Gewerbesteueraufwand führt. Vereinfacht ausgedrückt: Die **Gewerbesteuer mindert ihre eigene Bemessungsgrundlage**. Diesem Umstand muss bei der Berechnung der Rückstellung für eine zu erwartende Abschlusszahlung Rechnung getragen werden (und umgekehrt ebenso bei der Berechnung des zu aktivierenden Anspruchs im Falle einer Erstattung).

172 **Ab dem Erhebungszeitraum 2008** ist zu beachten, dass durch das Unternehmenssteuerreformgesetz 2008 die Gewerbesteuer gem. § 4 Abs. 5 b EStG i. V. m. § 52 Abs. 12 Satz 7 EStG **keine Betriebsausgabe mehr** ist. Bilanzsteuerrechtlich sind zwar weiterhin entsprechende Rückstellungen auch in den Handelsbilanzen einzustellen, die gewinnverändernd gebuchten Aufwendungen und Erträge sind jedoch außerbilanziell zu neutralisieren. Bei der Berechnung der Rückstellungen ab 2008 ist zu beachten, dass sich durch das Abzugsverbot des § 4 Abs. 5 b EStG die eigene Bemessungsgrundlage für die Gewerbesteuer (Gewinn aus Gewerbebetrieb gem. § 7 GewStG) nicht mehr verändert. Das heißt, die bis 2007 gebräuchlichen sog. Fünf-Sechstel-Methode oder die Divisormethode brauchen nicht mehr angewandt zu werden.

173 Eine verbleibende positive Differenz zwischen festzusetzender Gewerbesteuer und geleisteten GewSt-Vorauszahlungen ergibt die Gewerbesteuerabschlusszahlung.

Eine verbleibende negative Differenz zwischen festzusetzender Gewerbesteuer und geleisteten Gewerbesteuer-Vorauszahlungen ergibt die zu erwartende Gewerbesteuererstattung.

In Höhe eines verbleibenden Erstattungsanspruches ist erfolgswirksam per Steueraufwand eine Forderung gegen das Finanzamt im Jahresabschluss zu erfassen:

Beispiel:

Zu erwartende Gewerbesteuer 14 laut Berechnung		25 000 €
GewSt-VZ I–IV/14	a)	30 000 €

a) GewSt-Erstattung von 5 000 €

Buchung:
sonstige Vermögensgegenstände
(GewSt-Erstattung) 5 000 € an Steueraufwand 5 000 €

In Höhe einer verbleibenden Abschlusszahlung wäre erfolgswirksam per Steueraufwand eine Rückstellung gegenüber dem Finanzamt im Jahresabschluss zu erfassen:

Beispiel:

Zu erwartende Gewerbesteuer 14 laut Berechnung		25 000 €
GewSt-VZ I-IV/14	b)	10 000 €

b) GewSt-Abschlußzahlung15 000 €

Buchung:
Steueraufwand 15 000 € an Rückstellung für Steuern vom Einkommen und Ertrag 15 000 €

frei **174–179**

H. Organschaft

Der Grundsatz, dass jeder Gewerbebetrieb für sich Gegenstand der Besteuerung ist, wird durch § 2 Abs. 2 Satz 2 GewStG durchbrochen. Danach gilt eine *Kapitalgesellschaft* als Betriebsstätte eines anderen inländischen gewerblichen Unternehmens, wenn sie in dieses Unternehmen in der Weise eingegliedert ist, dass die Voraussetzungen der §§ 14, 17 oder 18 KStG erfüllt sind **(Organschaft).** Der Verweis auf die vorgenannten Vorschriften des KStG bedeutet, dass das *Organ* – auch Organgesellschaft genannt – finanziell in das Unternehmen des *Organträgers* eingegliedert sein muss, d.h. der Organträger muss – nach Stimmrechten – mehrheitlich an der Organgesellschaft beteiligt sein. Ferner muss ein **Ergebnisabführungsvertrag** i.S.d. § 14 Nr. 3 KStG abgeschlossen worden sein. Die Organgesellschaft muss stets eine *Kapitalgesellschaft* sein, während der Organträger jede Rechtsform haben kann. Die Organschaft ist gekennzeichnet durch ein Über- bzw. Unterordnungsverhältnis der Art, dass die Organgesellschaft dem Willen des Organträgers in der Weise unterworfen ist, dass sie keinen eigenen Willen hat. **180**

Die Bedeutung der Organschaft im Gewerbesteuerrecht liegt darin, dass – trotz der zivilrechtlichen Selbstständigkeit von Organträger und Organgesellschaft – die **Besteuerung** ausschließlich *beim Organträger* erfolgt, als dessen Betriebsstätte die Organgesellschaft gilt. Dadurch wird zweierlei erreicht: Zum einen wird in einem einmaligen Besteuerungsvorgang der Gewerbeertrag des gesamten Organkreises erfasst, ohne dass es zu einer *Mehrfachbesteuerung* aufgrund der Hinzurechnungsbestimmungen in § 8 GewStG kommen kann. Zum Zweiten wird das Gewerbesteueraufkommen der Gemeinden, in **181** deren Bezirk eine Organgesellschaft ihren Sitz hat, geschützt, da der Organträger kraft seiner beherrschenden Stellung die gewerbesteuerlichen Verhältnisse der Organgesellschaft steuern könnte.

182 Die **Betriebsstättenfiktion** in § 2 Abs. 2 Satz 2 GewStG bedeutet nicht, dass Organträger und Organgesellschaft als *einheitliches Unternehmen* anzusehen sind. Der Gewerbeertrag der Organgesellschaft ist vielmehr so zu ermitteln, als ob die Organgesellschaft selbst Gegenstand der Besteuerung wäre, wobei Hinzurechnungen unterbleiben, die zu einer doppelten gewerbesteuerlichen Erfassung führen (vgl. R 41 GewStR). Erst bei der *Berechnung des Steuermessbetrags* des Organträgers nach dem Gewerbeertrag sind die Ergebnisse der Organgesellschaft einzubeziehen. Eine Organschaft setzt keine nach außen in Erscheinung tretende gewerbliche Betätigung aufseiten des Organträgers voraus. Deshalb liegt im Allgemeinen eine Organschaft auch vor, wenn der Organträger lediglich als **Holdinggesellschaft** anzusehen ist.

183 Als Organträger kommt auch eine inländische im Handelsregister eingetragene Zweigniederlassung eines ausländischen gewerblichen Unternehmens in Betracht (§ 2 Abs. 2 Satz 3 GewStG). Für die Unternehmen in einem Organkreis wird der Gewerbeertrag weiterhin jeweils gesondert ermittelt. Der Freibetrag nach § 8 Nummer 1 GewStG ist bei jeder Ermittlung jeweils gesondert zu berücksichtigen.

Stichwortverzeichnis Gewerbesteuer

Die Zahlen verweisen auf die Randnummern.

Teil 6: Internationales Steuerrecht

A. Drohende Doppelbesteuerung durch Territorialitätsprinzip und Universalitätsprinzip

1 Bei der **unbeschränkten Steuerpflicht** wird nach dem **Wohnsitz- und Ansässigkeitsprinzip** an die persönlichen Beziehungen einer Person zu dem besteuernden Staat angeknüpft; üblicherweise ist dies der Wohnsitz oder gewöhnliche Aufenthalt, vgl. § 1 EStG oder § 1 KStG. Die Besteuerung erstreckt sich nach dem **Universalitätsprinzip** auf das gesamte Welteinkommen bzw. -vermögen. Zu einer Doppelbesteuerung kommt es, wenn mehrere Staaten mit vergleichbaren Steuern auf denselben Steuergegenstand zugreifen, etwa Einkünfte in beiden Staaten zu einer vergleichbaren Ertragsteuer (z.B. Einkommensteuern) herangezogen werden.

2 Anknüpfungspunkt bei der **beschränkten Steuerpflicht**, vgl. § 1 Abs. 4 EStG bzw. § 2 KStG, ist, unabhängig von der persönlichen Beziehung – nach dem **Quellen- oder Ursprungsprinzip** ein wirtschaftlicher Vorgang, üblicherweise eine auf dem Staatsgebiet belegene Einkunftquelle oder eine dort ausgeübte Tätigkeit, vgl. § 49 EStG und Rn. 3 ff. Die Besteuerung beschränkt sich hierbei nach dem **Territorialprinzip** auf im Staatsgebiet verwirklichte Tatbestände.

B. Systematik der beschränkt steuerpflichtigen Einkünfte in den Grundzügen

3 Besonderheiten für die Besteuerung **beschränkt steuerpflichtiger Personen** sind in §§ 49–50 a EStG geregelt. Vor allem ist zu sehen, dass gegenüber unbeschränkt Steuerpflichtigen nur die in § 49 EStG *abschließend* aufgeführten **inländischen Einkünfte** zur Einkommensteuer heranzuziehen sind.

Zur *Sicherung des Steueraufkommens* ist neben dem allgemeinen Lohnsteuer- und Kapitalertragsteuerabzug für bestimmte in § 50 a EStG aufgeführte Einkünfte ein **besonderes Steuerabzugsverfahren** vorgesehen. Die Einkommensteuer für Einkünfte, die dem Steuerabzug vom Arbeitslohn oder vom Kapitalertrag oder dem Steuerabzug nach § 50 a EStG unterliegen, gilt *generell* bei beschränkt Steuerpflichtigen nach § 50 Abs. 5 Satz 1 EStG durch den Steuerabzug als *abgegolten* (mit Ausnahmen). Die **übrigen beschränkt steuerpflichtigen Einkünfte** werden im Rahmen einer **Einkommensteuerveranlagung** erfasst, dabei sind nach § 50 EStG Sondervorschriften zu beachten.

I. Beschränkt steuerpflichtige Einkünfte

4 Inländische Einkünfte im Sinne der beschränkten Einkommensteuerpflicht sind gem. § 49 EStG im Wesentlichen Folgende:

- Einkünfte aus einer im *Inland* betriebenen **Land- und Forstwirtschaft;**

- Einkünfte aus **Gewerbebetrieb,** für den im *Inland* eine *Betriebsstätte* unterhalten wird oder ein *ständiger Vertreter* bestellt ist. Neben diesem (wichtigsten) Tatbestand nennt § 49 Abs. 1 Nr. 2 EStG bestimmte Einkünfte aus dem Betrieb von Seeschiffen oder Luftfahrzeugen, Einkünfte eines Unternehmens im Rahmen einer internationalen Betriebsgemeinschaft oder eines Pool-Abkommens, Einkünfte gewerblicher Art durch künstlerische, sportliche, artistische oder ähnliche Darbietungen im Inland oder durch deren Verwertung im Inland, sowie unter § 17 EStG fallende Veräußerungsvorgänge, wenn die Kapitalgesellschaft ihren Sitz oder ihre Geschäftsleitung im Inland hat;
- Einkünfte aus **selbstständiger Arbeit,** die im *Inland ausgeübt* oder *verwertet* wird oder worden ist, oder für die im Inland eine feste Einrichtung oder eine Betriebsstätte unterhalten wird. Letzteres betrifft ausländische Sozien einer im Inland ansässigen Sozietät;
- Einkünfte aus **nichtselbstständiger Arbeit,** die im *Inland ausgeübt* oder *verwertet* wird oder worden ist, und Einkünfte, die aus *inländischen öffentlichen Kassen* mit Rücksicht auf ein gegenwärtiges oder früheres Dienstverhältnis gewährt werden, oder als Vergütung für eine Tätigkeit als *Geschäftsführer, Prokurist oder Vorstandsmitglied* einer Gesellschaft mit Geschäftsleitung im Inland bezogen werden, oder als *Entschädigung* im Sinne des § 24 Nr. 1 EStG *für die Auflösung eines Dienstverhältnisses* gezahlt werden, soweit die für die zuvor ausgeübte Tätigkeit bezogenen Einkünfte der inländischen Besteuerung unterlegen haben;
- Einkünfte aus **Kapitalvermögen** i. S. d. § 20 Abs. 1 Nr. 1, 2, 4, 6 und 9 EStG, wenn der Schuldner Wohnsitz, Geschäftsleitung oder Sitz im Inland hat, und bestimmte Kapitalerträge i. S. d. § 20 Abs. 1 Nr. 5 und 7 EStG, im Allgemeinen gesichert durch inländische Vermögenswerte;
- Einkünfte aus **Vermietung und Verpachtung,** wenn das unbewegliche Vermögen, die Sachinbegriffe oder Rechte im Inland belegen oder in ein *inländisches öffentliches Buch oder Register* eingetragen sind oder in einer *inländischen Betriebsstätte* oder in einer anderen Einrichtung *verwertet* werden;
- sonstige Einkünfte i. S. d. § 22 Nr. 1 Satz 3 Buchst. a EStG **(Leibrenten),** die von den inländischen gesetzlichen Rentenversicherungsträgern, den inländischen landwirtschaftlichen Alterskassen, den inländischen berufsständischen Versorgungseinrichtungen, den inländischen Versicherungsunternehmen oder sonstigen inländischen Zahlstellen gewährt werden;
- **sonstige Einkünfte** i. S. d. § 22 Nr. 2 EStG, soweit es sich um private Veräußerungsgeschäfte mit *inländischen* Grundstücken oder mit inländischen grundstücksgleichen Rechten oder mit Anteilen i. S. d. § 17 Abs. 1 EStG an Kapitalgesellschaften mit Sitz oder Geschäftsleitung im *Inland* handelt;
- **Abgeordnetenbezüge** i. S. d. § 22 Nr. 4 EStG;
- **sonstige Einkünfte** i. S. d. § 22 Nr. 3 EStG (Einkünfte aus Leistungen wie z. B. Einkünfte aus gelegentlichen Vermittlungen und aus der Vermietung beweglicher Gegenstände), auch wenn sie einer anderen Einkunftsart zuzurechnen wären, soweit es sich um Einkünfte aus der *Nutzung beweglicher Sachen im Inland* oder aus der Überlassung der Nutzung oder des Rechts auf Nutzung von gewerblichen, technischen, wissenschaftlichen und ähnlichen Erfahrungen, Kenntnissen und Fertigkeiten handelt, die im *Inland* genutzt

werden oder worden sind, es sei denn, es handelt sich um steuerpflichtige Einkünfte, die bereits nach den übrigen Vorschriften des § 49 Abs. 1 EStG als inländische Einkünfte zu erfassen sind.

5 Nach § 49 Abs. 2 EStG bleiben im Ausland gegebene Besteuerungsmerkmale außer Betracht, soweit bei ihrer Berücksichtigung inländische Einkünfte i. S. d. § 49 Abs. 1 EStG nicht angenommen werden könnten. Dadurch kommt die sog. **isolierende Betrachtungsweise** zum Ausdruck, nach der es grundsätzlich nur auf den im Inland gegebenen Tatbestand ankommt, nicht dagegen auf die im Ausland gegebenen Verhältnisse, die u. U. der Annahme inländischer Einkünfte i. S. d. § 49 Abs. 1 EStG entgegenstehen könnten.

II. Sondervorschriften für beschränkt Steuerpflichtige

1. Veranlagung

6 Bei der Einkommensteuerveranlagung von beschränkt steuerpflichtigen Personen sind die **Sondervorschriften** des § 50 EStG anzuwenden, die – neben ihrer klarstellenden Bedeutung in einzelnen Punkten – eine ganze Reihe von materiellen Änderungen gegenüber der Veranlagung von unbeschränkt Steuerpflichtigen beinhalten. Der Grund dafür ist, dass die *persönlichen Verhältnisse* des Steuerpflichtigen ausschließlich und hinreichend bei seiner Besteuerung im *Wohnsitzstaat* berücksichtigt werden, so dass dafür bei der inländischen Einkommensteuerveranlagung kein Raum ist.

7 Beschränkt Steuerpflichtige dürfen Betriebsausgaben und Werbungskosten nur insoweit abziehen, als sie mit inländischen Einkünften in **wirtschaftlichem Zusammenhang** stehen. Unter inländischen Einkünften versteht § 50 Abs. 1 Satz 1 EStG nur diejenigen Einkünfte, die nach § 49 Abs. 1 EStG als *inländische Einkünfte* der beschränkten Einkommensteuerpflicht unterliegen.

8 **Keine Anwendung** finden bei beschränkt Steuerpflichtigen – abgesehen von beschränkt einkommensteuerpflichtigen Arbeitnehmern – folgende Vorschriften:

- § 10 EStG (Sonderausgaben),
- § 10 c EStG (Sonderausgaben-Pauschbetrag),
- § 16 Abs. 4 EStG (Freibetrag bei Betriebsveräußerung und aufgabe),
- § 24 a EStG (Altersentlastungsbetrag),
- § 24 b EStG (Entlastungsbetrag für Alleinerziehende),
- § 32 EStG (Berücksichtigung von Kindern),
- § 32 a Abs. 6 EStG (Verwitwetensplitting und Gnadensplitting),
- §§ 33 bis 33 b EStG (außergewöhnliche Belastungen).

2. Steuerabzug

9 Zur **Sicherung des Steueraufkommens** wird in bestimmten Fällen die Einkommensteuer bei beschränkt Steuerpflichtigen im Wege des **Steuerabzugs** an der Quelle erhoben. § 50 a Abs. 1 und 4 EStG sieht dieses Verfahren vor bei

- *Aufsichtsratsvergütungen* (das sind Vergütungen jeder Art für die Überwachung der Geschäftsführung an Mitglieder des Aufsichtsrats oder Verwaltungsrats von inländischen Kapitalgesellschaften, Genossenschaften und Personenvereinigungen des privaten und des öffentlichen Rechts, bei denen die Gesellschafter nicht als Mitunternehmer anzusehen sind),
- Einkünften, die durch *künstlerische, sportliche, artistische oder ähnliche Darbietungen* im Inland oder durch deren Verwertung im Inland erzielt werden, einschließlich der Einkünfte aus anderen mit diesen Leistungen zusammenhängenden Leistungen, unabhängig davon, wem die Einnahmen zufließen,
- Einkünften aus der Ausübung oder Verwertung einer Tätigkeit als *Künstler, Berufssportler, Schriftsteller, Journalist oder Bildberichterstatter* einschl. solcher Tätigkeiten für den Rundfunk oder Fernsehfunk,
- Einkünften, die aus Vergütungen für die *Nutzung beweglicher Sachen* oder für die Überlassung der Nutzung – oder des Rechts auf Nutzung – von Rechten, insbesondere von Urheberrechten und gewerblichen Schutzrechten, von gewerblichen, technischen, wissenschaftlichen und ähnlichen Erfahrungen, Kenntnissen und Fertigkeiten, z.B. Plänen, Mustern und Verfahren, herrühren.

Die Steuer beträgt im Falle der *Aufsichtsratsvergütungen* **30%**; dem Steuerabzug unterliegt der *volle* Betrag der Aufsichtsratsvergütung ohne jeden Abzug. Werden Reisekosten (Tagegelder und Fahrtauslagen) besonders gewährt, so gehören sie zu den Aufsichtsratsvergütungen nur insoweit, als sie die tatsächlichen Auslagen übersteigen (§ 50 a Abs. 2 und 3 EStG). **10**

In den *übrigen Fällen* beträgt der Steuerabzug generell **15%** der Einnahmen. Nur bei im Inland ausgeübten *künstlerischen, sportlichen, artistischen oder ähnlichen Darbietungen* ist der Steuerabzug gestaffelt nach der Höhe der Einnahmen. Bei Einkünften aus künstlerischen Auftritten im Sinne des § 50 a Absatzes 1 Nummer 1 EStG wird ein Steuerabzug nicht erhoben, wenn die Einnahmen je Darbietung 250 Euro nicht übersteigen. Die Milderungsregelung gilt bei einer Gesamtvergütung pro Person, bei beschränkt steuerpflichtigen Körperschaften (z.B. Chöre) findet keine Aufteilung statt. Sie gilt für den einzelnen Auftritt pro Tag und pro Veranstalter. **11**

Dem Steuerabzug unterliegt der **volle Betrag der Einnahmen,** ohne dass Abzüge, z.B. wegen Betriebsausgaben, Werbungskosten, Sonderausgaben und Steuern, vorgenommen werden können. EU-Bürger können jedoch beim Bundesamt für Finanzen Betriebsausgaben bzw. Werbungskosten nachweisen gem. § 50 a Abs. 3 EStG.

Die Steuer **entsteht** nach § 50 a Abs. 5 EStG in dem Zeitpunkt, in dem die Vergütungen dem Gläubiger zufließen. In diesem Zeitpunkt hat der *Schuldner der Vergütungen* den Steuerabzug für Rechnung des beschränkt steuerpflichtigen Gläubigers (Steuerschuldner) vorzunehmen. Die innerhalb eines Kalendervierteljahrs einbehaltene Steuer ist jeweils bis zum 10. des dem Kalendervierteljahr folgenden Monats an das für ihn zuständige Finanzamt abzuführen. Der beschränkt Steuerpflichtige ist zwar Steuerschuldner; der Schuldner der Vergütungen **haftet** aber für die Einbehaltung und Abführung der Steuer. Der Steuerschuldner wird – ähnlich wie im Falle des Lohnsteuerabzugs – nur in Anspruch genommen, **12**

- wenn der Schuldner der Vergütungen diese nicht vorschriftsmäßig um die Steuer gekürzt hat oder
- wenn der beschränkt steuerpflichtige Gläubiger weiß, dass der Schuldner die einbehaltene Steuer nicht vorschriftsmäßig abgeführt hat, und dies dem Finanzamt nicht unverzüglich mitteilt.

13 Besonderheiten sind zu beachten, wenn ein **DBA** besteht: Ergibt sich nämlich daraus, dass an Ausländer gezahlte nicht oder nur nach einem niedrigeren Steuersatz besteuert werden können, so darf der Schuldner den Steuerabzug nur unterlassen oder nach dem niedrigeren Steuersatz vornehmen, wenn das Bundeszentralamt für Steuern eine sog. **Freistellungsbescheinigung** erteilt hat, vgl. § 50 d EStG.

14 Über den Rahmen des in § 50 a Abs. 1 und 4 EStG geregelten Steuerabzugs für beschränkt Steuerpflichtige hinaus bestimmt § 50 a Abs. 7 EStG, dass das Finanzamt auch **andere Einkünfte,** soweit diese nicht bereits dem Steuerabzug unterliegen, im Wege des Steuerabzugs mit generell einem Steuersatz von **25%** (bei beschränkt steuerpflichtigen Körperschaften ab 2008 i.H.v. 15%) erfassen kann, wenn dies zur Sicherstellung des Steueranspruchs zweckmäßig ist (sog. **Sicherungseinbehalt**).

15–19 *frei*

C. Methoden zur Vermeidung der Doppelbesteuerung

I. Allgemeines

20 Um eine doppelte Besteuerung derselben Einkünfte zu verhindern oder wenigstens zu mildern sind **internationale** (zweiseitige, bilaterale) und **nationale** (einseitige, unilaterale) **Maßnahmen** denkbar. Internationale Maßnahmen in diesem Sinne sind die sog. **Doppelbesteuerungsabkommen (DBA).** Es handelt sich dabei um zweiseitige Verträge zwischen der Bundesrepublik Deutschland und zahlreichen ausländischen Staaten, die nicht nur die Einkommensteuer sondern auch andere Steuerarten (Körperschaftsteuer, Erbschaftsteuer u.a.m.) betreffen. Vgl. auch die Ausführungen zum OECD-Musterabkommen in Aufbau und Systematik des OECD-MA Rn. 40 f.

Da nicht mit allen Staaten DBA bestehen, bedurfte es einer Regelung für die Fälle, in denen eine unbeschränkt steuerpflichtige Person Einkünfte aus dem Ausland bezieht, auf die der ausländische Staat Steuern erhebt. Eine solche Regelung als *einseitige nationale Maßnahme* zur Verhinderung oder Milderung der Doppelbesteuerung findet sich in § 34 c EStG. Dort sind die nachstehend beschriebenen drei Methoden alle enthalten.

II. Freistellungsmethode durch Doppelbesteuerungsabkommen; Progressionsvorbehalt

Hierbei wird im DBA festgelegt, dass nur *einer* der beiden Staaten, entweder der Wohnsitzstaat oder der Staat, aus dem die Einkünfte stammen, diese besteuern darf; der andere Staat stellt die Einkünfte von der Besteuerung frei. 21

Beispiel:
Ein Steuerpflichtiger mit Wohnsitz im Inland erzielt Einkünfte aus einem ihm gehörenden Gewerbebetrieb in Frankreich.
Nach dem DBA mit Frankreich dürfen die Gewinne nur dort zur Einkommensteuer herangezogen werden; im Inland sind diese Einkünfte steuerfrei.

Der Grundsatz, dass bei unbeschränkter Steuerpflicht sowohl die inländischen als auch die ausländischen Einkünfte (bei beschränkter Steuerpflicht nur die inländischen Einkünfte) im Inland zur Einkommensteuer herangezogen werden, erfährt also durch die DBA Einschränkungen; insoweit wird das Welteinkommensprinzip durchbrochen.

Zu beachten ist in diesem Zusammenhang, dass in nahezu allen von der Bundesrepublik Deutschland abgeschlossenen DBA in Zusammenhang mit der Freistellungsmethode auf dem Gebiet der Einkommensteuer der **Progressionsvorbehalt** verankert ist. Dies hat zur Folge, dass das tatsächlich zu versteuernde Einkommen mit dem – regelmäßig höheren – *durchschnittlichen Steuersatz* zu versteuern ist, der sich unter Einbeziehung der nach DBA steuerfreien ausländischen Einkünfte ergeben würde. 22

III. Anrechnungsmethode

1. Anrechnungsmethode nach DBA

Diese Methode sieht vor, dass sowohl der Wohnsitzstaat als auch der Staat, aus dem die Einkünfte stammen, diese besteuern; der Wohnsitzstaat **rechnet** aber auf die **anteilige Steuer**, die auf die ausländischen Einkünfte entfällt, die im *anderen* Staat gezahlte Steuer **an**. 23

Beispiel:
Ein Steuerpflichtiger mit Wohnsitz im Inland erzielt in der Schweiz Einkünfte aus der Vermietung eines dort gelegenen Hauses. Die Schweiz erhebt auf die Vermietungseinkünfte umgerechnet 1 000 € an Bundes, Kantons- und Gemeindesteuern. Es entfallen auf diese Einkünfte (angenommen) 1 200 € an deutscher Einkommensteuer.
Nach dem mit der Schweiz bestehenden DBA sind die Vermietungseinkünfte in Deutschland steuerpflichtig. Hierauf werden die in der Schweiz gezahlten Steuern in Höhe von 1 000 € angerechnet, sodass noch anteilig eine Einkommensteuerschuld von 200 € verbleibt. Betrüge die deutsche Einkommensteuer 800 €, würde eine Anrechnung der ausländischen Steuer maximal bis zur anteiligen deutschen Steuer erfolgen, hier 800 €. Im Ergebnis führt diese Methode daher zur Versteuerung der Einkünfte mit dem höheren Steuersatz.

2. Anrechnungsmethode als unilaterale Maßnahme im deutschen Steuerrecht

24 Bei ausländischen Einkünften ist die im Ausland festgesetzte und gezahlte Steuer auf die deutsche Einkommensteuer **anzurechnen,** die auf die ausländischen Einkünfte entfällt; Voraussetzung ist allerdings, dass die ausländische Steuer **der deutschen Einkommensteuer entspricht** (§ 34 c Abs. 1 EStG, siehe Aufzählung in Anlage 6 zu den EStR), sie festgesetzt und gezahlt ist und um einen entstandenen Ermäßigungsanspruch gekürzt wurde. Die Anrechnung ist begrenzt auf die deutsche Einkommensteuer, die auf die ausländischen Einkünfte ***eines*** **Staates** („per-country-limitation") durchschnittlich entfällt, vgl. § 68 a EStDV.

Berechnet wird die auf die Einkünfte entfallende Steuer nach folgender Formel:

$$\frac{\text{Ausländische Einkünfte} \times \text{deutsche Einkommensteuer}}{\text{Summe der (inländischen und ausländischen) Einkünfte}} = \text{anrechenbarer Höchstbetrag}$$

IV. Abzugsmethode

25 Nach Wahl des Steuerpflichtigen kann **statt** der **Anrechnung** der ausländischen Steuer nach § 34 c Abs. 2 EStG die **Steuer** bei der Ermittlung der Einkünfte **abgezogen** werden. In besonders gelagerten Fällen führt diese Methode zu günstigeren Ergebnissen für den Steuerpflichtigen als der direkte Abzug von der deutschen Einkommensteuer.

Diese Methode kommt auch in Betracht, wenn die ausländische Steuer nicht angerechnet werden kann, etwa weil sie **nicht der deutschen Einkommensteuer entspricht** (§ 34 c Abs. 3 EStG).

D. Negative ausländische Einkünfte

26 Der Einkommensteuer unterliegen nach dem Welteinkommensprinzip nicht nur die aus inländischen Quellen stammenden Einkünfte sondern auch **ausländische Einkünfte**. Dies gilt sowohl für positive als auch für **negative Einkünfte** aus dem Ausland, d. h. letztere sind in den **Verlustausgleich** einzubeziehen.

I. Verlustabzugsbeschränkung

27 § 2 a EStG macht hiervon bei bestimmten negativen ausländischen Einkünften aus Drittstaaten eine Ausnahme. Die Beschränkung gilt nur für Nichtmitgliedsstaaten der EU. Verluste dürfen **nur mit ausländischen Einkünften** der **jeweils selben Art aus demselben Staat** ausgeglichen werden. Ist ein solcher Ausgleich nicht oder nicht vollständig möglich, so kann der Verlust mit positiven ausländischen Einkünften der jeweils selben Art, die der Steuerpflichtige in

den **folgenden Veranlagungszeiträumen** aus demselben Staat erzielt, verrechnet werden. Diese Beschränkung gilt nicht für EU-Mitgliedsstaaten.

Werden die Einkünfte in einem Drittstaat erzielt, mit dem ein **DBA** besteht, gelten die darin vorgesehenen Regelungen. Sieht das DBA die Freistellungsmethode (vgl. Rn. 21 ff.) vor, können die negativen Einkünfte nicht im Rahmen eines Verlustausgleichs, sondern „nur" im Rahmen eines negativen Progressionsvorbehalts gem. § 32 b EStG berücksichtigt werden, wenn sie gem. § 2 a EStG zum Verlustabzug zugelassen werden, vgl. H 32 b (Ausländische Verluste) EStH. Ist im DBA die Anrechungsmethode (vgl. Rn. 24) vorgesehen, ist § 32 b EStG nicht anzuwenden. 28

Damit ergibt sich für § 2 a EStG als **sachlicher Anwendungsbereich** Verluste, die in Staaten entstehen, 29

- mit denen kein DBA vereinbart ist, oder
- mit denen ein DBA mit Anrechnungsmethode vereinbart ist.

Von § 2 a EStG sind **folgende Verluste** betroffen: 30

- Verluste aus einer im Ausland belegenen **land- und forstwirtschaftlichen Betriebsstätte** (§ 2 a Abs. 1 Nr. 1 EStG).
- Verluste aus einer im Ausland belegenen **gewerblichen Betriebsstätte** (§ 2 a Abs. 1 Nr. 2 EStG). Verluste aus der Teilwertabschreibung, Veräußerung, Entnahme, Auflösung oder Kapitalherabsetzung bei Anteilen an **ausländischen Körperschaften**, sofern die Anteile zu einem **Betriebsvermögen** gehören (§ 2 a Abs. 1 Nr. 3 EStG). Die Einschränkung des Verlustausgleichs gilt nicht, wenn die Körperschaft seit ihrer Gründung während der letzten 5 Jahre ausschließlich oder fast ausschließlich **aktiv tätig war** (§ 2 a Abs. 2 Satz 2 EStG).
- Verluste aus der Veräußerung einer Beteiligung an einer **ausländischen Kapitalgesellschaft** i.S. von **§ 17 EStG** (§ 2 a Abs. 1 Nr. 4 EStG). Die Einschränkung des Verlustausgleichs gilt nicht, wenn die Körperschaft seit ihrer Gründung während der letzten 5 Jahre ausschließlich oder fast ausschließlich **aktiv tätig war** (§ 2 a Abs. 2 Satz 2 EStG).
- Verluste aus der Beteiligung an einem Handelsgewerbe als **stiller Gesellschafter** und aus partiarischen (= gewinnbeteiligten) Darlehen, wenn der Schuldner Wohnsitz, Sitz oder Geschäftsleitung in einem ausländischen Staat hat (§ 2 a Abs. 1 Nr. 5 EStG),
- Verluste aus der Vermietung oder der Verpachtung von unbeweglichem Vermögen oder von Sachinbegriffen, wenn diese in einem ausländischen Staat belegen sind, einschließlich etwaiger Teilwertabschreibungen sowie Veräußerungs- und Entnahmeverlusten (§ 2 a Abs. 1 Nr. 6 Buchst. a und Buchst. c EStG),
- (Grundsätzlich) Verluste aus der **Vermietung** oder der **Verpachtung** von **Schiffen**, wenn die Einkünfte daraus nicht tatsächlich der inländischen Besteuerung unterliegen, einschließlich etwaiger Teilwertabschreibungen sowie Veräußerungs- und Entnahmeverlusten (§ 2 a Abs. 1 Nr. 6 Buchst. b und Buchst. c EStG),
- Verluste infolge Teilwertabschreibung, Veräußerung oder Entnahme eines zum **Betriebsvermögen** gehörenden Anteils an einer ***inländischen* Kör-**

perschaft sowie **Verluste i. S. d. § 17 EStG** aus der Veräußerung eines zum Privatvermögen gehörenden Anteils an einer inländischen Körperschaft, **soweit** die Verluste auf **Tatbestände der vorstehend geschilderten Art** zurückzuführen sind (§ 2 a Abs. 1 Nr. 7 EStG). Damit sollen Umgehungsgestaltungen vermieden werden, indem Verlustverrechnungen durch Zwischenschaltung inländischer Körperschaften erreicht werden sollen.

II. Aktivitätsklausel

31 Die Einschränkung des Verlustausgleichs gilt gem. § 2 a Abs. 2 Satz 1 Halbsatz 1 EStG aber nicht, wenn die Verluste aus einer Betriebsstätte stammen, die (fast) ausschließlich die **Herstellung oder Lieferung von Waren** (außer Waffen), die Gewinnung von **Bodenschätzen** sowie die Bewirkung **gewerblicher Leistungen** zum Gegenstand hat **(Aktivitätsklausel)**. Die gewerblichen Leistungen dürfen **aber nicht** dem **Fremdenverkehr** dienen, oder in der Vermietung oder der **Verpachtung von Rechten, Plänen, Mustern, Verfahren, Erfahrungen und Kenntnissen** bestehen. Die Aktivitätsklausel wird durch § 2 a Abs. 2 Satz 1 Halbsatz 2 EStG ausgedehnt auf das unmittelbare **Halten von Beteiligungen** i. H. v. mindestens 25% an ausländischen Kapitalgesellschaften, durch die Betriebsstätte oder durch den inländischen Steuerpflichtigen für die Betriebsstätte, in deren Betriebsergebnis die Beteiligungsverluste eingehen. Verluste aus aktiven ausländischen Betriebsstätten sind wie EU-Verluste generell iRd. § 2 Abs. 3 EStG voll verrechenbar und ausgleichsfähig.

32–39 *frei*

E. Aufbau und Systematik des OECD-MA

I. Allgemeines

40 Die Organisation für wirtschaftliche Zusammenarbeit und Entwicklung (Organisation for Economic Cooperation and Development; OECD) ist eine Internationale Organisation mit Sitz in Paris. Um die Mitgliedsstaaten zu unterstützen, hat die OECD ein Musterabkommen entwickelt, welches lediglich eine Empfehlung darstellt, und für die OECD-Mitgliedsstaaten nicht bindend ist. Letzlich ist es lediglich ein **Modellabkommen**. Der letzte Stand des **OECD-Musterabkommen** wurde im Juli 2010 aktualisiert (OECD-MA). Hierzu existiert zur Rechtsauslegung auch ein **Musterkommentar** (OECD-MK).

41 Das **Zustandekommen** eines DBA als völkerrechtlicher Vertrag zwischen zwei Staaten vollzieht sich in mehreren Schritten:

- **Vertragsverhandlungen** zwischen den Staaten durch Unterhändler mit Vertretungsvollmacht des Bundespräsidenten, vgl. Art. 59 Abs. 1 GG,

- **Paraphierung** des Abkommensentwurfs, indem die Namenszeichen der Leiter der Verhandlungskommissionen unter den Vertragstext gesetzt wird,
- **Unterzeichnung** durch einen Bevollmächtigten des Bundespräsidenten,
- **Transformation** in nationales Recht durch Zustimmungsgesetz, vgl. Art. 59 Abs. 2 GG,
- **Ratifikation** durch den Bundespräsidenten,
- Austausch der Ratifikationsurkunden zwischen den Staaten.

Das OECD-Musterabkommen gliedert sich in **sieben Abschnitte**: **42**

1. Geltungsbereich des Abkommens (Art. 1, 2 OECD-MA)
2. Begriffsbestimmungen (Art. 3 bis 5 OECD-MA)
3. Besteuerungsrechte an den Einkünften (Art. 6 bis 21 OECD-MA)
4. Besteuerungsrechte am Vermögen (Art. 22 OECD-MA)
5. Methoden zur Vermeidung der Doppelbesteuerung (Art. 23 A und Art. 23 B OECD-MA)
6. Besondere Bestimmungen (Art. 24 bis 29 OECD-MA)
7. Schlussbestimmungen (Art. 30, 31 OECD-MA)

Das OECD-MA sieht vor allem für die folgenden Einkünfte die **Freistellungsmethode** (Einkünfte steuerfrei, ggf. in Progressionsvorbehalt gem. § 32 b EStG einzubeziehen) vor: **43**

- Einkünfte aus unbeweglichem Vermögen,
- Einkünfte aus einer gewerblichen Tätigkeit,
- Einkünfte aus selbständiger Arbeit,
- Einkünfte aus nichtselbständiger Arbeit,
- Einkünfte aus öffentlichen Kassen,
- Veräußerungsgewinne bei Veräußerung von unbeweglichem Vermögen oder Betriebsstättenvermögen.

Die **Anrechnungsmethode** (Einkünfte steuerpflichtig, die ausländische Steuer wird ganz, zum Teil oder in fiktiver Höhe angerechnet) findet vor allem Anwendung bei **44**

- Dividendenzahlungen,
- Zinszahlungen.

Zwischen den **Einkunftsarten** von **EStG** und **DBA** gibt es sowohl begriffliche als auch inhaltliche Unterschiede. Zudem kann die Zuordnung von Einkünften zu einer Einkunftsart sich zwischen verschiedenen DBA unterscheiden. So spricht z.B. das EStG von Einkünften aus Gewerbebetrieb, das OECD-MA von Unternehmensgewinnen. **45**

II. Einkünfte aus unbeweglichem Vermögen

In den DBA gibt es die Einkunftsart „Vermietung und Verpachtung" nicht. Vielmehr verteilt sich die Zuweisung des Besteuerungrechts auf verschiedene Artikel des OECD-MA: **46**

- Artikel 6 OECD-MA (unbewegliches Vermögen),

- Artikel 8 OECD-MA (Seeschifffahrt, Binnenschifffahrt und Luftfahrt)
- Artikel 12 OECD-MA (Lizenzgebühren) und
- Artikel 21 OECD-MA (andere Einkünfte.

Bei den hier interessierenden Einkünften aus **unbeweglichem Vermögen** gilt das **Belegenheitsprinzip**. Der Staat, in dem sich das unbewegliche Vermögen befindet, hat das Besteuerungsrecht. Im Wohnsitzstaat sind die Einkünfte steuerfrei, wobei sie dem Progressionsvorbehalt gem. § 32 b EStG unterliegen.

III. Einkünfte aus einer gewerblichen Tätigkeit

47 Das Besteuerungsrecht wird gem. Artikel 7 OECD-MA dem **Sitzstaat** des Unternehmens zugewiesen. Wurde der Gewinn durch eine Betriebsstätte erzielt, hat der Staat, in dem sich die Betriebsstätte befindet **(Betriebsstättenstaat)**, das Besteuerungsrecht. Regelmäßig findet sich in den DBA damit verbunden auch der Progressionsvorbehalt.

48 Der Begriff **„Betriebsstätte"** wird in Artikel 5 OECD-MA **eigenständig definiert**. Im Sinne des Abkommens bedeutet der Ausdruck „Betriebstätte" eine feste Geschäftseinrichtung, durch die die Geschäftstätigkeit eines Unternehmens ganz oder teilweise ausgeübt wird. Es ergeben sich Abweichungen zur Begriffsbestimmung zu § 12 AO, die Begriffsbestimmung nach DBA ist „enger". So sind etwa Warenlager und Einkaufsstellen keine Betriebsstätten nach dem OECD-MA und nach Art. 5 Abs. 3 OECD-MA ist eine Dauer von mindestens 12 Monaten vorgesehen.

49 Nach Art. 9 OECD-MA ist bei **international verbundenen Unternehmen** der Gewinn zu korrigieren, wenn ein Unternehmen auf Grund seiner Verflechtung Bedingungen akzeptiert, die ein fremdes Unternehmen nicht akzeptiert hätte. Fehlen in einem DBA derartige Regelungen, kann eine entsprechende Gewinnkorrektur nach § 1 AStG in Betracht kommen.

IV. Einkünfte aus selbständiger Arbeit

50 Einkünfte aus einem freien Beruf oder aus sonstiger selbständiger Tätigkeit waren **ehemals in Art. 14 OECD-MA** geregelt. Nach dessen Streichung gehören diese Einkünfte zu den **Unternehmensgewinnen** gem. Art. 7 OECD-MA; vgl. daher zunächst den vorherigen Punkt).

Viele DBA enthalten aber noch den Text des ehemaligen Art. 14 OECD-MA. Danach werden solche Einkünfte grundsätzlich im **Wohnsitzstaat** besteuert. Nur wenn die Tätigkeit im Ausland in einer **festen Einrichtung** ausgeübt wird, hat das Besteuerungsrecht der Staat, in dem sich die feste Einrichtung befindet.

V. Einkünfte aus nichtselbständiger Arbeit

Im Grundsatz steht das Besteuerungsrecht gem. Art. 15 OECD-MA dem Ansässigkeitsstaat alleine zu, es sein denn, die Tätigkeit wird im anderen Staat ausgeübt **(Tätigkeitsstaat)**. 51

Das Besteuerungsrecht verbleibt beim **Ansässigkeitsstaat**, wenn 52

- der Arbeitnehmer sich **nicht länger als 183 Tage** im Tätigkeitsstaat aufhält ***und***
- die **Vergütungen nicht** von einem im **Tätigkeitsstaat** ansässigen Arbeitgeber gezahlt werden ***und***
- der Arbeitslohn **nicht** von einer **Betriebsstätte** oder einer festen Einrichtung, die der Arbeitgeber im **Tätigkeitsstaat** hat, getragen wurde.

Wird also die Vergütung von einem Arbeitgeber im Tätigkeitsstaat gezahlt, hat stets – unabhängig von der Verweildauer des Arbeitnehmers – der Tätigkeitsstaat das Besteuerungsrecht.

Art. 15 Abs. 3 OECD-MA enthält eine eigene Bestimmung für die Besteuerung der Vergütungen des **Bordpersonals** von **Seeschiffen und Luftfahrzeugen im internationalen Verkehr** und des Bordpersonals von **Schiffen im Binnenverkehr**. Das Besteuerungsrecht hat der Staat, in dem sich der Ort der tatsächlichen Geschäftsführung des Unternehmens befindet. 53

Für **Ruhegehälter** und ähnliche Zahlungen von privater Seite hat nach Art. 18 OECD-MA der Wohnsitzstaat das Besteuerungsrecht. 54

Für **Grenzgänger**, also Arbeitnehmer, die in einem Staat arbeiten und in einem anderern Staat ihren Wohnsitz haben und arbeitsäglich über die Grenze pendeln, sind in einigen DBA Sonderregelungen enthalten. Danach bleibt das Besteuerungsrecht beim Wohnsitzstaat. Im Tätigkeitsstaat muss ein Antrag auf Freistellung von der Lohnsteuer gestellt werden. 55

VI. Künstler und Sportler

Besonderheiten gelten für **Künstler und Sportler,** unabhängig davon, ob sie unselbständige, gewerbliche oder selbstständige Einkünfte beziehen (Art. 17 OECD-MA). Zumeist hat der Staat das Besteuerungsrecht, in dem der Künstler oder Sportler seine Tätigkeit ausübt **(Tätigkeitsstaat)**. Erhält nicht der Künstler oder Sportler selbst die Vergütung, sondern eine andere Person (z.B. eine Agentur), so bleibt gleichwohl das Besteuerungsrecht bei dem Staat, in dem der Künstler oder Sportler seine Tätigkeit ausübt. 56

Ist dieser Personenkreis in Deutschland beschränkt steuerpflichtig, hat der Schuldner der Vergütung einen **Steuerabzug** nach § 50 a EStG durchzuführen. 57

VII. Aufsichtsrats- und Verwaltungsratsvergütungen

58 Nach Art. 16 OECD-MA sind Aufsichtsratsvergütungen, Verwaltungsratsvergütungen und ähnliche Zahlungen, die eine Gesellschaft an ihre Organmitglieder leistet, im **Sitzstaat der Gesellschaft** zu besteuern. Ist der Empfänger der Vergütungen in Deutschland beschränkt einkommensteuerpflichtig, hat die auszahlende Gesellschaft einen Steuerabzug gem. § 50 a Abs. 1 EStG durchzuführen. Der Steuerabzug ist auch dann vorzunehmen, wenn nach einem DBA eine Steuerbefreiung oder ein niedriger Steuersatz in Betracht kommt. Der Gläubiger der Vergütungen kann jedoch durch eine Bestätigung der für ihn zuständigen Steuerbehörde des anderen Vertragsstaates eine Freistellung, Ermäßigung oder Erstattung der zu viel einbehaltenen Steuern beim Bundeszentralamt für Steuern erreichen (§ 50 d EStG).

VIII. Einkünfte aus öffentlichen Kassen

59 Artikel 19 Abs. 1 OECD-MA ist gegenüber Artikel 15 OECD-MA eine speziellere Regelung. Er regelt das Besteuerungsrecht, wenn Vergütungen für nichtselbständige Tätigkeiten aus öffentlichen Kassen an natürliche Personen gezahlt werden. Das Besteuerungsrecht steht grundsätzlich dem Staat zu, in dem sich die auszahlende Kasse befindet **(Kassenstaat)**.

IX. Studenten, Lehrlinge, Praktikanten

60 **Unterstützungszahlungen** an Studenten, Lehrlinge und Praktikanten, die sich zu Ausbildungszwecken im anderen Staat aufhalten, werden gem. § 20 OECD-MA im anderen Staat nicht besteuert, wenn sie aus **Quellen außerhalb dieses Staates** stammen.

X. Gewinne aus der Veräußerung von Vermögen

61 Gewinne aus der Veräußerung **unbeweglichen Vermögens** werden nach Art. 13 OECD-MA vom **Belegenheitsstaat** besteuert (soweit dort nach nationalem Recht vorgesehen, vgl. § 23 Abs. 1 Nr. 2 EStG). Gleiches gilt, wenn es sich um Anteile handelt, wenn deren Wert zu mehr als 50% auf unbeweglichem Grundbesitz beruht.

62 Gewinne aus der Veräußerung von beweglichem Vermögen, das zu einer **Betriebsstätte** gehört, werden vom **Betriebsstättenstaat** erfasst. Für Gewinne aus der Veräußerung von **Seeschiffen und Luftfahrzeugen**, die im internationalen Verkehr betrieben werden, und von **Binnenschiffen** steht das Besteuerungsrecht dem Staat zu, in dem sich der Ort der **tatsächlichen Geschäftsleitung** befindet. Gewinne aus der Veräußerung **sonstigen Vermögens** werden vom **Wohnsitzstaat** versteuert.

XI. Dividenden und Zinszahlungen

Für Dividenden steht gem. Art. 10 OECD-MA das Besteuerungsrecht grundsätzlich dem **Wohnsitzstaat** zu, gleichzeitig hat der **Quellenstaat** das Recht zu einer Quellenbesteuerung. Dabei soll die Quellensteuer 63

- 5% des Bruttobetrags der Dividenden nicht übersteigen, wenn der Nutzungsberechtigte eine Kapitalgesellschaft ist, die zu mindestens 25% am Kapital der ausschüttenden Gesellschaft beteiligt ist **(Schachtelprivileg)** und
- in den übrigen Fällen **(Streubesitz)** 15% des Bruttobetrags nicht übersteigen.

Das Besteuerungsrecht bei **Zinsen** hat – wie bei Dividenden – grundsätzlich der Wohnsitzstaat, wobei der Quellenstaat eine Quellensteuer von bis zu 10% der Bruttodividenden erheben kann.

Es gilt für beide Bereiche ein **Betriebsstättenvorbehalt**. Sind die Dividenden oder Zinsen einer Betriebsstätte im Quellenstaat zuzurechnen, hat der Quellenstaat das Besteuerungsrecht.

XII. Lizenzzahlungen

Nach Art. 12 OECD-MA ist das Besteuerungsrecht für Lizenzzahlungen dem **Wohnsitzstaat des Lizenzgebers** zugewiesen. In einigen DBA sind aber Quellenbesteuerungen vorgesehen. Wie bei Dividenden und Zinsen gilt auch hier ein Betriebsstättenvorbehalt. 64

Für in Deutschland beschränkt steuerpflichtige ausländische Lizenzgeber ist ein **Steuerabzug** nach § 50 a Abs. 1 Nr. 3 EStG durchzuführen.

frei **65–69**

F. Grundzüge des Außensteuergesetzes

Ziel des AStG ist es, **ungerechtfertigte Steuervorteile** im Bereich der direkten Steuern (Einkommensteuer, Körperschaftsteuer, Gewerbesteuer und Erbschaftsteuer), die aber nicht unter § 42 AO (Gestaltungsmissbrauch) fallen, zu **unterbinden**, die Steuerpflichtige aus international unterschiedlicher Besteuerungshöhe ziehen wollen. In diesem Zusammenhang wird auch von sog. Steueroasen gesprochen. Das sind Staaten, die im internationalem Vergleich besonders niedrige Steuern erheben, um damit Kapital anzuziehen. Das AStG hat u. a. folgende **Regelungsbereiche**: 70

- **Berichtigung von Einkünften** bei internationalen Verflechtungen (§ 1 AStG),
- **Erweiterte beschränkte Steuerpflicht** (§§ 2–5 AStG) bei Wohnsitzwechsel in niedrig besteuernde Gebiete,
- Besteuerung des Vermögenszuwachses bei wesentlichen Beteiligungen an inländischen Kapitalgesellschaften bei Wohnsitzwechsel ins Ausland (§ 6 AStG, **Wegzugsbesteuerung**).

I. Berichtigung der Einkünfte

71 § 1 AStG dient der Berichtigung von Einkünften eines Steuerpflichtigen, die durch grenzüberschreitende **Geschäftsbeziehungen** mit einer **nahestehenden Person** zu niedrig sind, weil Bedingungen vereinbart wurden, die von denen abweichen, die üblicherweise mit fremden Dritten vereinbart worden wären **(Fremdvergleichsgrundsatz)**. Ziel ist es also, den Gewinn der deutschen Besteuerung zu unterwerfen, der entstanden wäre, wenn die Geschäftsbeziehungen mit einem **unabhängigen Dritten** vereinbart worden wären.

72 Betroffen sind sowohl beschränkte als auch unbeschränkt steuerpflichtige natürliche und juristische Personen.

Gegenüber Berichtigungen durch andere Vorschriften, wie z.B. gem. § 8 Abs. 3 Satz 2 KStG die verdeckte Gewinnausschüttung oder § 8 Abs. 3 Satz 3 KStG die verdeckte Einlage ist die **Berichtigung** gem. **§ 1 AStG ergänzend**, vgl. § 1 Abs. 1 Satz 3 AStG.

Der **Begriff „nahestehende Person"** wird in § 1 Abs. 2 AStG definiert. Eine Person ist nahestend, wenn

- sie zu mindestens 25% und damit **wesentlich** am Steuerpflichtigen **beteiligt** ist, oder einen beherrschenden Einfluss auf den Steuerpflichtigen ausüben kann. Dies gilt auch umgekehrt, wenn der Steuerpflichtige an der Person wesentlich beteiligt ist oder auf sie einen beherrschenden Einfluss ausüben kann,
- eine **dritte Person** sowohl auf die Person als auch auf den Steuerpflichtigen einen **beherrschenden Einfluss** ausüben kann,
- die Person oder der Steuerpflichtige bei den Vereinbarungen der Bedingungen einer Geschäftsbeziehung **Einfluss auszuüben**, wobei die Möglichkeit der Einflussnahme außerhalb der Geschäftsbeziehung begründet ist oder
- die Person oder der Steuerpflichtige **eigene geschäftliche oder persönliche Interessen** an der Erzielung der Einkünfte des anderen hat.

73 Zur **Ermittlung des Fremdvergleichspreises** zwecks Prüfung von Verrechnungspreisen kommen vor allem folgende drei Standardmethoden in Betracht:

- Preisvergleichsmethode (comparable uncontrolled price method)
- Wiederverkaufsmethode (resale method)
- Kostenaufschlagsmethode (cost plus method).
- Nach § 1 Abs. 3 AStG i.d.F. des Unternehmensteuerreformgesetzes 2008 sind ab Veranlagungszeitraum 2008 die oben genannten **Standardmethoden** (Preisvergleichsmethode, Wiederverkaufspreismethode und Kostenaufschlagsmethode) **vorrangig**. Nachrangig sind andere **eingeschränkt vergleichbare Fremdvergleichswerte** zu verwenden, um eine andere geeignete Verrechnungspreismethode zu ermitteln, z.B. Heranziehen von Preisen, Bruttomargen, Provisionssätzen oder Kostenaufschlagssätzen).

Die Grundlagen und Annahmen der ermittelten Verrechnungspreise sind gem. § 90 Abs. 3 AO zu dokumentieren. Die Aufzeichnungspflicht umfasst insbesondere die wirtschaftlichen und rechtlichen Grundlagen für eine den Grundsatz des Fremdvergleichs beachtende Vereinbarung von Preisen und anderen Geschäftsbedingungen mit den Nahestehenden, sprich die Berechnungsgrundlagen seiner Verrechnungspreisermittlung.

1. Preisvergleichsmethode

Bei der **Preisvergleichsmethode** wird der mit der nahestehenden Person vereinbarte Preis mit dem Preis verglichen, die Fremde im Markt unter zumindest ähnlichen Bedingungen vereinbart hätten. Beim **äußeren Preisvergleich** werden Preise aus Lieferungs- und Leistungsverkehr zwischen Fremden Dritten herangezogen (Branchenpreise, Börsenpreise). Beim **inneren Preisvergleich** findet der Vergleich statt mit den Preisen, die das Unternehmen oder die nahestehende Person mit fremden Dritten vereinbart hat. 74

Jedenfalls ist die **Vergleichbarkeit** der gefundenen Preise mit den vereinbarten Preisen **herzustellen**. Bei einem **direkten Preisvergleich** ist Voraussetzung, dass die Bedingungen für die Geschäfte, also z.B. Qualität des Materials, gleiche Markt- und Handelsstufe, die allgemeinen Marktverhältnisse, die vereinbarten Lieferbedingungen oder Zahlungsfristen, in allen wesentlichen Einzelheiten vergleichbar sind. Bei dem **indirekten Preisvergleich** sind aus den eben genannten Gründen Anpassungen notwendig.

2. Wiederverkaufspreismethode

Die **Wiederverkaufsmethode** ist vor allem sinnvoll, wenn die bezogenen **Leistungen anschließend an fremde Dritte veräußert** werden. Von dem sich dadurch ergebenden Marktwert aus dem Wiederverkaufspreis wird auf den **Preis zurückgerechnet**, der bei der Leistung zwischem dem Steuerpflichtigen und der nahestehenden Person anzusetzen ist. Hierbei wird der Wiederverkaufspreis um handelsübliche Abschläge gemindert, eben um die **Handelsspanne** (vor allem Verwaltungs- und Vertriebskosten sowie ein Gewinnaufschlag) der Handelsstufe des Wiederverkäufers. Wird das Produkt vom **Wiederverkäufer bearbeitet**, ist dies durch entsprechende Abschläge (vor allem Kosten der eigenen Bearbeitung sowie kalkulatorische Kosten) zu berichtigen. 75

3. Kostenaufschlagsmethode

Bei der **Kostenaufschlagsmethode** wird kein Marktpreis ermittelt. Ausgangspunkt zur Ermittlung des Vergleichspreise sind die **Selbstkosten** des Leistenden, die nach betriebswirtschaftlichen Grundsätzen zu ermitteln sind und von diesem bei seiner Preispolitik gegenüber fremden Dritten zu Grunde gelegt werden. Den Selbstkosten ist ein betriebs- bzw. branchenüblicher **Gewinnaufschlag** hinzuzurechnen. 76

II. Grundzüge der erweiterten beschränkten Steuerpflicht

77 Nach § 2 Abs. 1 AStG kommt eine **Erweiterung der beschränkten Steuerpflicht** in Betracht bei **Deutschen**, die

- ihren Wohnsitz oder gewöhnlichen Aufenthalt in **niedrig besteuernde Länder** verlegen oder in keinem ausländischen Gebiet ansässig sind (ständig wechselnder Aufenthalt) und
- weiterhin wesentliche wirtschaftliche Interessen im Inland besitzen.

Voraussetzung ist, dass diese Personen als Deutsche innerhalb der letzten zehn Jahre vor dem Tag der Auswanderung **mindestens fünf Jahre** lang **unbeschränkt einkommensteuerpflichtig** waren.

78 Eine **niedrige Besteuerung** liegt gem. § 2 Abs. 2 AStG vor, wenn die ausländische Einkommensteuer für einen unverheirateten Steuerpflichtigen bei einem Einkommen von 77 000 € um ein Drittel niedriger ist als die deutsche Einkommensteuer oder wenn dem Steuerpflichtigen in dem ausländischen Gebiet eine wesentliche Vorzugsbesteuerung gewährt werden kann.

Weist der Steuerpflichtige **nach**, dass seine gesamte Einkommensteuer im Wohnsitzstaat **mindestens 2/3 der deutschen Einkommensteuer** beträgt, entfällt die erweiterte beschränkte Steuerpflicht.

79 Wesentliche wirtschaftliche Interessen im Inland sind gem. § 2 Abs. 3 AStG in folgenden Fällen anzunehmen:

- Der Steuerpflichtige hat **gewerbliche inländische Einkünfte**, weil er zu Beginn des Veranlagungszeitraums Unternehmer oder Mitunternehmer eines inländischen Gewerbebetriebs ist, ihm als Kommanditist mehr als 25% des Gewinns einer Kommanditgesellschaft zustehen oder ihm eine wesentliche Beteiligung an einer inländischen Kapitalgesellschaft i. S. v. § 17 Abs. 1 EStG gehört.
- Der Steuerpflichtige verfügt über **wesentliche inländische Einkünfte** (solche Einkünfte, die bei unbeschränkter Steuerpflicht keine Einkünfte i. S. d. § 34 c Abs. 1 EStG wären) von entweder mehr als 30% der gesamten Welteinkünfte oder mehr als 62 000 €.
- Der Steuerpflichtige verfügt zu Beginn des Veranlagungszeitraums über ein **wesentliches inländisches Vermögen**, das entweder 30% seines gesamten Weltvermögens oder 154 000 € übersteigt.

80 Folge ist, dass die Person für die Dauer von **weiteren zehn Jahren** nach Aufgabe des Wohnsitzes bzw. Beendigung des gewöhnlichen Aufenthaltes im Inland alle inländischen Einkünfte der Einkommensteuer zu unterwerfen hat, und zwar über die Einkünfte im Sinne des § 49 EStG hinaus auch solche, die bei unbeschränkter Steuerpflicht nicht als ausländische Einkünfte i. S. d. § 34 c Abs. 1 EStG (i. V. m. § 34 d EStG) anzusehen sind.

Vor allem unterliegen damit **folgende Einkünfte** der erweiterten Steuerpflicht:

- Einkünfte aus Land- und Forstwirtschaft, soweit diese im Inland betrieben wird,
- Einkünfte aus Gewerbebetrieb, soweit die Einkünfte durch eine im Inland belegene Betriebsstätte erzielt werden,

- Einkünfte aus einer im Inland ausgeübten oder verwerteten selbständigen Arbeit;
- Einkünfte aus einer im Inland ausgeübten oder verwerteten nichtselbständigen Arbeit,
- Einkünfte aus Kapitalvermögen, wenn der Schuldner unbeschränkt steuerpflichtig ist oder das Kapitalvermögen durch inländischen Grundbesitz gesichert ist,
- Einkünfte aus Vermietung und Verpachtung von im Inland belegenem unbeweglichen und im Inland zur Nutzung überlassenen beweglichen Vermögen,
- Einkünfte i.S.v. § 22 EStG (sonstige Leistungen), wenn der Verpflichtete seinen Wohnsitz, Geschäftsleitung oder Sitz im Inland hat.

Nach der **Bagatellgrenze** in § 2 Abs. 1 Satz 2 AStG greift die erweiterte beschränkte Steuerpflicht erst, wenn die steuerpflichtigen Einkünfte insgesamt 16 500 € übersteigen.

Besteht ein **DBA** mit dem Wohnsitzstaat, sind die **Einkünfte auszusparen**, für die der Wohnsitzstaat das Besteuerungsrecht hat.

§ 5 AStG flankiert die Regelungen des § 2 AStG. Eine Person könnte die 81
erweiterte beschränkte Steuerpflicht dadurch umgehen, dass Vermögen und Einkünfte auf eine niedrig besteuerte **Zwischengesellschaft** überträgt. Gem. § 2 Abs. 4 AStG sind die inländischen Einkünfte der Gesellschaft den Gesellschaftern zur Prüfung und Festlegung des Umfangs von deren erweiterten beschränkten Steuerpflicht zuzurechnen. Es muss sich um eine Gesellschaft handeln, die **von Steuerinländern** (unbeschränkt und erweitert beschränkt Steuerpflichtige) **beherrscht** wird.

§ 4 AStG regelt die **erweiterte beschränkte Erbschaftsteuerpflicht**. Be- 82
stand im Zeitpunkt eines Erbfalles/Schenkung für den Erblasser/Schenker erweiterte beschränkte Einkommensteuerpflicht, besteht erweiterte beschränkte Erbschaft- bzw. Schenkungsteuerpflicht. Neben dem Inlandsvermögen i.S.v. § 121 BewG wird das **Vermögen** besteuert, dessen **Erträge erweitert beschränkt einkommensteuerpflichtig wären**, z.B. Kapitalforderungen gegen Schuldner im Inland, Sparguthaben bei inländischen Kreditinstituten, Anteile an inländischen Kapitalgesellschaften, wie z.B. Aktien oder wesentliche Beteiligungen i.S.d. § 17 EStG oder Versicherungsansprüche gegen inländische Versicherungsunternehmen.

Wird nachgewiesen, dass für das von § 4 AStG über das Inlandsvermögen hinaus erfasste Vermögen im Ausland eine der deutschen Erbschaftsteuer entsprechende Steuer zu entrichten ist, die **mindestens 30% der** auf dieses Vermögen entfallenden **deutschen Erbschaftsteuer** beträgt, entfällt die erweiterte beschränkte Erbschaftsteuerpflicht.

III. Grundzüge der Wegzugsbesteuerung

Stille Reserven, die eine **natürliche Person** in der Zeit ihrer unbe- 83
schränkten Steuerpflicht in **Anteilen i.S.d. § 17 EStG** ansammelt, sollen auch nach Wegzug der deutschen Besteuerung unterliegen. Die Veräußerung

der Beteiligung ist zwar gem. § 49 Abs. 1 Nr. 2 Buchst. e EStG steuerpflichtig, jedoch hat regelmäßig nach den DBA (vgl. Art. 13 Abs. 4 OECD-MA) der Wohnsitzstaat das Besteuerungsrecht. § 6 AStG erfasst daher den Wertzuwachs während der Zeit der unbeschränkten Steuerpflicht.

84 Ist eine natürliche Person vor ihrem **Wegzug** aus dem Inland insgesamt **mindestens zehn Jahre** gem. § 1 Abs. 1 EStG **unbeschränkt steuerpflichtig** gewesen, ist gem. § 6 Abs. 1 Satz 1 AStG § 17 EStG auch ohne Veräußerung anzuwenden. Bei unentgeltlicher Rechtsnachfolge sind die Zeiten des Rechtsvorgängers mitzuzählen, vgl. § 6 Abs. 2 AStG.

85 Beruht die Beendigung der unbeschränkten Steuerpflicht auf einer **vorübergehenden Abwesenheit** (der Steuerpflichtige wird innerhalb von fünf Jahren wieder unbeschränkt steuerpflichtig; Frist ggf. verlängerbar durch das Finanzamt), entfällt – grundsätzlich – die Wegzugsbesteuerung gem. § 6 Abs. 3 AStG. In den **Stundungsfällen des § 6 Abs. 5 AStG** (vgl. Rn. 89) fällt der Steueranspruch auch dann stets ohne zeitliche Begrenzung weg, wenn die unbeschränkte Steuerpflicht wieder begründet wird oder die Beschränkung des deutschen Besteuerungsrechts wieder entfällt.

86 Der Beendigung der unbeschränkten Steuerpflicht stehen gem. § 6 Abs. 1 Satz 2 AStG als sog. **weitere Entstrickungsgründe** gleich:

- die ganz oder teilweise unentgeltliche Übertragung der Beteiligung unter Lebenden oder durch den Erwerb von Todes wegen auf nicht unbeschränkt steuerpflichtige (natürliche oder juristische) Personen.
- die Begründung einer Ansässigkeit in einem Staat, mit dem ein DBA besteht, wenn nach dem DBA die Person als in diesem Staat (und nicht in Deutschland) ansässig gilt.
- die Einlage der Anteile in einen Betrieb oder eine Betriebsstätte des Steuerpflichtigen im Ausland.
- der anderweitige Ausschluss oder die anderweitige Beschränkung des deutschen Besteuerungsrechts hinsichtlich des Gewinns aus der Veräußerung der Anteile.

87 Der sich nach § 6 AStG ergebende Gewinn wird im Rahmen der **Veranlagung** im Jahr des Wegzugs (bzw. Enden der Ansässigkeit nach DBA in Deutschland) im Rahmen der **unbeschränkten Steuerpflicht** mit erfasst. An die Stelle des Veräußerungspreises tritt gem. § 6 Abs. 1 Satz 4 AStG der gemeine Wert der Anteile zur Ermittlung der stillen Reserven.

88 Die auf den Gewinn nach § 6 AStG entfallende Steuer kann (außerhalb der Fälle gem. § 6 Abs. 5 AStG, vgl. folgende Rn.) gem. § 6 Abs. 4 AStG gegen Sicherheitsleistung, **Ratenzahlung** und dem Grunde nach auch gegen **Stundungszinsen** die **Steuer gestundet** werden.

89 Die Steuer wird gem. § 6 Abs. 5 AStG **zinslos** und **ohne Sicherheitsleistung gestundet**, wenn

- der Steuerpflichtige Staatsangehöriger eines EU/EWR-Staates ist
- er nach der Beendigung der unbeschränkten Steuerpflicht (oder nach Eintritt der weiteren Entstrickungstatbestände) in einem dieser Staaten einer der deutschen unbeschränkten Einkommensteuerpflicht **vergleichbaren Steuerpflicht** unterliegt und

- die **Amtshilfe** und die gegenseitige Unterstützung bei der Beitreibung der geschuldeten Steuer zwischen der Bundesrepublik Deutschland und diesem Staat gewährleistet sind.

Die **Stundung** ist zu **widerrufen** soweit 90

- der Steuerpflichtige seine Anteile veräußert oder verdeckt in eine Gesellschaft gemäß § 17 Abs. 1 Satz 1 EStG einlegt,
- Anteile auf eine nicht unbeschränkt steuerpflichtige Person übergehen, die nicht in einem EU/EWR-Staat einer der deutschen unbeschränkten Einkommenssteuerpflicht vergleichbaren Steuerpflicht unterliegt,
- eine Entnahme der Anteile nach inländischem Recht zum Ansatz des Teilwerts oder des gemeinen Werts führt oder
- der Steuerpflichtige keiner Steuerpflicht im Sinne von § 6 Abs. 5 Satz 1 AStG mehr unterliegt, er also aus dem EU/EWR-Raum ausscheidet.

Ist ein Tatbestand erfüllt, der zum Widerruf der Stundung führt, hat der **Steuerpflichtige** dies dem Finanzamt innerhalb eines Monats nach dem Ereignis auf amtlich vorgeschriebenen Vordruck **mitzuteilen**. 91

Weiterhin hat der Steuerpflichtige dem Finanzamt **jährlich** bis zum Ablauf des 31. Januar schriftlich seine am 31. Dezember des vorangegangenen Kalenderjahres **geltende Anschrift mitzuteilen** und zu **bestätigen**, dass die **Anteile ihm** oder im Falle der unentgeltlichen Rechtsnachfolge unter Lebenden seinem Rechtsnachfolger hin **weiterhin zuzurechnen** sind. Sofern er diese Mitteilungspflichten nicht erfüllt, kann die Stundung widerrufen werden.

Werden Anteile in ein EU/EWR-Staat unentgeltlich übertragen und ergibt sich im Veranlagungszeitraum der Übertragung ein **negativer Gesamtbetrag der Einkünfte**, würde ohne weiteres der Gewinn nach § 6 Abs. 1 AStG diesen Verlust vermindern. Eine Stundung würde in diesen Fällen nicht helfen. Daher ist gem. § 6 Abs. 5 Satz 6 AStG der Verlust nicht zu mindern. 92

Sinkt nach Wegzug bzw. nach Eintritt eines weiteren Entstrickungstatbestands der **gemeine Wert** unter den gemeinen Wert der Anteile im Zeitpunkts des Wegzugs ist nach § 6 Abs. 6 AStG der (ggf. bislang gestundete) Gewinn nach § 6 Abs. 1 AStG nachträglich (gem. § 175 Abs. 1 Nr. 2 AO, rückwirkendes Ereignis) **neu zu berechnen**. 93

Stichwortverzeichnis Internationales Steuerrecht

Die Zahlen verweisen auf die Randnummern.

Teil 7: Lohnsteuer

A. Rechtsgrundlagen

1 Zu den Einkünften aus nichtselbstständiger Arbeit gehören gem. § 19 EStG

- Gehälter, Löhne, Gratifikationen, Tantiemen und andere Bezüge und Vorteile, die für eine Beschäftigung im öffentlichen oder privaten Dienst gewährt werden,
- Wartegelder, Ruhegelder, Witwen- und Waisengelder und andere Bezüge und Vorteile aus früheren Dienstleistungen.

Es ist gleichgültig, ob es sich um laufende oder um einmalige Bezüge handelt und ob ein Rechtsanspruch darauf besteht (§ 19 Abs. 1 EStG).

2 Der Kreis der Personen, der Einkünfte aus nichtselbstständiger Arbeit bezieht, wird durch die LStDV näher bestimmt. § 1 LStDV verwendet dafür den Begriff **Arbeitnehmer.** Auch zur Art der Einkünfte, die unter § 19 EStG fallen, findet sich Näheres in der LStDV, und zwar in § 2; diese Vorschrift beschäftigt sich mit dem Begriff des **Arbeitslohns.** Die auf die Einkünfte aus nichtselbstständiger Arbeit entfallende Einkommensteuer wird im Wege des Steuerabzugs vom Arbeitslohn (Lohnsteuer) nach den Vorschriften der §§ 38 bis 42 f EStG erhoben. Wegen Einzelheiten hierzu vgl. Lohnsteuerabzug für beschränkt und unbeschränkt steuerpflichtige Arbeitnehmer, Rn. 50.

3 Eine **Veranlagung zur Einkommensteuer** wird bei Arbeitnehmern nur unter den Voraussetzungen des § 46 EStG durchgeführt. Kommt eine Veranlagung nicht in Betracht, so gilt nach § 46 Abs. 4 EStG die Einkommensteuer, die auf die Einkünfte aus nichtselbstständiger Arbeit entfällt, für den Steuerpflichtigen durch den Lohnsteuerabzug als abgegolten (soweit er nicht für zu wenig erhobene Lohnsteuer in Anspruch genommen werden kann).

B. Begriff des Arbeitnehmers und Arbeitgebers

I. Arbeitnehmer

Arbeitnehmer sind nach § 1 Abs. 1 LStDV Personen, die im öffentlichen oder privaten Dienst angestellt oder beschäftigt sind oder waren und die aus diesem Dienstverhältnis oder einem früheren Dienstverhältnis *Arbeitslohn* beziehen. Arbeitnehmer sind auch die *Rechtsnachfolger* dieser Personen, soweit sie Arbeitslohn aus dem früheren Dienstverhältnis ihres Rechtsvorgängers beziehen, z.B. Beamtenwitwe. Ein **Dienstverhältnis** liegt vor, wenn der Beschäftigte dem Arbeitgeber seine Arbeitskraft schuldet. Dies ist der Fall, wenn die tätige Person in der Betätigung ihres geschäftlichen Willens unter der Leitung des Arbeitgebers steht oder im geschäftlichen Organismus des Arbeitgebers dessen Weisungen zu folgen verpflichtet ist (§ 1 Abs. 2 LStDV). Arbeitnehmer sind deshalb nicht nur Arbeiter, Angestellte und Beamte, sondern beispielsweise auch Auszubildende, Referendare, Vorstandsmitglieder, Berufs- und Zeitsoldaten, Geschäftsführer von GmbH, Geistliche, Praktikanten und Reisevertreter (im Gegensatz zu den selbstständigen Handelsvertretern). Ob die Beschäftigung haupt- oder nebenberuflich, ständig oder gelegentlich (z.B. aushilfsweise) ausgeübt wird, spielt keine Rolle. 4

Die **Abgrenzung** zwischen selbstständiger Betätigung und nichtselbstständiger Arbeit ist nicht nur in steuerrechtlicher sondern auch in sozialversicherungsrechtlicher Hinsicht von großer Tragweite. Bei selbstständiger Tätigkeit kommen beispielsweise die Vorschriften des Umsatzsteuergesetzes, des Gewerbesteuergesetzes und anderer steuerrechtlicher Bestimmungen in Betracht; außerdem hat eine Veranlagung zur Einkommensteuer zu erfolgen (unter den Voraussetzungen des § 56 Satz 1 Nr. 1 Buchst. a bzw. Nr. 2 Buchst. a EStDV). Wer dagegen nicht selbstständig tätig ist, unterliegt dem Steuerabzug vom Arbeitslohn. Ferner besteht in aller Regel Versicherungspflicht in der gesetzlichen Kranken, Pflege, Renten- und Arbeitslosenversicherung. 5

Ein Steuerpflichtiger kann im Hinblick auf eine bestimmte Tätigkeit nicht zugleich selbstständig *und* nichtselbstständig sein; das eine schließt das andere aus. Übt der Steuerpflichtige **mehrere Tätigkeiten** aus, so kann er gleichzeitig Arbeitnehmer und selbstständig sein (Beispiel: Ein kaufmännischer Angestellter vermittelt in seiner Freizeit für eine Versicherungsgesellschaft Versicherungsverträge). 6

Arbeitnehmer ist nicht, wer Lieferungen und sonstige Leistungen innerhalb der von ihm selbständig ausgeübten gewerblichen oder beruflichen Tätigkeit im Inland gegen Entgelt ausführt, soweit es sich um die Entgelte für diese Lieferungen und sonstigen Leistungen handelt, § 1 Abs. 3 LStDV.

II. Arbeitgeber

7 Arbeitgeber können gem. § 1 Abs. LStDV öffentliche Körperschaft, Unternehmer oder ein Haushaltsvorstand sein. Arbeitgeber ist wem der Arbeitnehmer seine Arbeitskraft im Rahmen des Dienstverhältnisses schuldet.

C. Lohnsteuerkarte

I. Lohnsteuerklassen

8 Die Steuerklasseneinteilung nach § 38 b EStG vereinfacht den Lohnsteuerabzug, weil mithilfe der Steuerklassen, die entsprechend den persönlichen Merkmalen (z.B. Familienstand) gebildet sind, ein einfaches Ablesen der Lohnsteuer aus den – gesetzlich nicht mehr vorgesehenen – Lohnsteuertabellen möglich wird. In welche der sechs Steuerklassen der Steuerpflichtige einzureihen ist, ergibt sich aus § 38 b EStG. Danach gilt Folgendes:

In **Steuerklasse I** gehören Arbeitnehmer, die

- ledig sind,
- verheiratet, verwitwet oder geschieden sind und bei denen die Voraussetzungen für die Steuerklasse III oder IV nicht erfüllt sind.

In die **Steuerklasse II** gehören die vorstehend bezeichneten Arbeitnehmer, wenn bei ihnen der Entlastungsbetrag für Alleinerziehende nach § 24 b EStG zu berücksichtigen ist.

In die **Steuerklasse III** gehören Arbeitnehmer,

- die verheiratet sind, wenn beide Ehegatten unbeschränkt einkommensteuerpflichtig sind und nicht dauernd getrennt leben und der Ehegatte des Arbeitnehmers keinen Arbeitslohn bezieht oder der Ehegatte des Arbeitnehmers auf Antrag beider Ehegatten in die Steuerklasse V eingereiht wird,
- die verwitwet sind, wenn sie und ihr verstorbener Ehegatte im Zeitpunkt seines Todes unbeschränkt einkommensteuerpflichtig waren und in diesem Zeitpunkt nicht dauernd getrennt gelebt haben, für das Kalenderjahr, das dem Kalenderjahr folgt, in dem der Ehegatte verstorben ist (Folge des sog. Verwitwetensplittings, vgl. Rn. 1066 und 1084),
- deren Ehe aufgelöst worden ist, wenn im Kalenderjahr der Auflösung der Ehe beide Ehegatten unbeschränkt einkommensteuerpflichtig waren und nicht dauernd getrennt gelebt haben und der andere Ehegatte wieder geheiratet hat, von seinem neuen Ehegatten nicht dauernd getrennt lebt und er und sein neuer Ehegatte unbeschränkt einkommensteuerpflichtig sind; dies gilt aber nur für das Kalenderjahr, in dem die Ehe aufgelöst worden ist.

In die **Steuerklasse IV** gehören Arbeitnehmer, die verheiratet sind, wenn beide Ehegatten unbeschränkt einkommensteuerpflichtig sind und nicht dauernd getrennt leben und der Ehegatte des Arbeitnehmers ebenfalls

Arbeitslohn bezieht (und nicht die Kombination der Steuerklassen III und V gewählt wird).

In die **Steuerklasse V** gehören Arbeitnehmer, wenn der Ehegatte des Arbeitnehmers auf Antrag beider Ehegatten in die Steuerklasse III eingereiht wird.

Die **Steuerklasse VI** gilt bei Arbeitnehmern, die nebeneinander von mehreren Arbeitgebern Arbeitslohn beziehen, für die Einbehaltung der Lohnsteuer vom Arbeitslohn aus dem zweiten und weiteren Dienstverhältnis.

II. Lohnsteuerkarte/ Elektronische Lohnsteuerabzugsmerkmale

1. Elektronische Lohnsteuermerkmale

Ab dem Jahr **2011** wurde die bis 2010 verwendete Lohnsteuerkarte in einer 9
längeren Übergangsphase durch die nach § 39 e EStG beim Bundeszentralamt für Steuern zentral gespeicherte **elektronische Lohnsteuerabzugsmerkmale** abgelöst. Die schon vorhandenen Daten gem. §§ 39 bis 39 d EStG wurden durch die Gemeinden und die Finanzämter mitgeteilt und im Jahr 2011 sowie Anfang 2012 den betroffenen Arbeitnehmern die erstmalig gebildeten Lohnsteuerabzugsmerkmale im Rahmen eines gesonderten Anschreibens durch das zuständige Finanzamt mitgeteilt.

Wird ein Arbeitsverhältnis aufgenommen, teilt der Arbeitnehmer dem künftigen Arbeitgeber zwecks Datenabruf seine Identifikationsnummer und sein Geburtsdatum mit. Der Arbeitgeber hat sich (u.a.) mittels seiner Wirtschafts-Identifikationsnummer (falls noch nicht verfügbar: Umsatzsteuer-Identifikationsnummer) zu authentifizieren. Der **Start** des Verfahrens war am 1.11.2012. Eine Teilnahme ist spätestens Ende 2013 verpflichtend.

2. Lohnsteuerkarte

Für die Höhe der Lohnsteuer im Einzelfall sind die auf der bis zum Jahr 2010 10
auszustellenden **Lohnsteuerkarte** eingetragenen persönlichen Merkmale des Arbeitnehmers entscheidend. Es war Aufgabe der *Gemeinden,* den unbeschränkt einkommensteuerpflichtigen Arbeitnehmern für jedes Kalenderjahr eine Lohnsteuerkarte, bei mehreren Dienstverhältnissen eine entsprechende Anzahl Lohnsteuerkarten, bei Verlust einer Lohnsteuerkarte eine Ersatz-Lohnsteuerkarte auszustellen und zu übermitteln (§ 39 Abs. 1 EStG).

Für die *Ausstellung der Lohnsteuerkarte* war diejenige Gemeinde örtlich zu- 11
ständig, in deren Bezirk der Arbeitnehmer am 20.9. des vorangegangenen Kalenderjahres oder erstmals nach diesem Stichtag seine Hauptwohnung – in Ermangelung einer Wohnung seinen gewöhnlichen Aufenthalt – hatte. Bei verheirateten Arbeitnehmern gilt als Hauptwohnung die Hauptwohnung der Familie oder in Ermangelung einer solchen die Hauptwohnung des älteren Ehegatten, wenn beide Ehegatten unbeschränkt einkommensteuerpflichtig sind und nicht dauernd getrennt leben.

12 Die Gemeinde hat auf der Lohnsteuerkarte insbesondere die **Steuerklasse** und die Zahl der **Kinderfreibeträge** (Zähler 0,5 für jeden „halben" Kinderfreibetrag und Zähler 1 für jeden „ganzen" Kinderfreibetrag) des Arbeitnehmers einzutragen. Für die Eintragungen sind die Verhältnisse zu Beginn des Kalenderjahrs maßgebend, für das die Lohnsteuerkarte gilt. In den Fällen der Steuerklassen III und IV sind bei der Eintragung der Zahl der Kinder auch Kinder des Ehegatten zu berücksichtigen. Auf Antrag des Arbeitnehmers kann eine für ihn ungünstigere Steuerklasse oder eine geringere Zahl der Kinderfreibeträge auf der Lohnsteuerkarte eingetragen werden. Eines Antrags beim *Finanzamt* bedarf es, wenn der Arbeitnehmer die Zahl der auf der Lohnsteuerkarte eingetragenen Kinderfreibeträge ändern lassen will, damit Pflegekinder und über 18 Jahre alte Kinder berücksichtigt werden können, sofern die Voraussetzungen des § 32 EStG hierfür vorliegen. Das Gleiche gilt für die Änderung der Steuerklasse, falls der Entlastungsbetrag für Alleinerziehende nach § 24 b EStG erstmals in Betracht kommt. Das Finanzamt kann auf nähere Angaben des Arbeitnehmers verzichten, wenn der Arbeitnehmer höchstens die auf seiner Lohnsteuerkarte für das vorangegangene Kalenderjahr eingetragene Zahl der Kinderfreibeträge beantragt und versichert, dass sich die maßgebenden Verhältnisse nicht geändert haben.

Im Übrigen wirken sich durch die unterjährige Zahlung von Kindergeld die Kinderfreibeträge im Lohnsteuerabzugsverfahren nur noch bei der **Festsetzung der Zuschlagsteuern** (Kirchensteuer und Solidaritätszuschlag) aus.

13 Der Arbeitnehmer ist verpflichtet, die Eintragung der Steuerklasse und der Zahl der Kinderfreibeträge auf der Lohnsteuerkarte *umgehend* **ändern** zu lassen, wenn die Eintragung auf der Lohnsteuerkarte von den Verhältnissen zu Beginn des Kalenderjahrs zu Gunsten des Arbeitnehmers abweicht (§ 39 Abs. 4 EStG). Kommt der Arbeitnehmer seiner Verpflichtung nicht nach, so hat die Änderung von Amts wegen zu erfolgen. Unterbleibt die Änderung der Eintragung, hat das Finanzamt zu wenig erhobene Lohnsteuer vom Arbeitnehmer nachzufordern.

14 Treten bei einem Arbeitnehmer im Laufe des Kalenderjahrs, für das die Lohnsteuerkarte gilt, die Voraussetzungen für eine ihm *günstigere Steuerklasse* oder *höhere Zahl der Kinderfreibeträge* ein, so kann der Arbeitnehmer bis zum 30.11. die **Änderung der Eintragung** beantragen (§ 39 Abs. 5 EStG). Ehegatten, die beide in einem Dienstverhältnis stehen, können im Laufe des Kalenderjahrs *einmal,* spätestens bis zum 30.11., bei der Gemeinde beantragen, die auf ihren Lohnsteuerkarten eingetragenen Steuerklassen in andere in Betracht kommende Steuerklassen zu ändern.

15 Da für **beschränkt steuerpflichtige Arbeitnehmer** eine Lohnsteuerkarte nicht ausgestellt wird, hat ein Arbeitnehmer, für den eine Lohnsteuerkarte ausgestellt worden ist und der zu Beginn des Kalenderjahres beschränkt einkommensteuerpflichtig war oder im Laufe des Kalenderjahres geworden ist, dies dem Finanzamt unter Vorlage der Lohnsteuerkarte unverzüglich anzuzeigen, damit die Karte ungültig gemacht werden kann. Unterbleibt die Anzeige, hat das Finanzamt zu wenig erhobene Lohnsteuer vom Arbeitnehmer nachzufordern.

III. Freibetrag, Hinzurechnungsbetrag und Freistellungsbescheinigung beim Lohnsteuerabzug

1. Allgemeines

Der Arbeitnehmer kann beim Finanzamt die Eintragung des insgesamt nach § 39 a Abs. 1 EStG in Betracht kommenden Freibetrags *beantragen,* und zwar im Wege des **Lohnsteuerermäßigungsverfahrens.** Dieses Verfahren steht selbstständig neben der Einkommensteuerveranlagung; eine für das Ermäßigungsverfahren getroffene Entscheidung ist daher für die Veranlagung nicht bindend. Der Antrag kann nur nach amtlichem Vordruck *(Antrag auf Lohnsteuer-Ermäßigung) bzw. elektronisch* bis zum 30.11. des Kalenderjahrs gestellt werden, für das die Lohnsteuerkarte gilt. Das Finanzamt kann im Antragsverfahren nach § 39 a Abs. 2 Satz 5 EStG auf nähere Angaben des Arbeitnehmers verzichten, wenn der Arbeitnehmer höchstens den auf seiner Lohnsteuerkarte für das vorangegangene Kalenderjahr eingetragenen Freibetrag beantragt und versichert, dass sich die maßgebenden Verhältnisse nicht wesentlich geändert haben. **16**

Ab 2015 erfolgt die Eintragung von persönlichen Lohnsteuermerkmalen für 2 Kalenderjahre.

2. Eintragungen von Pauschbeträgen für behinderte Menschen und Hinterbliebene

Von Amts wegen als Änderung bzw. auf Anweisung des Finanzamtes durch die Gemeinde bei der Ausstellung der Lohnsteuerkarten werden die **Pauschbeträge für behinderte Menschen und Hinterbliebene** (§ 33 b Abs. 1–5 EStG) eingetragen (§ 39 a Abs. 1 Nr. 4 sowie § 39 a Abs. 2 Satz 1 EStG). **17**

3. Eintragungen auf Antrag mit Antragsmindestgrenze von 600 €

Nach § 39 a Abs. 2 Satz 4 EStG sind vom Finanzamt folgende Aufwendungen als Freibetrag auf der Lohnsteuerkarte nur einzutragen, wenn in der Summe der Aufwendungen eine **Antragsmindestgrenze von 600 €** überschritten wird. **18**

- **Werbungskosten** im Rahmen der Einkünfte aus nichtselbstständiger Arbeit, soweit sie den Pauschbetrag nach § 9 a Nr. 1 EStG übersteigen (§ 39 a Abs. 1 Nr. 1 EStG).
- **Sonderausgaben** i. S. des § 10 Abs. 1 Nr. 1, 1 a, 1 b, 4, 5, 7 bis 9 und des § 10 b EStG (Spenden), wenn sie den Pauschbetrag von 36 €(§ 10 c Abs. 1 EStG) übersteigen. Für die Frage, ob die Antragsmindestgrenze von 600 € überschritten wird, sind die tatsächlichen Aufwendungen ohne Berücksichtigung des Pauschbetrags (auch wenn geringer) anzusetzen (§ 39 a Abs. 1 Nr. 2 EStG i. V. m. § 39 a Abs. 2 Satz 4 EStG);
- **Außergewöhnliche Belastungen** i. S. der §§ 33, 33 a und 33 b Abs. 6 EStG nach Abzug der zumutbaren Eigenbelastung nach § 33 Abs. 3 EStG. Für die Frage, ob die Antragsmindestgrenze von 600 € überschritten wird,

wird die zumutbare Eigenbelastung nicht abgezogen, (§ 39 a Abs. 1 Nr. 3 EStG sowie § 39 a Abs. 2 Satz 4 EStG).

Bei Anträgen von **Ehegatten,** die beide unbeschränkt einkommensteuerpflichtig sind und nicht dauernd getrennt leben, ist für die Ermittlung der *Antragsgrenze* von 600 € die Summe der für beide Ehegatten in Betracht kommenden Aufwendungen und abziehbaren Beträge zu Grunde zu legen. Dies gilt auch für Werbungskosten, obwohl für die Eintragung des Freibetrags Werbungskosten getrennt ermittelt werden, da diese nur auf der Lohnsteuerkarte desjenigen Ehegatten eingetragen werden, in dessen Person sie entstehen.

4. Eintragungen auf Antrag ohne Antragsmindestgrenze

19 **Ohne Antragsmindestgrenze** sind vom Finanzamt als Freibetrag auf der Lohnsteuerkarte vor allem folgende Aufwendungen einzutragen:

- **Vortragsfähige Verluste** nach § 10 d Abs. 2 EStG, Abzugsbeträge nach §§ 10 g, 10 h EStG (§ 39 a Abs. 1 Nr. 5 Buchst. a EStG).
- die **negative Summe der Einkünfte** aus Land- und Forstwirtschaft, aus Gewerbebetrieb, aus selbstständiger Arbeit, aus Vermietung und Verpachtung und aus sonstigen Einkünften im Sinne des § 22 EStG zuzüglich der negativen Einkünfte aus Kapitalvermögen. *Positive Einkünfte aus Kapitalvermögen* werden nicht verrechnet, weil sie grundsätzlich dem Kapitalertragsteuerabzug unterliegen (§ 39 a Abs. 1 Nr. 5 Buchst. b EStG). Bei *negativen Einkünften aus Vermietung und Verpachtung* sind solche Objekte außer Betracht zu lassen, die im betreffenden Kalenderjahr angeschafft oder fertig gestellt wurden; sie können erst vom Folgejahr an berücksichtigt werden (§ 39 a Abs. 1 Nr. 5 Buchst. b EStG i.V.m. § 37 Abs. 3 Satz 8 EStG;
- das **Vierfache der Steuerermäßigungen** der Aufwendungen nach § 35 a EStG (haushaltsnahe Beschäftigungsverhältnisse und Dienstleistungen), die damit bereits im Lohnsteuerabzugsverfahren berücksichtigt werden können (§ 39 a Abs. 1 Nr. 5 c EStG);
- ein **Freibetrag** auf der Lohnsteuerkarte des zweiten oder weiteren Dienstverhältnisses mit der Lohnsteuerklasse VI, **soweit im ersten Dienstverhältnis der Eingangsbetrag der Lohnsteuertabelle,** bis zu dem Lohnsteuer in der jeweiligen Steuerklasse nicht zu erheben ist, **nicht ausgeschöpft** wird. Hiermit korrespondierend wird in dieser Höhe auf der Lohnsteuerkarte des ersten Dienstverhältnisses ein **Hinzurechnungsbetrag** eingetragen, der dem dortigen Arbeitslohn hinzugerechnet wird. Im Ergebnis kann damit der im ersten Dienstverhältnis nicht ausgeschöpfte Teil des Grundfreibetrags im weiteren Dienstverhältnis ausgenutzt werden (§ 39 a Abs. 1 Nr. 7 EStG).

5. Eintragungsverfahren

20 Das Finanzamt hat den Freibetrag durch Aufteilung in **Monatsfreibeträge,** erforderlichenfalls Wochen- und Tagesfreibeträge, jeweils auf die der Antragstellung folgenden Monate des Kalenderjahrs *gleichmäßig zu verteilen,* es

sei denn, es wird im Januar eines Kalenderjahrs ein Freibetrag beantragt: Dieser darf mit Wirkung vom 1.1. dieses Kalenderjahrs eingetragen werden.

Bei Ehegatten werden die **Werbungskosten** bei demjenigen Ehegatten 21 eingetragen, **bei dessen Person sie entstanden sind. Im Übrigen** ist der Freibetrag **je zur Hälfte** auf die Ehegatten aufzuteilen, wenn für jeden Ehegatten eine Lohnsteuerkarte ausgeschrieben worden ist und die Ehegatten keine andere Aufteilung beantragen. Für einen Arbeitnehmer, dessen Ehe in dem Kalenderjahr, für das die Lohnsteuerkarte gilt, aufgelöst worden ist und dessen bisheriger Ehegatte in demselben Kalenderjahr wieder geheiratet hat, sind die in Betracht kommenden Beträge ausschließlich aufgrund der in seiner Person erfüllten Voraussetzungen zu ermitteln (§ 39 a Abs. 3 EStG).

Die Eintragung eines Freibetrags ist gem. § 46 Abs. 2 Nr. 4 EStG ein 22 **Pflichtveranlagungsgrund**.

Eine *generelle* Durchführung von **Einkommensteuerveranlagungen** für Arbeitnehmer sieht das EStG nicht vor, da die Einkommensteuer, die auf die Einkünfte aus nichtselbstständiger Arbeit entfällt, für den Steuerpflichtigen durch den Lohnsteuerabzug abgegolten ist, soweit er nicht für zu wenig erhobene Lohnsteuer in Anspruch genommen werden kann (§ 46 Abs. 4 EStG). Wenn § 46 EStG dennoch eine im Einzelfall von Amts wegen oder auf Antrag durchzuführende Einkommensteuerveranlagung vorsieht, so liegen die Gründe dafür in dem Bestreben, einerseits das Steueraufkommen durch eine zutreffende Besteuerung zu sichern und andererseits dem Arbeitnehmer die Möglichkeit einzuräumen, von bestimmten steuerlichen Vergünstigungen Gebrauch zu machen.

Eine Veranlagung wird nach § 46 Abs. 2 EStG **insbesondere** *nur* durchgeführt, 23

- wenn die positiven **Nebeneinkünfte** oder die positiven dem Progressionsvorbehalt unterliegenden steuerfreien Einkünfte und Leistungen jeweils mehr als *410 €* betragen;
- wenn der Steuerpflichtige *nebeneinander* von **mehreren Arbeitgebern** Arbeitslohn bezogen hat;
- wenn für den Steuerpflichtigen die Lohnsteuer im Veranlagungszeitraum oder in einem Teil des Veranlagungszeitraums nach den Steuerklassen I bis IV unter Berücksichtigung der **unverminderten Vorsorgepauschale** zu erheben war, der Steuerpflichtige jedoch zu dem *Personenkreis des § 10 c Abs. 3 EStG* gehört (Personen mit Anspruch auf Altersversorgung ohne eigene Beitragsleistung, Empfänger von Versorgungsbezügen und Bezieher von Altersruhegeld aus der gesetzlichen Rentenversicherung);
- wenn von **Ehegatten,** die zusammen zur Einkommensteuer zu veranlagen sind, *beide* Arbeitslohn bezogen haben und einer für den Veranlagungszeitraum oder für einen Teil des Veranlagungszeitraums nach der *Steuerklasse V oder VI* besteuert worden ist;
- wenn vom Finanzamt im Wege des Lohnsteuer-Ermäßigungsverfahrens auf der Lohnsteuerkarte ein **Freibetrag** eingetragen worden ist;
- wenn die Ehe des Arbeitnehmers im Veranlagungszeitraum durch Tod, Scheidung oder Aufhebung aufgelöst worden ist und er oder sein Ehegatte der aufgelösten Ehe im Veranlagungszeitraum **wieder geheiratet** hat;

- wenn bei einem unbeschränkt Steuerpflichtigen ein in einem **EU-/EWR-Staat** lebender Ehegatte auf der Lohnsteuerkarte berücksichtigt wurde oder wenn für Grenzpendler eine Bescheinigung nach § 39 c Abs. 4 EStG zwecks Behandlung als unbeschränkt steuerpflichtig ausgestellt wurde;
- wenn die Veranlagung innerhalb der Festsetzungsfrist **beantragt** wird, insbesondere zur Anrechnung von Lohnsteuer auf die Einkommensteuer.

24 Ist für den Arbeitnehmer eine Einkommensteuerveranlagung durchzuführen, weil die Voraussetzungen des § 46 Abs. 2 EStG erfüllt sind, so ist nach § 46 Abs. 3 EStG ein *Betrag in Höhe der einkommensteuerpflichtigen Einkünfte,* die nicht der Lohnsteuer zu unterwerfen waren, vom Einkommen abzuziehen, wenn diese Einkünfte insgesamt nicht mehr als 410 € betragen **(Härteausgleich).** Der *steuerfrei* bleibende Betrag vermindert sich um den Altersentlastungsbetrag, soweit dieser 40% des Arbeitslohns (mit Ausnahme der Versorgungsbezüge i. S. d. § 19 Abs. 2 EStG) übersteigt, und um den Freibetrag für Land- und Forstwirte.

Bestehen die Einkünfte, die nicht der Lohnsteuer zu unterwerfen waren, sowohl aus positiven als auch aus negativen Einkünften, ist ein Härteausgleich zu gewähren, wenn die *Summe* dieser Einkünfte positiv ist und nicht mehr als 410 € beträgt. Dies gilt auch in den Fällen der Zusammenveranlagung von Ehegatten, in denen der eine Ehegatte positive und der andere Ehegatte negative Einkünfte, die nicht der Lohnsteuer zu unterwerfen waren, bezogen hat.

25 Betragen die bezeichneten Einkünfte insgesamt mehr als 410 €, aber nicht mehr als 820 €, so ist nach § 46 Abs. 5 EStG i. V. m. § 70 EStDV vom Einkommen der Betrag abzuziehen, um den die bezeichneten Einkünfte insgesamt niedriger als 820 € sind. Der abzuziehende Betrag vermindert sich wiederum um den Altersentlastungsbetrag, soweit dieser 40% des Arbeitslohns (mit Ausnahme der Versorgungsbezüge i. S. d. § 19 Abs. 2 EStG) übersteigt, höchstens jedoch um 40% Es handelt sich hier also um einen **gleitenden Härteausgleich,** der umso geringer ist, je höher die nicht der Lohnsteuer unterlegenen Einkünfte sind; erreichen diese Einkünfte 820 €, so entfällt der Härteausgleich ganz.

26 **Sinn der Regelungen** des § 46 Abs. 3 EStG bzw. des § 70 EStDV ist es, die Regelung des § 46 Abs. 2 Nr. 1 EStG, nach der nur bei darüber liegenden nicht dem Lohnsteuerabzug unterliegenden Einkünften eine Veranlagung durchzuführen ist, auf alle Veranlagungstatbestände des § 46 Abs. 2 EStG auszudehnen. Der gleitende Härteausgleich soll bei geringfügig über der Grenze liegenden Einkünften zur vollen Besteuerung überleiten.

27–29 *frei*

D. Systematik der Ermittlung der Lohnsteuer – Bestandteile des Arbeitslohns

I. Bestandteile des Arbeitslohns

Arbeitslohn sind alle Einnahmen, die dem Arbeitnehmer aus dem Dienstverhältnis oder einem früheren Dienstverhältnis zufließen, gleichgültig ob es sich um einmalige oder laufende Einnahmen handelt, ob ein Rechtsanspruch auf sie besteht und unter welcher Bezeichnung oder in welcher Form sie gewährt werden (§ 2 Abs. 1 LStDV). Zum Arbeitslohn gehören auch **30**

- **Entschädigungen,** die dem Arbeitnehmer oder seinem Rechtsnachfolger als Ersatz für entgangenen oder entgehenden Arbeitslohn oder für die Aufgabe oder Nichtausübung einer Tätigkeit gewährt werden (gegebenenfalls allerdings steuerfrei nach § 3 Nr. 9 und 10 EStG),
- Ausgaben des Arbeitgebers für die **Zukunftssicherung** des Arbeitnehmers, d.h. für den Fall von Krankheit, Unfall, Invalidität, Alter und Tod,
- **besondere Zuwendungen,** die auf Grund des Dienstverhältnisses oder eines früheren Dienstverhältnisses gewährt werden, z.B. Zuschüsse im Krankheitsfall,
- **besondere Entlohnungen** für Dienste, die über die regelmäßige Arbeitszeit hinaus geleistet werden, z.B. Entlohnung für Überstunden, Überschichten, Sonntagsarbeit (unter Umständen steuerfrei nach § 3 b EStG),
- Entschädigungen für **Nebenämter** und **Nebenbeschäftigungen** im Rahmen eines Dienstverhältnisses.

Zum Arbeitslohn gehören alle Einnahmen in *Geld* oder *Geldeswert,* die dem Arbeitnehmer aus dem gegenwärtigen oder einem früheren Dienstverhältnis zufließen, vgl. § 8 EStG. In Geldeswert bestehende Einnahmen (z.B. Kost, Wohnung, Kleidung, Gestellung von Kraftfahrzeugen, sog. Incentive-Reisen als Belohnung oder Ansporn für besondere Leistungen u.a.m.) bezeichnet man als **Sachbezüge** oder **geldwerte Vorteile,** um damit zum Ausdruck zu bringen, dass der Arbeitnehmer objektiv und wirtschaftlich bereichert sein muss, um steuerpflichtigen Arbeitslohn annehmen zu können. Bloße *Aufmerksamkeiten* dagegen rechnen nicht dazu, wie z.B. Blumen oder Wein zum Geburtstag bis zu einem Wert von 40 €, vgl. R 19.6 Abs. 1 LStR. Für die *Bewertung der Sachbezüge* sind grundsätzlich die üblichen Endpreise am Abgabeort maßgebend (§ 8 Abs. 2 EStG),soweit nicht die Werte der **SachbezugsVO** Anwendung finden. **31**

Sind Sachbezüge in Form der **Überlassung eines betrieblichen Kraftfahrzeugs** zur **Nutzung zu privaten Fahrten** zu bewerten, so bestehen nach § 8 Abs. 2 Sätze 2–5 EStG folgende Möglichkeiten: Wird für das Kraftfahrzeug ein *ordnungsgemäßes Fahrtenbuch* geführt und die gesamten Aufwendungen für dieses Fahrzeug durch Belege nachgewiesen, so lassen sich die durch die privaten Fahrten verursachten Kosten dadurch ermitteln, dass die insgesamt entstandenen Aufwendungen im Verhältnis der privaten Fahrten zu den übrigen Fahrten aufgeteilt werden. Auf diese Weise lässt sich auch feststellen, wie hoch die Aufwendungen sind, wenn das Kraftfahrzeug außerdem, **32** wie das bei Arbeitnehmern häufig der Fall ist, zu **Fahrten zwischen Wohnung und Arbeitsstätte** benutzt wird. Darin ist nämlich ein weiterer Sachbezug, der der Besteuerung unterliegt, zu erblicken.

Beispiel:
Dem Arbeitnehmer steht ein Dienst-Pkw zur Verfügung, der auch zu privaten Fahrten und zu Fahrten zwischen Wohnung und Arbeitsstätte benutzt werden darf. Der Listenpreis des Pkw einschließlich Sonderausstattung und USt betrug bei dessen Anschaffung im Jahr 01 20 000 €, die Anschaffungskosten des Arbeitgebers betrugen aufgrund eines eingeräumten Rabatts tatsächlich nur 18 000 €. Im Jahr 01 fallen für den Pkw insgesamt 8 842 € an laufenden und festen Kosten (einschl. AfA) an. Dem ordnungsgemäß geführten Fahrtenbuch lässt sich entnehmen, dass mit dem Pkw im Jahr 01 dienstliche Fahrten im Umfang von insgesamt 11 300 km, private Fahrten im Umfang von insgesamt 4 750 km und Fahrten zwischen Wohnung und Arbeitsstätte im Umfang von insgesamt 3 600 km durchgeführt wurden. Die Entfernung zwischen Wohnung und Arbeitsstätte beträgt 9 km. Die Arbeitsstätte wurde an 200 Tagen aufgesucht.
Die Kosten je km betragen durchschnittlich 0,45 € (8 842 € ÷ 19 650 km). Somit lässt sich im Jahr 01 ein geldwerter Vorteil im Zusammenhang mit den Privatfahrten von 2 137,50 €, im Zusammenhang mit den Fahrten Wohnung – Arbeitsstätte von 1 620 € und in der Summe damit i. H. v. 3 757,50 € feststellen, der bereits im Rahmen des Lohnsteuererhebungsverfahrens zu versteuern ist.

33 Fehlt es an einem ordnungsgemäß geführten Fahrtenbuch oder am belegmäßigen Nachweis der Aufwendungen, so ist die private Nutzung eines Kraftfahrzeugs *für jeden Kalendermonat* mit **1% des Listenpreises** im Zeitpunkt der Erstzulassung zuzüglich der Kosten für Sonderausstattungen einschließlich USt anzusetzen (§ 8 Abs. 2 Satz 2 i. V. m. § 6 Abs. 1 Nr. 4 Satz 2 EStG). Kann das Kraftfahrzeug auch für Fahrten zwischen Wohnung und Arbeitsstätte genutzt werden, so erhöht sich der Wert um 0,03% für jeden Entfernungskilometer.

Beispiel:
Wie vorangegangenes Beispiel, jedoch wird für den PKW kein ordnungsgemäßes Fahrtenbuch geführt.
Der geldwerte Vorteil aus der Überlassung des Pkw errechnet sich je Monat wie folgt:

Private Fahrten (1% von 20 000 €)	200 €
Fahrten Wohnung – Arbeitsstätte (0,03% von 20 000 € × 9 km)	54 €
	254 €

Auf das ganze Jahr bezogen, ergibt sich damit ein geldwerter Vorteil von 3 048 €. In diesem Fall wäre es daher günstiger, kein ordnungsgemäßes Fahrtenbuch vorzulegen.

Wegen der möglichen **Lohnsteuerpauschalierung** des geldwerten Vorteils bei Überlassung eines Kraftfahrzeugs an den Arbeitnehmer zu Fahrten zwischen Wohnung und Arbeitsstätte vgl. Kraftfahrzeuggestellung und Fahrtkostenersatz.

34 Die Nutzung eines vom Arbeitgeber zur Verfügung gestellten Kraftfahrzeugs durch den Arbeitnehmer zu **Familienheimfahrten** im Rahmen einer *doppelten Haushaltsführung* stellt grundsätzlich keinen Fall eines Sachbezugs dar, da Arbeitgeberleistungen in diesem Zusammenhang nach § 3 Nr. 13 und 16 EStG steuerfrei sind. Anders jedoch, wenn das Kraftfahrzeug zu mehr als einer Familienheimfahrt je Woche genutzt wird. Dann muss ein geldwerter Vorteil angesetzt werden, der sich mit 0,002% des Listenpreises des Kraftfahrzeugs einschließlich Sonderausstattung und USt *je Entfernungskilometer* errech-

net. Es bleibt dem Arbeitnehmer allerdings unbenommen, durch Führung eines Fahrtenbuches geringere Kosten nachzuweisen.

Eine weitere Besonderheit gilt für die Bewertung bestimmter anderer Sachbezüge von Arbeitnehmern: Nach § 8 Abs. 2 Satz 6 EStG sind bei **freier oder verbilligter Kost, Unterkunft oder Wohnung** nicht die üblichen Endpreise am Abgabeort anzusetzen, sondern die Werte, die sich hierfür aus der **SozialversicherungsentgeltVO** (SvEV) ergeben. Diese Werte gelten gleichermaßen im Steuerrecht wie im Sozialversicherungsrecht und werden jährlich neu festgesetzt. Die Verordnung enthält Werte für Unterkunft, Wohnung, Frühstück, Mittag- und Abendessen je Monat, die sich auf Tage oder Wochen umrechnen lassen. Auch für Zwecke des Lohnsteuerabzugs sind diese Werte zu übernehmen. Werden Kost, Unterkunft oder Wohnung *verbilligt* als Sachbezug gewährt, so ist der Unterschiedsbetrag zwischen dem vereinbarten Preis und dem maßgebenden Wert der Sachbezugsverordnung als Einnahme zu behandeln. Die Verordnung findet auch Anwendung bei der Ermittlung des geldwerten Vorteils aus der unentgeltlichen oder verbilligten Abgabe **einzelner Mahlzeiten** an Arbeitnehmer. Der Wert eines Frühstücks beträgt 2013 1,60 € und ein Mittag- oder Abendessens 2,93 €. Auch Essenmarken, Essengutscheine und Restaurantschecks sind unter bestimmten Voraussetzungen nicht mit ihrem ausgewiesenen Verrechnungswert, sondern mit dem genannten Sachbezugswert anzusetzen, vgl. R 8.1 Abs. 7 Nr. 4 LStR. Wegen der möglichen *Lohnsteuerpauschalierung* vgl. Pauschalierung der Lohnsteuer. 35

Der Sachbezugswert kann ferner maßgebend sein, wenn **Mahlzeiten** aus *besonderem Anlass* an den Arbeitnehmer abgegeben werden, sei es vom Arbeitgeber selbst oder auf Veranlassung des Arbeitgebers von einem Dritten. Es lassen sich folgende Fälle unterscheiden: 36

- Mahlzeiten, die der Arbeitnehmer *im ganz überwiegenden Interesse des Arbeitgebers* erhält, z.B. während einer üblichen Betriebsveranstaltung, anlässlich eines außergewöhnlichen Arbeitseinsatzes oder im Rahmen einer geschäftlich veranlassten Bewirtung. Darin ist *kein* geldwerter Vorteil des Arbeitnehmers zu erblicken (R 8.1 Abs. 8 Nr. 1 LStR).
- Mahlzeiten zur üblichen Beköstigung bei Dienstreisen, bei einer Fahr- oder Einsatzwechseltätigkeit oder im Rahmen einer doppelten Haushaltsführung. In diesen Fällen ist ein *geldwerter Vorteil* des Arbeitnehmers zu versteuern, der mit dem Sachbezugswert anzusetzen ist (R 8.1 Abs. 8 Nr. 2 LStR).
- Mahlzeiten als Gegenleistung für das Zurverfügungstellen der individuellen Arbeitskraft. Hierzu gehören Mahlzeiten mit Belohnungscharakter, z.B. anlässlich *unüblicher* Betriebsveranstaltungen oder Geschäftsleitungssitzungen. Allerdings findet darauf die 44 €-Freigrenze) des § 8 Abs. 2 Satz 9 EStG Anwendung. Die Mahlzeiten sind nicht mit dem Sachbezugswert, sondern mit deren *tatsächlichen Preis* zu bewerten (R 8.1 Abs. 8 Nr. 3 LStR).

Zinslose oder *zinsverbilligte* **Darlehen des Arbeitgebers** an den Arbeitnehmer führen ebenfalls zur Annahme eines geldwerten Vorteils. Muss der Arbeitnehmer für das ihm gewährte Darlehen weniger als die marktüblichen 37

Zinsen aufwenden, muss er in Höhe der Differenz Einnahmen aus nichtselbstständiger Arbeit versteuern (BMF 13.6.2007, BStBl 2007 I S. 502).

38 In § 8 Abs. 3 EStG finden sich Regelungen für **Belegschaftsrabatte,** also für den Fall, dass Arbeitnehmer auf Grund ihres Dienstverhältnisses Waren oder Dienstleistungen *unentgeltlich oder verbilligt* erhalten, die der Arbeitgeber (nicht überwiegend für den Bedarf seiner Arbeitnehmer) herstellt, vertreibt oder erbringt. Als deren Werte gelten die um 4% geminderten Endpreise, zu denen die Waren oder Dienstleistungen fremden Letztverbrauchern im allgemeinen Geschäftsverkehr *angeboten* werden. Der Vorteil des Arbeitnehmers bleibt bis zu 1 080 € je Jahr steuerfrei (sog. **Rabattfreibetrag**).

Ein Beispiel hierfür sind die **Personalrabatte,** die **Automobilhersteller** oder **Automobilhändler** ihren Arbeitnehmern beim Erwerb von Kraftfahrzeugen gewähren. Für die Berechnung des geldwerten Vorteils ist im Grundsatz unabhängig von der unverbindlichen Preisempfehlung des Herstellers und von individuellen Rabatten als Endpreis i.S.d. § 8 Abs. 3 Satz 1 EStG von dem Preis auszugehen, der nach der Preisangabenverordnung angegeben wird, z.B. der Hauspreis im Verkaufsraum eines Automobilhändlers. Nach den Gepflogenheiten im Autohandel werden Kraftfahrzeuge allerdings fremden Letztverbrauchern häufig zu einem Preis angeboten, der unter der unverbindlichen Preisempfehlung des Herstellers liegt. Daher kann von einem nachgewiesenen (niedrigeren) tatsächlichen Angebotspreis ausgegangen werden. Der so ermittelte Preis wird nach § 8 Abs. 3 Satz 1 EStG – wie oben ausgeführt – um 4% gemindert. Nach Anrechnung des vom Arbeitnehmer tatsächlich gezahlten Entgelts ergibt sich der Sachbezug, der nur insoweit steuerpflichtig ist, wie er den Rabatt-Freibetrag des § 8 Abs. 3 Satz 2 EStG i.H. von 1 080 € übersteigt.

Beispiel:

Ein Arbeitnehmer erwirbt von seinem Arbeitgeber, einem Automobilwerk, einen fabrikneuen Pkw, auf dessen (Händler-)Listenpreis von 35 000 € er einen Nachlass von 21,5% erhält.

Der lohnsteuerpflichtige geldwerte Vorteil aus der verbilligten Überlassung des Pkw errechnet sich wie folgt:

Listenpreis	35 000 €
abzüglich des durchschnittlich beim Verkauf an fremde Letztverbraucher gewährten Preisnachlasses = angenommene	– 2 000 €
= Endpreis i.S.d. § 8 Abs. 3 Satz 1 EStG	33 000 €
abzüglich 4%	– 1 320 €
= geminderter Endpreis	31 680 €
Zahlung des Arbeitnehmers (35 000 € abzüglich 21,5% Nachlass)	– 27 475 €
= geldwerter Vorteil des Arbeitnehmers	4 205 €
Steuerfrei gemäß § 8 Abs. 3 EStG (Freibetrag)	– 1 080 €
Steuerpflichtig	3 125 €

Beispiel nach BMF 16.5.2013, BStBI 2013 I S. 729:

Ein Möbelhandelsunternehmen übereignet seinem Arbeitnehmer im Januar 2013 eine Schrankwand und im Februar 2013 eine Couch zu einem Preis von je 3 000 Euro. Bestell- und Liefertag fallen nicht auseinander. Der durch Preisauszeichnung angegebene Endpreis beträgt jeweils 5 000 Euro. Das Möbelhandelsunternehmen gewährt auf diese Möbelstücke durchschnittlich 10 Prozent Rabatt. Ein anderes inländisches Möbelhandelsunternehmen bietet diese Couch im Februar 2013 auf seiner Internetseite für 4 000 Euro an. Der Arbeitgeber hat die geldwerten Vorteile nach § 8 Absatz 3 Satz 1 EStG bewertet. Der Arbeitnehmer beantragt im Rahmen seiner Einkommensteuerveranlagung die Bewertung des geld-

werten Vorteils für die Couch nach § 8 Absatz 2 Satz 1 EStG und legt einen Ausdruck des günstigeren Angebots vor.
Endpreis i.S.d. § 8 Absatz 3 Satz 1 EStG ist der am Ende von Verkaufsverhandlungen durchschnittlich angebotene Preis des Arbeitgebers in Höhe von jeweils **4 500 Euro** (= 5 000 Euro abzgl. durchschnittlichem Rabatt von 10 Prozent). Zur Ermittlung des geldwerten Vorteils aus der Übereignung der Schrankwand ist der Endpreis um 180 Euro **(= 4 Prozent)** zu kürzen, sodass sich nach Anrechnung des vom Arbeitnehmer gezahlten Entgelts von 3 000 Euro ein Arbeitslohn von **1 320 Euro** ergibt. Dieser Arbeitslohn überschreitet den **Rabatt-Freibetrag** von 1 080 Euro um **240 Euro**, so dass dieser Betrag für Januar 2013 zu versteuern ist.
Zur Ermittlung des geldwerten Vorteils aus der Übereignung der Couch ist der Endpreis von 4 500 Euro um 180 Euro (= 4 Prozent) zu kürzen, so dass sich nach Anrechnung des vom Arbeitnehmer gezahlten Entgelts von 3 000 Euro ein Arbeitslohn von 1 320 Euro ergibt. Der Rabatt-Freibetrag kommt nicht mehr in Betracht, da er bereits bei der Ermittlung des geldwerten Vorteils aus der Übereignung der Schrankwand berücksichtigt wurde. Daher ist ein Arbeitslohn von **1 320 Euro für Februar 2013** zu versteuern.

In gleicher Weise ist auch der geldwerte Vorteil zu ermitteln, wenn Arbeitnehmern ein **Preisvorteil von dritter Seite** eingeräumt wird, beispielsweise im Rahmen eines Abkommens zwischen Arbeitgeber und Kfz-Händler (BMF 28.8.1998, DStR 1998, 1514).

Vermögenswirksame Leistungen i. S. d. VermBG rechnen als steuer- 39
pflichtige Einnahmen zum Arbeitslohn, soweit der Arbeitgeber diese für den Arbeitnehmer erbringt; soweit der Arbeitnehmer Teile seines (Netto-)Arbeitslohns vermögenswirksam nach § 11 Abs. 2 VermBG anlegt, handelt es sich dagegen um eine die Einkommen-/Lohnsteuer nicht berührende Einkommensverwendung. Die vom Finanzamt dem Arbeitnehmer gewährte *Arbeitnehmer-Sparzulage* für vermögenswirksame Leistungen nach dem VermBG gilt nach § 13 Abs. 3 VermBG nicht als steuerpflichtige Einnahme.

II. Versorgungsfreibetrag

Hat der Steuerpflichtige **Versorgungsbezüge –** das sind Bezüge und Vor- 40
teile aus früheren Dienstverhältnissen – so erhält er einen **Freibetrag**, der **ab dem Veranlagungszeitraum 2005** beginnend bis zum Veranlagungszeitraum 2040 im Zusammenhang mit der Einführung der sog. nachgelagerten Besteuerung durch das Alterseinkünftegesetz **schrittweise abgebaut** wird.

Bemessungsgrundlage für die Berechnung des Freibetrags ist bei Versorgungseintritt bis 2005 das Zwölffache des im Januar 2005 gezahlten Versorgungsbezugs, bei späterem Versorgungseintritt das Zwölffache des Versorgungsbezugs für den ersten vollen Monat jeweils zuzüglich voraussichtlicher Sonderzahlungen.

Der Versorgungsfreibetrag beträgt bei Versorgungseintritt bis 2005 **40% der Versorgungsbezüge, maximal 3 000 €**. Für jedes folgende Jahr eines Versorgungseintritts vermindert sich der%-Satz; parallel sinkt der Höchstbetrag. Der genaue%-Satz und der jeweilige Höchstbetrag können der Tabelle in § 19 Abs. 2 EStG entnommen werden. Zu dem ermittelten Betrag ist wegen des abgesenkten Arbeitnehmer-Pauschbetrags für Versorgungsempfänger ein bis zum Jahr 2040 abschmelzender **Zuschlag** hinzuzurechnen. Bei Versorgungsbeginn in 2005 beträgt der Versorgungsfreibetrag zuzüglich des Zuschlags demnach maximal 3 900 €, bei Versorgungseintritt in 2020 1 560 € und bei Versorgungsbeginn in 2040 0 €. Ist 2008 das Jahr des Versorgungsbeginns beträgt der Versorgungsfreibetrag 35,2% der Versorgungsbezüge, maximal 2 640 €; der Zuschlag beträgt 792 €.

Der Versorgungsfreibetrag wird nach den Verhältnissen des Jahres des Versorgungsbeginns ermittelt und *in dieser Höhe zeitlebens* gewährt. Nur **bei nicht regelmäßigen Anpassungen** des Versorgungsbezugs (z.B. Anwendung von Anrechnungsregelungen) sind der Versorgungsfreibetrag und der Zuschlag mit der neuen Bemessungsgrundlage **neu zu berechnen.** Bei mehreren in verschiedenen Jahren beginnenden Versorgungsbezügen gilt zugunsten der Versorgungsempfänger der (Höchst-)Betrag des Jahres, in dem der erste Versorgungsbezug beginnt. Der Versorgungsfreibetrag und der Zuschlag sind für jeden vollen Kalendermonat zu ermäßigen („zwölfteln"), in dem keine Versorgungsbezüge gezahlt werden.

Beispiel:

Der Finanzbeamte R. Brechen ging zum 1.7.2008 in Pension. Seine Versorgungsbezüge betragen monatlich 2 300 €.

Für 2008 beträgt der Versorgungsfreibetrag 35,2% von 27 600 € (12 × 2 300 €) = 9 715,20 €, jedoch max. 2 640 €. Der Zuschlag zum Versorgungsfreibetrag beträgt 792 €. Der Jahresbetrag von 3 432 € ist nur für 6 Monate zu gewähren, mithin i.H.v. 1 716 €. Ab 2009 beträgt der jährlich steuerfreie Betrag für die gesamte restliche Dauer des Versorgungsbezugs 3 432 €.

Entsprechende Angaben zur zutreffenden Berechnung des Versorgungsfreibetrags und des Zuschlags zum Versorgungsfreibetrag (z.B. maßgebender Versorgungsbezug, maßgebendes Jahr des Versorgungsbeginns bzw. für Altbezüge das Jahr 2005) sowie das Ergebnis der Berechnung sind vom Arbeitgeber im **Lohnkonto** aufzuzeichnen.

41 **Begünstigte Versorgungsbezüge** sind ohne Rücksicht auf das Lebensalter des Empfängers Ruhegelder, Witwen- oder Waisengelder, Unterhaltsbeiträge oder gleichartige Bezüge auf Grund *beamtenrechtlicher* oder entsprechender *gesetzlicher Vorschriften* oder die nach beamtenrechtlichen Grundsätzen von Körperschaften, Anstalten oder Stiftungen des öffentlichen Rechts oder öffentlich-rechtlichen Verbänden von Körperschaften gewährt werden. In anderen Fällen *(wie typischerweise bei Betriebsrenten)* rechnen zu den Versorgungsbezügen nur solche Bezüge, die wegen Erreichens einer Altersgrenze (Vollendung des 63. Lebensjahres oder – bei Schwerbehinderten – des 60. Lebensjahres), Berufsunfähigkeit, Erwerbsunfähigkeit oder als Hinterbliebenenbezüge gewährt werden.

III. Vergütung für mehrjährige Tätigkeit

42 Wegen der **Tarifvergünstigung** für Einkünfte nach § 34 Abs. 1 (i.V.m. Abs. 2 Nr. 4) EStG, die die Vergütung für eine mehrjährige Tätigkeit darstellen, vgl. Außerordentliche Einkünfte Teil 2 Rn. 351 ff.

IV. Höhe der Lohnsteuer

Ausgehend von der Tatsache, dass die Lohnsteuer nichts anderes ist als eine besondere Erhebungsform der Einkommensteuer, bestimmt § 38 a Abs. 2 EStG folgerichtig: Die *Jahreslohnsteuer* wird nach dem **Jahresarbeitslohn** (das ist der Arbeitslohn, den der Arbeitnehmer im Kalenderjahr bezieht) so bemessen, dass sie der Einkommensteuer entspricht, die der Arbeitnehmer schulden würde, wenn er ausschließlich Einkünfte aus nichtselbstständiger Arbeit hätte. Übersteigt die im Laufe des Kalenderjahrs einbehaltene Lohnsteuer die auf den Jahresarbeitslohn entfallende Jahreslohnsteuer, so wird der Unterschiedsbetrag im Wege des **Lohnsteuer-Jahresausgleichs** durch den Arbeitgeber (§ 42 b EStG) erstattet. Wenn dies nach § 46 EStG erforderlich ist oder vom Arbeitnehmer unter bestimmten Voraussetzungen beantragt wird, so ist eine Einkommensteuer-Veranlagung durchzuführen (vgl. Rn. 22 ff.). **43**

Laufender Arbeitslohn gilt abweichend vom Zuflussprinzip des § 11 Abs. 1 Satz 1 EStG in *dem* Kalenderjahr als bezogen, in dem der *Lohnzahlungszeitraum* endet, vgl. § 11 Abs. 1 Satz 4 EStG i.V.m. § 38 a Abs. 1 Satz 2 EStG. **44**

Beispiel:

Das Gehalt für den Monat Dezember 01 wird am 4.1.02 ausgezahlt.
Obgleich die Auszahlung des Gehalts erst in 02 erfolgte, ist es beim Arbeitnehmer dem Jahr 01 zuzuordnen, weil der Lohnzahlungszeitraum am 31.12.01 endet.

Dies gilt jedoch nicht, wenn der laufende Arbeitslohn nicht innerhalb der ersten drei Wochen nach Ablauf des Lohnzahlungszeitraum gezahlt wird, vgl. R 39b.2 Abs. 1 Nr. 7, Abs. 2 Nr. 8 Satz 2 LStR. In diesem Fall handelt es sich um einen sonstigen Bezug.

Beispiel:

Wie vor, jedoch wird das Gehalt für den Monat Dezember 01 am 25.1.02 ausgezahlt.
Der Zufluss und die Versteuerung erfolgt im Jahr 02.

An die Stelle des Lohn*zahlungs*zeitraums (z.B. Woche) tritt der Lohn*abrechnungs*zeitraum (z.B. Monat), wenn der Arbeitgeber für den Lohnzahlungszeitraum lediglich Abschlagszahlungen leistet und eine Lohnabrechnung für den Lohnabrechnungszeitraum vornimmt, es sei denn, der Lohnabrechnungszeitraum übersteigt fünf Wochen oder die Lohnabrechnung wird nicht innerhalb von drei Wochen nach dessen Ablauf vorgenommen (§ 39 b Abs. 5 EStG).

Arbeitslohn, der nicht als laufender Arbeitslohn gezahlt wird (**sonstige Bezüge** wie beispielsweise Weihnachtsgeld, Urlaubsgeld, Tantieme), wird in *dem* Kalenderjahr bezogen, in dem er dem Arbeitnehmer *zufließt* (§ 11 Abs. 1 Satz 4 EStG i.V.m. § 38 a Abs. 1 Satz 3 EStG). **45**

Vom *laufenden Arbeitslohn* wird die Lohnsteuer jeweils mit dem auf den Lohnzahlungszeitraum fallenden **Teilbetrag der Jahreslohnsteuer** erhoben, die sich bei Umrechnung des laufenden Arbeitslohns auf einen Jahresarbeitslohn ergibt, vgl. § 39 b Abs. 2 EStG. **46**

Von *sonstigen Bezügen* wird die Lohnsteuer gem. § 39 b Abs. 3 EStG mit dem Betrag erhoben, der zusammen mit der Lohnsteuer für den laufenden Arbeitslohn des Kalenderjahrs und für etwa im Kalenderjahr bereits gezahlte sonstige Bezüge die **voraussichtliche Jahreslohnsteuer** ergibt.

47 Für die Ermittlung der Lohnsteuer werden die Besteuerungsgrundlagen des Einzelfalls durch die Einreihung der Arbeitnehmer in *Steuerklassen* und Ausstellung von entsprechenden *Lohnsteuerkarten* bis 2010 (ab 2011 durch elektronische Lohnsteuerabzugsmerkmale) sowie Feststellung von *Frei- und Hinzurechnungsbeträgen* berücksichtigt.

48, 49 *frei*

V. Lohnsteuerabzug für beschränkt und unbeschränkt steuerpflichtige Arbeitnehmer

1. Steuerabzug vom Arbeitslohn (Lohnsteuer)

50 Die *Erhebung* der Einkommensteuer im Wege des **Lohnsteuerabzugsverfahrens** ist in den §§ 38–42 f EStG geregelt, ergänzt durch die Bestimmungen der LStDV. Die Lohnsteuer ist keine selbstständige Steuerart, sondern stellt nichts anderes dar als Einkommensteuer, die nicht im Veranlagungsverfahren erhoben wird, sondern als eine Art Quellensteuer durch Abzug vom Arbeitslohn. Dementsprechend haben die Vorschriften der §§ 38–42 f EStG – von Ausnahmen abgesehen – nur verfahrensrechtliche Bedeutung: Sie regeln das Verfahren zur Durchführung des Lohnsteuerabzugs, ohne dass dadurch die materiell-rechtlichen Bestimmungen des Einkommensteuerrechts im Übrigen berührt werden. Diese gelten nämlich in vollem Umfang – allerdings beschränkt auf die Einkünfte aus nichtselbstständiger Arbeit – nicht nur für das Lohnsteuerabzugsverfahren, soweit die Form der Steuererhebung nicht Besonderheiten bedingt, sondern auch für dessen Abschluss in bestimmten Fällen durch die *Veranlagung* des Arbeitnehmers zur Einkommensteuer.

51 Charakteristisch für das Lohnsteuerabzugsverfahren ist, dass der Arbeitgeber die Lohnsteuer **für Rechnung des Arbeitnehmers** bei jeder Lohnzahlung vom Arbeitslohn einzubehalten hat (§ 38 Abs. 3 EStG); bei juristischen Personen des öffentlichen Rechts hat die öffentliche Kasse, die den Arbeitslohn zahlt, die Pflichten des Arbeitgebers. Die einbehaltene Lohnsteuer ist nach den Vorschriften des § 41 a EStG vom Arbeitgeber dem Finanzamt anzumelden und an dieses abzuführen.

52 **Schuldner** der Lohnsteuer ist der *Arbeitnehmer* (§ 38 Abs. 2 Satz 1 EStG). Der Arbeitgeber kann lediglich als *Haftungsschuldner* in bestimmten Fällen herangezogen werden (§ 42 d EStG).

53 Die Lohnsteuer **entsteht** in dem Zeitpunkt, in dem der Arbeitslohn dem Arbeitnehmer *zufließt* (§ 38 Abs. 2 Satz 2 EStG), abweichend von der Einkommensteuer, die nach § 36 Abs. 1 EStG mit Ablauf des Veranlagungszeitraums entsteht. Der Zeitpunkt des Zuflusses des Arbeitslohns beim Arbeitnehmer ist nicht nur für die Frage von Bedeutung, wann der Arbeitgeber die Lohnsteuer einbehalten, anmelden und abführen muss, sondern auch für die Zurechnung des Arbeitslohns zu den einzelnen Kalenderjahren.

Das Lohnsteuerabzugsverfahren ist anzuwenden, soweit Arbeitslohn von einem Arbeitgeber gezahlt wird, der

- inländischer Arbeitgeber oder
- ausländischer Verleiher von Arbeitnehmern ist.

Inländischer Arbeitgeber ist nach § 38 Abs. 1 Nr. 1 EStG ein Arbeitgeber, der im Inland einen Wohnsitz, seinen gewöhnlichen Aufenthalt, seine Geschäftsleitung, seinen Sitz, eine Betriebsstätte oder einen ständigen Vertreter i.S.d. §§ 8 bis 13 AO hat. Werden von international tätigen Unternehmen Arbeitnehmer nach Deutschland entsendet, gilt nach § 38 Abs. 1 Satz 2 EStG das inländische aufnehmende Unternehmen, das den Arbeitslohn wirtschaftlich trägt, als Arbeitgeber und ist damit zum Lohnsteuerabzug verpflichtet. Als **ausländischen Verleiher von Arbeitnehmern** bezeichnet § 38 Abs. 1 Nr. 2 EStG eine Person, die – ohne inländischer Arbeitgeber zu sein – einem Dritten (Entleiher) Arbeitnehmer gewerbsmäßig zur Arbeitsleistung im Inland überlässt. Liegt ein solcher Fall vor, so berührt die Lohnsteuererhebung neben dem Arbeitgeber und dem Arbeitnehmer noch einen Dritten, nämlich den **Entleiher,** der nach § 42 d Abs. 6 EStG in bestimmten Fällen als *Haftungsschuldner* für Lohnsteuer in Anspruch genommen werden kann. **54**

Der Lohnsteuer unterliegt auch der im Rahmen des Dienstverhältnisses **von einem Dritten** für eine Arbeitsleistung **gezahlte Arbeitslohn** (§ 38 Abs. 1 Satz 3 EStG). Insbesondere bei verbundenen Unternehmen (Konzernen etc.) ist dies nach dem Gesetzeswortlaut anzunehmen. Der Arbeitnehmer ist nach § 38 Abs. 4 Satz 3 EStG verpflichtet, von Dritten gewährte Bezüge dem Arbeitgeber am Ende des jeweiligen Lohnzahlungszeitraums anzugeben. Macht der Arbeitnehmer keine oder erkennbar unrichtige Angaben, hat der Arbeitgeber dies dem Betriebsstättenfinanzamt anzuzeigen. In diesem Fall wird die zu wenig erhobene Lohnsteuer durch das Finanzamt beim *Arbeitnehmer* nachgefordert. **55**

Eine Besonderheit besteht, wenn aufgrund **tarifvertraglicher Regelungen Arbeitslohn von Dritten** gezahlt wird, z.B. durch Sozialkassen des Baugewerbes. Insoweit ist nach § 38 Abs. 3 a Satz 1 EStG der Dritte und nicht der Arbeitgeber zum Lohnsteuerabzug verpflichtet. Dies gilt jedoch nicht für Sachbezüge. **56**

Zudem können nach § 38 Abs. 3 a Satz 2 EStG auch Dritte mit (Wohn-) Sitz oder Geschäftsleitung im Inland die Pflichten eines Arbeitgebers erfüllen, wenn der Dritte sich hierzu verpflichtet hat, die Steuererhebung nicht beeinträchtigt wird und das Betriebsstättenfinanzamt des Dritten auf dessen Antrag hin und im Einvernehmen mit dem Betriebsstättenfinanzamt des Arbeitgebers zustimmt. Beschränkt wird die Möglichkeit der **Übertragung der Arbeitgeber-Pflichten** auf die Fälle, in denen der Dritte den Arbeitslohn auszahlt oder es sich um vom Dritten vermittelte Arbeitnehmer handelt und der Dritte nur Arbeitgeberpflichten übernimmt. Stehen die Arbeitnehmer in mehreren Dienstverhältnissen, kann der Dritte die Arbeitslöhne zusammenrechnen, die denselben Zeitraum betreffen und diese in einer Summe bescheinigen. Der Dritte kann unabhängig von der Lohnsteuerkarte die **Lohnsteuer auf sonstige Bezüge** bis zu einer nur auf ihn bezogenen Jahresarbeitslohngrenze von 10 000 € mit 20% der Bezüge ermitteln. Dabei handelt es sich nicht um pauschale Lohnsteuer; die so ermittelte **Lohnsteuer ist zu bescheinigen und** auf die Einkommensteuer **anrechenbar.** Neben dem Arbeitgeber muss auch der Dritte für die Lohnsteuer haften. **57**

58 Wenn der vom Arbeitgeber geschuldete Barlohn zur Deckung der Lohnsteuer **nicht ausreicht,** hat nach § 38 Abs. 4 Satz 1 und 2 EStG der Arbeitnehmer dem Arbeitgeber den Fehlbetrag zur Verfügung zu stellen oder der Arbeitgeber einen entsprechenden Teil etwaiger anderer Bezüge des Arbeitnehmers zurückzubehalten. Anderenfalls hat der Arbeitgeber dies dem Betriebsstättenfinanzamt anzuzeigen, die zu wenig erhobene Lohnsteuer wird durch das Finanzamt beim *Arbeitnehmer* nachgefordert.

§ 39 b EStG beinhaltet die *verfahrenstechnischen Anweisungen* für die Ermittlung der Lohnsteuer durch den Arbeitgeber. Von diesen Anweisungen darf der Arbeitgeber nicht abweichen, weil durch den Lohnsteuerabzug die Einkommensteuer, die auf die Einkünfte aus nicht selbstständiger Arbeit entfällt, für den Steuerpflichtigen im Regelfall abgegolten ist (§ 46 Abs. 4 EStG).

VI. Durchführung des Lohnsteuerabzugs für unbeschränkt einkommensteuerpflichtige Arbeitnehmer

59 Der Arbeitnehmer hat dem Arbeitgeber vor Beginn des Kalenderjahrs oder beim Eintritt in das Dienstverhältnis eine Lohnsteuerkarte vorzulegen, die der Arbeitgeber während des Dienstverhältnisses aufzubewahren hat. Er hat sie dem Arbeitnehmer während des Kalenderjahrs zur Vorlage beim Finanzamt oder bei der Gemeinde vorübergehend zu überlassen sowie innerhalb angemessener Frist nach Beendigung des Dienstverhältnisses herauszugeben.

1. Berechnung der Lohnsteuer bei laufendem Arbeitslohn

60 Für die Einbehaltung der Lohnsteuer vom **laufenden Arbeitslohn** (z. B. Monatsgehalt, Wochenlohn, Überstundenvergütungen, Zuschläge und Zulagen, laufende geldwerte Vorteile) hat der Arbeitgeber die Höhe des laufenden Arbeitslohns und den Lohnzahlungszeitraum festzustellen. Vom Arbeitslohn sind – da in die Lohnsteuertabellen nicht eingearbeitet – ggf. abzuziehen

- **Versorgungs-Freibetrag** i. S. d. § 19 Abs. 2 EStG,
- **Altersentlastungsbetrag** i. S. d. § 24 a EStG,
- **Freibetrag** nach Maßgabe der Eintragungen auf der Lohnsteuerkarte.

61 Der so berechnete Arbeitslohn des Lohnzahlungszeitraums ist auf einen **Jahresarbeitslohn** hochzurechnen, d.h. bei monatlicher Lohnzahlung mit 12 zu multiplizieren, bei wöchentlicher Lohnzahlung mit 360/7 und bei täglicher Lohnzahlung mit 360. Davon sind abzuziehen

- der Arbeitnehmer-Pauschbetrag von 920 € bzw. bei Versorgungsbezügen i. S. d. § 19 Abs. 2 EStG den Pauschbetrag von 102 € und den Zuschlag zum Versorgungsfreibetrag (Steuerklassen I-V),
- der Sonderausgaben-Pauschbetrag von 36 € (Steuerklassen I, II und IV) bzw. 72 € in Steuerklasse III,

- die Vorsorgepauschale in den Steuerklassen I-IV, berechnet nach § 10 c EStG,
- der Entlastungsbetrag für Alleinerziehende nach § 24 b EStG i. H. v. 1 308 € in der Steuerklasse II.

Zur Ermittlung der **Jahreslohnsteuer** muss in den Steuerklassen I, II und IV der Grundtarif herangezogen werden, in der Steuerklasse III der Splittingtarif. Der Grundtarif ist auch maßgebend für die Berechnung der Jahreslohnsteuer in den Steuerklassen V und VI. Die Umrechnung der Jahreslohnsteuer in eine monatliche, wöchentliche oder tägliche Lohnsteuer erfolgt unter Anwendung der Faktoren von 1/12, 7/360 und 1/360. **62**

2. Berechnung der Lohnsteuer bei sonstigen Bezügen

Im Gegensatz zur Berechnung der Lohnsteuer bei laufendem Arbeitslohn darf die auf einen **sonstigen Bezug** entfallende Lohnsteuer nicht aus den Lohnsteuertabellen abgelesen werden. Dies würde nämlich wegen des progressiven Steuertarifs zu einer unzutreffenden (zu hohen) Lohnsteuer führen, denn die Vorschriften zur Ermittlung der monatlichen, wöchentlichen und täglichen Lohnsteuer gehen von *gleich bleibenden Teilbeträgen* des Jahresarbeitslohns aus. Ein sonstiger Bezug wird aber gerade nicht fortlaufend in gleich bleibender Höhe gezahlt, sondern nur einmalig oder gelegentlich. **63**

Zur Berechnung der Lohnsteuer von einem sonstigen Bezug hat der Arbeitgeber zunächst den voraussichtlichen Jahresarbeitslohn *ohne* den sonstigen Bezug festzustellen und davon ggf. den Versorgungs-Freibetrag und den Zuschlag zum Versorgungs-Freibetrag sowie den Altersentlastungsbetrag sowie einen etwaigen Jahresfreibetrag nach Maßgabe der Eintragungen auf der Lohnsteuerkarte abzuziehen. Für den so ermittelten Jahresarbeitslohn **(maßgebender Jahresarbeitslohn)** ist die Lohnsteuer aus der Jahreslohnsteuertabelle unter Berücksichtigung der auf der Lohnsteuerkarte eingetragenen Steuerklasse zu ermitteln. In einem *zweiten Schritt* ist die Jahreslohnsteuer für den maßgebenden Jahresarbeitslohn **zuzüglich sonstigem Bezug** zu ermitteln. Dabei ist der sonstige Bezug ggf. um den Versorgungs-Freibetrag und den Zuschlag zum Versorgungs-Freibetrag sowie den Altersentlastungsbetrag zu kürzen, soweit sie nicht bei der Feststellung des maßgebenden Jahresarbeitslohns berücksichtigt worden sind. Der *Unterschiedsbetrag* zwischen den beiden Jahreslohnsteuerbeträgen ist die Lohnsteuer, die auf den sonstigen Bezug entfällt. **64**

Das Verfahren in § 39 b Abs. 3 EStG sieht also eine *Hochrechnung* aller bereits gezahlten laufenden Arbeitslöhne und aller bereits gezahlten sonstigen Bezüge (auch aus einem vorhergegangenen Dienstverhältnis im gleichen Kalenderjahr) auf den **voraussichtlichen Jahresarbeitslohn** vor, wie er nach dem für die Restzeit des Kalenderjahres noch zu zahlenden laufenden Arbeitslohn zu erwarten ist. Der danach ermittelten Jahreslohnsteuer ist die Lohnsteuer gegenüberzustellen, die sich bei ansonsten gleicher Berechnung, aber *unter Einbeziehung des sonstigen Bezuges* ergibt; die Differenz ist die Lohnsteuer, die von dem sonstigen Bezug einzubehalten ist. **65**

Beispiel:

Ein kaufmännischer Angestellter bezieht im Jahr ein monatliches Gehalt von 3 000 €. Im Juni erhält er ein Urlaubsgeld in Höhe von 1 000 €.

Auf der Lohnsteuerkarte sind die Steuerklasse III und ein Jahresfreibetrag von 3 800 € eingetragen.

Die auf den sonstigen Bezug entfallende Lohnsteuer errechnet sich wie folgt:

Voraussichtlicher Jahresarbeitslohn (ohne sonstigen Bezug)	36 000 €
abzüglich:	3 800 €
Jahresbetrag	32 200 €
Voraussichtlicher Jahresarbeitslohn (unter Einbeziehung des sonstigen Bezuges)	33 200 €

Die Jahreslohnsteuer soll für 32 200 € Jahresarbeitslohn in Steuerklasse III 2 156 € betragen, für 33 200 € Jahresarbeitslohn 2 438 €. Die Differenz in Höhe von 282 € ist die Lohnsteuer, die von dem sonstigen Bezug einzubehalten ist.

66 Als **sonstige Bezüge** kommen nach R 39b.2 Abs. 2 LStR *beispielsweise* in Betracht: Weihnachtszuwendungen, 13. und 14. Monatsgehälter, Urlaubsgelder, einmalige Abfindungen und Entschädigungen, Gratifikationen, Tantiemen, Jubiläumszuwendungen, Vergütungen für Erfindungen sowie Nachzahlungen und Vorauszahlungen, wenn sich der Gesamtbetrag oder ein Teilbetrag davon auf Lohnzahlungszeiträume bezieht, die in einem anderen Jahr als dem der Zahlung enden.

Zu beachten sind aber die *Steuerbefreiungen,* wie sie sich beispielsweise in § 3 Nr. 9 und Nr. 15 EStG finden, und die *Steuervergünstigung* des § 34 Abs. 1 EStG bei außerordentlichen Einkünften. Beides kommt typischerweise bei sonstigen Bezügen in Betracht und kann im Lohnsteuerabzugsverfahren berücksichtigt werden (vgl. § 39 b Abs. 3 Satz 9 EStG).

3. Durchführung des Lohnsteuerabzugs ohne Lohnsteuerkarte oder elektronische Abzugsmerkmale

67 Solange ein unbeschränkt einkommensteuerpflichtiger Arbeitnehmer dem Arbeitgeber eine Lohnsteuerkarte *schuldhaft* nicht vorlegt oder die Rückgabe der ihm ausgehändigten Lohnsteuerkarte *schuldhaft* verzögert, hat der Arbeitgeber nach § 39 c EStG die Lohnsteuer nach der **Steuerklasse VI** zu ermitteln, es sei denn, der Arbeitnehmer weist nach, dass er die Nichtvorlage oder verzögerte Rückgabe der Lohnsteuerkarte nicht zu vertreten hat: In diesem Fall hat der Arbeitgeber für die Lohnsteuerberechnung die *ihm bekannten* Familienverhältnisse des Arbeitnehmers zu Grunde zu legen.

68 Abweichend davon kann der Arbeitgeber nach § 39 c Abs. 2 EStG die Lohnsteuer von dem Arbeitslohn für den **Monat Januar** aufgrund der Eintragungen auf der Lohnsteuerkarte für das *vorhergehende Kalenderjahr* ermitteln, wenn der Arbeitnehmer eine Lohnsteuerkarte für das neue Kalenderjahr bis zur Lohnabrechnung nicht vorgelegt hat. Nach Vorlage der Lohnsteuerkarte ist die Lohnsteuerermittlung für den Monat Januar aber zu *überprüfen* und *erforderlichenfalls zu ändern.* Legt der Arbeitnehmer bis zum 31.3. keine Lohnsteuerkarte vor, so ist nachträglich, rückwirkend ab 1.1. die Lohnsteuer nach der Steuerklasse VI zu ermitteln. Die zu wenig oder zu viel einbehaltene Lohnsteuer ist jeweils bei der nächsten Lohnabrechnung auszugleichen.

Für die unter § 1 Abs. 2 EStG fallenden Arbeitnehmer (**erweiterte unbeschränkte Steuerpflichtige**) hat der Arbeitgeber die Lohnsteuer nach § 39 c Abs. 3 EStG unabhängig von einer Lohnsteuerkarte zu ermitteln. Es ist dabei die Steuerklasse maßgebend, die nach § 39 Abs. 3–5 EStG auf einer Lohnsteuerkarte des Arbeitnehmers einzutragen wäre, wenn dieser seinen Wohnsitz oder gewöhnlichen Aufenthalt im Inland hätte. Da in solchen Fällen eine Lohnsteuerkarte nicht ausgestellt wird, erteilt das Betriebsstättenfinanzamt auf Antrag des Arbeitnehmers eine **Bescheinigung,** aus der der Arbeitgeber die maßgebende Steuerklasse, die Zahl der Kinderfreibeträge, die Zahl der Kinder und einen etwa in Betracht kommenden Freibetrag ersehen kann. 69

Dieses Bescheinigungsverfahren ist auch für Arbeitnehmer vorgeschrieben, die nach § 1 Abs. 3 EStG auf Antrag als unbeschränkt einkommensteuerpflichtig behandelt werden, obwohl sie keinen Wohnsitz oder gewöhnlichen Aufenthalt im Inland haben (**fiktive unbeschränkte Steuerpflicht**, insbesondere Grenzgänger; vgl. Rn. 31).

frei 70

VII. Durchführung des Lohnsteuerabzugs für beschränkt einkommensteuerpflichtige Arbeitnehmer

Für die Durchführung des Lohnsteuerabzugs werden *beschränkt einkommensteuerpflichtige Arbeitnehmer* nach § 39 d EStG in die Steuerklasse I eingereiht, sofern nicht die Steuerklasse VI in Betracht kommt (bei Arbeitslohn aus einem zweiten und weiteren Dienstverhältnis). Auch in diesen Fällen ist – da keine Lohnsteuerkarte ausgestellt wird – auf Antrag des Arbeitnehmers vom Betriebsstättenfinanzamt eine **Bescheinigung** über die maßgebende Steuerklasse und die Zahl der Kinderfreibeträge auszustellen, für die die Vorschriften über die Eintragungen auf der Lohnsteuerkarte sinngemäß anzuwenden sind. Der Arbeitnehmer kann eine Änderung der Bescheinigung bis zum Ablauf des Kalenderjahrs, für das sie gilt, beim Finanzamt beantragen. In diese Bescheinigung trägt das Finanzamt im Wege des *Lohnsteuerermäßigungsverfahrens* als Freibetrag (oder gegebenenfalls als Hinzurechnungsbetrag) folgende Beträge ein: 71

- Werbungskosten, die bei den Einkünften aus nichtselbstständiger Arbeit anfallen, soweit sie den Arbeitnehmer-Pauschbetrag übersteigen,
- Sonderausgaben i. S. d. § 10 b EStG (Spenden und Mitgliedsbeiträge), soweit sie den Sonderausgaben-Pauschbetrag des § 10 c Abs. 1 EStG übersteigen,
- den Freibetrag oder Hinzurechnungsbetrag nach § 39 a Abs. 1 Nr. 7 EStG.

Die **Antragsgrenze** von 600 € in § 39 a Abs. 2 EStG gilt *nicht.* Die Bescheinigung (und deren Änderung) kann bis zum Ablauf des Kalenderjahrs, also auch noch nach dem 30.11. beantragt werden. 72

Wenn der Arbeitslohn des Arbeitnehmers in den einzelnen Lohnzahlungszeiträumen der Höhe nach geschwankt hat und/oder wenn Eintragungen auf der Lohnsteuerkarte zugunsten des Arbeitnehmers geändert wurden, ist der Gesamtbetrag der im laufenden Kalenderjahr einbehaltenen Lohnsteuer in aller Regel höher als die Lohnsteuer, die sich nach § 39 b Abs. 2 und 3 EStG ergibt. § 42 b EStG ermöglicht deshalb dem Arbeitgeber, im Wege des sog. **betrieblichen Lohnsteuer-Jahresausgleichs** dem Arbeitnehmer die nach der *Höhe des Jahresarbeitslohns* und den zuletzt erfolgten *Eintragungen auf der Lohnsteuerkarte* zu viel einbehaltene Lohnsteuer zu erstatten.

73 *Voraussetzung* für die Durchführung des Lohnsteuer-Jahresausgleichs ist, dass dem Arbeitgeber die Lohnsteuerkarte des Arbeitnehmers mit den Lohnsteuerbescheinigungen aus etwaigen vorangegangenen Dienstverhältnissen vorliegt und der Arbeitnehmer während des Ausgleichsjahrs *ständig* in einem Dienstverhältnis gestanden hat. In bestimmten Fällen darf der Lohnsteuer-Jahresausgleich nicht durchgeführt werden, so beispielsweise, wenn der Arbeitnehmer dies beantragt oder der Arbeitnehmer nach den Steuerklassen V oder VI oder *für einen Teil* des Ausgleichsjahrs nach den Steuerklassen III oder IV zu besteuern war (§ 42 b Abs. 1 Satz 4 EStG).

74 Der Arbeitgeber ist zur Durchführung des Lohnsteuer-Jahresausgleichs **verpflichtet,** wenn er am 31.12. des Ausgleichsjahrs *mindestens zehn Arbeitnehmer* beschäftigt. Ist das nicht der Fall, so ist er dazu nicht verpflichtet, aber berechtigt. Wegen weiterer Einzelheiten zum betrieblichen Lohnsteuer-Jahresausgleich siehe § 42 b Abs. 3 und 4 EStG.

75–79 *frei*

E. Pauschalierung der Lohnsteuer

80 Die Vorschriften der §§ 40, 40 a und 40 b EStG eröffnen dem Arbeitgeber in bestimmten Fällen die Möglichkeit, Arbeitslohn mit einem **Pauschsteuersatz** – abweichend von den Vorschriften der §§ 39 b bis 39 d EStG – zu versteuern. Typisch für die Lohnsteuerpauschalierung ist, dass die Lohnsteuer *Abgeltungscharakter* hat und vom *Arbeitgeber zu übernehmen* ist. § 40 Abs. 3 EStG bestimmt hierzu: Der Arbeitgeber hat die pauschale Lohnsteuer zu übernehmen. Er ist *Schuldner* der pauschalen Lohnsteuer. Der *pauschal besteuerte Arbeitslohn* und die *pauschale Lohnsteuer* bleiben bei einer Veranlagung zur Einkommensteuer *außer Ansatz*. Die pauschale Lohnsteuer ist nicht auf die Einkommensteuer anzurechnen.

81 Dass das EStG das Verfahren der Lohnsteuerpauschalierung zulässt, ist einerseits auf *Vereinfachungs-* und *Praktikabilitätsgründe* zurückzuführen (so in den Fällen der §§ 40, 40 a EStG), andererseits auf bestimmte *sozialpolitische Zielvorstellungen* des Gesetzgebers (§ 40 b EStG).

I. Nacherhebung der Lohnsteuer

1. Pauschalierung der Lohnsteuer in besonderen Fällen

Nach § 40 Abs. 1 EStG kann das Betriebsstättenfinanzamt *auf Antrag des Arbeitgebers* zulassen, dass die Lohnsteuer mit einem **Pauschsteuersatz** erhoben wird, soweit 82

- von dem Arbeitgeber sonstige Bezüge *in einer größeren Zahl von Fällen* gewährt werden oder
- in einer *größeren Zahl von Fällen Lohnsteuer nachzuerheben* ist, weil der Arbeitgeber die Lohnsteuer nicht vorschriftsmäßig einbehalten hat.

Werden von dem Arbeitgeber *sonstige Bezüge* in einer größeren Zahl von Fällen gewährt, so endet die Pauschalierungsmöglichkeit bei sonstigen Bezügen je Arbeitnehmer von mehr als 1 000 € im Kalenderjahr. Im Falle der Lohnsteuernacherhebung gilt diese Grenze jedoch nicht. 83

Ziel des § 40 Abs. 1 EStG ist *nicht,* dem Arbeitgeber eine *Steuervergünstigung* einzuräumen. Der **Pauschsteuersatz** ist unter Berücksichtigung der Vorschriften des § 38 a EStG zu ermitteln mit der Folge, dass die pauschale Lohnsteuer in etwa der Lohnsteuer entsprechen muss, die sich bei einer individuellen Ermittlung nach der Lohnsteuertabelle ergeben würde. Deshalb hat der Arbeitgeber dem Antrag auf Zulassung der Lohnsteuerpauschalierung in diesen Fällen eine *Berechnung* beizufügen, aus der sich der *durchschnittliche Steuersatz* unter Zugrundelegung der durchschnittlichen Jahresarbeitslöhne und der durchschnittlichen Jahreslohnsteuer *in jeder Steuerklasse* für diejenigen Arbeitnehmer ergibt, denen die Bezüge gewährt werden sollen oder gewährt worden sind. Der Pauschsteuersatz bestimmt sich also insbesondere nach der Lohn- und Gehaltsstruktur, der Zahl der Arbeitnehmer in den einzelnen Lohnsteuerklassen und der Höhe der sonstigen Bezüge. Wegen der Berechnung des Pauschsteuersatzes vgl. R 40.1 Abs. 3 LStR und das Beispiel in H 40.1 LStH. 84

Von besonderer Bedeutung ist, dass die Übernahme der pauschalen Lohnsteuer durch den Arbeitgeber nach § 40 Abs. 1 Satz 2 EStG für den Arbeitnehmer eine in *Geldeswert bestehende Einnahme* i.S.d. § 8 Abs. 1 EStG darstellt. Dementsprechend ist die pauschale Lohnsteuer als **Nettobetrag** anzusehen mit der Folge, dass der nach den Gegebenheiten des Unternehmens errechnete Pauschsteuersatz hochzurechnen ist. Die Berechnungsformel hierfür lautet (vgl. Nr. 4 des Beispiels in H 40.1 LStH): 85

$$\frac{100 \times \text{durchschnittliche Steuerbelastung}}{100 - \text{durchschnittliche Steuerbelastung}} = \text{Pauschsteuersatz}$$

2. Besteuerung mit festen Steuersätzen

Mit einem **festen Pauschsteuersatz von 25 %** können nach § 40 Abs. 2 Satz 1 EStG versteuert werden 86

- der Sachbezugswert einer arbeitstäglichen *Mahlzeit im Betrieb,* soweit diese unentgeltlich oder verbilligt abgegeben wird, und *Essenszuschüsse,*

- Arbeitslohn *aus Anlass von Betriebsveranstaltungen* (Sachzuwendungen, sofern es sich nicht um übliche Zuwendungen von geringem Wert von im Allgemeinen bis zu 110 € handelt, die als Annehmlichkeiten lohnsteuerfrei bleiben; vgl. R 19.5 LStR),
- *Erholungsbeihilfen,* wenn sie im Kalenderjahr 156 € für den Arbeitnehmer, 104 € für dessen Ehegatten und 52 € für jedes auf der Lohnsteuerkarte eingetragene Kind nicht übersteigen; werden die Erholungsbeihilfen in bar gezahlt, muss der Arbeitgeber sicherstellen, dass die Beihilfen zu Erholungszwecken verwendet werden,
- Ersatz von *Verpflegungsmehraufwendungen* anlässlich von Auswärtstätigkeiten, soweit die nach § 3 Nr. 13 und 16 EStG steuerfrei vergütbaren möglichen Pauschbeträge (vgl. Rn. 565) überschritten werden, maximal bis zu 100% der Pauschbeträge,
- die unentgeltliche oder verbilligte *Übereignung von Personalcomputern,* Smartphones und Tablet-PCs einschließlich Zubehör und Internetzugang sowie Zuschüsse des Arbeitgebers für die Internetnutzung, sofern der Vorteil zusätzlich zum ohnehin geschuldeten Arbeitslohn gewährt wird.

87 Die genannten Beträge stellen *Obergrenzen* dar (ausgenommen Ersatz von Verpflegungsmehraufwendungen). Dies bedeutet, dass die Pauschalierung der Lohnsteuer in vollem Umfang ausgeschlossen ist, wenn die betragsmäßigen Grenzen überschritten werden.

II. Kraftfahrzeuggestellung und Fahrtkostenersatz

88 Eine weitere Möglichkeit zur Pauschalierung der Lohnsteuer mit einem **festen Pauschsteuersatz von 15%** ergibt sich aus § 40 Abs. 2 Satz 2 EStG, und zwar für Sachbezüge in Form der unentgeltlichen oder verbilligten *Beförderung eines Arbeitnehmers* zwischen Wohnung und Arbeitsstätte sowie für zusätzlich zum ohnehin geschuldeten Arbeitslohn geleistete Zuschüsse zu den Aufwendungen des Arbeitnehmers für *Fahrten zwischen Wohnung und Arbeitsstätte.* Auch hier ist mit der Pauschallohnsteuer der Sozialversicherungsbeitrag abgegolten. Pauschalierungsfähig sind nur Bezüge bis zur Höhe der Beträge, die der Arbeitnehmer wie Werbungskosten geltend machen könnte (Entfernungspauschale von 0,30 €/Entfernungskilometer Wohnung und Arbeitsstäte). Die pauschal besteuerten Bezüge mindern die abziehbaren Werbungskosten. Die Pauschalierungsmöglichkeit gilt auch für Teilzeitbeschäftigte i.S.d. § 40 a EStG. Die pauschal besteuerten Beförderungsleistungen und Fahrtkostenzuschüsse sind in die Prüfung der Arbeitslohngrenzen des § 40 a EStG nicht einzubeziehen, vgl. § 40 Abs. 2 Satz 3 EStG.

III. Teilzeitbeschäftigte und geringfügig Beschäftigte

1. Sozialversicherungsrecht

Ein geringfügiges Beschäftigungsverhältnis (sog. **Mini-Job**) ist anzunehmen, bei 89

- einem Arbeitsentgelt von regelmäßig nicht mehr als 450 € (**geringfügig entlohnte Beschäftigung**, § 8 Abs. 1 Nr. 1 SGB IV);
- einer nicht berufsmäßig mit einem Entgelt von mehr als 450 € ausgeübten **kurzfristigen Beschäftigung** von längstens zwei Monaten oder 50 Arbeitstagen innerhalb eines Kalenderjahres (§ 8 Abs. 1 Nr. 2 SGB IV).

Bei der Prüfung, ob ein **geringfügiges Beschäftigungsverhältnis** vorliegt, ist unerheblich, ob dieses in einem gewerblichen Unternehmen oder **in einem Privathaushalt** (§ 8 a SGB IV) ausgeübt wird. Ein Unterschied besteht aber in der Höhe der vom Arbeitgeber pauschal zu entrichtenden Sozialversicherungsbeiträge. Eine geringfügige Beschäftigung im Privathaushalt liegt vor, wenn diese durch einen privaten Haushalt begründet ist und die Tätigkeit sonst gewöhnlich durch Mitglieder des privaten Haushalts erledigt wird.

Ein geringfügiges Beschäftigungsverhältnis kann bei demselben Arbeitgeber, bei dem ein **weiteres Beschäftigungsverhältnis** besteht, nicht begründet werden. In diesem Fall liegt ein einheitliches Beschäftigungsverhältnis vor. **Mehrere geringfügige Beschäftigungsverhältnisse** sind zur Prüfung der Voraussetzungen des § 8 SGB IV zusammenzurechnen. Zusammengerechnet werden auch **geringfügig entlohnte Beschäftigungen und nicht geringfügige Beschäftigungen;** wobei allerdings *eine* geringfügig entlohnte Beschäftigung von der Zusammenrechnung ausgenommen wird. Diese bleibt damit sozialversicherungsfrei (aber mit Pauschalbeiträgen), wenn die Grenze von 450 € nicht überschritten wird.

Die geringfügigen Beschäftigungsverhältnisse sind (grundsätzlich, Ausnahme z.B. Studenten) sozialversicherungsfrei. Es sind jedoch (ggf.) folgende **Pauschalbeiträge** zu entrichten: 90

- für ein **geringfügig entlohntes Beschäftigungsverhältnis** i.S.d. § 8 Abs. 1 Nr. 1 SGB IV von *15%* für *Rentenversicherung* und von *13%* für *Krankenversicherung zzgl. 7,29% div Umlagen und 2% pauschale Lohnsteuer.*
- für ein **kurzfristiges Beschäftigungsverhältnis** sind *keine* Pauschalbeiträge zu entrichten,
- für ein **geringfügig entlohntes Beschäftigungsverhältnis in einem Privathaushalt** von *5%* für *Rentenversicherung* und von *5%* für *Krankenversicherung* (im sog. **Haushaltsscheckverfahren**) zzgl. 0,84% Umlagen und 1,6% Unfallversicherung.

Die Zahlung eines Pauschalbeitrags für Krankenversicherung setzt voraus, dass der geringfügig Beschäftigte mit einer anderen Tätigkeit **gesetzlich krankenversichert** ist. Ist dies wie etwa bei Beamten, privat versicherten (ansonsten) Selbstständigen oder Arbeitnehmern nicht der Fall, müssen diese Beiträge nicht entrichtet werden. Die *Pauschalbeiträge zur Rentenversicherung* sind hingegen auch bei diesem Personenkreis zu entrichten (nur ganz wenige Ausnahmen). Zur **Pflege- und Arbeitslosenversicherung** fallen Pauschalbeiträge nicht an.

91 In einer **Gleitzone** zwischen 450,01 € und 850 € Arbeitsentgelt (sog. **Midi-Jobs**) zahlt der Arbeitgeber die gewöhnlichen Sozialversicherungsbeiträge, während dem Anteil des Arbeitnehmers eine ermäßigte, über die Gleitzone linear ansteigende Bemessungsgrundlage zu Grunde gelegt wird. Dieses Privileg gilt nicht, wenn neben einer versicherungspflichtigen Hauptbeschäftigung ein solcher Midi-Job ausgeübt wird. In diesem Fall besteht für beide Beschäftigungen keine Begünstigung.

92 Die **Durchführung des Beitrags- und Meldeverfahrens** für geringfügig Beschäftigte – einschließlich der in Privathaushalten geringfügig Beschäftigten – wurde auf die **Bundesknappschaft** (Verwaltungsstelle Cottbus) übertragen. Sie erhält die Pauschalbeiträge zur Kranken- und Rentenversicherung. Für Beschäftigte in Privathaushalten ist bei natürlichen Personen als Arbeitgeber ausschließlich das Haushaltsscheckverfahren anzuwenden (§ 28 a Abs. 7 SGB IV). Dies ist ein Vordruck zur An- und Abmeldung des Arbeitnehmers bei der Sozial- und Unfallversicherung, verbunden mit einer Ermächtigung zum Einzug des Gesamtsozialversicherungsbeitrags.

2. Steuerrecht

93 Nach § 40 a Abs. 2 EStG kann der Arbeitgeber (statt nach einer vorzulegenden Lohnsteuerkarte) unter Verzicht auf die Vorlage einer Lohnsteuerkarte die Lohnsteuer für das Arbeitsentgelt aus einer geringfügigen Beschäftigung im Sinne des § 8 Abs. 1 Nr. 1 SGB IV **(geringfügig entlohnte Beschäftigung)** oder des § 8 a SGB IV **(geringfügige Beschäftigung in Privathaushalten),** für das er Beiträge zur gesetzlichen Rentenversicherung in Höhe von 15% oder 5% zu entrichten hat, mit einem einheitlichen Pauschsteuersatz in Höhe von **2%** des Arbeitsentgelts erheben **(einheitliche Pauschsteuer**, § 40 a Abs. 2 EStG). Das Steuerrecht knüpft damit insoweit an die Voraussetzungen des SGB IV an.

In der einheitlichen Pauschsteuer ist neben der Lohnsteuer auch der **Solidaritätszuschlag und die Kirchensteuer enthalten.** Der einheitliche Pauschsteuersatz von 2% ist auch anzuwenden, wenn der Arbeitnehmer keiner hebeberechtigten Religionsgemeinschaft angehört.

Für die **Erhebung** der einheitlichen Pauschsteuer ist – wie für die pauschalen Beiträge zur gesetzlichen Renten- und Krankenversicherung – die **Bundesknappschaft** (Verwaltungsstelle Cottbus) zuständig. Bei geringfügiger Beschäftigung in Privathaushalten ist auch hier der Haushaltsscheck zu verwenden, womit die einheitliche Pauschsteuer zusammen mit den pauschalen Beiträgen zur gesetzlichen Sozialversicherung vom Arbeitgeber eingezogen wird.

94 Nach § 40 a Abs. 5 EStG i. V. m. § 40 Abs. 3 EStG bleibt der **pauschal versteuerte Arbeitslohn** bei der Einkommensteuerveranlagung **außer Ansatz,** die **Pauschsteuer** wird auf die Einkommensteuer **nicht angerechnet.**

Hat der Arbeitgeber für das Arbeitsentgelt aus einer geringfügigen Beschäftigung im Sinne des § 8 Abs. 1 Nr. 1 SGB IV **(geringfügig entlohnte Be-**

schäftigung) oder des § 8 a SGB IV **(geringfügige Beschäftigung in Privathaushalten)** den Beitrag zur gesetzlichen Rentenversicherung in Höhe von 15% oder 5% nicht zu entrichten, kann er (statt nach einer vorzulegenden Lohnsteuerkarte) die Lohnsteuer mit einem Pauschsteuersatz von 20% des Arbeitsentgelts erheben. Hinzu kommen der Solidaritätszuschlag und ggf. die Kirchensteuer. Dies ist z.B. dann der Fall, wenn ein Arbeitnehmer ohne Hauptbeschäftigung in mehreren geringfügigen Beschäftigungsverhältnissen tätig ist und durch die Zusammenrechnung der Arbeitsentgelte die Grenze von 450 € überschritten wird. Zwar ist die Entrichtung des Pauschalbeitrags zur Rentenversicherung in Höhe von 15% bzw. 5% dann nicht mehr möglich (ggf. aber verminderter Beitrag für den Arbeitnehmer wegen sog. Midi-Job), jedoch kann in den für sich betrachtet geringfügigen Beschäftigungsverhältnissen die Lohnsteuer gemäß § 40 a Abs. 2 a EStG mit 20% pauschaliert werden. Zuständig ist das Betriebsstättenfinanzamt.

3. Begriff des Arbeitslohns bzw. Arbeitsentgelts

Für die Prüfung der Pauschalierungsgrenzen und als Bemessungsgrundlage 95
sind gem. R 40a.1 Abs. 4 und 5 LStR alle Einnahmen heranzuziehen, die dem Arbeitnehmer aus dem Arbeitsverhältnis zufließen, mit Ausnahme der nach § 40 Abs. 2 Satz 2 EStG pauschal versteuerten Beträgen. Eine Kürzung des Arbeitslohns um den **Arbeitnehmer-Pauschbetrag** oder den **Altersentlastungsbetrag** ist *nicht zulässig,* auch etwaige Werbungskosten des Arbeitnehmers haben keinen Einfluss. Bezüge, die nicht zum laufenden Arbeitslohn gehören wie beispielsweise **Weihnachtsgeld** und **Urlaubsgeld,** sind für die Feststellung, ob die Pauschalierungsgrenze eingehalten wurde, rechnerisch gleichmäßig auf diejenigen Lohnzahlungs- oder Lohnabrechnungszeiträume zu verteilen, in denen die Arbeitsleistung erbracht wurde, im Regelfall auf die gesamte Beschäftigungszeit des Kalenderjahrs.

4. Pauschsteuersätze bei kurzfristigen Beschäftigungsverhältnissen und bei Aushilfskräften in land- und forstwirtschaftlichen Betrieben

Nach § 40 a EStG kann der Arbeitgeber unter *Verzicht* auf den Abruf von 96
elektronischen Lohnsteuerabzugsmerkmalen (§ 39 e Absatz 4 Satz 2) oder *auf die Vorlage einer Lohnsteuerkarte* bei Arbeitnehmern, die nur **kurzfristig** beschäftigt werden, die Lohnsteuer mit einem festen Pauschsteuersatz erheben. Der Vorteil für einen Arbeitnehmer im Falle einer Nebenbeschäftigung (oder auch mehrerer) liegt darin, dass ansonsten die Lohnsteuer nach der Steuerklasse VI zu ermitteln wäre, was zu einer relativ hohen Lohnsteuer führen würde. Die Anwendung des § 40 a EStG setzt – im Gegensatz zu § 40 Abs. 1 EStG – *keinen* Antrag beim Finanzamt voraus und ist auch nicht zustimmungsbedürftig. Zu beachten ist allerdings, dass die Lohnsteuerpauschalierung nach § 40 a EStG nur zulässig ist bei Arbeitnehmern, deren Arbeitslohn während der Beschäftigungsdauer 12 € *durchschnittlich je Arbeitsstunde* nicht übersteigt (§ 40 a Abs. 4 Nr. 1 EStG). Ferner darf keine weitere Beschäfti-

gung beim gleichen Arbeitgeber ausgeübt werden, die dem regulären Lohnbesteuerungsverfahren unterliegt (§ 40 a Abs. 4 Nr. 2 EStG).

97 Eine **kurzfristige Beschäftigung** (im Sinne des Steuerrechts und abweichend vom Sozialversicherungsrecht!) liegt vor, wenn der Arbeitnehmer bei dem Arbeitgeber gelegentlich, nicht regelmäßig wiederkehrend beschäftigt wird, die Dauer der Beschäftigung 18 zusammenhängende Arbeitstage nicht übersteigt und

- der Arbeitslohn während der Beschäftigungsdauer *62 € durchschnittlich je Arbeitstag* nicht übersteigt oder
- die Beschäftigung zu einem unvorhersehbaren Zeitpunkt sofort erforderlich wird.

Im Fall der kurzfristigen Beschäftigung beträgt der *Pauschsteuersatz* **25%**.

98 Eine Sonderregelung gilt für Aushilfskräfte, insbesondere Saisonarbeitskräfte, die in Betrieben der **Land- und Forstwirtschaft** mit typisch land- oder forstwirtschaftlichen Arbeiten beschäftigt werden: Nach § 40 a Abs. 3 EStG beträgt der *Pauschsteuersatz* **5%** Nicht land- und forstwirtschaftliche Tätigkeiten bis zu einem Umfang von 25% sind unschädlich. Aushilfskräfte der Land- und Forstwirtschaft sind nicht Arbeitnehmer, die zu den land- und forstwirtschaftlichen Fachkräften gehören oder die mehr als 180 Tagen im Kalenderjahr beschäftigt werden.

99 Sowohl bei der Pauschsteuer hinsichtlich kurzfristig Beschäftigter als auch hinsichtlich Aushilfskräften in Betrieben der Land- und Forstwirtschaft sind zusätzlich (pauschal) Solidaritätszuschlag und (ggf.) Kirchensteuer zu erheben.

IV. Bestimmte Zukunftssicherungsleistungen

100 § 40 b EStG schafft die Möglichkeit, bei bestimmten **Zukunftssicherungsleistungen** in bestimmtem Umfang auf eine individuelle Lohnsteuerermittlung zu verzichten und diese mit einem *Pauschsteuersatz* von (lediglich) **20%** zu versteuern. Für die Anwendung des § 40 b EStG spielt es keine Rolle, ob die Zukunftssicherungsleistungen *zusätzlich* zu dem ohnehin geschuldeten Arbeitslohn oder aufgrund von Vereinbarungen mit dem Arbeitnehmer *anstelle* des geschuldeten Barlohns (sog. Gehaltsumwandlung) erbracht werden. In Betracht kommen, da nur in diesen Fällen steuerpflichtiger Arbeitslohn vorliegt, folgende Leistungen:

a) Betriebliche Altersversorgung (§ 40 b Abs. 1 EStG):
– wenn eine Versorgungszusage vor dem 1.1.2005 gegeben wurde: Beiträge für eine *Direktversicherung* des Arbeitnehmers, wenn die Versicherung nicht auf den Erlebensfall eines früheren als des 60. Lebensjahrs abgeschlossen und eine vorzeitige Kündigung des Versicherungsvertrags durch den Arbeitnehmer ausgeschlossen worden ist sowie Zuwendungen an eine *Pensionskasse* (§ 52 Abs. 52 a EStG);
– wenn eine Versorgungszusage nach dem 31.12.2004 gegeben wurde: Zuwendungen zum Aufbau einer *nicht kapitalgedeckten* betrieblichen Altersversorgung an eine *Pensionskasse* (Zuwendungen an eine Direktver-

sicherung oder Pensionskasse zum Aufbau einer kapitalgedeckten Altersversorgung sind steuerfrei im Rahmen des § 3 Nr. 63 Sätze 1 bis 3 EStG).

b) **Unfallversicherung** (§ 40 b Abs. 3 EStG):

– Beiträge für eine Unfallversicherung, bei der mehrere Arbeitnehmer gemeinsam in einem Unfallversicherungsvertrag versichert sind **(Gruppenunfallversicherung),** wenn der Beitrag, der sich bei einer Aufteilung der gesamten Beiträge durch die Zahl der begünstigten Arbeitnehmer ergibt, *62 €* im Kalenderjahr nicht übersteigt.

Die Pauschalierung der Lohnsteuer nach § 40 b Abs. 1 EStG (betriebliche **101** Altersversorgung) setzt voraus, dass die Zukunftssicherungsleistungen aus einem **ersten Dienstverhältnis** bezogen werden (§ 40 b Abs. 2 Satz 1 EStG); sie ist demnach bei Arbeitnehmern, auf deren Lohnsteuerkarte die Steuerklasse VI eingetragen ist, nicht anwendbar. Die Pauschalierung setzt ferner voraus, dass der Arbeitgeber die pauschale Lohnsteuer übernimmt (§ 40 b Abs. 4 Satz 1 EStG). Es ist – wie in den Fällen des § 40 a EStG – *nicht* Voraussetzung, dass die Zukunftssicherungsleistungen in einer größeren Zahl von Fällen erbracht werden.

Eine **Direktversicherung** i. S. d. § 40 b Abs. 1 EStG i. V. m. § 2 Abs. 52 a **102** EStG ist eine Lebensversicherung auf das Leben des Arbeitnehmers, die durch den Arbeitgeber abgeschlossen worden ist und bei der der *Arbeitnehmer* oder seine Hinterbliebenen ganz oder teilweise *bezugsberechtigt* sind. Dasselbe gilt für eine Lebensversicherung auf das Leben des Arbeitnehmers, die erst nach Abschluss durch den Arbeitnehmer vom Arbeitgeber übernommen worden ist. Als Versorgungsleistungen können Leistungen der Alters, Invaliditäts- oder Hinterbliebenenversorgung in Betracht kommen, gleichgültig ob es sich um Kapitalversicherungen, Risikoversicherungen, Rentenversicherungen oder fondsgebundene Lebensversicherungen handelt.

Die Lohnsteuerpauschalierung nach § 40 b Abs. 1 EStG ist auf *1 752 €* **103** jährlich je Arbeitnehmer begrenzt; übersteigende Beträge müssen dem normalen Lohnsteuerabzug unterworfen werden. Sind *mehrere Arbeitnehmer gemeinsam* in einem Direktversicherungsvertrag oder in einer Pensionskasse versichert, so gilt als Beitrag bzw. Zuwendung für den einzelnen Arbeitnehmer der *Teilbetrag,* der sich bei einer Aufteilung der gesamten Beiträge ergibt, wenn dieser Teilbetrag 1 752 € nicht übersteigt; hierbei sind Arbeitnehmer, für die Beiträge und Zuwendungen von mehr als 2 148 € im Kalenderjahr geleistet werden, nicht einzubeziehen (§ 40 b Abs. 2 Satz 2 EStG).

Beispiel:

Der Arbeitgeber zahlt aufgrund eines Gruppenlebensversicherungsvertrages unter § 40 b EStG fallende Beiträge einmal jährlich zu Gunsten von

A in Höhe von 900 €,
B in Höhe von 1 300 €,
C in Höhe von 1 650 €,
D in Höhe von 1 950 €,
E in Höhe von 2 000 €,
F in Höhe von 2 100 €,
G in Höhe von 2 250 €.

Die Beiträge zu Gunsten von G sind in die Durchschnittsberechnung des § 40 b Abs. 2 Satz 2 EStG nicht einzubeziehen, da diese 2 148 € übersteigen. In den anderen Fällen ist diese Grenze nicht erreicht. Es ergibt sich folglich ein durchschnittlicher Beitrag von 1 650 € (9 900 € dividiert durch 6). Die Lohnsteuer für die Beiträge zu Gunsten der Arbeitnehmer A bis F kann nach § 40 b Abs. 1 und 2 EStG pauschaliert werden. Für den Beitrag zu Gunsten von G kommt die pauschale Lohnbesteuerung nur bis zu 1 752 € in Betracht. Die auf die darüber hinausgehenden 498 € entfallende Lohnsteuer ist nach den Vorschriften des § 39 b Abs. 3 EStG zu ermitteln (sonstiger Bezug; falls der Arbeitgeber die Lohnsteuer übernimmt, ist die Lohnsteuer wie in den Fällen der Nettolohnvereinbarung zu berechnen; vgl. R 39b.9 LStR).

104 Für Beiträge und Zuwendungen i. S. d. § 40 b Abs. 1 EStG, die der Arbeitgeber zugunsten des Arbeitnehmers *aus Anlass* der **Beendigung des Dienstverhältnisses** erbracht hat, vervielfältigt sich der Betrag von 1 752 € mit der Anzahl der Kalenderjahre, in denen das Dienstverhältnis des Arbeitnehmers zu dem Arbeitgeber bestanden hat. Der vervielfältigte Betrag *vermindert* sich aber um diejenigen pauschalbesteuerten Beiträge und Zuwendungen, die der Arbeitgeber in dem Kalenderjahr, in dem das Dienstverhältnis beendet wird, und in den sechs vorangegangenen Kalenderjahren erbracht hat (§ 40 b Abs. 2 Satz 4 EStG). Eine Durchschnittsberechnung, wie sie § 40 b Abs. 2 Satz 2 EStG beinhaltet, kommt in diesen Fällen nicht in Betracht.

105–109 *frei*

F. Pflichten des Arbeitgebers

I. Aufzeichnungspflicht Lohnkonto

110 Der Arbeitgeber hat am Ort der Betriebsstätte für jeden Arbeitnehmer und jedes Kalenderjahr ein **Lohnkonto** zu führen, in das die für den Lohnsteuerabzug erforderlichen Merkmale aus der Lohnsteuerkarte oder aus einer entsprechenden Bescheinigung zu übernehmen sind (§ 41 Abs. 1 EStG). Bei jeder Lohnzahlung für das Kalenderjahr, für das das Lohnkonto gilt, sind im Lohnkonto die *Art und Höhe des gezahlten Arbeitslohns* einschließlich der steuerfreien Bezüge sowie die einbehaltene oder übernommene *Lohnsteuer* einzutragen, ferner bestimmte *Großbuchstaben* einzutragen, z. B. ein B, wenn bei der Berechnung der Lohnsteuer die verringerte Vorsorgepauschale nach § 10 c Abs. 3 EStG berücksichtigt wurde. Außerdem sind das ausgezahlte Kurzarbeitergeld, das Schlechtwettergeld, das Winterausfallgeld, der Zuschuss zum Mutterschaftsgeld, die Entschädigung für Verdienstausfall nach dem Infektionsschutzgesetz, die Aufstockungsbeträge nach dem Altersteilzeitgesetz sowie die Zuschläge auf Grund von § 6 Abs. 2 des Bundesbesoldungsgesetzes für Zwecke des Progressionsvorbehalts nach § 32 b EStG einzutragen.

Die Lohnkonten sind bis zum Ablauf des sechsten Kalenderjahrs, das auf die zuletzt eingetragene Lohnzahlung folgt, aufzubewahren. Wegen weiterer Einzelheiten zur Führung des Lohnkontos vgl. § 4 LStDV.

II. Anmeldung und Abführung der Lohnsteuer

§ 41 a EStG verpflichtet den Arbeitgeber, spätestens am 10. Tag nach Ablauf eines jeden Lohnsteuer-Anmeldungszeitraums dem Finanzamt, in dessen Bezirk sich die Betriebsstätte befindet (Betriebsstättenfinanzamt), eine *Steuererklärung* einzureichen, in der er die Summe der im Lohnsteuer-Anmeldungszeitraum einzubehaltenden und zu übernehmenden Lohnsteuer anzugeben hat **(Lohnsteuer-Anmeldung).** Die im Lohnsteuer-Anmeldungszeitraum insgesamt einbehaltene und übernommene Lohnsteuer ist bis zu dem genannten Zeitpunkt an das Betriebsstättenfinanzamt abzuführen. Der Arbeitgeber ist verpflichtet, die Lohnsteuer-Anmeldung auf **elektronischem Weg** zu übermitteln. Auf Antrag kann zur Vermeidung unbilliger Härten der unterschriebene Vordruck benutzt werden. Eine unbillige Härte ist anzunehmen, wenn und solange dem Arbeitgeber nicht zugemutet werden kann, die technischen Voraussetzungen einzurichten, die für die Übermittlung der elektronischen Lohnsteuer-Anmeldung nach der Steuerdaten-Übermittlungsverordnung erforderlich sind. 111

Lohnsteuer-Anmeldungszeitraum ist grundsätzlich der Kalendermonat (§ 41 a Abs. 2 EStG). Hat die abzuführende Lohnsteuer für das vorangegangene Kalenderjahr nicht mehr als 4 000 €, aber mehr als 1 000 € betragen, so ist der Lohnsteuer-Anmeldungszeitraum das Kalendervierteljahr. Für den Fall, dass die Lohnsteuer, die für das vorangegangene Kalenderjahr abzuführen war, nicht mehr als 1 000 € betragen hat, gilt das Kalenderjahr als Lohnsteuer-Anmeldungszeitraum. 112

III. Lohnsteuerbescheinigung

Am Ende eines jeden Kalenderjahrs und bei Beendigung eines Dienstverhältnisses hat der Arbeitgeber das Lohnkonto des Arbeitnehmers nach § 41 b EStG **abzuschließen.** Auf Grund der Eintragungen im Lohnkonto hat der Arbeitgeber spätestens bis zum 28.2. des Folgejahres einer amtlich bestimmten Stelle der Finanzbehörde elektronisch zu übermitteln **(elektronische Lohnsteuerbescheinigung**, sog. „ElsterLohn"). Entsprechend den sozialversicherungsrechtlichen Regelungen (§ 28 a SGB IV) ist eine Ausnahme davon nur noch Arbeitgebern von ausschließlich in Privathaushalten geringfügig Beschäftigten möglich. 113

Für die Identifizierung und Zuordnung bei der elektronischen Übermittlung hat der Arbeitgeber als lohnsteuerliches Ordnungsmerkmal nach amtlich festgelegter Regel aus Namen, Vornamen und Geburtsdatum eine sog. **eTIN** (electronic Taxpayer Identification Number) zu bilden.

Der **Arbeitnehmer** wird durch **Ausdruck oder elektronische Abrufmöglichkeit** informiert. Eine Verbindung der Lohnsteuerbescheinigung mit der Lohnsteuerkarte findet nicht statt.

Wechselt der Arbeitnehmer seine Arbeitsstelle, bekommt er von seinem bisherigen Arbeitgeber die Lohnsteuerkarte ausgehändigt, die er dem neuen Arbeitgeber vorlegt. Zur Vorlage der Lohnsteuerbescheinigung des bisherigen Arbeitgebers ist er jedoch nicht verpflichtet, womit dem neuen Arbeitgeber der bisherige Arbeitslohn nicht bekannt gemacht werden braucht.

114 Nach § 41 c EStG ist der Lohnsteuerabzug zu **ändern,** wenn Eintragungen auf der Lohnsteuerkarte des Arbeitnehmers *rückwirkend* geändert worden sind oder wenn der Arbeitgeber erkennt, dass er die Lohnsteuer bisher *nicht vorschriftsmäßig* einbehalten hat. Der Arbeitgeber ist in diesem Falle berechtigt, bei der jeweils nächstfolgenden Lohnzahlung bisher erhobene Lohnsteuer zu erstatten oder noch nicht erhobene Lohnsteuer nachträglich einzubehalten. Nach Ablauf des Kalenderjahres oder – bei vorheriger Beendigung – nach Beendigung des Dienstverhältnisses ist die Änderung des Lohnsteuerabzugs nur bis zur Ausschreibung der Lohnsteuerbescheinigung zulässig. Bei *Änderung* des Lohnsteuerabzugs *nach Ablauf* des Kalenderjahres ist die nachträglich einzubehaltende Lohnsteuer nach dem Jahresarbeitslohn zu ermitteln. Eine Erstattung von Lohnsteuer nach Ablauf des Kalenderjahrs ist nur im Wege des (Arbeitgeber-)Lohnsteuer-Jahresausgleichs zulässig (§ 41 c Abs. 3 EStG).

115 § 41 c Abs. 4 EStG verpflichtet den Arbeitgeber, dem Betriebsstättenfinanzamt unverzüglich jene Fälle **anzuzeigen,** in denen er von seiner Berechtigung zur nachträglichen Einbehaltung von Lohnsteuer keinen Gebrauch macht oder die Lohnsteuer nicht nachträglich einbehalten werden kann, weil rückwirkende Eintragungen auf der Lohnsteuerkarte nach Beginn des Dienstverhältnisses vorgenommen worden sind oder der Arbeitnehmer vom Arbeitgeber keinen Arbeitslohn mehr bezieht oder der Arbeitgeber nach Ablauf des Kalenderjahrs bereits die Lohnsteuerbescheinigung oder einen Lohnzettel ausgeschrieben hat. Das Finanzamt hat die zu wenig erhobene Lohnsteuer in einem solchen Fall vom *Arbeitnehmer* nachzufordern.

116–119 *frei*

G. Haftung des Arbeitgebers

120 Der *Arbeitnehmer* ist nach § 38 Abs. 2 EStG *Schuldner* der Lohnsteuer, soweit es sich dabei nicht um pauschale Lohnsteuer i. S. d. §§ 40, 40 a und 40 b EStG handelt. Der *Arbeitgeber* **haftet** aber nach § 42 d EStG gesamtschuldnerisch

- für die Lohnsteuer, die er einzubehalten und abzuführen hat,
- für die Lohnsteuer, die er beim Lohnsteuer-Jahresausgleich zu Unrecht erstattet hat, und
- für die Einkommensteuer oder Lohnsteuer, die aufgrund fehlerhafter Angaben im Lohnkonto oder in der Lohnsteuerbescheinigung verkürzt wird.

121 Für Lohnsteuernachforderungen, die auf unrichtige Eintragungen in der *Lohnsteuerkarte* zurückzuführen sind, haftet der Arbeitgeber aus verständlichen Gründen dagegen *nicht.* Das Gleiche gilt bei Änderung des Lohnsteuerabzugs nach Ablauf des Kalenderjahrs oder nach Beendigung des Dienstverhältnisses für die nachträglich einzubehaltende Lohnsteuer, wenn einer der Fälle des § 41 c Abs. 1 Nr. 1 oder 2 EStG vorliegt (rückwirkende Eintragungen auf der Lohnsteuerkarte, fehlerhafter Lohnsteuerabzug); Voraussetzung ist jedoch,

dass der Arbeitgeber die erforderliche Anzeige nach § 41 c Abs. 4 EStG erstattet hat.

Da der Arbeitnehmer und der Arbeitgeber, soweit seine Haftung reicht, nach § 42 d Abs. 3 EStG **Gesamtschuldner** sind, kann das Betriebsstättenfinanzamt die Steuerschuld bzw. Haftungsschuld nach pflichtgemäßem Ermessen gegenüber *jedem* Gesamtschuldner geltend machen. Der *Arbeitgeber* kann auch dann in Anspruch genommen werden, wenn der Arbeitnehmer zur Einkommensteuer veranlagt wird. Der *Arbeitnehmer* dagegen kann im Rahmen der Gesamtschuldnerschaft nur in Anspruch genommen werden, wenn der Arbeitgeber die Lohnsteuer *nicht vorschriftsmäßig* vom Arbeitslohn *einbehalten* hat. Das Gleiche gilt, wenn der Arbeitgeber die Lohnsteuer zwar vorschriftsmäßig einbehalten, die einbehaltene Lohnsteuer aber *nicht vorschriftsmäßig angemeldet* und der Arbeitnehmer davon Kenntnis hat, es sei denn, der Arbeitnehmer teilt den Sachverhalt dem Finanzamt unverzüglich mit. **122**

Die Entscheidung, *welche* der beiden in Betracht kommenden Personen, der Arbeitnehmer als Steuerschuldner oder der Arbeitgeber als Haftungsschuldner, in Anspruch genommen wird, ist vom Finanzamt nach **pflichtgemäßem Ermessen** zu treffen. Das Auswahlermessen muss unter Beachtung der durch Recht und Billigkeit gezogenen Grenzen und unter verständiger Abwägung der Interessen aller Beteiligten ausgeübt werden. Hierdurch wird die *weit reichende Haftung* des Arbeitgebers in vertretbaren Grenzen gehalten. **123**

Wenn der Arbeitgeber als Haftungsschuldner vom Finanzamt in Anspruch genommen werden soll, so muss die Haftungsschuld gegenüber dem Arbeitgeber durch **Haftungsbescheid** festgesetzt werden, verbunden mit einem *Leistungsgebot* als Aufforderung zur Zahlung der Lohnsteuer. Nach § 42 d Abs. 4 EStG kann darauf allerdings verzichtet werden, wenn der Arbeitgeber die einzubehaltende Lohnsteuer angemeldet hat oder nach Abschluss einer Lohnsteuer-Außenprüfung seine Zahlungsverpflichtung schriftlich anerkennt. **124**

In Fällen der *unerlaubten gewerbsmäßigen Überlassung von Arbeitnehmern* zur Arbeitsleistung **(Leiharbeitnehmer)** haftet *neben* dem Arbeitgeber auch der *Entleiher* für Lohnsteuer, es sei denn, der Entleiher irrte über das Vorliegen einer Arbeitnehmerüberlassung ohne Verschulden. Die Haftung beschränkt sich auf die Lohnsteuer für *die* Zeit, für die der Arbeitnehmer dem Entleiher überlassen worden ist. Soweit die Haftung des Entleihers reicht, sind der *Arbeitgeber,* der *Entleiher* und der *Arbeitnehmer* Gesamtschuldner. Wegen weiterer Einzelheiten hierzu vgl. § 42 d Abs. 6–8 EStG. **125**

In den Fällen des § 38 Abs. 3 a EStG, in denen ein **Dritter** Lohn auszahlt und Lohnsteuer einzubehalten hat, haftet auch dieser Dritte gem. § 42 d Abs. 9 EStG. In diesem Fall sind Arbeitgeber, Arbeitnehmer und Dritter Gesamtschuldner.

H. Lohnsteuer-Außenprüfung

Das Finanzamt ist gem. § 42 f EStG zur Durchführung von Lohnsteueraußenprüfungen berechtigt. Auch bei der Lohnsteueraußenprüfung ist eine **Prüfungsanordnung** notwendig. Außerdem ist seit 2013 eine sog. Lohn- **126** steuernachschau gem. § 42 g EStG zulässig. Die Lohnsteuer-Nachschau soll vergleichbar der Umsatzsteuernachschau gem. § 27 b UStG der Sicherstellung einer ordnungsgemäßen Einbehaltung und Abführung der Lohnsteuer dienen. Sie ist ein besonderes Verfahren zur zeitnahen Aufklärung steuererheblicher Sachverhalte. Eine Lohnsteuer-Nachschau findet während der üblichen Geschäfts- und Arbeitszeiten statt. Dazu können die mit der Nachschau Beauftragten ohne vorherige Ankündigung, d. h. auch ohne Prüfungsanordnung, und außerhalb einer Lohnsteuer-Außenprüfung Grundstücke und Räume von Personen, die eine gewerbliche oder berufliche Tätigkeit ausüben, betreten. Wohnräume dürfen gegen den Willen des Inhabers nur zur Verhütung dringender Gefahren für die öffentliche Sicherheit und Ordnung betreten werden. Die von der Lohnsteuer-Nachschau betroffenen Personen haben dem mit der Nachschau Beauftragten auf Verlangen Lohn- und Gehaltsunterlagen, Aufzeichnungen, Bücher, Geschäftspapiere und andere Urkunden über die der Lohnsteuer-Nachschau unterliegenden Sachverhalte vorzulegen und Auskünfte zu erteilen, soweit dies zur Feststellung einer steuerlichen Erheblichkeit zweckdienlich ist. Wenn die bei der Lohnsteuer-Nachschau getroffenen Feststellungen hierzu Anlass geben, kann ohne vorherige Prüfungsanordnung (§ 196 der Abgabenordnung) zu einer Lohnsteuer-Außenprüfung nach § 42 f übergegangen werden. Auf den Übergang zur Außenprüfung wird schriftlich hingewiesen. Isolierter Prüfungsgegenstand einer Lohnsteueraußenprüfung ist die vollständige und ordnungsgemäße Einbehaltung und Abführung der Lohnsteuer durch den Arbeitgeber. Für die Mitwirkungspflicht des Arbeitgebers bei der Außenprüfung gilt § 200 der Abgabenordnung, vgl. Vorschriften zur Außenprüfung. Darüber hinaus haben die Arbeitnehmer des Arbeitgebers dem mit der Prüfung Beauftragten jede gewünschte Auskunft über Art und Höhe ihrer Einnahmen zu geben und auf Verlangen die etwa in ihrem Besitz befindlichen Bescheinigungen für den Lohnsteuerabzug sowie die Belege über bereits entrichtete Lohnsteuer vorzulegen. Da auch die Rentenversicherungen prüfungsberechtigt sind (für den sozialversicherungsrechtlichen Aspekt des Lohnabzuges) kann es zu einer mehrfachen Überprüfung kommen. Auf Verlangen des Arbeitgebers können die Lohnsteuer-Außenprüfung und die Prüfungen durch die Träger der Rentenversicherung (§ 28 p des Vierten Buches Sozialgesetzbuch) gem. § 42 f Abs. 4 EStG zur gleichen Zeit durchgeführt werden, um eine doppelte zeitliche und organisatorische Belastung durch zwei separate Prüfungen zu vermeiden.

Stichwortverzeichnis Lohnsteuer

Die Zahlen verweisen auf die Randnummern.

Teil 8: Grundsteuer

A. Allgemeine Grundsteuerpflicht

I. Zweck und Bedeutung der Grundsteuer

1 Der Grundsteuer unterliegt der inländische Grundbesitz. Die Gemeinde (in den Stadtstaaten das Land) kann bestimmen, ob und in welcher Höhe von dem in ihrem Gebiet liegenden Grundbesitz Grundsteuer zu erheben ist (§ 1 Abs. 1, § 25 GrStG). Die Grundsteuer ist nach wie vor ein bedeutender Faktor der kommunalen Finanzautonomie. Das Aufkommen aus der Grundsteuer betrug in 2012 insgesamt ca. 12 Milliarden €; verteilt auf ca. 11 200 Gemeinden. Die Grundsteuer schuldet grundsätzlich der Eigentümer, wirtschaftlich belastet ist häufig der Nutzer (Mieter/Pächter). In der Immobilienwirtschaft gehört die Grundsteuer zu den umlagefähigen Betriebskosten. Die Grundsteuer gehört zu den Realsteuern, weil sie als öffentliche Last auf dem Grundbesitz ruht (§ 12 GrStG); sie ist steuersystematisch den Besitzsteuern zuzuordnen.

II. Rechtsgrundlagen

2 Grundsteuergesetz v. 7.8.1973 (BGBl. 1973 Teil I S. 865, mit nachfolgenden Änderungen, Grundsteuerrichtlinien v. 9.12.1978 (BStBl. 1978 Teil I S. 1533), BewertungsrichtlinienGr v. 19.9.1966 (BStBl. 1996 Teil I S. 890) und Richtlinien zu Bewertung der Land- und Forstwirtschaft v. 17.11.1967 (BStBl. 1967 Teil I S. 397), Fortschreibungs-Richtlinien v. 2.12.1971 (BStBl. 1971 Teil I S. 638) und für die Grundsteuer in den neuen Bundesländern gleich lautende Ländererlasse v. 20.11.1990 (BStBl. 1990 Teil I S. 827 geändert in BStBl. 1992 Teil I S. 371), BMF-Schreiben v. Dezember 1990 (BStBl. 1991 Teil I S. 30 geändert in BStBl. 1992 Teil I S. 373), GrSt-Durchführungsverordnung v. 1.7.1937 (RStBl. 1937 Teil I S. 781; BStBl. 2001 Teil I S. 3). Die Grundsteuer ist nach derzeitigem Stand noch verfassungsgemäß, insb. auch soweit sie nach den veralteten Einheitswerten bemessen wird (vgl. Rn. 32) und soweit sie selbstgenutzes Wohneigentum betrifft. Eine Reformierung der Grundsteuer ist derzeit konkret nicht in Sicht.

Als Hilfsmittel sind vorrangig der Grundsteuerkommentar Eisele/Troll, (Beck-Vahlen Verlag) und der Bewertungskommentar Rössler/Troll, (Beck-Vahlen Verlag) zu empfehlen.

B. Steuergegenstand der Grundsteuer (§ 2 GrStG)

I. Grundbesitz

Steuergegenstand ist der im Gemeindegebiet liegende Grundbesitz. Zum Grundbesitz gehören gem. § 19 Abs. 1 Satz 1 BewG i. V. m. § 2 Abs. 2 GrStG 3

- die Betriebe der Land- und Forstwirtschaft (§ 33 BewG),
- die (privaten) Grundstücke (§§ 68, 70 BewG) und
- die Betriebsgrundstücke (§ 99 BewG).

Gegenstand der Besteuerung ist die einzelne wirtschaftliche Einheit des Grundbesitzes, dh. jeweils der einzelne Betrieb der Land- und Forstwirtschaft, das einzelne Grundstück und das einzelne Betriebsgrundstück (§ 2 GrStG i. V. m. § 2 BewG). Die Entscheidung, ob und in welchem Umfang Grundbesitz vorliegt, bzw. was genau zur jeweiligen wirtschaftlichen Einheit gehört, wird im sog. Einheitswertbescheid (§ 180 Abs. 1 Nr. 1 AO; dazu Rn. 27 ff.) und dem darauf basierenden Grundsteuermessbescheid getroffen (§ 184 Abs. 1 Satz 2 AO; dazu Rn. 45).

II. Grundsteuerbefreiungen bei bestimmten Rechtsträgern (§ 3 GrStG)

Von der allgemeinen Grundsteuerpflicht des inländischen Grundbesitzes gibt es gesetzlich geregelte Ausnahmen. Dabei wird unterschieden zwischen 4

- Befreiungen bestimmter Rechtsträger und
- sonstigen sachlichen Befreiungen.

1. Befreiung für bestimmte Rechtsträger

Grundbesitz von **Körperschaften des öffentlichen Rechts** bleibt dann steuerfrei, wenn er einem öffentlichen Dienst oder Gebrauch dient (§ 3 Abs. 1 Nr. 1 GrStG; Abschn. 9 Abs. 1 GrStR); d. h. einer hoheitliche Tätigkeit oder dem bestimmungsgemäße Gebrauch durch die Allgemeinheit (§ 3 Abs. 2 GrStG). 5

Beispiele:
Rathäuser, Gerichtsgebäude, Finanzamtsgebäude, öffentliche Parks.

Hoheitlich genutzte Grundstücke, die sich nicht im Eigentum der öffentlichen Hand oder anderer begünstigter Rechtsträger befinden, d. h. privaten Rechtsträgern gehören, sind ausnahmsweise nach Maßgabe des § 3 Abs. 1 Satz 1 Nr. 1 i. V. m. Satz 3 GrStG i. d. Fassung des Öffentlich Private Partnerschaften (ÖPP)-Beschleunigungsgesetzes (BGBl. 2005 Teil I S. 2676) von der Grundsteuer befreit.

Kein öffentlicher Dienst oder Gebrauch liegt bei Verwendung in/für Betrieben gewerblicher Art von Körperschaften des öffentlichen Rechts vor, 6 z.B. Verkehrsbetriebe AG (§ 4 Abs. 1 KStG i.V.m. § 3 Abs. 3 GrStG) sowie bei Grundbesitz von **Berufsvertretungen** und **Berufsverbänden** (z.B. Innungen, Handwerkskammern, Landwirtschaftskammern, kassenärztliche Vereinigungen).

7 Grundbesitz, der vom Bundeseisenbahnvermögen für Verwaltungszwecke benutzt wird (§ 3 Abs. 1 Nr. 2 GrStG), ist befreit.

8 Bei einer **Körperschaft des öffentlichen Rechts** ist der Grundbesitz befreit, der unmittelbar für gemeinnützige oder mildtätige Zwecke benutzt wird (§ 3 Abs. 1 Nr. 3 a GrStG).

Beispiel:

Im Eigentum des Landes stehende Burgen, Schlösser usw., die durch staatliche Schlossbetriebe u.a. für steuerbegünstigte kulturelle Zwecke (z.B. als Museum oder Konzertsaal) benutzt werden. Körperschaftsteuerlich kann es sich dabei um Betriebe gewerblicher Art (§ 4 KStG) handeln, die nicht als gemeinnützig anerkannt sind. Gleichwohl sind sie gem. § 3 Abs. 1 Nr. 3 a GrStG befreit. Für die Befreiung genügt es, dass der Grundbesitz für gemeinnützige oder mildtätige Zwecke tatsächlich und unmittelbar genutzt wird.

9 Grundbesitz einer **gemeinnützigen oder mildtätigen Institution,** z.B. eines Vereins, einer Stiftung, ist von der Grundsteuer befreit, wenn

- die Institution nach der Satzung, dem Stiftungsgeschäft oder der sonstigen Verfassung und nach ihrer tatsächlichen Geschäftsführung ausschließlich und unmittelbar gemeinnützigen oder mildtätigen Zwecke dient und
- der Grundbesitz vom Eigentümer selbst oder von einer anderen als gemeinnützig/mildtätig anerkannten Institution unmittelbar für gemeinnützige oder mildtätige Zwecke benutzt wird (§ 3 Abs. 1 Nr. 3 Buchst. b GrStG) und
- der Grundbesitz entweder ihr selbst oder einer anderen gemeinnützigen Körperschaft oder einer Körperschaft des öffentlichen Rechts gehört.

Die Frage, inwieweit eine Körperschaft (z.B. Verein, Stiftung) ausschließlich und unmittelbar gemeinnützigen oder mildtätigen Zwecken dient, ist nach §§ 51 ff. AO zu entscheiden. Die für die Körperschaftsteuer getroffene Entscheidung ist auch für die Grundsteuer zu übernehmen (Abschn. 12 Abs. 2 GrStR).

10 Der Grundbesitz muss **unmittelbar** für gemeinnützige oder mildtätige Zwecke **benutzt** werden. Wird auf dem Grundbesitz ein **wirtschaftlicher** Geschäftsbetrieb unterhalten, greift die Steuerbefreiung nicht. Zu sportlichen Zwecken benutzter Grundbesitz s. Abschn. 13 GrStR. Bilden z.B. sportliche Veranstaltungen eines Sportvereins einen steuerschädlichen wirtschaftlichen Geschäftsbetrieb, werden auch die sportlichen Anlagen, die ganz oder überwiegend für diese Veranstaltungen benutzt werden, grundsteuerpflichtig. Ebenfalls scheidet eine Befreiung aus, wenn es dabei um Wohnungen geht (§ 5 Abs. 2 GrStG) oder – vorbehaltlich der Ausnahmetatbestände des § 6 Nrn. 1–3 GrStG –, wenn der Grundbesitz zugleich land- und forstwirtschaftlich genutzt wird (§ 6 GrStG).

11 **Ausländische** Körperschaften (u.a. Stiftungen, Vereine, Vermögensmassen) können nicht als inländische Körperschaften des öffentlichen Rechts angesehen werden; sie können aber unter bestimmten Voraussetzungen als gemeinnützig oder mildtätig Zwecken dienend anerkannt werden (§ 5 Abs. 2 Nr. 2 KStG i.V.m. § 5 Abs. 1 Nr. 9 KStG).

Grundsteuerfrei ist Grundbesitz, auch Wohnräume, einer **Religionsgesellschaft** des öffentlichen Rechts, eines ihrer Orden, einer ihrer religiösen Genossenschaften, einer jüdischen Kultusgemeinde oder eines ihrer Verbände, der für Zwecke der religiösen Unterweisung (Abschn. 14 Abs. 4 GrStR), der Wissenschaft, des Unterrichts, der Erziehung oder für ihre Verwaltungszwecke (Abschn. 14 Abs. 5 und Abschn. 12 Abs. 5 GrStR) benutzt wird (§ 3 Abs. 1 Nr. 4 GrStG). Nach § 3 Abs. 1 Satz 1 Nr. 4 Satz 2 GrStG stehen die inländischen **jüdischen Kultusgemeinden**, die nicht Körperschaften des öffentlichen Rechts sind, derartigen Religionsgesellschaften gleich. Eine Auslegung oder Rechtsfortbildung dergestalt, dass neben den jüdischen Kultusgemeinden auch andere nichtjüdische Religionsgesellschaften, die nicht Körperschaften des öffentlichen Rechts sind, durch § 3 Abs. 1 Satz 1 Nr. 4 Satz 2 GrStG begünstigt sind, z.B. eine **islamische** Kultusgemeinde, ist nicht möglich. **Ausländische** Religionsgesellschaften, Orden und religiöse Genossenschaften haben zwar nicht die Rechtsstellung einer Körperschaft des öffentlichen Rechts. Sie werden aber für die Grundsteuer entsprechend behandelt, wenn ihre Tätigkeit als unentbehrliche Hilfsmaßnahme z.B. der Stationierungsstreitkräfte, anzusehen ist. Für den Grundbesitz von Religionsgemeinschaften des **privaten Rechts**, die als gemeinnützig oder mildtätig anerkannt sind, gilt dieselbe Sachbehandlung wie für den Grundbesitz anderer gemeinnütziger Körperschaften (§ 3 Abs. 1 Nr. 3 Buchst. b GrStG). **12**

Dienstgrundstücke und Dienstwohnungen der Geistlichen und Kirchendiener von Religionsgesellschaften des öffentlichen Rechts und von jüdischen Kultusgemeinden sind befreit (§ 3 Abs. 1 Nr. 5 und Nr. 6 GrStG mit Wirkung ab 1993; Abschn. 15 GrStR). Nach dem 1.1.1987 erworbener Grundbesitz nimmt nicht mehr an der Befreiung teil. **13**

Grundbesitz eines ausländischen Staates bleibt steuerfrei, wenn er sich im Eigentum des ausländischen Staates befindet, für dessen diplomatische oder konsularische Vertretung er benutzt wird (Abschn. 7 GrStR). Auch der von den Stationierungsstreitkräften benutzte Grundbesitz bleibt steuerfrei. weiteren Einzelheiten ergeben sich insb. aus den Wiener Übereinkommen über diplomatische und konsularische Beziehungen (Abschn. 29 GrStR). **14**

2. Sonstige Steuerbefreiungen objektiver Art nach § 4 GrStG

Bestimmte Grundstücke bleiben unabhängig davon steuerfrei, wer Eigentümer ist. Es braucht dies weder eine gemeinnützige Körperschaft noch eine Körperschaft des öffentlichen Rechts zu sein. Hier kommt es nur auf die objektive Benutzung zu dem begünstigten Zweck an. Es handelt sich um **15**

- Grundbesitz, der dem Gottesdienst einer Religionsgesellschaft des öffentlichen Rechts oder einer jüdischen Kultusgemeinde gewidmet ist (§ 4 Nr. 1 GrStG, Abschn. 17 GrStR),
- Bestattungsplätze, **Friedhöfe** einschließlich der Kapellen, Leichenhallen, Krematorien und sonstigen Gebäude, die der Beerdigung oder Pflege des Andenkens der Toten dienen (§ 4 Nr. 2 GrStG),
- Grundbesitz für den öffentlichen Verkehr usw., z.B. Straßen, Schienenwege (§ 4 Nr. 3 a GrStG; dazu Abschn. 18 Abs. 1 GrStR, 19 GrStR),

- Fließende Gewässer und die ihren Abfluss regelnden Sammelbecken ohne Rücksicht auf die Eigentumsverhältnisse (§ 4 Nr. 3 c GrStG),
- Grundbesitz mit Einrichtungen, die zur Ordnung und Verbesserung der Wasser- und Bodenverhältnisse von einem öffentlich-rechtlichen Wasser- und Bodenverband unterhalten werden (Abschn. 21 Abs. 1 GrStR),
- Grundbesitz für Wissenschaft, Erziehung und Unterricht (§ 4 Nr. 5 GrStG; Abschn. 22 Abs. 1 GrStR). Die Landesregierung oder die von ihr beauftragte Stelle muss jeweils anerkannt haben, dass der Benutzungszweck im Rahmen öffentlicher Aufgaben liegt. Das Anerkennungsverfahren ist landesrechtlich geregelt (Abschn. 22 Abs. 5 GrStR).
- Grundbesitz, der für die Zwecke eines Krankenhaus benutzt wird, und die Voraussetzungen des § 67 Abs. 1 oder 2 AO erfüllt (§ 4 Nr. 6 GrStG). Die Steuerbefreiung kann nur gewährt werden, wenn der **Grundbesitz** ausschließlich dem Inhaber des Krankenhauses oder einer Körperschaft des öffentlichen Rechts gehört (Abschn. 23 Abs. 2 GrStR).

Beispiele:
Befreiungsschädlich, wenn ein Ehegatte des Grundeigentümers das Krankenhaus betreibt; wenn eine GmbH das Krankenhaus betreibt, der Grundbesitz jedoch dem alleinigen Gesellschafter als Eigentümer gehört, oder wenn der Grundstückseigentümer alleiniger Gesellschafter der Komplementär-GmbH und einziger Kommanditist der KG ist, die das Krankenhaus betreibt; wenn der Eigentümer eines Grundstücks, auf dem ein Krankenhaus von einem anderen Rechtsträger betrieben wird, das Grundstück aufgrund eines Treuhandvertrags oder eines Vermietungsvertrags zur Nutzung überlässt.

Wegen der gesetzlich angeordneten Beschränkung der steuerlichen Vergünstigung des § 4 Nr. 6 GrStG für Krankenhausgrundstücke auf den unmittelbaren Grundstückseigentümer („Betreibergesellschaft") scheidet in den anderen Fällen auch ein Grundsteuererlass nach § 227 AO aus Billigkeitsgründen aus.

III. Allgemeine Grundsätze zur Anwendung von Grundsteuerbefreiungen (§§ 5 bis 8 GrStG)

16 In allen Fällen der Grundsteuerbefreiungen ist Voraussetzung, dass der Grundbesitz unmittelbar zu den begünstigten Zwecken genutzt wird (§ 7 und § 8 GrStG). Die Benutzung zu Wohnzwecken (§ 5 GrStG) und zu land- und forstwirtschaftlichen Zwecken (§ 6 GrStG) ist in aller Regel befreiungsschädlich. Für die Anwendung der einzelnen Befreiungsvorschriften sind nur die Verhältnisse vom Beginn des jeweiligen Kalenderjahrs maßgebend (§ 9 Abs. 1 GrStG). Sinnvollerweise ist daher zunächst zu prüfen, ob Befreiungsausschlüsse nach §§ 5, 6 GrStG vorliegen.

1. Grundbesitz, der Wohnzwecken dient (§ 5 GrStG)

17 Grundbesitz, der gleichzeitig für Wohnzwecke und für begünstigte Zwecke benutzt wird, ist grundsätzlich steuerpflichtig (§ 5 GrStG). Dabei ist zwischen Wohnungen und Wohnräumen zu unterscheiden.

a) Wohnungen

18 **Wohnungen** sind **stets** steuerpflichtig (§ 5 Abs. 2 GrStG). Als Wohnung sind einzelne oder mehrere Räume anzusehen, die zur Führung eines Haushalts geeignet und zu diesem Zweck jeweils mit Küche oder Kochgelegenheit, Wasserversorgung und Toilette ausgestattet sind (Abschn. 24 GrStR). Zum Wohnungsbegriff i.S.d. Bewertungsgesetzes gibt es umfangreiche Rechtsprechung.

b) Wohnraum

19 **Wohnräume** (§ 5 Abs. 1 GrStG, zur Abgrenzung Abschn. 24 Abs. 1 GrStR) können steuerfrei bleiben, wenn der steuerbegünstigte Zweck nur durch ihre Überlassung erreicht werden kann (§ 5 Abs. 1 Nr. 3 GrStG). Dazu gehören als Unterfall Gemeinschaftsräume der Bundeswehr und anderer militärischer und polizeilicher Einrichtungen (§ 5 Abs. 1 Nr. 1 GrStG, Abschn. 25 GrStR), die Wohnräume in Schülerheimen, Ausbildungsheimen und Erziehungsheimen (§ 5 Abs. 2 Nr. 2 GrStG, Abschn. 26 GrStR), Bereitschaftsräume, d.h. Räume, in denen sich Personen zur Erfüllung steuerbegünstigter Zwecke bereithalten müssen (§ 5 Abs. 1 Nr. 4 GrStG). Im vorliegenden Zusammenhang sind insbesondere die **Wohnräume in einem Altenheim** von Interesse. Immer häufiger werden ihnen Appartements, teils mit zwei und mehr Zimmern, zur Verfügung gestellt. Diese Appartements stellen abgeschlossene Wohnungen dar. Damit trifft für sie § 5 Abs. 2 GrStG zu, wonach Wohnungen steuerpflichtig sind. Nicht steuerbefreit sind weiter Wohnräume zur Unterbringung von Personen, die zur Verfolgung eines bestimmten begünstigten Zwecks zusammenkommen, z.B. Wohnräume zur Unterbringung von Teilnehmern an Lehrgängen, an sportlichen Veranstaltungen u.a. mehr (Abschn. 27 Abs. 2 GrStG).

2. Land- und forstwirtschaftlich genutzter Grundbesitz (§ 6 GrStG)

20 Land- und forstwirtschaftlich genutzter Grundbesitz ist stets steuerpflichtig, auch wenn er gleichzeitig für begünstigte Zwecke benutzt wird oder die land- und forstwirtschaftliche Nutzung selbst der unmittelbaren Verwirklichung begünstigter Zwecke dient (Abschn. 30 Abs. 1 GrStR). Befreit sein kann land- und forstwirtschaftlich genutzter Grundbesitz nur, wenn er

- Lehr- oder Versuchszwecken dient (§ 6 Nr. 1 GrStG),
- sich innerhalb eines militärischen Übungsplatzes oder Militärflugplatzes befindet (§ 6 Nr. 2 GrStG) – und zwar einschl. der land- und forstwirtschaftlich genutzten Schutz- und Sicherheitszonen eines Truppenübungsplatzes
- zu einer dem öffentlichen Verkehr dienenden Straße, Wasserstraße oder zu einem Hafen oder Verkehrsflughafen (§ 6 Nr. 3 GrStG) gehört. Das gilt auch dann, wenn der Grundbesitz verpachtet ist (Abschn. 30 Abs. 2 GrStR).

Wenn danach die Steuerfreiheit feststeht, kommt es nicht mehr darauf an, ob und wie die gewonnenen land- und forstwirtschaftlichen Erzeugnisse verwertet werden.

3. Unmittelbare Benutzung für einen steuerbegünstigten Zweck (§ 7 GrStG)

21 Die Steuerbefreiung eines Grundstücks setzt dessen unmittelbare Benutzung für einen begünstigten Zweck auf dem Grundstück voraus (§ 7 GrStG; näheres Abschn. 31 Abs. 1 GrStR). Die steuerbegünstigte Benutzung muss zeitlich überwiegen. Dafür kommt es jeweils auf die Verhältnisse in dem vorangegangenen Kalenderjahr an (Abschn. 33 GrStR). Die unmittelbare Benutzung beginnt in dem Zeitpunkt, in dem das Grundstück für den Zweck hergerichtet wird (näheres Abschn. 31 Abs. 2 GrStR). Beschränkt sich die tatsächliche Nutzung des Grundstücks für begünstigte Zwecke auf einzelne wiederkehrende Zeitabschnitte eines Kalenderjahrs, während es sonst unbenutzt bleibt, wird unterstellt, dass die steuerbegünstigte Nutzung während des ganzen Kalenderjahrs fortbesteht (Abschn. 33 GrStR). Wird die Benutzung eines in vollem Umfang steuerbefreiten Grundstücks vorübergehend unterbrochen, z.B. durch Umbau oder Neubau, bleibt die Steuerbefreiung unberührt. Verändert sich nach einem Umbau usw. der Umfang der bisher steuerbefreiten Teile, ist vom Zeitpunkt der Herrichtung an auf das Ausmaß der Nutzung für den neuen steuerbegünstigten Zweck abzustellen (Abschn. 31 Abs. 2 GrStR).

4. Teilweise Benutzung für einen steuerbegünstigten Zweck (§ 8 GrStG)

22 Ist das bebaute Grundstück nur teilweise befreit, ist auch während der Zeit der Herrichtung nur ein entsprechender Teil steuerfrei. Die räumliche Aufteilung nach der Benutzung für begünstigte und nichtbegünstigte Zwecke wird bereits bei der Einheitsbewertung vorgenommen; denn es wird nur für den steuerpflichtigen Teil ein Einheitswert festgestellt (Abschn. 32 Abs. 1 GrStR). Wenn eine räumliche Aufteilung nicht möglich ist, kommt es darauf an, ob das Grundstück überwiegend begünstigten oder nichtbegünstigten Zwecken dient (§ 8 Abs. 2 GrStG). Für Grundbesitz, der sowohl zu begünstigten Zwecken als auch zu Wohnzwecken benutzt wird, gilt jedoch ungeachtet des Ausmaßes der jeweiligen Nutzung allein § 5 GrStG, d.h. insoweit kommt in der Regel keine Steuerbefreiung in Frage.

5. Einheitswertverfahren bei steuerfreiem Grundbesitz

23 Im Allgemeinen wird für ein steuerbefreites Grundstück überhaupt kein Einheitswert festgestellt (zum Einheitswertverfahren ausführlich s. Rn. 27 ff.). Grundsätzlich weist § 184 Abs. 1 Satz 2 AO die Entscheidung über die sachliche und persönliche Steuerpflicht ausdrücklich dem Steuermessbetragsverfahren zu (zum Steuermessbetragsverfahren ausführlich s. Rn. 45 ff.); unter bestimmten Voraussetzungen kann die Befreiung bzw. die Nichtgewährung einer Befreiung schon im Einheitswertverfahren beantragt bzw. angefochten werden.

24 Tritt erstmals die Steuerfreiheit für ein Grundstück ein und fällt damit die Steuerpflicht im Ganzen weg, führt dies, wenn der Einheitswert auch ander-

weitig nicht mehr benötigt wird, zu seiner Aufhebung (§ 24 Abs. 1 Nr. 2 BewG) und zur Aufhebung des Steuermessbetrags (§ 20 Abs. 1 GrStG). Die Grundsteuer ist jeweils noch bis zum Ablauf des Kalenderjahrs zu entrichten (§ 27 Abs. 1 GrStG), in welchem das zur Steuerfreiheit führende Ereignis eingetreten ist.

Ist der Befreiungsgrund weggefallen, ist dies dem zuständigen Finanzamt innerhalb von drei Monaten anzuzeigen (§ 19 GrStG). Die Nichterfüllung der Anzeigepflicht kann den Tatbestand der leichtfertigen Steuerverkürzung erfüllen. Ist bisher wegen einer Steuerbefreiung kein Einheitswert festgestellt worden, ist bei Eintritt einer ganz oder teilweisen Steuerpflicht eine Nachfeststellung des Einheitswerts (§ 23 Abs. 1 Nr. 2 BewG) und gleichzeitig damit eine Nachveranlagung des Steuermessbetrags durchzuführen (§ 18 Abs. 1 GrStG). Ist bereits ein Einheitswert vorhanden, ist lediglich noch eine Nachveranlagung des Steuermessbetrags erforderlich (§ 18 Abs. 2 GrStG). Der Wegfall einer teilweisen Steuerbefreiung führt ggf. zu einer Fortschreibung des Einheitswerts (§ 22 Abs. 1 Nr. 1 BewG), wenn dadurch die dafür geltenden Wertgrenzen überschritten werden. Damit ist gleichzeitig dann auch eine Neuveranlagung des Steuermessbetrags verbunden (§ 17 Abs. 1 GrStG). 25

C. Stichtag für die Festsetzung der Grundsteuer; Entstehung der Grundsteuer (§ 9 GrStG)

Zum Beginn des jeweiligen Kalenderjahrs entsteht die Grundsteuer materiell. Auf die Festsetzung und Fälligkeit kommt es insoweit nicht an. Die Grundsteuer wird nach den Verhältnissen zu Beginn des Kalenderjahres, d.h. 1.1. 0.00 Uhr festgesetzt. Wird z.B. ein unbebautes Grundstück bebaut und das Gebäude am 7.1. bezugsfertig, gilt das Grundstück in diesem Jahr noch als unbebaut. Eine Ausnahme gilt beim Bauen in Bauabschnitten; in dem Fall wird ein fertig gestellter Bauabschnitt schon als bebautes Grundstück angesehen, obwohl das Gebäude noch nicht insgesamt bezugsfertig ist. Der grundsteuerliche Stichtag korrespondiert mit dem bewertungsrechtlichen Stichtag (z.B. für Fortschreibungen nach § 22 Abs. 4 Nr. 1 BewG). 26

D. Bemessung der Grundsteuer (§§ 13–24 GrStG)

I. Allgemeine Grundsätze

Bei der Veranlagung der Grundsteuer sind drei Verfahrensstufen zu unterscheiden, nämlich das 27

- Einheitswertverfahren (§§ 19 ff. BewG), das
- Steuermessbetragsverfahren (§ 13 GrStG) und das eigentliche
- Veranlagungsverfahren (§ 27 GrStG).

Der Einheitswertbescheid enthält die erforderliche Feststellung über Wert, Art und Zurechnung der wirtschaftlichen Einheit, d.h. des einzelnen Grundstücks oder des einzelnen Betriebs der Land- und Forstwirtschaft (§ 19 Abs. 3 BewG). In dem darauf aufbauenden Steuermessbescheid (§ 184 Abs. 1 Satz 2 AO) wird über die sachliche und persönliche Steuerpflicht, also auch über eine Grundsteuerbefreiung entschieden. Jeder Steuermessbetragsveranlagung muss eine Einheitswertfeststellung vorangehen. Die Grundsteuer ist daher eine einheitswertabhängige Steuer.

28 Das Einheitswertverfahren und das Steuermessbetragsverfahren werden vom örtlich zuständigen Finanzamt durchgeführt. Der Erlass von Einheitswert- und Grundsteuermessbescheiden soll grundsätzlich auch nach Eröffnung des Insolvenzverfahrens noch zulässig sein, weil diesen Bescheiden zusätzlich auch dingliche Wirkung gegenüber Rechtsnachfolgern zukommt.

29 Das eigentliche Grundsteuer-Veranlagungsverfahren unter Anwendung des gemeindlichen Hebesatzes wird von der Gemeinde bzw. in den Stadtstaaten von einem Finanzamt durchgeführt.

II. Einheitswertverfahren

1. Hauptfeststellung

30 Bei dem Einheitswertverfahren unterscheidet man zwischen einer Hauptfeststellung (§ 21 BewG), einer Fortschreibung (§ 22 BewG) und einer Nachfeststellung (§ 23 BewG). Bei einer Hauptfeststellung werden die Einheitswerte für alle Grundstücke usw. festgestellt. Sie soll in Zeitabständen von jeweils 6 Jahren durchgeführt werden (§ 21 Abs. 1 Nr. 1 BewG). Tatsächlich hat in den **alten Bundesländern** seit der letzten Hauptfeststellung auf den 1.1.1964 keine weitere Hauptfeststellung stattgefunden. Demgemäß gelten bei der Grundsteuer ab 1.1.1974 (das ist der Zeitpunkt der erstmaligen Anwendung der Einheitswerte auf den 1.1.1964) auch heute noch die Einheitswerte, die bei der Hauptfeststellung auf den 1.1.1964 ermittelt worden sind. Bis zu einer nächsten Hauptfeststellung, deren Zeitpunkt noch nicht abzusehen ist, finden nur Fortschreibungen und Nachfeststellungen der Einheitswerte statt. Dabei muss aber jeweils auf die Wertverhältnisse vom 1.1.1964 abgestellt werden (§ 27 BewG).

31 In den **neuen Bundesländern** gelten sogar die Einheitswerte von 1935 weiter; zur Fortschreibung und Nachfeststellung siehe § 132 BewG. Ausnahmen gibt es hier für Betriebe der Land- und Forstwirtschaft (§ 125 BewG) und für Mietwohngrundstücke sowie für Einfamilienhäuser (§ 42 GrStG).

32 In Hinblick auf die weit zurückliegenden Hauptfeststellungsstichtage ist beim Bundesverfassungsgericht ein Verfahren anhängig (Stand September 2013), in dem geklärt werden soll, ob die derzeitige Erhebung der Grundsteuer zu Recht erfolgt oder nicht. Deshalb hat die Finanzverwaltung angeordnet, dass die Feststellungen der Einheitswerte für Grundstücke (§ 19 Abs. 1, §§ 68 und 70, § 129 Abs. 2 BewG) sowie Festsetzungen des Grundsteuermessbetrags im Rahmen der verfahrensrechtlichen Möglichkeiten hinsichtlich der Frage, ob die Vorschriften über die Einheitsbewertung des Grundvermögens **verfassungsgemäß** sind, **vorläufig** nach § 165 Abs. 1 Satz 2 Nr. 3 AO durchzuführen sind.

2. Fortschreibungen

Hat sich nach dem 1.1.1974 (d.h. dem Zeitpunkt der erstmaligen Anwendung der Einheitswerte auf den 1.1.1964), bzw. nach dem 1.1.1935 in den neuen Bundesländern, an den Verhältnissen an dem Grundstück etwas geändert, müssen die betreffenden Einheitswerte **fortgeschrieben** werden. Bei der Fortschreibung des Einheitswerts unterscheidet man zwischen einer Wert-, Art- und Zurechnungsfortschreibung (§ 22 Abs. 1 und 2 BewG). 33

Eine **Wertfortschreibung** erfolgt, wenn der sich auf den Beginn eines Kalenderjahres ergebende Einheitswert infolge irgendwelcher Änderungen 34

- nach oben um mehr als 10 v.H., mindestens um 5 000 DM oder
- um mehr als 100 000 DM (absolut), nach unten um mehr als 10 v.H., mindestens
- um 500 DM oder um mehr als 5 000 DM abweicht (§ 22 Abs. 1 Nr. 1 BewG).

Zunächst wird der Wert in DM festgestellt, sodann auf volle hundert DM nach unten abgerundet, dann in Euro umgerechnet und letztlich auf volle Euro abgerundet (§ 30 BewG).

Eine **Artfortschreibung** erfolgt, wenn sich die Grundstücksart ändert, z.B. vom unbebauten Grundstück zu einem Mietwohngrundstück. Eine **Zurechnungsfortschreibung** muss durchgeführt werden, wenn sich die Eigentumsverhältnisse ändern, z.B. Verkauf, Erbfall (§ 22 Abs. 2 BewG). Diese Fortschreibungen führen aber nur dann auch zu einem geänderten Einheitswert, wenn gleichzeitig die vorgenannten Wertgrenzen des § 22 Abs. 1 Nr. 1 BewG überschritten werden. 35

Eine Fortschreibung kann auch zur **Beseitigung eines Fehlers** der letzten Einheitswertfeststellung erfolgen (unter bestimmten Voraussetzungen gem. § 22 Abs. 3 BewG). Worauf dieser beruht, ist gleichgültig. Die Fortschreibung kann hier selbst dann durchgeführt werden, wenn gegen den fehlerhaften Einheitswertbescheid ein Einspruch hätte eingelegt werden können, dieser aber aus irgendwelchen Gründen unterblieben ist. 36

Eine **Nachfeststellung** wird durchgeführt, wenn eine wirtschaftliche Einheit (z.B. durch Parzellierung eines größeren Grundstücks) neu gegründet wird (§ 23 Abs. 1 Nr. 1 BewG) oder wenn die bisher für ein Grundstück usw. bestehende Steuerfreiheit aufgehoben wird (§ 23 Abs. 1 Nr. 2 BewG). 37

Fällt eine wirtschaftliche Einheit ganz weg, wird der Einheitswert **aufgehoben.** Dasselbe gilt, wenn für ein Grundstück erstmals eine Befreiung von allen einheitswertabhängigen Steuern eintritt (§ 24 Abs. 1 BewG). 38

3. Grundzüge der Grundbesitzbewertung

39 Die Ermittlung des Einheitswerts erfordert eine Bewertung des einzelnen Grundstücks oder des Land- und Forstwirtschaftlichen Betrieb. Für die Ermittlung des Einheitswerts bei der Land- und Forstwirtschaft sind die Vorschriften in §§ 33 ff. BewG (bzw. §§ 125–128 BewG in den neuen Bundesländern) und beim Grundvermögen die Vorschriften in §§ 68 ff. BewG (bzw. §§ 129–133 BewG in den neuen Bundesländern) maßgebend. In dem Einheitswert sind alle Bestandteile des Grundstückes erfasst, der Grund und Boden, die Gebäude und die sog. Außenanlagen. Bei Denkmalschutz unterfallenden Gebäude der Grundstückswert ist ohne weiteren Nachweis um 5 v.H., u.U. sogar um 10% zu ermäßigen.

40 Nicht erfasst im Einheitswert werden die **Betriebsvorrichtungen.** Das sind Vorrichtungen aller Art, die zu einer Betriebsanlage gehören, auch wenn sie Bestandteile des Grundstückes sind (§ 68 Abs. 2 BewG; § 50 Abs. 1 BewG-DDR). Sie müssen in einer so engen Beziehung zu dem auf dem Grundstück ausgeübten Gewerbebetrieb stehen, dass dieser unmittelbar mit ihnen ausgeübt wird. Betriebsvorrichtungen werden jeweils als selbstständige bewegliche Wirtschaftsgüter behandelt. Bei der Grundsteuer unterliegen demnach Betriebsvorrichtungen nicht der Grundsteuer. Zur Abgrenzung siehe gleich lautende Ländererlasse v. 5.6.2013 (BStBl. I S. 734).

a) Betriebe der Land- und Forstwirtschaft

41 Für Land- und Forstwirtschaft-Betriebe wird der Einheitswert aus der Summe der bewertungsrechtlichen Werte für den Wirtschaftsteil, den Wohnteil und ggf. der Betriebswohnungen gebildet (§ 48 BewG). Einzelheiten der Bewertung des Wirtschaftsteils sind in den §§ 50 bis 62 BewG und den Bewertungsrichtlinie für die Land- und Forstwirtschaft geregelt. Der Wohnteil und die Betriebsvermögen werden im Prinzip wie private Wohngebäude bewertet (§ 47 BewG). In den neuen Bundesländern wird an Stelle des Einheitswerts 1935 seit 1990 für den Wirtschaftsteil ein Ersatzwirtschaftswert ermittelt (§ 125 BewG). Zur Abgrenzung der Land- und Forstwirtschaft vom Grundvermögen muss auf die einschlägigen Kommentare zum § 69 Bewertungsgesetz verwiesen werden.

b) Die Bewertung von unbebauten und bebauten Grundstücken

42 Nach dem Bewertungsgesetz stehen für die Bewertung von unbebauten Grundstücken ein mittelbares Vergleichswertverfahren (Ableitung aus Bodenrichtwert- und oder Kaufpreissammlungen der Finanzämter) zur Verfügung (§§ 70, 9 bzw. 129 BewG).

43 Bebaute Grundstücken in den **alten Bundesländern** (EW 1964) werden grundsätzlich in einem Ertragswertverfahren bewertet (§ 76 Abs. 1 BewG). Für aufwändige Einfamilien- und Zweifamilienhäuser, für Geschäftsgrundstücke, für die keine Miete festgestellt werden kann und für sonstige bebaute Grundstücke, z.B. typische Objekte von steuerbegünstigten Institutionen wie Saalbauten, Klub- und Vereinsgebäude, Verbindungshäuser, Turnhallen, Schießhallen, Jagdhütten, Erholungsheime, Bootshäuser, ist dagegen ein

Sachwertverfahren anzuwenden (§ 76 Abs. 2 BewG). Besondere Bewertungsregeln gelten für Erbbaurechte, Gebäude auf fremden Grund und Boden sowie für Grundstücke im Zustand der Bebauung (§§ 91–94 BewG).

Bei der Bewertung von bebauten Grundstücken in den **neuen Bundesländern** (EW 1935) sind Mietwohnungsgrundstücke und gemischt genutzte Grundstücke, vermietete oder vermietbare Geschäftsgrundstücke mit einem Vielfachen der Jahresrohmiete zu bewerten (§§ 33 Abs. 1, 34 RBewDV). Einfamilienhäuser, Geschäftsgrundstücke und sonstige Grundstücke sind im Allgemeinen im Sachwertverfahren zu bewerten (§ 33 Abs. 2 RBewDV). Sondervorvorschriften gibt es auch hier für Grundstücke im Zustand der Bebauung (§ 33 a RBewDV), für Erbbaurechte und erbbaubelastete Grundstücke (§ 46 RBewDV). **Ausnahme:** In den neuen Bundesländern wurden in DDR-Zeiten für Neubauten häufig keine Einheitswerte festgestellt. Deshalb wird die Grundsteuer für unbewertete Wohngrundstücke (Mietwohngrundstücke und Einfamilienhäuser) nach der **Ersatzbemessungsgrundlage** (Euro-Betrag × Wohn-/Nutzfläche) erhoben (§ 42 GrStG), dazu Rn. 48). 44

III. Steuermessbetragsverfahren (§§ 13–21 GrStG)

Im Steuermessbetragsverfahren wird vom Bewertungsfinanzamt – gewöhnlich von Amts wegen im Anschluss eine Einheitswertfeststellung –, der Steuermessbetrag ermittelt und festgesetzt (Grundsteuermessbescheid). Damit wird zugleich verbindlich über die persönliche und sachliche Steuerpflicht entschieden (§ 184 Abs. 1 Satz 2 AO). Im Anschluss an eine Hauptfeststellung der Einheitswerte des Grundbesitzes, Fortschreibung oder Nachfeststellung des Einheitswertes kommt es von Amts wegen durch das betreffende Finanzamt jeweils zu einer entsprechenden Hauptveranlagung, Neuveranlagung oder Nachveranlagung des Steuermessbetrags (§§ 16 ff. GrStG). 45

Die Festsetzung des Steuermessbetrags ist ein Grundlagenbescheid für den Grundsteuerbescheid (§ 171 Abs. 10 AO). Deshalb wird der Messbetrag der betreffenden Gemeinde von Amts wegen (elektronisch an entsprechende Rechenzentren) übermittelt. Ist die Festsetzung erst einmal bestandskräftig, darf die Gemeinde bei der Grundsteuerfestsetzung davon nicht abweichen, selbst wenn der Steuermessbetrag fehlerhaft sein sollte. 46

1. Steuermessbetrag und Steuermesszahl

Der Messbetrag ist die eigentliche Bemessungsgrundlage für die Grundsteuer. Der Steuermessbetrag wird durch Anwendung der Steuermesszahl auf den maßgebenden Einheitswert ermittelt. Die Steuermesszahlen sind in §§ 14, 15 GrStG für die Grundtücke in den alten Ländern vorgeschrieben. 47

Beispiel:
Einheitswert eines Zweifamilienhauses soll 100 000 € betragen. Steuermesszahl ist 3,1 v. T. 100 000 € mit 3,1/1000 multipliziert ergibt einen Messbetrag von 310 €.

In den **neuen Ländern** gelten wegen der Fortgeltung der Einheitswerte 1935 die in GrStDVO 1937 (RStBl 1937, 781) vorgeschriebenen Steuermesszahlen.

2. Ersatzbemessungsgrundlage in den neuen Ländern

48 Bei zu DDR-Zeiten nicht bewerteten Wohnhäusern ist die Grundsteuer statt nach einem Steuermessbetrag nach einer Ersatzbemessungsgrundlage zu errechnen (§ 42 GrStG). Danach kann der Jahresbetrag der Grundsteuer unmittelbar aus dem Gesetz berechnet werden. Bezogen auf einen Hebesatz von 300% beträgt der Jahresbetrag der Grundsteuer für Wohnungen mit Bad, WC und Innenheizung 1 € je qm Wohnfläche, ansonsten 0,75 € je qm Wohnfläche und je PKW-Abstellplatz in einer Garage 5 €.

Beispiel:
Bei einem Zweifamilienhaus mit einer Wohnfläche von 120 qm in einer Gemeinde mit einem Hebesatz von z. B. 390% (= 30% höher) wären also 1,30 €/qm anzusetzen. Es ergäbe sich in einer Gemeinde mit einem Hebesatz von 390% demnach (120 × 1,30 €) eine Jahresgrundsteuer von 156 €, dazu kämen ggf. 5 € für einen Garagenplatz.

3. Zerlegung des Steuermessbetrags

49 Liegt ein Grundstück oder ein Land- und Forstwirtschaft-Betrieb auf dem Gebiet mehrerer verschiedener Gemeinden liegt, besteht bei mehreren Gemeinden anteilig eine Aufkommensberechtigung. Um die anteilige Grundsteuer festsetzen zu können, ist eine Zerlegung des Steuermessbetrags durch das Finanzamt erforderlich (§ 22 GrStG). Bei Änderung eines Grundsteuermessbetrags und bei den Grundlagen der Zerlegung (§ 23 Abs. 2 GrStG) ist eine neue Zerlegung durchzuführen. Der Zerlegungsbescheid kann mit Einspruch angefochten werden, es gilt der Finanzgerichtsweg.

E. Festsetzung und Entrichtung der Grundsteuer (§ 25–31 GrStG)

50 Der Jahresbetrag der Grundsteuer wird von der Gemeinde, in den Stadtstaaten von einem Finanzamt, nach den Verhältnissen zu Beginn des Kalenderjahres durch Anwendung ihres Hebesatzes (§ 25 GrStG) auf den Steuermessbetrag in einem eigenen Veranlagungsbescheid, dem eigentlichen Grundsteuerbescheid, gegen den Grundstückseigentümer festgesetzt (§ 27 Abs. 1 GrStG). Zur Errechnung der Jahressteuer auf den ihr vom Finanzamt mitgeteilten Steuermessbetrag wendet sie ihren Hebesatz an (§ 25 Abs. 1 GrStG), z. B. 420% auf einen Messbetrag von 250 € ergibt eine Jahressteuer von 1 050 €. Bezüglich der Bekanntgabe gelten die allgemeinen Grundsätze der Abgabenordnung (vgl. § 122 AO, AEAO zu § 122 AO). Üblich ist eine schriftliche Grundsteuerfestsetzung durch Bescheid (zusammen mit anderen Kommunalabgaben).

51 Die Grundsteuer ist in der Regel in Vierteljahresbeträgen, nämlich am 15. Februar, 15. Mai, 15. August und 15. November fällig (zur Entrichtung siehe noch § 28 GrStG). Die Zahlung erfolgt regelmäßig bargeldlos auf ein Konto der Gemeinde zu den angegebenen Fälligkeitsterminen. Bei Nichtzahlung beginnt nach entsprechender Mahnung mit Festsetzung von Säumniszuschlä-

gen (§ 240 AO) ein Vollstreckungsverfahren nach Landesrecht, in den Stadtstaaten nach der AO, das bis zur Zwangsversteigerung des Grundstücks führen kann. In der Insolvenz ist die Grundsteuer vom Insolvenzverwalter zu zahlen. Rückständige Grundsteuern sind zur Tabelle anzumelden. In Ausnahmefällen, z.B. bei unverschuldeten finanziellen Engpässen, kann **Stundung** bzw. Ratenzahlung (§ 222 AO) oder ganz oder teilweiser **Erlass** (§ 227 AO) beantragt werden, zu speziellen grundsteuerlichen Erlassgründen siehe Rn. 58 ff. Die Entscheidung darüber liegt im Ermessen der Gemeinde. Durch Zahlung, Aufrechnung, Erlass erlöschen die Grundsteueransprüche.

Bis zur Bekanntgabe eines neuen Grundsteuerbescheides hat der Steuerschuldner die bisherigen Zahlungen als Vorauszahlungen zu entrichten (§ 29 GrStG). Mit Bekanntgabe des neuen Grundsteuerbescheides erfolgt in der Regel auch die Abrechnung über die Vorauszahlungen.

I. Hebesatz (§§ 25, 26 GrStG)

Das Hebesatzrecht, d.h. die Bestimmung des Grundsteuerhebesatzes, 52
obliegt den Gemeinden (Ratsbeschluss) und wird in einer Hebesatzsatzung festgelegt (in der Regel bis zum 30. Juni des Kalenderjahres). Bei den Hebesätzen ist nur eine Differenzierung zwischen den land- und forstwirtschaftlichen Grundstücken (sog. Grundsteuer A) einerseits und den übrigen Grundstücken (sog. Grundsteuer B) andererseits zulässig (§ 25 Abs. 4 GrStG). Ausnahme: Gebietsänderungen, Eingemeindungen gem. § 25 Abs. 4 S. 2 GrStG. Juristisch kann die Festlegung des Hebesatzes mittelbar durch Anfechtung des Grundsteuerbescheides und Rüge des Hebesatzes angegriffen werden; das Gericht kann nur prüfen, ob die betreffende Satzung, die die Grundlage für die Hebesätze bildet, formell- und materiellrechtlich gültig ist oder ob sie gegen höherrangiges Recht verstößt. Gegen die Höhe waren bisher Einwendungen (auch bei Hebesätzen von über 800%) aussichtslos, wenn Haushaltszwänge eine höhere Grundsteuer erfordern. Des Öfteren kommen formale Fehler bei der Festsetzung des Hebesatzes vor.

II. Steuerschuldner (§ 10 GrStG)

Steuerschuldner ist regelmäßig der zivilrechtliche/wirtschaftliche Eigentü- 53
mer der wirtschaftlichen Einheit des Grundbesitzes. Ausnahme: Bei Land- und Forstwirtschaft-Betrieben in den neuen Ländern ist der Nutzer/die Nutzergemeinschaft Steuerschuldner. Mehrere Beteiligte schulden die Grundsteuer als **Gesamtschuldner** (§ 10 Abs. 3 GrStG). Bei **Erbbaurechtsgrundstücken** schuldet der Erbbauberechtigte die Grundsteuer auch für das belastete Grundstück (§ 10 Abs. 2 GrStG). Bei Gebäuden auf fremdem Grund und Boden schuldet der wirtschaftliche Eigentümer des Gebäudes die Grundsteuer nur für das Gebäude, der zivilrechtliche/wirtschaftliche Eigentümer des Grund und Bodens insoweit die Grundsteuer.

F. Haftung für Grundsteuerrückstände (§§ 11, 12 GrStG)

54 Der Grundstückseigentümer haftet **persönlich** mit seinem gesamten Vermögen für die Grundsteuer. Neben dem Grundstückseigentümer haftet auch der Nießbraucher (§ 11 Abs. 1 GrStG) persönlich (nicht z.B. Mieter/Pächter).

55 Der **Erwerber** haftet neben dem Voreigentümer für dessen Rückstände, die im Jahr des Erwerbs sowie in dem davor liegenden Kalenderjahr zu entrichten waren (Erwerberhaftung, § 11 Abs. 2 GrStG). In seinem eigenen Interesse kann der Erwerber vom Verkäufer vor Kauf Auskünfte über evtl. bestehende Steuerrückstände verlangen. Nur bei Erwerb in einem Insolvenzverfahren scheidet die Erwerberhaftung aus. Bei Erwerb im Zwangsversteigerungsverfahren bezieht sich die Haftung nur auf die Grundsteuer, die auf die Zeit vom Zuschlag bis zum Ende des Kalenderjahrs (Erwerbsjahr) entfällt.

56 **Sachlich (dinglich)** haftet für die Grundsteuer das betreffende Grundstück, die Grundsteuer ruht nämlich als öffentliche Last auf dem Grundbesitz (§ 12 GrStG), d.h. unter bestimmten Voraussetzungen kann die Gemeinde zur Erhebung der Grundsteuer das Grundstück versteigern lassen. Dabei hat sie ein bevorrechtigtes Befriedigungsrecht (§ 10 Abs. 1 Nr. 3 ZVG); im Insolvenzverfahren besteht ein Absonderungsrecht (§ 49 InSO).

57 Letztlich haften auch die gesetzlichen und rechtsgeschäftlichen Vertreter von natürlichen oder juristischen Personen für die Grundsteuer nach Maßgabe der Abgabenordnung (§§ 69 ff. AO), z.B. ein GmbH-Geschäftsführer zahlt schuldhaft die Grundsteuer für die GmbH nicht. Die Gemeinde muss die persönliche Haftung durch Haftungs- und die dingliche Haftung durch Duldungsbescheid gem. § 191 AO i.V.m. Kommunalabgabenrecht geltend machen. Dagegen ist – außer in den Stadtstaaten – der Rechtsbehelf des Widerspruchs und/oder ggf. unmittelbar Klage im Verwaltungsgerichtsweg zulässig.

G. Erlass der Grundsteuer (§§ 32–34 GrStG)

58 In bestimmten Fällen muss die Grundsteuer von der Gemeinde aus Rechtsgründen erlassen werden. Die materiellen Voraussetzungen für den Grundsteuer-Erlass sind in §§ 32 und 33 GrStG und das Erlassverfahren in § 34 GrStG geregelt. Liegen diese vor, besteht ein Rechtsanspruch auf den Erlass (anderes als auf einen Erlass aus Billigkeitsgründen).

I. Das Erlassverfahren

59 Der Erlass ist regelmäßig **schriftlich** formlos oder auf in der Gemeinde verwendeten Formularen zu stellen. **Zeitlich** muss der Erlassantrag für **jedes** abgelaufene Kalenderjahr spätestens bis zu dem darauf folgenden 31. März bei der zuständigen Gemeinde gestellt werden (§ 34 Abs. 2 GrStG), z.B.

muss ein Erlass für das Jahr 2013 spätestens bis zum 31.März 2014 bei der zuständigen Gemeinde eingehen; Nachweise, Belege etc. können auch noch später nachgereicht werden. Bei Erlass für Grundbesitz, der von kultureller Bedeutung ist oder für Grünanlagen (§ 32 GrStG) genügt ein einmal gestellter Antrag. Wird einem Steuerpflichtigen erst nach dem 31. März des auf den Erlasszeitraum (§ 34 Abs.1 Satz 1 GrStG) folgenden Kalenderjahres ein die ursprüngliche Grundsteuerfestsetzung erhöhender Änderungsbescheid bekanntgegeben, kann er innerhalb einer Frist von drei Monaten den Erlass der die bisherige Steuerschuld übersteigenden Erhöhungsbeträge beantragen. Die Antragsfrist beginnt mit der wirksamen Bekanntgabe des Verwaltungsakts. Bei Versäumung kommt Wiedereinsetzung in den vorigen Stand in Betracht (§ 110 AO).

II. Erlass für Kulturgüter und Grünanlagen nach § 32 GrStG

Die Grundsteuer wird in vollem Umfang erlassen, wenn a) die objektiven Eigenschaften vorliegen (z.B. Denkmal) und **60**

b) wenn das Objekt wegen seiner Kulturguteigenschaft unrentabel ist, soweit überhaupt Steuerpflicht besteht (d.h. sofern keine Befreiung nach § 3 Abs. 1 GrStG greift).

Die **objektiven** Eigenschaften liegen bei Grundbesitz vor, wenn

- dessen Erhaltung wegen seiner Bedeutung für Kunst, Geschichte, Wissenschaft oder Naturschutz im öffentlichen Interesse ist, z.B. Ausgrabungsstätten, Baudenkmäler, Naturschutzgebiete, historische Parks (hier gilt der komplette Erlass aber nur, wenn diese der Öffentlichkeit zugänglich gemacht werden), und
- der Rohertrag in der Regel unter den jährlichen Kosten im Zusammenhang mit dem öffentlichen Erhaltungsinteresse liegt (§ 32 Abs. 1 Nr. 1 GrStG), oder
- sich in dessen Gebäuden Gegenstände von wissenschaftlicher, künstlerischer oder geschichtlicher Bedeutung befinden (§ 32 Abs. 2 GrStG), z.B. Museen, Sammlungen und Bibliotheken oder historische Inneneinrichtung, oder
- der Grundbesitz für öffentliche Grünanlagen, Spiel- und Sportplätze genutzt wird (§ 32 Abs. 1 Nr. 2 GrStG).

Der einmal bewilligte Erlass wird so lange weiter gewährt, bis die Voraussetzungen hierfür entfallen. Jedoch müssen Änderung der maßgeblichen Verhältnisse (z.B. Bebauung der Grünanlage) binnen drei Monaten der zuständigen Gemeinde angezeigt werden (§ 34 Abs. 3 GrStG).

Wird der Nachweis nicht erbracht oder ist in mindestens zwei Jahren ein Überschuss erzielt worden, ist die Grundsteuer rückwirkend für diese drei Jahre zu erheben (Abschn. 35 Abs. 2 GrStR).

III. Erlass bei privatem oder betrieblichem Grundbesitz wegen wesentlicher Ertragsminderung

61 Ein Erlass der Grundsteuer in **Höhe von 25%** kommt bei

- Betrieben der Land- und Forstwirtschaft und
- bei bebauten Grundstücken ganz allgemein

dann in Betracht, wenn der normale Rohertrag des Steuergegenstandes (i. d. R. des Grundstücks) um mehr als 50 v. H. gemindert ist und der Eigentümer die Minderung des Rohertrags nicht zu vertreten hat (vgl. dazu Abschn. 38 GrStR).

Beträgt die Minderung des normalen Rohertrags 100%, ist die **Grundsteuer zu 50%** zu erlassen. Für **unbebaute** Grundstücke ist ein Erlass **ausgeschlossen**. Diese mit Wirkung ab dem Kalenderjahr 2008 erfolgte Neuregelung des Erlasses von Grundsteuer wegen wesentlicher Ertragsminderung verstößt nicht gegen die verfassungsrechtlichen Anforderungen an Steuergesetze und deren Rückwirkung.

62 Für einen Erlass kommt es grundsätzlich nur auf die objektbezogenen Merkmale (Minderung des Rohertrags) an; bei Betrieben der Land- und Forstwirtschaft und bei eigengewerblich genutzten bebauten Grundstücken ist zusätzlich Voraussetzung, dass die Einziehung der Steuer nach den wirtschaftlichen Verhältnissen des Betriebs (nicht des Eigentümers) unbillig wäre (§ 33 Abs. 1 Satz 2 GrStG). Ein Anhaltspunkt hierfür kann sein, dass im Erlasszeitraum die Einnahmen des Betriebs, zu dem der Grundbesitz gehört, nicht ausreichen, um die Betriebsausgaben zu decken (Abschn. 38 Abs. 5 GrStR).

Beispiel:

Normaler Rohertrag 6 000 €/pro Monat. Objekt stand im 2. Halbjahr 4 Monate leer und konnte dann 2 Monate nur zur 4 000 €/pro Monat vermietet werden. Grundsteuer normalerweise 1 500 €/Jahr.

Lösung: Normale Jahresrohmiete 72 000 €; tatsächlicher Rohertrag (Bruttokaltmiete) 44 000 €. Ertragsminderung 28 000 € = 39%, also kein Grundsteuererlass.

Variante: Leerstand 7 ½ Monate: Ertragsminderung 45 000 € = 62, 5%, also Grundsteuererlass (d. h. Erstattung) von 375 € (25% von 1 500 €). Dasselbe Ergebnis würde eintreten, wenn dass Objekt 11 ½ Monate nicht vermietet werden konnte.

63 Bei der **Land- und Forstwirtschaft** ist Maßstab der Rohertrag, der ordnungsgemäßer Bewirtschaftung üblicherweise zu erzielen ist. Zur Ermittlung der Ertragsminderung, d. h. des Unterschiedsbetrags zwischen normalen und tatsächlichen Rohertrag, bei der Land- und Forstwirtschaft mit Berechnungsbeispielen siehe R 39 GrStR.

64 Bei **eigengewerblich** genutzten bebauten Grundstücken ist für den Erlass die Minderung nach wirtschaftlichen Gesichtspunkten festzustellen. Maßstab ist die **Minderung der Ausnutzung des Grundstücks**. Im Einzelfall ist nach den jeweiligen Verhältnissen des Betriebs zu entscheiden, nach welchem Merkmal, z. B. Arbeitsstunden, Bettenbelegung, Umsatz usw. Ausnutzungsgrad ermittelt werden kann. Außerdem ist bei eigengewerblich genutzten bebauten Grundstücken – wie bei Landwirtschaft-/Forstwirtschaftsbetrieben –

weitere Voraussetzung für den Erlass, dass die Einziehung der Steuer nach den wirtschaftlichen Verhältnissen des Betriebs **unbillig** wäre (§ 33 Abs. 1 Satz 2 GrStG). Dabei wird auf die wirtschaftlichen Verhältnisse während des Kalenderjahres abgestellt, für das der Erlass beantragt wird.

Bei **vermieteten/verpachteten gewerblichen** bebauten Grundstücken erfolgt der Erlass nach den gleichen Grundsätzen wie der Erlass für die Wohngrundstücke. **65**

H. Verfahrensrechtliche Besonderheiten der Grundsteuer

Die Verwaltung der Grundsteuer obliegt normalerweise den Gemeinden, in den Stadtstaaten den Finanzbehörden. Wegen der Dreiteilung des Grundsteuerverfahrens sind die Finanzbehörden für die Einheitswert- und Steuermessbetragsfeststellungen bzw. Festsetzungen zuständig, genau die Finanzämter, in deren Bezirk der Grundbesitz belegen ist, bzw. spezielle Finanzämter, in denen die Bewertung für Grundbesitz zusammengefasst ist, der in verschiedenen Finanzamtsbezirken liegen kann. **66**

Gegenüber dem Belegenheitsfinanzamt sind innerhalb von drei Monaten gem. § 19 GrStG anzuzeigen **67**

- Änderungen in der Nutzung oder
- in den Eigentumsverhältnissen

eines ganz oder teilweise von der grundsteuerbefreiten Grundstücks.

Anzeigepflichtig ist der Steuerschuldner, bzw. der als solcher in Betracht käme, d.h. in der Regel der Eigentümer.

Die Gemeinde ist für die Grundsteuerfestsetzung zuständig, bzw. in den Stadtstaaten ein bestimmtes Finanzamt. Gegenüber den Gemeinden sind in aller Regel für Grundsteuerzwecke keine Erklärungen erforderlich. Die Gemeinden erhalten die für die Grundsteuerfestsetzung erforderlichen Angaben von den Finanzämtern und von anderen mit Grundbesitz befassten Behörden (z.B. Baubehörden). Unmittelbarer Kontakt mit der Gemeinde ist erforderlich bei Klärung von Zahlungs- und Vollstreckungsfragen und insbesondere bei Erlass- und Stundungsanträgen. Da die Gemeinde (ggf. die Finanzämter in den Stadtstaaten) Aufkommensgläubiger sind, entscheiden sie letztlich auch über diese Erhebungsfragen. **68**

Gegen Einheitswert- und Steuermessbescheide und ggf. Zerlegungsbescheide sind der **Rechtsbehelf** des Einspruchs und der Finanzgerichtsweg gegeben; bei ernsthaften Zweifel kommt eine Aussetzung der Vollziehung (AdV) gem. § 361 AO in Betracht. Hat das Finanzamt eine AdV gewährt, muss die Gemeinde auch die Vollziehung des betreffenden Grundsteuerbescheids aussetzen (§ 361 Abs. 1 Satz 2 i.V.m. Abs. 3 i.V.m. § 1 Abs. 2 Nr. 6 AO). In Hinblick auf eine mögliche Verfassungswidrigkeit der Einheitsbewertung (vgl. Rn. 32) werden Einheitswert- und Grundsteuermessbescheide gem. § 165 AO vorläufig erlassen. Insoweit fehlt es an einem Rechtsschutzbedürfnis für einen Einspruch. Aussetzung der Vollziehung gemäß § 361 AO ist **69** nicht zu gewähren. Verspätete und damit unzulässige Einsprüche oder verfristete Anträge bzgl. der Verfassungswidrigkeit von Einheitswert-/Steuermessbetragsbescheiden können gemäß § 357 Abs. 1 AO in einen Antrag auf Änderung bzw. Aufhebung nach § 22 Abs. 3 BewG des Einheitswerts-/Grundsteuermessbetragsbescheids umgedeutet und die Entscheidung darüber mit Zustimmung des Antragstellers ausgesetzt werden.

70 Gegen den Grundsteuerbescheid ist der Verwaltungsrechtsweg gegeben, im Allgemeinen ist nur direkt Klage beim Verwaltungsgericht, Berufung beim Oberverwaltungsgericht (Verwaltungsgerichtshof) und Revision beim Bundesverwaltungsgericht, in manchen Ländern noch Widerspruch bei der Gemeinde, möglich. In den Stadtstaaten gilt der Finanzgerichtsweg, d.h. es ist zunächst beim betreffenden Finanzamt Einspruch einzulegen, bei Ablehnung ist Klage bei Finanzgericht und ggf. Revision beim BFH gegeben. In diesen Verfahren gegen Grundsteuerbescheide können nicht die Einheitswert- und Steuermessbetragsfestsetzungen angefochten werden.

Stichwortverzeichnis Grundsteuer

Die Zahlen verweisen auf die Randziffern.

Teil 9: Grunderwerbsteuer

A. Einführung

I. Rechtsgrundlagen der Grunderwerbsteuer und Grundprinzipien

1 **Rechtsgrundlage** ist das Grunderwerbsteuergesetz (GrEStG) i.d.F. v. 26.2.1997 (BGBl. I S. 418, BStBl. I S. 313, berichtigt am 2.7.1997 (BGBl. I S. 1804) mit nachfolgenden Änderungen. Das Grunderwerbsteuergesetz ist ein Bundessteuergesetz i.S.d. Art. 106 Abs. 2 GG. Die Anwendung des GrEStG ist bundeseinheitlich durch den Einführungserlass v. 21.12.1982 (BStBl. 1982 I, 995), durch gleich lautende Ländererlasse, ansonsten durch Ländererlasse und Verfügungen der Landesfinanzämter/Oberfinanzdirektionen geregelt, die in sog. Grunderwerbsteuerkarteien der Länder gesammelt sind. GrESt-Richtlinien gibt es nicht.

Als Hilfsmittel aus der Literatur kommen u.a. in Betracht die Kommentare zum GrESt: Boruttau, Beck-Verlag; Pahlke/Franz, Beck-Verlag und Hofmann, NWB-Verlag.

2 Die Grunderwerbsteuer wird erhoben, wenn ein Rechtsträgerwechsel an einem Grundstück stattfindet, in der Regel beim Übergang von einem auf einen anderen Eigentümer gegen Gegenleistung (Entgelt). Die Grunderwerb-

steuer gehört damit zu den Verkehrsteuern, und hier zu den speziellen **Rechtsverkehrsteuern**. Die Durchführung und Erhebung der Grunderwerbsteuer obliegt den Ländern (d.h. den Finanzämtern, Oberfinanzdirektionen, Landesfinanzämtern und Finanzministerien der Länder). Das Aufkommen steht ebenfalls den Ländern zu (Art. 106 Abs. 7 Satz 2 GG). Es betrug 2012 ca. 7,4 Mrd. €. Die Länder können das Aufkommen ganz oder teilweise den Städten und Gemeinden (Stadt- und Landkreisen) überlassen. Gem. Art. 105 Abs. 2 a GG wurde den Ländern 2006 die Kompetenz eingeräumt, den Steuersatz – abweichend vom Regelsteuersatz von 3,5% (§ 11 GrEStG) – selbst zu bestimmen. Davon haben immer mehr Länder Gebrauch gemacht.

An der verfassungsrechtlichen Rechtmäßigkeit der Grunderwerbsteuer 3
selbst bestehen nach herrschender Meinung und Rechtsprechung keine ernstlichen Zweifel, wohl aber an der Bemessung nach den bewertungsrechtlichen Werten gem. § 138 ff. BewG in den Fällen des § 8 Abs. 2 GrEStG, dazu unten 69 f.

II. Stellung der Grunderwerbsteuer im Steuersystem

Mit der Grunderwerbsteuer wird ein spezieller Rechtsverkehr besonders 4
besteuert. Zusammen mit den zwangsläufigen Beurkundungs- und Eintragungskosten wird dadurch ein Grundstückserwerb bis zu ca. 10%, bei Einschaltung eines Maklers um noch mehr, verteuert. Bei der allgemeinen Verkehrsteuer, der **Umsatzsteuer**, sind Umsätze, die in den Anwendungsbereich des GrEStG fallen, nach § 4 Nr. 9 a UStG von der USt befreit. Auf diese Umsatzsteuerbereifung kann verzichtet werden (sog. Option zur USt, § 9 UStG). In dem Fall schuldet der Grundstückserwerber als Leistungsempfänger nach § 13 b Abs. 1 Nr. 3 UStG die USt selbst; er kann sie ggf. als Vorsteuer abziehen. **Ertragsteuerlich** rechnet die Grunderwerbsteuer bei dem Erwerb eines Grundstücks zu den Anschaffungskosten; nur die auf das Gebäude entfallenden Anschaffungskosten sind abschreibbar. **Erbschaftsteuer** und GrESt schließen sich nach § 3 Nr. 2 GrEStG grundsätzlich aus. Bei sog. gemischten Geschäften/Schenkungen von Grundstücken unterliegt der entgeltliche Teil der GrESt, der unentgeltliche Teil der ErbSt.

B. Der Steuergegenstand, (§ 2 GrEStG); inländisches Grundstück als Steuergegenstand

Der Grunderwerbsteuer unterliegen im Inland belegene Grundstücke, un- 5
abhängig davon, wer das Grundstück erwirbt. Die Zuordnung von Grundstücksteilen z.B. Einbauwände, Aufzug, zum Grundstück ist ausschlaggebend für die Bemessung der GrESt. Der Begriff des Grundstücks entspricht grundsätzlich dem des Zivilrechts (§§ 3, 4 GBO). Danach gehören zu einem Grundstück neben dem Grund und Boden auch dessen wesentliche Bestandteile (§§ 93, 94 BGB). Nicht dazu gehören die Scheinbestandteile (§ 95 BGB; Verbindung mit dem Grundstück zu einem vorübergehenden Zweck) und

Zubehör (§ 97 BGB). Abweichend von Zivilrecht gelten nach § 2 Abs. 1 Satz 2 und Abs. 2, 3 GrEStG steuerliche Besonderheiten. Bestimmte wesentliche Bestandteile, „sog. **Betriebsvorrichtungen**", werden aus der Zuordnung zu Grundstücken ausgenommen (§ 2 Abs. 1 Satz 2 GrEStG) (auch für die Ertragsteuern, Umsatzsteuer). Die Abgrenzung von Grundvermögen und Maschinen und Betriebsvorrichtungen sowie Mineralgewinnungsrechten entspricht in der Regel dem BewG (§ 2 Abs. 1 i.V.m. § 68 Abs. 2 BewG), siehe dazu gleich lautende Ländererlasse v. 5.6.2013 (BStBl. 2013 I, 734).

6 **Erbbaurechte, Gebäude auf fremden Grund und Boden** und bestimmte Sondernutzungsrechte werden in die Grunderwerbsteuer mit einbezogen, indem sie den Grundstücken gleichgestellt werden (§ 2 Abs. 2 GrEStG). Erwerbe anderer dinglicher Rechte an Grundstücken, z.B. Nießbrauch, Wohnrecht, unterliegen nicht der GrESt.

7 Jedes **Wohneigentum und jedes Teileigentum** (Eigentumswohnung, Geschäft, Praxis) gilt als Grundstück i.S.d. Grunderwerbsteuergesetzes (§ 2 Abs. 1 GrEStG); ebenso ein Wohnungserbbaurecht oder ein Teilerbbaurecht.

8 § 2 Abs. 3 GrEStG enthält zwei Auslegungsregelungen. Werden **mehrere Grundstücke** (z.B. Grundstücksensemble, alle Eigentumswohnungen eines Baukomplexes) erworben, liegt ein Rechtsvorgang vor, wenn die Grundstücke nach der Verkehrsanschauung eine wirtschaftliche Einheit i.S.v. § 2 BewG bilden. Bezieht sich ein Erwerbsvorgang auf **mehrere Teile eines Grundstücks**, werden diese Teile als Grundstück behandelt (§ 2 Abs. 3 Satz 2 GrEStG). Erwerben z.B. Ehegatten ein Grundstück je zur Hälfte, liegen zwei getrennte Grundstückserwerbe vor.

C. Die Steuertatbestände (§ 1 GrEStG)

I. Überblick: steuerbare Erwerbsvorgänge (§ 1 GrEStG)

9

Tatbestand	Inhalt	GrEStG:
Haupttatbestand	Verpflichtungsgeschäfte	§ 1 Abs. 1 Nr. 1
Nebentatbestände	Auflassung ohne vorheriges Verpflichtungsgeschäft	§ 1 Abs. 1 Nr. 2
	Übereignung ohne vorheriges Verpflichtungsgeschäft	§ 1 Abs. 1 Nr. 3
	Meistgebot	§ 1 Abs. 1 Nr. 4
Hilfstatbestände	Zwischengeschäfte	§ 1 Abs. 1 Nr. 5–7
Ersatztatbestände	Verwertungsbefugnis	§ 1 Abs. 2
	Gesellschafterwechsel, Personengesellschaft	§ 1 Abs. 2a
	Vereinigung aller Anteile in einer Hand, Kapitalgesellschaft	§ 1 Abs. 3 und 4
Tausch		§ 1 Abs. 5
Mehrfacher Erwerb	Keine Doppelbelastung	§ 1 Abs. 6

Wenn einer dieser Tatbestände erfüllt wird, liegt ein grunderwerbsteuerbarer Erwerb vor. Vielfach ist dies durch tatsächliche Sachaufklärung und rechtliche Subsumption und Auslegung zu klären. Mit der Erfüllung eines Erwerbstatbestandes ist das Grundstück grunderwerbsteuerlich dem Erwerber zuzuordnen, auch wenn er (noch) nicht zivilrechtlich Eigentümer des Grundstücks ist!

II. Verpflichtungsgeschäfte (§ 1 Abs. 1 Nr. 1 GrEStG)

1. Grundstückskauf und dergleichen

Der typische Grunderwerbsteuertatbestand ist der Grundstückskaufvertrag; **10**
hilfsweise ein anderes Rechtsgeschäft, das den Anspruch auf Übereignung eines Grundstücks begründet, z.B. ein Einbringungsvertrag, ein Vergleich, ein Auseinandersetzungsvertrag zur Auflösung von Gesamthands- oder Bruchteilsgemeinschaften, ebenso ein **Tausch,** auch wenn dabei ein Grundstück gegen ein Grundstück getauscht wird (§ 1 Abs. 1 Nr. 1 GrEStG).

Die GrESt knüpft an den wirksamen Abschluss des obligatorischen Rechts- **11**
geschäfts an, durch das der schuldrechtliche Anspruch auf Verschaffung des Eigentums an einem Grundstück begründet wird. Aus dem Rechtsgeschäft muss auf Erklärung der Auflassung geklagt werden können.

Beispiele:

1. X schließt mit Z am 3. Juni 01 einen not. beurkundeten Grundstückskaufvertrag. Die Auflassung erfolgt im Januar 02, die Umschreibung im Grundbuch im Herbst 02. Wann ist die GrESt entstanden?

Lösung: Gem. § 1 Abs. 1 GrEStG ist die GrESt am 3. Juni 01 entstanden.

2. A ist Vertreter des vermögenden C, der von B ein bestimmtes Grundstück erwerben will. A schließt auf Grund seiner Vollmacht für C mit B am 3. Juni 01 wirksam einen not. Kaufvertrag über ein Grundstück des B ab, behält sich aber die Zustimmung des C vor. C erteilt die Zustimmung wirksam am 3. November 01. Wann ist die GrESt entstanden?

Lösung: Gem. § 1 Abs. 1 i.V.m. § 14 GrEStG ist die Grunderwerbsteuer am 3. November 01 entstanden.

Ein nicht in notarieller Form (§ 311 b BGB) abgeschlossener Grundstückskaufvertrag ist nichtig und unterliegt damit nicht der Grunderwerbsteuer. Finden dennoch eine Auflassung und Eintragung in das Grundbuch statt, wird der Formmangel geheilt. Entsprechendes gilt bei fehlerhaft beurkundeten Geschäften.

2. Gegenstand des Verpflichtungsgeschäfts

a) Grundstück im aktuellen Zustand

In der Regel ist Gegenstand des Verpflichtungsgeschäftes das Grundstück **12**
im Zustand des Wirksamwerdens des Verpflichtungsgeschäftes. Entscheidend für die Bestimmung des Steuergegenstandes ist aber letztlich der Wille der Vertragsparteien.

13 Erwirbt ein Steuerpflichtiger ein unbebautes Grundstück, um darauf ein Gebäude zu errichten, ist Gegenstand des Verpflichtungsgeschäftes und der GrESt normalerweise das unbebaute Grundstück.

b) Einheitliches Vertragswerk

14 **Problemstellung:**
A schließt mit X zwei getrennte Verträge, einen Kaufvertrag über ein unbebautes Grundstück 200 000 € und einen Vertrag über ein darauf zu errichtendes Haus 350 000 € von einem Generalbauträger. Der Kauf des Grundstücks wurde vom Bauträger vermittelt. Von welcher Bemessungsgrundlage ist auszugehen?

In derart gelagerten Fällen kann statt des Erwerbs des unbebauten Grundstücks und des Abschlusses eines Bauvertrags der Erwerb eines bebauten Grundstücks vorliegen; die GrESt wäre nach den Gesamtkosten für das bebaute Grundstück zu bemessen.

15 Ergibt sich die Verpflichtung zur Übereignung des Grundstücks und zur Errichtung des Gebäudes aus zwei an sich selbstständigen Verträgen oder aus einem Vertragsgeflecht, besteht aber zwischen den Verträgen ein objektiv enger sachlicher und zeitlicher Zusammenhang, d.h. wenn der Erwerber bei objektiver Betrachtungsweise als einheitlichen Leistungsgegenstand das bebaute Grundstück erhält, ist die GrESt nach den Kosten für das unbebaute Grundstück und den (zukünftigen) Kosten für das Gebäude zu bemessen (ständige Rechtsprechung, Auffassung der Finanzverwaltung). Man spricht in solchen Fällen vom **einheitlichen Vertragswerk;** zur Sichtweise der Finanzverwaltung siehe z.B. OFD Rheinland v. 20.4.2009 – S 4521-1006-St 2, GrESt-Kartei NW § 9 GrEStG Karte 25). Nur Sonderleistungen aufgrund nachträglicher Leistungsänderungen/Erweiterungen oder Sonderwünschen sowie Eigenleistungen des Erwerbers gehören nicht zur Gegenleistung. Entsprechendes gilt z.B. für den Kauf noch zu renovierender oder sanierender Gebäude; es kann der Erwerb des renovierten Grundstücks vorliegen, wenn die Renovierung vom Verkäufer (praktisch zwingend) mit angeboten worden ist.

Lösung: Im Eingangsfall sprechen die Umstände für ein einheitliches Vertragswerk. Gegenstand des Verpflichtungsgeschäfts ist wahrscheinlich ein bebautes Grundstück. Bemessungsgrundlage für die GrESt ist daher 550 000 €.

16 Im Zivilrecht stellt sich die Frage des „einheitlichen Vertrags" im Zusammenhang mit der Beurkundung nach § 311 b BGB, (denn wenn der Notar das einheitliche Vertragswerk erkennt, muss er auch den Gebäudeerrichtungs- oder Sanierungsvertrag beurkunden). Grundsätzlich müssen der Grundstückserwerber und ggf. der beurkundende Notar ein einheitliches Vertragswerk dem Finanzamt anzeigen. Im Zweifel muss aber das Finanzamt das einheitliche Vertragswerk beweisen.

17 Der bloße Eintritt in einen Bauvertrag im Zeitpunkt der Bebauung des Grundstücks ist nicht als Erwerb eines bebauten Grundstücks anzusehen; z.B. wenn A während der Bauphase das Objekt wegen Zahlungsproblemen des Bauherrn erwirbt und zu Ende baut.

3. Auflassung (§ 1 Abs. 1 Nr. 2 GrEStG)

Die dingliche Einigung (Auflassung gem. §§ 873, 925 BGB) und die Eintragung im Grundbuch lösen hilfsweise die Grunderwerbsteuer aus; z.B. wenn der Auflassung, d.h. der Übereignung, ausnahmsweise kein obligatorisches Rechtsgeschäft vorausgegangen ist, etwa beim Heimfall eines Erbbaurechts, bei einem teilentgeltlichen Grundstücksvermächtnis (§ 1 Abs. 1 Nr. 2 GrEStG). Um den Rang der vorgemerkten Rechte – gewöhnlich die Eintragung als Eigentümer – zu sichern, wird in der Regel eine Auflassungsvormerkung ins Grundbuch eingetragen, (Näheres siehe §§ 883, 888, 891, 892 BGB). Diese ist grunderwerbsteuerlich nicht relevant. **18**

4. Übergang des Grundstücks kraft Gesetzes (§ 1 Abs. 1 Nr. 3 GrEStG)

a) Steuerpflichtige Übergänge

Geht das Eigentum an einem Grundstück ohne vorheriges obligatorisches oder dingliches Rechtsgeschäft und außerhalb des Grundbuchs auf einen anderen Rechtsträger kraft Gesetzes über, unterliegt der **Eigentumsübergang** (Erwerbsvorgang) der Grunderwerbsteuer, z.B. Übergang kraft Grundstücksenteignung. Die wohl **wichtigsten Fälle** des Erwerbs von Grundstücken kraft Gesetzes sind Grundstückserwerbe infolge von rechtsübertragenden **Umwandlungen** i.S.d. Umwandlungsgesetzes. Zu nennen sind hier Verschmelzungen, Aufspaltungen, Abspaltungen, Ausgliederungen nach dem Umwandlungsgesetz. Die aufnehmende Rechtsperson wird gewöhnlich Gesamtrechtsnachfolger der abgebenden Person. Wird z.B. die A-GmbH (mit Grundbesitz) auf die B-GmbH verschmolzen, liegt ein steuerbarer Grundstückserwerb der B-GmbH vor. Die Grunderwerbsteuer entsteht mit Eintragung der Verschmelzung und Spaltung in das Handelsregister des übernehmenden Rechtsträgers und der Eintragung der Vermögensübertragung in das Handelsregister des übertragenden Rechtsträgers. Zu diesem Zeitpunkt müssen die betreffenden Gesellschaften als Eigentümer ihrer Grundstücke im Grundbuch eingetragen sein. Nicht steuerbar sind Grundstücksübergänge aufgrund rechtsform- und rechtsstrukturwechselnden Umwandlungen (§§ 190 ff. UmwG). **19**

Ein weiterer typischer Fall des Grundstückserwerbs ohne vorhergehendes Übereignungsgeschäft ist die **Anwachsung** des Vermögens von Personengesellschaften durch Anteilsübertragung auf den letzten verbleibenden Gesellschafter einer Personengesellschaft (§ 738 Abs. 1 BGB). Vereinigen sich alle Anteile in der Hand eines Personengesellschafters, erlischt die Personengesellschaft mit der Folge, dass die Grundstücke, die bisher im Gesamthandseigentum gehalten wurden, nun im Alleineigentum des letzten Gesellschafters gehalten werden. **20**

b) Steuerfreie Erwerbe kraft Gesetzes

21 Bestimmte Grundstückserwerbe kraft Gesetzes sind gem. § 1 Abs. 1 Nr. 3 Satz 2 GrEStG steuerfrei:

- Grundstücksübergänge durch Abfindung in Land oder unentgeltliche Zuteilung von Land für gemeinschaftliche Anlagen im **Flurbereinigungsverfahren** sowie entsprechende Rechtsvorgänge in beschleunigten Zusammenlegungsverfahren und im Landtauschverfahren nach dem **Flurbereinigungsgesetz**
- Grundstücksübergänge im **Umlegungsverfahren** nach dem Baugesetzbuch, wenn der neue Eigentümer in diesem Verfahren als Eigentümer eines im Umlegungsgebiet gelegenen Grundstücks Beteiligter ist. Hinweis: Eigentumsübergänge im Bereich der **freiwilligen** Baulandumlegung oder in Grenzregelungsverfahren sind dagegen steuerpflichtig. Zur Umgehung einer freiwilligen – steuerbaren – Baulandumlegung könnten Umlegungsteilnehmer zulässigerweise ihre Grundstücke auf eine BGB-Gesellschaft übertragen und nach Umlegung neu gebildete Grundstücke von der Umlegungsgemeinschaft zurückerhalten. Hier ist die Vergünstigung des § 7 Abs. 2 GrEStG anzuwenden.
- Der Übergang des Eigentums im **Zwangsversteigerungsverfahren** bleibt grunderwerbsteuerfrei. **Hinweis:** Im Zwangsversteigerungsverfahren unterliegt aber das vorausgehende Meistgebot der GrESt (§ 1 Abs. 1 Nr. 4 GrEStG).
- **Grundstücke im Beitrittsgebiet** sind und waren nach bestimmten Vorschriften des **Vermögensgesetzes** zurückzuübertragen (§ 34 VermG grunderwerbsteuerfrei)
- Grundstückserwerbe durch Schenkung oder Erbanfall.

5. Abgabe eines Meistgebots (§ 1 Abs. 1 Nr. 4 GrEStG)

22 Die Abgabe des **Meistgebots,** mit dem der Meistbietende den Anspruch auf Erwerb des Eigentums an dem Grundstück bei Erteilung des Zuschlags erwirbt, wird in § 1 Abs. 1 Nr. 4 GrEStG dem Verpflichtungsgeschäft gleichgestellt, löst also Grunderwerbsteuer aus. Gibt jemand für einen anderen das Meistgebot verdeckt (anonym) ab (vgl. § 71 ZVG), kann die Weiterübertragung auf den „Vertretenen" erneut Grunderwerbsteuer, z.B. nach § 1 Abs. 1 Nr. 1 GrEStG, auslösen. **Hinweis:** Bei Erwerb infolge Meistgebot gehört gem. § 9 Abs. 2 Nr. 4 GrEStG auch der Betrag zur Gegenleistung, den ein anderer als der Ersteher dadurch an den Zwangsvollstreckungsschuldner leistet, das er auf die Befriedigungsfiktion des § 114 a Satz 1 ZVG seine schuldrechtliche Forderung gegen den Zwangsvollstreckungsschuldner verliert. Der Zuschlag als eigentumsbegründender Tatbestand ist kein grunderwerbsteuerbarer Vorgang mehr.

III. Die Zwischengeschäfte

Zwischen dem ursprünglichen schuldrechtlichen Verpflichtungsgeschäft und der Eintragung des Eigentumswechsels kann sowohl über den Anspruch auf Lieferung des Grundstücks wie auch über die Verpflichtung zur Lieferung des Grundstücks verfügt werden. Im Zweifel sind die sog. Zwischengeschäfte grunderwerbsteuerbare Vorgänge. **23**

Die **Abtretung der Rechte aus einem Meistgebot** (genau das betreffende obligatorische Geschäft) steht dem Weiterverkauf des Grundstücks gleich und wird daher der Grunderwerbsteuer unterworfen (§ 1 Abs. 1 Nr. 5 GrEStG). **24**

Obligatorische Rechtsgeschäfte, die den **Anspruch auf Abtretung der Rechte aus einem Kaufangebot** oder aus einem anderen Vertrag begründen, kraft dessen die Übereignung eines Grundstücks verlangt werden kann, stehen Grundstücksübertragungen gleich. **25**

Beispiel:

BauT kauft ein Grundstück von V. Laut Kaufvertrag erfolgt der Kauf an BauT oder einen von ihm zu benennenden Dritten (D). Entsprechend soll die Auflassung an BauT oder den Dritten erfolgen. BauT tritt die Rechte aus diesem Vertrag an D ab. D nimmt das Vertragsangebot gegenüber V an. Das Grundstück wird von V an D aufgelassen.

Lösung: Es liegt ein steuerpflichtiger Erwerb BauT von V gem. § 1 Abs. 1 GrEStG und ein steuerpflichtiger Erwerb gem. § 1 Abs. 1 Nr. 6 GrEStG BauT an D vor.

Für die Grunderwerbsteuerpflicht der Abtretung eines Rechtes aus einem Kaufangebot gem. § 1 Abs. 1 Nr. 6, 7 muss hinzutreten, dass

- der Kauf mit dem Abtretungsempfänger zu Stande kommt und
- der Benennungsberechtigte das Kaufangebot zum Nutzen der eigenen wirtschaftlichen Interessen verwertet.

Ein eigenes wirtschaftliches Interesse ist insbesondere bei Treuhand- und Baubetreuungsverträgen gegeben, aber auch bei Verknüpfung mit sonstigen Dienstleistungs- und (Steuer)Beratungsverträgen anzunehmen.

Geht der Abtretung kein obligatorisches (Kauf-)Geschäft voraus, gilt die Abtretung des Übereignungsanspruchs selbst gem. § 1 Abs. 1 Nr. 7 GrEStG als Grundstücksübertragung, z.B. bei Herausgabe aufgrund eines Auftragsverhältnisses **26**

IV. Die Ersatztatbestände

Wird kein Verpflichtungsgeschäft über ein Grundstück abgeschlossen, d.h. das Grundstück wird nicht „bewegt", sondern Rechte daran eingeräumt, kann ein steuerbarer mittelbarer Grundstückserwerb vorliegen. Ziel dieser Ergänzungsbesteuerung ist die **Verhinderung von Umgehungen,** im Einzelfall muss aber keine Umgehungsabsicht vorliegen. Deshalb ist darauf zu achten, dass die Grunderwerbsteuerbarkeit derartiger Vorgänge nicht übersehen wird. **27**

1. Erwerb der Verwertungsbefugnis (§ 1 Abs. 2 GrEStG)

28 Rechtsvorgänge, die es ohne Begründung eines Anspruchs auf Übereignung einem anderen rechtlich oder wirtschaftlich ermöglichen, ein inländisches Grundstück auf eigene Rechnung zu verwerten, unterliegen der Grunderwerbsteuer (§ 1 Abs. 2 GrEStG). Das ist der Fall, wenn der Eigentümer einem anderen im Innenverhältnis so weitgehende Einflussnahmemöglichkeiten hinsichtlich des Grundstücks einräumt, dass nur dieser und nicht mehr der Eigentümer über die Verwertung des Grundstücks entscheiden kann. Typische Sachverhalte sind: z.B. atypische Makler- und Verkaufsverträge, nach denen der Makler den Kaufpreis oder einen über dem vereinbarten Kaufpreis liegenden Mehrerlös vereinnahmen darf, Treuhandübertragungen mit Verwertungsberechtigung, wirtschaftliches Einbringen in ein Unternehmen, Überlassung an Bauträger mit Verwertungsberechtigung, ausnahmsweise Vereinbarung von Immobilienleasing, bei bindenden Ankaufsrechten mit Dauernutzungsberechtigung gegen Darlehensgewährung oder Grundstücksverwertung zugunsten des Grundpfandgläubigers; Geschäftsbesorgungsvertrage i.S.v. § 675 BGB, die auch Veräußerung und Verwertung eines Grundstücks auf einen Dritten beinhalten; Näheres zu grundstücksbezogenen Treuhandgeschäften gleich lautende Ländererlasse v. 12.10.2007 (BStBl. 2007 I, 757). Nicht darunter – wie auch nicht unter § 1 Abs. 1 Nrn. 5–7 GrEStG – fallen z.B. die typischen Grundstücksvermittlungsgeschäfte von Maklern sowie Fälle reiner Stellvertretung.

2. Wechsel der Gesellschafter einer Personengesellschaft mit Grundbesitz (§ 1 Abs. 2 a GrEStG)

29 § 1 Abs. 2 a GrEStG **fingiert** einen Rechtsträgerwechsel an einem inländischen Grundstück einer Personengesellschaft (und zwar von einer Personengesellschaft zu einer anderen), wenn Neugesellschafter in eine Personengesellschaft eintreten (ggf. auch im Zuge des Austretens von Altgesellschaftern). Er soll Umgehungen verhindern. Dazu gibt es eine umfangreiche Verwaltungsanweisung mit vielen Beispielsfällen (gleich lautende Ländererlasse v. 25.2.2010, BStBl. 2010 Teil I S. 245).

30 Der Wechsel im Gesellschafterbestand einer Personengesellschaft gilt ersatzweise als ein der Grunderwerbsteuer unterliegendes Rechtsgeschäft gem. § 1 Abs. 2 a GrEStG, wenn

- zum Vermögen einer Personengesellschaft ein inländisches Grundstück gehört und sich bei ihr
- innerhalb von fünf Jahren der
- Gesellschafterbestand unmittelbar oder mittelbar dergestalt ändert, dass
- mindestens 95% der Anteile am Gesellschaftsvermögen auf neue Gesellschafter übergehen.

Gehören bedeutet, das Grundstück muss der Gesellschaft grunderwerbsteuerlich zuzuordnen sein (vgl. Rn. 9) Der 5-Jahreszeitraum ist taggenau zu errechnen.

Steuerschuldner ist die erwerbende Gesellschaft in ihrer jeweils neuen Zusammensetzung (§ 13 Nr. 6 GrEStG). Da hier eine Übertragung von einer Gesamthand auf eine andere Gesamthand fingiert wird, sind die Vergünstigungen des § 6 Abs. 3 GrEStG mit den entsprechenden Einschränkungen anwendbar. Die personenbezogenen **Befreiungsvorschriften** des § 3 GrEStG sowie diejenigen der §§ 5, 6 GrEStG gelten auch in Fällen des Gesellschafterwechsels. 31

a) Gesellschafterwechsel

Der **Gesellschafterwechsel** kann durch Beitritt, Neuaufnahme eines Gesellschafters oder durch Anteilsverkauf, u. dgl. zustande kommen sein. Gesellschafterwechsel durch Todesfall (Erwerb vom Erblasser) sowie durch reine Schenkungen sind hier ausgenommen. Der Gesellschafterwechsel i. S. v. § 1 Abs. 2 a GrEStG ist nur verwirklicht, wenn der neue Gesellschafter eine dingliche Mitberechtigung am Gesamthandsvermögen erlangt. Unter Anteil an der Personengesellschaft ist – wie bei §§ 5 und 6 GrEStG – der Anteil am Gesellschaftsvermögen zu verstehen. 32

Der Gesellschafterwechsel i. S.v § 1 Abs. 2 a GrEStG kann ein einzelner Rechtsvorgang sein, d. h. ein einziger Gesellschafterwechsel von 95% oder mehr; er kann aber auch aus einer Summe von Teilakten bestehen, die zusammen die vollständige oder mindestens 95%-Änderung des Gesellschafterbestandes einer Personengesellschaft ausmachen. Relevant sind nur Teilakte in einem Zeitraum von längstens fünf Jahren, sofern deren letzter Teilakt die wesentliche Änderung des Gesellschafterbestandes (95% und mehr) endgültig herbeiführt. Die 5-Jahresfrist beginnt mit dem jeweils letzten relevanten Gesellschafterwechsel und ist von diesem aus rückzuberechnen. Auf diese Frist sind die Vorschriften der §§ 186 ff. BGB entsprechend anzuwenden. 33

Beispiel:

Die X-GmbH&Co KG kauft am 20.8.01 ein Grundstück. An dieser KG sind beteiligt:

Verwaltungsges.mbH	mit 0%
Herr X	mit 50%
X-AG	mit 50%.

Durch Vertrag vom 31.12.01 überträgt Herr X seine Beteiligung von 50% auf die Y-GmbH. Durch einen weiteren Vertrag vom 30.6.02 überträgt die X-AG ihre KG-Beteiligung von 50% auch an die Y-GmbH. Im August 08 wird die Y-GmbH in die Y- AG umgewandelt.

Lösung: Mit der Übertragung von je 50% KG-Beteiligung auf die Y-GmbH ist der Tatbestand des § 1 Abs. 2 a GrEStG erfüllt (100% Gesellschafterwechsel). Die formwechselnde Umwandlung der Y-GmbH in die Y- AG löst keine GrEStG aus.

Neu ist ein Gesellschafter, wenn er nicht zuvor Altgesellschafter war. 34

Beispiele:

1. An einer A KG (mit Grundbesitz) übernimmt eine B GmbH&Co KG 98% die Anteile. (A ist Alleingesellschafter der B GmbH und Allein-Kommanditist). Hier handelt es sich bei der B GmbH&Co KG um einen neuen Gesellschafter, weil sie vorher nicht beteiligt war. Das A hinter der B GmbH&Co KG steht, ändert daran grundsätzlich nichts.

2. An A KG (mit Grundbesitz) ist die B GmbH&Co KG mit 98% am Gesllschaftsvermögen und C mit 2% beteiligt. (A ist Alleingesellschafter der GmbH und Allein-Kommanditist). Die B GmbH überträgt ihre Gesellschaftsbeteiligung je zur Hälfte auf A und C. Hier liegt eine Übertragung an Altgesellschafter vor.

35 Grundsätzlich sind auch **mittelbare** Gesellschafterwechsel zu beachten, z.B. an einer KG ist eine GmbH beteiligt, dort ändert sich der Gesellschafterbestand um 95%. Es liegt ein Gesellschafterwechsel in Höhe des Anteils, in dem die GmbH an der OHG beteiligt ist, vor. Ist an einer Gesellschaft ein Gesellschafter beteiligt, der seinen Gesellschaftsanteil als **Treuhänder** für einen Dritten (hier: Veräußerer) hält, ist der Dritte am Vermögen der Gesamthand nicht (unmittelbar) beteiligt. Denn nicht der Treugeber, sondern der Treuhänder ist – was für das Grunderwerbsteuerrecht allein maßgebend ist – bürgerlich-rechtlich und handelsrechtlich am Gesamthandsvermögen beteiligt. Die Anwendung des § 39 Abs. 2 AO ist in GrESt-Fällen grundsätzlich ausgeschlossen. Dementsprechend sind auch der bloße Treuhänderwechsel und die unmittelbare Übernahme treuhänderisch gehaltener Anteile durch den Treugeber bei der Ermittlung der prozentualen Beteiligung am Gesamthandsvermögen nach § 1 Abs. 2 a GrEStG als Gesellschafterwechsel zu berücksichtigen.

b) Bemessungsgrundlage beim Gesellschafterwechsel und Anzeigepflicht

36 Die Grunderwerbsteuer wird in den Fällen des § 1 Abs. 2 a GrEStG nach den Werten i.S.d. § 138 Abs. 2 oder 3 BewG (erbschaftsteuerliche Bedarfswerte) bemessen (§ 8 Abs. 2 Satz 1 Nr. 3 GrEStG), dazu Rn. 69 f.

37 Die betreffende Personengesellschaft muss den Gesellschafterwechsel i.S.v. § 1 Abs. 2 a GrEStG gem. § 19 Abs. 3 a GrEStG dem Finanzamt anzeigen, in dessen Bezirk sich die Geschäftsleitung der Personengesellschaft befindet, bei der sich der Gesellschafterwechsel vollzieht (§ 17 Abs. 3 Nr. 2 GrEStG). Diese Anzeige der Beteiligten ist einer Steuererklärung gleichgestellt. Die Nichtanzeige ist möglicherweise eine Steuerhinterziehung oder eine leichtfertige Steuerverkürzung! Inländische Notare müssen von ihnen beurkundete Gesellschafterwechsel nach § 18 Abs. 2 S. 2 GrEStG anzeigen.

3. Anteilsvereinigung (§ 1 Abs. 3 und 4 GrEStG)

38 Der Erwerb der Anteile einer grundbesitzhaltenden Gesellschaft unterliegt der Grunderwerbsteuer, wenn mindestens 95% der Anteile einer grundbesitzhaltenden Gesellschaft unmittelbar oder mittelbar in einer Hand vereinigt werden; z.B. A (das kann eine natürliche Person, eine Personen- oder Kapitalgesellschaft sein) erwirbt 100% der Geschäftsanteile an einer GmbH, der Fertigungs- und Lagergebäude gehören. Zur Anwendung siehe gleich lautende Ländererlasse v. 2.12.1999, BStBl. 1999 Teil I S. 991.

39 Grundsätzlich erfasst § 1 Abs. 3 GrEStG seinem Wortlaut nach **Kapitalgesellschaften**. Bei Personengesellschaften ist vorrangig der Tatbestand des Gesellschafterwechsels gem. § 1 Abs. 2 a GrEStG zu prüfen. Bei 100% Anteilsvereinigung innerhalb von Personengesellschaften gehen die Anteile unter und die Grundstücke wachsen beim Verbleibenden an (§ 738 BGB, § 142 HGB). Damit liegt beim Verbleibenden der Tatbestand des § 1 Abs. 1 Nr. 3 GrEStG vor. Bei einem Gesellschafterwechsel von mehr als 95% und weniger als 100% ist eine Anteilsvereinigung bei Personengesellschaften nur bei einem mittelbaren Anteilserwerb denkbar.

Durch Zurückbehaltung von 5% der Anteile kann die Auslösung dieses Grunderwerbsteuertatbestands vermieden werden; dem ist durch § 1 Abs. 3 a GrEStG „sog. RETT-Blocker" mit Wirkung ab 7.6.2013 entgegengewirkt worden.

a) Sachliche Voraussetzungen

Die Ersatztatbestände des § 1 Abs. 3 GrEStG erfassen die Vereinigung bzw. Übertragung von mindestens 95% der Anteile an einer grundstücksbesitzenden Gesellschaft mit dem Ergebnis, dass eine Hand die Gesellschaft mittelbar oder unmittelbar beherrscht, dabei **40**

- § 1 Abs. 3 Nr. 1 und 3 GrEStG die Verpflichtungsgeschäfte, und
- § 1 Abs. 3 Nr. 2 und 4 GrEStG die subsidiären Verfügungen.

§ 1 Abs. 3 Nr. 1 und 2 erfasst die Entstehung der Beherrschung durch Zusammenfassung mehrerer Anteile, § 1 Abs. 3 Nr. 3 und 4 GrEStG besteuern die Weitergabe einer beherrschenden Stellung. Die Grunderwerbsteuer entsteht nach § 1 Abs. 3 Nrn. 1, 2 i.V.m. Abs. 4 Nr. 2 GrEStG auch dann, wenn weniger als 95% der Anteile unmittelbar oder mittelbar in der Hand des Erwerbers vereinigt werden und die restlichen Anteile von einem abhängigen Unternehmen oder einer abhängigen Person bereits gehalten oder erworben werden.

Die Anteilsvereinigung kann auch durch **Treuhänder** vermittelt sein. Näheres ist in den sog. **Treuhanderlassen** v. 12.10.2007 (BStBl. 2007 Teil I, 761) geregelt.

Die Anteilsvereinigung ist grunderwerbsteuerlich nur relevant, wenn der betreffende Gesellschaften Grundstücke i.S.d. Grunderwerbsteuerrechts gehören (vgl. Rn. 9). Eine 5-jährige Besitzzeit ist hier nicht erforderlich. **41**

Erwirbt jemand erstmals mindestens 95 v.H. der Anteile an einer grundstücksbesitzenden Gesellschaft, die wiederum mindestens 95 v.H. der Anteile an einer anderen grundstücksbesitzenden Gesellschaft hält **(mittelbare Vereinigung),** ist der Tatbestand des Abs. 3 ggf. hinsichtlich der Grundstücke beider Gesellschaften verwirklicht, einmal unmittelbar und einmal mittelbar. Eine mittelbare Anteilsvereinigung in einer Hand bei zwischengeschalteten Kapitalgesellschaften kommt nur dann in Betracht, wenn die Anteile mittelbar entweder von einer 95%igen Tochtergesellschaft oder einer sonstigen Gesellschaft innerhalb einer 95%igen Beteiligungskette gehalten werden, also wenn z.B. die A AG an der B AG zu mindestens 95% beteiligt ist. Ist sie nur zu 90% beteiligt, können Anteilsvereinigungen in der B AG nicht berücksichtigt werden. Besitzt eine Kapitalgesellschaft schon teils mittelbar (über eine Tochtergesellschaft), teils unmittelbar Anteile, und werden die im mittelbaren Besitz befindlichen Anteile in den unmittelbaren Besitz überführt, liegt nur eine **Verstärkung** der schon bestehenden Anteilsvereinigung vor, also kein steuerbarer Erwerb. **42**

Die zu einem **Organkreis** gehörenden Gesellschaften sind keine grunderwerbsteuerliche Einheit, auch wenn die Grundstücke dem Organträger zuzurechnen sind. Unberührt von der besonderen Zurechnung kann daher die erstmalige Vereinigung der Anteile bei einer Organgesellschaft Steuer auslö- **43** sen. (zur Grunderwerbsteuer im Organkreis siehe gleich lautende Ländererlasse v. 18.7.2007 (BStBl. 2007 Teil I, 549)).

Anteilsverschiebungen innerhalb des Konzernkreises sind grundsätzlich steuerbar, wenn die Tatbestände des § 1 Abs. 2 a oder Abs. 3 GrEStG (insbesondere Erreichen der 95%-Grenze) eingreifen. Beispielsweise ist der Zuerwerb von Anteilen durch eine Konzerngesellschaft steuerbar, wenn dadurch erstmalig unmittelbar und/oder mittelbar mindestens 95 v.H. der Anteile einer Gesellschaft mit Grundbesitz in der Hand einer Konzerngesellschaft i.S.d. § 1 Abs. 3 Nrn. 1 oder 2 vereinigt werden. Zu Umstrukturierungen in Konzernen siehe noch Rn. 57.

44 **Zusammenfassendes Beispiel:**

AG gliedert durch not. Vertrag v. 30.6.01 gem. § 123 UmwG ein Fertigungszentrum und Beteiligungen M aus. Diese Beteiligungen werden in eine andere Gesellschaft (GmbH) der AG eingebracht, die zwischen Mutter und bisherige Töchter gestellt wird. Es handelt sich genau um fünf Beteiligungen zu 100% an Firmen,

a) zwei Firmen haben Grundbesitz,
b) eine Beteiligung an einer Firma mit Grundbesitz von 73,33% (die restlichen Anteile besaß die GmbH schon), außerdem wurde bei einer Betriebsprüfung im Nachhinein festgestellt, dass die in b) genannte Fa. noch zu 95% an einer KG mit Grundbesitz beteiligt ist.
c) Anteile an Firmen in USA und Schweiz (ohne Grundbesitz).

Lösung:

Zu a) Mit dem Erwerb der fünf 100%-Beteiligung durch die GmbH wird § 1 Abs. 3 GrEStG ausgelöst.
Zu b) Mit dem Erwerb der 26,67% Anteile wird § 1 Abs. 3 GrEStG ausgelöst, da die GmbH nunmehr 100% der Anteile in ihrer Hand vereinigt. Durch den Erwerb der Beteiligung zu b) wurden zugleich mittelbar 95% der Anteile der KG erworben. Die Anteilsvereinigung in der GmbH löst damit auch bzgl. dieses Grundbesitzes § 1 Abs. 3 GrEStG aus. Hinweis: § 1 Abs. 2 a GrEStG liegt nicht vor, da die GmbH schon vor mittelbar zu 26,67% an der KG beteiligt war und nur eine neue Beteiligung von mittelbar 73,33% erworben hat.
Zu c) Keine Grunderwerbsteuer, da die ausl. Firmen keinen Grundbesitz hatten.

b) Bemessungsgrundlage und Anzeigepflicht

45 Die Grunderwerbsteuer wird in den Fällen des § 1 Abs. 2 a und Abs. 3,4 GrEStG nach den Werten i.S.d. § 138 Abs. 2 oder 3 BewG (erbschaftsteuerliche Bedarfswerte) bemessen (§ 8 Abs. 2 Satz 1 Nr. 3 GrEStG), dazu Rn. 69 f.

Der Anteilserwerber hat die „Anteilsvereinigung" gem. § 19 Abs. 1 Nrn. 4 bis 7 GrEStG anzuzeigen. Die Anzeige steht einer Steuererklärung gleich (§ 19 Abs. 5 GrEStG). Folge der Nichtanzeige ist möglicherweise eine Steuerhinterziehung oder eine leichtfertige Steuerverkürzung. Inländische **Notare** müssen nach § 18 Abs. 2 S. 2 GrEStG anzeigen. Erbschaftsteuerstellen und Prüfungsdienste sind angehalten, verstärkt auf Vorgänge mit Anhaltspunkten einer Anteilsvereinigung zu achten.

4. Tausch (§ 1 Abs. 5 GrEStG)

46 Bei einem Tauschvertrag, der für beide Vertragsteile den Anspruch auf Übereignung eines Grundstücks begründet, sind Grundstückstauschgeschäfte von anderen Geschäften zu unterscheiden, in denen für ein Grundstück andere Gegenstände, z.B. bewegliche Sachen, Wertpapiere und dergleichen hin-

gegeben werden. Grundsätzlich ist als Gegenleistung der jeweilige Wert der Tauschleistung des Erwerbers anzusehen, d.h. der **gemeine Wert** des von ihm hingegebenen Gegenstandes. Wird ein Grundstück gegen ein anderes Grundstück getauscht, liegen zwei Erwerbsvorgänge vor, bei denen jedes Grundstück Gegenleistung für den Erwerb des anderen Grundstücks ist. Zur Besteuerung kommt es aber nur, wenn und soweit ein Grundstück wertvoller als das andere ist.

5. Mehrfacher Erwerb (§ 1 Abs. 6 GrEStG)

Werden bei einem Erwerb eines Grundstücks (Grundstücksidentität erforderlich) von ein und demselben Erwerber (Erwerberidentität erforderlich) die verschiedenen Tatbestände des § 1 GrEStG verwirklicht, wird die Steuer nur insoweit erhoben, als die Besteuerungsgrundlage für den späteren Rechtserwerb den Betrag übersteigt, von dem beim vorausgegangenen Rechtsvorgang die Steuer berechnet worden ist. **47**

Beispiel:

A kauft alle Anteile der B AG, der u.a. das Grundstück G gehört. A ist steuerpflichtiger Erwerber gem. § 1 Abs. 3 GrEStG. Er kauft von der B AG das Grundstück G. Wegen Erwerber und Grundstücksidentität kommt es hierbei nicht nochmals zur Grunderwerbsteuer.

Liegen die engen Voraussetzungen des § 1 Abs. 6 GrEStG nicht vor, kann es gerade in Kombination mit Fällen des § 1 Abs. 1 Nr. 5 bis 7 oder Abs. 2 GrEStG durchaus zu einer mehrfachen Besteuerung des Erwerbes ein und desselben Grundstücks kommen.

D. Ausnahmen von der Besteuerung (§§ 3–7 GrEStG)

I. Überblick: Befreiungen nach §§ 3, 4 GrEStG

Freigrenze:	Steuerwert des Grundstücks bis 2 500 €. **48** Bei dem Erwerb mehrerer Grundstücke kommt es darauf an, ob es sich um eine wirtschaftliche Einheit handelt.
ErbStG:	Erwerbe von Todes wegen und freigebige Zuwendungen i.S.d. ErbSt sind ausgenommen § 3 Nr. 2; Erwerb eines Nachlassgrundstücks zum Zwecke der Teilung des ungeteilten Nachlasses durch Miterben und Ehegatten § 3 Nr. 3.
Verwandtschaft:	Erwerb durch Ehegatten oder eingetragene Lebenspartner § 3 Nr. 4; Erwerb bei Auseinandersetzung durch Scheidung § 3 Nr. 5; Erwerb durch Abkömmlinge in gerader Linie (Kinder, Enkelkinder), Stiefkinder und jeweils die Ehegatten. § 3 Nr. 6;

	Erwerb innerhalb einer fortgesetzten Gütergemeinschaft § 3 Nr. 7
Treuhand:	Rückerwerb durch den Treugeber bei der Auflösung des Treuhandverhältnisses. § 3 Nr. 8
besondere Steuerbefreiungen	Erwerb von öffentlichen Stellen, von bestimmten ausländischen Erwerbern, deutscheEinheit, Erwerb von Wohnungsgenossenschaften § 4 Nr. 1–8; Erwerb von einer jur. Person d. öffentl. Rechts oder Rückerwerb, wenn das Grundstück im Rahmen einer ÖPP für einen öffentlichen Dienst benutzt wird § 4 Nr. 9

II. Erwerbe zwischen der Gesamthand und ihren Gesellschaftern und umgekehrt (§§ 5, 6 GrEStG)

49 Gesamthandsgemeinschaften sind im Verhältnis zu ihren Gesamthändern grunderwerbsteuerlich selbstständige Rechtsträger. Zivilrechtlich bleibt das Vermögen der Gesellschaft jedoch anteilig Vermögen der Gesellschafter. Infolgedessen stellen die §§ 5, 6 GrEStG Grundstückserwerbe zwischen den Gesellschaftern und ihrer Gesamthandsgemeinschaft von der Steuer frei, soweit der Anteil des Einzelnen am Vermögen der Gesamthandbeteiligten seinem Bruchteil am Grundstück entspricht (§ 5 Abs. 1, 2 GrEStG), (anwendbar auf: GbR, oHG, KG, auf eheliche und fortgesetzte Gütergemeinschaft, auf Erbengemeinschaften bei Außengeschäften; nicht: auf Stille Gesellschaft, Treuhand). Jeder Miteigentumsübergang ist ein eigener Steuerfall. Andere personenbezogene Befreiungen gelten weiter. D.h. die persönlichen Eigenschaften des § 3 Nr. 6 GrEStG werden der Gesamtheit quotal zugerechnet.

1. Der Übergang von einem oder mehreren Miteigentümern auf eine Gesamthand (§ 5 Abs. 1 GrEStG)

50 Geht ein Grundstück von einem oder mehreren Miteigentümern auf eine Gesamthand über, wird die Steuer nur insoweit erhoben, soweit der Anteil des Einzelnen am Vermögen der Gesamthandbeteiligten seinem Bruchteil am Grundstück nicht entspricht (§ 5 Abs. 1 und 2 GrEStG).

51 Ausnahme: Gem. § 5 Abs. 3 GrEStG sind die Vergünstigungen des § 5 Abs. 1, 2 GrEStG insoweit nicht anzuwenden, als sich der Anteil des Veräußerers am Vermögen der Gesamthand innerhalb von fünf Jahren nach dem Übergang des Grundstücks auf die Gesamthand vermindert. Vermindern bedeutet auch einen Übergang der Gesellschafterstellung durch eine an den Gesellschafterwechsel anschließende Umwandlung (und Verschmelzung auf einen anderen Rechtsträger.

Beispiel:

A, der sein Grundstück der A, B, C, und D KG übertragen hatte, überträgt seinen Anteil von 1/4 zwei Jahre nach der Grundstücksübertragung gleichmäßig auf B, C und D. Nachträglich fällt bei der KG Grunderwerbsteuer i.H.v. 1/4 an. Dasselbe würde gelten, wenn die KG nach zwei Jahren in eine GmbH umgewandelt würde.

Infolge dieser Rückausnahme des § 5 Abs. 3 GrEStG und des § 1 Abs. 2 a GrEStG kann es möglicherweise zu einer Kumulierung der Grunderwerbsteuer kommen, wenn die Verminderung der Gesellschafterstellung in der Gesamthand innerhalb von fünf Jahren gleichzeitig eine Änderung des Gesellschafterbestandes von mindestens 95% ist. 52

Zur Vermeidung der Doppelbelastung ist gem. § 1 Abs. 2 a Satz 3 GrEStG auf die Bemessungsgrundlage für die Besteuerung des Gesellschafterwechsels (nämlich den erbschaftsteuerlichen Bedarfswert nach § 8 Abs. 2 Satz 1 Nr. 3 GrEStG) die Bemessungsgrundlage **anzurechnen** ist, von der nach § 5 Abs. 3 GrEStG die Steuer nachzuerheben bzw. die Steuervergünstigung des § 5 Abs. 2 GrEStG zu versagen ist (nämlich der Wert der Gegenleistung).

2. Der Übergang von einer Gesamthand auf einen oder mehrere Miteigentümer(§ 6 GrEStG)

Geht ein Grundstück von einer Gesamthand in das Alleineigentum oder in das Miteigentum mehrerer an der Gesamthand beteiligter Personen über, wird die Grunderwerbsteuer nur insoweit erhoben, soweit der Bruchteil, den der einzelne Erwerber hält, nicht dem Anteil entspricht, zu dem er am Vermögen der Gesamthand beteiligt ist (§ 6 Abs. 1 und 2 GrEStG). 53

Eine entsprechende Vergünstigung gilt für die sog. Anwachsung, also wenn bei einer zweigliedrigen Gesamthand einer der beiden Beteiligten alle Geschäftsanteile übernimmt bzw. das ganze Vermögen auf ihn übergeht. Die Grunderwerbsteuer wird nur insoweit erhoben, als der Übernehmende nicht an der Gesamthand beteiligt war. 54

3. Übergang von einer Gesamthand auf eine andere Gesamthand

Geht ein Grundstück von einer Gesamthand auf eine andere Gesamthand über, wird die Grunderwerbsteuer nur insoweit erhoben, als die Gesellschafter der übernehmenden Gesamthand nicht entsprechend an der übertragenden Gesamthand beteiligt sind (§ 6 Abs. 3 GrEStG). 55

Voraussetzung für die Vergünstigung ist nach § 6 Abs. 3 S. 2 GrEStG, dass 56

a) die erwerbende Gesamthand nach der fingierten Übertragung von einer Gesamthand auf die andere ihre Anteile am Vermögen **nicht innerhalb von fünf Jahren vermindert.** Wenn dies der Fall ist, gehen insoweit die Vergünstigungen nach § 6 Abs. 3 GrEStG verloren und

b) dass der Gesamthänder schon länger als fünf Jahre vor dem Erwerbsvorgang seinen Anteil an der Gesamthand durch Rechtsgeschäft unter Lebenden erworben hat (§ 6 Abs. 4 Satz 1 GrEStG). Auch bei Verschmelzung handelt es sich um ein Rechtsgeschäft i.S.d. § 6 Abs. 4 GrEStG.

Beispiel:

1. A und B sind zu 50% an einer 02 gegründeten OHG beteiligt. B hat seinen Anteil aber erst 05 erworben. Im Jahr 09 erwirbt B ein Grundstück von der OHG. Da B seinen Anteil innerhalb von fünf Jahren vor dem Erwerbsvorgang erworben hat, ist der Grundstücker-

werb in voller Höhe grunderwerbsteuerpflichtig. Die Anwendung dieser Sperrwirkung scheidet in Fällen aus, in denen der entsprechende Erwerb nach den allgemeinen Vorschriften von der Besteuerung ausgenommen wäre, z.B. Erwerbe von Verwandten.
2. A und B sind zu 50% an einer 01 gegründeten OHG beteiligt. B hat seinen Anteil aber erst Anfang 02 erworben. Ende des Jahres 07 erwirbt B ein Grundstück von der OHG. Der Vorgang ist grunderwerbsteuerfrei.
B überträgt dann im Jahr 08 seinen Anteil an die Ehefrau von A. Die Befreiung fällt nachträglich weg, weil B steuerunschädlich erst nach einer 5-jährigen Behaltensfrist verkaufen kann (§ 6 Abs. 3 GrEStG).

III. Steuervergünstigung bei Umstrukturierungen im Konzern (§ 6 a GrEStG)

57 Grundstücksübergänge im Rahmen von Umstrukturierungen bei Umwandlungsvorgängen werden grunderwerbsteuerrechtlich ab 1.1.2010 begünstigt, wenn es sich um einen Rechtsvorgang im Sinne des § 1 Abs. 1 Nr. 1 bis 3 des Umwandlungsgesetzes handelt (§ 6 a GrEStG). Begünstigt sind dabei

- Übergänge kraft Gesetzes i. S. d. § 1 Abs. 1 Nr. 3 GrEStG.
- Gesellschafterwechsel i. S. d. § 1 Abs. 2 a GrEStG
- Anteilsvereinigungen i. S. d. § 1 Abs. 3 GrEStG
- Fiktive Übergänge durch Einräumung der Verwertungsbefugnis.

Subjektive Voraussetzung ist, dass die an dem Umwandlungsvorgang beteiligte Unternehmen ausschließlich herrschende Unternehmen und ein oder mehrere von diesem herrschenden Unternehmen abhängige Gesellschaften beteiligt sind. Die „abhängige" Gesellschaft muss vor dem Rechtsvorgang schon 5 Jahre unmittelbar, mittelbar oder teils unmittelbar, teils mittelbar zu mindestens 95% ununterbrochen beteiligt gewesen sein. Die Begünstigung entfällt in dem Fall, dass der Erwerber innerhalb von fünf Jahren nach dem Umwandlungsvorgang in Bezug auf das Grundstück einen in §°1 Absatz 1, 2 oder Absatz 3 bezeichneten Rechtsvorgang verwirklicht oder seine Anteile an der Gesellschaft, zu deren Vermögen ein inländisches Grundstück gehört, vermindert. Näheres siehe gleich lautende Ländererlasse v. 1.12.2010 (BStBl. 2010 Teil I, 1321; geändert durch Erlasse v. 22.6.2011 (BStBl. 2011 Teil I, 673).

IV. Vergünstigungen bei Umwandlung von gemeinschaftlichem Eigentum in Flächeneigentum (§ 7 GrEStG)

58 Wird ein Grundstück, das mehreren Miteigentümern zu Bruchteileigentum gehört, flächenweise geteilt, wird die Grunderwerbsteuer nicht erhoben, soweit der Wert des Teilgrundstücks, das der einzelne Erwerber erhält, dem Bruchteil entspricht, zu dem er am gesamten zu verteilenden Grundstück beteiligt ist. Für die flächenweise Teilung kommt nur ein Grundstück (mit mehreren Gebäuden) in Form einer wirtschaftlichen Einheit in Betracht, nicht aber mehrere Gebäude, die einzelne wirtschaftlichen Einheiten sind (§ 7 Abs. 2 Satz 1 GrEStG).

Entsprechendes gilt für die flächenweise Teilung eines einer Gesamthand (z.B. Erbengemeinschaft) gehörenden Grundstücks durch die an der Gesamthand beteiligten Personen (§ 7 Abs. 2 GrEStG); allerdings nur unter eingeschränkten Voraussetzungen (s. § 7 Abs. 3 GrEStG).

Nicht begünstigt nach § 7 GrEStG ist der **Tausch** von **Miteigentumsanteilen** an verschiedenen, wirtschaftlich selbstständigen Grundstücken, auch wenn dadurch die bisherigen Miteigentümer Alleineigentümer an Grundstücken werden. **59**

E. Bemessungsgrundlage, Gegenleistung (§§ 8, 9 GrEStG)

I. Begriffe

Bemessungsgrundlage ist nach § 8 Abs. 1 GrEStG der Wert der Gegenleistung. Als Gegenleistung im grunderwerbsteuerrechtlichen Sinn gilt jede Leistung, die der Erwerber als Entgelt für den Erwerb des Grundstücks gewährt oder die der Veräußerer als Entgelt für die Veräußerung des Grundstücks empfängt. Der Erwerb des Grundstücks und die Gegenleistung für den Erwerb müssen kausal verknüpft sein. **60**

§ 9 GrEStG zählt für die Grunderwerbsteuer verbindlich auf, was als Gegenleistung anzusehen ist. In der Regel gilt der vereinbarte Kaufpreis auch dann als Gegenleistung, wenn er nicht dem Verkehrswert entspricht. Zur Beurteilung ist also zu prüfen: Mussten die Leistungen für den Erwerb des Grundstücks erbracht werden? Wurden die Leistungen wegen der Veräußerung des Grundstücks empfangen? **Gegenleistungsbestandteile sind auch** **61**

- Übernahme von Verpflichtungen des Veräußerers aus Vorverträgen oder Maklerverträgen
- Übernahme von Vermessungs- oder Erschließungskosten, von Anliegerbeiträgen, Erhaltungsaufwendungen, Umzugs-, Räumungs- oder Umbaukosten
- Vorzeitige Kaufpreiszahlungen ohne Gegenwert
- Weiternutzung des Kaufgegenstandes bis zum Übergang von Nutzen und Lasten
- Übernahme von nicht dauernden Lasten (z.B. Grundsteuer) oder erstmals begründeten Lasten, z.B. Wegerecht.

Übernimmt der Erwerber sonstige Leistungen, z.B. Löschungskosten, Vermessung, gehören diese grundsätzlich zu der Gegenleistung. Wenn angenommen werden kann, dass der Wert der sonstigen Leistungen nicht mehr als 5 000 € beträgt, sind insoweit keine weiteren genauen Ermittlungen anzustellen; der Wert ist außer Ansatz zu lassen.

Kosten, die anlässlich des Erwerbs kraft Gesetzes entstehen, z.B. Grundbuch- und Notargebühren, künftige Erschließungskosten und dergleichen, können nicht Teil der Gegenleistung sein. **Die Umsatzsteuer (bei Option) schuldet gesetzlich der Erwerber, sie ist daher nicht Teil der Gegenleistung.** **62**

II. Bewertungsgrundsätze für die Ermittlung der Gegenleistung

63 Grundsätzlich richtet sich die Bewertung der Gegenleistung nach den Vorschriften des **Bewertungsgesetzes.**

1. Vereinbarte Gegenleistung

64 Der **Kaufpreis** und andere sofort **fällige Geldleistungen** sind mit ihrem **Nennbetrag** anzusetzen. Gegenleistungen, die nicht in Geld bestehen, sind nach den Regeln des Allgemeinen Teils des Bewertungsgesetzes mit dem Verkehrswert zu bewerten (§ 1 Abs. 1 BewG). Ist der Kaufpreis oder die sonstige Gegenleistung zinslos oder verzinslich **gestundet,** richtet sich die **Bewertung** nach **§ 12 BewG.** Besteht die Gegenleistung aus wiederkehrenden **Nutzungen** und **Leistungen** (z.B. Renten, dauernde Last, Nießbrauch- oder Wohnrecht, Verpflichtung zur Pflege im Bedarfsfall), ist der **Kapitalwert** nach §§ 13 bis 16 BewG anzusetzen. Besteht die Gegenleistung aus **Wertpapieren, Aktien** u.Ä., ist der Wert nach § 11 BewG anzusetzen, d.h. bei börsennotierten Wertpapieren ist dies der niedrigste am Stichtag notierte **Kurs.** Anteile an Kapitalgesellschaften, für die kein Kurswert festgestellt ist, sind mit dem gemeinen Wert nach Maßgabe des § 11 Abs. 2 BewG anzusetzen.

2. Gegenleistung bei gemischten Erwerben

65 Werden im Zusammenhang mit einem Grundstückskauf andere Gegenstände, die nicht Grundstücksbestandteile sind, z.B. Einrichtungsgegenstände, Betriebsvorrichtungen, Gewerbeeinrichtungen und dergleichen miterworben, ist die Gegenleistung in einen Teil aufzuteilen, der der Grunderwerbsteuer unterliegt, und in einen Teil, der grunderwerbsteuerfrei ist. In der Praxis erfolgt die Gegenleistung nach folgender Formel **(Boruttau'sche Formel):**

Beispiel:

A erwirbt ein Grundstück des X, auf dem dieser einen **Handwerksbetrieb** geführt hat, mitsamt den Betriebsvorrichtungen für insgesamt 2 Mio. €. Er will das Grundstück für Baumaßnahmen nutzen und die Betriebsvorrichtungen abreißen oder verkaufen. X zieht mit seinem umstrukturierten Betrieb an den Stadtrand. Eine Aufteilung des Preises auf den Grund und Boden und andere Wirtschaftsgüter ist nicht erfolgt. Der gemeine Wert des Grund und Boden soll 1,5 Mio. betragen, der gemeine Wert der Betriebsvorrichtungen 800 000.

Lösung:

$$\text{Grunderwerbsteuerpflichtige Gegenleistung} = \frac{\text{Gesamtpreis} \times \text{Gemeiner Wert des Grundstücks}}{\text{Gemeiner Wert der anderen Gegenstände} + \text{Gemeiner Wert des Grundstücks}}$$

$$\frac{2\ \text{Mio.} \times 1{,}5\ \text{Mio.}}{800\,000 + 1{,}5\ \text{Mio.}} \qquad \frac{3\ \text{Mio.}}{2{,}3\ \text{Mio.}} = \underline{\mathbf{1\,304\,347{,}80}}$$

Die 1 304 347,80 sind der Grunderwerbsteuer zu unterwerfen.

Wird ein Grundstück zusammen mit anderen Gegenständen erworben, deren Erwerb nicht der GrEStG unterliegt, kann das Finanzamt von der genauen Ermittlung des Werts absehen, wenn der vom Steuerpflichtigen angesetzte oder mitgeteilte Wert angemessen erscheint und 15% der Gesamtleistung, höchstens 50 000 € nicht übersteigt. **66**

3. Erbbaurechtsvorgänge

Die **Bestellung** eines Erbbaurechts unterliegt der GrESt; als Bemessungsgrundlage gilt der Kapitalwert des Erbbauzinses – ermittelt nach den Vorschriften des Bewertungsgesetzes – sowie andere Zahlungen, z.B. Einmalzahlungen, und ggf. eine eingegangene Bauverpflichtung. Die **Verlängerung** eines Erbbaurechts ist in der Regel steuerbar. Bei **Aufhebung** eines Erbbaurechts und bei Heimfall gilt als Gegenleistung, was als Entschädigung des Grundstückseigentümers an den Erbbauberechtigten bzw. der vom Erbbauberechtigten für das Erbbaurecht zu gewährenden Vergütungen und etwaigen sonstigen Leistungen zu erbringen ist. Das **Erlöschen** des Erbbaurechts durch Zeitablauf ist nicht steuerbar. Wird ein mit dem Erbbaurecht belastetes Grundstück erworben, stellt der der mit dem Grundstück verbundene Erbbauzinsanspruch grunderwerbsteuerlich keinen Teil des belasteten Grundstücks dar. **67**

Beim Erwerb eines mit **einem Erbbaurecht belasteten Grundstücks** muss der Kaufpreis für den steuerbaren Erwerb des Grundstücks und den nicht steuerbaren Erwerb des Erbbauzinsanspruchs nach der sog. Boruttau'schen Formel aufgeteilt werden.

Näheres s. koord. Ländererlass FM Bayern 18.7.2008 36-S 4500–001–28048/08.

4. Nachträgliche Gegenleistungen

Nachträglich vereinbarte zusätzliche und erhöhte Gegenleistungen sind nach § 9 Abs. 2 Satz 1 GrEStG separat, d.h. durch zusätzlichen Steuerbescheid, zu besteuern. **68**

5. Bedarfswert als Gegenleistung

Ist keine Gegenleistung spezifiziert worden oder ermittelbar, wird die Grunderwerbsteuer nach den sog. erbschaftsteuerlichen Bedarfswerten i.S.d. §§ 138 ff. BewG bemessen (§ 8 Abs. 2 Nr. 1 GrEStG); d.h. das Grundstück wird nach diesen Vorschriften bewertet; der so ermittelte Wert ist die Bemessungsgrundlage (Grundlagenbescheid gem. § 171 Abs. 10, § 351 Abs. 2 AO). In § 8 Abs. 2 Nr. 2, 3 GrEStG wird auch in Fällen der **Umwandlung,** der Einbringung sowie bei anderen Erwerbsvorgängen auf **gesellschaftsvertraglicher** Grundlage sowie in Fällen der **Anteilsvereinigung** der **Bedarfswerte** als Bemessungsgrundlage vorgeschrieben. Zur Grundstücksbewertung in diesen Fällen siehe R B 176. 1 ff. ErbStR (BStBl. 2011 Teil I, Sondernr. 1, 2). **69**

70 Beim BVerfG unter den Az. 1 BvL 14/11 und 13/11 sind Verfahren anhängig, in denen geprüft werden soll, ob die Bemessung der GrESt nach Grundbesitzwerten **verfassungswidrig** ist (Stand September 2013). Die FinVerw erlässt daher Bescheide über die Festsetzung von GrESt sowie über Feststellungen nach § 17 Abs. 2 und 3 GrEStG und die Feststellung von Grundbesitzwerten vorläufig nach § 165 Abs. 1 Satz 2 Nr. 3 und 4 AO mit dem Hinweis, dass ein Einspruch insoweit nicht erforderlich sei (gleich lautende Ländererlasse v. 1.4.2010, DStR 2010, 301570).

F. Steuersatz, Steuerentstehung

I. Steuersatz

71 Der Grunderwerbsteuersatz beträgt seit dem 1.1.1997 grds. **3,5 % von der Gegenleistung** (§§ 11, 23 Abs. 4 GrEStG); inzwischen gelten in den meisten Bundesländern höhere Steuersätze (vgl. Rn. 2). Die Steuer ist auf volle € nach unten abzurunden (§ 11 Abs. 2 GrEStG). In Ausnahmefällen kann das Finanzamt im Einvernehmen mit dem Steuerzahler von der genauen Ermittlung des Steuerbetrags absehen und die Grunderwerbsteuer in einem Pauschbetrag festsetzen (§ 12 GrEStG).

II. Steuerentstehung

72 Die Grunderwerbsteuer entsteht in der Regel mit der wirksamen Verwirklichung des Erwerbsvorgangs (§ 23 GrEStG; § 38 AO). **Verwirklicht** ist ein Erwerbsvorgang, wenn die Vertragspartner im Verhältnis zueinander gebunden sind, bei vormundschaftlichen Genehmigungen nicht vor deren Erteilung. Ist die Wirksamkeit des Rechtsgeschäfts von dem Eintritt einer Bedingung abhängig, entsteht die GrESt erst mit Eintritt der Bedingung. Bedarf der Erwerbsvorgang einer Genehmigung, entsteht die Steuer erst mit Erteilung der Genehmigung (vgl. § 14 GrEStG).

Beispiel:

Ein Grundstückskaufvertrag wird am 1.3.01 notariell beurkundet und damit wirksam verwirklicht. Die Grundstückslieferung soll aber erst erfolgen, wenn eine Nachtragsbaugenehmigung erteilt wird. Diese wird am 1.3.02 erteilt; die GrESt entsteht mit wirksamer Erteilung der Nachtragsbaugenehmigung.

Gleiches gilt, wenn der Erwerbsvorgang einer Genehmigung bedarf, z. B. eines Ergänzungspflegers. Die Verwirklichung/Entstehung haben verfahrensrechtliche und materiellrechtliche Bedeutung, z. B. für die Festsetzungsverjährung, die Verwirklichung auch für die Anwendung des Steuersatzes.

Wird die Gegenleistung **nachträglich erhöht,** löst diese Erhöhung eine separate Grunderwerbsteuer aus, d. h. es ist ein zusätzlicher Bescheid zu erteilen.

III. Nichtfestsetzung, Aufhebung oder Änderung aufgrund Rückgängigmachung des Erwerbs (§ 16 GrEStG)

Da das GrEStG zum Teil schon vor dem zivilrechtlichen Eigentumsübergang ausgelöst wird, kann es aufgrund nachfolgender Ereignisse tatsächlich nicht zu einem Eigentumsübergang kommen, d. h. tatsächlich kein Rechtsträgerwechsel eintreten. Zur Vermeidung unbilliger Härten kann die GrESt für den ursprünglichen Erwerbsvorgang unter den besonderen Voraussetzungen des § 16 GrEStG steuerlich rückgängig gemacht werden. **73**

Liegen die Voraussetzungen des § 16 GrEStG nicht vor und sind auch keine Korrekturvorschriften der AO (§§ 129, 172 ff. AO) anwendbar. Sind nach Entstehung der GrESt spätere Sachverhaltsänderungen neue ggf. grunderwerbsteuerbare Sachverhalte, d. h. Rückabwicklungen so nicht gewollter Grundstückserwerbe, lösen diese erneut GrESt aus.

1. Grundsätze

§ 16 GrEStG unterscheidet drei Sachverhaltskonstellationen: **74**

- Rückgängigmachung vor Eigentumsumschreibung innerhalb von zwei Jahren oder ohne zeitliche Begrenzung aufgrund eines Rechtsanspruch auf Vertragsaufhebung (z. B. Wandlung, § 426 Abs. 1 BGB).
- Rückerwerb eines Grundstücks nach Eigentumsumschreibung bei Rückauflassung an den Veräußerer oder Auflassung an Dritte im Auftrag des Veräußeres innerhalb von zwei Jahren oder bei Rückerwerb wegen Nichtigkeit des vorangegangen Erwerbsvorgangs (§ 16 Abs. 2 Nr. 2 GrEStG) oder ohne zeitliche Begrenzung bei Rückerwerb auf Grund eines Rechtsanspruchs (§ 16 Abs. 2 Nr. 3 Abs. 2 BGB).
- Nachträgliche Herabsetzung der Gegenleistung (§ 16 Abs. 3 GrEStG).

Begrifflich kommt bei Gesellschafterwechsel in Personengesellschaften nur die Anwendung von § 16 Abs. 2 GrEStG in Betracht. Bei Vereinigungen von Anteilen an Kapitalgesellschaften kommt begrifflich für die Tatbestände des § 1 Abs. 3 Nr. 1 und 3 GrEStG § 16 Abs. 1 und 2 GrEStG, hingegen bei § 1 Abs. 3 Nr. 2 und 4 GrEStG nur die Anwendung von § 16 Abs. 2 GrEStG in Betracht.

§ 16 GrEStG ist nur bei **Beseitigung** des der GrESt unterliegenden **Rechtsvorgangs** und bei **tatsächlicher Rückabwicklung** aller Leistungsbeziehungen zwischen den Vertragspartnern anwendbar, d. h. der Veräußerer muss rechtlich und wirtschaftlich seine Leistungen und Rechtspositionen wiedererlangen und über das Grundstück frei verfügen können. Zu der Thematik, ob die Rückabwicklung vollständig durchgeführt oder die Rückabwicklung im wirtschaftlichen Interesse des Veräußerers oder auch des Käufers erfolgt ist, gibt es eine Vielzahl von Rechtsprechung. Veräußert der ursprüngliche Verkäufer in einem Zug mit der Rückübertragung das Grundstück sofort an den nächsten Käufer, ist im Zweifel § 16 GrEStG nicht anzuwenden. Die Rückgängigmachung muss das **gleiche Grundstück** betreffen, Veränderungen des Grundstückszustandes sind unbeachtlich. Sie muss von den **glei-** **75**

chen Personen, bzw. Gesamtrechtsnachfolger, durchgeführt werden. Kommen zwischen Erst- und Zweiterwerber (Dritter) Befreiungstatbestände in Betracht, scheidet eine Rückgängigmachung aus.

Beispiel:

A ist einziger Kommanditist der A-GmbH&Co KG, an deren Vermögen er zu 100% beteiligt ist. Er erwirbt von B das Eigentum (also mit Eintragung) an einem Grundstück. Spätere Überlegungen führen dazu, dass es steuerlich günstiger ist, das Grundstück durch die KG erwerben zu lassen. Sollte der Vertrag A-B rückgängig und das Grundstück dann von B auf die KG übertragen werden?

Lösung: Nein. Keine Anwendung des § 16 Abs. 2 Nr. 1 GrEStG, da A zu 100% das Grundstück steuerfrei auf die KG übertragen könnte.

Ausgeschlossen wird die Anwendung des § 16 GrEStG bei Verletzung von Anzeigepflichten in Fällen des § 1 Abs. 2, 2 a, 3 GrEStG (§ 16 Abs. 5 GrEStG).

2. Verfahren zur Rückgängigmachung

76 § 16 GrEStG ist **antragsgebunden** (formlos möglich, aber am besten schriftlich). Antragsberechtigt ist jeder Steuerschuldner, bzw. derjenige, der den GrEStG-Bescheid erhalten hat. Die Antragstellung hemmt Fristablauf (§ 171 Abs. 3 AO). Gegen die Ablehnung des Antrags ist der Einspruch (§ 348 AO) möglich.

Tritt ein nachträgliches Ereignis ein, das zur Rückgängigmachung/Nichtfestsetzung gem. § 16 GrEStG berechtigt, endet die Festsetzungsfrist nicht vor Ablauf eines Jahres nach dem Eintritt des Ereignisses (§ 16 Abs. 4 GrEStG). Durch diese Vorschrift ist eine besondere Ablaufhemmung dergestalt angeordnet, dass die Festsetzungsfrist nicht vor Ablauf eines Jahres nach dem Eintritt des Ereignisses endet, das nach § 16 Abs. 1 bis Abs. 3 GrEStG die Aufhebung oder Änderung der Steuerfestsetzung begründet. Die Jahresfrist des § 16 Abs. 4 GrEStG endet gem. § 108 Abs. 1 AO i.V.m. §§ 187 Abs. 1, 188 Abs. 2 BGB vorbehaltlich § 108 Abs. 2 und Abs. 3 AO mit Ablauf des letzten Tages der Jahresfrist.

Beispiel:

Abschluss eines Kaufvertrages zwischen V und K am 20.12.01 (GrESt-Bescheid v. 29.1.02). V übt ein Wandlungsrecht aus. Der Rückkaufvertrag wird am 30.9.03 abgeschlossen. Nutzen und Lasten gehen auf V am 30.11.03 über, die letzte Rate der Rückzahlungsforderung wird am 28.2.04 gezahlt. Bis wann kann K den Antrag auf Aufhebung des Steuerbescheides stellen?

Lösung: Die Jahresfrist beginnt am 30.9.03 und endet am 29.9.04 24.00 Uhr.

G. Schuldner der Grunderwerbsteuer, Haftung

77 Steuerschuldner sind gem. § 13 GrEStG die an einem **Erwerbsvorgang als Vertragsteile beteiligten Personen** (natürliche und juristische Personen, Gesamthandsgemeinschaften), insbesondere der Erwerber und der bisherige Eigentümer, bei Erwerben kraft Gesetzes der bisherige Eigentümer und der Erwerber, bei Erwerb im Enteignungsverfahren der Erwerber, beim

Meistgebot im Zwangsversteigerungsverfahren der Meistbietende, bei **Vereinigung** von mindestens 95% der **Anteile** einer Gesellschaft in der Hand des Erwerbers der **Erwerber,** in der Hand mehrerer Unternehmen oder Personen diese Beteiligten, bei **Änderungen des Gesellschafterbestandes** (§ 1 Abs. 2 a GrEStG) von mindestens 95% die **Personengesellschaft** in ihrer jeweiligen Zusammensetzung (§ 13 Nr. 6 GrEStG). Der fiktive Grundstücksübergang auf eine neue Gesellschaft hat verfahrensrechtlich keinen Einfluss auf den Fortbestand der Gesellschaft. Gegen sie ist als Inhaltsadressaten der Steuerbescheid zu richten (§ 157 Abs. 1 S. 2 AO). Bekannt zu geben ist er an die im Zeitpunkt der Bekanntgabe vertretungsberechtigten Personen (§§ 709, 710 BGB).

Sind mehrere Personen an dem Erwerbsvorgang beteiligt, schulden sie die Grunderwerbsteuer als **Gesamtschuldner** (§ 44 BGB, § 5 AO). Vorrangig soll aber der Erwerber als Steuerschuldner in Anspruch genommen werden. Erwerben **Ehegatten** ein Grundstück zu **gemeinschaftlichem** Eigentum, ist **jeder** Ehegatte **Schuldner** der auf ihn entfallenden Grunderwerbsteuer, **ohne** dass **Gesamtschuldnerschaft** besteht (vgl. Rn. 8).

In bestimmten Fällen **haften Dritte** für die Grunderwerbsteuer. Das **78**
Grunderwerbsteuergesetz hat aber keinen eigenen Haftungstatbestand. Es kommt also nur eine Haftung nach der AO in Betracht; Näheres siehe §§ 69 ff., 191, 192 AO.

H. Veranlagung der Grunderwerbsteuer

Die Grunderwerbsteuer wird **von Amts wegen,** d.h. ohne besondere **79**
Steuererklärung, durch den Steuerpflichtigen, durch schriftlichen Steuerbescheid festgesetzt.

I. Anzeigepflichten

Das Finanzamt erlangt die Kenntnisse über den steuerbaren Erwerbsvor- **80**
gang aufgrund von **Mitteilungen** der **Gerichte, Notare** und **Behörden** (§ 18 GrEStG) und ggf. aufgrund von **Anzeigen** der **Beteiligten** (§ 19 GrEStG).

Zu den Anzeige- und Mitwirkungspflichten der Notare ist näheres in Merkblättern der Landesfinanzverwaltungen geregelt (zu beziehen z.B. von OFD München). Die Notare, Gerichte usw. müssen die **Anzeige innerhalb von zwei Wochen** nach der Beurkundung oder der Unterschriftsbeglaubigung oder der Bekanntgabe der relevanten Entscheidung dem Finanzamt auf amtlicher Vordruck **übermitteln** (§ 20 GrEStG). **Notare,** aber auch Gerichte und Behörden **dürfen Urkunden,** die einen anzeigepflichtigen Vorgang betreffen, den Beteiligten **erst aushändigen** und Ausfertigungen oder beglaubigte Abschriften den Beteiligten erst erteilen, wenn sie die **Anzeige** an das Finanzamt **abgesandt** haben (§ 21 GrEStG).

Beteiligte, d.h. Veräußerer, Erwerber oder sonst an einem Erwerbsvorgang **81**
beteiligte Personen sind nur **ausnahmsweise** nach § 19 GrEStG **anzeige-**

pflichtig. Dies betrifft insbesondere Vorgänge, die den Notaren, Gerichten und Behörden nicht direkt bekannt werden; siehe enummerative Aufzählung in § 19 GrEStG. Die Beteiligte müssen innerhalb von zwei Wochen, nachdem sie von dem anzeigepflichtigen Vorgang Kenntnis erhalten haben, diesen anzeigen (§ 19 Abs. 3 GrEStG). Bei Versäumung der Frist kann ein Verspätungszuschlag festgesetzt werden (§ 152 AO). Die vorgeschriebenen **Anzeigen** sind nach § 19 Abs. 5 GrEStG **Steuererklärungen** i.S.d. AO. Erfolgt keine oder eine verspätete Anzeige durch die Beteiligten nach § 19 GrEStG, wird der Anlauf der Festsetzungsfrist gem. § 170 Abs. 2 Nr. 1 AO gehemmt, außerdem kann ein Verspätungszuschlag festgesetzt werden (§ 152 AO). Im Übrigen beginnt die Festsetzungsverjährung mit Ablauf des Kalenderjahres, in dem die GrESt entstanden ist (§ 38 AO, § 14 GrEStG).

Falsche Angaben können Steuerverkürzungen/Steuerhinterziehungen sein. Außerdem muss damit gerechnet werden, dass andere Stellen der Finanzverwaltung der Grunderwerbsteuerstelle **Kontrollmitteilungen** über grunderwerbsteuerrelevante Vorgänge übersenden (wie übrigens auch die Grunderwerbsteuerstellen Kontrollmitteilungen an für die Einkommensbesteuerung zuständige Finanzämter senden).

II. Unbedenklichkeitsbescheinigung

82 Grundsätzlich kann das Grundbuchamt nach Erwerb eines Grundstücks, Wohnungs-/Teileigentums keine Eigentumsumschreibung/Gundbuchberichtigung ohne Vorliegen einer Unbedenklichkeitsbescheinigung vornehmen **(Grundbuchsperre** § 22 GrEStG). In der Unbedenklichkeitsbescheinigung (Verwaltungsakt) des für die Besteuerung zuständigen Finanzamts wird bestätigt, dass der Eintragung steuerliche Bedenken nicht entgegenstehen (§ 22 GrEStG); insbesondere, wenn die Grunderwerbsteuer entrichtet bzw. sichergestellt oder gestundet worden ist, ggf. nach Ermessen auch bei Aussetzung der Vollziehung. Mit der Erteilung der Unbedenklichkeitsbescheinigung wird keine Entscheidung über die Steuerbarkeit des Grundstückserwerbs getroffen. In Merkblättern der Finanzverwaltungen der Länder sind die Fälle, in denen eine Unbedenklichkeitsbescheinigung erforderlich bzw. nicht erforderlich sind, aufgelistet (Bay v. 17.5.1999, NJW 2000, 1169; NRW v. 2.5.2011 – S 4540 – 1 – v A 6). Im Einvernehmen mit den Landesjustizverwaltungen können gem. § 22 Abs. 1 Satz 2 GrEStG **Ausnahmen** von dem Erfordernis einer Unbedenklichkeitsbescheinigung zugelassen werden (z.B. NRW v. 16.6.1999, DStR 1999, 1275).

III. Zuständiges Finanzamt

83 Zuständig für die Grunderwerbsteuerfestsetzung ist das **Belegenheitsfinanzamt** (§ 17 GrEStG); größtenteils ist die Zuständigkeit auf einige wenige Finanzämter konzentriert. Liegt das Grundstück in **mehreren Finanzamtsbezirken** eines Landes, ist das Finanzamt örtlich zuständig, in dessen Bezirk der **wertvollste** Teil des Grundstücks liegt. Liegt das Grundstück im **Bezirk** von Finanzämtern **verschiedener Länder,** ist **jedes** dieser Finanzämter für die Besteuerung des Erwerbs **insoweit** zuständig, als der **Grundstücksteil in seinem Bezirk** liegt (§ 17 Abs. 1 Satz 2 GrEStG).

Gem. § 17 Abs. 2 GrEStG. muss das Finanzamt, in dessen Bezirk der wert- **84**
vollste Grundstücksteil oder das wertvollste Grundstück oder der wertvollste Bestand an Grundstücksteilen oder Grundstücken liegt, die **Besteuerungsgrundlagen gesondert feststellen**, wenn sich der Fall auf mehrere Grundstücke bezieht, die in den Bezirken verschiedener Finanzämter verschiedener Länder liegen. Außerdem sind gesonderte Feststellungen vorgeschrieben bei Grundstückserwerben durch **Umwandlung** nach dem Umwandlungsgesetz oder Umwandlungsgesetzen der Länder durch das Finanzamt, in dessen Bezirk sich die Geschäftsleitung des Erwerbers befindet und in Fällen des **Wechsels** des **Gesellschafterbestandes** einer Personengesellschaft sowie bei **Anteilsvereinigungen** durch das Finanzamt, in dessen Bezirk sich die Geschäftsleitung der Gesellschaft befindet (§ 17 Abs. 3 GrEStG). Das Feststellungsfinanzamt teilt dem Festsetzungsfinanzamt, d.h. in dessen Bereich das Grundstück oder der Grundstücksteil liegt, die Bemessungsgrundlage mit; d.h. Steuerpflicht des Erwerbvorgangs des betreffenden Grundstücks, Steuerschuldner, Zerlegungsanteil. Der eigentliche Grundstücksbedarfswert (Grundlagenbescheid) wird von dem Bewertungsfinanzamt festgestellt (§ 17 Abs. 3 a GrEStG; § 151 Abs. 5 BewG). Näheres siehe R B 176. 1 ff. ErbStR (BStBl. 2011, Sondernr. 1, 2). In **Bagatellfällen** und bei **steuerfreien** Erwerben kann von einer gesonderten Feststellung abgesehen werden (§ 17 Abs. 4 GrEStG).

IV. Rechtsschutz

Gegen Grunderwerbsteuerbescheide ist der Rechtsbehelf des **Einspruchs** **85**
innerhalb eines Monats nach Bekanntgabe des Bescheids gegeben (§§ 347 ff. AO), für **Klage** und **Revision** gilt der Finanzrechtsweg. Bestehen ernsthafte Zweifel an der Rechtmäßigkeit der Steuer, ist Aussetzung der Vollziehung (§ 361 AO) zu gewähren. Im Streitfall kann die Unbedenklichkeitsbescheinigung vor Gericht in engen Grenzen im Wege einer einstweiligen Anordnung eingefordert werden. Sind die Besteuerungsgrundlagen (Rn. 84) oder die Bemessungsgrundlagen (Rn. 69 f.) gesondert festgestellt worden, muss im Zweifel der betr. Feststellungsbescheid angefochten werden. Im Einspruchsverfahren gegen den Grunderwerbsteuerbescheid können die Feststellungen nicht angegriffen werden (§ 351 Abs. 2 AO).

V. Erhebung, Vollstreckung

Grundlage für die Zahlung/Erhebung ist der Grunderwerbsteuerbescheid. **86**
Gewöhnlich ist die Grunderwerbsteuer gemäß § 15 GrEStG einen Monat nach Bekanntgabe des Steuerbescheids **fällig.** Auf Antrag kann auch eine ab-

weichende Zahlungsweise oder ausnahmsweise Stundung oder (Teil-)Erlass gewährt werden (§ 15 Satz 2 GrEStG, §§ 222, 227 AO). Zur Zahlung siehe §§ 224 ff. AO. Bei verspäteter Zahlung fallen kraft Gesetzes Säumniszuschläge an (§ 240 AO). Die Vollstreckung richtet sich nach den Vollstreckungsregelungen in der Abgabenordnung. Das Finanzamt kann auf Antrag im Vollstreckungsverfahren Vollstreckungsaufschub (§ 258 AO) gewähren. Durch Zahlung, Aufrechnung, Erlass, Vollstreckung u. Ä., auch durch Zahlungsverjährung (§ 232 AO) erlöschen die Ansprüche auf die Grunderwerbsteuer.

Stichwortverzeichnis Grunderwerbsteuer

Die Zahlen verweisen auf die Randziffern.

Teil 10: Grundzüge des Umwandlungssteuerrechts

A. Allgemeines

Durch das auf das zivilrechtliche Umwandlungsgesetz (UmwG) aufbauende **Umwandlungssteuergesetz** (UmwStG) werden die steuerrechtlichen Folgen der Umstrukturierungen von Unternehmen nach den Vorschriften des UmwG geregelt. Das UmwG verwendet nicht den Begriff Unternehmen, sondern den Begriff Rechtsträger. 1

Im UmwStG sind z.B. Vermögensübertragungen von Körperschaften auf Personengesellschaften oder natürliche Personen oder der Vermögensübergang von einer Körperschaft auf eine andere Körperschaft ohne zwingende Aufdeckung der stillen Reserven unter bestimmten Voraussetzungen möglich. Durch das SEStEG wurde der Anwendungsbereich des UmwStG auf grenzüberschreitende Umwandlungen innerhalb der EU/EWR erweitert.

Als **mögliche Umwandlungsarten** nach dem UmwG sieht § 1 UmwG vor: 2

- Verschmelzung
- Spaltung
- Vermögensübertragung (wird im Weiteren nicht besprochen, weil es sich um Fälle unter Beteiligung etwa der Gebietskörperschaften oder Versicherungsvereinen handelt)
- Formwechsel.

Eine Umwandlung in diesem Sinne ist außer in den im UmwG geregelten Fällen nur möglich, wenn dies ausdrücklich durch ein anderes Bundesgesetz oder ein Landesgesetz zugelassen ist (z.B. Verschmelzung von Sparkassen nach Landesrecht). Die gesetzliche **Aufzählung** möglicher Umwandlungen ist damit **abschließend**.

Hiervon unberührt bleiben die **sonstigen zivil- und handelsrechtlichen Möglichkeiten der Umstrukturierung** von Unternehmen, wie z.B. die Realteilung eines Unternehmens, die Einzelrechtsnachfolge durch Veräußerung von Unternehmen oder Unternehmensteilen oder die Einbringung von Vermögen in Kapitalgesellschaften oder Personengesellschaften außerhalb des UmwG.

B. Verschmelzung

I. UmwG

3 Gem. § 2 UmwG gibt es zwei Arten der Verschmelzung:

- **Verschmelzung durch Aufnahme:** Ein oder mehrere Rechtsträger überträgt/übertragen sein/ihr Vermögen im Ganzen auf einen bereits bestehenden Rechtsträger. Der/die übertragende(n) Rechtsträger wird/werden hierbei ohne Liquidation aufgelöst.
- **Verschmelzung durch Neugründung:** Zwei oder mehrere Rechtsträger übertragen jeweils als Ganzes ihr Vermögen auf einen im Rahmen der Verschmelzung neu gegründeten Rechtsträger. Die übertragenden Rechtsträger werden hierbei ohne Liquidation aufgelöst.

In beiden Fällen geschieht die Vermögensübertragung gegen Gewährung von Anteilsrechten oder Mitgliedschaften an dem übernehmenden oder neuen Rechtsträger für die Anteilsinhaber der übertragenden Rechtsträger.

4 Durch eine Verschmelzung können gem. § 3 UmwG vor allem folgende Rechtsträger **Vermögen übertragen:**

- oHG, KG (auch GmbH & Co KG) und Partnerschaftsgesellschaften,
- GmbH, AG, KGaA,
- eingetragene Genossenschaften.

Das **Vermögen** im Wege einer Verschmelzung **übernehmen** können vor allem folgende Rechtsträger:

- der vorgenannte Personenkreis und
- eine natürliche Person, die Alleingesellschafter einer Kapitalgesellschaft ist und deren Vermögen übernimmt.

Ausgeschlossen von den Möglichkeiten der Verschmelzung nach dem UmwG sind **GdbR** (§ 3 Abs. 1 Nr. 1 UmwG).

Grenzüberschreitende Verschmelzungen deutscher Kapitalgesellschaften oder einer Europäische Gesellschaft (SE) mit einer ausländischen EU/EWR-Gesellschaft sind möglich, vgl. §§ 122 a – 122 l UmwG. 5

II. UmwStG

1. Übertragungsstichtag

Nach § 5 Abs. 1 Nr. 6 UmwG und § 126 Abs. 1 Nr. 6 UmwG wird der Umwandlungsstichtag handelsrechtlich von den Beteiligten festgelegt **(handelsrechtlicher Umwandlungsstichtag)**. Zum Schluss des dem Umwandlungsstichtag vorangegangenen Tages ist eine handelsrechtliche und damit auch steuerrechtliche Schlussbilanz des übertragenden Rechtsträgers zu erstellen. § 17 Abs. 2 UmwG lässt eine Eintragung der Umwandlung durch das Registergericht noch zu, wenn ihr eine Bilanz zu Grunde liegt, die bezogen auf den Zeitpunkt der Anmeldung nicht älter ist als acht Monate. 6

§ 2 Abs. 1 UmwStG greift für das Steuerrecht auf die handelsrechtliche Regelung zurück. Danach sind Einkommen und Vermögen einer übertragenden Körperschaft sowie des übernehmenden Rechtsträgers so zu ermitteln, als ob das Vermögen der übertragenden Körperschaft mit Ablauf des Stichtages der Bilanz, die dem Vermögensübergang zu Grunde liegt, ganz oder teilweise auf die Übernehmerin übergegangen wäre **(steuerlicher Übertragungsstichtag)**. Steuerrechtlich entscheidend ist damit nicht der handelsrechtliche Umwandlungsstichtag, sondern das Datum, zu dem zulässigerweise die Schlussbilanz erstellt wird. Die Möglichkeit der Rückbeziehung nach § 17 Abs. 2 UmwG bedeutet eine **steuerliche Rückwirkung von bis zu 8 Monaten**. Die Rückwirkung gilt **nicht** für die **Umsatzsteuer**, die **Grunderwerbsteuer** und für die in der Rückwirkungszeit erfolgte **Ausschüttungen**.

Beispiel:

Die Lustig-GmbH wird auf die Traurig-oHG verschmolzen. Der Anmeldung zur Eintragung in das Handelsregister vom 1.6.02 liegt eine Schlussbilanz der Lustig-GmbH auf den 31.12.01 bei. Die Eintragung erfolgt am 1.9.02.

Zivilrechtlich wirksam wird die Verschmelzung mit Eintragung im Handelsregister des übernehmenden Rechtsträgers am 1.9.02. Handelsrechtlicher Umwandlungsstichtag nach § 5 Abs. 1 Nr. 6 UmwG ist der 1.1.02, weil ab diesem Tag die Handlungen des übertragenden Rechtsträgers als für Rechnung des übernehmenden Rechtsträgers vorgenommen gelten. Steuerrechtlicher Übertragungsstichtag ist der 31.12.01, weil auf diesen Tag die Schlussbilanz aufgestellt wurde. Damit treten die steuerrechtlichen Folgen der Verschmelzung im Veranlagungszeitraum 01 ein.

2. Vermögensübergang von einer Körperschaft auf eine Personengesellschaft/natürliche Person

7 Geht das Vermögen einer Körperschaft auf eine Personengesellschaft/natürliche Person über und wird es dort Betriebsvermögen, sind nach § 3 UmwStG die Wirtschaftsgüter grundsätzlich mit dem **gemeinen Wert** anzusetzen. Dies beinhaltet auch nicht entgeltlich erworbene und selbst hergestellte immaterielle Wirtschaftsgüter, wie z.B. den selbstgeschaffenen Firmenwert.

8 Auf **Antrag** kann ein **Buchwert- oder Zwischenwertansatz** für die Wirtschaftsgüter erfolgen, wenn

- sie Betriebsvermögen der Personengesellschaft/natürlichen Person werden und sichergestellt ist, dass sie später der Besteuerung mit in- oder ausländischer Einkommen- oder Körperschaftsteuer unterliegen (also keine subjektive Steuerbefreiung eines übernehmenden Rechtsträgers oder des Gesellschafters einer übernehmenden Personengesellschaft),
- das deutsche Besteuerungsrecht an den übertragenen Wirtschaftsgütern nicht eingeschränkt oder ausgeschlossen wird und
- eine Gegenleistung nicht gewährt wird bzw. diese nur in Gesellschaftsrechten besteht.

Der Antrag für einen Buchwert- oder Zwischenwertansatz ist für die Wirtschaftsgüter einheitlich zu stellen, die die Voraussetzungen erfüllen. Er ist spätestens **bis zur erstmaligen Abgabe der steuerlichen Schlussbilanz** zu stellen. Der Ansatz und die Bewertung der Wirtschaftsgüter ist unabhängig von der Handelsbilanz auszuüben, das Prinzip der **Maßgeblichkeit der Handelsbilanz** für die Steuerbilanz gem. § 5 Abs. 1 EStG gilt nicht.

9 Ein **Übertragungsgewinn** in der zu erstellenden Übertragungsbilanz der **übertragenden Körperschaft** ergibt sich, wenn das übergehende Vermögen zu einem Wert über Buchwert, also zum gemeinen Wert oder mit einem Zwischenwert angesetzt wird. Insoweit tritt eine steuerpflichtige Gewinnrealisierung ein. Ein entstehender Übertragungsgewinn ist sowohl **körperschaft- als auch gewerbesteuerpflichtig**.

10 An die **Wertansätze** der übertragenden Körperschaft ist die übernehmende Personengesellschaft/natürliche Person **gebunden**, vgl. § 4 Abs. 1 UmwStG. Auf Grund der Gesamtrechtsnachfolge im Fall eines Vermögensübergangs von einer Körperschaft auf eine Personengesellschaft/natürlichen Person tritt diese nach § 4 Abs. 2 Satz 1 UmwStG **in die steuerliche Rechtsstellung der übertragenden Körperschaft ein,** insbesondere bezüglich der Bewertung der übernommenen Wirtschaftsgüter, der Abschreibung oder vorhandener Rücklagen gem. § 6 b EStG oder für Ersatzbeschaffung nach R 6.6 EStR.

11 Ein verbleibender **Verlustabzug** vor allem i.S.d. §§ 2 a, 10 d EStG sowie nicht ausgeglichene laufende Verluste gehen gem. § 4 Abs. 2 Satz 2 UmwStG nicht über. In Folge dessen ist ein Ansatz der Wirtschaftsgüter über den Buchwerten in der Übertragungsbilanz zur Verlustnutzung sinnvoll, wenn ein Verlustvortrag vorliegt. Bei der übertragenden Körperschaft kommt es zu keiner steuerlichen Belastung, der übernehmende Rechtsträger kann aber von den erhöhten Werten abschreiben.

Bei der übernehmenden Personengesellschaft/natürlichen Person ist ein **Übernahmegewinn/-verlust** zu ermitteln. Er ergibt sich generell als Differenz zwischen dem Wert, mit dem die Wirtschaftsgüter nach § 4 Abs. 1 UmwStG übernommen werden, abzüglich der Kosten für den Vermögensübergang, dem Wert der Anteile an der übertragenden Körperschaft und den gem. § 7 UmwStG als Einkünfte aus Kapitalvermögen zu versteuernden offenen Rücklagen (vgl. Rn. 16). Soweit die übernehmende Personengesellschaft/natürliche Person an der übertragenden Körperschaft beteiligt ist, sind gem. § 4 Abs. 4 UmwStG die Anteile an der übertragenden Körperschaft zum Buchwert anzusetzen. Gem. § 5 UmwStG gelten **Einlagefiktionen**, wenn sich die Anteile nicht im Betriebsvermögen des übernehmenden Rechtsträgers befinden. Zur Ermittlung des Übernahmegewinns gelten Anteile i. S. d. § 17 EStG mit den Anschaffungskosten und Anteile, die sich in einem anderen Betriebsvermögen des übernehmenden Rechtsträgers befinden, zu Buchwerten als eingelegt. 12

Nicht als **eingelegt** gelten **sonstige** im Privatvermögen befindliche **Anteile** (weil nicht relevant i. S. d. § 17 EStG). Solche Anteile nehmen an der Ermittlung des Übernahmegewinns bzw. verlustes nicht teil. Die übergehenden Wirtschaftsgüter bleiben nach § 4 Abs. 4 Satz 3 UmwStG bei der Ermittlung des Übernahmegewinns/-verlusts insoweit außer Ansatz. 13

Ein sich ergebender **Übernahmegewinn** ist bei natürlichen Personen nach § 4 Abs. 7 Satz 2 UmwStG i. V. m. § Nr. 40 EStG nur zum Teil einkommensteuerpflichtig. Soweit eine Körperschaft Gesellschafter einer übernehmenden Personengesellschaft ist, bleibt er grundsätzlich **außer Ansatz** (§ 4 Abs. 7 Satz 1 UmwStG). Der **Gewerbesteuer** unterliegt der Übernahmegewinn gem. § 18 Abs. 2 UmwStG grundsätzlich nicht. 14

Ergibt sich ein **Übernahmeverlust,** bleibt dieser grundsätzlich außer Ansatz, § 4 Abs. 6 UmwStG. Weil nach § 7 UmwStG jedoch die offenen Rücklagen versteuert werden, kann der **auf eine natürliche Person entfallende Übernahmeverlust** zur Hälfte, höchstens in Höhe der Hälfte der gem. § 7 UmwStG zu versteuernden Bezüge abgezogen werden (§ 4 Abs. 6 Satz 4 ff. UmwStG). **Soweit** der **Übernahmeverlust auf eine Körperschaft entfällt**, kann er (bis auf Ausnahmefälle) gem. § 4 Abs. 6 Satz 1 und Satz 2 UmwStG nicht berücksichtigt werden. 15

Soweit in der Steuerbilanz der übertragenden Körperschaft **offene Rücklagen** enthalten sind, ist gem. § 7 UmwStG der Übernahmegewinn zu vermindern bzw. ein Übernahmeverlust zu erhöhen und die offenen Rücklagen im Zeitpunkt der Verschmelzung beim Anteilseigner **als Ausschüttung** i. S. d. § 20 Abs. 1 Nr. 1 EStG zu erfassen. Dabei wird dem Gesellschafter (ggf. jeweils anteilig) das in der Steuerbilanz ausgewiesene Eigenkapital abzüglich des gezeichneten Kapitals und des Einlagekontos nach § 27 KStG als Einkünfte zugerechnet. Die Bezüge unterliegen dem Kapitalertragsteuerabzug nach § 43 Abs. 1 Nr. 1 EStG. Letztlich fingiert § 7 UmwStG eine Vollausschüttung. 16

Wird das übergehende **Vermögen** beim übernehmenden Rechtsträger **kein Betriebsvermögen** (z. B. Übergang von einer vermögensverwaltenden Kapitalgesellschaft auf eine vermögensverwaltende Personengesellschaft) sind die übergehenden Wirtschaftsgüter in der Übertragungsbilanz stets mit den 17 gemeinen Werten anzusetzen. Dadurch kommt es zu einer zwingenden Versteuerung sämtlicher stiller Reserven. Ein Übernahmegewinn wird hier nicht ermittelt, sondern es werden die aus dem Vermögensübergang resultierenden Einkünfte bei den Gesellschaftern des übernehmenden Rechtsträgers angesetzt, § 8 Abs. 1 UmwStG. Je nachdem, ob die Anteile im Betriebsvermögen oder im Privatvermögen gehalten werden und welche Beteiligungshöhe gegeben ist (ggf. Beteiligung i. S. d. § 17 EStG), können sich unterschiedliche Einkünfte ergeben.

18 Bezüglich der Gewerbesteuer gelten gem. § 18 Abs. 1 und Abs. 2 UmwStG grundsätzlich die gleichen Regeln. Ein entstehender **Übertragungsgewinn** unterliegt der Gewerbesteuer, ein **Übernahmegewinn/-verlust** ist gewerbesteuerlich nicht zu erfassen und ein Verlustvortrag geht unter. Ist der **übernehmende Rechtsträger nicht gewerbesteuerpflichtig**, z. B. Vermögensübertragung einer Freiberufler-GmbH auf einen Freiberufler, kann das übergehende Vermögen auch mit den Buchwerten angesetzt werden.

19 Zur **Verhinderung von Missbräuchen** sieht § 18 Abs. 3 UmwStG die Erfassung eines Auflösungs- oder Veräußerungsgewinnes bei der übernehmenden Personengesellschaft bzw. natürlichen Person für den Fall vor, dass innerhalb eines Zeitraumes von 5 Jahren nach der Umwandlung der (Teil-) Betrieb der aufnehmenden Personengesellschaft bzw. natürlichen Person veräußert oder aufgegeben wird. Bei der **Veräußerung von Mitunternehmeranteilen** an einer übernehmenden Personengesellschaft innerhalb der Frist unterliegt der Veräußerungsgewinn ebenfalls der Gewerbesteuer (§ 18 Abs. 3 Satz 2 UmwStG).

20–30 *frei*

3. Vermögensübergang von einer auf eine andere Körperschaft

31 Nach § 11 Abs. 1 UmwStG sind in der steuerlichen Schlussbilanz der Übertragerin die übergegangenen Wirtschaftsgüter, einschließlich nicht entgeltlich erworbener und selbst geschaffener immaterieller Wirtschaftsgüter, mit dem **gemeinen Wert** anzusetzen. Dies gilt auch für unentgeltlich erworbene oder selbstgeschaffene Wirtschaftsgüter, wie z. B. ein Firmenwert. Auf Antrag können die übergehenden Wirtschaftsgüter mit den **Buchwerten oder Zwischenwerten** angesetzt werden, wenn

- die Wirtschaftsgüter bei der übernehmenden Kapitalgesellschaft der Besteuerung mit Körperschaftsteuer unterliegen,
- das deutsche Besteuerungsrecht hinsichtlich der Besteuerung des Gewinns aus der Veräußerung der übertragenen Wirtschaftsgüter nicht ausgeschlossen oder beschränkt wird und
- eine Gegenleistung nicht gewährt wird oder die Gegenleistung nur in Gesellschaftsrechten besteht.

Ansatz und Bewertung der Wirtschaftsgüter erfolgt unabhängig von der Handelsbilanz. Wird das übergehende Vermögen in der Übertragungsbilanz der übertragenden Körperschaft mit einem Wert über Buchwert angesetzt, ist ein entstehender **Übertragungsgewinn** sowohl **körperschaft- als auch gewerbesteuerpflichtig**

32 An den **Wertansatz** der übertragenden Körperschaft ist die **übernehmende Körperschaft** grundsätzlich gebunden (§ 12 Abs. 1 UmwStG). Die übernehmende Körperschaft tritt u.a. hinsichtlich der Abschreibung und den steuerlichen Besitzzeitanrechnungen (z.B. § 6 b EStG) **in die Rechtsstellung der übertragenden Körperschaft** ein. Ein verbleibender **Verlustvortrag** geht nach § 12 Abs. 3 Satz 2 UmwStG i.V.m. § 4 Abs. 2 UmwStG nicht über.

33 Gem. § 12 Abs. 2 UmwStG ist ein bei der **übernehmenden Körperschaft** entstehender **Übernahmegewinn/-verlust** als Differenz zwischen den übernommenen Werten und dem Buchwert der Anteile an der übertragenden Körperschaft körperschaftsteuerfrei.

34 Soweit sich **Anteile** an der übertragenden Körperschaft **im Vermögen der Anteilseigner** befindet, wird eine Versteuerung bei ihnen durchgeführt. Die Anteilseigner der übertragenden Körperschaft erhalten im Gegenzug für die Vermögensübertragung Anteile an der übernehmenden Gesellschaft. § 13 UmwStG regelt die Folgen für die Anteilseigner. Grundsätzlich gelten die Anteile an der übertragenen Körperschaft gem. § 13 Abs. 1 UmwStG als zum **gemeinen Wert veräußert** und die erhaltenen Anteile als mit diesem Wert angeschafft. Dadurch erfolgt durch Anwendung des § 17 EStG und bis 2008 des § 23 Abs. 1 Nr. 1 EStG bzw. ab 2009 des § 20 Abs. 2 Nr. 1 EStG eine **Versteuerung der stillen Reserven** in den Anteilen an der übertragenden Körperschaft.

Auf Antrag kann nach § 13 Abs. 2 UmwStG die Versteuerung der stillen Reserven durch Ansatz des **Buchwerts** (bei Anteilen im Betriebsvermögen) bzw. der **Anschaffungskosten** (bei Anteilen im Privatvermögen) vermieden werden, wenn das deutsche Besteuerungsrecht an der Besteuerung der Anteile nicht ausgeschlossen oder beschränkt wird oder bei einer grenzüberschreitenden Verschmelzung innerhalb der EU die Fusionsrichtlinie anzuwenden ist. Bei Ansatz im Betriebsvermögen mit Buchwerten treten die neuen Anteile in die Rechtsstellung der untergehenden Anteile ein. Entsprechendes gilt für Anteile im Privatvermögen. Handelte es sich vor der Vermögensübertragung um eine relevante Beteiligung i.S.d. § 17 EStG, so gilt dies – unabhängig von der Beteiligungshöhe – stets auch fir erworbenen Anteile (sog. **verschmelzungsgeborene Anteile**).

35 Bezüglich der Gewerbesteuer gilt gem. § 19 UmwStG **das Gleiche wie bei der Körperschaftsteuer.** Auch hier gehen bestehende **Verlustvorträge** der übertragenden Gesellschaft **unter**.

4. Vermögensübergang von einer Personengesellschaft auf eine andere oder auf eine Körperschaft

36 Wird Vermögen von Personengesellschaften auf eine Körperschaft oder eine andere Personengesellschaft durch Verschmelzung nach den Vorschriften des UmwG übertragen, handelt es sich steuerrechtlich um **Einbringungsfälle** der §§ 20 bis 24 UmwStG, vgl. Rn. 65 ff.

C. Spaltung

I. UmwG

37 Die Spaltung ist das Gegenstück zur Verschmelzung. Sie dient z.B. dazu, Haftungsrisiken zu isolieren, Betriebsaufspaltungen einzurichten oder Erbauseinandersetzungen vorzubereiten.

Nach § 123 UmwG gibt es die **Aufspaltung**, die **Abspaltung** und die **Ausgliederung.** Alle drei Spaltungsvorgänge geschehen entweder **zur Aufnahme** oder **zur Neugründung**.

Im Fall der **Spaltung zur Aufnahme** spaltet ein Rechtsträger entweder sein Vermögen auf (Aufspaltung), einen oder mehrere Teile ab (Abspaltung) oder gliedert einen oder mehrere Teile aus (Ausgliederung) und überträgt das Vermögen (bei Aufspaltung unter Auflösung ohne Abwicklung) jeweils als Gesamtheit auf andere bereits vor der Spaltung bestehende Rechtsträger. Im Fall der **Spaltung zur Neugründung** geschehen diese Vorgänge unter gleichzeitiger Neugründung der/des das Vermögen übernehmende/n Rechtsträger/s. Bei einer **Auf- oder Abspaltung** geschieht die Vermögensübertragung gegen **Gewährung von Gesellschaftsrechten oder Mitgliedschaftsrechten** an dem das Vermögen aufnehmenden Rechtsträger für die Anteilsinhaber/Mitglieder des übertragenden Rechtsträgers. Demgegenüber werden bei der **Ausgliederung** die **Anteils- oder Mitgliedsrechte** nicht den Anteilsinhabern/Mitgliedern des übertragenden Rechtsträgers, sondern **dem übertragenden Rechtsträger gewährt.** Dies hat praktische Bedeutung für die Ausgliederung von Bereichen zur Neugründung von Tochterunternehmen.

38 An einer Auf- oder Abspaltung können nach § 124 UmwG insbesondere **oHG, KG, GmbH, AG** und **eingetragene Genossenschaften** beteiligt sein. Bei einer Ausgliederung kann auch eine **natürliche Person** übertragender Rechtsträger sein. Gem. § 152 UmwG kann nur das Unternehmen eines Einzelkaufmanns oder Teile davon ausgegliedert werden, wenn die Firma des Einzelkaufmanns im Handelsregister eingetragen ist. Hierdurch sind **Kleingewerbetreibende** (vgl. § 1 Abs. 2 HGB), die Übertragung von **Privatvermögen** und **freiberuflichem Vermögen ausgeschlossen**. Weiterhin dürfen die Verbindlichkeiten das Vermögen nicht übersteigen.

II. UmwStG

39 § 15 UmwStG regelt die ertragsteuerrechtlichen Folgen eines Vermögensübergangs durch Auf- oder Abspaltung von Körperschaften auf andere Körperschaften, § 16 UmwStG die Folgen der Vermögensübertragung durch Auf- oder Abspaltung von Körperschaften auf Personengesellschaften. Fälle der Ausgliederung sind Einbringungsfälle. Erfasst werden auch Umwandlungsvorgänge zwischen Rechtsträgern, die in einem oder mehreren EU/EWR-Staaten ansässig sind.

1. Auf- oder Abspaltung auf andere Körperschaften

Nach § 15 Abs. 1 Satz 1 UmwStG sind bei Vermögensübergang durch eine Auf- oder Abspaltung einer Körperschaft auf eine andere Körperschaft generell §§ 11 bis 13 UmwStG anzuwenden. Danach sind für die übertragenen Wirtschaftsgüter und die erhaltenen Anteile grundsätzlich die **gemeinen Werte** anzusetzen; **auf Antrag** ist ein **Buchwert- oder Zwischenwertansatz** möglich, wenn **40**

- die Wirtschaftsgüter bei der übernehmenden Kapitalgesellschaft der Besteuerung mit Körperschaftsteuer unterliegen,
- das deutsche Besteuerungsrecht hinsichtlich der Besteuerung des Gewinns aus der Veräußerung der übertragenen Wirtschaftsgüter nicht ausgeschlossen oder beschränkt wird und
- eine Gegenleistung nicht gewährt wird oder die Gegenleistung nur in Gesellschaftsrechten besteht.

Voraussetzung für eine steuerneutrale Spaltung ist aber, dass auf einen übernehmenden Rechtsträger ein **Teilbetrieb** übertragen wird und bei einer Abspaltung zudem ein Teilbetrieb bei der übertragenden Körperschaft verbleibt. Als Teilbetrieb gelten auch ein **Mitunternehmeranteil** oder eine **Beteiligung an einer Kapitalgesellschaft,** wenn die Beteiligung an dieser das gesamte Nennkapital umfasst. Eine steuerneutrale Gestaltung der zivilrechtlichen Möglichkeit einer Spaltung unter Übertragung oder Zurückbehaltung nur eines Vermögensgegenstandes ist damit ausgeschlossen, weil das verbleibende Vermögen ebenfalls einen Teilbetrieb darstellen muss. **41**

Wegen der Behandlung der **Anteile der übernehmenden Körperschaft an der übertragenden Körperschaft** gilt grundsätzlich dasselbe wie bei einer Verschmelzung auf eine andere Körperschaft, vgl. Rn. 33. Wird kein Teilbetrieb übertragen, ist nach § 15 Abs. 1 Satz 2 UmwStG zwingend der gemeine Wert der Anteile anzusetzen. **42**

Die übernehmende Körperschaft tritt durch teilweise Gesamtrechtsnachfolge **(Sonderrechtsnachfolge)** in die Rechtsstellung der übertragenden Körperschaft ein. **43**

Nicht ausgeglichene **Verlustvorträge gehen** bei einer Aufspaltung gem. § 15 Abs. 1 Satz 1 UmwStG i. V. m. § 12 Abs. 3 UmwStG i. V. m. § 4 Abs. 2 Satz 2 UmwStG ganz **unter**. Bei einer Abspaltung wird der Verlustvortrag bei der übertragenden Körperschaft anteilmäßig im Verhältnis des übertragenen Vermögens zum Gesamtvermögen vor der Spaltung gekürzt. Hierbei sind die gemeinen Werte zu Grunde zu legen. **44**

In § 15 Abs. 2 UmwStG werden bestimmte Fälle beschrieben, bei denen zur **Verhinderung von Missbrauch** eine Übertragung der Wirtschaftsgüter zu Werten unter den gemeinen Werten nicht möglich ist: **45**

- wenn ein als Teilbetrieb geltender Mitunternehmeranteil in den drei Jahren vor der Spaltung durch Übertragung einzelner Wirtschaftsgüter erworben oder aufgestockt wurde
- durch die Spaltung eine **Veräußerung an außenstehende Personen** vollzogen wird

- durch die Spaltung die **Vorbereitungen für eine Veräußerung** geschaffen werden; davon ist auszugehen, wenn innerhalb von fünf Jahren nach dem steuerlichen Übertragungsstichtag Anteile an einer an der Spaltung beteiligten Kapitalgesellschaft veräußert werden, und die veräußerten Anteile mehr als 20% der vor Spaltung an der Körperschaft bestehenden Anteile ausmachen
- bei einer Spaltung zur **Trennung von Gesellschafterstämmen** die Beteiligungen an der zu spaltenden Kapitalgesellschaft nicht mindestens fünf Jahre vor dem steuerlichen Übertragungsstichtag bestanden haben.

46 Auf der **Ebene der Anteilseigner** sind die **Anschaffungskosten** für die Beteiligung an der übertragenden Körperschaft **aufzuteilen**, wenn bei einer Aufspaltung Anteile an mehreren übernehmenden Rechtsträgern erworben werden, oder bei einer Abspaltung neben die bisherigen Anteile neue Anteile hinzutreten. Als Aufteilungsverhältnis ist das Verhältnis der gemeinen Werte der übergehenden Vermögenswerte zueinander anzunehmen.

47 Für die **Gewerbesteuer** gelten gem. § 19 UmwStG die gleichen Regelungen wie bei einem Vermögensübergang von einer Körperschaft auf eine andere Körperschaft durch Verschmelzung. Auch hier geht ein bestehender **Verlustvortrag** (ggf. anteilig) unter.

2. Auf- oder Abspaltung auf eine Personengesellschaft

48 Geht durch eine Spaltung **Vermögen von einer Körperschaft auf eine Personengesellschaft** über, finden gem. § 16 UmwStG die Vorschriften über den Vermögensübergang von Körperschaften auf Personengesellschaften (§§ 3–8, 10 UmwStG) und, soweit Vermögen auf eine andere Körperschaft übergeht, die Vorschriften über die Vermögensübertragung bei einer Spaltung von Körperschaften auf andere Körperschaften (§ 15 UmwStG) entsprechende Anwendung.

49 Ein bei der übertragenden Körperschaft bestehender **Verlustvortrag** geht nicht auf eine Personengesellschaft über. Bei einer Abspaltung ist der Verlustvortrag im **Verhältnis der gemeinen Werte** des auf die Personengesellschaft übergehenden Vermögens zum restlichen Vermögen zu mindern. Dies gilt ebenso für den **gewerbesteuerlichen Verlustvortrag**.

3. Ausgliederung

50 Umwandlungssteuerrechtlich handelt es sich bei der Ausgliederung um **Einbringungsvorgänge**, vgl. dort Rn. 65 ff.

51–60 *frei*

D. Formwechsel

Bei der formwechselnden Umwandlung können sich Rechtsträger **identitätswahrend** umwandeln (§ 202 Abs. 1 Nr. 1 UmwG). Bei einem Formwechsel findet keine Vermögensübertragung statt. Es besteht eine **Kontinuität** des sich umwandelnden Unternehmens. Dies ergibt sich aus der fast ausnahmslosen Identität des an dem umwandelnden Rechtsträgers beteiligten Personenkreises und aus dem grundsätzlich identischen Vermögensbestand vor und nach dem Formwechsel. Lediglich die Rechtsform des Rechtsträgers wird geändert (§ 190 Abs. 1 UmwG). Hieraus folgt eine **wirtschaftliche wie auch rechtliche Identität** des umwandelnden Rechtsträgers vor und nach dem Formwechsel. Dies gilt selbst dann, wenn hierbei eine juristische Person entsteht oder untergeht, wie z.B. bei einem Formwechsel einer OHG zu einer GmbH. 61

Mögliche Formwechsel sind der Wechsel von einer oHG/KG zu einer GmbH oder AG oder umgekehrt. Das UmwG regelt hinsichtlich des Formwechsels nur die Fälle, bei denen eine gänzlich andere Rechtsform entsteht. Fälle der **identitätswahrenden Umwandlung** innerhalb der Personenhandelsgesellschaften, wie z.B. die Umwandlung einer oHG in eine KG oder umgekehrt, oder den Wechsel einer Personenhandelsgesellschaft in eine GdbR oder umgekehrt, werden nicht behandelt, da hierfür die einschlägigen Bestimmungen des HGB gelten (§ 190 Abs. 2 UmwG). 62

Der **Formwechsel** einer **Kapitalgesellschaft in eine Personengesellschaft** wird vom Steuerrecht ebenso wie der umgekehrte Vorgang als **Veräußerung** des Betriebs der Kapitalgesellschaft an die Gesellschafter der Personengesellschaft angesehen. Für den Fall des Formwechsels einer Körperschaft in eine Personengesellschaft werden die Vorschriften über den Vermögensübergang von einer Kapitalgesellschaft auf eine Personengesellschaft für entsprechend anwendbar erklärt. Es ergeben sich daher dieselben Möglichkeiten und Folgen. Auch bei einem Formwechsel hat die übertragende Körperschaft (nur) eine steuerliche Schlussbilanz zu erstellen, vgl. § 9 Satz 2 UmwStG; wegen der rechtlichen und wirtschaftlichen nach dem UmwG ist dies dort nicht notwendig. 63

Soweit ein **Formwechsel** einer **Personengesellschaft in eine Kapitalgesellschaft** vorliegt, wird dies gem. § 25 UmwStG als **Einbringung** in eine Kapitalgesellschaft behandelt (vgl. nächstes Kapitel Einbringung) 64

E. Einbringung

1. Allgemeines

Für die §§ 20–24 UmwStG ist es **unerheblich**, ob die Einbringung im Wege der **Gesamtrechtsnachfolge** nach dem UmwG oder im Wege der **Einzelrechtsnachfolge** außerhalb des UmwG erfolgt. Allerdings ist die Einbringung **einzelner Wirtschaftsgüter** (gegen neue Anteile) **nicht begünstigt**. 65

In dem **Übergang des Vermögens** des Einbringenden auf eine Kapitalgesellschaft bzw. eine Personengesellschaft gegen Gewährung von (Mitunternehmer-)Anteilen ist steuerrechtlich ein Tausch und damit ein Veräußerungsvorgang zu sehen und eigentlich § 16 EStG (Erfassung der stillen Reserven wegen Betriebsveräußerung) anzuwenden. Um dies zu vermeiden, wurden die §§ 20–24 UmwStG geschaffen, die deshalb als Ausnahmeregel gegenüber § 16 EStG zu betrachten sind.

2. Einbringung in eine Kapitalgesellschaft

66 **Grundsätzlich** hat die das Vermögen aufnehmende Kapitalgesellschaft das eingebrachte Betriebsvermögen gem. § 20 Abs. 2 Satz 1 EStG mit dem **gemeinen Wert** anzusetzen. Dies umfasst auch selbst geschaffene immaterielle Wirtschaftsgüter, z.B. einen Firmenwert.

67 Auf Antrag kann das eingebrachte Vermögen mit **Buchwert- oder Zwischenwert** angesetzt werden, wenn:

- das eingebrachte Betriebsvermögen bei der übernehmenden Kapitalgesellschaft der Besteuerung mit Körperschaftsteuer unterliegt,
- die Passivposten des eingebrachten Betriebsvermögens die Aktivposten nicht übersteigen, und
- das deutsche Besteuerungsrecht hinsichtlich der Besteuerung des Gewinns aus der Veräußerung des eingebrachten Betriebsvermögens nicht ausgeschlossen oder beschränkt wird.

68 Bei dem **eingebrachten Vermögen** muss es sich gem. §§ 20 Abs. 1 UmwStG und § 21 UmwStG um

- einen Betrieb
- einen Teilbetrieb
- einen Mitunternehmeranteil (auch Bruchteil eines Mitunternehmeranteils oder
- um Anteile an Kapitalgesellschaften (wenn die übernehmende Kapitalgesellschaft aufgrund ihrer Beteiligung einschließlich der eingebrachten Anteile nachweisbar unmittelbar die Mehrheit der Stimmrechte an der Gesellschaft hat, deren Anteile eingebracht werden, **qualifizierter Anteilstausch**)

handeln und es müssen dafür **neue Anteile** gewährt werden **(Sacheinlage)**.

69 Der Wert, mit dem die Kapitalgesellschaft das eingebrachte Vermögen ansetzt, gilt für den Einbringenden als **Veräußerungspreis** der eingebrachten Wirtschaftsgüter und als **Anschaffungskosten** der neuen Anteile (§ 20 Abs. 3 UmwStG). Je nach Ansatz kommt es nicht, teilweise oder zur vollständigen Aufdeckung der stillen Reserven.

70 Ist der Einbringende eine natürlichen Person, wird ein durch Ansatz des Vermögens mit Werten über Buchwerten entstehender Veräußerungsgewinn gem. § 20 Abs. 4 Satz 2 UmwStG i.V.m. § 34 Abs. 1 und 3 EStG **tarifbegünstigt** versteuert, wenn die Kapitalgesellschaft das Vermögen mit den ge-

meinen Werten angesetzt hat und es sich nicht um die Einbringung von Teilen eines Mitunternehmeranteils (dann keine Vergünstigungen) handelt. Gleiches gilt für den **Freibetrag** nach § 16 Abs. 4 EStG, der gem. § 20 Abs. 4 Satz 1 UmwStG ebenfalls nur anzuwenden ist, wenn das eingebrachte Vermögen bei der Kapitalgesellschaft mit dem **gemeinen Wert** angesetzt wird. Werden Anteile an Kapitalgesellschaften nach § 21 UmwStG eingebracht, ist ein ggf. entstehender Veräußerungsgewinn gem. § 21 Abs. 3 Satz 2 UmwStG nicht nach § 34 Abs. 1 EStG tarifbegünstigt.

Zeitpunkt der Einbringung ist der steuerliche Übertragungsstichtag. **71**
Dies ist grds. der Übergang des wirtschaftlichen Eigentums an den eingebrachten Wirtschaftsgütern. Auf Antrag der übernehmenden Kapitalgesellschaft kann der steuerliche Übertragungsstichtag gem. § 20 Abs. 6 UmwStG um bis zu acht Monate vor den Einbringungsvertrag (und den Übergangszeitpunkt des Vermögens) zurückbezogen werden.

Zur **Verhinderung von Missbrauch** sieht § 22 UmwStG eine **Haltefrist** **72**
der durch die Einbringung erworbenen Anteile von **sieben Jahren** vor. Wurde das eingebrachte Vermögen **unter den gemeinen Werten** bewertet und werden innerhalb der Haltefrist die **Anteile** durch den Einbringenden **veräußert** (bzw. Ersatztatbestand i. S. d. § 22 Abs. 1 Satz 6 UmwStG), ist gem. § 22 Abs. 1 UmwStG durch rückwirkende Änderung der Veranlagung (rückwirkendes Ereignis i. S. d. § 175 Abs. 1 Nr. 2 AO), in dem die Einbringung stattfand, ein Einbringungsgewinn **(Einbringungsgewinn I)** zu berechnen und ohne Vergünstigungen gem. §§ 16 Abs. 4, 34 EStG zu versteuern. Der Einbringungsgewinn I ist (vereinfacht) die Differenz zwischen den gemeinen Werten des eingebrachten Vermögens im Zeitpunkt der Einbringung und den von der übernehmenden Kapitalgesellschaft angesetzten Werten (z. B. Buchwerte), vermindert um je ein Siebtel für jedes seit der Einbringung abgelaufenes Zeitjahr. Die **Anschaffungskosten** der aufgrund der Einbringung erhaltenen **Anteile** erhöhen sich um diesen Gewinn.

Die **Kapitalgesellschaft** kann den Einbringungsgewinn I im Wirtschafts- **73**
jahr der Veräußerung der Anteile als **Erhöhungsbetrag** ansetzen, die Buchwerte der übernommenen Wirtschaftsgüter aufstocken. Die Aufstockung darf keine Auswirkung auf den zu versteuernden Gewinn haben. Die Voraussetzung dafür sind:

- die Wirtschaftsgüter gehören noch zum Betriebsvermögen der übernehmenden Kapitalgesellschaft oder
- sie wurden zum gemeinen Wert veräußert (Anteiliger Erhöhungsbetrag ist sofort Betriebsausgabe) und
- der Einbringende hat die auf den Einbringungsgewinn I entfallende Steuer entrichtet (durch Bescheinigung des Finanzamts nachzuweisen).

Bei **qualifiziertem Anteilstausch** sind bei Veräußerung der eingebrach- **74**
ten Anteile durch die übernehmende Körperschaft gem. § 22 Abs. 2 UmwStG die im Zeitpunkt des Anteilstauschs nicht aufgedeckten stillen Reserven der eingebrachten Anteile auf der Ebene des Einbringenden rückwirkend als Gewinn aus Veräußerung von Anteilen zu versteuern, wenn der Einbringende keine nach § 8 b Abs. 2 KStG begünstigte, also z. B. eine natürliche Person ist **(Einbringungsgewinn II)**. Der Einbringungsgewinn II ist (ver-

einfacht) die Differenz zwischen den gemeinen Werten der eingebrachten Anteile im Zeitpunkt der Einbringung und dem von der übernehmenden Kapitalgesellschaft angesetzten Wert (z.B. Buchwert), vermindert um je ein Siebtel für jedes seit der Einbringung abgelaufene Zeitjahr.

75 Bei einer sog. **verschleierten Sachgründung** ist § 20 UmwStG nicht anzuwenden. Eine solche liegt vor, wenn eine Kapitalgesellschaft bar gegründet und anschließend zeitnah ein Betrieb oder Teilbetrieb auf die Kapitalgesellschaft übertragen wird, wobei die Übertragung der Wirtschaftsgüter mit der noch zu erbringenden Bareinlage verrechnet bzw. aus der im zeitlichen Zusammenhang der Kapitalgesellschaft zugeflossenen Bareinlage getilgt oder durch den Kaufvertrag dem Einbringenden erst die Begleichung seiner Einlage ermöglicht wird.

76 Auch die **verdeckte Einlage** (§ 8 Abs. 3 KStG) **von Wirtschaftsgütern** ist mangels Gewährung neuer Anteile keine Einbringung i.S.d. § 20 UmwStG. Sie führt wie eine Veräußerung der Wirtschaftsgüter an die Kapitalgesellschaft zu einer Aufdeckung der stillen Reserven.

77–90 *frei*

3. Einbringung in eine Personengesellschaft

91 Grundsätzlich hat die das Vermögen aufnehmende Personengesellschaft das übernommene Vermögen in ihrer Bilanz einschließlich der Ergänzungsbilanzen für ihre Gesellschafter mit den gemeinen Werten anzusetzen. Auf Antrag kann das eingebrachte Vermögen mit **Buchwert- oder Zwischenwert** angesetzt werden, wenn das deutsche Besteuerungsrecht hinsichtlich der Besteuerung des Gewinns aus der Veräußerung des eingebrachten Betriebsvermögens nicht ausgeschlossen oder beschränkt wird. Ist in der Gesamthandsbilanz der Personengesellschaften der Ausweis des eingebrachten Vermögens mit den gemeinen Werten gewünscht, kann dies durch Aufstellen negativer Ergänzungsbilanzen für die einbringenden Gesellschafter steuerrechtlich vermieden werden. Die bilanzielle Behandlung der Werte in der Gesamthandsbilanz und in der Ergänzungsbilanz korrespondieren. Wird z.B. die AfA in der Hauptbilanz vom gemeinen Wert vorgenommen, erfährt dies eine entsprechende spiegelbildliche Behandlung in der Ergänzungsbilanz, nämlich eine für den Einbringenden erfolgserhöhende Auflösung eines Minderwerts „Aktivvermögen“. Entsprechendes gilt bei Veräußerung eines eingebrachten Wirtschaftsgutes. Ein sich in der Ergänzungsbilanz ergebender Gewinn/Verlust ist in der einheitlichen und gesonderten Feststellung des Gewinns dem einbringenden Gesellschafter vorweg zuzurechnen, der damit die stillen Reserven seines eingebrachten Vermögens nach und nach in der Zeit seiner Mitunternehmerschaft als laufenden Gewinn versteuert.

92 Bei dem **eingebrachten Vermögen** muss es sich gem. § 24 Abs. 1 UmwStG um

- einen Betrieb
- einen Teilbetrieb (auch 100%-Beteiligung an einer Kapitalgesellschaft)
- einen Mitunternehmeranteil (auch Bruchteil eines Mitunternehmeranteils

handeln und der Einbringende wird Mitunternehmer oder sein Mitunternehmeranteil wird aufgestockt. Je nach Ansatz kommt es nicht, teilweise oder zur vollständigen Aufdeckung der stillen Reserven.

Der Wert, mit dem die Personengesellschaft das eingebrachte Vermögen in ihrer Bilanz einschließlich der Ergänzungsbilanzen für ihre Gesellschafter ansetzt, gilt für den **Einbringenden** als **Veräußerungspreis**. **93**

Nach § 24 Abs. 3 Satz 2 und 3 UmwStG ist der **Freibetrag** nach § 16 Abs. 4 EStG nur dann zu gewähren, und nach § 34 EStG **tarifbegünstigt** zu versteuern, wenn das Vermögen mit den **gemeinen Werten** angesetzt wird und soweit auf der Seite des Veräußerers und auf der Seite des Erwerbers nicht dieselben Personen Unternehmer oder Mitunternehmer sind, d.h. wirtschaftlich gesehen kein Verkauf „an sich selbst" vorliegt. Andernfalls ist der entstehende Veräußerungsgewinn als laufender Gewinn zu versteuern. **94**

Zeitpunkt der Einbringung ist die tatsächliche Übertragung der Sacheinlage auf die Personengesellschaft, maßgebend ist der wirtschaftliche Eigentumsübergang. Bei Einbringungen im Wege der Gesamtrechtsnachfolge nach dem UmwG ist nach § 24 Abs. 4 Halbsatz 2 UmwStG eine Rückwirkung bis zu **acht Monaten** zulässig. **95**

Zur **Verhinderung von Missbrauch** sieht § 24 Abs. 5 UmwStG eine rückwirkende Versteuerung (rückwirkendes Ereignis i.S.d. § 175 Abs. 1 Nr. 2 AO) eines Einbringungsgewinns beim Einbringenden vor, wenn innerhalb eines Zeitraums von **sieben Jahren** nach dem Einbringungszeitpunkt durch eine **natürliche Person** in die Personengesellschaft eingebrachte Anteile an Körperschaften weiter veräußert (bzw. Ersatztatbestand gem. § 22 Abs. 1 Satz 6 Nr. 1 – Nr. 5 UmwStG) werden, soweit der Gewinn aus der Veräußerung auf eine Körperschaft entfällt. Der Einbringungsgewinn ist (vereinfacht) die Differenz zwischen den gemeinen Werten der veräußerten Anteile im Zeitpunkt der Einbringung und dem von der übernehmenden Personengesellschaft angesetzten Wert (z.B. Buchwert), soweit er auf an der Personengesellschaft beteiligte Körperschaften entfällt, vermindert um je ein Siebtel für jedes seit der Einbringung abgelaufenes Zeitjahr. **96**

Stichwortverzeichnis Umwandlungssteuerrecht

Die Zahlen verweisen auf die Randnummern.